1997年吴桢为《世纪学人：百年影像》一书题词："社会工作就是开展以集中注意与改善人与环境的社会关系为中心的活动，探求加强人们各自的或集体的社会功能与作用的工作。在今天，社会工作是助人为乐的职业，是对社会消极现象接触最多、最积（极）要求改革为人们创造幸福美满生活的职业。"

1933年，毕业于沪江大学社会学系

1945年，吴桢与丁瓒在中央卫生实验院

1946年，在美国匹兹堡访问

在金陵大学社会福利系任教期间参加学生活动

解放前夕参加金陵大学进步师生游行

20世纪50年代,在南京大学大会上讲话

1984年12月,与许德珩(中)、高觉敷(右)在会议期间亲切交谈

20世纪80年代,在全国各大高校讲授社会工作

吴桢（左）与费孝通（右）在会议上

吴桢（左一）、卢宝媛（左三）夫妇拜访雷洁琼教授（右一）

吴桢（中）与著名教育家吴贻芳（右一）

吴桢（左一）与高觉敷（左二）、陈鹤琴（左四）、钱锺韩（右二）等亲切交谈

1949年,在南京金银街6号家门前

1960年,与卢宝媛在南京文昌巷家门前

"文革"期间，儿女齐聚吴桢所下放的生产队并合影留念

20世纪80年代，吴桢与卢宝媛

1995年10月,全家福

1997年,女儿携外孙女从美国回来看望二老

吴桢、卢宝媛夫妇在家中

1977年，吴桢亲手绘制的周总理画像

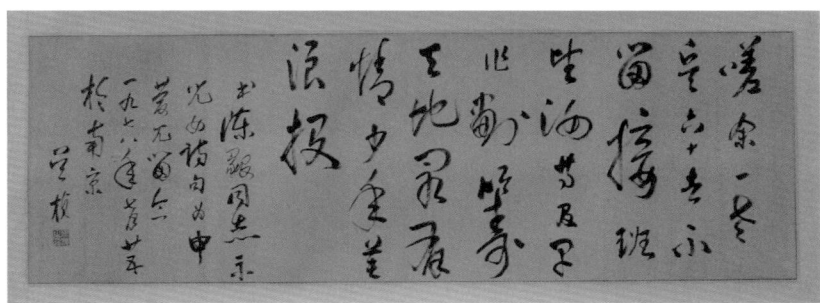

书法,1978年

《雨后黄山》,1983年

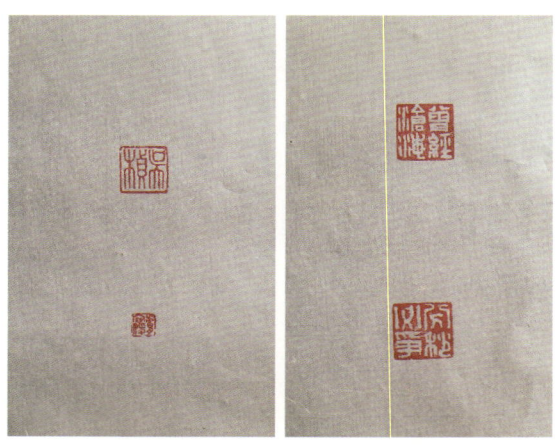

吴桢篆刻印章。左图为吴桢、卢宝媛名章；
右图为80岁以后所刻，上为"曾经沧海"，下为"分秒必争"

仿黄鹤山樵笔

吴桢文集

吴桢 著
肖萍 编

商务印书馆

2020年·北京

编者导言

一

吴桢(1911—2003)，1911年5月23日出生于江苏扬州左卫街武成巷（现广陵路附近），在兄弟姐妹九人中排行第五，家庭和谐幸福。他的父亲吴振南(1882—1961)是海军名将，曾于清末年间留英学习海军，于1911年毅然参加了辛亥革命。南京临时政府成立后，委任吴振南为海军部参事官，在国民政府海军部任职。吴桢几岁时也就随父到北京生活，直到1927年他的父亲赴沪就任国民政府全国海岸巡防处处长。

1928年9月，吴桢被上海美术专门学校中国画系一年乙级录取，师从张大千等画坛巨匠。1929年6月11—17日，吴桢参加上海美术专门学校师弟书画金石展览会，郑午昌（时任上海美术专门学校教师）曾撰文对参展的作品评价道："至若黄景华、沈立民、吴桢、田有志、文秉敦、周福奇、蒋天骏等，笔墨多有奇姿。盖其聪明有过人者。"①

1929年9月，吴桢考入上海沪江大学社会学系，与许烺光是同学和舍友，陈仁炳则是比他高一级的学长。三个人一起在1929年参与了沪江大学华北同学会剧团的筹办和组织，接触到许多话剧界的专业人士，也参与到很多话剧的演出和导演中，收获了丰富的舞台经验。吴桢于1931年春担任华北同学会会长一职。除了戏剧之外，吴桢在体育方面也非常活跃，1931年5月24日在第三届华东四大学（金陵大学、东吴大学、沪江大学、之江大学）运动会上获得三级跳第二名。1933年6月毕业并获学士学位。

1933年大学毕业后，吴桢凭业余爱好——作画，为宁波人寿保险公

---

① 郑午昌：《美专师弟作品展览会之意义及成绩》，《申报》1929年6月21日。

司画宣传画,后在上海景艺美术装修公司做橱窗设计,但是他不喜欢做这类商业化的美术工作。

1934年吴桢到北平找大哥吴铎,想请他帮忙找个合适的工作。吴铎这时已在社会学家陶孟和的社会调查所担任了五年的助理研究员。吴桢在他家中看到他用英文写的一篇论文《北京协和医院社会服务部2302社会个案史的分析》,读后很感兴趣。

当时吴桢正在中国旅行剧团客串《梅罗香》剧中的角色马子英,由于家庭不许可他永远从事戏剧行业,等到1934年下半年演出结束,他就决意去协和医院社会服务部毛遂自荐。接待他的社会服务部主任浦爱德(Ida Pruitt)小姐和副主任于汝麒女士仔细地问了他的专业、爱好、家庭情况和对工作的要求等信息,当知道吴桢在沪江大学学了钱振亚教授的个案工作后,表示很满意,只是要他拟一份个案史的提纲,她们阅后就录用了。1934年8月—1941年5月,吴桢在北平协和医院担任过社会工作员、指导员(督导、监督员)。巧合的是,许烺光在1933年毕业后本来进入辅仁大学研究所读研究生,但不到一年时间,1934年许烺光便由于经济原因不得已从辅仁大学辍学了。同年,许烺光入协和医院社会服务部工作,协助浦爱德主任办理行政事务,在那工作了三年(1934—1936)。根据这三年的工作经历,许烺光后来写过一篇文章《理解之路》,载于《心理人类学的形成》一书中,成为他研究人格与心理人类学的最早渊源。另外还有一位老朋友丁瓒于1936年在中央大学心理学系毕业后,也来到了北平协和医学院攻读研究生,跟随脑系科主任美国人莱曼学习精神病学,后任助教,讲授医学心理学,并在北京创办心理卫生咨询门诊。

1941年5月,吴桢因为不堪敌伪的压迫,也看不惯这时医院中出现的明争暗斗,便悄悄地离开北平协和医院返沪了。吴桢在上海住了差不多四个月,大半的时间都花在打听西行的路径和结伴同行的安排上。1941年9月,决定取道杭州、金华、鹰潭,护送大嫂及侄儿重庆、延庆一家至江西大余,10月底抵达后在大哥吴铎处住了两个月。吴铎1940年后离开社会调查所进入国民政府资源委员会工作,1941年,被派往江西大余的钨业管理处工作。12月初吴桢又从大余赴重庆,圣诞节在贵阳图云关红十字会外科矫形中心,遇到之前在协和的宋思明和邹玉阶两位老同事。

1942年1月，吴桢抵渝，因为一时找不到合适的工作，便在重庆国民政府资源委员会任惠工股股长、研究员，做了六个月的员工福利工作。正在这时，丁瓒到重庆的中央卫生实验院任技师，创建心理卫生室，担任主任，发动心理卫生的工作，劝吴桢也去同一机关发动社会工作。吴桢一时高兴，便辞了原职到中央卫生实验院工作，受命负责社会工作室的工作，培训社会工作人员。1942—1944年，吴桢在中央卫生实验院做了近三年，教了两班公共卫生护士的个案工作，在沙坪坝卫生实验区开始了社会服务的工作，帮助中央医院成立了社会服务部，又协助璧山县卫生院成立了社会服务部。

与此同时，1942年，吴桢和丁瓒二人也分别被设在璧山的国立社会教育学院聘为社会事业行政系兼职副教授。吴桢教授个案工作课程，丁瓒教授心理卫生课程。此时吴桢在沪江大学念书时的另一位好友陈仁炳也在该系任教，教授社会事业行政和社会统计等专业课程。这段时间里，应云卫导演及中华剧艺社也在重庆组织各种戏剧活动，吴桢和丁瓒、陈仁炳也经常参加他们的文艺沙龙，观看他们的话剧。

也是在1942年，吴桢的夫人卢宝媛同在位于重庆沙坪坝的中央卫生实验院工作，两人的爱情之花自然绽放了。1944年春，吴桢和卢宝媛决定结婚。恰逢吴桢接到成都华西联合大学社会学系任教的聘书，他们遂决定双双辞去中央卫生实验院的工作，到成都去发展。1944年3月15日，他们在重庆《新华日报》上联名登了一则声明，宣告结婚，离开重庆奔赴成都，开始新的生活。1944年6月17日他们举办了婚礼。1944—1946年，吴桢担任成都华西联合大学社会学系副教授、南京金陵女子文理学院社会学系副教授。

1946年，吴桢入行政院善后救济总署赈恤厅工作，任赈恤科科长，随行政院善后救济总署迁回南京，后又调到上海分署。1946年7月24日，以联合国善后救济总署专家、留美社会工作员的身份，被善后救济总署选派赴美留学、考察九个月，并在美国匹兹堡大学应用社会科学院学习。1947年4月初吴桢回国。

1947年9月，吴桢受聘为金陵大学社会福利行政组教授，夫人卢宝媛在金陵大学文学院任英文秘书，举家迁至南京。吴桢在金陵大学教授社会工作时，被南京市民政局聘为南京救济分会顾问，参加民政局和救济分会的工作。

1950年5月吴桢被调至南京市人民政府文化教育委员会任调查处处长,直到1953年。1953—1954年任江苏省文化教育委员会秘书长,兼任江苏省科学普及协会秘书长。1955年4月担任南京大学总务长。1956年10月任江苏省高教局副局长。1956年加入中国共产党。1958年3月参加九三学社,5月起担任九三学社南京分社专职秘书长。吴桢曾担任江苏省二届(1959)、三届(1965)、四届(1978)政协副秘书长,1980年1月2日在省政协四届三次全体会议上被增补为常务委员。

1982年5月在武汉举行的中国社会学会第一次代表会议增聘吴桢为中国社会学会顾问。1982年6月7日在江苏省社会学会成立大会上,吴桢被推选为江苏省社会学会会长,1987—1991年任第二届江苏省社会学会名誉会长。

1983年5月14日,吴桢在江苏省政协五届主席会议上被选为工作组委员会副主任。1984年当选为江苏九三学社第一届委员会副主委。1987年10月—1993年4月担任江苏省政协社会法制委员会主任。1988年1月29日吴桢在江苏省政协六届一次全体会议上被选为常务委员。1988年10月,当选为九三学社江苏省第二届委员会主委。1988年12月当选为九三学社第八届中央委员会常务委员。1991年9月,吴桢辞去九三学社主委。1993年江苏省政协工作理论研究会成立,吴桢被推选为常务理事。1990—1997年,担任九三学社江苏省第二、三、四届委员会顾问。

二

《吴桢文集》正文共收入67篇文章,其中包括有11篇译文,2篇译者序。吴桢译有3部著作,考虑到版权问题,文集仅收入译者序以及正式发表在报纸杂志上的译著章节。非常值得一提的是,吴桢有着坚实、深厚的中英文文字功底,保持阅读英文文献的习惯,总是精心选择尽可能接近同步的权威性高的文献译介,翻译笔触流畅并且贴近中国现实,让读者能够获得最新的研究成果。吴桢其他的中文著述文献发表在《西风》《家》《儿童与社会》《现代周刊》《中国民政》《社会》《江苏社联通讯》《江海学刊》等有社会影响力的期刊上。此外,还有些文章来自未发表的珍贵手稿。通过这些文献梳理，一位对社会学、社会工作执着了一辈子的低调、随和的学者形象逐渐清晰、丰满起来。

(一) 真材实料的个案工作者

吴桢是一位真材实料的个案工作者、学者和专家，从大学学习个案工作伊始，一直没有停止对个案工作的实践、分析和反思，即使是在社会工作专业随着社会学一同被取消的年代。在第一编"个案工作"中，收入了1941—1991年跨越了50年的10篇文章，其中包括2篇译文和2篇案例分析的实务文章。

1. 个案工作的技巧及应用

个案工作的技巧似乎常常在专业与常识、技巧与社交、职业行为与人情世故方面出现无意中的吻合情形，然而，"认真地做个成功的个案工作员，皮毛的技巧是不够的，重要远在技巧以上的是他对于他的职业的热诚，是他对于人类服务的坚强的意志，还有他对于他本行的学识方面的不断地努力与进取"[1]。吴桢指出了一些个案工作者从接案到结案的实施步骤中会出现的状况，这些状况至今在社会工作一线服务中也时有发生。例如许多个案工作者在调查、分析情报、诊断、计划阶段的任务完成后，来到了计划实施这一步时，已然满足了他对于案主的好奇心，写成了一篇洋洋洒洒的报告，制定了一个很美丽的计划，却"对于他的案主失了兴趣"，对于计划的实践也毫不感觉兴趣。[2] 在今天的社会工作服务项目评估或一些社会工作研究论文中，也会发现重预估调查轻服务过程、重服务对象的基本状况分析轻改变过程的评估等现象。另外，虽然个案工作的基本步骤有着一定的程序，但实际上个案服务过程是复杂的，有时是螺旋式发展的，并非线性过程，"虽然理论上可以分五个步骤，而实行上则未必如此"[3]。

《缀合破碎了的人》呈现的是吴桢在北京协和医院做医务社会工作者时经历的第一个比较深长的个案记录，历时两年半，是一个很好的教科书级别的社会工作服务，个案服务过程、记录以及反思等都值得现在的一线

---

[1] 吴桢：《个案工作的技巧》，《西风》1941年第63期，第240—242页。
[2] 吴桢：《个案工作的技巧》，第240—242页。
[3] 吴桢：《个案工作的技巧》，第240—242页。

社会工作者以及社会工作专业学生学习。在这个案例中,个案记录不仅仅在于服务对象的故事描述,更在于服务过程及服务成效的呈现。个案工作者为病人(服务对象)进行了生理—心理—社会的评估,通过提供治疗、医药费减免申请、联络各方社会工作者、介绍工作、了解宗教信仰及教会环境、家庭关系调解、情感咨询、协助租房独立生活等工作,推动多学科、多部门合作,最终达成助人自助的目标。

《三度蜜月将如何?》虽然不是实际服务案例,而是一个来自小说故事的案例,但是吴桢从个案工作的角度进行了深入分析,给了我们启示:生活中处处有个案,通过这些个案的分析,对于社会工作者敏锐细致的观察能力、分析能力以及服务能力,也是一种训练。另外,吴桢将小说中的意识和含义放在现实的描述之中,也体现了社会工作者的社会责任心。

2. 访问的艺术和技巧

interview 是个案工作中的主要环节。当今在社会工作中我们一般将 interview 翻译成"会谈",这和吴桢对 interview 的含义解释就非常契合了,强调社会工作者与服务对象之间相互交换观点、寻求事实和激发情绪的过程,具有治疗的效果,是一种有计划、有步骤和有目的的谈话。"一个好的访问者不一定是能说会道,说起话来滔滔不绝的人,但他必须是乐于帮别人讲话的人。"[①]

关于访问的艺术,吴桢认为,访问(会谈)这门艺术要通过学习方法原则入门,进行充分练习,习得技巧成为匠人,继而提升理论修养,才能最终获得这门高深的艺术。访问艺术的探讨,是社会工作者责无旁贷的责任。换句话说,艺术地访问,就是社会工作与其他访谈形式有着本质不同的地方。

关于访问的技巧,吴桢将美国的社会个案工作专家高尔柯女士(Joanna Colcord)对 20 种访问应用的术语的归纳,转译成中文。吴桢依托他的文学功底、专业能力、英语能力,尽力利用固有的成语,中英翻译非常准确精妙,传神入画,再略加解释,非常用心用力。吴桢希望能对中国本土化的社会工作会谈方法进行梳理,使用活泼、有趣、生动的关于访问的新名词,以接地气、通俗易懂的方式对本土方法进行研究总结,对于我国

[①] 吴桢:《个案工作》,《中国民政》1987 年第 7 期,第 37—39 页。

目前社会工作方法发展而言也是好的建议。

3. 个案工作的发展

1947年，吴桢撰写《社会个案工作新趋势（美国观感）》一文时，为行政院善后救济总署留美社会工作员。留美经历让吴桢对于美国的个案工作有了更深入的了解，加之美国个案工作发展迅速，一方面了解了很多新趋势和新技术，另一方面也对中国个案工作的发展有了许多心得体会和收获，这篇文章给当时的社会工作带来了最新的信息和分析。

吴桢当时发现，美国个案工作发展从利支曼（Richmond）时代的法学视角（legal approach）转向心理学视角（psychological approach），个案工作服务过程中的关注焦点从服务对象的客观证据转向服务对象的主观感受。到了20世纪80年代，吴桢认为二战之后的个案工作发展，"姑妄言之，应该以经济建设的观点来做个案工作"[1]，是与当时行为科学的引入以及流行相关的，认为这一阶段的个案工作应把重点放在生产、经济效益方面，它的特点应该是经济的，可以称为industrial approach或economical approach。[2]

个案工作更加注重案主自决原则的使用，强调助人自助的观念。吴桢谈到他在20世纪30年代做个案工作者时，"常自作主张地为案主做个治疗计划，等到拿这计划付诸实施，遇到困难时，多年加罪于案主，在个案记录上写上，'案主不合作'"[3]，这种情形其实现在也会发生在刚开始学习的社会工作专业学生或初入职的一线社会工作者身上。吴桢指出，个案工作的新技术的改变是，"不替案主代拟计划"，提供可行的各种协助方案，将选择权交到服务对象的手里，这时自然就不会出现服务对象是否合作的议题，而服务对象的自主性也自然地被调动起来，服务的效果也就自然比较好了。

关于社会工作者与服务对象在专业和友谊之间的微妙关系，在今天的中国依旧是一个被讨论的话题。人情往来、契约精神，以及社会工作职业的社会认可度，都是影响的因素。其实西方亦经历了如此的过程。吴

---

[1] 吴桢：《个案工作的理论与方法——个案工作向何处去》，《社会学与社会调查》1984年第4期，第8—12页。

[2] 参见吴桢：《个案研究的理论与方法》（打字油印稿），载《社会学方法和调查参考资料》，1985年12月。

[3] 吴桢：《社会个案工作新趋势（美国观感）》，《家》1947年第21期，第347—348、362页。

桢指出，从利支曼时代的重视友谊关系的"rapport"（共感）的社会工作者，到20世纪40年代末代表服务机构的社会工作者，体现了美国社会工作职业化的历程，契约式互动关系代替了人情式友谊关系，重视服务关系中的移情和反移情作用与风险，形成了社会工作者与服务对象之间"单程行车规则"（one way traffic）[①]关系。

在以资格审查为基础的福利体系中，社会工作者之于服务对象，有着一种权威关系；到了以权利为优先的福利体系中，社会工作者提供协助方案，由服务对象自己决定接受何种帮助，看似社会工作者的权威受到挑战，处于被动的地位，实则激发了服务对象的潜能，让案主"处于主动地位了"[②]。

吴桢清楚地认识到，美国心理学及相关学科的理论积淀和安定的社会基础，是个案工作发展的这种新趋势和新技术背后的重要支持力量。对于20世纪40年代末的中国而言，人们的生活物资问题、经济保障问题、社会动荡问题等还是最主要的问题，社会工作职业的认可度也还不是很高，如何将新技术移植到当时的中国，吴桢恰当形象地做了一个很贴切的比喻："我感觉美国的个案工作的新技术，确是条式样新鲜的漂亮领带，然而如果来打在一个赤着臂、穿不起衬衫的穷汉身上，固然唐突了漂亮的领带，可惜的是也不能提高穷汉的身份。"[③]因此还需要"遵循自然发展的途径，从头做起"，利支曼的社会诊断的社会工作理念依旧可以继续作为个案工作技术发展的基础。我们现在也总是时不时地讨论一个不太新鲜的话题——西方社会工作理论如何与中国本土实践水土不服。我以为吴桢的分析提供了一个务实的理解路径，社会工作理论的发展总是与此时此地的社会工作实践的发展相辅相成的。在我们讨论这个不新鲜的话题时，不妨从这个角度去思考这样的问题是不是真问题，努力寻找本土社会工作的自然发展的路径。

4. 个案工作学家普尔曼的影响

普尔曼（H. H. Perlman）对于个案工作的发展是贡献巨大的。20世纪50年代，普尔曼把以弗洛伊德为中心的"诊断主义学派"（diagnosis

---

[①] 吴桢：《社会个案工作新趋势（美国观感）》，第347—348、362页。
[②] 吴桢：《社会个案工作新趋势（美国观感）》，第347—348、362页。
[③] 吴桢：《社会个案工作新趋势（美国观感）》，第347—348、362页。

school)和以兰克(Rank)为中心的"功能主义学派"(functions school)进行整合[①]后,创立了新的折中主义理论——个案工作的问题解决派模式,从此结束了两派的争论。普尔曼的书 *Social Casework: A Problem-Solving Process*[②] 在很多年里都是很重要的教材,问题解决模式始终是一些重要教科书的概念基础。[③]

《社会个案工作的展望》(*Perspectives on Social Casework*)这本书由普尔曼从自己发表的将近60篇文章中挑选出来的12篇论文集合而成,巧合的是,出版时间正是她从芝加哥大学社会服务管理学院全日制教学岗位上退休的年份。[④] 因此,这本书可以看作普尔曼女士的职业生涯记录,体现了她一直以来对个案工作实务、教学以及关于个案工作方法、人格发展和社会功能的理论建构的兴趣。这本书中所选的文章的时间跨度从1949年到1970年。

《弗洛伊德对社会福利工作的贡献》是普尔曼这本论文集中最有分量的一篇文章,全面地总结了弗洛伊德的精神分析学说对社会工作的贡献和深刻影响,吴桢认为这是因为个案工作者直接和案主广泛接触,无话不谈,无微不至,他们的实践经验使他们容易理解和接受精神分析学说。

普尔曼在《个案工作在发展》一文中,将个案工作的来源、现状和挑战进行了系统梳理和深刻分析:从依附于社会学的养育而生长的"婴儿期",再到倚重精神病学,在与社会学、心理学等方面的知识紧密结合中形成自己的体系的"青春期",然后进入"回到社会"的"成熟期",并且"生气勃勃地发展下去"。[⑤] 普尔曼提出"社会任务"和"社会关系"是个案工作者观察和帮助过程的实质内容,环境需要更多地被视为一个与当事人有着重要互动关系的人的生活网络,而较少地只是被视为"周围的事物"。[⑥]

---

① 陈为雷编著:《社会工作基础知识读本》,中国社会出版社2010年版,第187页。
② H. H. Perlman, *Social Casework: A Problem-Solving Process*, Chicago: University of Chicago Press, 1957.
③ 佩恩:《现代社会工作理论》,何雪松等译,华东理工大学出版社2005年版,第94—95页。
④ L. G. Selby, Reviewed Work(s): Perspectives on Social Casework by Helen Harris Perlman, *Social Service Review*, Vol. 45, No. 4 (1971), pp. 505 – 506.
⑤ H. H. Perlman, Social Casework Today, *Public Welfare*, Vol. 17, No. 2 (1959), pp. 51 – 54, 88 – 89.
⑥ H. H. Perlman, *Perspectives on Social Casework*, Philadelphia: Temple University Press, 1971, pp. XIII – XIV.

在吴桢捐赠给南京大学的书籍中,《社会个案工作的展望》这本书也在列,他在书中详细地做了很多笔记,可见他对这本书的重视程度。这本书的时间跨度以及作者在个案工作发展史中的地位,对于吴桢而言,正好也弥补了1949年之后社会学学科的空白,接续上了他对于社会工作尤其是个案工作知识的链条体系,对于美国的个案工作发展有着完整的认识和分析。也许可以这样说,虽然因为历史原因,社会工作的专业发展,尤其是理论进展部分出现空白,国际对话的时空出现交错,但是就吴桢个人而言,个案工作知识体系是相对完整的。当然,不仅仅是普尔曼的著作,他还积极寻找个案工作实时进展各方面的著作文献,持续学习,完善和更新知识体系。而且,在个案工作实践方面,虽然1949年后的一段时期由于社会条件的原因,没有办法直接从事个案工作实务,但是他在九三学社的工作岗位上依然执着积极地将个案工作的各种方法运用在工作过程中,到了80年代,他则将他能掌握的相对完整的个案工作的理论和方法,通过讲学的方式传递出去,培养了我国改革开放之后的早期一代社会工作从业人员和教学人员。

5. 个案研究和个案工作的区别和联系

吴桢在1941年写的第一篇关于个案工作的文章——《个案工作的技巧》中,开篇就对个案研究和个案工作进行了区分,个案工作除了要完成个案研究的目的之外,"还要加上治疗的功能"[①]。个案工作和社会调查之间的联系来自访问这个"重要的论题"[②],社会调查中的访谈和个案工作中的会谈,虽然都是 interview,但是还有着本质的差别,社会调查寻求方法的完善,个案工作则研究如何将资料上升为证据。这主要是从个案工作的角度来进行阐释个案调查(研究)。

到20世纪80年代,在社会学学科恢复重建的背景下,吴桢作为江苏省社会学会会长,在发表的《漫谈个案工作和个案分析》《个案工作的理论与方法——个案工作向何处去》中,指出需要更多地从个案调查(研究)的角度来阐释个案工作是什么。在社会学学科恢复之初,许多人从个案调查的角度来理解个案工作,吴桢从个案工作的角度对个案调查进行梳理

---

① 吴桢:《个案工作的技巧》,第240—242页。
② 吴桢:《访问的技巧:社会工作特稿》,《西风》1945年第77期,第472—474页。

辨析，是很有现实意义的。我认为，如若全然用个案工作的方法去开展社会学的个案调查，也不尽合适，毕竟二者的目标、取向都有所不同。案例研究和个案调查的客体是调查对象，不同于个案工作中的服务对象。个案调查是描述探究的取向，个案工作是诊断探究的取向。个案工作的必经过程当然包含个案调查。社会调查中的个案研究和社会工作中的个案工作的不同，就在于个案调查之后的发展方向不同，个案研究重视个人形成的社会，个案工作则重视社会中的个人。

第四编中的第六篇文章是吴桢1991年关于个案工作的总体阐述，也是吴桢一直以来对个案工作的思考的总结，由于这篇文章是《社会工作讲座》系列中的一部分，故而放在第四编中。实际上，对于个案工作及其在中国的发展，吴桢一直没有停止过思考和研究。他经过80年代不断的梳理，在这篇文章中将个案工作和个案调查、个案研究、社会个案学的定义列举出来，分析了个案工作与个案调查（研究）、其他社会调查方法之间的区别和联系，明确"个案调查是个案工作的前奏；个案工作是个案调查的继续和终结"[①]，个案工作是一种工作方法，工作过程中的了解情况、分析问题、做出社会诊断（social diagnosis）部分与个案研究是一致的。"但在诊断确定后，社会调查与个案工作却分道扬镳了"[②]，个案研究（调查）作为理论的根据写成论文或专著，个案工作则着重在根据诊断，制定服务计划并实行直至结案。

吴桢在推动社会学恢复重建过程中，时刻不忘个案工作、社会工作这条主线，面对很多实际工作以及社会现象或社会问题，首先会思考个案工作或社会工作可以做些什么，如果社会工作参与到社会实践中，总是从理论、学科建设以及实践中去考虑个案工作该往何处去、社会工作该向哪里去发展。

（二）不折不扣的医务社会工作者

第二编是关于吴桢的医务社会工作经历。他是一位不折不扣的医务社会工作者，从北平协和医院社会服务部开始，他从事专业社会工作服务

[①] 吴桢：《个案工作》，载民政部人事教育司、《中国民政》编辑部：《社会工作》，中国社会出版社1991年版，第27—41页。

[②] 吴桢：《个案工作》，第27—41页。

近十年,也是伴随着我国医务社会工作起步发展的早期医务社会工作者。前四篇文章,可以让我们真切地了解早期医务社会工作发展状况以及吴桢作为一线社会工作者的职业历程,这几篇文章的引用率很高,对于了解和理解我国医务社会工作发展很有意义。另外一篇译文(作)和两篇文章是吴桢对于医务社会工作理论发展的贡献和思考。

1. 医务社会工作实务

约翰·霍普金斯医院是医疗社会服务的先行者,1889 年医院成立后不久,医院院长威廉·欧西尔博士(Dr. William Osier)建立了一个家访计划。1903 年,美国马萨诸塞州(麻省)总医院的医学主任理查德·卡博特博士(Dr. Richard Cabot)成为第一位将社会因素纳入对病人的诊断和治疗计划的医生[1],聘用了第一位医院社会工作者,正式成立社会服务部,以满足患者及其家庭的社会和心理需求。艾达·坎农(Ida Cannon)是卡博特 1906 年聘用的医务社会工作者,他认识到医院的患者问题既是社会问题又是医疗问题,需要社会工作者加入到跨学科医院团队中来,建立合作关系,共同处理这些问题,由此领导了美国专业医学社会工作的建立,被公认为医务社会工作的先驱。

1918 年,30 岁的的浦爱德为了寻找自己的真正兴趣,放弃教会学校校长的职位,再次赴美,在费城组织慈善协会从事社会工作。1919 年,当她得知改组过的北平协和医院要聘用医院社会服务人员时,她认为这个职位能使她生活在北京,接触传教士以外的西方人,并且可以让她在各阶层各种背景的中国人中工作,因而她迫不及待地提出了申请。中华医学基金会(洛克菲勒基金会在华分支机构)认为浦爱德作为南浸会传教士的女儿,说一口地道的汉语,有教会教育和社会工作的经验,是医院社会服务部的理想人选。[2] 为了组建新成立的北京协和医院的社会服务部,1920 年,先派她到麻省总医院跟医院社会服务部主任、美国医务社会工作的先驱艾达·坎农学习医务社会工作一年。1921 年,浦爱德在学习了当时最先进的医务社会工作之后,回到中国北平协和医院白手起家,从两位工作人员开始创建社会服务部,结合中国的本土状况,探索开创中国的医务社

---

[1] M. M. King, The Social Service Department Archives: Peking Union Medical College, 1928—1951, *American Archivist*, Vol. 59 (1996), pp. 340 – 349.

[2] 盛利:《中西之间:浦爱德研究》,《基督教与中国文化丛刊》2003 年第 5 辑。

会工作实务模式。

1934年,在机缘巧合之下,吴桢为了毕业找工作,来到位于北平的大哥吴铎家里,看到吴铎正在写的英文论文《北京协和医院社会服务部2302社会个案史》,该文所依据的资料是经过北平协和医院院长顾临先生(Mr. R. S. Greeene)的允许,派人将社会服务部从1921年成立开始到1927年的病人个案记录进行抄录而获得的,在抄录时社会服务部主任浦爱德提供了多方赞助。[1] 吴桢对此非常感兴趣,于是毛遂自荐,凭借作为著名社会学家及个案工作学者钱振亚教授学生的身份,提供了一份个案史提纲,申请到了协和医院社会服务部的工作,开始了六年的医务个案工作者的职业生活。

此时的协和医院社会服务部算是处于发展比较成熟的阶段。"为了妥善处理像北平协和医院这样拥有350张病床的一所教学医院的医疗性社会需要,要求具有15位个案社会工作者的全职服务,15位社会工作者要接受6位个案工作督导员的督导和一位社会工作主任的指导,这位主任还有3位训练有素的助手来协助工作。"[2]吴桢因此接受到了比"在沪江大学上的个案工作课生动活泼得多"[3]的社会工作教育,例如定期听生理学、解剖学等医学院的基础课,每周一次的个案分析讨论会,师傅带徒弟的个别辅导教学法,社会工作监督员(督导)的直接指导等。前面提及吴桢撰写的《缀合破碎了的人》就自始至终都是在浦爱德主任指导下进行的第一个个案服务,对吴桢的帮助很大,影响很深。

从1921年浦爱德在协和医院创建社会服务部算起,我国医务社会工作发展已经过了近百年。2000年上海东方医院成立大陆第一家医务社会工作部,之后陆续有一些城市的医院设立了社会工作部,2018年,国家卫生计生委发布《进一步改善医疗服务行动计划(2018—2020年)》及其考核指标[4],医务社工制度首次被单独列为一级指标,其分值占总分的6%,

---

[1] 吴铎:《北平协医社会事业部个案底分析》,《社会科学杂志》1931年第1期,第23—50页。
[2] I. Pruitt, Medical Social Workers: Their Work and Training, *Chinese Medical Journal*, No. 49 (1935), pp. 909-916.
[3] 吴桢:《我在协和医院社会服务部》,载政协北京市委员会文史资料研究委员会编:《话说老协和》,中国文史出版社1987年版,第374—380页。
[4] 国家卫生健康委办公厅:《关于印发进一步改善医疗服务行动计划(2018—2020年)考核指标的通知》,http://www.nhc.gov.cn/yzygj/s3594q/201810/1ba10172ba8c4a719f812997ec4209ff.shtml。

要求有条件的三级医院可以设立医务社工部门，配备专职医务社工，负责协助开展医患沟通，提供诊疗、生活、法务、援助等患者支持的服务，开通患者服务呼叫中心，统筹协调解决患者相关需求，医务社工终于成为我国医院的标准配备。正如吴桢所说："任何一个医院如果只是设备精良、管理先进、医疗水平高，而没有社会服务部的设置，就不能称为第一流医院。"[1]有了社会服务部，一个医院的组织结构就算是完备了，才能够对疾病进行见病也见人的"社会治疗"，对疾病进行综合治理。协和医院社会服务部的人力结构包括学员、初级社工人员、高级社工人员、督导员、副主任、主任等，结构完善，人事编制合理，可供参考。

吴桢对于协和医院的医务社会工作内容的分析，对于今天的医院社会工作部如何运行，有很好的借鉴意义。医院社会服务部的主要工作特点是沟通医院和病人家庭的关系[2]，"是医生和病人之间的桥梁"[3]，社会工作者撰写病人个案社会历史，开展家庭访问，决定病人社会福利项目，对病人定期随访，对病人治病康复、医生看诊研究、医院行政管理都有帮助。此外，协和医院社会服务部还有职工社会服务部、怀幼会、调养院、救济部等附属机构，以利于形成一个较为系统的资源连接系统和转介系统。值得一提的是，吴桢在1937年七七事变后，和浦爱德主任、于汝麒副主任一起到救济部服务，建立和管理北平红十字会的伤兵医院，为伤兵们解决衣食住的问题，并且为他们提供职业准备的支持服务。到1939年初伤兵医院结束时，共服务了500名伤兵，人多事繁，吴桢所在的救济部主要依靠病人自己照顾自己、相互帮助[4]，其实这就是在医院开展社会工作服务时很重要的一部分内容——志愿者动员与管理。

医院里接触到的服务对象往往都是那些被各种问题缠绕的人，既有生理上的病痛，又有心理上的障碍、物质上的困难，社会工作者"热烈地同

---

[1] 吴桢：《我在协和医院社会服务部》，第374—380页。
[2] 雷洁琼：《北京协和医学院与燕京大学（代序）》，载政协北京市委员会文史资料研究委员会编：《话说老协和》，中国文史出版社1987年版，第1—3页。
[3] 张中堂：《社会服务二十年》，载政协北京市委员会文史资料研究委员会编：《话说老协和》，中国文史出版社1987年版，第362—373页。
[4] 吴桢：《记北平红十字会医院：协和医院社会服务在抗日战争中》，载中国人民政治协商会议北京市委员会文史资料研究委员会：《文史资料选编》第39辑，北京出版社1990年版，第112—122页。

情他们,但是冷静地帮忙他们"[①],通过科学的方法,帮助那些服务对象自由快乐地走出医院,每天过着快乐的生活。这是吴桢对医务社会工作者的职业生活的素描。

社会工作的种子撒在协和医院的沃土中,自然快速地滋长起来,每个病房、门诊部、科室都有一位或两位专业出身的社会工作员专门负责。协和医院社会服务部的发展也刺激了其他地方的医院相继成立社会服务部,例如南京鼓楼医院、济南齐鲁医院、四川仁济医院、上海红十字会医院、福建协和医院,共同繁荣。1941年吴桢迫于形势离开北平协和医院,一路西行前往重庆,途中参观的上海红十字会医院的社会服务部、广西省立医院社会服务部,都是由协和的社会工作员在那里创办的;路过贵阳图云关红十字会外科矫形中心时,与我国著名的医务社会工作方面的专家宋思明和邹玉阶相遇,了解到他们的伤兵服务,主要是职业指导与技能训练。到达重庆后,吴桢受在协和工作时的老朋友丁瓒之邀,在中央卫生实验院负责了近三年的社会工作室的工作,教授个案工作,开展社会服务,后因在创办社会工作机构中遭遇的科层政治,离开重庆去了成都,对于成都的医务社会工作发展也多有考察,但也觉得由于人才缺失,医务人员对社会工作的认识不够,发展"变了质"[②],故而离开一线实务领域,转向社会工作教育领域了。吴桢对于这十年的医务社会工作实务的回顾与反思提示我们,医务社会工作不仅仅是医院实践发展的需求和需要,更是不可或缺的重要环节[③],在发展医务社会工作的过程中,要注重人才培养、机构培育以及与医院各方系统的合作机制的建立。

2. 医务社会工作理论

吴桢在第二编中翻译的两篇译文(作),虽然著者都是医生,但是内容都是与医务社会工作密切相关的,翻译之时,吴桢也还在医务社会工作实务领域工作,这两篇文献都是很具有指导意义的。

《病人也是人》(*The Patient as a Person*)的作者鲁滨孙博士(Dr. G. C. Robinson)是位科班出身的医生,在做学习大夫(intern,在某些医院里被称为小大夫)时,就对病人的社会背景发生兴趣,后与利支曼是邻居和

[①] 吴桢:《社会工作员:我的职业生活》,《西风》1941年第55期,第34—36页。
[②] 吴桢:《医事社工十年记:我的职业生活》,《西风》1944年第68期,第193—196页。
[③] I. Pruitt, Medical Social Workers: Their Work and Training, pp. 909-916.

好友,他曾经使用个案工作方法救活了一家患肺病的病人,因此更加不遗余力地倡导医务社会工作服务,在华盛顿大学的诊疗所创立了社会服务部,1935年被聘到北平协和医院做教授时,对于社会服务部的百年大计,给了不少的鼓励与帮忙。[1]

《病人也是人》的副标题是"对疾病的社会方面的研究",提出了医学人文主义的议题,强调需要把病人作为一个整体来考虑,并就如何在医院诊所有组织地实现这一点以及如何教医学生方面提出了一些好的建议。书中的个案报告来自1936年春—1937年的病人的实例。吴桢翻译了该书章节目录,特别翻译了鲁滨孙博士第九章关于医务社会工作的重要内容。从医生的视角来看待社会工作的重要性,对于医生的观念改变有着积极的作用。

该书指出,注意病人的社会情形是医生应具有的态度及应负的责任。改进医生的治疗方法,必须把病人当作"人"整个地加以研究。想把病人当作一个整个的人看待,必定要亲自去与病人会谈。[2]社会工作者自然是最合适的人选,但当社会工作者太少时,在医院里专门训练一些"公共卫生大夫"也是很重要的,另外还需要让医学生认识到医学、社会学、公共卫生、精神病学之间的联系,将这些列入医学教学教程之中,训练他们注意病人社会问题的意识。对于疾病和病痛的社会方面的关注,有助于医生与社会工作者之间的了解与合作,"社会工作者是一位联络病人的来处与去处、医院与社会的环子。她的责任是调查病人的社会情况,以减少病人因某些疾病所能发生的灾难。她是被呼唤出来去利用她的职业技巧与智识去影响病人在身体上与物质上所需要的变化"[3]。社会工作者需要与医生以及其他专家之间的合作,才能提高工作质量。二者相辅相成,互相提升。该书还建议建设一个专门研究从社会的观点去诊治疾病的部门,并提出全科大夫(general physician)是很有必要的。

基于此,吴桢也认为,病人首先是一个人,对待一个病人总是要一方面对待那个病,其次要对待那个人,还有社会,这三个方面都应该摆在医

---

[1] 鲁滨孙:《病人也是人》,吴桢译,《西书精华》1941年第5期,第108—121页。
[2] 吴桢:《病人也是人》,第108—121页。
[3] 吴桢:《病人也是人》,第108—121页。

生的视线内,予以注意。①

《精神病护理学》(*A Guide to Psychiatric Nursing*)则是吴桢的一本译著,从 1942 年开始翻译,直至 1948 年完成。该书的作者卡迈克尔博士(F. A. Carmichael)和查普曼博士(J. A. Chapman)分别是美国堪萨斯州一家医院的主管和助理,他们根据他们给自己医院护士和服务人员的讲座汇编而成了一份精神病护理的指南,以帮助护理人员处理那些患各种类型的精神疾病的人。吴桢一直很关注精神病院的社会工作服务,认为这本书不仅对护士有帮助,对于服务精神病人的社会工作员也有参考意义,于是翻译了这本著作。该书是一本很好的指南性教材,正如作者在序中所写:"可以拿它当作一种只注明重要公路的简明地图,至于在你们视察之下每个人所有的特殊的曲折小道,则靠你们的实际经验及机智去发现。"②

《论医护人员的职业道德》是篇短文,但是内容却犀利丰富,对于抗战时期医生与护士、护士与病人所掀起的种种风波进行了披露。吴桢针对医护人员私行,医院行政腐败,医护人员不愿上前线,在后方也不尽力服务等种种现象,直指其本质问题——医护人员的职业道德伦理的忽视及渐趋堕落:"以拒绝服务要挟病人,是卑污的手段;以停止治疗惩罚病人,是残酷的暴行;以关门恫吓病人,是怯弱的妄举。"③

(三) 身体力行的儿童福利倡导者

第三编中关于儿童社会工作的文献大部分集中于 1947—1948 年间,吴桢在上海、南京等地不仅教授、研究儿童福利,同时也参与儿童福利的调查、儿童福利人才的培训、儿童福利机构的实际运营指导等,关注儿童的心理健康,为儿童福利发展倡导发声。

《上海儿童福利促进会》《有关上海儿童福利的社会调查之医院调查》《有关上海儿童福利的社会调查之卫生事务所调查》三篇文章与上海儿童福利促进会的创建密切相关。

---

① 吴桢:《江苏省社会学会吴桢理事长的讲话纪要》,载江苏省社会学会医学社会学研究会编:《医学社会学第二届年会论文汇编》,南京,1986 年,第 3—4 页。
② F. A. Carmichael, J. A. Chapman:《著者序》,载《精神病护理学》,吴桢译,上海广协书局 1949 年版,第 4—6 页。
③ 吴桢:《论医护人员的职业道德》,《现代周刊》1945 年第 5 期,第 4 版。

上海儿童福利促进会的创建离不开刘德伟的努力。刘德伟1941年在芝加哥大学社会福利行政学院毕业，获硕士学位，次年回国后，先后任社会部社会福利司儿童福利专业兼儿童福利科科长、金陵大学社会学系社会福利行政组副教授、行政院善后救济总署（简称"行总"）赈恤厅福利组主任。行总的福利工作，主要分为两大类：直接救济和儿童及残老福利，对儿童福利、安老恤残工作较之难民紧急救济更为注意，对儿童所做的工作包括安置失依儿童，促进儿童营养，举办劳动妇女日间托儿所，设立儿童福利站，机关补助及改善。① 行总补助和改善机关旨在使原有的机关复原，逐渐设法自给。行总工作即将结束时，这些儿童机关"实在距离自力更生的境界还远"②，这时刘德伟建议各省的分署中所办的福利机构，特别是儿童福利机构，不要停止，应该交当地的民政单位或人民团体一起继续办下去③。上海分署是第一家响应的，几经讨论，在老教育家陈鹤琴、陆梅僧和美国援华总会总干事艾德敷先生支持下，发起并组建了上海儿童福利促进会，陈鹤琴任会长，邀请刘德伟任总干事④，"赓续行总上海分署儿童福利科的工作"⑤。上海儿童福利促进会的定位是促进机关与机关的联系、儿童与机关的联系、机关与社会的联系，性质类似于我国目前的枢纽型支持性组织。

　　上海儿童福利促进会做的第一件事就是"彻底认识、了解上海市所有的儿童福利机关的实现"⑥，以便于进一步联系原有的儿童福利机构，发动地方力量做更彻底的工作，作为将来业务的根据⑦，于是耗时半年完成一项有关上海儿童福利的社会调查。该项调查聘请了国立中山大学的龙冠海（主持人、指导员），圣约翰大学的陈仁炳（设计人、主持人、指导员），复

---

① 参见刘德伟：《行总一年来的急赈和福利工作：联总行总社会福利工作会议感想》，《福建善救月刊》1947年第5期，第11—15页。
② 吴桢：《上海儿童福利促进会》，《家》1947年第18期，第254—255页。
③ 参见李梓、陆奕：《刘德伟——一颗"珍珠"的传奇人生》，《青年与社会》2004年第7期，第17—25页。
④ 参见刘德武：《拳拳赤子心——记我县第一位留美女硕士刘德伟教授》，载政协四川省奉节县委员会文史资料委员会编：《奉节文史资料》第5辑，政协奉节县委员会文史资料委员会1995年版，第35—39页。
⑤ 吴桢：《上海儿童福利促进会》，第254—255页。
⑥ 吴桢：《上海儿童福利促进会》，第254—255页。
⑦ 参见上海儿童福利促进会：《有关上海儿童福利的社会调查》，《儿童福利通讯》1947年第9期，第4—5、11页。

旦大学的言心哲（指导员），金陵大学的吴桢（设计人、指导员）、陈文仙（设计人）等社会学及社会福利行政学教授参与其中，调查目标包括儿童福利机关状况以及上海市社区概况。该项调查同时动员了复旦大学、沪江大学、金陵大学、金陵女子大学等校社会学系三、四年级的高材生，开展七天的训练，其中吴桢专门为调查学生讲授了"访问技术"并协助编制调查表格。调查结束后，吴桢参与了其中医院调查以及卫生事务所调查两篇调查报告的撰写。医院调查方面主要针对儿童卫生方面，但遗憾的是相关医院对于社会服务部和医务社会工作的认识还不够。卫生事务所调查方面，主要针对公共卫生，公共卫生护士的数量不足，她们所做的助产工作、预防接种、儿童健康比赛、卫生教育、卫生展览会与母亲会这几种工作都直接与儿童福利有关，产生了积极的作用，但是缺乏经费、人员和设备，是最大的困难。

《参观美国儿童法庭》一文对于匹兹堡儿童法庭的描述清晰可鉴，尤其是从社会工作角度看到儿童法庭与私立儿童福利机关之间不甚愉快的关系，这种状况会影响到儿童福利。我国目前也有一些城市开设了少年家事法庭，打造一个柔性的审理案件的环境，让当事人感觉到是在处理家事，而不是打官司，同时吸纳社会工作机构驻点服务，开展社会调查、合适成年人到场、心理疏导、心理测评、关护帮教、附条件不起诉监督考察等工作。

《家庭：心理卫生启蒙地》《儿童怎样学习世故》《儿童怎样了解人情》是吴桢的译著《心理卫生十二讲》（The Substance of Mental Hygiene）中三章发表在期刊上的内容。该书的作者为浦莱斯敦（George H. Preston），是医学博士、精神病学家、美国马里兰州巴尔的摩市的心理卫生处处长。原著共计12章：什么使心理失去平衡；儿童在家庭中成长；儿童是特种产业；儿童怎样学习服从；儿童怎样学习世故；儿童怎样学习人情；儿童的性教育；学做成人；什么是心理卫生；心理卫生之培植；心理卫生的支柱；心理卫生之构造。浦莱斯敦博士以简明通俗的文笔写出心理卫生的理论，既容易读，又很耐细读。[①] 原书是心理卫生入门最好的通俗读物之一，内容有趣丰富，清晰易懂，适合每一个在儿童领域工作的人以及所有父母阅读，

---

① 参见浦莱斯敦：《儿童怎样学习世故》，吴桢译，《儿童与社会》1948年第1期，第16—19页。

是一本很有价值的书。① 吴桢基于他对儿童福利与人类行为发展、心理卫生与社会福利增进的敏锐关注,特别翻译此书,"译笔畅达,与原著相得益彰"②,是心理卫生与指导及相关学科的重要教材和参考用书。

除了在大学内教学之外,其时已是金陵大学社会福利行政组教授的吴桢也积极参加金陵大学对在职社会福利工作人员的培训以及南京儿童福利座谈会,《教养机关内社会工作及人员之训练》就是成果之一。《顽童的心理分析与治疗》认为,对顽童的治疗要以顽童形成的环境因素的分析为基础而开展。本编另有两篇文章,一篇是介绍美国《儿童研究》(*Child Study*)季刊 1947 年冬季号内"父母问题咨询栏"(Parents' Questions)的内容,另一篇是对台湾地区《"中国"时报》的真实小说《她未成年》的社会工作专业分析,探讨了人的问题及处理与制度环境之间的关系。

(四)务实笃行的社会工作推动者

第四编的主要文章都和社会工作的发展进程密切相关。前 2 篇是在 1949 年之前发表的,在对美国社会工作发展过程理解的基础上,分析我国当时的社会工作发展状况。后 12 篇文章呈现了吴桢自 1979 年社会学学科恢复之后十多年来对我国社会工作发展的持续关注、观察、思考和努力推动。

1. 结合美国社会工作发展状况探讨我国社会工作发展方向

吴桢翻译的《社区组织文献》反映了美国社会工作发展状况,该译文原文发表于 1940 年,而 1940 年前后在美国社区工作实务的发展历史上也是非常重要的节点,是邓汉(Arthur Dunham)提出的"社区组织与社会福利时期"③,也是韦尔(M. Weil)划分的"社区实务方法发展及规范的阶段"④。其中具有标志性意义的是 1939 年的"莱恩报告"(The Lane Report)⑤的发

---

① L. G. Lowrey, Review of the Substance of Mental Health, *American Journal of Orthopsychiatry*, Vol. 14, No. 4 (1944), p. 751.

② 程玉麟:《序》,载浦莱斯敦:《心理卫生十二讲》,吴桢译,上海《家》杂志社 1948 年版。

③ Arthur Dunham, *The New Community Organization*, New York: Thomas Y. Crowell, 1970.

④ M. Weil, Model Development in Community Practice: An Historical Perspective, *Journal of Community Practice*, No. 3-4 (1996), pp. 5-67.

⑤ R. P. Lane, The Field of Community Organization: Report of Discussions within Section III of the National Conference of Social Work, in Howard R. Knight (ed.), *Proceedings of the National Conference of Social Work*, Vol. 66, New York: Columbia University Press, 1939, pp. 495-511.

表。这份报告讨论了社区工作与社会工作专业方法的关系，以及社区组织作为社会工作方法与职业的关系，强调社区组织作为一种社区工作过程的作用，正式提出了社区工作的专业地位，将社区组织作为社会工作实务的一种方法合法化了。[①] 1939—1945 年，美国社会工作会议中的社区组织委员会也对社区组织课程的理念、内容及方法等提出了建议。1940 年的全美社会工作年会，是自"大萧条"开始以来在二战背景下召开的第一次会议。《社区组织文献》(The Literature of Community Organization)[②]一文出自《1940 年美国全国社会工作年会报告》。该文的作者邓汉也是莱恩报告的起草人之一。1940 年的会议分为三个部分：第一部分"世界危机时期的社会目标"；第二部分"社会工作关注领域"；第三部分"社会工作实务"。在第三部分中，发表了六篇关于社区组织这一主题的论文，社区的性质和为社会工作的目的的社区组织的过程的区别一直很模糊，但这些论文为更好地理解这些主题做出了有益的贡献，标志着研究和分析方法的真正进展，代表着在社会工作技术方法方面的进步。[③] 邓汉的《社区组织文献》[④]对于 1940 年之前的有关社区组织的文献进行了详细梳理，涉及的经典文献颇多，编者尽可能将每篇文献数目的来源出处标注清楚，有助于我们理解社区工作的发展历史及其借鉴意义。

吴桢 1948 年发表的《社会工作是一种社会制度抑社会运动》一文则是对比美国社会工作发展来思考中国社会工作的发展定位。该文对魏特莫(Helen Leland Witmer)的著作《社会工作——一种社会制度之分析》(*Social Work: An Analysis of a Social Institution*)进行深入探讨，指出"社会工作是一种社会制度"的观点在当时中国是不能适用的，无论是社会制度的组成要素，还是社会工作的需求与功能，并提出了"社会工作是一种社会运动"的论点，指出当时中国社会工作的功能在于积极开垦建设，社会运动主要是指社会工作的宣传和政策倡导，对已有的社会福利机

[①] M. Weil, Model Development in Community Practice: An Historical Perspective, pp. 5-67.

[②] Arthur Dunham, The Literature of Community Organization, in *Proceedings of the National Conference of Social Work: Selected Papers, Sixty-Seventh Annual Conference, Grand Rapids*, New York: Columbia University Press, 1940, p. 413.

[③] R. C. White, Proceedings of the National Conference of Social Work, 1940 (Review), *American Sociological Review*, Vol. 7, No. 1, 1942, p. 147.

[④] Arthur Dunham, The Literature of Community Organization, p. 413.

构以及人才进行督导培训,很多观点对于我国目前社会工作的状况也还是适用的。我以为,这种"社会运动"是社会工作成为一种社会制度的必经过程和必要铺垫。

2. 对社会工作教育恢复重建的突出贡献

1952年大专院校"院系调整",社会工作这门学科虽然遭受批判、禁锢和取消,但是社会工作是否有一个28年(1952—1979)的断层呢? 吴桢认为,社会工作是没有间断过的,只是采用了我国所特有的形式和方法。改革开放以后,时任民政部部长崔乃夫指出,从事这项工作的人员,大多没有或很少受过专业理论和方法的训练,处于"经验型"层次,因而与现代化建设对社会工作提出的要求不相适应。① 王思斌认为:"民政部等政府职能部门从业人员专业化的需要也成为推动我国社会工作教育发展的重要因素。"②教育先行也就成了我国社会工作发展的典型特征和必经历程。在社会工作教育恢复重建过程中,吴桢在社会工作教学与研究方面参与了很多关键阶段,做出了突出贡献。

(1) 1983年开始在北京大学、中山大学等高校首开个案工作课程

从社会工作教育恢复重建的过程来看,早在1980年5月25日—7月31日的第一期社会学讲习班上,雷洁琼教授主讲了"社会工作",阐明了社会工作发展至今早已成为相对独立的一个专业,它是工业化和城市化的产物,愈来愈会成为一个独立的专业和学科。③ 1981年,由费孝通指导和主持,在组织编写《社会学概论》的过程中,决定在书中增写"社会工作"作为独立的一章,开了中国恢复社会工作教育的先声。

吴桢80年代初开始在不同的高校院系(江苏省公安学校、北京大学、中山大学社会学系、南京农业大学等)讲授社会工作及相关课程,"我为社会工作这门学科经过28年的阻隔,又重新在大学的讲台上占一席地位而欢欣鼓舞"④。

1980年8月,北京大学得到教育部同意设立社会学专业的批复。

---

① 参见崔乃夫主编:《当代中国的民政》,当代中国出版社1994年版,第419页。
② 颜小钗:《社会工作教育:隐遁在社会工作发展中的印迹》,《中国社会工作》2014年第36期,第17—19页。
③ 参见王青山:《雷洁琼与中国社会工作——为庆贺雷老99岁华诞而作》,《社会工作》2004年第9期,第15—19页。
④ 吴桢:《社会工作蓬勃发展还看今朝》,《社会工作》1988年第1期,第14—15页。

1982年4月,北京大学社会学系成立后,先后开设了"老年人社会问题""社会福利""个案工作""民政概论""社会保障"等课程,其中个案工作课程就是吴桢教授的。北京大学社会学系自1980年筹建以来,先后邀请了国内外老一代社会学家杨堃、吴桢、张子毅、晏升东等人讲授社会调查和社区研究方法。根据北京大学社会学系王思斌教授的回忆,"1983年,当时我们的系主任袁方教授邀请了著名的社会工作学家吴桢教授来系里给我们讲课。他讲的是个案工作方法"[1]。虽然王思斌在1981年2月26日—12月13日的南开社会学专业班上通过费孝通教授的《社会学概论》(试讲本)中的社会工作一章,以及雷洁琼教授开设的社会工作相关讲座,第一次了解到社会工作,但是,"当时我们是按照社会学研究方法的角度去看待这门课的,认为吴桢先生所说的个案工作方法与我们要听的社会学研究方法不一样,听着听着就觉得不是社会调查方法,其实是非常专业的社会工作方法"[2]。

作为1981年与北京大学、南开大学共同成为全国首批复办社会学专业的三所高校的中山大学,在复办之初,就把社会工作教育的发展提上了议事日程,是中国较早开展社会工作教育的高校之一。[3] 据中山大学1984级社会学硕士研究生,现在是清华大学社会工作研究中心教授的陈社英回忆:"中大社会学还有一个特点,就是社会工作。我们上的课程中,请来了当时中国老一辈社会工作家之一的吴桢教授,从南京请来的,他当时给我们讲的是个案工作。"[4]

(2) 1987年在《中国民政》首次系统介绍社会工作知识

1985年12月初,国家教委在中山大学召开了自社会学恢复重建以来第一个全国高校系统专门研究社会学专业建设与发展的工作会议,雷洁琼先生在会上发言,呼吁应尽快恢复社会工作的学科地位。[5]

1986年,民政部人事教育司和《中国民政》编辑部为了满足民政系统

---

[1] 颜小钗:《王思斌:我与社会工作这30年》,https://mp.weixin.qq.com/s/mJ7ds-SvJU-vquetaXV05hg。
[2] 根据编者2018年8月25日对北京大学社会学系王思斌教授的简短访谈内容。
[3] 张勇:《广东社会工作教育蓝皮书(2006—2016)》,暨南大学出版社2017年版,第73页。
[4] 参见陈社英:《社会工作的使命、机遇和作用:国际与历史的考察》,载中山大学社会学与人类学学院、广东省千禾社区公益基金会编:《千禾学人讲演录》第1辑,社会科学文献出版社2013年版,第437—449页。
[5] 王青山:《雷洁琼与中国社会工作——为庆贺雷老99岁华诞而作》,第15—19页。

干部、职工普及知识教育的需要,在《中国民政》杂志上联合举办了知识讲座,至1990年先后举办了社会保障、社会工作、社区服务、社会工作实用心理学、基层政权建设、社会调查研究、民政行政法、农村养老社会保险等八门学科的知识讲座。吴桢在《中国民政》1987年第3期开始连载了7篇《社会工作讲座》文章(《社会工作与社会学》《社会工作与社会问题》《社会工作的内涵与外延》《个案工作》《群体工作》《社区工作》《社会工作的预测与展望》),可以算是在大陆首次系统地介绍社会工作的知识。[①] 文章一发表便受到当时社会学界的广泛注视,打破了30多年来在这门学科上的沉闷[②],1987年获江苏省第二次哲学社会科学优秀成果评奖二等奖。1991年,社会工作(吴桢,1987)、社区服务(陈社英,1988)、社会调查研究(泥安儒,1989)三门知识讲座合编成《社会工作》(民政干部培训丛书),由中国社会出版社出版,为推进民政事业的发展发挥了积极作用。[③] 吴桢为此次出版着力修正补充了2篇——《社会工作的职业化专业化》和《社会工作的"三基本"》,使得这一系列文章更加完整严谨,自成体系,浑然天成。

　　吴桢认为,社会工作就是应用社会学的一个组成部分,研究社会学的重要目的之一,在于指导大量的社会工作;社会工作体系是一种社会稳定的机制,社会工作者要把解决社会问题、发展社会生活和社会关系作为己任;很多社会问题的制造者和承受者都是"人",社会工作者对他们既要从物质上给予帮助,又要从精神上给予支持,两者缺一不可,必须在工作实践上掌握两者的比例关系,因人而异,因事而异,而且要力争把工作落实到每一个人;民政工作是为解决我国的社会问题而创建的中国特色的社会工作,民政工作一般都有社会性与行政性两个特性,不能截然分开,但就一项工作而论,有的偏重社会性,有的偏重行政性,可以分为两类:社会性行政工作(基层政权建设、退伍军人安置、行政区别、婚姻登记等)和行政性社会工作(优抚、救灾、社会救济、社会福利、殡葬改革等);在社会工作方法方面,如果积累了丰富的个案工作经验,就能为做好"团体工作""社区工作"打下实践基础,团体工作虽在专业上远不及个案工作的发达

[①] 参见吴桢:《社会工作讲座(第1讲):社会工作与社会学》,《中国民政》1987年第3期,第45—48页。

[②] 参见民政部人事教育司《中国民政》编辑部:《编者的话》,载民政部人事教育司《中国民政》编辑部:《社会工作》。

[③] 参见民政部人事教育司《中国民政》编辑部:《编者的话》。

和受重视,但拥有很多经验型实践,可以进行总结,社区工作的对象的多少与范围的大小以及工作者所需的技能与修养都超过个案工作与群体工作,在社会工作领域里处于高层次、高水平的地位。另外,民政工作担负基层政权建设任务,是我国民政工作的一个特点和社会工作发展的优势,通过基层组织——居民委员会、村民委员会的直接领导和"工、青、妇"等群众组织的协助与支持,各项社会工作可以在基层生根、落实并得到保证;中国特色的社会工作专业化、职业化应该从中国的实际出发,以现存的民政工作为主要阵地,以受过大专院校社会工作教育训练的毕业生和有丰富的实践经验的民政社会工作干部为基本队伍,不断提高民政、社会工作者的工作能力和心理素质;社会工作的基本知识、基本技能和基本价值这三者是缺一不可的,是互相联系、互为作用的,"基本知识"和"基本价值"对"基本技能"的支持和贡献很大;关于我国社会工作的发展展望,民政工作将偏重于积极的、预防性的社会福利和社会服务,消极的、治疗性的救济工作则要求提高质量,同时与教育、卫生、公安、财政等其他部门的工作配合将更加密切,形成一套完整的社会保障体系。

(3) 1987年受聘为民政部社会工作教育中心第一、二届研究员、教授

1987年9月12—14日,民政部在北京市马甸桥附近的北京对外经济交流中心大厦召开"社会工作教育发展论证会",主要是论证创办中国社会工作学院的必要性与可行性。在社会学得到恢复和重建8年之后,社会工作作为一门学科也终于得到恢复与重建。[①] 北京马甸会议还有几项具体成果:民政部与北京大学商定联合办学,即由民政部出资100万元人民币,从1988年起连续10年内,北京大学为民政系统培养100名社会工作专业硕士研究生;国家教委负责同志表明在1988年先在一两所高校组建社会工作专业的意向。[②]

北京马甸会议的另一个产物和成果是,1987年11月成立了"民政部社会工作教育研究中心"。该中心是一个由中国社会学教育专家和学者组成的学术性机构,以借助国内外社会力量,大力发展中国社会工作教育研究为宗旨。中心聘请全国人大常委会副委员长雷洁琼教授为顾问,民

[①] 参见王青山:《雷洁琼与中国社会工作——为庆贺雷老99岁华诞而作》,第15—19页。
[②] 参见王青山:《雷洁琼与中国社会工作——为庆贺雷老99岁华诞而作》,第15—19页。

政部张德江副部长为主任,成员有国内若干大学和社会科学研究单位的教授(研究员)、副教授(副研究员)19人,国外学者3人,下设一个办公室。中心的主要任务是为高等教育编写社会工作专业教材,为社会工作教育培训师资及提供咨询,为民政工作承担研究课题,社会工作的国际学术交流,开展与各国社会工作教育的合作与交流。①

吴桢受聘为民政部社会工作教育研究中心第一、二届研究员、教授,积极参与中心开展的社会工作教育、研究活动,推动具有中国特色的社会工作科研成果走向国际社会工作的舞台。吴桢以民政部社会工作教育研究中心教授的身份参加了1988年12月在北京大学召开的我国第一次社会工作国际学术研讨会——亚洲及太平洋地区社会工作教育发展研讨会:"课程发展的现状及未来趋势"(Seminar on Social Work Education in the Asian and Pacific Region: Existing Patterns and Future Trends of Curriculum Development)。这次会议是经国家教委同意,民政部支持,北京大学与亚太地区社会工作教育协会共同举办的,对推动中国社会工作教育的发展,加强国际交流与合作产生了积极的作用。吴桢在会议上发表《试论社会工作的职业化专业化》(On Professionalization and Specialization of Social Work)一文,编者在整理吴桢捐赠给南京大学社会学院的图书资料中发现,这次会议的相关材料还很好地保留下来,他在会议后也尝试将该论文的英文摘要寄信至匹兹堡大学社会工作学院,至于后续,未能找到相关资料,不得而知。这次会议也是王思斌与吴桢的第二次交集,王思斌作为北京大学社会学系老师参与筹办此次国际研讨会,吴桢对于社会工作的执着给王思斌留下了深刻印象。

(4) 1988—1991年持续参与社会工作教育

《社会工作蓬勃发展还看今朝》这篇文章发表在1988年10月《社会工作》杂志的创刊号上,这是我国最早创办的专业社会工作刊物,该刊物致力于普及社会工作知识,并在此基础上提高社会工作专业的学术研究水平。吴桢和卢谋华、袁方等几位教授一起为该刊创刊发表论文,"希望把它办成一个雅俗共赏、专家与普通老百姓都爱读的有关'社会工作'的

---

① 参见袁华音、王青山主编:《社会工作概论》,黄河出版社1990年版,第404页。

科普刊物"①。

《〈社会工作教程〉大纲》是在整理吴桢捐赠给南京大学社会学院的书籍时发现的教程手稿。从内容和手稿痕迹推断，该文大概写于20世纪90年代初。该大纲体现了吴桢一直以来对社会工作体系以及社会工作教材的关注与思考，即使和现在我们看到的中外社会工作概论的教材体系相比较起来，也是非常完整系统的。

《中国大百科全书》是我国第一部大型综合型百科全书。②《中国大百科全书·社会学·社会工作》的主编卢谋华认为，社会工作专业学科地位确立是从1986年《中国大百科全书·社会学》专门成立"社会工作"分支开始的，标志着社会工作被列入专业体系，萌芽已经形成，社会工作从此进入一个新的正规的发展阶段。③《中国大百科全书·社会学·社会工作》的编撰从1986年至1991年，历时5年，当时年近80岁的吴桢负责"社会工作督导""社会工作咨询"和"学校社会工作"三项词条，他编撰这些词条时所付出的心力不亚于撰写论文著作，非常认真地收集当时的最新资料，字字斟酌，严谨的态度让人敬仰。

（五）具有强烈问题意识的社会学家

吴桢是一位具有丰富社会学想象力的社会学家。第五编收入的文章都是吴桢对于社会变迁及社会问题的思考和分析，呈现了吴桢从学习社会学以来对于社会问题、社会变迁的强烈的问题意识、敏锐的时代感以及深沉的现实关怀。

《戏剧与学校》按时间推断是吴桢在沪江大学修读社会学专业时发表在校刊《沪江大学月刊》上的文章。从内容来看，这篇文章阐述了戏剧教学法在学校教育中的运用，将吴桢的戏剧爱好以及社会学专业知识的运用联系在一起。

---

① 吴桢：《社会工作蓬勃发展还看今朝》，第14—15页。
② 中华人民共和国成立之初，当时的出版总署曾考虑出版中国百科全书，但几经周折未能实现，直至1978年，国务院决定编辑出版，并成立中国大百科全书出版社负责此项工作。囿于出版的难度，当时按照门类分别邀请全国专家、学者分头编写，按学科分类分卷出版，《中国大百科全书·社会学》1991年得以出版，社会工作作为分支，主编为卢谋华，副主编为吴曰生、赵子祥、高平，编写组成员有孟范、程为敏。
③ 参见卢谋华：《卢谋华社会工作研究文集》，社会科学文献出版社2018年版，前言第4页。

吴桢在《在华的洋人》中对北平、上海和成都三个城市的洋人之间的差异，观察入微，语言幽默，刻画得入木三分。《老处女的三条出路》一文分析了当时社会上"老处女"现象的三种表现：专业的成功或宗教的信仰，是一种心理学上的升华作用，压抑两性生活；同性恋爱，是一种两性生活的伪装；与有妇之夫或盟军胡调，胡乱两性生活，游戏爱情，同时不会提出结婚。该文也指出，"老处女"的内心心理动机其实是对婚姻有意识的或下意识的恐惧。

《飞渡太平洋》《华盛顿三周印象》《美国人的种族偏见》和《轰动一时的大谋杀案：十七岁大学生罪案累累，化身博士的重演》四篇文章是吴桢1946—1947年作为《西风》和《光》两份刊物的特约美国通讯员发表的，都是吴桢赴美留学期间耳闻目睹美国各种社会现象后的观察思考，包括文化问题、民主问题、种族偏见问题以及青年偏差行为与家庭教育等，写起来都特别沉痛深刻。

1979年社会学学科恢复重建后，吴桢直接投入了社会学教育与研究中，其中他非常关注对于偏差行为及犯罪社会学的研究。早在1980年吴桢就开始在江苏省公安学校讲授社会学，重新涉猎他在30年代学习过、40年代教授过的犯罪社会学这一"社会学领域中最荒凉的一块园地"[①]，其中包括他翻译的拨克（Kurt W. Back）主编的《社会心理学》第六章"离轨"、社会学家严景耀的博士论文《中国的犯罪问题与社会变迁的关系》以及威廉·B.桑德斯的《代沟：价值观的矛盾》等。《社会心理学论离轨》一文的作者斯科特（R. A. Scott）是普林斯顿大学教授，介绍了关于离轨（偏差行为）的各种理论视角，尤其对于标签论视角下个体与主流社会之间的互动，如负责社会控制的官员贴标签的过程以及个体贴标签的过程，进行了细致入理的解释。《中国的犯罪问题与社会变迁的关系》是社会学家严景耀30年代的博士论文，吴桢有感于教材资料的匮乏，求教于雷洁琼教授（严景耀夫人），得到了严先生这本书的英文稿和其他有关犯罪学的遗作，将此书翻译并出版。严景耀通过实地研究掌握了监狱犯人的一手资料，认为社会变迁引起新旧法律观点与道德规范的矛盾，导致社会中的个体失范，犯法成为谋生存的唯一出路，犯罪是社会制约失效和社会解体所

---

① 吴桢：《我们需要研究犯罪学》，《江苏社联通讯》1981年第2期，第10—13页。

引起的必然结果。《代沟：价值观的矛盾》摘译自威廉·B. 桑德斯所著《少年犯罪》一书中的第二章"为什么犯罪"。① 桑德斯的《少年犯罪》是青少年犯罪领域的一本具可读性的教科书。桑德斯凭借其理论知识、对"街头"的敏感度和文学技巧，从青年和成年人之间的代沟中，以社会学的观点探讨青少年犯罪的原因。

吴桢翻译了拔克主编的《社会心理学》第十二章"紧张"，该章节由得克萨斯大学的格拉司（D. C. Glass）等人撰写，探讨了现代社会中由于疾病、社会生活、物理环境中不可控制的有害因素等造成的紧张（精神压力）及其适应。

译文《苏联的社会流动与阶层》的作者是科罗拉多大学社会学系、哈佛大学俄罗斯研究中心的多布森（Richard B. Dobson）教授，他从 1974 年在苏联做交换生时就收集了这篇文章中的一些材料，对于苏联的社会流动与阶层有着详尽的分析。该译文发表于 1983 年，对于我国当时还在启蒙阶段的社会流动与阶层研究，有一定的参考意义。

（六）勇于担当的社会学学科建设者

吴桢从沪江大学社会学系毕业后，从事社会学实践、教学、工作应用，一直未脱离过社会学的思维，停止过社会学的思考。尤其是在 1979 年社会学学科恢复重建后，吴桢勇于担当历史责任，作为江苏省社会学会的第一届会长和第二届名誉会长、江苏省政协委员，对于社会学学科建设有着重要的贡献。第六编收录的是吴桢作为江苏省社会学会会长发表的文章。

1. 江苏省社会学会的筹备建设

中国社会学会第一届副会长罗青在江苏省社会学会成立大会上的讲话描述了吴桢是如何主动积极参与到江苏省社会学会的筹备建设中来的："1979 年全国社会学研究会成立后，我们江苏就有些过去搞过社会学的同志闻风而动。吴桢同志就曾经有这个意思，我们总会知道了，很赞成请吴桢同志在南京联络其他同志把社会学搞起来。"②吴桢首先和江苏省

---

① W. B. Sanders, Why Are There Delinquents, in *Juvenile Delinquency*, New York: Praeger Publishers, 1976, pp. 23-63.
② 罗青：《中国社会学会副会长罗青同志的讲话》，《江苏社联通讯》1982 年第 8 期，第 11—13 页。

公安学校的姬仰曾副校长商量,江苏省社联从 1980 年 3 月开始酝酿成立省社会学会的问题了。①

1981 年 5 月 12 日,江苏省社联召开社会学研究问题座谈会,中国社会科学院社会学研究所常务副所长、党委书记吴承毅在会上谈了社会学当前工作的要点:抓成立学会,抓队伍培养,抓资料搜集,抓调查研究,抓出版刊物。1981 年 9 月 14 日,江苏省社联召开江苏省社会学会筹备会,吴桢发言回顾了我国社会学的历史和现状,建议将来建立社会调查基地,以便做深入的调查研究。经过民主协商,这次筹备会产生了以吴桢为主任的筹委会,委员共 18 人,还指定了一个由 5 人组成的筹委会工作小组。② 1981 年 10 月 3—7 日费孝通在三访江村后返京途中,应江苏省社会科学院和社联的邀请逗留南京数日,做了两次学术讲演③,举行了两次座谈④,对江苏省社会学研究工作的恢复和发展起到了重大的推动作用。

1982 年 5 月 22—26 日在武汉举行了中国社会学会 1982 年年会(中国社会学会第一次代表会议)。江苏省派出了吴桢、王淮冰等 11 位代表参加会议,在当时是人数比较多的代表团,此次会议上吴桢被增聘为中国社会学会顾问。⑤

1982 年 6 月 7—9 日在南京举行江苏省社会学会成立大会。大会通过了《江苏省社会学会章程》,选举了第一届理事会理事。理事会共有 50 人(包括为各地市保留的名额),理事会推选吴桢任会长,王淮冰、徐福基、甄为民、冯世昌任副会长,甄为民任秘书长。⑥ 学会下属有企业社会学、军事社会学、医学社会学、体育社会学四个专业研究会,以及理论社会学、教育社会学、农村社会学、犯罪和社会改造、婚姻与家庭、人口、青少年、人才等研究小组。⑦

---

① 吴桢:《江苏省社会学会筹备工作报告》,《江苏社联通讯》1982 年第 8 期,第 6—8 页。
② 《江苏省社会学学会筹委会成立》,《江苏社联通讯》1981 年第 13 期,第 9—10 页。
③ 费孝通:《建立面向中国实际的人民社会学》,《江苏社联通讯》1981 年第 17 期,第 2—20 页;《费孝通教授 10 月 7 日在江苏省公安学校的讲话》,《江苏社联通讯》1981 年第 17 期,第 21—29 页。
④ 费孝通:《费孝通教授 10 月 5 日在江苏省社会科学界座谈会上的讲话》,《江苏社联通讯》1981 年第 17 期,第 30—42 页;《费孝通教授在民盟江苏省常委会第六次(扩大)会议上的讲话》,《江苏社联通讯》1981 年第 17 期,第 43—45 页。
⑤ 吴桢:《江苏省社会学会筹备工作报告》,第 6—8 页。
⑥ 《江苏省社会学会成立大会简报》,《江苏社联通讯》1982 年第 8 期,第 3—4 页。
⑦ 张琢主编:《现代中国社会学(1979—1989)》,四川人民出版社 1992 年版,第 340 页。

1987年12月18—19日,江苏省社会学会第二次代表大会暨"改革与社会发展"学术讨论会在南京举行,吴桢代表上届理事会做了工作报告,与会代表在发言中对学会五年来在组织建设和宣传普及社会学方面所做的工作表示赞同和肯定。大会选举产生了有一批中青年学者参加的第二届理事会,理事会推选吴桢为名誉会长,徐福基为会长,李振坤、张学洪、宋林飞为副会长。

吴桢在江苏省社会学会成立大会上,曾用"老马识途"来形容那些在1952年以前就学过社会学的,对社会学这门学科并不陌生且一直深有感情,而且有相当深的造诣,对研究社会学的理论、开展社会调查很感兴趣,虽然年龄大一些但仍愿意投入这方面工作的老同志。其实他本人就是一匹这样的"识途老马",甘愿担当桥梁和摆渡人角色,带领着中青年学者推动社会学学科发展。

2. 社会学知识的传播

早在1980年,吴桢就受江苏省公安学校之邀开设并系统讲授了《社会学概论》《犯罪学》。江苏公安学校也成为改革开放后江苏高等学校中最早开设社会学课程的学校。同时江苏省公安学校派钱文源到北京参加1980年5月25日—7月31日的第一期社会学讲习班,钱文源回来就建立了社会学教研室,担任教研室主任,并配备了一定数量的教学人员,另外,还选定了句容少管所和一个街道作为社会调查基地,有利于研究城市社会学、青少年犯罪问题和其他一些问题。吴桢在江苏公安学校讲授社会学、犯罪学等课程的过程中,翻译了诸多有关犯罪社会学的文献,并出版译著《中国的犯罪问题与社会变迁的关系》。

在江苏省社会学会成立大会上,很多代表提出办讲座的问题,吴桢主动承担讲授个案工作。20世纪80年代吴桢先后在江苏公安学校、北京大学、中山大学、南京农业大学教授社会学、犯罪学、社会工作、个案工作等课程。

作为政协委员和江苏省社会学会会长,吴桢将社会学专业贯穿于工作之中,推广并宣传社会学学科。例如1982年7月23日吴桢受邀参加江苏省政协医卫组的座谈会,与南京神经精神病防治院院长陶国泰、南京儿童医院副院长许植之、南京医学院副教授欧阳壬官、南京师范学院副教授丁祖荫和方观容、特级教师王兰等座谈如何促进儿童身心健康和如何搞好儿童保健工作等问题①；1986年5月12日江苏省政协教育组、妇女组联合举行报告会,吴桢主讲《社会化和儿童心理卫生》。省政协在宁教育界与妇女界部分委员、省各民主党派、工商联妇女界成员以及中小学、幼儿园教师共200余人出席。②

3. 社会学方法的应用

作为江苏省政协委员及社会法制委员会主任,吴桢注重实地调研,关注社会热点问题和民生建设。例如,1982年10月,江苏省政协常委林浩然、吴桢带领法学、社会学、心理学、医学、精神病学专业工作者和部分省政协委员共20人赴句容县视察省少年犯管教所,了解少管所干部的工作情况和困难③,之后不久又组织了江苏省社会学学会理事及有关人员参观了句容少年管教所,并在参观中组织了学术座谈;1989年3月27日—4月7日,带领16人组成农村精神文明建设视察组,到盐城市郊区、射阳县、响水县视察,并撰写《必须重视农村精神文明建设》的视察报告;1990年5月10—18日,赴无锡县、泰兴县、盱眙县及其下属5个乡(镇)的5个村,就村民委员会建设问题进行调查,了解《中华人民共和国村民委员会组织法(试行)》的贯彻实施情况,针对村民委员会建设中存在的问题提出建议;1990年9月4—11日、11月15—20日,两次组织部分省政协委员,赴镇江、扬州和盐城3市的7个县(区)调查公安机关治理"三乱"(乱收费、乱罚款、乱摊派)的情况,并撰写专题调查报告④;1991年1月14—19日吴桢等一行八人赴徐州跟踪视察扫"六害"的情况⑤,等等。

4. 社会学理论的研究

吴桢一直倡导社会学各分支领域的"百花齐放",就其自身而言,除了前面提及的犯罪社会学、社会工作以外,他还非常关注医学社会学的发展。自江苏省社会学会成立,医学和体育社会学就是最有活力和发展最快的分支。吴桢关于医学社会学的分析视角,和他的医务社会工作及个

---

① 江苏省政协文史资料委员会编:《江苏文史资料》第75辑,江苏文史资料编辑部1994年版,第140页。
② 江苏省政协文史资料委员会编:《江苏文史资料》第75辑,第198页。
③ 《江苏省志·政协志》编纂委员会:《江苏省志·政协志》增补修改稿,江苏人民出版社2003年版,第397—398页。
④ 《江苏省志·政协志》编纂委员会:《江苏省志·政协志》增补修改稿,第399—401页。
⑤ 江苏省政协文史资料委员会编:《江苏文史资料》第75辑,第284页。

案工作的背景有关。他提出,无论是医学中的社会学,还是医学的社会学,医学社会学要研究的终究都是"病""人""社会"以及三者之间的关系。

吴桢对于社会学的本土化也有着深入的研究。他认为,"我国社会学研究的恢复和发展不只是一种愿望,而是具有现实意义的任务",社会学能够在建构新型的社会关系中发挥什么样的作用,共和国的社会学具有什么样的不同于旧的、非中国的社会学的独创性,这些都是社会学恢复重建过程中的新课题。吴桢通过梳理社会学发展历程,提出建立"具有中国特色的社会学"是更加实际明确和容易达成的发展目标。

(七) 有温度、暖人心的个人魅力

附录部分收入了 8 篇文章,内容包括吴桢的社会工作教学起步之旅、九三学社职业生涯、对话剧的爱好、家庭关系等,让读者能够比较全面立体地了解吴桢温暖人心、幽默风趣、乐观积极的个人魅力。

1. 专业与职业

吴桢的社会工作教学起步于 1942—1944 年在国立社会教育学院社会事业行政系担任副教授的工作经历。吴桢和丁瓒自北平协和医院开始,既是工作伙伴,又是亲密朋友,对于心理卫生和社会工作之间的紧密联系有着清楚和深入的共识,一起为宣传、普及与推动卫生和社会工作两门学科知识而努力。1941 年吴桢离开北平协和医院的一线实务领域,前往重庆,当时他在协和的老朋友丁瓒在中央卫生实验院负责创建心理卫生室,邀请他前来工作,发动社会工作。与此同时,1941 年 8 月由著名教育家陈礼江创立于璧山的国立社会教育学院实行开放式办学,充分利用社会力量培养人才,除了请一些著名学者、专家担任本校教授外,还采用聘请兼职教授、短期讲学、发表演说等多种形式,邀集第一流的学者经常不断地来校讲学。[①] 1942 年,吴桢和丁瓒二人也分别被国立社会教育学院聘为社会事业行政系兼职副教授。吴桢教授个案工作课程,丁瓒教授心理卫生课程,此时吴桢在沪江大学念书时的另一位好友陈仁炳也在该系任教,教授社会事业行政和社会统计等专业课程。

---

① 当时的名人如陶行知、梁漱溟、郭沫若、黄炎培、晏阳初、叶圣陶、徐悲鸿、舒新城、王芸生、金仲华、陈望道、顾毓琇等都曾来校讲学,许德珩、顾颉刚、许崇清、董渭川、俞颂华、许杰、洪深、张骏祥、焦菊隐、史束山、谷剑尘、戴爱莲、陈白尘、刘雪庵等名家都曾长期在校执教。

国立社会教育学院虽然只有11年的创办时间,但是该学院的社会事业行政系是我国专科以上学校中最早的也是唯一的社会工作系,在中国社会工作教育发展史上有着重要的意义。在当时满天烽火遍地狼烟的时代,个人或团体与社会调适的工作、救济工作、辅导工作以及社会建设与社会改进工作都是刻不容缓的。① 而社会事业(social work)在中国是一种新兴事业,很缺乏专门人才,因此国立社会教育学院建立之初就特地建立社会事业行政系,以培养社会事业专门人才为任务,在校训"人生以服务为目的,社会因教育而光明"思想指导下,以"为最大多数人谋最大福利"为行动准则。② 该系的系主任先后由朱约庵、朱亦松、许德珩、刘及辰担任,张少微、言心哲、岑家梧、陈仁炳、张迦陵、丁瓒、吴桢、高达观、王启润、陈文仙、邓子琴等均先后在该系任教。该系既注重专门技能的训练与应用,又强调广博与专精相结合,重视通才的培养,所开课程多侧重于社会事业方面,诸如社会服务、社会福利、社会保险及社会政策理论与实施等。③

吴桢在中央卫生实验院社会工作室开展工作的同时,在国立社会教育学院社会事业行政系开始了社会工作教学,职业生涯从社会工作实务领域转向社会工作教学领域。1944年离开重庆,到华西协和大学、金陵女子文理学院继续社会工作教学工作,抗战胜利后又在金陵大学社会福利行政系任教,直至1952年。

吴桢回顾在国立社会教育学院任教这段职业经历时写道:"这一年尝试,竟使我把社会工作这一未被很多人所共识的专业,干了一辈子奠定了基础。"④ 吴桢在北平协和医院和中央卫生实验院近10年的一线医务社会工作者服务经历之后,开启了陆续10年的社会工作教学生涯,这20年的职业经历奠定了他对社会工作专业的热爱。即使在1952年全国社会学专业被撤销后,吴桢进入了统战工作系统,也依旧在长期工作实践中,将

---

① 安静之:《国立社会教育学院》,《渝讯特刊》1945年刊。
② 袁少卿、魏德良:《志在造福社会的新学系——社会事业行政系》,载苏州大学社会教育学院、四川校友会编辑:《峥嵘岁月》第2集,内部出版1989年版,第33—35页。
③ 《各大学社会学系系讯——国立社会教育学院社会事业行政学系概况》,《中国社会学讯》1947年第2期,第8页。
④ 吴桢:《忆社教学院——记社会工作教学的起步》,载苏州大学社会教育学院、北京上海南京苏州校会合编:《峥嵘岁月》第3集,内部出版1991年版,第31—33页。

社会工作方法、社会学、心理学、行为学的理论知识运用到工作实践中,把社会工作专业的温暖人心、社会学的包容开放传递到统战工作的职业场域中,发现统战工作丰富、更新了他的社会学、社会工作知识,度过了最充实、最丰收的 32 年职业生涯。尤其在社会学恢复重建过程中,如前所述,吴桢在统战工作的同时,投入到推动社会工作发展、社会学学科建设的过程中,将专业与职业很好地结合起来,感到"人生最大的幸福是专业有定向,奋斗有目标,生活有意义"①。

2. 兴趣与爱好

《应云卫引导我们走上话剧舞台》一文回顾了 1929—1944 年吴桢和著名戏剧、电影艺术家应云卫导演之间的莫逆之交。吴桢爱好广泛,美术、戏剧、体育等都是他的兴趣,琴棋书画样样精通,幽默风趣,平易近人,散发着个人魅力。王思斌回忆起吴桢给他留下的印象就是"很高很帅,声音洪亮好听"。吴桢有着喜剧天分,会跳舞,爱模仿,闲暇时便表演给大家看,让人乐不可支,可谓甘草人物。

1929 年 9 月吴桢考入上海沪江大学社会学系后,就和许烺光、陈仁炳一起成为华北同学会剧团的成员,由洪深改译的王尔德的杰作《少奶奶的扇子》成为他们的第一个剧本,并且幸运地得到应云卫导演的排演及教导,其中吴桢饰演刘伯英,陈仁炳饰演吴八大人,许烺光饰演留学生。在首演颇得好评后,1930 年 1 月 11 日,他们还受到中华妇女节制会游艺大会的邀请,在中央大会堂做了第二次公演②,博得观众阵阵掌声。通过《少奶奶的扇子》的成功演出,吴桢对应云卫导演不凡的戏剧才能和提携后辈的品质非常敬仰佩服,也因此与话剧结下了不解之缘。在沪江大学华北同学会剧团,吴桢还演过赵元任的《最后五分钟》、谷剑尘的《狂风暴雨》等抗日救亡运动的戏剧。1930 年受应云卫的邀约在上海戏剧协社的《威尼斯商人》中扮演阿拉贡王子,该剧是莎士比亚戏剧在中国话剧舞台上的首演。③ 同年 5 月还参演了朱穰丞译导、袁牧之主演的《文舅舅》。1933 年 9 月 16—18 日,为纪念九一八事变两周年,应云卫导演并组织演出了大型

---

① 吴桢:《幸福与荣誉》,载江苏文史资料编辑委员会编:《江苏文史资料》第 35 辑,江苏文史资料编辑部 1989 年版,第 25—27 页。
② 沈潼:《中华妇女节制会游艺大会中沪大华北同学会之表演》,《图画时报》1930 年第 631 期。
③ 吴桢:《我所认识的导演应云卫先生》,《申报》1930 年 5 月 26 日,增刊第 2 版。

九幕话剧、反帝名剧《怒吼吧！中国》，演职员多到 100 余人，其中有 50 人是社员、歌剧团中的同志以及各学校中有演剧经验的同学，吴桢在其中扮演副官。该剧在黄金大戏院上演 8 场，场场爆满，获得了空前的成功，把如火如荼的抗日救亡宣传推向了高潮。吴桢毕业离校后又帮助沪江大学华北同学会剧团导演莫里哀的《悭吝人》（亚巴公），不仅在学校表演受到观众赞许，更是于 1933 年 12 月 16 日在上海女青年会国货展览会上表演，为展览会增色不少。1934 年吴桢代应云卫排演莫里哀的《悭吝人》。这些丰富的舞台经验让吴桢愈发亲近舞台。

1934 年下半年，吴桢到北京加入唐槐秋的中国旅行剧团，该剧团是中国第一个职业话剧团。中国旅行剧团团员们自认他们是"一群"，团员们对吴桢的评价是："平时简直像一个最顽皮的孩子，浑身上下都是笑料，嘴巴和手脚从来没有停止过，所以大家送一个'齐天大圣'的绰号。"[1]吴桢参演了中国旅行剧团的"打炮戏"《梅萝香》，客串最难演的小生角色马子英，与白杨一起合作过。

与此同时，吴桢在北平协和医院找到工作，担任社会服务部的社会工作员。北平协和医院有个业余剧团——协和剧团，1939 年 5 月和 1940 年 6 月，协和剧团在协和礼堂公演著名剧本《牛大王》，为附设在协和医院社会服务部的北平怀幼会募捐。该剧由中国旅行剧团副团长陈绵博士担任导演，演员大部分为社会服务部职员，吴桢主演朗西公爵，演出效果殊佳。此外，吴桢还为这个剧团排演过《女店主》和另外几个独幕剧。1939 年吴桢翻译并发表了默顿（J. M. Morton）的剧本《何先生与柯先生：独幕剧——现实生活之一段浪漫史》(Box and Cox : A Romance of Real Life in One Act)，"这个剧短而有趣，布景简单，演员也少，所以很容易演出在游艺会里凑个趣"[2]。

吴桢十余年的话剧表演和导演经历，让他和应云卫、袁牧之、魏鹤龄、耿霞、秦怡、赵丹等话剧界知名人士结成了非常友好的关系。1941 年吴桢辗转到重庆工作时，正好应云卫等在重庆建立中华剧艺社。中华剧艺社在重庆期间上演了思想内容与艺术表现兼优的佳作，吴桢和当时也同

---

[1] 《"一群"的素描(10)——吴桢》，《新光》1934 年第 30 期，第 3 页。
[2] J. M. Morton：《何先生与柯先生：独幕剧——现实生活之一段浪漫史》，吴桢译，《沙漠画报》1939 年第 18 期，第 13、17 页。

在重庆的陈仁炳、丁瓒两位早期业余戏剧爱好者一起经常参加应云卫住处的文艺沙龙，并观看了优秀的剧目演出。

1944年吴桢从重庆来到成都华西联合大学教书，虽然暂别了戏剧界的朋友，但在工作生活中还经常指导学生社团的演出，例如1945年春季，为学生服务解决各种问题的华西坝大学生学生公社服务部组织了话剧团，吴桢及郎新康承担导演之责①；1948年金陵女子大学学生自治会康乐部为提高戏剧组同学应有的舞台经验，培养同学们对戏剧艺术的爱好与鉴赏，组织排演由洪谟与潘子农合写的话剧《裙带风》，特请当时在金陵大学任教的吴桢担任指导②，于1月10日晚在金女大学校大礼堂演出，戏剧组的同学演技可谓娴熟，引起强烈反响；50年代任南京大学总务长期间，吴桢导演组织教工话剧团在南大礼堂演出了苏联剧作家卢考夫斯基的话剧《手提包的秘密》，受到师生欢迎，等等。

3. 家人与生活

最后4篇文章属于吴桢的家人——夭折的双胞胎、父亲、夫人和儿子，表露了吴桢为人父、为人夫、为人子的温馨感人的家庭情感。

吴桢夫妇在1948年7月24日获得一对龙凤胎，却在70天后的9月28日和10月3日连着遭遇儿女离世的双重打击。在吴桢这段痛苦的心路历程中，饱含着对不确定的疾病的无助，对恶劣的医疗条件的无奈，对戡乱的社会环境的无力。面对小生命离去的无边的哀伤、无尽的遗憾和无穷的爱意，都淋漓尽致地抒发在吴桢撰写的《无边的哀悼》这篇文章中了。

吴桢的父亲吴振南是海军名将，历经不同的时代，一直投身海军建设事业，一生中两次接受参事任命书，辛亥革命胜利后孙中山先生任命其为临时革命政府参事，1949年后，陈毅市长任命其为上海市参事。吴桢在1928年上大学之前与父母住在一起，与兄弟姊妹和睦相处，深感家庭的温暖与幸福，上大学之后因为工作变换和成家立业，与父亲渐渐疏离，直至1946年回到上海工作，才和父亲生活年余，1947年后吴桢定居南京，只有信件往返了。自从1961年父亲去世后，吴桢思慕甚殷，深感没能承欢

---

① 张彩瑞：《成都教会大学学生之宗教团体与信仰状况》，载何一民、姚乐野主编：《民国时期社会调查丛编·四川大学卷》，福建教育出版社2014年版，第575—576页。
② 王钱国忠：《鲁桂珍与李约瑟》，贵州人民出版社1999年版，第61页。

膝下之憾,父亲的英武肃穆而又慈蔼仁爱的形象时常萦绕于脑海之中。吴桢于1981年和1990年分别执笔撰写吴振南生平,以表浓浓的思念之情。

卢宝媛是吴桢夫人,这里收录了她1939年在金陵女子文理学院社会学系的本科毕业论文《成都市30个犯罪儿童的研究》。卢宝媛很重视自己的毕业论文,为了更好地研究青少年犯罪,她亲身到少管所去和少年犯进行交谈,深入了解青少年的犯罪心理,以个案方法研究犯罪的儿童。当时的系主任龙冠海很重视毕业生的社会实践,他很欣赏卢宝媛的毕业论文,推荐包括卢的毕业论文在内的十篇优秀毕业论文公开发表。卢宝媛以优异的成绩毕业后先到江津私立懿训女中任教师,教授英语和音乐,后来由于和校长关于学生管控的理念的沟通得不到改善,1942年她坚持自己的原则,选择离开了那所中学。1942年到中央卫生实验院工作时遇到了吴桢,二人都是学社会学的同行,又是同事,对于很多问题都有共同的见解,久而久之,二人之间碰擦出爱情的火花。1944年春,吴桢和卢宝媛决定结婚,当时恰逢吴桢接到成都华西联合大学社会学系任教的聘书,他们遂决定双双辞去中央卫生实验院的工作,到成都去发展,开始新生活。① 二人虽经历各种波折,但是一直风雨同舟,相亲相爱,相濡以沫。1979年社会学学科恢复后,卢宝媛担任江苏省社会学会第一届理事,推动社会学发展,另外曾从事英语教学工作,为南工老师和一些科学院所高职称人员补习英文,并兼任了江苏公安学校的新概念英语教学工作,为自己的学识找到了用武之地。

最后一篇是吴桢的次子吴申庆2019年撰写的回忆文章,以身边亲人的视角描述父亲吴桢的社会学生涯,肯定会有新的发现和感悟。

三

回顾历史,眺望未来。自1912年北京社会实进会成立算起,中国社会工作已经走过了100多年的历程,中国社会工作理论界和实务界留下的许多珍贵的历史资料,仍然是今天的中国社会工作向前发展的动力源

---

① 吴申庆:《吴桢和宝媛结婚记》,根据卢宝媛口述编写,2010年5月。

之一。"没有哪个专业的发展可以离开对历史的总结与反思。回顾历史经典,可以帮助我们厘清社会工作的理论来源,找到社会工作的方法论基础,做好社会工作的专业定位。"①

2018年2月,南京大学社会学院院长成伯清教授交给我编辑出版《吴桢文集》的任务时,我对于吴桢的印象停留在20年前我刚从事社会工作教育时看到过的那篇论文《试论社会工作专业化职业化》,这是我当时认为最早的社会工作文献之一,更多的也只是对论文内容观点的理解与分析。在不断深入挖掘文献的过程中,我忽然觉得似乎发现了一座宝藏,视野逐渐开阔起来,吴桢的形象也逐渐清晰丰富了起来。社会工作是那根串着珍珠的丝线,引领着我走进他的人生历程,看到了我国社会工作发展的风景处处。吴桢的书写拉近了社会工作发展在中国与外国、过去与现在、现实与理想之间的心理距离。

从吴桢的社会工作历程中可以看到,他是参与者、亲历者,更是推动者。他个人的生命历程与中国社会工作发展的历史轨迹紧密联系在一起。以史为鉴,吴桢的社会工作人生中的执着与丰富、坚持与顺应、塑造与建构,某种程度上也折射了中国社会工作发展过程中的一些重要议题,例如社会工作教育先行的中国特色,社会工作实务发展与制度建构,社会学与社会工作的关系,社会工作方法的本土化等,让我们反思社会工作的长度(生命力)、宽度(包容性或开放度)、厚度(专业性),让我们思考社会工作的适应功能是体现为应运而生还是随机而变,让我们相信并确定不能辜负老一辈的努力,要始终怀抱着希望、信心和勇气前行。

在编文集的过程中,充满着偶遇、机缘、运气和必然。当苦苦寻觅中看似不经意的一转身一抬头的惊喜发现偶有发生时,让人总有一种如获至宝、如释重负之感。这里要特别感谢:南京大学社会学院院长成伯清教授、南京大学图书馆的陈远焕教授、吴桢的邻居邓伍文、吴桢的次子吴申庆教授、商务印书馆南京分馆的总编白中林和责编尹振宇对文集出版的积极推动;我的好友南京师范大学社会发展学院的花菊香教授、《社会工作》杂志社的编辑程激情在资料收集时提供的热心帮助;我的同学首都师

---

① 徐永祥:《总序:华彩百年学术传道,风云世纪专业流芳》,载玛丽埃伦·里士满:《求索的一生:里士满社会工作专业化历程》,华东理工大学出版社2018年版,第5—11页。按,"里士满"即"利支曼"。

范大学中文系的檀作文老师对疑难字词校正的大力支持；南京大学社会学院图书资料室的陈露老师对吴桢捐赠图书资料的用心管理；我的 2017 级 MSW 研究生蒋冠祯、蒋蕊瑶和李瑶对文献资料的细心整理、转录和比对；我的 2019 级 MSW 研究生曹陆萍、何箴、梁曼茹、凌逸杨对书稿的认真校对。编者虽尽最大努力收集、整理、校注著述文献，肯定还会有疏忽遗漏之处，敬祈方家指正。

肖萍

2020 年 2 月 24 日

目 录

第一编 个案工作

　　个案工作的技巧 ………………………………………… 003
　　访问的艺术 ……………………………………………… 007
　　访问的技巧 ……………………………………………… 014
　　缀合破碎了的人 ………………………………………… 018
　　读者意见:三度蜜月将如何? …………………………… 025
　　　　附:《家》编辑回信 …………………………………… 027
　　社会个案工作新趋势 …………………………………… 029
　　弗洛伊德对社会福利工作的贡献 ……………………… 034
　　个案工作在发展 ………………………………………… 047
　　漫谈个案工作和个案分析 ……………………………… 056
　　个案工作的理论与方法:个案工作向何处去 ………… 066

第二编 医务社会工作

　　我在协和医院社会服务部 ……………………………… 077
　　记北平红十字会医院:协和医院社会服务在抗日战争中 …… 083
　　社会工作员:我的职业生活 ……………………………… 092
　　医事社工十年记:我的职业生活 ………………………… 095
　　病人也是人 ……………………………………………… 100
　　论医护人员的职业道德 ………………………………… 110
　　《精神病护理学》译者序 ………………………………… 113
　　　　附:萧孝嵘序 …………………………………………… 114

第三编　儿童社会工作

上海儿童福利促进会 ····· 119

参观美国儿童法庭 ····· 122

家庭：心理卫生启蒙地 ····· 127

儿童怎样学习世故 ····· 133

儿童怎样了解人情 ····· 139

儿童保教实际问题：介绍美国《儿童研究》季刊内的

　　"父母问题咨询栏" ····· 145

教养机关内社会工作及人员之训练 ····· 149

顽童的心理分析与治疗 ····· 152

有关上海儿童福利的社会调查之医院调查 ····· 158

有关上海儿童福利的社会调查之卫生事务所调查 ····· 164

台湾写实小说《她未成年》读后感 ····· 171

第四编　社会工作发展

社区组织文献 ····· 175

社会工作是一种社会制度抑社会运动 ····· 186

社会工作与社会学 ····· 194

社会工作与社会问题 ····· 201

社会工作的内涵与外延 ····· 209

个案工作 ····· 216

群体工作 ····· 235

社区工作 ····· 241

社会工作的职业化专业化 ····· 247

　　附英文：Professionalization and Specialization of Social Work

　　····· 256

社会工作的"三基本" ····· 262

社会工作的预测与展望 ····· 268

社会工作蓬勃发展还看今朝 …………………………………… 274

《社会工作教程》大纲 …………………………………………… 277

《中国大百科全书·社会学》词条 ………………………………… 288

第五编 社会变迁与社会问题

戏剧与学校 …………………………………………………… 293

在华的洋人 …………………………………………………… 301

老处女的三条出路 …………………………………………… 305

飞渡太平洋 …………………………………………………… 308

华盛顿三周印象 ……………………………………………… 312

美国人的种族偏见 …………………………………………… 316

轰动一时的大谋杀案:十七岁大学生罪案累累,

   化身博士的重演 ……………………………………… 320

我们需要研究犯罪学 ………………………………………… 323

社会心理学论离轨 …………………………………………… 329

美国《社会心理学》中的论紧张 ……………………………… 363

  附:城市噪音干扰脑力工作 ……………………………… 395

《中国的犯罪问题与社会变迁的关系》译者序 ………………… 397

代沟:价值观的矛盾 …………………………………………… 400

苏联的社会流动与阶层 ……………………………………… 404

第六编 社会学学科建设

江苏省社会学会筹备工作报告 ……………………………… 411

  附:江苏省社会学会理事会和顾问名单 ………………… 414

社会学要为两个文明建设做贡献,在两个文明的建设中

   创建新中国的社会学 ………………………………… 416

医学社会学的发展 …………………………………………… 420

社会学的建立与发展:兼论创建具有中国特色的社会学 ……… 423

第七编　附录

忆社教学院：记社会工作教学的起步 …………………………… 439

幸福与荣誉 …………………………………………………… 441

在九三机关三十二年 ………………………………………… 443

应云卫引导我们走上话剧舞台 ………………………………… 445

无边的哀悼：悼亡儿宁庆 ……………………………………… 451

先父吴振南自传及注释 ………………………………………… 455

成都市 30 个犯罪儿童的研究 ………………………………… 467

父亲吴桢与社会学 ……………………………………………… 514

作品年表 ……………………………………………………… 521

第一编 个案工作

个案工作的技巧[*]

"个案研究"(case study)是以一个人,或一个家庭为对象去研究社会状况,目的在由一个人或一个家庭中搜寻出他们或它的反常或变态来的;至于"个案工作"(case work)则除去要完成上述的研究目的外,还要加上治疗的功能。个案工作员担负这种重任,如要胜任愉快,必须具有特殊的技巧,这种技巧虽说是个案工作员的特殊应具的技巧,但是它对于任何一种职业都有帮助,无论教员、律师、法官、洋行经理、商店跑街,甚而至于工头、包打听都用得着,如果把这种技巧神而明之,则对于他的职业,必有更显著的助力。所以我们如果说个案工作的技巧是"成功秘诀"或是"处世奇术"并没有一点夸张。一个人——无论什么人——如果能习得这种技巧,不但口齿伶俐,能说会道,而且能察言观色,鉴别是非;更宝贵的是他学得了忍耐、同情——等等美德。

个案工作的第一步是调查(investigation),换句话说,是搜集情报,搜集情报的方法,不外谈话(interview)和探访(house visit)两种。一个个案工作员对于向他求助的案主必须要有彻底的了解,举凡案主的身世、性格、智能、家庭背景、学习的成绩、工作的效率,甚而至于他的社交生活、婚姻生活都要知道清楚。与案主第一次的会谈是很关重要的,随后在探访他们家庭、他的工作场所、他的学校、他的亲友时的观察和与这些关系人所做的谈话材料也都很重要。

使一个陌生人在低声下气地求助时,而能毫无隐瞒地把他的私衷和盘向一个工作员托出,本来不是一件容易的事。我不反对在必要时用些机智去诱供或竟是逼供,但是最好的方法还是要用诚恳的态度、同情的态

---

[*] 吴桢:《个案工作的技巧》,《西风》1941 年第 63 期,第 240—242 页。

度,使案主自愿地而且很自然地娓娓而谈。这样的谈话不但使工作员得到更有价值的情报,而且这种谈话的本身,对于案主很有治疗的价值(therapeutic value)。在谈话时不但态度很要紧,同时工作员对于谈话地方的背景和他的衣饰都要注意。你可以想象得到如果一位工作员穿着鲜艳的时装,面对着一个乡下老谈话,她的手指甲上涂上了鲜红色,或银灰色的蔻丹,她的桌上再放一盆点着电灯的热带鱼,那乡下佬是决不会专心跟她谈话的。

还有工作员在探访案主的家庭或工作处所时,如果想从他的家属或雇主方面得到些情报,最好先把他的来意婉转地说出,使发言人对他有了信仰,有了兴趣,然后才能得到确实可靠的情报。除了万不得已时,切勿用机巧骗情报,因为这样一来,如果被发言人发觉,他就会引为耻辱再也不肯合作了。

观察的敏锐,在探访时是很重要的。到一个人的家庭中,工作员不但是用嘴谈话,而且要不时地用他的眼睛观察他的四周。一个暴发户的家庭,或一个破落户的家庭,或一个世代贫困的家庭,都可从家具、壁上的书画看出来的;有时案主的癖好、性格、治家的能力、宗教的信仰都能从一次家庭探访中一览无遗。

在调查中,除去谈话与探访外,对于专家的报告,像医生的方案、心理学家对于案主的智力测验或社会适应能力测验的报告书,都要尽力搜求。

第二步的工作是分析情报。在调查的工作认为已经收到满意的结果后,应当把所有调查的记录反复推敲。有些情报是有价值的,有些是无用的,有些是可靠的,有些是不可靠的。鉴别情报之可靠与否,是很需要经验与一些学理的根据的。譬如说:间接听说的证例(hear-say evidence)当然不如那亲眼得见的人所报告的证据(testimonial evidence)可靠,而亲眼得见的人所报告的证据又不如工作员自己亲眼看见的证据(real evidence)可靠。至于由偶然事件所推测的证据(circumstantial evidence)则需要对于所发生的事件仔细地加以考虑。对于文件的证据(documental evidence)最好是再由专家去鉴定。等到把所有的情报都经过一番考虑、一番估价之后,我相信那工作员对于他的案主所发生的问题,或称它是反常的地方或病态一定有些了解了。这时需要把所有的情报分析清楚,做个简短的总论(summary)。

第三步的工作是诊断（diagnosis）。诊断一个案主的反常式病态，虽然很难像医学诊断那样客观，那样有标准，但是工作员可以依据一些前进有经验的社会工作员的论著作根据。譬如作者对于 Miss Thornton[1] 的分析社会问题的方法就很觉满意。她把社会问题分作两大类，一类是生活方面所发生的阻碍，一类是对于环境的不满。这两大类之下，又分出若干小支组（详情可参看《西书精华》第 5 期中拙作《病人也是人》的表格）。像她这样的分法，很可把可能发生的社会问题包括完全。

第四步是计划（plan）。工作员既已找出案主所发生种种困难的治疗方法，他就不难"对症下药"了。当然有些问题是不能解决的，但是幸而大多数的问题都还有办法，譬如案主的诊断是饮食不足，工作员就可以设法帮他得到足够的饮食；譬如是婆媳不和，工作员就可以设法或从中调解，或设法使她们分居，避免冲突；譬如是未婚的母亲有了私生子，工作员就可以设法替这私生子找一个寄养的家庭，或替这未婚的母亲设法隐瞒；当然案主所发生的问题未必如此简单，但是在调查工作完成以后，诊断清楚以后，计划总是可以比较容易地想出的。

在设计时候是需要技巧的，因为凡是有自尊心的人，都是不愿意别人替他计划，而自己只是被动地去实行别人所定的计划的，所以在这时候，工作员必须忍耐，最好是用暗示的方法，使案主自动地自己计划出一个计划，那么，案主一定会很愉快地去实行，而收到更圆满的结果。

第五步是计划的实践。很奇怪的事是有许多工作员到了这一步时，对于他的案主失了兴趣，因为他已然彻底地明了他的案主；换句话说，他已然满足了他对于案主的好奇心；同时他又已写成了一篇洋洋数千言或竟是数万、数十万言的一篇报告，并且还写了一个很美丽的计划，于是他十分满足了，对于这计划的实践，毫不感觉兴趣，甚而对于他的案主厌倦起来了。这样当然是很不对的，而且也很不经济。这时工作员必须打起精神，把他所定的计划按部就班地去实行起来，并且要不时地随访（follow up）他的案主，最好是规定好了每隔两个月、半年，或一年去随访。这种准

---

[1] Janet Thornton, Marjorie Strauss Knawth, *The Social Component in Medical Care: A Study of One Hundred Cases from the Presbyterian Hospital in the City of New York*, New York: Columbia University Press, 1937.——编者注（注：脚注凡非作者原注部分，皆以"编者注"三字予以说明；若作者原有注而编者予以修订、补充者，则以"作者 & 编者注"予以说明。）

时地随访是需要工具来帮忙的。这种工具就是工作员的卡片箱。他应当把他的卡片箱放在他的案头,把应当随访的案主,按照应当随访的日期安排定当,到时候就会机械地去随访他们。这种工作虽然近乎机械,然而如能行之既久,自然乐在其中矣。

以上所说的五个步骤,虽然似乎分得很清楚,但实际上一个个案的进行并不如此,并且说不定进行到某个阶段时发生阻碍。有许多个案可以费去数月或数年的时间,而只在调查的过程中,有些个案虽然能够终于找到诊断而想不出妥当的计划,还有些虽然有了计划却不能实行。总之,个案工作虽然理论上可以分五个步骤,而实行上则未必如此。这种情形只有有过经验的人可以了解了。

个案工作的技巧似乎很简单,也很普通,看起来几乎只是些常识而已,而且有好些人在待人接物时的举动态度,已然与前述的各节无意中吻合了。但是认真地做个成功的个案工作员,皮毛的技巧是不够的,重要远在技巧以上的是他对于他的职业的热诚,是他对于人类服务的坚强的意志,还有他对于他本行的学识方面的不断的努力与进取。

访问的艺术[*]

  访问是 interview 的译名。这个译名并不十分妥当,因为访问是一种谈话,一种有计划、有步骤、有目的谈话。若把 interview 直截了当译为谈话原无不可,但毕竟又与"摆龙门阵"之随便聊天,和"今天天气好,哈哈"之类应酬话不同。严格说起来,一个 interview 至少有三种功能:(一)寻求事实;(二)报导消息;(三)激发情绪。譬如新闻记者刺探消息的对话,目的在寻求事实;售货员的谈"生意经",必须报导消息,供给许多关于所售的物品及市场的材料;又如社会工作员与案主的倾谈,也许目的在说服案主做什么事,也许在给他精神的安慰,激发他的情绪。像这类的 interview 都不是普通的谈话。但如把 interview 译为访问,我仍感觉它不甚妥当。因为第一,interview 并不一定访,有时被访;第二,它并不仅在问,同时也被问,访问是双方面的,是交互的,访问者与被访问者处于同等重要的地位;换言之,即访问之进行与结果,实由双方来决定,原名的 interview 一字很有意味,inter 意思是交换,view 意思是观点,interview 的意思就是交换观点。interview 的最大价值就在能够交换观点,可是现在的译名无论是"访问"或是"谈话"都不能代表这个意思,在 interview 还没有更妥当的译名以前,暂且仍用访问。

  访问的价值,是研究社会学与做社会工作者所不能否认的,社会是有机的,是动的,是时刻在变化的,研究社会状况,书本的智识远不如与活的社会接触所得来的智识宝贵。不管是纯粹社会学者或是社会工作者想要研究社会状况都绝对不能不借重访问去搜集材料,有些不肯上进、专门人云亦云的"社会学家",因为自己不善访问,于是"酸葡萄"作用起来,卑视

---

[*] 吴桢:《访问的艺术》,《学思》1944年第3期,第14—18页。

访问的技巧，做出"雕虫小技，壮夫不为"的态度。这种态度与偏见是最要不得的。

访问是一种高深的艺术，犹如学外科手术，或是玩弄乐器一样，它必须有许多原则去学习，正像是学外科手术，必须怎样割，怎样缝；又如学按钢琴，必须学怎样运动手指，怎样抚那些音键一样。这些基本的学习必然是艰苦的、索然寡味的，但在不断的学习之后，就能得心应手，趣味盎然了。知道了原则，再加上长时期的练习，可以学得技巧，成功一个匠人；但是要想更进一步，学外科手术的想造就一个妙手回春的名医，则必须还要熟通医理；学按钢琴的想造就一个出色当行的音乐家，则必须多懂许多音乐原理。访问的艺术也正和这些情形一样，要想养成高深的访问艺术除去（一）知道访问方法的原则，（二）有充分的访问的练习研究外，还要有（三）理论的修养。

一、访问方法的原则

利支曼（Richmond）[①]在她所著的《社会病理析原》（*Social Diagnosis*）[②]一书中，曾胪举了七项选择访问对象的原则，这些原则很能帮助初学者寻找最富于情报的来源，不致虚费时间，实在是访问者的第一块指路牌。宾汉与穆尔（Bingham and Moore）在他们所著的 *How to Interview*[③] 一书中写出51条关于访问的准备的原则。这些原则诚然是访问的钥匙，给初学者打开了技巧的宝库。这51条原则，不但教给初学者怎样利用环境，怎样迎合被访问者的心理，怎样建设合作的基础，怎样发出适当的问句等，最重要的是它们教给初学者一个正确的观念，一种社会工作员的应有的职业态度。初学者熟悉了这些原则，未必立即在技巧上能有多少帮助，因为有些原则不免彼此冲突，自相矛盾。譬如在某种场合，应当迂回地问出实情；在另一种场合，适合于以直接问题，劈头问出实情，使被访问

[①] 玛丽·利支曼（Mary E. Richmond, 1861—1928），美国社会工作先驱，社会工作专业奠基人，个案社会工作之母。——编者注

[②] 今译为《社会诊断》。Mary E. Richmond, *Social Diagnosis*, New York: Russell Sage Foundation, 1917.——编者注

[③] Walter Van Dyke Bingham, Bruce Victor Moore, *How to Interview*, New York: Harper & Brothers, 1931.——编者注

者一时无暇找到遁词。一个初学者仅仅熟读了这些原则，是无法立刻学会应付这些变幻的情形的，不过，至少在他的访问态度上，可以有比较正确的表现，就是这一点收获，已很值得宝贵的了。

二、访问的练习与研究

根据作者个人的经验，一般的学生在初次做调查，或是社会工作学员做初次访视、与案主做第一次访问时都感觉困难，畏缩不前；等到访问过后，对于访问的检讨，也觉无所根据，难以下手，像这样的在暗中摸索，不但虚耗学习者的时间，而且使许多初学者失去了勇气、自信与兴趣，所以访问的训练方式是很值得研究的。

关于访问训练的方法，坎坡顿(Helen P. Kempton)[①]建议在课室中，使学生报告访问的经过，大家公开讨论，各人可把自己所遭遇的困难与获得的心得贡献出来，这些经验都是创始的(first handed)而且是切身的，所以非常有价值。报告的范围，由坎坡顿限定了四个题目，这四个题目是：（一）试述第一次访问的经过；（二）举例说明观察(observation)与推理(inference)之效能；（三）试述第一次之治疗访问(treatment interview)；（四）试述一次遇有困难之访问(环境的、心理的，或是语言的困难)。这种初学者彼此互相揣摩的方法倒是很有效力的。

至于许多有经验的社会工作员想要深造访问的艺术，为便利讨论起见，把许多访问技巧都给它们一定的名词，加以标准化的解释，这正如拳师把这样推人一掌叫作"饿虎扑食"，那样踢人两脚叫作"玉步连环鸳鸯腿"，或是厨子把口磨汤倾在炸焦的锅粑上叫作"轰炸东京"，把许多素菜炒在一起叫作"罗汉斋"一样，这样一来，各种方法都有了一定的名词，一定的解释，运用起来，自然方便多了，这样实行的，例如芝加哥的美国社会工作协会的职业训练委员会里面的访问研究委员会(Sub-Committee in Interview of the Committee on Professional Practice, Chicago Chapter, American Association of Social Work)。这些研究委员花了六个月的工

[①] 坎坡顿，1917—1922 年服务于美国家庭福利协会，后又担任纽约社会工作学院个案工作讲师。——编者注

夫，每两星期开一次会讨论访问方法，由雪飞尔女士（Mrs. Sheffield）①领导，他们仔细地分析并讨论访问的经过，并且把访问的记录按照一定的大纲写出，在这大纲里包括访问的目的、背景、方法、访问发展的过程、技巧的讨论等。在访问发展及技巧的讨论两项下，又细分为若干小项目，这些项目应用了许多新名词，而且每个新名词加以固定的解释。此外如杨（Young）②的《社会工作与访问》（*Interviewing in Social Work*）③一书中还例举了许多种分析访问记录的方法，有些甚至把两方的态度、情绪都详细地加以分析及说明。自然，有些人反对这种办法，把访问按照它的"步骤"与"技巧"分开是不合理的，因为根本这两者是不容分得太清。不过我总认为这种尝试确实走到了一个正当的途径。

又如高尔柯（Miss Colcord）④也主张为了发扬访问的艺术及便利教学起见，不妨创造新名词。在美国的几个大城市，例如纽约、芝加哥及明尼苏达等的社会工作指导员也曾召集圆桌会议，研究访问艺术，由每人报告访问的经过并检讨应用的方法。我在所译的宾汉及穆尔所著的《访问方法》一书中，曾把这些方法译为"主妇法""开门见山""预防守势""抢先插口""顺水推舟""一针见血""迎头棒喝""亦庄亦谐"等，这些译名尚能以几个简单的字代表一种技术的含义，我自觉这些译名对于初学者有些帮助。高尔柯曾说这些名词不管是成语、土话甚或是代数符数、希腊字母，只要不随便乱用，一经决定之后，不常改变就很有价值。

我对于这些人研究访问方法的认真与努力，非常钦佩，也非常神往，我很希望在中国从业社会工作者也下一番苦功，照样脚踏实地地研究一下。把访问的方法归纳成几种一定的格式与名称，确可增进研究与教学的效率。有了一定的名词，可使初学者在访问前有比较具体的计划，在访

---

① 雪飞尔（Ada Eloit Sheffield），与利支曼在《社会诊断》一书中合作了至少两个章节的内容，著有 *The Social Case History*（1920）、*Case Study Possibilities*（1922）、*Social Insight in Case Situations*（1937）。——编者注

② 杨（Pauline V. Young），南加州大学博士，著有 *Pilgrims of Russian-Town*、*Interviewing in Social Work*、*Social Treatment in Probation and Delinquency*、*Social Case Work in National Defense*。——编者注

③ Pauline V. Young, *Interviewing in Social Work*, New York: MaGraw Hill, 1935.——编者注

④ 高尔柯（Joanna C. Colcord），曾任纽约市慈善组织协会秘书长、罗素塞奇基金会（Russell Sage Foundation）慈善组织部主任，著有 *Broken Homes*（1919）、*Case Relief*（1936）、*Your Community*（1939）等。——编者注

问后,有比较具体的报告。据高尔柯报告,一般初学者都感觉这种方法的便利与成功。这也和教拳的有了招数的术语就容易传授徒弟怎样动手打人,怎样还手抵抗,又如厨师傅有了菜名就容易帮助吃菜的点菜,也容易自己研究菜谱了一样。

　　新创的名词,初听起来诚然有些可笑,但是任何一种新智识的成立都要经过这么一个阶段,并且任何一种学问如想职业化,必定要有术语或是"行话"。譬如像"个案""案主""访问""访视""线索"这一类社会工作上的专名词,在初用时还不是听了很不舒服?现在听惯了也就不觉得了,现在有许多人喜欢玩桥(Bridge),在挖尽心孔地编译名词,有些名词已经在流行,而且已被一般人所接收,我想不出为什么我们不能研究,或创造一些关于访问的新名词。

　　名词的制定,并不能解决培养访问艺术的问题,那不过是把研究的工具下了一番整理功夫罢了,要想把这些工具运用得灵活,还很需要些练习。等练习纯熟了,才能随机应变,左右逢源,我在以前已提到,成功的访问,还不止需要的技巧,它更需要理论来支撑。

三、 理论的修养

　　访问的进行顺利与否,效果如何,全靠访问者与被访问者间的心理反应。所以一般研究访问艺术的人都很重视心理学与访问的关系,例如 Young 在她的《访问与社会工作》一书中,有两章《访问与人格问题》《访问与心理问题》,都是讲到访问与心理学的。

　　应付被访问者的心理活动不是件容易的事,特别是社会工作者访问的对象比较一般的访问对象尤为复杂,他不像新闻记者或售货员所遇到的都是比较正常的人,他所接触的案主(或称之为求助人),都是些或处在困难中,或失去了心理平衡的人,这些人或者神经过敏,或者麻木不仁,或者态度倨傲,或者自惭形秽,或者刚愎自用,或者意志薄弱。他们不但个性不同,而且他们常因与社会工作者接触而发生心理上的改变。应付被访问者的心理改变,最主要的是了解人格的构成与行为的缘由(etiology)及机构(mechanism)。但是关于这两点,心理学家自己也在各执一词,莫衷一是:譬如说行为派的(behaviorism)就把人类行为的构成归根于习惯的形成（habit-formation），与交替反应之心理分析学派的（psycho-analysis）把它归根于性（sex）、"力必多"（libido），或是自卑情结（inferiority complex）；社会学派的又把它归根于团体习俗的力量，这种力量暗示给每个人以行为的准则。其他不同学派的不同见解还很多，这些分歧的学说使许多初学者感到迷惑；所以有人主张根本就不必使他们知道，让他们经验去，经验够了的时候，自然会适应，会了解的。不错，也许从前的人走的是这条路，一条多么弯曲而迂回的路？我们再不愿意初学者用 trial and error 的方法去走迷宫了，这些关于了解人性的学问一定要有条理地灌输给他们，使他们的准备富足。

　　研究访问方法的最大缺点与失败，就在材料的来源都是从访问者得来的，是片面的，是主观的。这里也许有一种访问的方法可供研究之用，毛然诺（Moreno）①提倡用演剧的方式访问，他称这种方法为访问的心理剧（psycho drama of interview），这种方法，原则上与布氏、柯氏（Burgess and Cottrell）②所主张的成功的访问必须使被访问者有设身处地（empathy）的感想不可，不过布氏与柯氏的原则借对话来表现，而毛氏所提的办法更具体地、更生动地借行为表现出来罢了，这种心理剧方法已在芝加哥大学（University of Chicago）实验，成绩很好，对于发生家庭问题的案主尤为适用，这种方法是使被访问者为主角（subject），由他自由选择演员扮演与他发生困难的人，母、妻，或是朋友，这种人称之为 auxiliary ego。然后他把这个演员所扮演的个性、身份详细地说明，导演——访问者可以借一些简单的道具，例如桌椅等，或是口头的叙述使情景更为逼真。等到这一步 warming up process 完成之后，就可以照预定的节目演出了，例如被访问者与妻发生问题，就可以使扮演的妻坐在台上，作很焦虑地等待他的样子，然后他装作迟归之状，进门之后，他或婉言谢罪，他或强词夺理都随他去发展，这种方法往往使被访问者道出真切的实情，流露出下意识的愿望，我以为这种访问方法很有趣，也很有效，可惜在中国，一时还做不到，因为一般人还不十分了解社会工作，未必肯这样合作，而且中国人向来不

---

　　① 毛然诺（Jacob Levin Moreno），美国心理学家，心理剧疗法创始人，团体心理治疗的先驱。——编者注

　　② Ernest Watson Burgess(1886—1966)，美国社会学家，因在芝加哥大学从事城市社会学研究而闻名。Leonard S. Cottrell(1899—1985)，美国社会学家，曾任美国社会学协会第 40 任主席。1939 年，二人合作撰写了著作 Predicting Success or Failure in Marriage。——编者注

喜欢表情或表演这套把戏,但是这种方法给了我们一点启示,指引了我们一点教学的方法,我们为什么不能把它应用在课室里呢?为什么不能使初学者扮演访问者与被访问者的故事呢?为什么不能把成功的访问详细记录,按照记录重演呢?

在中国考究访问的艺术实在是一件非常困难的事,它简直是向一般从事社会工作者的挑战,除了上述的一般困难之外,在中国学习访问,还有特殊的困难,例如语言的不统一,各地风俗习惯的不一致,以及各处人的思想型的不同,都增加了访问的困难,这些困难是无可逃避的,只有面对着它们努力迈进。

访问艺术所要求的条件愈是苛刻,愈是增加了研究的兴趣。访问的应用甚广,不但社会工作者、社会学家,以及许多其他职业者如新闻记者、售货员、法官用得着,任何研究社会科学的人都依赖它为搜求材料的工具。不过访问艺术的探讨,却是社会工作者的责任,不容旁贷的。

访问的技巧*

访问方法的应用至广：新闻记者采访消息，售货员推销货品，侦探刺探案情，法官审询案件，以至社会工作者调查案主的情况，无不依赖访问的技巧。然而真正把访问发展成为一种有系统的学术的，却是社会工作者。譬如杨（Young）的《社会工作之访问》（*Interviewing in Social Work*）一书，厚厚的一本400多页的巨著，都是专门讲究访问之道的。其他有关社会调查，以及个案工作的论著，莫不以访问为一重要的论题。

访问与随便谈谈究竟不同，它是有目的、有方法的。它的目的或在获取情报，或有启发思想，或在心理治疗，不管它目的何在，或者目的是双重或三重的，访问者必须凭借技巧的熟练才能成功。自然诚恳与率真的态度，是访问成功的最重要的条件。但如果缺乏技巧的运用，仍会徒费唇舌、白耗光阴的。

若想使一种技术系统化，必须借重术语，譬如医学、化学、物理、电机工程等科学都各有其难懂的专门名词，甚至如烧小菜、打拳、踢毽子、抖空竹都各有一套术语。有了术语之后，不但听起来，像煞有介事，而且可以便利学习，便利研究。美国的社会个案工作专家高尔柯女士（Joanna Colcord）想做这一番功夫，创造了许多专为访问应用的术语，虽然她把各个名词的定义都标准化了，而且在应用之后，果然觉得可以帮助学习，易于检讨，然而她总觉得这些名词都是借用"俚语"，远不及一些其他学科的名词，借用拉丁文的来得温文尔雅，神气活现。兹将这些名词，转译成中文，尽力利用固有的成语，再略加解释，以备对访问方法有兴趣的读者作为参考。

---

* 吴桢：《访问的技巧：社会工作特稿》，《西风》1945年第77期，第472—474页。

（一）戴高帽子（flattery）——是对被访问者表示赞赏，而使对方高兴，建树友好关系的方法。

（二）主妇法（hostess）——是使被访问者不感觉拘束，如同坐在自己家里，打破严肃的空气，以便自由谈话。

（三）亦庄亦谐（inconsequential pleasantries）——是在访问中插入幽默、轻松的口气，偶然也需要说几句笑话，使被访问者情绪松弛，不太紧张。

（四）避免争辩（avoiding argument）——如果使对方同意自己的意见，最有效的方法是避免争辩，因为争辩只是使对方更倔强、更气盛罢了。

（五）拒取攻势（refusing to take offence）——有时被访者有意或无意地激起访问者的愤怒，以便结束他所不喜欢的访问。这时如果访问者不能忍耐，不能拒取攻势，一定会使访问失败的。

（六）顺水推舟（following clients leads）——在被访问者偶然说出一个意见而与访问者的意见暗合时，最好趁此机会继续发挥，这样最能收访问的效果。

（七）抢先插口（forestalling interruption）——当访问者发现对方会说出什么走极端的话头来时，最好在适当的时候，抢先插口，因为极端的话一经说出口，便会使局势紧张起来，难以挽回。还有些时，被访问者把话题愈拉愈远，也需要抢先插口，以便经济时间，拉回原题。

（八）启发问题（provocative query）——在访问中，若希望对方相信自己的意见，最有效的方法，不是耳提面训，而是以一种启发式的问题，迂回地诱导被访问者的思路。

（九）寓意警诫（veiled threat）——对于有些不肯就范的访问者，在不得已时应予警诫，但警告以含蓄为宜。

（十）开门见山（cards on table）——我可译作"单刀直入"，有时访问者应将访问的原意坦白地说出，这样可以屏除许多无谓的障碍，如能利用已有的材料，在访问一开始时，即开诚布公地说出，可以节省许多时间。

（十一）迎头棒喝（shock）——在被访问者不承认一件事实时，最好不给他时间准备遁词，突然地发问，或突然把事实暴露出来，可使被访问者不自觉地供出实情。

（十二）一针见血（cornering）——是访问继续到相当进度时，把最主要、最警惕的话提供出来,使被访问者如梦初醒似地看出问题的症结。

(十三) 指桑骂槐(implied criticism)——批评被访问者的弱点最应小心,偶一不慎,可使访问情势转劣,甚至不易收场;所以批评最好不要过于直接,如能用以此例彼的方法,借类似的情形,做间接的批评,可以避免误会与争执。

(十四) 纵使自供(letting client talk himself out)——访问最重要的一个原则是少说多听,如果碰到爱说话的人,满可尽他去讲,在必要时,发几个启发的问题,这样可以使案主自己供出所需要的资料。

(十五) 演绎法(specific to general)①——是访问者借重某一个特殊事实说明一般原则。

(十六) 归纳法(general to specific)②——是访问者从一般现象说到某一个特殊事实。

(十七) 设身处地(anticipating clients defense)——任何人对他自己的言行,无论功过,都有解释,所以最好惹起被访问者的共鸣和信仰时,一定对对方的自卫的口实予以谅解,如肯设身处地,替被访问者想一想,自然了解得更透彻了。

(十八) 同情(sympathy)——被访问者的不幸,最需要同情,同情的访问可以收到治疗的价值。

(十九) 缓术(concession compromise)——过分地坚持己见,最足惹起反感;必要时不妨稍为让步,以后慢慢地使被访问者就范。

(二十) 解释来意(explaining agency)——使被访问者了解访问者的背景、访问者的来意,以及访问者所代表的机关的性质,在许多情形之下是非常重要的,否则一个不厌求详的访问,很易被误认为是抽税的、拉壮丁的,或竟被误为汉奸。

以上所译述的 20 种访问技巧,是访问方法中最基本的。然而这些技巧的运用必须与访问的策略相配合才能生效。综观上述的 20 种访问技巧,有些在策略上是冲突的,比如"纵使自供"与"抢先插口","迎头棒喝"与"指桑骂槐","寓意警诫"与"开门见山",在政策上都不相容。或者以

---

① 此处应为"归纳法"。——编者注
② 此处应为"演绎法"。——编者注

缓,或者以急;或者以诱,或者以逼;或者以直,或者以曲。有些技巧是适合于缓的、诱的、曲的策略的;有些则适合于急的、直的、逼的策略的。所以技巧的取决必须根据于访问的策略,至于策略的取决则要根据于对被访问者的了解了。兵法云,"知己知彼,百战百胜",所以访问者在开始访问以前,必须先对对方了解,然后决定策略,决定所要采取的技巧,然后才能应付裕如、从容不迫地达到访问的目的——获取情报,启发思想,或是心理治疗。

自然,访问的环境、地点、时间都很重要,比如环境的清静或嘈杂,地点之在公共场所或在私人庭院,时间的充裕或迫促都能左右访问的结果,然而最重要的还是访问者的态度。真诚、恳切的态度之动人实远胜于熟练、灵活的技巧。特别从一个从事于社会工作者的立场来说,"忠诚是最好的策略"。社会工作者自然很想了解他的案情,然而他决不肯像在法庭证人席上的律师诱供时的不择手段,也不肯像在市场上的售货员鼓吹货品时的不顾事实,更不肯像新闻记者在半路上截着要人刺探消息时的穷凶极恶。访问的技巧,对于社会工作者固然是很重要的工具,但是工作者的职业道德与人格修养尤为重要。

缀合破碎了的人[*]

某年10月5日早晨11点钟左右,由西郊某某院的院警和一位中年妇人把一位用菜刀自刎的病人送到急症科求治,自杀者是个37岁的中年寡妇,她在前一天晚上11点钟以菜刀自刎。自刎的原因,就连伴送她来的院警和那位中年妇人——她的姐姐也说不清楚。病人嗓管的前壁已被刀横着割断,幸而未伤及大血管,流血不太多,所以尚无性命的危险。当天病人就转送到耳鼻喉科女病房,立刻由该科的医生施行手术把破坏的嗓管缝好,同时施行总气管剖术(tracheostomy),剖治后,经过甚好,一直到她出院的前一天,医生因为她出院后无处可去,又因为她的嗓子需要用银制的气管呼吸,而利用银制气管呼吸必须长时期的练习,才会自己很妥当地把两副管子轮流地替换,不致发生意外,万一偶有不慎,或是太着慌了,管子安置不到那人造的气管洞眼里,病人立刻会窒死;同时,病人的家远在郊外,天天到医院练习换管子和换药,当然是办不到的。为了这种种的困难,医生把病人转到社会部请求帮忙。这是10月16日的事,10月17日社会工作者接到医生叫病人医病的通知,立刻到病房与病人做第一次的谈话,所得的材料如后:

病人是旗籍,年37岁,寡居,现在同她的70岁的老母和40岁的姐姐三个寡妇同住在×山××村。她曾在×山工作过6年,起先是做些洗衣缝纫的工作,近年管些做饭的事,竟也能挣到20元一个月,她的母亲和姐姐则靠着做些手工赚钱过日子。她有一个儿子,年12岁,现在×山××院读书。她的丈夫生前是个军官,在10年前走失,听说在2年前死了。至于她的娘家,她只知道有个父亲,因为是旗人,在前清时靠着钱粮过日

---

[*] 吴桢:《缀合破碎了的人》,《西风》1944年第66期,第559—565页。

子,一辈子没有做过事情。民国以后,生活很困难,早经死了。在谈话中,病人表示对于基督教很热心,不识字,不会读《圣经》,没有受过洗,但是很喜欢听人讲道。病人说话时很费力,嗓音很哑。她知道明天就要出院,非常焦急,所以工作者没有机会跟她做更深切的谈话。工作者询问病房的护士关于病人的情形。据护士说,病人脾气很坏,说话很多矛盾,不可全信;又说她有个儿子前几年逃走了,病人很受刺激;又说病人在住院时,曾有一男性朋友来探望她,此人跟病人的态度很奇怪,不像是普通的朋友,跟病人的关系,有些神祕。经过这第一次的谈话,工作者感觉着当前的三个问题亟待解决:第一是病人出院后无处可去;第二是病人没有自备的银制气管;第三是病人的自杀原因还不十分明了,将来出院如果不能把致她自杀的环境改变,恐怕还有自杀的可能。

10月18日工作者在病房中与病人谈话。这次病人承认她有个大儿子,大约在10年前,在一家理发馆当学徒,忽然逃走了。虽然她儿子的失踪,原应由理发馆负责,但是她因为这个儿子生性太恶劣,所以她也就不追究了。至于她自杀的原因,据她说她觉得自己有罪,对不起上帝,只有自杀才能谢主的恩典。病人谈话时很兴奋,并且表现出很强烈的宗教的冲动。因为病人今天必须出院,所以工作者替病人安置妥当,出院后送她到本院附设的女调养院,又替她负责借了医院里的管子,又替她找了棉衣;同时工作者送了封信到×山某某院通知病人出院的情形,希望他们能送些衣裳和钱来;并约×山某某院的社会工作者W女士在20日上午十时半来晤谈。

10月20日W女士如约来了。她的谈话给了工作者不少有价值的材料。据她说,病人在18岁时结婚,因为丈夫很不守规矩,病人很是忧虑。20岁那年,她生了个儿子,在前一年由做学徒的地方逃走了。在10年前病人曾经犯过精神病,在夜里满院子大声地喊叫,各处乱跑。至于病人的个性,W女士以为她是很能干的,但是脾气很大,常与同事起冲突,无论做什么事,都要独断独行,不肯服从人。最要紧的是据W女士所知,病人的丈夫并没有死,现在T埠做警官,不过她十分相信病人是不知道他的地址的。至于病人的宗教信仰,W女士完全没有前闻,根据W女士的谈话,有三点很值得注意:第一是病人显然地把儿子逃走的日期,往后倒退了好几年;第二是病人认为丈夫死了,而实际上丈夫并没有死;第三是病人对于宗教的热忱，是新近发生的事。而这三点在病人方面，并看不出有一点造作或撒谎的样子，所以工作者的解释认为病人很为儿子及丈夫走失的事情而感到痛苦，下意识地把儿子走失的日期推后了，同时她对于丈夫的憎恨使他以相信丈夫死了为快意。至于对宗教的热信，不过是借以回避那些悲痛的事实的烟幕而已。W女士同时表示病人将来如果回×山某某院找事是很困难的，因为人人都知道她是个可怕的自刎者。

10月25日，工作者到×山某某院及病人的家庭访问。这一次远行数十里郊外的探访，差不多用了一个整天的功夫，虽然似乎太不经济，但是所得的材料确实有些兴味。工作者先到某某院见事务主任S先生，据S先生的意见，以为病人自杀的原因，大概是由于去年她儿子的走失。工作者请求见一见病人12岁的次子，但是S先生说病人自刎的事，她的次子还不知道呢，所以工作者就不再见病人的次子了。S先生觉得病人的次子读书很用功，很有出息，将来或者可以成为病人精神上的一种慰安。至于病人的家庭，是个典型的贫困的乡村家庭。工作者到病人的家里时，正好病人的母亲出门，只有病人的姐姐在家。她正在忙着烤白薯，看见工作者非常欢迎，谈话也很坦白率直。据她说病人刚结婚的时候，夫妇感情非常融洽，彼此很关切，也很知道爱护。丈夫那时在军队里做个小军官。结婚后，做事非常努力，非常上进，于是地位渐渐提高，薪金也渐增加。可是两年以后，丈夫忽然改变了，他交了好些酒肉朋友，每天花天酒地，胡吃烂嫖，又染了吸鸦片的癖好，结果与病人的感情日渐破裂，在七八年前溜到T埠去了。这些年以来，都没有通过信息，但确知他还生存在人间。丈夫态度的改变或许是病人自杀的原因；而近因或许是为了大儿子的走失。病人的大儿子从小就不务正业，学过很多手艺都没有成就，他学过印刷、卖线等等，可是都不到满师就中止了。好容易最后在2年前学满了做理发匠，病人也非常高兴，自庆得了个好儿子，谁知在去年正月里，儿子回家时带了个朋友，对着病人说："妈，我欠这人四块半钱的赌债，你替我还了吧！"病人无法，替他还了，可是非常气愤，因为他儿子为好赌已经跟病人有过好几次的冲突了。于是她对他大儿子说："你如果是我的儿子，从此以后不再赌钱，要不，你就走你的，用不着再见我了。"大儿子听见这话，立刻回答说："我走就走，将来好了，我反正也忘不了你；不好，我这辈子也不回来了。"说过这话，大儿子竟一去不返。至于病人的宗教信仰，姐姐说一概不知，并且在病人的住处也找不出一点信基督教的痕迹。工作者回来的时候，还替病人带回她所需的梳头家伙、一件棉衣，还有两块钱。

11月2日，病人写了一个纸条由调养院的看守人王太太带给工作者，上面写着她因为有9天不能说话，异常地着急。工作者去询问医生，据说要病人能够恢复声音是件很困难的事。但是医生的话工作者没有告诉病人，以免加重病人精神上的痛苦。

12月5日——在过去的一个月中，病人每天到医院换药，练习换管子，中间有过几次由社会部代病人向院方当局请求免费的医药的服务，并由工作者以比较低廉的代价做了两副银制的气管，由工作者向××山某某院请求院方付这笔钱；从此以后，病人算有了她自己的管子了。还有在过去的一个月中，病人对于基督教更感兴趣，常到××胡同的教会去听道。她的体格也渐强健。并在今日写了个条子给工作者，要求替她安排点工作。

12月10日——工作者把她介绍到本院的工作治疗部（occupational therapy）去试工，同时工作者与她以纸笔会谈，知道她现在很热心宗教，对于××村的家庭毫无兴趣，希望能以工作自给。

12月16日——工作者介绍她到一位C女士家做女仆，病人因为身体太弱不能胜任，婉言辞谢了。

12月22日——工作者因为病人每天去××胡同教会，想对于该教会有些了解，所以向一与该教会熟识的同事者L君询问，借知该教会是中国教友所组织的，传教时并没有哭、喊、跪祷等兴奋的仪式。工作者因为对于病人请求做工的事也很关心，所以在12月28日与×山某某院的社会工作者W女士磋商，未得结果；又在次年的1月10日与家庭福利会的社会工作者T君商量，T君以为病人的体格不太健壮，想借工作维持生活是很困难的。

至次年5月6日，病人一向只有在工作治疗部做半天工，每月得一两元的报酬。同时她很快乐，因为她的嗓音渐渐能提高了。她对于宗教的热忱与日俱增。为使病人精神上得到愉快与满足起见，工作者介绍她到××胡同教会做招待员，病人对于这件事的委任，感觉着非常的快意。

从次年5月8日，一直到今天，工作者才有了一个惊人的大发现。这天早晨，调养院的看守者王太太来询问工作者有无一位C君来找病人。

工作者从王太太询问时的低声轻语及态度的神秘中,知道这C君一定与病人有特殊的关系,所以跟王太太在一个比较安静的地方做一次的会谈。根据王太太的报告,知道病人近日在调养院的近况很奇怪。她常常地哭泣、忧闷。虽然她每天忙着去教堂做礼拜,想借以消愁,但是她仿佛仍然有着些莫名的隐忧。最近她忍无可忍,竟把她的秘密向王太太宣布了。原来她曾在一位×山某某院的教员C君家做过女仆,C君是位受过高等教育的中年人,他远离妻子到×山做事,客居寂寞中,竟与病人发生恋爱,而且实行同居,他们名义上虽是主仆,实是夫妇,彼此感情很好。不料日子多了,C君感觉自己是使君有妇,而病人又罗敷有夫,所以恐惧起来,深畏万一病人的丈夫回家,他岂不要弄得身败名裂?他为要保持自己的名誉地位,不得不对病人逐渐疏远。病人知道他的隐衷,在悲愤之余,竟以菜刀自刎,以表示她决无异心,病人在病房中,梦想着C君还会回心转意,会到病房去看她的。她一天两天地等着,有一天,她在病房中似乎看见C君的背影,可惜她那时不能高声说话,没有力量喊得C君转身,所以她用手击床前的木板,而C君竟没有听见,翩然去了。病人一直到此时还没有死心,怀着这一点希望,希望C君能再回来,她忍了无数时日,又想借借宗教的力量,把这不合法的伙伴忘记,但是终不能如愿。

现在忍无可忍,所以告诉王太太了。这次王太太的报告,虽然发掘出病人的隐衷,以及病人自杀的最主要的原因,但是也给工作者添了难题,因为病人这种非法的结合,是不容鼓励的,同时也不容易使病人把这个希望压抑下去,最后工作者决定一方面探问她次子的近况,使她转移她的爱到次子身上;一方要设法使她在生活上有个新刺激,借这个新刺激来忘怀她的旧的烦恼;另一方面暗中调查C君,以明真相,借机会使病人有新的了解。工作者所取的步骤是分头向某某院当局探问她次子的近况,计划使病人脱离调养院谋求独立生活,及各方面打听C君近况。

次年5月20日得到×山某某院报告,知道她次子的成绩很好,有希望升入中学,万一成绩不够好,也可设法给他找个工厂做学徒。这消息告诉病人后,病人果然对于次子的前途发生了新的兴趣。

次年6月6日——病人最近对于宗教渐次冷淡了,因为她认为上帝没有听她的祷告,替她把C君找回。

次年6月7日——病人与工作者会谈,要求工作者积极地找C君,她说 C 君曾在本院治过病,但是工作者找不出他的病案,所以无法追踪。但据病人说,他曾在红十字会供职。

次年 6 月 18 日——工作者到红十字会访问,因为该会没有 C 君其人,也不知道曾经有过其人,没有得着结果;同时工作者已为病人计划好,叫她同另外两个别科的病人在××街赁房居住。病人对于这个生活的新刺激很感兴趣。

次年 7 月 2 日——病人虽然在起初搬出调养院时感觉困难,甚至哭过一次,觉得自己没有力量独自生存,但是经过工作者多方面的鼓励与帮忙,到今天她对于她的新居已很觉快乐而骄傲。竟来请工作者去参观她的新家了。

次年 7 月 3 日——写信到×山某某院询问他们的教员 C 君的近况。

次年 7 月 22 日——得到×山某某院的回信,据说 C 君早已离开该院,近况已无法代为刺探。翌日把这话告诉病人。病人虽然感觉失望,但是她已经在心理上很健全了,于这个打击还能忍受得住。

第三年的 3 月 17 日——病人在过去的数月中,一半靠着每月在工作治疗部得到的些微的报酬,和一大部分社会部按月的津贴,与其他两个病人很和平地过着日子。可是她时常患头痛、身体无力、饮食不香等等的毛病。经过几次内科的检查,都认为她在生理方面没有什么疾病,所以把她转到脑系科检查,并请心理学者做了个社会适应及智力的测验。测验的结果是:她在社会适应的测验中失败了,她与家人不合,情感不稳定,好做白昼梦,常为可能发生的灾难忧虑,思想没有系统,记忆力薄弱,缺乏自信力,并为自卑情绪所苦恼。她的神经官能病的分数(neurotic score)是 85,需要精神病专家的劝导;她的智能低下;她的智力商数是 57,脑力年龄是 9 岁 2 个月。根据这些心理测验的结果,工作者认为病人的现状已经是到了可能的好的地步了。恐怕我们已经不能再使她有更多的进步了。

第三年的 4 月 13 日——病人在过去的一个月中,处处都能表现出她能如一个普通的人那样生活下去了。她对于她在××村的家也表示了愿意回去的意思,并且时常询问她次子的近况。工作者乘机劝她回家去,她欣然答应了。于是工作者又到×山某某院做一次访问。某某院的当局答应在委员会中提出为病人设法找些事做。所以工作者决定把病人送回×山。同时,不幸地,院方因为减缩用费,把工作治疗取消,所以病人也无工可做,更有回去的必要。

第三年 4 月 26 日,把病人送回家去。病人回家后曾经写封信给工作者,表示她对于社会服务的感戴。

上述的自杀者的一案,是作者做医务社会工作者第一个比较深长的个案(intensive case)。这个个案从始至终,有两年半的经过,实在花费了不少的金钱与精力。然而做这一事的兴趣好像是做侦探,由好些不同的线索慢慢地找出头绪来,又好像是在画画,先有个大概的轮廓,然后慢慢地修改加添,结果画成一幅人人看得懂的图画。这一个个案确是奠定了作者从业社会工作的根基,同时也给了作者不少有价值的教训。

第一是病人在刚要出院时,虽然她已经用过手术,生理上脱离了死的难关,然而那时她在心理方面及社会环境方面都没有一点进步。如果没有社会服务部的帮忙,她只有再回到她那黑暗的角落,再受那些使她自杀的原因的种种的刺激,只是她也许连自刎的勇气也没有了。我不能想象那时她的苦痛是怎样的。只有经过这两年多社会部不断的帮忙,才能把她这破碎了的人合在一起,还她个本来面目,再回到原来的社会里去生活。社会部的工作不是单单地帮忙她使她能完成治疗,同时,也慢慢地训练这个人,使她慢慢地有了自信,从绝对依靠人,进步到半依靠人,最后进步到完全依靠自己。

第二是这个个案使作者了解合作的重要。在这个个案中,医生、护士、心理学者、其他机关的社会工作者、工作治疗部的专人、教会的执事人,以及其他许多机关的职员都有份,都有他们特殊贡献。而各种人的帮助又要依赖社会工作者从中做媒介,使病人实受各种人合作的实惠。

第三是从这个个案中,虽然看起来,仿佛做个案工作太不经济了,为了一个病人竟破费了若干金钱,若干的时间,若干的精力。然而看看这些努力的结果也颇足自慰了。因为我们如果不用个案方法,始终随访着这个病人,说不定在什么时期,病人可能地再演一次自杀的悲剧,那么,以往的努力都成白费,结果岂不更不经济?况且转眼看那些每日在街头无计划地扔给乞丐的钱,和一些不科学的慈善所花的钱,他们那些白费的钱的数目,真是惊人得很。如果我们能利用这许多白费的钱,以科学的方法、个案的方法,分别地对症下药,我相信所帮忙于社会者必很伟大的!

读者意见：三度蜜月将如何？*

嘉音兄：

读十月号第二十一期的《家》，读到《二度蜜月》[①]与《逃过婚姻破裂的危机》[②]两篇文章，我开始只感到一阵不愉快，等静下来想一想之后，我几乎有些愤怒了。

《二度蜜月》我希望它只是个虚构的故事，我希望其他读者也这样想。否则，我要控告作者的唆使杀人罪了。她的姊姊怀了孕，像这样富有的家庭，多个孩子不要紧，不喜欢孩子，就应该早些学学节育的技术。既有了之后，就该设法把他生出来，好好地抚养。可是我们的作者，却贸然劝她的姊姊，"请个医生把孩子拿了……"这是个多么无知的建议，多么危险的办法！

从个案工作者的观点来看这个家庭，这位姊夫是有问题的。一个好父亲，不一定是会开张五百万元支票的阔佬，他却应该和做母亲的一样地爱孩子。如果他和孩子们争取爱，那意思是说，他心里尚未到成熟的年龄。还有，他也应该参加一点家庭的琐事，分担一些家庭的责任。对的，他是个"大孩子"。而且这个大孩子需要心理治疗。

这位姊姊，也许太爱孩子了，可是我觉得她打扮孩子，带孩子到公园都没有错，也许她不该睡在孩子的旁边，其实只要买二张小床给这两个孩子睡就行了。最重要的，是这位姊夫，没有参加她爱孩子的种种活动。这样自私的父亲要不得，更惯不得。

为要使这位姊夫回心转意，最基本的是要改变与重教育这位父亲，次

---

* 吴桢：《读者意见：三度蜜月将如何？》，《家》1947年第23期，第456—458页。
① 梅蒂：《二度蜜月》，《家》1947年第21期，第355—358页。——编者注
② 陈曦：《逃过婚姻破裂的危机》，《家》1947年第21期，第363—364页。——编者注

要是使这位姊姊变得能干些，并且使她除了能照顾孩子之外，并能兼顾到家庭的整洁和个人的仪表。如果她自己心力来不及，她应该知道怎样指导她家的两个老妈子、一个厨子和一个车夫，把家弄到好好的，但这些都必须要激发她自己的兴趣，坚定她的自信，并且慢慢地帮助她，使她自己能操纵一切。像作者这样替她安排了一切，甚至连看孩子的护士也代请了，我们自然不能不佩服这位作者的能干，可是这办法是靠不住的，我怕的是等到这位姊姊回来之后，先是与这些护士意见不合，把她辞掉，再过些时，也许家里又弄到一塌糊涂。到那时候，三度蜜月可不大容易了。

总之：我完全不同意作者对于她姊姊和姊夫的不幸的事件的处置方法。打胎是异常危险的事，非有可靠的有职业道德的医师检查孕妇的体格，从医药的立场认为打胎是必要的之后，才能做，否则，打胎是犯罪的行为。第二点，我感觉作者把这个家庭的幸福，完全建树在物质的享受上，她的措置只给读者开了一篇极其奢侈的清单，建筑师的设计、沙发、日光灯、漂亮的窗帘，等等。而她却完全忽略了姊夫不成熟的人格、姊姊的低能与不善管家。我相信作者自己是很满足了，以为做了一件很得意的事，飘然乘西湖号到了杭州，可是我觉得这一对夫妇的问题并未解决。

关于《逃过婚姻破裂的危机》，我觉得作者本身完全承认了纳妾制度的合理。老实说，她应该负起暗示丈夫纳妾的罪名。像"我可以无条件出让丈夫"这一类的笑话是非常愚蠢的。赞成丈夫纳妾，不是矫情，便是糊涂，如果拿它作为七擒七纵的一种收拾南人造反的野心的手段，这种手段危险，其实，也很怯弱。

以上所说，都是假定这两篇文章是真实的故事。因为写得很生动，我相信其他读者也会觉得它们是真实的故事的。因此，这就牵涉到编者的态度问题了。编者先生选择了这两篇文字，读者可能以为是编者默许了这两篇文章的含义，甚至以为是推荐这两位作者的处方，那不是很危险的吗？反过来，在我读了《抬头》[①]一文以后，我就觉得这篇小说，虽然很简短，但是它启示了一种向上的、不畏难的健全的人生观。您在《家常话》里说，希望作者和读者多多写小说体的文稿。这意思我极赞同。我可否建议《家》，在选择这类文稿时，应以意识正确、有健全人生观的为合格。自

---

① 筱蕴：《抬头》，《家》1947年第21期，第350—352页。——编者注

然，有些写出非常现实的社会问题的小说，虽不一定也写出适当的处理的方法的，也不忍割爱，但是既写出处理的方法，而这种方法又很不正确的，您似乎应该在《家常话》里多说几句家常话，也免读者的误会。

从人情方面说，我和《二度蜜月》与《逃过婚姻破裂的危机》的两位作者都同为《家》撰稿，似乎不应如此不客气地批评，但是为了爱护《家》，爱护《家》的读者，我觉得我有把我要说的说出的义务。请谅之！

吴桢
1947年9月7日

附：《家》编辑回信

吴桢兄：

感谢您义正辞严的指教。我全部接受您的好意。我相信两位作者也都会虚心接受您这番意见的。

您提出了一个重要的问题，就是文章的意识和含义的问题。当我读到了《二度蜜月》中的"请个医生把孩子拿了"那一段的时候，我也曾发生了与您同样的感触：这是不道德和违法的行为，这样的文字会不会给读者一种"为非作恶"的暗示呢？但是我也想到，如果在这一段文字当中，夹上了一段，"编者按：这是违法和不道德的行为，甚为危险，读者不可轻易尝试"，或者加上了这样一段声明，"编者对于此种打胎行为，并不表示同意"，这岂不是破坏了全文的完整？而且可能会引起作者和读者的反感的。至于作者解决她姊姊和姊夫的婚姻问题的办法，太注重物质方面和太贵族化了这一点，我们也曾在选稿的时候提出来讨论过。我们认为这可以认为是一个个别的和特殊的例子。这虽然不是多数家庭所办得到的，也不是一个绝对可靠和有效的办法，但是至少这是办法之一。这篇文字提供了夫妇感情恶化的一个可能的原因，那就是妻子处理家政的不得法。至于您所提出的这位丈夫情绪尚未成熟和他应该帮助做点家庭琐事这两点，我们是完全同意的。至于"三度蜜月可不大容易了"这一点，我们也觉得您的意见是正确的。

在这里，我们愿意提出一个问题："打胎是异常危险的事"，这是谁都承认的；"不喜欢孩子，就应该早些学学节育的技术"，这意见也是正确的；但是我们同时也晓得，目前的中国社会上，每天有不少的女人在冒着打胎的险；我们也晓得，就是上海这地方，有许多人要"学学节育的技术"，都不得其门而入，或者没有钱可以去学，在中国其他的市镇或乡村，那就更不必说了。在目下，现实的情形与我们的理想是相差太远太远的了。如果有一位作者要把这种实际的情形放到小说里去，他该怎样做呢？他是该忠于描写现实呢？还是应该改变现实的描写去迁就意识和含义呢？

关于《逃过婚姻破裂的危机》一稿，您的意见也是对的。我个人觉得这三个主角都是思想不成熟的爱情至上主义者，对于恋爱和婚姻都没有透彻和正确的认识。然而这种人在我们的青年群中是相当多的。问题的提出和描写是比较容易的，但是怎样把正确的意识和含义很自然地交织入一篇小说之中，使读者不因为觉得作者在说教而发生厌恶和反感，这是比较不容易的。我们希望今后的作者会在这方面多多努力和注意，编者也当特别留意小说中意识的健全。

在《家常话》中讨论文中的含义，有两个不便的地方：(一)《家常话》篇幅有限，也许不能畅所欲言；(二)也许有些读者只看到那篇小说，而未看《家常话》。因此我们准备另外用一种方式，在那篇小说的末了加上一段"蛇足"，这是一种试验，希望读者多多发表意见和指教。

我们这样做的目的，是在使《家》更进步，更有益而无害。我们绝对不是看不起读者，以为读者是低能或是没有眼光的，绝对不是，请不要误会。我们所加的注语也许不无错误，希望读者指正，至少我们希望这些注语对于读者是有益而无害的。

末了，再谢谢您的好意！

嘉音[1]

---

[1] 黄嘉音(1913—1961)，著名翻译家，青年时代就读于上海圣约翰大学历史系，兼修心理学、新闻学，1946年创办《家》出版社，任《家》月刊主编兼发行人。——编者注

社会个案工作新趋势(美国观感)*

社会个案工作在中国,无论在理论的研究,或实际的应用,还幼稚得可怜,以与美国比,实在望尘莫及。大体说起来,美国的社会福利事业,特别注重社会工作的功能与技术,尤其是个案工作,在技巧方面,发展最快,真有一日千里之势。讲运用,多数的社会工作机构,无论公私立的,都以个案工作为主要工作方法,例如政府救助事业(public assistance)的各级机关、儿童法庭,以及家庭福利、职业辅导、儿童行为指导、医药社会服务、精神病社会工作等类的院所,都以个案工作为依归。论个案工作的职业教育,更是日趋严格,日趋完善。美国的各社会工作专校都以个案工作为主要科目。个案工作员的资格定得很高,因此,他们在社会上也可与医师、律师有同样崇高的职业地位。笔者是职业的个案工作员,并且曾在国内大学教过这一科,这次有机会到美国,特别注意他们的个案工作的技巧与新发展。我在匹兹堡大学(University of Pittsburgh)的应用社会科学研究院(School of Applied Social Science)里选读了"个案工作新趋势"一科,并且有机会参观许多社会工作机关,所读所见所闻以与自己在国内的经验相比较,觉得趣味盎然,而且自觉颇有些新的收获。

记得16年前在学校里读个案工作时,所用的课本是利支曼(Richmond)的《社会诊断》(Social Diagnosis);三四年前教个案工作时,还是要请教这本老书。这本书是1905年[①]写的,我们因为在抗战时期,精神食粮贫乏,仍以这本书为经典,可是在美国,这本书几乎被束诸高阁,最多也不过是一本历史的文献而已。这本书在讲到个案工作的过程中,很重视所

---

* 吴桢:《社会个案工作新趋势(美国观感)》,《家》1947年第21期,第347—348、362页。吴桢撰写此文时,为行政院善后救济总署留美社会工作员。——编者注

① 应为1917年。——编者注

谓社会证据（evidence），换句话说，很重视从案主的各有关方面，例如亲属、朋友、雇主等所取得的情报或口录，以估计案主的诉状是否可靠，然后根据这些证据去诊断，去计划治疗方法。我们的社会个案工作员，很能遵守这种调查方法，不厌其烦地访视，并访问各有关人物，想从旁证验案主所说的，哪些是老实话，哪些是鬼话。有些时，我自己都在感觉仿佛是在做包打听，我怕案主也会有此感。我认为这种工作方法，搜集多方资料，又从而分析之为真实证据、间接证据，或传闻证据，实在是受了法律的影响。所以我说，利支曼时代的个案工作技巧，是从法律方法着手（legal approach）。现在的美国个案工作员，似乎不像以前那样注意案主的亲属、雇主或朋友的情报了，而专门重视案主本人的诉说了；换句话说，他们不再注重客观的事实，而更注重案主主观的感觉，也就是案主的心理反应。所以我说现在的个案工作技巧是从心理学方面着手（psychological approach）。这个转变，有很深刻的意义。我们从这个线索，可以看出美国在应用心理学、精神病学，及心理分析于个案工作方面的努力与成就。这个转变，不是一蹴而就的，它需要个案工作者对于心理分析、精神病学有深透的了解，才能真的渗透案主的烟幕，或伪装，洞察案主的心理问题，才能真的帮助案主获得领悟（insight），才能真的利用从案主方面片面得来的情报去诊断，去治疗。否则，但凭一知半解，皮相之学，又不肯旁征博引，就遽下定语，我怕这种转变，非特无益，反足为害呢。我遇见过好些位缺乏经验和学识的年轻个案工作员，刚刚与案主访问一次，便乱用一些心理分析或精神的新名词，什么这个儿童有伊底普斯情意综了，那个妇女有歇斯底里亚了，未免太觉武断。

现在的美国个案工作员有句新口头禅，时常问案主，"你对这事觉得怎样？"这实在有些像心理分析家的惯语。想促使案主去发掘自己的隐情。我读个案工作者的访问记录，时常还以为是心理分析家在访问他的病人呢。这不能不说是一种新趋势，新现象。

更进一步，讲到计划与治疗。现在的美国个案工作员都很保守，决不轻易为案主做什么打算，更少强迫案主实践工作者所代拟的计划。我记得我自己在实地工作时，常自作主张地为案主做个治疗计划，等到拿这计划付诸实施，遇到困难时，多年加罪于案主，在个案记录上写上，"案主不合作"。现在的工作者很少用"不合作"这名词了，因为"不合作"这三个字,暗示案主不肯听工作者的话,不接受工作者所拟的计划。现在的工作者,根本不替案主代拟计划,自然无需案主听话了。现在个案工作的新技术,是工作者与案主谈几次话,了解了案主的问题后,把他的一手牌摊在桌上,告诉案主说:"这些是我们这个机关能给予你的帮助,你可以从这些便利中,自己打个主意吧!"案主看看自己手里一副牌,再看看工作者手里的牌,就可以很有把握地叫起牌来。这有些像玩"桥戏"。是的,真有些像。然而这玩法很有把握,也很有效果,比较起来,玩输的时候少得多了。

案主与工作者彼此间的关系,似乎也有些改变。在利支曼的《社会诊断》里,曾讲到"共感"(rapport),所谓"共感",是一种案主与工作者之间的共鸣作用,工作者应借彼此间的共同爱好,去树立友谊关系。友谊关系,在利支曼时代的个案工作技巧中,是很被重视的。然而现在的个案工作者的态度有些不同了,他常听到的座右铭是,"你是代表你的机关的"。换言之,案主与工作者之间,不容有私人的关系,工作者只是一面冷酷的、无情的机关招牌。案主与工作者之间的关系,确是微妙。不宜太接近,也不可太疏远,这理想的距离,颇难确定。在过去,个案工作员的地位,尚未取得社会的认识,对案主不得不婉转逢迎,以投所好。结果,友谊是建立了,可是过分亲昵之后,很难公事公办。从心理学的立场上说,案主在困难无助时,与工作员谈话,很容易把工作者影射(identify)作父母,因此有情感上的转移(transference)。这种转移,无论是积极的、消极的,都很可能置工作者于不利的地位。所以个案工作者职业化以后,便严肃地只做机关的代表、机关的代言人。然而为了补救工作者的拒人千里以外的缺点,另有一条原则,是工作者与案主的关系是单程行车规则(one way traffic)。也就是说,只许工作者给予案主以同情和心理的帮助,而不能希望从案主方面去取得同情或心理的帮助。这句话,初听上去,似很费解,然而仔细一想,却有至理。我回忆以往有些位同工,确曾借着与案主树立友谊,而取获案主的同情与心理的帮助。试想一想,工作者为了树立友谊,而向案主历数苦衷,滔滔不绝地大发牢骚,案主反而在旁百般剖解,百般抚慰,这还怎样希望这位工作者去帮助案主解决他自己的问题呢?

工作者应该有权威吗? 这是个颇有讨论余地的问题。在美国,这问题似乎已经有了解答。工作者没有权威,就连负责政府救助的工作者也没有权威。他依照一定的法规核定申请救助者有无享受救助的权利。他虽然有权决定受救助的资格，可是他不能利用这种权威进行他的工作。等到他核定申请者可以领受救助，他就通知会计处，按月把案主应得的款额，用支票送去。至于案主如何应用这笔钱，工作者是无权过问的。这在我们看来，颇不习惯。我记得我以前做救济工作时，受救济的案主，每个月要把流水账拿出来考核。在美国，以前也是不以现款放赈，或指定店铺购买日用品，或发给购物证，无非是使受益者受限制而已。现在这种改变使受救助者自由得多了，而工作者的权威也无形化为无有了。我们从这一点，很可看出美国人的重视案主的自尊心和他的独立人格。

拉杂写来，似乎对美国个案工作的新发展全貌，未能画出个清晰的轮廓。然而如果根据上述的各节，也可以描出个案工作员与案主的一幅缩影。在美国，一个人如果感觉自己有个不能解决的问题，他可以到个社会工作机关去找帮忙。在这个机关里，他会有一位个案工作员和他接谈。这位个案工作员，可不像以前的那些工作员婆婆妈妈、喋喋不休地问长问短，却是位精明能干，能懂得他的需要，而且能很清楚、很详切地介绍给他，这个机关可能帮助他的地方。他也许帮他想出许多解决问题的路，可是他不为他选择任何一条路。案主经过几次访问，可能自己发现自己的问题的症结所在，自己想出解决问题的方法。这个机关也许有可以帮忙他的地方，但他如果不愿接受帮忙，自然听其自便，即使愿意接受帮忙，他也无损尊严，更无需因此而必须听从个案工作者的摆布与监督。这样看上去，个案工作者似乎是处于被动的地位了。是的，这正是进步，我们毋宁说，案主是处于主动地位了。个案工作者的功能，就在激发案主的潜伏的力量，使他能自己帮助自己。

总之：美国的个案工作，在技术上，确在发展，确在成长。有许多以往成为问题的，现在有了解答，以往不易划清范围的，现在有了清楚的线界了。个案工作者的技术，也比较以前熟练，而且很能运用心理学、精神病学和心理分析。我们看到这些进步，非常佩服，也非常惭愧。然而他们这些进步，不是偶然的，没有安定的社会做基础，这些进步，都无从发展。中国虽然不乏睿智之士，然而目前中国，很难想望有这些进步，也许我们还需要些时间，停留在利支曼的时代。不能舍本求末，冒失地迎头赶上。

美国人的一般生活水平高了，心理问题自然比较物资问题更为重要。经济方面有了保障，个案工作者才可不再在案主的预算里去钻牛角尖。

并且生活有了保障,谁还肯专靠撒谎去骗取救济?这样,个案工作者自不必像包打听一样地去发掘案主的谎言了。再则,一般人的教育程度提高了,容易有领悟,容易了解自己的困难,也容易为自己做打算,想办法。这样,工作者自然也无需伤脑筋替案主计划,吃力不讨好。这许多客观条件,在在都助长个案工作技术的发展。我国的个案工作者,只怕仍需捧着利支曼的《社会诊断》作圣经,仍旧要遵循自然发展的途径,从头做起。我感觉美国的个案工作的新技术,确是条式样新鲜的漂亮领带,然而如果来打在一个赤着臂,穿不起衬衫的穷汉身上,固然唐突了漂亮的领带,可惜的是也不能提高穷汉的身份。

弗洛伊德对社会福利工作的贡献[*]

弗洛伊德对我们每个人的影响是全面的,是无法估量的,甚至是无法孤立地予以检验的。坐在维也纳的一间书房里的弗洛伊德,他在听着、想着、写着。他所传播和散发的种子深入到我们的心中,使我们无法设想如果没有他,我们会产生什么不同的想法。我们如何行动,如何看待价值,如何交流思想,我们该说什么和不该说什么,我们如何掌握别人的讲话和行动的要点,以及认为什么是可笑的,什么是悲剧……这一切都深受那位弗洛伊德的影响。

赞颂弗洛伊德的贡献已无关重要,因为不管是他的追随者或是反对者都已经对他有了定论。弗洛伊德的思想也是他们的思想泉源。评论他的影响或争论他的发现是否真实,例如他所说的"死的本能"在我们身上是否存在,或者说"恋母情结"是否是现代神经官能症的核心等等,也都无必要。哥伦布并不因为他把古巴岛误为卡西岛而有损于他是新大陆发现者的声誉。他以他的勇敢和粗略的航海图燃起若干人的热情和想象,为引导他们循着他的足迹前进开辟了新的道路。同样,弗洛伊德的蓝图最

---

[*] 普尔曼:《弗洛伊德对社会福利工作的贡献》,吴桢译,《国外社会学参考资料》1983 年第 5 期,第 4—10 页。本文在编写时,整合了吴桢 1991 年自己整理的论文合集《社会工作讲座》(打字油印版)中收入的《弗洛伊德对社会福利工作的贡献》一文的内容。译文来源:H. H. Perlman, Freud's Contribution to Social Welfare, *Social Service Review*, Vol. 31, No. 2 (1957), pp. 192 - 202; H. H. Perlman, Freud's Contribution to Social Welfare, in H. H. Perlaman, *Perspectives on Social Casework*, Philadelphia: Temple University Press, 1971, pp. 65 - 84。普尔曼(H. H. Perlman,1906—2004),社会工作教育家和作家。1926 年,普尔曼从明尼苏达大学毕业获英语学士学位后,被告知因是犹太人,很难找到人文学科的工作,于是转向社会工作,在芝加哥犹太人社会服务局找到了一份暑期工作,做一名个案工作者。在纽约社会工作学院就读期间,她继续专注于社会个案工作和治疗。她在哥伦比亚大学获得硕士学位后,1945—1971 年在芝加哥大学社会服务管理学院任教,期间被授予总统奖和塞缪尔·道奇杰出服务教授。她将精神分析理论与临床经验相结合,为芝加哥学派社会服务实践的发展做出了贡献。——编者注

先指出了人类人格是怎样形成的。如果我们认为哥伦布是地理空间的发现者,他为欧洲人发现新大陆的模糊愿望找到了根据,发现它,探索它并指出方向,那么,我们认为弗洛伊德同样是内心世界的发现者。他也可能把一个孤岛误为大洲。他肯定不是第一个认识到在人体内的思想和精神中有爆发的火山和暗海的存在,但他是敢于探索这一无所知的领域的第一人,而且不顾他的职业名誉和个人的宁静,勇敢地走进他所理解的和相信的世界中。他这样做的结果赋予人们对内心世界以新的概念和理解。

我的任务是阐述弗洛伊德对美国社会福利学的贡献。首先应该说明我这里所用的"社会福利"一词的含义是模糊不清的。社会福利即社会工作,它的任务是使有组织的服务机构能够帮助人们从受伤害的社会生活的紧张情绪中得到解脱,并且促进他们个人的和社会的积极作用。它用各种方法去改造、恢复和加强人们的力量和能力。社会工作的方法是个案工作、集团工作[①]、社区组织、福利行政和社会调查。这些方法中与人们的年龄、身体、知识及经验关系最密切的就是运用最广泛的个案工作。我就是在个案工作这一范围内检验弗洛伊德的贡献。

琼斯(Ernest Jones)[②]曾对我说过弗洛伊德是革命者而不是改良者。我记得弗洛伊德正确地指出人的内心生活和外部行为之间、人的环境经验和内部平衡之间的关系。因此,我觉得他同意我认为他的学说和美国的社会工作是有相互联系的。

19世纪的末叶,美国社会工作与弗洛伊德的距离比海洋的隔离还遥远。那时,弗洛伊德坐在他宁静的书斋里,受到周围古代历史遗物的包围,并为人们头脑中的不可理解的迷宫而深思。人们思想的流动与淤滞都受到过去和现在的经验的浪潮所冲洗。当他从他的病人那里知道了他的内心的恐惧和食欲,他从他所博览的艺术、历史和科学文献中挖掘到和仔细检验了他自己的感觉、思想,所有这些资料都是他默默沉思和分析的食粮。在他的静静的关闭着的房门外边,威尼斯文化表面上很平静、稳定而秩序井然,即使弗洛伊德那样敏锐也未察觉到它们内部已在逐渐腐蚀以至崩溃。

---

① 集团工作,group work,今译为"团体工作"或"小组工作"。——编者注
② 琼斯(Ernest Jones,1879—1958),英国心理学家,弗洛伊德的朋友和强烈支持者。——编者注

那时的美国也是个动荡不安的地区，命运受挫折，劳动者受剥削，工业的大门大敞开，社会流动迅速。在这许多美国人中哪里有人重视这些问题，听取微弱的良心的呼唤？（这时弗洛伊德的"超我"学说还未提出，只有些19世纪的慈善家和社会工作者注意到这些问题。）以后社会对这些现象的危害性才逐步有所认识。

在救济院丑恶的院墙内，千百个低能的和精神病态的成人、被遗弃的儿童和孤儿、老弱和穷困到处都是；在大城市里，贫民不断在增加，童工们疲于奔命尚得不到温饱，婴儿死于污秽和贫穷，穷人只能苟延残喘地维持最低生活，老弱病残辗转于沟壑，但是当你向前看，看见所到之处都在成长和发展，你又会感到前途乐观。社会工作者认为只需有善良的愿望、信心和力量、金钱和智慧，就可以使个人和社区战胜邪恶。1895年美国全国慈善和感化教育会上有人说："社会问题和整个文明世界在较量，要探究道德与经济、人道主义与做生意、锱铢必较与宽宏大量如何取得平衡。"

在这同一年里，弗洛伊德和的助手布洛尔（Breuer）[①]出版了他们写的《癔症的研究》，弗洛伊德表明了他认为神经官能性的焦虑的病根在于性生活的论点，更重要的是他对"无意识"的性质和压抑机制问题的论述。如果当时他把这些论点在全国慈善和感化教育会议上发表，他会被看作是"疯子"，这不仅因为他的立论"荒诞"，而且因为他所说的东西对于社会工作者是不着边际的。

所以，1895年弗洛伊德在观察并设法减轻一些伤害人们的精神和心灵的恐惧和矛盾，而社会工作者却在观察并设法改变那些伤害人类的经济的、物质的、与安全感有关的社会环境。这些社会工作者已经意识到长期的压抑不仅于人们的身体有害，也于人们的精神和心灵有害，经济的和物质的紧张可以使人们的个性功能受到挫伤或瘫痪。因此对穷困和窘迫的人的"友谊的访问"增加了。那时的社会工作者运用有限的经费和医药救济，凭着他们苦口婆心、同情和关怀来减轻这些人的痛苦，增加他们克服困难的勇气。但是在"友谊的访问者"当中，不安心情在不断增长，因为他们越是去试图了解人们，越是发现能够被了解的人们为数不多。

[①] 布洛尔（Josef Breuer, 1842—1925），奥地利医生，1895年与弗洛伊德合作出版《癔病研究》（即《癔症的研究》）一书。——编者注

还有,他们接触的人越多,越觉得他们的行为不是社会困境的原因,而是社会困境的结果。有的人要去做的事而他不会做,有的人会做的事而他不愿去做;有些人当面拒绝别人的劝告,但却暗中照劝告者的意见行事;有的人把所要的东西拿到手却又抛弃;有一位未婚母亲十分眷恋她的孩子,而一位已婚母亲却要抛弃她的孩子;有一位妇女为她的孩子们的病痛十分苦恼,但是从未想到把他们送到卫生所去诊治;一位男子汉在他的孩子需要面包时却给他买来草莓;另一个男子汉在酗酒时粗暴地打他的妻子,但在他伤心时却紧紧地依偎着她。有些社会工作者对于人类行为的根源是愚蠢、无私、先天失常和道德败坏等一般的解释很容易接受,但另一些社会工作者要寻求对他们的工作对象的更深刻的了解。

1900年美国明尼阿波利斯救济联合会的书记斯茅尔沃德说(William Smallwood):"应当考虑关心的是人而不是他的条件。"当他试图把社会工作者对社会问题的注意力转移到对带有社会问题的人的身上来时,他继续说:"若要影响一个人的生活性格,不仅需要访问者的自我修养,而且需要对案主做心理的研究——研究他们的出身、环境、教育、生活、思想和道德的水平等。"他建议社会工作者应该这样想一想:这人有没有道德力量?对音乐、自然、日落与天空有无爱好? 我要不要把他请到我家来,给他好书读,给他好戏看? 我要不要和他一起到乡间散步,那里可以听到鸟鸣,可以欣赏田野、山川的秀色?

那时,弗洛伊德正在从事痛苦的自我分析,他写道:"某些心理功能的不足,……某些似乎是无意的行动在精神分析的研究下发现那是由于自己也不知道的什么动机和意识所决定的。"数年后,他又写道:"很明显,这些作者在解释成年人的性格和反应时,过多地重视他们的祖辈,而不重视个人的现实生活,换言之,他们重视遗传的影响而忽视童年的影响。我们可以认为童年的影响应受到更认真的考虑。"在本世纪的头十年里,弗洛伊德已找到精神分析方法的主要关键是"自由联想"和"医生与病人之间的人际感情联系"。

在这一时期,还不敢断言社会工作者是否已听到弗洛伊德的大名,但至少美国的精神病专家还没有重视他。而弗洛伊德的治疗方法的发现却已成为影响包括所有的行为科学家、艺术家和社会工作者在内的核心概念。这一核心概念在了解人类行为的无意识动机的动力学方面,在了解人类发展过程中童年生活的重要意义方面,在认识人类关系中有哪些可控制的影响和交往方面都得到高度发展。

1909年弗洛伊德在美国克拉克大学做了一系列的报告。他留给美国的社会工作者以深刻的印象,他们的领袖是妇女,是他在中欧文化中接触不到的那类妇女。她们来自美满的家庭,是有文化、善良的人们,但又是倔强的、有开拓精神并愿意献身于社会改革的人们。她们穿的裙子为贫民窟的街道所玷污;她们烫得笔挺的裤子被她们送到医院看病或陪送到托儿所的孩子们的油腻的手和头脸搞得一塌糊涂;她们的柔和的嘶哑的声音在立法大厅里、在法庭上、在地方和国家会议室里响亮地回荡着;她们的建议和计划方案摆在政治家、律师、神父、男女官员的面前,虽然有些人以自娱的容忍或愤怒的谴责对待这些建议或方案,但毕竟她们做了不少事;她们得到有眼光和好心肠的人们的合作;她们为孤儿寡母争得了抚恤金,孩子们不再因为贫穷而被抛弃在街头;她们筹建了美国儿童局,研究了各项有关儿童福利的措施;她们帮助建立了儿童法庭;她们取得了制订"童工法"的胜利,帮助创造了"改善居住条件""工人补助费"和"最低工资"等条件。

除了上述为人类权利而提出的建议和倡议以外,还有不少日常琐事需要去做,不能一一等待立法去根本解决。这些琐事虽然微不足道,但却关系到人们内心的忧虑。

当社会工作者忙于送孩子到居民点,劝做父亲的戒酒,为青年学生做毕业制服发给补助费,教育家庭如何量入为出、管好家务等工作时,他们在寻求如何影响他们的案主,寻求加深对他们了解的途径。他们逐渐地向心理学和精神病学求教。

蒙泰尼(Montaigne)说过:"艺术和科学不是从模式中造出来的,它们是一点一滴地形成和磨光的,这里拍一下,那里打一下,像熊一样用舌头一下下地把幼熊舔成形。"社会工作者的科学和艺术也是这样成长起来的。弗洛伊德的贡献不是一蹴而就的,也是"这里拍一下,那里打一下"地形成的,在这一处给予一点顿悟,在另一处扩大一点认识,社会工作者的认识、知识和方法就是这样地逐渐扩大的。

弗洛伊德对社会工作者的影响不是直接地通过他的著作而产生的,而是通过同社会工作者的合作,同心理学、精神病学者的合作而发生的,并且在解决案主的顽症和困难的过程中间接地扩大这种影响。美国的心理学者和精神病学者发现弗洛伊德的著作有启发、有帮助。他们思索为什么在同一时间,不同人的思想产生同一观念,这一现象引起他们的重视,他们开始从德国、瑞士和维也纳吸取观点并同他们自己的假设和方法相对照。弗洛伊德的学说之所以最突出最生动,不仅是因为它的创造性和学术性,而且因为它越是引起反对,就越是迫使相反的理论必须自圆其说;也因为它常冲破头脑中的暗窗而让那些被发现而又不被认识的真理的阳光射进去。

无怪乎社会工作者贪婪地抓住弗洛伊德的理论认真钻研。社会工作者长期观察和注视日常生活中的精神病理,长期为建立美满的家庭生活,为给儿童以物质的、精神的和教育的好机会而努力。弗洛伊德所描述的童年特点都在社会工作中找到印证。还有,第一次世界大战把许多中层家庭抛向社会,很多有"良好"背景的青年人在战争灾难中倒下来。显然,某种环境可以使我们当中最优秀的人失去情感平衡,而且有些在那时相当流行的关于精神和社会缺陷的学说需要解释。所以在第二个十年,弗洛伊德做出了他的主要发现。社会工作者敏锐地感到对它们的需要,并且从心理学的角度接受它们。他们翻译他的著作而且在社会工作的语言和实践中应用精神分析法。

我认为弗洛伊德对社会工作,也许是对一切人们的事业的贡献主要有下列三个方面:他对无意识(unconscious)力量的发现;他对童年经验重要性的发现;某种重要的治疗方法的发现。我现在把他在社会工作中的作用略述如后。

诗人、哲学家、医生以至于一般人都早在弗洛伊德以前就感觉到并知道无意识的存在。但是弗洛伊德是第一个敢于指出它的内容和力量的人。他发展和检验他的假想所采用的方法是天才的笔触。这里没有篇幅去讨论他对梦境、催眠行为、失言、失去控制的语言和一切人们所非意愿的交往的分析。他的发现使我们了解到人的意识思想是推动人寻求和表现满足的动力,或者是推动人避免阻碍和摆脱危险的动力。从这种混乱的有目的的内心世界里产生守秩序、循规蹈矩的新世界的有意识思想,但它常受到无意识力量的阻力和干扰。任何行为(即使是不可理喻的行为)的背后都有解除个人饥饿的目的——如求食物、求爱和谋求地位的目的。

他不顾一切地要满足而不要受阻碍,但这些无意识的需求往往不为意识思想所认可。弗洛伊德发现了它们,而且认为必须予以抑制。弗洛伊德常指出一个人的受感情驱使的需要常不被本人所察觉,因而使他感到他的行动和思想失去了控制。一个人的心灵与思想时常处于不断的斗争与矛盾之中,也有时,头脑掩盖了心灵的理智使无意识思想得到意识思想的承认。简言之,弗洛伊德把内在的或外在的行为的意义揭示给我们,并推动我们发挥力量和取得平衡。

当一个人发现他的灵魂并不主宰一切的时候,他会感到困惑和手足无措。但这种情况亦表明一个人的成熟,因为此时他认识到他和许多人一样,开始懂得了道德与罪恶、成功与失败都是由无意识的力量造成的。而且归根到底,所有的人都是如此。

这些顿悟深刻地影响社会工作者。在这样的探照灯的照耀下,"自以为是"的道德观念是无处藏身的。结果,社会工作者变得更谦虚,更自觉,在人们遇到灾难的情况出现在眼前时,变得更有修养,更富有同情心。当我们更深入地去理解行为的目的性和无意识的作用时,许多人们行为的奥秘的大门便向我们敞开了。我们现在可以理解一个女人的行为不一定是不可抑制的肉欲所引起的,而是她需要被人爱,哪怕是粗暴的、暂时的爱;一个母亲抛弃她的孩子,不是因为她不知道爱孩子,而是因为她自己也需要和寻求母亲对她的抚爱;一个人在任何单位都和上级吵架,是因为他总在和上级那父亲般的粗暴蛮横的行为作斗争。总之,我们从表面现象看到隐藏在内部的心理机能。

这种认识的价值不在于我们懂得这一切就会去原谅这一切,而是使我们重视和把握形成问题的原因而不是问题的现象。我们在和案主交往时多考虑他们需要什么,什么是他们的"饥饿"。这样,他们的动机成为主动的而不是我们强加于他们的,让他们亲自登台演出解决自己问题的戏,而不是用我们的指挥棒指挥一切。这样,他们可以自由表达他们的意愿而不致掩盖和隐瞒他们的意愿。在我们的知识和技巧越来越成熟时,整个社会工作的实践就伸展到解决人们在日常生活中所受到的心理影响或社会张力所造成的问题的领域中去。

当人们成为对人类行为的密切观察者并发现在相似的环境下人们的反应是不相同的时候,我们会问:这是为什么?为什么有人在困难面前勇敢无畏,而别人却瘫痪了?为什么有的家庭受救济但仍有自力更生的信心,而另一家却变得依赖成性?为什么一家人中有的孩子成为犯罪分子,另一个孩子却是出人头地的高材生?

弗洛伊德在答复这些问题时做出他第二个贡献,这就是他发现童年的经验是决定一生的性格和个性的重要因素。我们早说过,"玉不琢不成器",也说过"三岁儿童看八十",但是迄今仍有人认为儿童不过是成人的缩影,他的人格的形成是由于遗传因素、上帝的意志或魔鬼的胁迫等,而我们却知道主要是父母的教育应负责任。弗洛伊德从他的病人所倾吐的儿时的回忆和他们还存在的幼稚的愿望和恐惧中得到的儿童生活中习以为常的行为的重要意义。他观察到许多婴儿和幼童的许多细节,他们怎样认识周围的世界和与他交往的人们的关系,以及从父母亲的臂膀、眼睛和嘴唇所感受到的感情上的和生理上的温暖与冷淡、和蔼与粗暴。所有这些儿童内心生活的点滴突然地被弗洛伊德的学说所捕捉和揭露。弗洛伊德写到婴儿与儿童需要"性"的满足时,读者为之大吃一惊,但是当时对这种学说掩耳不听的一些人却在暗中以新的怀疑的眼光观察孩子们,发现弗洛伊德所说的"性"不是说他们的肉体与别人肉体之间的"性",而主要是指每个儿童都需要爱和被爱的那种"温暖—热爱—感觉"的体验。

社会工作者都认为美满的家庭是养成儿童良好的情绪和生理上健康的摇篮。100年前,伯拉斯①这位儿童福利工作的先驱者,在接触被遗弃、被忽视的爱捣乱的孩子的过程中,他觉得他们可以变好,成为家庭中的一个普通成员。他在推行"家庭领养儿童"的运动中曾说过,"儿童放在家庭里要比在感化院里成长得更好"。他是在"家庭领养"的思想正处在激进的时代写出了这句话。美国社会福利界最有力的主张是人的童年应该是身心成长的重要时期。但是在弗洛伊德揭示了儿童内心世界之前,一般人认为儿童需要的只是温饱、清洁和父母的教导而已。

弗洛伊德肯定神经官能症是儿童与环境交往的产物。社会工作者怎样理解这一论断的意义的呢?他们从工作实践中看到有的儿童吃得很饱,有的忍饥挨饿;有的受到帮助,有的被伤害;有的孩子父母是善良而可

---

① 伯拉斯(Charles Loring Brace,1826—1890),美国牧师和社会改革家,1853年创立了纽约儿童援助协会。——编者注

靠的,有的是凶恶而不可靠的;有的受到学校老师的宠爱,有的被歧视。他们感到有的"家庭"是安乐窝,是心理的和生理成长的处所和摇篮;有的家庭却给孩子们以挫折和空虚。所有这些日常生活的经验都影响到儿童内心安全感、自我估计或奋斗前进心的形成。这些都是他们成长的条件。

所以,今日儿童福利工作者认为儿童不仅需要物质上的好条件,而且需要情感上的好环境。家庭福利工作者所考虑的不仅是维持一家人同屋居住,同桌吃饭,而且还要考虑夫妇之间的互相忍让,至少要和睦相处,最好能尽力满足他们的孩子们的需要。公共救助工作者要抓住儿童的感情灌输和父母亲经济上的困难与挫折,并要注意一个家庭在败落和无望中家人的主观能动性和自信心是如何消失的以及淡漠和退却的感情是如何滋长的。学校社会工作者对教师和家长如何影响儿童的学习或行为困难要加以解释和宣传,促使学校和家庭能够满足儿童的正当需要。儿童行为指导个案工作者,由于儿童本人或与其他儿童有麻烦而被求助时,应该仔细寻求如何改变或改善那些引起儿童恐惧和威胁的行动和环境,以保证儿童的平衡感。

所有这些社会工作者所做的有利于个性发展和社会功能的努力,都依赖他们和社会接触的能力,例如能够倾听他们说什么,还要"听话听音",听出人们的内心话,并给予答复,使他们能够理解和接受。这就是弗洛伊德发展的一种治疗性的交往的科学。这也是弗洛伊德的第三贡献。

用语言和劝说影响人们是行之有效的,与人们的无意识相沟通也是古老的预言家、圣者、巫医的存货。当弗洛伊德在早期通过催眠术了解他的病人的无意识时,他运用了古老的医术。但他不久就停止用催眠术了,他这样做的理由在今天看来很正常,但在当时却富有改革精神。在用催眠术或其他暗示方法中,弗洛伊德看到病人的无意识虽然被引到同意识思想和他的意志相交往,但不久以后,病人又恢复了内心的混乱。因此,弗洛伊德认为如果一个人要成为他自己的无意识的欲念和恐惧的主人而不是受害者,他就需要建立他自己内心交往的系统而且要能起作用。病人的意识、理智要同无意识互相联系和对话才能更多地有控制后者的力量。为了达到这一目的,弗洛伊德采用了"自由联想"的方法——鼓励他的病人能够无顾虑地说出那些翻腾在他们的思想中和楔入他们的意识的裂缝中的回忆、恐惧、愿望、感觉和思想。弗洛伊德仔细听病人所说的话和言外之意（他知道言语里面的感情内涵），观察身体的语言，如流汗、紧张的肌肉和放大的瞳孔等。弗洛伊德通过这些现象了解焦虑、冲突、认识和精神之间的裂缝，从而对人与人之间为权力而斗争、人体本身的意识和无意识的矛盾等内容和性质的认识比以前更为深刻了。

　　自由联想不仅是研究工具，也是治疗方法。过去不敢轻声耳语的话现在高声地说出来；过去经历过的被压抑的强烈情感现在由可以使人听懂的语言表达出来；过去公开发表议论被认为是可怕的思想和认识上的顿悟那种情况不复存在了。还有，人们不再是被动地遵守医嘱，而是积极主动地对自己做自我分析和自我了解。与此同时，另一种治疗方法产生了：病人和弗洛伊德共同分担冲击和恐惧，虽然这些都是他们从未向别人暴露过的，甚至他们自己也被蒙蔽了的，但是现在他们发现并没有因暴露这些想法而受到批判、拒绝和不信任，他们感觉到他们和治疗者之间有了牢固的感情。他们甘愿接受这一治疗联盟的帮助、宽恕和同情，顺从医生的口头建议、嘱咐和不同的意见。他们是在安全岛上进行交往。

　　社会工作者的一个重要工具是交往和与人交换感情、思想和行动。我们从弗洛伊德那里学会把过去粗鲁的交往工具改造成精细的、柔和的工具。

　　我们学习到人们不是光靠语言，而是靠许多其他方法表达他们的感觉，语言可以表达，也可以掩盖思想。我们学会了放弃我们急驶的车而坐上案主的车上，我们学习到当感情激动时，理智跛足了，而达到被困扰的人的头脑的道路必须通过心灵。哲学家在《黄金的废弃》一书中写道："若是不用心听，头脑什么也听不见；当用心听了而今天懂得的，头脑到明天才能懂得。"

　　我们还认识到，我们过去经历的很多经验其实我们并不理解，例如在助人者和需要帮助的人之间的关系可以产生做好事或做坏事的巨大潜力；当有人发现自己被人了解和受到温暖的接待时他们的思想和行动有很大的自由；当他们从帮助者方面感到无声的信任和支持时，他们就会借助帮助者的力量解决他们的问题。

　　以上主要的是讲弗洛伊德对社会个案工作的贡献。我这样说，是因为我最熟悉这方面的工作，同时也因为他的贡献主要在个人的心理学方面。但是社会工作还有很多别的方面,如群体工作、社区组织、福利行政和调查研究等,这些也受到弗洛伊德的影响。今天的群体工作不仅要重视开展文娱活动,更重要的是考虑如何使人们能够更好地发展和进行互相合作式的共同工作和娱乐。今天的社会福利行政工作者不仅需要提高行政效率,还要把"社会政策转变为社会服务",包括解决如何组织服务者与被服务者的方法问题。社区组织工作者要把人们的善良愿望、社会价值和金钱转化为有组织的社会服务。社会调查工作者应该像探照灯那样,今天查看人民有什么需要,明天查看我们用什么方法和计划去满足这些需要。弗洛伊德的学说对于这些工作都有日益增长的影响。群体工作[①]、福利行政、社区组织、社会调查,所有这些工作都要同别人、通过别人和为别人而做。这些人,从立法者到挂号员,从董事长到文书,从神父到犯人,都可以起好的或坏的作用,那就要看他们的动机、他们的感觉以及和他们的交往关系如何而定。这些条件如何又要看社会工作者对于人们在相互作用中所流露出来的语言和行动的合理性或不合理性的了解和评价。简言之,社区组织工作者、福利行政工作者和群体工作者都想通过社会立法和其他渠道使这些工作具体化,这种要求是根据新的心理学的浅陋的知识和为了提高人的人格而发展的。它们不过是告诉弗洛伊德如何发现人类行为的源泉和了解童年经验对于人格的形成有多么重要以及什么是影响行为的重要方法等,它们对各项社会工作的概念、价值和过程的形成都有很重要的影响。

　　弗洛伊德对社会工作的另一贡献是他不自觉的职业化思想。弗洛伊德在晚年面对着很多劲敌,他被除了少数他的同事以外的人嘲弄、攻击和冷淡。他是一个没有地位、不受人尊重的孤独者。社会工作者也像其他职业化的人们一样面对着许多敌手。社会工作者经常受到社区的半信半疑的对待。模棱两可的地位、职业上的孤立等经验,弗洛伊德都是深知的。但他为我们树立了样板:在遭受攻击和冷淡时毫不动摇。他顽强地追求真理的精神,他倾注全部精力在他的书房中而不是去做无谓的辩解,以及他忍受、承担被孤立和受批判的耐性,这些性格、品质和行为给所有的职业化的人们树立了良好的榜样。

---

① 群体工作,即 group work。——编者注

天才和创造是不能借用的,甚至是不能仿造的。弗洛伊德的成果丰富了别人,也为社会福利开辟了新路并提高了质量。因此我们认为我们负了他的债。虽然如此,别人的态度和行为却是可以借鉴和结合运用的,这些可以使借鉴者的人格得到提高和丰富。这就是弗洛伊德对社会工作的又一贡献。他树立了具有职业化勇气、强烈的献身精神和牢固的团结精神的榜样。为了这些宝贵的礼物,我们向他致敬!

译者注[①]

这是从普尔曼的个案工作论文专集《社会个案工作的展望》中选择的一篇文章。原文载1957年7月《社会服务日报》。它是这本论文集中最有分量的一篇文章,全面地总结了精神分析学的"祖师爷"——弗洛伊德的学说对社会工作的贡献和深刻影响。作者对弗洛伊德的敬佩心情是溢于言表的,但并不等于她全部接受弗洛伊德思想,例如她对弗洛伊德的"死的本能""恋母情结"(奥狄帕司情结,曾被译为"弑父娶母情结"),和被压抑、被埋藏在人们潜意识中的"伊特"(id,或译为"欲根")是一切神经官能症或行为异常的根源等论点是有所保留的,但她但她认为弗认为弗洛伊德总结出他与他的精神病患者相接触的三条经验:无意识的作用和力量;童年生活是形成人格的重要因素;人际关系。与案主之间的人际关系的重要性等对社会工作者有极大影响,为社会工作者理解人性开辟了一条新路。精神分析学理论不仅于精神病学者、心理学者、社会工作者有极深刻的影响,其影响所及是异常广泛的,也极其深远。在弗洛伊德学说流行以前就有不少国家、民族的文艺作品、电影、戏剧、小说、雕刻绘画的描述和表现与精神分析观点暗合,在他在世和去世以后还有很多文艺作品都受弗洛伊德的影响、暗示和灵感,风行一时。普尔曼的这篇文章是作为一个社会工作者来理解弗洛伊德的学说的,她有很深刻的理解,对读者也有很大启发,但也有不足之处、局限性和片面性,读者可作参考,批判地给予接收。

译者选择这篇文章的原因是借它论证社会个案工作的发展,确曾经

[①] "译者注"内容,出自吴桢先生1991年自己整理的论文合集《社会工作讲座》(打字油印版)。——编者注

历了一个接受并运用心理学的、精神病学的观点的阶段。弗洛伊德的精神分析学说虽然只是精神病学的一派,但他对社会工作的影响极深,这是因为一个个案工作者直接和案主广泛接触,无话不谈,无微不至,他们的实践经验使他们容易理解和接受精神分析学说。

个案工作在发展*

研究人类天性的学者们认为一个人成熟的标志是他对自己有充分的认识——知道自己是怎样成长的,在社会中所处的地位和作用,和应该做些什么以成功地达到目的。

也可以这样说:这也是社会工作职能化成熟的标志。社会工作是一个相当年轻的职业,在过去几年中迅速前进,知道了自己的特殊功能和作用。社会个案工作是社会工作的一种方法,一种助人的方法在活跃地工作着。在机关里,社会工作学院里,医院或门诊部里,凡有社会个案工作者的地方,他们都问自己:我们的特殊作用是什么?我们需要什么样的智能和技术?我们能为人们做什么,治疗他们吗,了解他们的人格吗,为他们未来生活的自由怎样安排他们的生活吗?我们的特殊知识和特殊的责任到底是什么?

我们今天可以比以往任何时候更容易明确地回答什么是社会个案工作。这是因为我们已达到了成熟点,对我们的成熟有了全面完整的认识,知道如何走向我们的目的地的途径。社会个案工作者懂得要知道一个人的今日现状,就要去检视他的昨天。同样,检视一下社会个案工作的青壮年历史对了解它的现状是大有用处的。

---

* 该译文收入在吴桢 1991 年自己整理的论文合集《社会工作讲座》(打字油印版)中,《个案工作在发展》这篇译文为北京大学社会学系资料室 1983 年 4 月的油印稿,估计是吴桢先生在北大上课时使用的。译文来源:H. H. Perlman, Social Casework Today, *Public Welfare*, Vol. 17, No. 2 (1959), pp. 51 - 54,88 - 89; H. H. Perlman, Casework in Development, in H. H. Perlman, *Perspectives on Social Casework*, Philadelphia: Temple University Press, 1971, pp. 85 - 98. ——编者注

一、个案工作的来源

个案工作的门第是高贵可敬的。他们的先行者都是些男、女教育工作者和社会贤达，关心人民的健康、道德和社会的一般状况的热心公益的人们。幼儿时代的个案工作的亲生父母不能确切知道是谁，但一般都认为是社会学。至少可以说在它的婴儿期是依附于社会学的，也是从社会学那里吸取营养的。

失业、贫穷、失去工资来源、居住条件恶劣、缺医少药等问题引起了社会的重视。当社会机关建立起来以处理受这些问题窘迫的男女老少时，个案工作就应运而生了。它是社会学所养育的，但它在工作实践中逐渐丰满了自己的肌肉，增长了力量。

等到一天个案工作回过头来看它的亲生母亲——社会学，就跟许多儿童一样感觉到老母亲已经是个只知道喃喃不休、不停地收拾破烂的老态龙钟的老妇了，个案工作者扭过头来，转向了精神病学。别人看着它另找山头觉得它太不义气了，但它却找到了新生，找到了光明的前途。但是说精神病学就是个案工作的父亲也是没有把握的，因为精神病学传播到美国为时不久，但是个案工作者却对它很孝顺，就同恋母情结的儿童一样把对母亲的依恋移情为对父亲的崇拜。

从精神病学的角度看，这种以父亲的形象自居的机制对个案工作有许多自我认识的价值。个案工作在它的婴儿期，从社会学学到了人们的生活是由社会环境所塑造的知识，现在转而从精神病学学到了人们的"内在环境"和人格力量是怎样形成他的需要和外在的行为的。但是这种恋母情结也有后退的，例如有些社会个案工作者忽视了自己的权能和特有的功能，过分地依赖精神病学。有些人自以为就是父亲形象的扩展，甚至对于自己有不同于父亲的地方都发生厌弃的感情。这样自然在它的青春期感到不舒服、不安定。有时，对自己怀疑，对父亲更加依赖，有时却又意识到自己的存在。在后一种情况下，它发现自己从父亲方面——精神病学方面确实学到很多东西，这些东西要成为自己的，必须经过"自己的判决"，判决就是要用个案工作的观点，既不同于父亲，也不同于母亲，这就是社会个案工作的青春期，与其他学科知识有关系但又有自己的体系。

这时它就可以运用自己的新观点、新感情回顾过去。当社会工作回顾它的母亲时，它突然感到惊异，社会学正在欣欣向荣。它有许多可爱的亲属，社会科学围绕着它，衣着时髦，人人注目，友好地和它交往。它和精神病学更是莫逆之交，亲密无间。

从以上这些闪光般的回顾中，社会个案工作者看到自己的门第不凡，有良好的教养和传统。因为这种家族关系，它从父母双方都受到知识和思想教育，而且可以继续从双方得到教益。通过工作实践，个案工作意识到自己的力量，自己的存在，它可以站稳脚跟，挺起胸膛地高呼："我就是这样！这就是我做的！这就是我的目标！"

这当然不是一个完整的家史，它有重大的节略，跳过了今日个案工作如何在社会的和心理学的力量下形成的经过。但它却说明了今日的个案工作更加紧密地、牢固地和社会的、心理学的知识结合在一起了，而且它正在为自己的社会目的而生气勃勃地发展下去。

七年前，在加利福尼亚州的小型会议上，笔者曾敦促个案工作者努力把"社会的"内容放回到个案工作中去。这句话像野火吹又起，不仅是由于这句话的豪迈语气，而且因为全世界的社会个案工作者都有这想法，这已成为一句普通传诵的口号了。七年来我们感到骄傲的是对实现这句口号做了努力，走出了路子。

二、今日的处境

我们今日的处境是：从未有过的明显，社会工作的集中点是个人（或家庭）在实行他的日常任务时遇到困难。所谓"日常任务"是指作为父母、配偶、学生，或工人所负的责任和担当的工作，我们担任这些角色，担任许多"必须这样""应该这样""需要这样"的责任和义务，它也包括着在和其他人工作、游戏和协调地生活在一起满足这些要求时取得的感激之情。

社会个案工作机关的案主找上门来，都是在他们的日常生活中缺少和需要一些帮助以得到日常生活的满足。更通俗地说，他们在社会环境中失调了，他们的个人生活来源枯竭了，或者是他们的工作有某些失误，以致和人生的应负的责任不相适应。这些人生责任可能是如何做父母，如何挣钱，养家糊口，甚至是如何做人的子女——因为即使做人的子女也有他必须具备的态度和行为(这一点往往被成人所忽视)。不管产生问题的原因是什么,是由于案主的"外界环境"或"内在环境",今日的个案工作者都知道医治这些病症的焦点是最有效地、最真实地帮助案主在适应社会功能的需要方面做得更为有效,取得更大的成就。这一焦点与早期个案工作的工作目的有所不同。在过去,心理学的知识还不成熟,以为我们只要满足案主的某些物质需要,如给以救济、住房,或换一换寄养家庭等,我们就可以医治好案主的病痛。但是过不了多久,案主又会找上门来,坚持他的问题还没有得到解决。

以后,由于我们的缺乏远见,以为社会问题是表面的、无关重要的,只有"真正的问题",潜伏着的人格问题才值得重视。那时,我们又遇到挫折,在我们所获得的许多"觉悟"中,我们发现感情时,心理的表现并不能使一个人成为在生活、爱情和工作各个方面都能适合做一个较好的父(母)亲、配偶、工人、学生或其他。

还有,事实上,案主来找我们并不是要求我们把他们重新改造一番,也不是为了"医治"或"保证"他们目前和今后都不再遇到困难;他们不过是要求我们帮助他们能适应和应付当前他们所感觉到的或经历过的问题。他们希望帮助他们恢复他们过去的作用和能力,加强他们的社会作用,改造他们的现处环境或应付这种环境的能力。

今天的个案工作开始要求能够掌握心理动力学和社会动力学的理解。结果使我们必须认识人的每日社会经验都有大量的感情的和心理的输入。人格动力学的知识引导我们学会如何对待不同的个人与其特殊问题的关系,还帮助我们如何促进他能够解决自己问题的动力和能力。我们对社会动力学的了解使我们集中注意人们所表现的人格,人们在社会关系中和完成社会任务中的经验以及社会的环境对个人的影响,反过来人们的反应又影响社会环境。

三、这意味着什么

当我们完成接受这样的概念:认为以上所述正是我们的任务,那么,在我们的眼前就有些问题正向我们挑战。

我们必须对案主的社会环境的意义和性质有个深刻的认识,我们经常只把周围的物质条件看作环境。但,事实上,最重要的环境是与其他人的交往关系,例如什么人威胁或满足你,什么人帮助或伤害你,什么人用权势压制你或你依仗什么人的权势,什么人给予你或夺取你的自足和自尊的感觉。一个学校、工厂、家庭、办公室被人看成是好的环境或坏的环境首先在于那里的主管人、教师、父母、同事和学生们之间的关系如何。了解这许多关系,个案工作者才能得到诊断,治疗则不仅是针对案主——要求帮助的个人,而要针对所有和他有交往的人们——给他影响和受他影响的人们。这个含意在今天引起很多人的兴趣和重视,认为家庭成员组成一个网络系统,每个家庭成员不仅在那里生,而且在那里相互交往。

过去,我们在处理婚姻问题时,认为只要提出对于婚姻问题不满的一方对自己有了认识,他就可以正确对待他的配偶,问题就可解决了。但是现在我们认识到婚姻是双方的问题。不仅是双方相互交往的问题,也是双方互相依赖和互相期待对方如何对待自己的问题。因此,我们必须正确评价不仅是一方而是双方的人格;不仅是双方的人格而且是他们在结婚时相互要求相互期待的社会观点和社会意识;不仅是观点、意识,而且是他们的反映这些观点、意识的行动和作为。由于这种新的认识,我们对待婚姻不协调的问题的处理方法改变了,要求婚姻双方做出努力,他们的思想和感情影响他们的婚姻的现状和未来的发展。

我们对儿童问题的处理方式也改变了。我们从来都认为母亲与儿子的关系是一个相互交往的单元,到了今日,我们才认识到父亲的作用和影响,我们为什么长期地忽视父亲在家庭的作用和地位的问题是很难理解的。父亲虽然很多时间不在家里,但他对儿童的影响很大。母爱对孩子的过分骄纵,或者对孩子的不关心、厌恶,往往是丈夫如何对妻子和丈夫如何对待孩子的反映。父亲下午六时下班回到家里,增加了家庭的紧张,也增加了乐趣,这一工作上的"换班"也影响到家庭的换班,从以儿童为中心换到以丈夫为中心。这些变化和其他变化都在影响着即使是很年幼的儿童。父亲在家庭中所扮演的角色——家长、父亲、"情敌"、好友、喷火的巨龙都引起母亲和儿童的反应行为。

简言之,个案工作者再不能在处理家庭问题不自己问问自己:"谁是形成生活环境的人?谁以他的态度和行动使个案工作在解决问题或树立工作关系方面受到促进或破坏的影响?"这些有关"谁"的问题常发生在案主的家庭中，但是也在其他情况下发生，只要那里有人与人的有意义的交往，特别是与发生问题有关系的人。

四、其他人的重要性

现在我们在个案工作中常说环境的操纵是问题处理的一种方法。但它并不认为我们过去以为只要为案主安排好一切，改变他的环境，或在他的生活中增加新的内容就算了事的想法是对的。我们在和案主思想感情融洽一致的时期，我们认为如果能够对他的感情的紧张和自我认识方面能有所帮助时，他就可以适应和改变他的环境了。这种想法正确吗？心理学的和社会的综合研究明确认为案主的日常生活中接触到的每个人都不断地影响他的感觉、思想和行动，并且为了影响他的感觉和行动，我们不但要了解他的生活环境，还要直接和与他有关系、有交往的人们中间进行接触，了解问题和解决问题。包括这许多人的环境是不能任意操纵的。它需要在我们的意图下具有心理的顿悟和治疗的技巧，而不能仅限于和案主面对面的个别谈话。实际上，它要求比我们现在所具备的更高的技巧，因为它需要我们考虑如何在同时和许多人谈话，如何发动许多人愿意关心别人的事，如何成功地使许多不同的人的互相矛盾的要求和愿望能够同时得到平衡。这些都是很艰巨的任务。

最近的研究指出这样的努力是多么迫切。芝加哥大学社会工作学院研究中心完成了一个三百多个案的研究，发现在什么情况下案主接受或拒绝机关的处理。有些有趣的结果是：那些带着人与人之间的困难问题的案主（主要是婚姻问题或亲子矛盾的问题）如果他周围的人对他是采取赞助态度而不是破坏态度的，他们就继续接受机关的帮助；相反地，如果他周围的人采取阻挠的态度，他们就不再接受机关的帮助了。这种挑战是很明显地存在的。

但是这也不是说个案工作可以忽视我们所关心的一些环境问题（充实或使人们生活贫乏的社会环境）。过去，这些环境因素是受我们操纵的。社会个案工作的全部注意力因为国家救助事业和社会保险事业的发展而把对这些社会环境问题的关心转移到人们的内心环境的问题方面来了，这是历史发展的必然结果。今天，我们的社会的和心理学的综合研究使我们理解到人们生活中平凡的俗事如何上升到福利事业的发展和社会解组的预防事业是多么的重要,多么的富有实效。

"预防"这个字眼是每人的脑中和口中的常用词,和今天的社会福利——防止人格的扭曲、行为的失常、报纸上经常报道的人类的废品和灾害等问题联系在一起予以重视了。"预防"这个词容易说而不容易做到。它需要整个社会的各个方面,政治、经济等的通力合作。社会个案工作只是整体的一小部分,但是一个重要的部分。

五、环境与人格

来求助于个案工作者的都是些已经受到了困难或在生理方面、社会方面及精神方面受到伤害的人们。所以个案工作者必须首先医治他们的创伤,恢复他们应有的社会作用。所谓预防工作应存在在这些工作中。这是因为人们初生下来并没有人格问题,没有内心的矛盾,没有孤寂、仇恨、不安或罪恶。人的内心的扰乱是外部所加于他的。他的生活的偶然事件或外部环境某种情况深深地侵犯了他,使他内心受到折磨。更通常的情况是日积月累的某种社会情况或社会关系长期地和反复不已地伤害或挫折他,以致他感到受损伤,不似一个完整的个人,或者在感情上感到走上了无可奈何的、失去控制的边缘。

反复的和可靠的证据说明环境的缺隙(缺乏安全、良好或与他人平等的感觉)可以使人的性格受到曲扭或暴怒。只有在社会个案工作者、社会机关或计划机构十分重视外界环境的情况下才能使人们内心的环境有好转、有情趣,才能使人们每天完全掌握预防的能力(生理的、社会的和心理卫生的输入)。这需要经常的社会服务和充分的社会资源。

上述芝加哥的研究也有同样的结论:它发现那些带着环境问题去找家庭问题机关的大多数人都继续不断地和机关合作,只要他们的环境问题可以得到改善。相反地,如果对他们所带来的问题无能为力,他们就停止再去找机关求助了。这些事实说明个案工作机关必须有足够的面包与黄油给那些需要面包与黄油的人们。

最后,个案工作成熟的标志是每个人或家庭的生活标准和条件不稳定或时坏时好时要继续给他们帮助。有些家庭被人称为"困难户""摸不到边"或"问题成堆"的。他们的共同特征是他们除了健康、金钱、内部矛盾、家庭解组等问题需要社会工作的帮助外，没有其他问题。但是，因为他们养育着不愉快的、生病的或有犯罪行为的子女而成为社区的良好人家庭的麻烦。

在过去，我们对于这些家庭，按照社会的达尔文主义的传统观点，我们以为只要改变他们的环境，我们就可以自然地改变他们了。经验证明：人类的改变主要依靠他们的意志和愿望，而不依靠外界的、强加的安排。所以我们离开这些社会所排斥的人物，转向那些需要帮助解决问题和为解决问题而工作的人们。同时，我们转向精神病学学习人们的内心活动、动机和反抗，我们开始考虑一定会有办法帮助人们要求的帮助，刺激人们要求改变他们的标准和行为的方式。当然有些个案工作者甚至奇怪这些机关本身有点"难以捉摸"，因为他们高高地驾凌在可以治疗的案主们之上。

六、综合治疗

目前这些有关人类动机的认识与社会上关心社会问题的新气象结合起来了。国内许多地方的个案工作者离开他们较为舒适、安静的办公室，走进陋巷，爬上危梯，敲开那怀着怀疑心情掩闭的房门，伸进一只脚，看看那里的人们，能不能用我们的心理学的知识、个案工作的技能帮助他们感觉到需要帮助，特别是为他们的子女的福利而需要帮助。

有许多不愿意求助的案主增加了，为我们的工作带来不少问题。个案工作对于社区来说是件费时的事，对社会工作者来说是件费力的事。也许到最后需要像莱苏赛拉的长寿、约伯的忍耐和所罗门的智慧才能解决问题。[①]

那时，个案工作又要面对新的挑战发展它的技能和加强它向新目标前进的毅力。

这些是将来个案工作要走的路子。什么是个案工作更清楚了。它在

[①] 莱苏赛拉（Methuselah）是《圣经·旧约》里诺亚的祖先，传说他活了969岁。约伯（Job）是英雄故事中最能忍受折磨的象征性人物。所罗门是《圣经》中以色列王国国王大卫之子，是智慧的象征。

社会工作中是一种如何帮助那些需要帮助的人们能够适应他们所接触到的问题成为一位有用的社会人；给他们以日常生活能够得到满足的机会的工作方法。当这一目标达到了，个案工作的社会的、心理的方法和它们的影响都得到了成功。人们的知识的不断增长使个案工作者认识到人是社会的、心理的和生理的综合，个案工作者不仅要回答什么是个案工作，为什么要做个案工作的问题，他还要回答如何做个案工作的问题。

有时"挑战"一词似乎是"办不到的事"的讽刺语。确实有许多困难的，但不一定是不可能解决的问题摆在我们的面前，我们可以自豪地说我们解决了这些问题。个案工作作为一种专门职业要达到更加成熟的目标要有新的标志。这标志不在于我们的工作是否能充分地完成，而在于我们在奔向新目标时，我们的肌肉、思想和精神是否得到舒展和成长。

译者注

本文译自普尔曼的论文集《社会个案工作的展望》(*Perspectives on Social Casework*)。普尔曼是美国坦普尔大学(*University of Temple*)的教授，有经验的专业社会个案工作者。[①] 该论文集共搜集了 13 篇专题报告，本文写于 1959 年，刊载于《公共福利》(*Public Welfare*)杂志 1959 年 4 月刊。文章虽然已写了 20 多年，但对我们来说还是有现实意义的。

---

① 本句应为"该书由美国坦普尔大学出版社出版。普尔曼是有经验的社会个案工作者"。——编者注

漫谈个案工作和个案分析[*]

原编者注：1982年12月21日下午，中国社会学会顾问、江苏省社会学会会长吴桢教授在省社会学会举办的学术讲座上，就个案工作和个案分析做了专题发言。本文是根据吴桢教授的讲话提纲和录音整理而成，未经本人审阅。

一般人都认为个案分析、个案调查是社会调查诸方法中的一种，没有什么深奥的理论基础，甚至有人说它是社会学中的"雕虫小技"，"学士而不为"的单纯调查法。这是对个案工作、个案分析没有深入认识的表现。要知道我国解放前就有过这个专业，而且有过这个职业，有过这个学会，有数以百计的个案工作者终生从事这方面的工作；但当时他们的主要精力是放在工作上，尽全力于解决问题，没有时间和精力从事著书立说。所以我国一些较为出色的老一辈个案工作者，像钱振亚、周励秋、陈文仙、于汝麒、汤铭新等人都没有遗留给我们什么著述。这也说明，为什么个案工作虽然在中国已有半个世纪以上的历史，但提到它，至今仍然是个陌生的术语。我今天讲这个题目，主要是因为目前看了些社会调查的论文，其中虽然有些作者也在试图运用个案工作方法，但总觉得不够熟练，还有不足之处，因此来谈谈这个问题，并非多余，也不是小题大做，而可以说是以小见大，从大处着眼，从小处着手。下面分四个方面来谈。

一、什么是个案工作

个案工作和个案调查或者和个案分析是不同的概念。个案工作包括

---

[*] 吴桢：《漫谈个案工作和个案分析》，《江苏社联通讯》1983年第3期，第26—32页。

个案调查、个案分析，而个案调查或个案分析却不能包括个案工作。如果用一个公式来表示，可以是：社会工作＝社会诊断＋社会治疗。个案工作是要解决社会问题的，社会问题就是社会病态，调查分析找出解决问题办法的过程，可以说就是社会诊断和治疗的过程。

个案调查是社会调查方法的一种，往往是和其他种调查方法并用的，如统计法、比较法、历史法、实验法等，都可以用来为调查某一种社会现象、某一社会问题而服务。然而个案工作则不然，它是一种单纯的、独立的工作方法，应用于社会问题的调查研究探索产生问题的内在和外在、主观和客观各方面的原因，从而做出科学的诊断。至此，社会调查与个案工作就分道扬镳了。社会调查者可以在收集若干个案材料后，从中抽象出共同性规律，形成或论证一种学说和理论；而个案工作者则要对每一个个案根据其初步诊断，设计出解决问题的计划和方案，然后利用社会资源，启发案主的主观能动性，促使他与工作者互相信赖，互相合作，解决问题。解决问题的过程，是继续深入调查的过程，也是不断修正诊断、修正计划、加强合作共同解决问题的过程。即使这一问题得以解决，社会工作者还未完成任务，他还要定期随访，巩固和发展成果，最后结案。社会调查者搞个案的目的是通过社会调查、研究，做出社会诊断，以论文或著作的形式表述其成果；个案工作者的目的则是通过长期的试验，实际地、具体地解决社会问题，解决问题的工作本身就是目的，就是成果。

这里引用一段中国社会学所新编的《社会学概论》（未出版）中附录二《社会学研究方法》中有关个案研究工作的一段话："个案调查又称个案研究。我国所谓'解剖麻雀'和'典型'调查基本上属于这一方式。它是将某一社会单位作为一个'个案'，对其中的若干现象、特征和过程做长时期的深入调查，摸透其来龙去脉，反映典型的意义。做个案的单位（案主）既可以是一个代表性的人物，一个家庭，也可以是某一组织。个案调查一般采用研究者参与被研究个案的方式进行，如同干部蹲点实行'三同'那样与被研究者打成一片，行其所行，想其所想，从切身的感受、详尽的资料中取得理论性与实用性成果。个案调查是一种定性的研究方式，它具有质的深度和社会的实在性。个案的研究成果虽然对类似情景下的其他个案有代表意义，但一般不宜做推论。"

我认为这是一个较为满意的定义，它强调了工作人员和案主的密切关系，阐明了研究过程的深入要求，说明了它是定性的研究方式。在这几个方面，我觉得这一定义是很好的。当然我也有不完全同意它的地方，就是它讲个案研究不能用来做推论，我认为要是有一定数量的个案调查后，还是可以进行推断的，不宜把话说死。另外，我还查阅了《辞海》，它关于个案法的解释是："心理学的一种研究方法。搜集关于一定个人的家庭情况及社会地位、教育影响、职业经历、作业成就、健康条件等历史资料加以分析，从而探究其心理特性的形成和发展过程。是在教育心理学和医学心理学领域内常被采用的一种辅助性方法。"这一定义说明个案方法不仅可以应用于社会调查，也可以应用于心理学研究。该定义的特点是把个案工作规定在一个个人。对于个人的研究，个案方法有其特别明显的优越性；对于社会调查，也有其不可忽视的重要意义。社会学面对的正是千头万绪的社会生活现象和错综复杂的人际关系。换言之，研究人与人的社会关系，是不能离开个案方法的。这是一个研究个人如何影响社会，社会如何影响个人的最有效、最重要的方法。

我们大家有一个共同的要求，费孝通会长两次来南京都谈到，要建立新中国的、以马列主义思想为指导的、符合社会主义制度的社会学。要达到这一目的，首先就要脚踏实地对中国社会做深入的调查研究。胡乔木同志早在全国社会学研究会成立大会上就说过："既要研究实际的问题，又要研究理论的问题。……但就研究的迫切性来说，实际问题的研究更重要一些，应放在更重要的地位。"

众所周知，社会学在中国被禁锢了近 30 年，1979 年开始恢复。我们看到全国各地的社会学工作者做了不少社会调查，写出了不少社会学研究的论著，这是十分可喜的现象。但我所阅读到的一些调查报告，使我有个感觉，这些文章中，统计法、问卷法、定量分析的比重较大；个案法、定性分析的比重较小。这样的结果是面上现象的描述多，而点的深入不够，对于问题发展的过程、来龙去脉、前因后果分析不够，便显得单薄，没有深度，缺乏实感和立体感。面上的分析只是个横断面，没有历史的分析，没有纵的研究，在理论上自然也很难创新，全国社会学会秘书长吴承毅同志在南京曾讲到，创新问题，是在理论上要以马列主义的辩证唯物主义的立场观点来分析问题，在国际社会学讲坛上树起马列主义的旗帜；在社会调查方面要能以无可争议的事实，说明社会主义制度的优越性。我很同意这个说法,要创新中国的社会学,必须踏踏实实地做社会调查,有点有面地、定量定性地研究中国的社会问题。我们要运用马列主义、毛泽东思想的立场观点分析问题,依靠社会主义制度的优越性和群众的社会主义积极性来解决问题,要创造性地用我们独有的方法研究问题,总结经验,创造出崭新的社会主义社会学理论。在这方面,个案调查和个案工作者都是大有可为的。

二、个案工作的起源和发展

个案工作是个比较陌生的名词,但是通过观察研究典型人物、典型社会单位的现象来研究客观社会的方法,则是古已有之。例如司马迁写《史记》,用"世家""列传"的方法,写一个人的出身、经历、性格特点、发展过程,来反映当时的社会面貌就是一例。恩格斯《英国工人阶级状况》的调查,也运用了大量的个案材料。毛主席一贯主张"没有调查就没有发言权",提倡"解剖麻雀"的工作方法。所以个案研究早就在自觉或不自觉地加以运用,只不过没有科学地给予总结归纳,或者使用这个名词而已。

个案调查成为一门学科,个案工作成为一种专业,一种职业,是在美国社会福利事业得到发展的情况下产生的。美国许多大学里就专门设有社会福利行政系或是社会工作系,有的还建立了专门的研究院,已经得到了国际社会科学界的承认。如果再追根溯源,可以推到英国十七八世纪的济贫法(Poor Law)。那时英国要搞工业,搞"圈地运动",大批农民失去土地,被驱赶到城市,成为失业者,需要救济,于是1601年,皇家颁布了济贫法。1795年又颁布了所谓"斯宾汉兰条件"(Speenhamland),规定工人所得工资,如不能维持生活,可从济贫税中取得补助。这一规定,更加有利于资本家压低工资,加强对工人的剥削,但它同时又施给一些小恩小惠,起到麻痹工人阶级反抗斗争精神的作用。总之,那时所谓的救济福利,实质上是对农民、工人采取的一种饥饿政策。

到20世纪初期,西方资本主义迅速发展。资本家既要削削工人,又要安抚工人,维持他们生活必需条件,使工人活下去,生儿育女,继续为剥削者卖命。因此,社会福利事业有了很大的发展。私人举办的这类事业也应运而生,它是政府救济的一种补充,它往往有一定范围的对象。这些私人事业机构更讲究调查方法、救济方法,他们中就有许多训练有素的工作者,通过社会调查,好使资本家捐献出的一点残羹剩饭分配得更加有效,以最少的花费收到最大的效果,解决一些明显的、使人不安的社会问题。从积极方面看,确实也有一些善良的公民是开明人士,他们想以现代化的社会福利工作取代旧的官办的政府救助事业。他们相信用点滴修补的改良比袖手旁观更能安慰自己的心灵。20世纪以来,西方国家,特别是美国,社会福利行政学系、社会福利系、社会工作系等等如雨后春笋相继成立,个案工作是这类学科的一门主课,目的就在于培养专门人员,运用专门知识,调和社会矛盾,使那些有困难需要帮助的人,能由于个案工作,满足需要,恢复能力和社会地位,过上正常的社会生活。这比旧式的慈善事业、政府救济要温和得多,进步得多。由此看来,个案工作是真正脱胎于私人的社会福利工作。

我们手头缺乏材料,就我所接触到的,我认为从个案工作问世以来,大概经历了80到100年的历史。这期间的发展,我个人把它划分为三个阶段,供大家参考。

第一阶段,从个案工作问世到本世纪30年代以前。这一阶段的工作,可以称作社会诊断或社会病理析因,它侧重以法学观点为出发点,特别重视实证、旁证、传问、文件证明等等,以确定案主的身份和地位,确定他有无受救济的资格。这留有过去"济贫法"的痕迹,有点像办案的味道,个案工作者是救济者,也是"审判官"。这时期的个案工作者是政府救济事业的执行官,处于高高在上的地位。

第二阶段,本世纪40到50年代,是个案工作膨胀发展的阶段,个案工作者成为专业人员,有了职称,他们写了很多论述,出版年鉴,成立了专门学会,而且对会员的要求较高。1947年我到美国视察,发现到这样一个特点,个案工作不再是问这个人是否真穷,而是问这个人是否感觉到穷,可以说是以主观心理来作为出发点了。这时期的社会工作者都必须学心理学,他们对案主的调查着重于案主的感情与感觉,仿佛社会问题的关键不在于问题的客观存在,而在于人的主观情绪如何。例如说这个人有病并非生理上的病而是有心理上的病感;自卑并非真的什么不如人,而是有自卑情结。依此类推,一切问题都是主观心理作用,正如彻底的主观唯心论者所说"幡不动,而是风动;风不动,而是心动"一样。不过,也要看到,心理因素确实也是一个不可忽视的重要因素。医药社会工作、精神病社会工作不必说了,像家庭问题、婚姻问题、青少年犯罪、儿童行为问题等等,个案工作确实也离不开与心理学者的合作,运用智力测验、心理测验、特殊才能测验等等,都对做好社会工作有很大的帮助。

第三阶段,是从 50 年代以后一直到现在。近来的发展我们只能管窥一斑,不见全貌。从客观上看,当前美国社会学,苏联、东欧、日本等国的社会学都把重点转向实用方面。社会学在理论方面与其他社会科学有所交叉,又和自然科学、科学技术互相渗透,互相作用,同时社会学的运用面向经济建设、发展生产也是一个世界性的倾向。最近我们所接触到的科学社会学、科学学、系统工程学、人才学、行为科学等等,都有相同的发展趋势。

前些时候,我们接待过一批美国行为治疗的学者,大多是精神病专家。他们对于南京精神病防治院还有社会工作者表示了极大的兴趣与赞赏。当前的国外行为科学,已经历过了一个以所谓 X 理论到 Y 理论以至发展到 Z 理论的过程。美国的泰勒制,重视设备,管理,领导的管、卡、压办法,这已成为过时的管理方法了。日本的企业管理,发现了人的因素,它就强调所谓民主,让工人参加管理;同时注重厂方、管理人员以及工人之间的关系。他们厂里有电脑控制,可以有做千百以上工人个案工作的可能性。电脑中贮存了每个工人的生日、结婚纪念日等数据,到时就挨户送礼,礼轻情义重啊,效果很大。这样可以发挥出每个职工的专长和积极性,使他们心甘情愿为厂方出谋划策,流血流汗。显而易见,这一阶段的个案工作,是进入了一个更加广泛运用的阶段。赵紫阳总理最近在科技工作者发奖大会上就提出这样的口号:搞四化要依靠科技,科技界要面向实际,面向社会,提高经济效益。个案工作有广阔的发展前途,这是时代的使命。

下面就个人所知,谈谈个案工作在中国的发展。1921 年浦爱德[①]女士(Miss Pruitt,美国传教士的女儿,出生在我国山东省)在协和医院创立

[①] 浦爱德(Ida Pruitt,1888—1985),1921—1938 年,任北京协和医学院社会服务部主任,在中国和亚洲其他地区开创医务社会工作实务模式。中华人民共和国成立后,她两次访华得到宋庆龄、邓颖超的热情款待。晚年执教于宾夕法尼亚大学。著有小说《汉家女儿:一个中国女工的自传》《殷老太太:1926—1938 年北平生活的追忆》等。——编者注

了社会服务部,向医护人员宣传个案工作的重要性,亲自做病人的个案工作、做家访等等。1927年,她开始招收大学毕业生进行培训,培训后,取得病院专业人员的地位和待遇。到1928年,个案工作者在医院各科室都有配备了,病房里的各个病员都有了个案调查的记录。其中有的个案工作者,像于汝麒、周励秋就被派到美国进修。这时浦爱德女士还到燕京大学教授个案工作;又和清华、福州协和大学、南京金陵女大、广州中山大学、上海沪江大学等高等院校挂钩,培训了数十名至数百名的专业人员。医院的社会服务部曾达到三四十人高峰,而且产生了连锁反应,成立了家庭福利机关、怀幼会、妇女红十字社会服务部等等机构。

1932年,协和医院内部又成立了职工社会服务部。这是一大进展,实际是个案工作渗透到医院的内部管理中,当时在医院的住院处、门诊部、分科处等处都做了医护人员及职工的个案调查。

抗战期间,又陆续有不少医院高校开设了个案工作课,像重庆中央医院、中央卫生实验院、上海红十字医院、福州联合大学等等。抗战中,个案工作者在红十字会医院伤员医院坚持工作,为抗日战争做出了贡献。

1947年,曾在美国芝加哥大学社会福利系获得博士学位的陈文仙,经过努力,在南京的金陵大学将社会福利系与社会系分开,单独成立系科,开设个案工作课,这大概在全国是唯一的。而且在1948年,成立了社会福利研究院,招收研究生。可见,在解放前,北京、上海、南京、广州等地,社会学、个案工作的发展都有相当基础的。

三、个案工作的原则与方法

个案工作现在虽然还说不出什么系统的理论,但它还是有几条必须予以注重的原则。

1. 从实际出发。个案工作者所接触到的,都是特殊的、个别的问题,因此就不能一刀切,必须做细致的调查,个别分析,个别解决。案主各人的环境、背景都不相同,即使相同,反应也不一样,所以,在工作者与案主的整个合作中,都必须遵循从实际出发的原则。

2. 个案工作符合从个别到一般的唯物主义的认识论。在做了大量的个案工作后,还是可以总结出一定规律的。

3. 工作者与案主必须建立"感通"关系(rapport)。这就是说要建立双边的沟通。工作者在调查案主时,应该行其所行,想其所想。在访问过程中,应寻求共同语言,不能只是像审问一样,一问一答不行。工作者要尊重案主的人格、感情和爱好,两者应是平等关系,友好协作,互相信赖。当然在工作中还要防止一种感情上的依赖,反而使工作难做。

4. 工作者同时是一种代表者。这在西方资本主义国家,个案人员做工作较为困难,因为他们所代表的机关、单位很可能与个人之间有利害矛盾。而我们中国,个案工作是代表党和政府的,根本利益一致,工作者是向案主宣传解释党的方针政策,而不是私人接触的关系。

5. 善始善终,坚持到底。做个案工作要有一种锲而不舍的精神,最怕的是因为不耐烦、嫌困难而半途作废。解决一个人的问题就是为社会减少一个受害者,但你工作做了一半就罢手,效果是难以设想的。

下面讲讲个案工作的具体方法与步骤。

1. 立案(英文对应词汇是 intake)[①]。其中包括登记、编号、分类。这里要说明个案调查与典型调查有所不同,典型调查在工作前对于调查者是做了一番选择,而个案工作是来者不拒,有一个登记一个,无选择性的。到一定时候,积累了一定数量的个案后,再进行分析,抽象出理论。

2. 访问与家访,这里有很强的技术性。访问中要注意到几点:① 访问中要有问有答,双方交换观点。要善于提问题,启发对象积极回答调查者所需知道的东西。问题要问得恰当,不要简单地运用是否型问句,要动脑筋。② 访问前要有提纲,烂熟于心。访问时不妨多问几个地址、家庭成员、家庭中的关系等等。谈话中当然不能背提纲,但要有个自然去向,不管怎样颠来倒去,要设法把这些问题一次问清、问完,避免以后修修补补。③ 谈话中,要记其大意,主要的、重要的东西记下来,一般情况下不要忙着做笔记而打断别人的谈话兴致,这就需要工作者训练记忆能力。④ 在家访中,除了交谈,调查者要善于察言观色,充分运用现场观察。

3. 搜集你所有的资料,进行分析推断。在进行社会诊断中,"证据"要占很大篇幅。工作者要极为慎重地对待实证(包括工作者亲眼所观察到的)、旁证,以及文件证明、环境证明、传闻等等第二手材料。

---

① intake,今译为"接案"。——编者注

4. 个案工作进行了一个阶段后，经过推论做出初步的诊断，也就是过一定时间要做一次小结。推论要根据访问、家访得来的资料做出诊断，再过一段时间后，检验原来的诊断，并加以修正。

5. 做出工作计划。工作者用来解决问题、克服困难的方案要取得案主的同意，不能主观主义，不能强加于人。

6. 执行方案。这就是要利用一切可以利用的社会资源，包括家庭亲属、学校、机关、厂矿等，还要调动案主的主观能动性，大家取得合作。另外，有必要时，在工作过程中，可以随时修改计划。

7. 问题解决后，工作者要做定期随访，以观察工作的成效。一般都是在以后的一月、二月、半年、一年、三年甚至五年以上，这样才能保证个案工作的可靠性。

8. 巩固了个案成果之后，最后结案。

9. 写个案史，也就是详尽的工作汇报。这里要注意几点：① 要按时间顺序写，不能搞什么倒装或颠颠倒倒。② 案主和工作者可不用本人真名，但其身份材料要翔实。③ 文字要简练朴实，它和文艺作品以及新闻报道均有不同，要尽量记原话，记细节，记过程。

最后补充一点，工作者要有个案卡，根据工作的需要，要分层分类做卡片记录，它的重要性和搞科研一定要做大量卡片是一样的。

四、个案工作的运用

个案工作究竟需要不需要，它在当今的社会发挥怎么样的作用，下面简单地谈几点个人的看法。

1. 它作为社会调查的一种辅助方法，和统计法、计量法结合起来运用，所具有的意义，大家都已认识到了。典型调查目的在于深入，要追求事物的因果规律，不是搞些普查、发发问卷可以解决问题的，这就需要提高调查者的修养，运用多种调查方法，全面深入地看问题。

2. 随着形势的发展，看来不仅个案工作被广泛运用，十分需要，而且还应在可能的情况下，成立以个案工作为主的专门机构。譬如在医院、精神病院、伤残中心、青少年犯罪问题研究等单位，都应有专门的个案调查部门以及配备相应的个案工作者。

3. 从社会主义建设的需要来看，个案工作有着更广泛运用的前景，像人事部门、民政部门、公安部门、企（事）业管理部门、统战部门，还有信访工作、计划生育工作等等，凡是有关做人的工作的同志，都应该多学一些个案方法。

十二大提出要建设高度的社会主义精神文明，其中关键的一点就是应该努力形成一种新型的人际关系，这一点，也为大力发展个案工作拓宽了道路，我们作为社会工作者，肩负这样的任务，就是要为开展个案工作、个案调查做呼吁，通过各种途径，进行普及性宣传。不能拿个案工作当作"雕虫小技"，而是要把它作为做人的工作中一种重要的、有效的、必不可少的工作方法来对待。

个案工作的理论与方法：个案工作向何处去[*]

一、什么是个案工作，它和社会学理论研究的关系如何？

我来北大社会学系教"个案工作理论与方法"一课以前，在写教学提纲时，首先想到的就是要不要先从"个案研究"和"个案工作"的定义讲起。因此，我查阅了一些资料，而且尽可能找新的资料和最近出版的一些工具书，如《辞海》《社会科学简明词典》《韦氏大词典》等，还参考了一些书中的有关篇章，如中国社会科学院社会学所1982年编的《社会学概论》（草稿）附录二《社会学研究方法》的章节一和日本社会学家中野卓[①]的一篇专著《谈社会学研究中的个案调查方法》等。从这些资料和文章所下的定义，基本上可以说明"个案研究"和"个案工作"的意义。它们是：

1. 个案法属于社会调查的一种方法和技术。

2. 个案法是社会调查定性分析的一种方法。

3. 个案法是通过对个别案例（一个人或一个家庭）的调查分析来观察、认识整个社会的窗口。

4. 方法上着重对一个社会单元（个人或家庭）做深入的调查，摸透其来龙去脉。

以上定义除《韦氏大词典》对"个案研究"和"个案工作"分别做了解说

---

[*] 吴桢：《个案工作的理论与方法——个案工作向何处去》，《社会学与社会调查》1984年第4期，第8—12页。该文是吴桢作为江苏省社会学会会长于1983年5月在北京市社会学学会上的报告，刊登在《社会学与社会调查》1984年第4期（该刊1984年为北京社会学会主办的内部刊物）。该文在编辑时，同时整合了吴桢的手稿《个案工作的理论与方法：个案工作向何处去》（由吴桢的次子吴申庆提供）中的内容。——编者注

① 中野卓，日本社会学家，日本社会学会会长。著有《商人同族集团的研究》（1964）、《大正时期前后渔村社会的结构变化及其动力》（1968）等。——编者注

以外，其余都未涉及"个案工作"，也没有说明这两者间的区别和联系。这是它们共同的不足之处。工具书的特点是就事论事、四平八稳以极简练的文字准确地说明被下定义的事物是什么，和如何区别于其他事物，下定义的目的是要写个永久的、长期应用而无须改动的解说；因此，它有很大的局限性，不能有所创新，有所展开，给人一种"老生常谈"的感觉。新编《社会学概论》附录二的定义和中野卓的文章，特别是后者对什么是"个案调查"，有很精辟的见解。中野卓认为，社会学必须研究有个性的个人，可以通过对个人生活史的研究了解整个社会的变化和发展。他的这段话是从他的个案调查的实践中总结出来的，这说明从定义出发来讲定义是不够的，还应该从实际出发，从"个案调查""个案工作"的实践中总结出正确的定义。

这些定义的共同缺点是没有跟上社会理论研究和社会调查实践的发展：第一，它们没有考虑到社会学研究的范围、对象在不断变化，以及社会学理论研究的变化和社会调查的相互关系。第二次世界大战以后，西方社会学的研究范围在不断扩大，它不仅和社会科学领域中许多学科如政治学、经济学、管理学、宗教学、民族学等相交叉，相渗透，而且和自然科学中的数学、物理学、化学、生物学、地质学、医学等学科进行知识襟交产生像政治社会学、经济社会学、医学社会学、精神病学社会学、生物社会学、物理社会学等新学科。此外，通过运用部分社会学理论，增补其他学科的内容，扩大社会调查的范围，取得新的资料进行分析、推理而形成新的理论体系，产生新学科。像科学学、科学的社会学、未来学、行为科学等等都是这么产生的。

理论研究和社会调查历来都是平行发展、相辅相成的。社会学的理论研究和实际调查是不可分的。西方有一条谚语，"事实没有理论是无意义的；理论没有事实是没有说服力的"，这句话说明了两者不可分的道理。任何社会调查在规划和进行前都有个假设。什么是假设？假设是没有经过实践检验过的理论。它必须是科学的、符合历史唯物主义的。即使假设还不全面，不够成熟，但它可以指导调查，最后再以事实、资料来充实、验证或修正这个假设，使它成为比较完整、比较成熟的理论。用社会学理论指导社会调查，用社会调查的成果论证社会学理论，这是社会学研究的方法论问题，是非常重要的。以1934年社会学老前辈严景耀先生在芝加哥大学写的博士论文《中国的犯罪问题与社会变迁的关系》为例。他首先从犯罪学理论形成一个概念：犯罪与社会变迁有关。但是在中国，情况是否如此？有何影响？这些问题需要从中国的情况出发，经过调查研究才能做出正确的答案。于是严先生下了决心，走遍国内几个省市的监狱，接触并访问了300多名犯人，运用个案调查方法，从这300多犯人中取得第一手资料，进行分析研究，总结出中国犯罪问题与社会变迁的关系。他认为：有的人在辛亥革命以后，有的人在北伐成功、蒋介石叛变革命以后，有的人在日本侵略东三省，炮制伪满洲国以及冀东汉奸政府以后，每经过一次错综复杂的社会变化，必然失去了适应能力，或者由于环境变了，自己的社会地位变了甚至对犯罪的概念也都变了而做出背离新秩序新法纪的行动，变成了罪犯。严先生根据大量材料、仔细的科学分析方法，总结出无可争辩的理论来，这充分说明了个案调查与理论研究的关系。

第二，上述几种定义都没有从发展的观点看待"个案调查""个案工作"逐步发展成为一门学科，具有相对的独立性，而且它的运用范围大大地超过了社会学研究的范围。

西方社会学家华德[①]早在20世纪初就把社会学分为"理论社会学"和"应用社会学"。"个案调查""个案工作"作为一门学科在应用社会学方面得到迅速的发展，成为应用社会学系科内的一门主课。第二次世界大战以后，西方社会学、日本社会学、东欧社会主义国家社会学的发展更趋于实际应用方面。因此，应用社会学、社会调查都受到更多的重视。个案调查、个案工作在这一时期发挥了它在应用方面的多样性、适应性的作用，若干年来，个案工作积累了经验，丰富了内容，培训了相当数量的专业队伍——个案工作者。社会学以外的学科如政治学、经济学、人才学、管理学、人类学、医学、精神病学等都在应用个案法。美国一位老资格的个案工作者普尔曼（H. H. Perlman）曾这样说过："个案工作原来和社会学是亲子关系，现在它已长大成人，走在更广阔的田野里去了。"

第三点，定义都没有说清楚"个案研究"与"个案工作"的区别与联系。"个案研究"和"个案工作"原来是两个概念，我作为个案工作者认为这两者是不可分割的，也可以说社会工作包括了个案调查的内容。个案调查是个案工作的前提，个案工作是个案调查的继续，用公式来表示就

---

① 华德（Lester Frank Word，1841—1913），1906年担任布朗大学社会学教授和美国社会学会第一任会长。著有《动态社会学》《理论社会学》《应用社会学》等。——编者注

是：社会诊断＋治疗＝个案工作。

个案工作的作用和意义就是以一个社会单元（家庭或个人）作为"案主"（client）对成长过程、现状、所面临的问题做长时间的深入调查，摸透其来龙去脉，做出社会诊断，这就叫作"个案调查"。另一种发展方向是，继续做更多的个案调查，更广泛地搜集资料，进行整理、分析、推论，做理论上的探索，从许多个案中抽象出共同性的规律，写出理论性文章。许多社会学者是这样做的；或者根据诊断，继续和案主合作，制定出解决问题的方案，而且不懈地坚持下去，直到对案主区别对待，一个个地解决问题为止，这是又一种发展方向。

对于社会问题的研究和社会工作能否使用个案工作方法呢？中野卓说："在社会学中，是以个人还是以社会为主要研究对象是一个值得探讨的问题。……因此，通过研究特定社会集团去研究整个社会是可能的；同样也可以通过对特定个人的专题研究去研究整个社会。应当把个人置于他们所处的环境之中，置于他们生活着的整体性观察之中去广泛地加以研究；应当把个人作为由社会所决定，反过来又决定社会这种存在去进行研究。"又说："当一个人处于一个时代的社会结构和社会变动中心时，以这个人的生活为中心进行社会调查是可行的，也是必要的。"以上是日本社会学家中野卓对个案研究在社会学研究中的作用和地位所做的评价。

毛泽东同志生前非常重视调查研究，特别把典型调查比作"解剖麻雀"，肯定了"一叶知秋"的意义。同时，毛主席还十分重视调查研究和解决问题的关系。调查就是为了解决问题，我们要解决的问题是要为提高和改善社会福利事业多做贡献，为在我国搞"四化"建设而努力工作。

第四，"个案调查""个案工作"在社会学教学体系中处于什么地位？《辞海》中提到了这个问题，认为它是"心理学的研究方法，是教育心理学领域中常被采用的一种补助方法"。我不反对心理学采用个案法，但限定在教育心理学方面就有些不完整了。其他的定义没有提到这一问题，我觉得应该提到。个案调查、个案研究究竟属于社会学系哪个专业？由哪个专业负责培养这方面的人才？我们看到社会调查在国外社会学系里无足轻重。而在社会福利行政系、社会工作学院，个案工作则作为一门主课和必修课，而受到很大的重视。社会工作者在社会上也作为一门专业职业受到社会的重视。我国的社会工作者在抗战时期有技术职称，享受技术津贴,在北京、重庆、成都有社会工作者协会组织。在燕京大学、沪江大学、金陵大学、金陵女子文理学院、中山大学、中央大学等的社会学系,都有个案工作这一门课。最近我查阅燕京大学历年的课程表和社会学系论文目录,发现个案调查、个案工作曾是社会服务专业内的重要课程,毕业论文中有很多是个案调查、个案工作的报告。我于1947年在南京金陵大学社会福利行政系教学。当时的金大有以柯象峰先生为首的社会学系,也有以陈文仙博士为首的社会福利行政系,两系截然分开,各自设置自己的课程。

二、 个案工作在方法上的关键和核心

个案工作最重要的方法或技术是访问,或称"交谈"(interview)。这虽然是个常识问题,如法官审案、捐客兜售商品、记者采访新闻都需要访问。在日常生活中,我们有时是访问者,有时是被访问者,访问是件最普通的事,但它在个案工作中却是一个非常重要的方法,它是个案工作得失成败的关键。许多有经验的社会工作者都强调:调查者必须通过与被调查者的直接接触,建立感情上的协调(又称"感通",即 rapport),有了这种协调,可以得到被调查者的信任和合作,获得的资料才可靠。在解决问题的阶段,也是依靠访问取得与案主的合作,做出准确的诊断、可行的计划。社会调查与其他调查,特别是对自然界的调查最大的区别是被调查者能说话。说话是好事,能反映问题,表示感情和态度;但也有不利之处,如果访问不得法,就会得到"假语村言""流言蜚语""假大空"等,把调查者引向错误的认识、判断和结论。

当然,个案工作的技术(有人认为它有很多技术需要经过长期的实践和训练才能运用自如,因而认为是一种"艺术")除访问以外,还有搜集资料、核实证据、逻辑推理、观察环境、熟习社会资源、书写个案史等,但我认为最重要也是最难掌握的是访问,以及通过访问与案主建立协调关系。

由于我在授课时对这个问题讲得不够,也没有时间带领同学去做访问,对他们进行指导,因此到了学期末尾,才发现学生们对访问感到困难,仍然不能成为受案主欢迎的人,从而得不到需要的资料。在访问技术上最重要的一条是:在访问时要关心和尊敬案主,既要有一个轻松友好的氛

围,又要有严谨的专业工作者的态度,注意倾听案主的每一句话,时刻做一个"有心人",而不能漫不经心地听听说说罢了。当然在访问前要有充分准备,尽可能地了解案主的情况,不要明知故问,引起反感。需要知道什么情况,事先要有个访问提纲,访问时不做笔录或录音,而是访问后追记。交谈中,要善于提出启发性问题,诱导对方讲老实话,讲内心话;还必须善于听人讲话。"听话听音",要能听话外之音,做出正确的理解和判断。总之,访问者不一定是个能说会道、口如悬河的人,但他必须是一个能耐心听人讲话的人。以上讲的这些固然都属于访问技术问题,但还不是最主要的,下面我讲几条访问中必须十分注意的原则问题。

(一)必须十分重视对个案的定性分析

个案调查的目的就是着重于研究事物发展的因果关系,做定性分析的。目前,在社会调查中有偏重统计法的倾向,统计法当然重要,可以使调查者做到心中有"数"。但是对于社会现象、社会问题的理解,光靠数量是不够的,还需要有定性分析、历史分析,才能有完整的、全面的认识。调查方法中还有常用的问卷法。问卷法的优点是简单迅速,再加上目前计算机的发展,很快就可以凭答卷得出许多需要的数字、比例、百分比、相关数,但它也有一个不可克服的缺点,那就是不能掌握答卷人的情绪和他们的合作态度。雷洁琼先生曾建议"问卷与访问相结合"的方法,我是很赞成的。

(二)访问者必须十分熟习本身的业务和有关案主问题的各项方针政策

西方国家的社会工作者在访问时强调他是代表他的工作单位(福利机关、法院、医院、精神病院、学校或其他)的,以便向案主摊牌,表明为他做什么,不能做什么。在社会主义中国,访问案主主要是依靠组织和党的方针政策。只要凭介绍信,说明来意,取得对方的合作和信任是很容易的。

(三)必须依靠群众

西方个案工作者访问时十分强调尊重案主,和案主建立友好关系,和案主及与案主有关联的人们要平等相待,打成一片。这一点在我们的社会主义国家是理所当然的。搞好社会调查需要与群众打成一片,干部蹲点搞调查研究就要实行"三同"——同吃,同住,同劳动,就是这个意思。

三、展望个案工作在我国的未来

回溯个案工作在西方的发展史，大体可以为三个阶段：第一阶段，指30年代以前，可以称为"法学观点"阶段。当时在社会福利、救济事业部门多采用个案工作方法，个案工作者的任务，是对申请救济或补助者进行调查研究，查明案主的真实情况、身份、居住史等以确定案主是否符合给予救助的条件。这时，个案工作者的观点、方法，以至所用的术语等很多都带有法学观点。老一辈著名的社会工作者利支曼（M. Richmond）在20世纪初期写的《社会诊断》是论述个案工作的经典著作，也是代表这种法学观点的代表作。书中以很长的篇幅讲述如何辨别、核实证据（evidence）的真伪。第二阶段是指30至40年代，这一阶段可以成为心理学观点阶段。我在1946年到美国考察福利行政事业，接触很多有经验的个案工作者，发现他们对案主所最关心的不是案主是什么样的人，而是案主在感觉什么。换句话说，当时美国个案工作者的任务不是像30年代以前，去查明案主的身份和现状，分析他的问题，给予必要的物质帮助，而是想去了解案主的感觉如何，比如说案主是真有病，还是感觉有病，案主是真贫穷，还是感觉贫穷，而后给以心理上的治疗、精神上的安慰。当时在美国社会福利、社会服务界，弗洛伊德的心理分析学说风靡一时，心理卫生很受重视，当时的个案工作者受各种心理学、精神病学说的影响，他们的调查目的，主要不在弄清真相，准确判断，而在发人隐私；工作的目的，不在解决问题，而在医治感情。第三阶段，即指第二次世界大战之前以至今后的发展情况预测。我姑妄言之，应该以经济建设的观点来做个案工作。目前，许多国家已经这样做了，把个案工作应用于工业、企业管理方面者日益增多，成为大势所趋。例如日本丰田汽车公司，他们尽量在管理中应用社会学、心理学、行为科学的原理于发奖金，送工人礼品，提高工人福利，让工人参与管理，以调动工人的积极性等。日本企业管理部门重视工人的"人"的作用方面已比美国走在前面，而取得了更大的效益。工人是个群体，有其共性。但最重要的是工人与工人之间还有个别差异。每个工人都有他个别的生长环境所形成的体格、性格、能力、技术熟练程度，以及政治态度等，采取任何的"一刀切"的办法都会失败的，最好的办法还是要从实际出发，个别问题个别处理。日、美这些国家的管理工作者正在以更大的精力、更大的投资，和更大决心培训更多的善于做个案工作的管理人员。

我们要搞"四化"，到 2000 年，要求工农业总产值要翻两番，还要搞社会主义物质文明和精神文明的建设，各行各业要同心协力向这个目标奋斗。社会学者应该克服 30 多年来因社会学被禁锢而产生的沮丧情绪，振作起来创建以马列主义思想为指导思想的中国式的社会学。同样，个案工作者也要为走中国自己道路的社会福利、社会服务工作而做出贡献。

1979 年恢复社会学研究以来，全国已有北京大学、复旦大学分校、南开大学和中山大学建立了社会学系。"社会学概论"在更多的学校里开课了，但是有关社会服务、社会福利、社会调查、个案工作等课程都还未引起重视。希望不久的将来这些课程会受到社会上的重视。

我自从社会学被取消以后，即被调到文教机关、统战部门、政协、民主党派等机关工作，前两年还曾在江苏省公安学校讲授过犯罪学，凡我接触到的各项工作如人民来信来访、计划生育、青少年犯罪和其他工作，都使我真切地感受到，一切在生产部门、企事业部门管理、机关、学校里做政治思想工作和做管理工作的干部都需要接受一次个案工作的教育。例如：

（一）来信来访工作

有些部门虽有来信来访这项工作，但并无专人负责，只是把来信转来转去，拖拉扯皮，效果很差，一直等到问题成堆，上访成灾，这才引起领导重视，组织一些干部去进行处理。其实这些干部并非有什么特殊才能，只是他们能都对具体问题做具体分析，对一个个的来信来访者不自觉地应用个案法罢了。

（二）计划生育

江苏省人口学会要我讲这个问题。我就讲，要解决我国人口增加率过高的问题，采取"只生一个"的基本国策是完全必要的，但执行中要充分估计到可能遇到的阻力，我认为完全依靠罚款、停职、降级、扣发奖金等行政措施是不够的，必须使计划生育工作者懂得做个案工作的方法。

（三）青少年犯罪问题

我在公安学校教过犯罪学,去少年管教所参观访问过,对于青少年的犯罪行为感到痛心,我觉得一个社会学工作者、社会服务工作者对这一问题有不可推卸的责任。调查研究青少年犯罪问题的原因很重要;预防犯罪更重要;管教、在押期间的教育改造工作很重要。因此,对待这一问题需要社会学者、法学家、心理学家、精神病学家、教师、家长、公检法机关干部、街道干部通力合作,搞综合治理才能取得更好的效果。我曾试图把个案工作法介绍给劳教部门的管理干部,但他们对于个案工作方法不感兴趣,因为这种方法太繁琐。中国对办案的人有句老话,"事出有因,查无实据",社会工作者关心的是犯罪的"因",而办案的人关心的是"据",有了证据就可以定案、判刑,对于因是什么,那是科研问题,由科研工作者去关心。

有一个情况使我非常感动。南京精神神经病防治院有几位工作人员是南京金陵大学、金陵女子文理学院的 50 年代毕业生,30 多年来他们坚守精神病个案工作的岗位,虽然受到过多次冲击,工作也多次调动过,但他们仍然没有离开社会服务工作,直到今天他们不计较职称、待遇,还在继续工作着。从这一情况,我感到医院、精神病院、社会救济机关、福利机关需要大量的个案工作者。

最后,我讲一讲我国的社会学系的教学计划、师资力量、课程设置等问题,现状能适应以上这些要求么？从目前情况看,是不能的;从长远来看,师资的培养、课程的设置都会随着需要而有所前进的。

我原来有个设想:想在社会系里恢复社会服务专业,在社会上恢复社会工作者的职业,给他们职称,定级别,恢复社会工作者学会的学术团体。现在我觉得这些设想不现实,我认为应该在社会学邻近的学系如法律、政治、经济、管理、心理等系开设这门课,使这些学系的学生都能受到个案工作的教育,学得更多知识,将来工作得更好些。我还有个建议:我在北大兼课时,发现他们有个社会调查基地——挂甲屯,并且还要另辟一个基地。这是个非常明智的决定,有了这块基地,在那里建成一个社会服务工作实验区,不但可以在那里带学生做调查,做实习,还可以和其他有关的系合作,把各种力所能及的服务工作送上门,如办夜校、扫盲、文化站、计划生育、医药服务、科技咨询、生产管理、科学种田报告会等。这样,农民受益,学生受到锻炼,共同努力,可以把挂钩的乡镇建成中国式的、现代化的新城镇。

第二编 医务社会工作

我在协和医院社会服务部[*]

我是在1934年进协和医院社会服务部（以下简称"社会部"）工作的。在社会部工作了六年多，到1941年离开。那六年我正处于一生中思想最活跃、精力最充沛、最有理想、最富感情的时候，所以这六年的时间，给我留下了很深刻的印象。

我是1933年从上海沪江大学社会学系毕业的。毕业后在上海的一年，没有找到一件与我专业对口的工作，而是凭我的业余爱好——作画，为宁波人寿保险公司画宣传画，在上海景艺美术装修公司做橱窗设计。我不喜欢做这类商业化的美术工作，于1934年到北平找我大哥吴铎。[①]他是社会调查所[②]的副研究员。我想请他帮我找个合适的工作。我在他家中看到他用英文写的一篇论文《北京协和医院社会服务部2302社会个案史的分析》，读后很感兴趣，决意毛遂自荐去协和医院社会部碰一碰运气。当时我正在中国旅行剧团客串《梅萝香》剧中的角色马子英，等到

---

[*] 吴桢：《我在协和医院社会服务部》，载政协北京市委员会文史资料研究委员会编：《话说老协和》，中国文史出版社1987年版，第374—380页。

[①] 1929年，吴铎被聘为社会调查所助理研究员，此后成为研究所的中坚力量之一。参见王砚峰：《陶孟和与他的研究机构在北平的九年》，《经济学家茶座》2014年第4期，第32—37页。1930—1934年吴铎任社会调查所研究员，1934—1936年任中央研究院社会科学研究所助理研究员，1936—1940年任中央研究院社会科学研究所副研究员。根据吴重庆（吴铎的儿子）撰文，吴铎后入国民政府资源委员会工作。1941年，他被派往江西大余的钨业管理处工作。抗战胜利后，吴铎被派往日本，在中华民国驻日代表团物资赔偿归还委员会工作，任技术专员。该会主要是处理战后日本对中国的赔偿物资。1953年因拒绝国民党调往台湾而辞职，滞留日本，至1959年归国。他先后在上海编译馆和专利局工作，于1984年被聘为上海市人民政府参事，并加入九三学社，1986年病逝于上海。参见吴重庆：《两代参事人——脉爱国情》，《中国统一战线》2008年第10期，第44—45页。——编者注

[②] 1926年，中华教育文化基金会增设社会调查部，聘任陶孟和担任办社会调查部秘书，即负责人。1929年6月29日，中基会召开的常年大会决定将调查部改组为社会调查所，陶孟和任所长。参见王砚峰：《陶孟和与他的研究机构在北平的九年》。——编者注

1934年下半年演出结束，剧团南下，我即去协和医院社会部申请工作。第一次接待我的正是社会部主任浦爱德小姐和副主任于汝麒女士。她们仔细地问了我的专业、爱好、家庭情况和对工作的要求与希望。当她们知道我在沪江大学学个案工作，而且授课老师是钱振亚教授时，表示很满意，也没有向我要介绍信、毕业证书或其他证件，只是要我拟一份个案史的提纲。她们阅后就录用我了。我就是这样踏进社会部的大门，开始成为一名社会服务工作人员（简称"社工人员"）的。

下面写几点我对社会部的看法和感受。

一、社会部在医院中的职能、任务、地位

20世纪30年代，"社会工作"作为一门学科和专业在美国有了很大的发展。任何一个医院如果只是设备精良、管理先进、医疗水平高，而没有社会服务部的设置，就不能称为第一流医院。协和医院社会服务部是1921年建立的，有了它，协和医院的组织结构算是完备了。这是因为现代医学认为任何一种疾病，特别是慢性病，如心脏病、肺病、胃病、精神病等的发生，显而易见地受心理的、情感的和社会因素的影响，就是皮肤病也与心理状态、社会环境有着密切的关系。所以对于疾病的治疗不能"头痛医头，脚痛医脚"，也不能"见病不见人"，而是要对疾病进行综合治理。"社会治疗"是综合治理的一个重要方面。

社会部的任务首先是帮助病人与医生合作，接受医生的医嘱和治疗方案。如病人经济困难，没有能力偿付检查、治疗、买药、住院等费用；病人住院医疗结束，出院后需要长期休养，或需要经常去门诊部换药而又不具备这些条件；病人家属不耐心、不合作、不肯服侍病人等问题，这些都不是医生能解决的。在这种情况下，医生可找社会部或负责该科或该病房的社工人员。社工人员对病人进行个案调查，经过调查研究，根据实际情况，或者为病人向医院申请减免费用，或者为病人挖掘一切可以挖掘到的社会资源，如病人亲友、家属、工作单位等帮助病人克服困难，完成治疗计划，使病人早日恢复健康。有不少病人对社工人员的工作感激不尽，甚至把社工人员比作他们的"再生父母"。

社工人员所做的个案调查、写的个案史装订在病历里，对医生做医学

科研有极重要的参考价值。可以帮助医生做出准确诊断,帮助医生实现他的医疗方案。最使医生感到有帮助的,是社工人员对诊治后的病人按期做随访,随访就是根据医生的指定,对治愈出院后的病人定期信访或家访,或邀请病人来院复查。这种随访制度既能防止病人旧病复发,对病人健康负责,又为医生科研工作提供需要的资料。

社会部在鼎盛时期有社工人员 30 余人,分派在各科门诊、病房一至二人,对所有住院病人和申请救助的门诊病人都做访问,写个案史,装订在病历中,供医护人员参考。

社会部还帮助医院做一定的行政管理工作。医院门诊部的分科处和住院处都派有经验的社工人员去工作,保证医院工作的质量。

社会部附设了两个病人调养院,都离医院不远,一些外地来北京就医的,在等待病床或出院后还要继续接受门诊治疗的病人,可以安排住在那里,收费甚低,病人称便,也缓解了医院的病床压力。

医院经常需要供血人。这些人中有不少贫困潦倒者,或者是吸鸦片烟、抽白面的瘾君子,或者是街头上的流浪汉,但其中也有不少曾是社会部的案主。社会部可以在需要时帮助医院寻找这些人。

社会部的社工人员也有职称等级。社会部的负责人、主任浦爱德,是出生在我国山东省的美国人。副主任于汝麒是燕京大学毕业生,平时我们都亲昵地喊她"于大姐"。以下有若干指导员或称"监督员",再下面依次是高级社工人员、初级社工人员、学员。一般大学毕业生来社会部工作只能被定为学员,经过时间长短不一的实习期,可被定为初级社工人员。社会学系的毕业生评定为初级社工人员的时间要短些,大约三个月即可。

社会部与其他部门的联系最为频繁,所以社会部(social service)既要讲"social",即社会交往,搞好与其他部门的关系,又要讲"service",为病人服务。工作任务是很繁重的。

社工人员在医院有相当于医生或其他生化、心理学专家等的地位。但需经过实际的工作和本身的努力争取。对于这样的社工人员,医院规定可以享受穿白大褂、在医生食堂用饭、用午茶、有病可住头等病房等与医生同样的待遇。

二、社会部是社工人员的培训中心

社会部是国内几个大学如燕京、清华、辅仁、沪江、金陵、金陵女大、中山大学社会学系学生的实习单位。有的毕业生的论文就是取材于对社会部的病人调查。"社会工作"作为当时一个新建的学科,需要教授个案工作的师资。社会部在1925年派遣于汝麒、周励秋二人赴美进修个案工作,回国后,于汝麒担任社会部副主任,周励秋在燕京大学讲授个案工作。她们都是我国较早的个案工作的师资人才。

我在社会部工作的六年中,有个很深的感受,就是它在培养教育社工人员方面抓得很紧,很得力。社会部安排社工人员定期听生理学、解剖学等医学院的基础课。社会部每周举行一次个案分析讨论会,每个社工人员都要上讲台介绍自己的一个有深度的个案。然后由大家进行讨论,提出各自的意见与建议。讨论会效果良好,比我在沪江大学上的个案工作课生动活泼得多。社工人员都很好学,学习气氛较浓,求知欲也很强,相互之间团结友爱,亲如一家。

记得我在讲台上介绍的一个个案,是一个自杀者的案例。案主是住在西郊的一个中年农妇。她因丈夫遗弃她,儿子不肯赡养她,愤而刎颈自杀。在医院耳鼻喉科住院动手术后,失音不能讲话,丧失自谋生活的能力,又无家可归。经过大量工作,医院为她配制了银制的人造气管,她能讲话了,我们为她找了个临时工作。这一个案自始至终都是在浦爱德主任的指导下进行的。她给予我的帮助很大,影响很深。其他社工人员也和我一样,都要有个比较深入、比较复杂的个案在监督员的直接指导下,一步步地学着做。这种师傅带徒弟的办法很有效。我在日后教授个案工作这门课时,也采用这种个别辅导的教学法。

社会部在20世纪30年代以它的师资人才的优势,接受对各大学社会学系学生的培训任务,同时,它向北平第一卫生事务所、北平精神病院、香山慈幼院以及其他社会福利部门等输送有经验的个案工作者。如派宋思明、白端、刘渝慈、卢懿庄、杜荣三等到北平精神病院,他们出色的工作赢得精神病院的好评;钱且华在第一卫生事务所担任社会工作的负责人;在社会部的帮助支持下,饶毓蔼、许玉珍负责北平怀幼会的工作,专门接受被父母遗弃的婴儿,为这些不幸的婴儿寻找养父母,寻找一个幸福的家庭。此外,社会部输送有经验的社工人员到高校任教或到外地帮助开展工作。如高君哲(社会部成立后培养的第二批社工人员)到福州联合大学、燕京大学任教;周励秋到金陵大学、燕京大学任教;刘子耆到重庆仁济医院社会服务部主持开辟社会服务工作;季志亭到上海工部局社会福利处负责工作等。

三、 抗战时期的协和医院社会服务部

1937年七七事变爆发,日本帝国主义发动了全面侵华战争。卢沟桥的战斗打响以后,在北平郊区发现许多通州第一保安大队和二十九军的伤兵倒卧在血泊中。协和医院的医护人员用卡车接回伤员300余人。先在丰台东大地,后收容在帅府园,和帅府园原卫戍医院遗留下来的200余伤兵合并在一起。卫戍医院改名为红十字会医院,由协和医院脑系科主任关颂韬大夫任院长,实际工作由社会部副主任于汝麒负责,我做她的助手。我和于汝麒副主任完全摆脱社会部的工作,专门负责红十字会医院的工作,以后即展开与日军的明暗斗争。一年后,医院终于被迫关闭,但我们没有使任何一名伤兵落于敌人之手。形势险峻,斗争十分困难,很多可歌可泣、传奇般的故事深深地埋藏在我的记忆中。

在抗战期间,社会部冒着风险为近郊的游击队、八路军输送医疗器材和兵源。社会部主任浦爱德女士于1939年因与医院罗氏基金董事会签定的任职合同期满回国。回国前,她曾隐蔽一位共产党干部住在她家,并安排一位受枪伤的八路军指挥员来红十字会医院就医。她离开北平后先到重庆,后到解放区参加"工业合作"运动。1985年9月,浦爱德女士在美国费城逝世,终年96岁。她热爱中国,热爱中国人民,为在中国发展社会服务工作这门学科做出了贡献。她是宋庆龄名誉主席的好朋友,也是中国人民的真诚朋友。我衷心祝愿浦爱德女士的名字,永远记在所有受过她培养、教育和帮助的人们心中。

1941年下半年,因受我帮助的一个伤兵不慎被日本宪兵队所捕,我也被怀疑,经与于汝麒先生商量,她建议我立即辞去社会部工作回沪暂时避一避,以后找机会去重庆。1941年9月,我从上海绕道至江西大余,12

月又从大余赴重庆,途中正好发生珍珠港事件。我到重庆后先在资源委员会惠工科做福利工作。这时,北平协和医院被日军占领,一部分协和职工内迁到重庆,转到重庆歌乐山中央卫生实验院工作,我也转到中央卫生实验院负责社会工作室工作。

协和医院被关闭后,社会部的社工人员也都各奔前程了。一部分社工人员留在沦陷区,坚持医院社会工作,一部分社工人员改业从事其他工作,如教书、做秘书等,也有一些社工人员到了内地。据我所知:钱且华去了重庆中央医院,朱宣慈、李瑾在成都燕京大学继续社会工作,李闇奉在成都儿童营养促进会工作,梁孟娟在中央卫生实验院任外文秘书。我在实验院任社会工作室主任,具体负责沙磁卫生实验区的社会工作,并协助中央医院、璧山卫生实验区成立社会工作室,兼做中央护士学校、璧山社会教育学院的教学工作,讲授个案工作课。1944年我开始脱离实际工作,专门从事教学,历任华西大学、金陵大学、金陵女子文理学院社会学系副教授。1948年协和在北平复校,但我始终再也没有回到那里去了。

记北平红十字会医院：协和医院社会服务在抗日战争中*

一、红十字会医院创建的经过

  1937年7月7日，日本帝国主义悍然发动了侵略中国的战争。卢沟桥抗战的炮声震惊了全世界。那时，我正在北平协和医院社会服务部工作，往日医院里恬静的生活突然改变了。7月7日以后的最初几天，报纸上还常登载着日军伤亡若干、我军击落日机若干等捷报，人心振奋，对战局也颇为乐观。7月16日、17日两天清晨，上街路过米市大街时，发现马路上挖了战壕，还布了掩护体，29军的士兵背负大刀、手执盒子炮站岗放哨。到了7月19日，发现29军和他们构筑的工事全部撤没了。日军在空军掩护下猛攻南苑营房、机场及小红门、永定门等地，击溃了29军。23日，29军撤离八宝山、宛平。北平全部沦陷，成了一座沉寂的弃城。当时，协和医院配合红十字会派车出城，接回大约300名29军及通州第一保安大队抗战负伤的士兵。开始几天，伤兵安置在东大地的一个临时治疗救护站。那里没有医疗设备，生活条件很差，天气又很炎热，不少伤员伤口溃烂，脓血模糊，蛆蚊丛聚。虽有协和医院每天派去的数十名医生、护士做简单的包扎急救，但远不能满足起码的医药需要。这时，北平虽已沦陷，日军尚未进城，驻北平的各国使馆出面与日军谈判，要求日军不要破坏这座古老的文化故都，对伤病员给予人道主义的待遇。在他们交涉期间，我们把东大地的300名左右的伤兵转移到帅府园原32军驻地，后又迁至陆军卫戍医院的院内，与原有病员200人合并在一处，成立了"北平

---

 * 吴桢：《记北平红十字会医院：协和医院社会服务在抗日战争中》，载中国人民政治协商会议北京市委员会文史资料研究委员会编：《文史资料选编》（第39辑），北京出版社1990年版，第112—122页。据作者注，该文撰写于1989年5月4日。

红十字会医院"。有人称它为"后方医院",有人称它为"伤兵医院",还有人称它为"临时医院"。我们则习惯地叫它"伤兵医院"。北平红十字会聘请协和医院著名脑系科医生关颂韬为医院院长,社会服务部副主任于汝麒为住院处处长,实际上是负责医院行政管理的院长。医院开始建立时,社会服务部有不少人志愿协助于汝麒主任工作,如白端、宋思明、李善陈、张中堂、卢懿庄、邵幼章等人。等到医院安排就绪后,他们先后撤回社会服务部。于汝麒和我脱产留在伤兵医院工作。医院里有500名病人,人多事繁,工作人员太少无法应付,主要依靠病人自己照顾自己和相互帮助。正巧,有个叫须敬的人,"七七事变"前,因家境贫困,由常州来京访友找工作,突然病倒,找到社会服务部请求减免医药费及帮助解决食住问题。社会服务部帮助他治好病之后,便留他到伤兵医院协助我们工作。

伤兵医院的所有医疗问题由协和医院医护人员负责;经费、管理完全依靠社会服务部附属的救济部负责。伤兵医院距协和医院很近,面积很大,分东西两个大院,按照内科与骨外科、重病号与轻病号、原卫戍医院老病人与29军新病人,分成若干病区,分住东西两个大院。于汝麒和我在西院住院处负责日常工作,须敬分在东院住院处工作。骨外科、轻病号和29军的伤员多在东院。须敬经常和他们接触,成为他们的知心朋友。他认真地、细心地帮助每一个病员治好病,安排好出院后的去路,一直坚持到医院结束。

红十字会医院成立后,引起许多方面的重视。日伪军宪对医院的控制甚严,除要求每周、每月报告伤病员的人数外,有时还派便衣警宪来巡视。我们为了掩护病员,曾把病人床头挂的登记卡"诊断"栏上原来填的"GSW"(即枪伤,gun shot wound)改为一般的外科诊断。记得有一次日本女特务川岛芳子来住院处"谈话",声言"所有伤员的身份都是日军的战俘,治愈后要交日方处置"。她那傲慢、盛气凌人的神态,使我无比愤怒。我们与她周旋了一番以后,引她和关颂韬院长谈判。经关院长努力,终于达成协议:伤员病愈后由住院处根据不同情况处理,有家可归的遣送还乡;有一技之长的介绍工作;有经商或做小贩的经验的资助其做小本生意;残疾老弱的送北平市救济院收容;身强力壮、可服劳役的交日方处理。

医院办了一年多,病员大多遵医嘱出院。我们为遣送和安置这些病员做了大量细致的工作。大约有150人经与其家属联系,遣送还乡;重病死亡与残废的 50 多人（大多数是原卫戍医院重病号），其中残废者送北平市救济院收容，但他们仍常来协和医院门诊部就诊；约 100 人留在北平做小生意，做苦力，或拉车、修理洋伞、修理自行车等；有 10 多人由于失误被日伪警宪逮捕；还有 50 多人被分批秘密输送到郊区地方组织的游击队和八路军中继续抗日。除此之外，我们还在朝阳门内东城根开辟了一个附属于社会服务部的小"调养院"，收容了 10 余名缠有石膏绷带的伤员。伤兵医院在 1939 年初结束了，于汝麒主任和我都撤回到协和医院社会服务部。但还有不少病人仍散住在北平市城郊各处，他们遇有什么困难仍来找我们。我们引为宽慰的是经过这些艰难的岁月，500 名伤兵中没有一人交给日军服劳役、做俘虏，也没有出现一名汉奸，出卖医院的秘密。在日伪军宪的控制与监视下，500 名伤兵得到优质治疗，治疗后又得到适当的安置，这是很难能可贵的。之所以能如此，主要是由于协和医院领导与职工的重视与支持；广大伤兵们有高度的爱国热情和坚强意志；还有中共地下党的关心和帮助。

二、支持办院的几位协和领导

北平协和医院是美国罗氏基金在我国出资创办的协和医学院的附属医院。医院的医护人员是医学院培养出来的专门人才，有很高的业务水平，悉心钻研业务，在医学研究与技术上精益求精，但不一定关心政治。"七七事变"、抗日战争爆发后，全院的中、外医护人员和广大职工迸发出炽烈的抗日救亡的热情。医院的院长及各部门、处室负责人都挺身而出，不怕遭受日军的迫害，尽力医治病员，保护病员的安全；一般医护人员及职工对伤兵们也是爱护备至，给予种种方便和照顾。现根据记忆，简略谈谈当时医院的几位领导。

王锡炽，协和医院院长。他对伤兵医院的建立、经费的筹措、医护与行政人员的派任等，都做了很多工作，但很少出头露面。

关颂韬，协和医院脑外科专家，伤兵医院的院长，在关键时刻起着重要作用。如与日本女特务川岛芳子谈判时，力争签定了一个伤兵治愈后的遣送与安置的条例，这个条例对于伤兵后来的出路是有利的。

浦爱德，协和医院社会服务部主任，美国人，生于我国山东。她热爱中国和中国人,是斯诺的朋友,同情中国共产党。她对伤兵医院最关心,出力最多,影响最大。她以社会服务部所拥有的人、财、物,给予伤员种种便利,成为伤兵医院的可靠后盾。她派得力助手于汝麒副主任担任伤兵医院的住院处主任。我也是她派在伤兵医院做于汝麒的助手的。她曾掩护一位地下党员陈雷(化名黄先生,住在她家),并在伤兵医院初创时期派他在住院处协助工作;她曾在1937年冬从游击区接来一名八路军的伤员在伤兵医院养伤。①

李庆丰,协和医院的总务,曾帮助伤兵医院遭送过三五名伤兵。

此外,门诊部、住院处、药房、假肢制作厂等处负责人对伤兵们都另眼看待,给予优厚待遇,与伤兵医院的工作配合得十分默契。

三、 热爱祖国坚决抗日的中国伤兵

伤兵医院500多名伤兵中,300名左右是协和医院从郊区战场上接回来的。他们中绝大多数是普通士兵。即使有几名排、连长,他们也不承认,以免被日军要去当俘虏。这些士兵虽经过军队的培训,但多保持农民的本色。他们年轻朴实,纪律严明,自觉遵守医院纪律,从不惹是生非。有一次,一个士兵和同病房的士兵争吵打架后,来到住院处办公室,一语未发,跪在地上请求处分。他们在治疗期间及痊愈出院时,互相帮助,互相勉励,誓不为日军工作,不做汉奸,不做孬种。在他们中间出现了不少难忘的人和事,这些都给我极深刻的印象。

须敬。在伤兵医院东大院住院处工作时,和伤兵们的关系很密切,深得伤兵们的信任和尊重。伤兵们治愈后,都为日后的出路忧虑。有的要投奔抗日队伍,可当时在北平市郊有不同的队伍,到哪里去找可靠的抗日部队呢?须敬于1938年3月,从报纸上看到固安县有游击队的消息,便徒步出永定门走了两三天,找到一支名叫"华北民众抗日自卫军"的队伍,总司令名陈东来。开始时,这个队伍怀疑他是"高丽棒子"(即朝鲜人),因禁了好几天,几乎要处死他。他写了个"报告"给陈东来,陈释放了他,并留他在自卫军任秘书。一个月后,自卫军受日军攻击,撤到房山县一带的

---

① 这位伤员化名郭××,实名常弘,是八路军独立一师的参谋长(师长杨成武)。

山中，须敬发现该军纪律很差，是一支土匪性的乌合之众，于是就回到北平城内。后来，他到平北高丽营找到一支段司令的队伍，他先后送去伤兵四五十人，以及协和医院的捐款20元和一些医药用品。不久，他发现这支队伍是国民党残部，不愿和八路军的宋（时轮）、邓（华）支队合并，于是他又返回北平。在北平期间，他和我介绍的地下党员"赵先生"联系，又经常弘介绍，终于和张庆宗、黄昌等人参加了八路军独立一师，还输送20多名伤兵去了八路军。须敬参军后，我们之间有20多年没有互通音讯。1963年我到北京开会，我们才有机会久别重逢，畅叙别后的经历和遭遇。他为输送治愈伤兵到八路军支队，不知经历了多少艰辛，冒了多少危险，使我无比钦敬。以上所述的情况大部分是他提供给我的。

常弘。浦爱德在伤兵医院建立不久，单独用救护车把他从八路军独立一师接来北平，送到伤兵医院医治枪伤。从浦爱德处我知道他是八路军的一位"军官"，化名为郭××。由于他有较高的文化和军事水平，很快成为伤兵们众望所归的自然领袖。1938年秋，他突然被日宪逮捕，受尽酷刑，日军用铁棒捅他的伤口，用点燃的蜡烛烧他的腋下，但他什么也不说，终被释放。日军是以"郭××"的名字逮捕常的，审问中没提"常弘"这个名字，他们根本不摸底。伤兵医院结束后，经常弘之手，输送20名左右的伤兵到八路军。他平时同我们的关系又密切，又保持一定距离，他在伤兵医院的工作不露声色，不大被人注意。他是一位修养较高又很成熟的革命军人。他何时离开北平，到何处去，现在在哪里，我都不知道。

"不速之客"。1937年伤兵医院建院不久，有一天，忽然来了一个不速之客，20多岁，穿着日军军装，驾了一辆日军卡车，来到住院处要求我们收留他。他说他是通州第一保安大队的士兵，曾经在日军驻地当过驾驶员，对于日军驻地的地理位置、布防情况等都很熟悉。"七七事变"后，第一保安大队与北平29军联络好，准备同时进攻日军。他在约定时间，率保安大队冲击日军驻地，杀死了一些日军和日军家属。然后他化装成日军，开了军用卡车到北平与29军会合。但29军已被击溃了，于是开车进了北平城，找到了伤兵医院，请求收留，以防在外面被通州逃来北平的日军识破。我们还没有来得及怀疑他，他就被院里的第一保安队的其他伤兵认出来了。这位不速之客在医院住的时间不长，就找到了关系，同29军一起南撤到保定。他到保定后，还写了封信对我们表示感谢。

王连长。王连长叫什么名字已记不起来了。他是红十字会用卡车从郊区的伤兵堆中找到并接到伤兵医院来的。他伤势过重,右臂肱骨粉碎性骨折。协和医院骨外科为他精心地做了手术,经过三四个月的治疗才痊愈。伤好后,他自己找关系出城,参加了抗日游击队。不久,他又从马背上摔下来,第二次骨折,再次来医院治疗。治愈后,他又找了关系出城打游击。他沉默寡言,很少向住院处提出什么要求。对其他伤兵他很矜持,始终保持个人的威严。估计他的官阶可能比连长更高。他联系的可能是29军的残部。

王正阳与胡××。胡××身强力壮,性格粗放。病愈后,拉洋车(人力车),住在小店里,每天挣点钱,勉强可以糊口度日。有一天夜晚,他拉的一个日本兵,指使他满城乱跑,跑到夜里3点钟左右,在朝内南小街一带,他再也忍耐不住了,不拉了。那个日本兵下车后非但不给车钱,还对着胡小便,侮辱他。他气坏了,挥拳把日兵打翻在地,把车拉回车厂,再不拉车了。

王正阳是个矮个子,体格健壮,机警活泼,能说会道。病愈后,多次要求出城参加游击队。其时,一位地下党员"赵先生"正要我们介绍给他两名可靠的伤兵到天津监狱当看守,我就把胡××和王正阳二人介绍给他。他们去天津后两个月左右来了封信,说他们"做生意蚀了本",就要回平。不久,他们果然来社会服务部找我(伤兵医院已结束)。他们讲,前些天,天津监狱"炸狱"了,有几名政治犯逃跑了。监狱长怀疑他们是内应,他俩怕出事,就跑回北平。我听了以后,意识到问题的严重性,和于汝麒主任商量后,决定把他们隐蔽起来,送他们到北平市救济院收容。在那里他们是不会被怀疑的。他们在救济院呆了不久,十分厌倦那里的生活,就来找我们要求另找工作。我和赵先生联系后,又介绍他们出城。一个月后,我在社会服务部门前走廊中,看到一个和尚向我合十,原来是王正阳!他告诉我,他和胡出城后,在顺义县的一个庙里被日伪军围剿,胡已牺牲。他在庙里僧人的帮助下化装成和尚,逃回北平找我们,要求安置。我和于主任商量后,介绍他到协和医院职工服务部张中堂主任处,张安排他在护士楼做勤杂工。

1939年初,还有些伤兵无法安置,我们就租了一小幢平房,作为"东城根调养所",将8名伤兵安置在那里。其中5人带有石膏绷带,3人可以自由活动。那地方很偏僻不易被人注意。这几个人在那里深感无聊,常常结伴外出,受到伪警的注意。当年中秋节,社会服务部同人正在宴请浦爱德女士,欢送她回国休假时,突然传来这 8 名伤兵被捕的消息。大家听了都很着急,但也无可奈何。此后再没有听到他们的消息,其他伤兵也没再来找我,伤兵医院的工作完全结束了。

四、地下党对红十字会医院的关心与支持

北平沦陷后,不少人把救国、救亡的希望寄托在国民党的抗战上。但不久以后,国民党军队一败再败,一退再退,人们变得失望、忧伤、悲痛,暗暗地寄希望于共产党。我们虽没有亲眼看到过共产党,但内心却感到了共产党的存在。北平城内到处流传着八路军和郊区游击队英勇抗战的消息。

伤兵医院建成后不久,我第一次接触到的中共地下党员是由丁瓒[①]介绍的,他自称姓王,所以叫他"王先生"。"王先生"来社会服务部找我,要求我为他搞 500 ml 的甘油。这种化学药品是禁止买卖的。我通过浦爱德和药房的德籍药剂师弄到后交给他。几天以后,王府井大街中原公司失火。丁瓒对我说,这就是王先生和游击队(抗日武装力量的通称)干的。他们用甘油、棉花、炸药制成燃烧弹,由几个大学生扮作顾客,乘店员不备放在棉布柜里。我听了以后,有说不出的满足与喜悦,我们报仇雪恨了!

后来,为了输送治愈的伤兵到游击区去,"王先生"介绍了一位"赵先生"和我联系。赵先生很年轻、热情、真诚、坦率,有较高的文化素养,像个普通的大学生。我们输送了约 30 名伤兵到八路军。每次输送伤兵,他都细致地交待联系的暗号、暗语,由联络员一站一站地送到八路军游击区,从未发生过失误。1939 年秋后,"赵先生"突然被捕,他的妹妹来社会服务部报信,劝我转移,并提出保护我去天津,然后根据我的意愿或去上海或去延安。我见当时日美关系还正常,认为不致发生意外,仍留在北平。以后我再没听到"赵先生"的消息和下落。直到 1987 年,陈雷同志才在他的

[①] 丁瓒(1910—1968),1949 年以前是协和医院心理学工作者,1949 年以后,曾任中国社会科学院心理所副所长,是我国著名的心理学工作者。——编者注

来信中提到,有个叫"赵尹"的地下党员参加伤兵医院的工作。可能指的就是他。

抗日战争期间,我在浦爱德家中遇到过一位"黄先生",年约30岁。浦介绍说,"这位先生有肺病,住在我家养病"。1937年底,浦爱德介绍他到伤兵医院住院处协助工作。于汝麒和我都感到他体质弱,不适合住院处工作,反映给浦爱德,浦把他调走了。

"文革"期间,有人到江苏省政协外调黄子文的情况,并提醒我黄子文就是曾住在浦爱德家的"黄先生"。我不知道这位黄子文究竟是什么人。直到1981年,经与于汝麒、须敬通信探询,才知道"黄子文"真名是陈雷(陈雷曾于1946年随军调部到北平,奉叶帅之命去慰问过于汝麒)。陈雷此时是山东省政协副主席。我开始和陈通信。陈雷在信中告诉我,他住在浦爱德家中是经过斯诺介绍的,并系统地、完整地向我说明他是执行中共北方局的指示,在平津负责联络医务界人士,组织建立"红十字会医院",救护伤兵,输送医药器材支援抗日的。信中还写道,常弘、戴昊、须敬、赵尹还有很多人均属爱国青年。这些人都曾和陈雷一同在伤兵医院工作过,对伤兵医院的工作帮助很大。

五、余波

1941年春,一天一位50来岁的老巡长来找我,说王正阳被捕了,并详细地对我讲了王正阳被捕的情况。他在协和医院护士楼当勤杂工时,护士长对他太苛刻,他就写了一封匿名信,要她在某时某地拿出多少钱支援抗日游击队。这位护士长把信交给了医院的侦探。经过核对笔迹,王正阳有很大嫌疑,就逮捕了他。他被捕后,单独和老巡长讲了社会服务部如何帮助他到游击区,如何安排他在救济院,如何安排他在护士楼工作等情况。老巡长嘱咐他千万不能这么供,就说要诈骗钱财。我问老巡长为什么这么关照王正阳,他说:"咱们都是中国人嘛!"他担心医院被牵连出事,就急忙向我讲了这些。老巡长曾在协和医院免费住院治好病,他的女婿又在医院药房工作。我立即找于汝麒主任商量,她建议我离开医院回上海躲一躲。我遂于1941年8月办了离职手续回到上海,同年12月底到重庆,继续从事社会工作和教学工作。

1949年全国解放后，在我入党、转党及审干时，在历次运动中，特别是在"文革"中，都以我和浦爱德的关系、在协和医院社会服务部及伤兵医院工作的情况为审查的重点问题。这就逼得我痛下决心，弄清这一段历史情况。于汝麒、须敬、陈雷三位同志给了我很大帮助，提供了很多情况，并一致鼓励我写出这段历史过程。

以上叙述的是伤兵医院的一些片断，不连贯，也不全面。希望读者中有了解伤兵医院情况的给予指正和补充。

社会工作员：我的职业生活[*]

我的职业是社会工作员(social worker)，我的专门的工作是医务的社会个案工作(medical social case work)。这两个名词对于一般人都颇觉生硬。就是我自己，觉得这两个译名也不大顺耳，但是却也找不出什么更好的来。

有好几次在交际的场合中，人家问我："阁下在哪里恭喜？"我总据实地告诉人说："在某某医院。"对方往往就不容分说地肯定地说："哦！是大夫！好得很！好得很！"紧跟着也许就有一套讴歌良医的话儿出来。我也就紧跟着否认说："我不是医生。"于是那些人又往往似是惋惜又似是安慰我地说："哦！是护士，也很好，都是服务社会……"在这种情形之下，我就不得不加以解释："不是，我是个社会工作员。"在这样的回答之后，往往就会惹起各种想不到的反应来。有的漫不经心地答一句："哦，是医院职员。"这句话里隐隐约约地还带着一点谴责，仿佛在说："既是职员，就老老实实地说职员好了，又何必说什么社会工作员，令人纳闷呢？"于是我们这一行便被人无情地打入抄写员、打字生，甚至于扫地看门等一类非专门职业(non-professional)的行当里了。更有一些自作聪明的人反问我一句是不是有时候送送病人鲜花、跟病人谈谈天解解闷什么的。这种种的反应真令人有哭笑不得之感。很少有几个人真正了解什么是社会工作，什么是社会工作员。就连对于我们发生兴趣，能发几个有意义的问题的人都不可多得，这真够令人灰心的。所以在最近再有人问我做什么事，我便偷工减料地回答说在医院里做些小事。

我们这一行，在进步的国家中，很有些地位。在办儿童福利、家庭福

---

[*] 吴桢：《社会工作员：我的职业生活》，《西风》1941年第55期，第34—36页。该文同时发表在吴桢：《职业生活：社会工作员》，《职业与修养》1941年第1期，第132—135页。——编者注

利等等其他社会工作或社会调查中,都以我们这一类人作主脑人物。即在医院中,我们也是与大夫、护士成为鼎足而三的一个重要职业。在美国,根据 1935 年的报告,有 31 个大学里有专门训练社会工作员的设施,这一年中有 5296 个学生,其中有 3970 毕了业。[①] 这些毕业生都必须:第一,有读过家庭个案工作、社会统计、儿童福利、医务社会工作、精神病社会工作、社会工作发展史、社会保险、社会组织与法律、劳工问题、贫穷问题、社会行政,以及许多其他专门理论的课程;第二,有相当时期的实地工作;第三,有些调查或研究的工作。造成这些社会工作员本不是一件容易的事,所以难怪他们在社会上获有相当的地位。

至于中国,无疑地是个落后的国家。一向所谓社会工作,如育婴堂、乞丐收容所、疯人院、老人堂,以及其他急救地放赈施粥等工作,都操在一般没有受过特别训练,只认识几个字、办过几年事的普通人手里。方法既不科学,成绩也无可观。然而中国人偏能安之若素,直到现在也没有感觉这些机关这些事业是需要受过训练的社会工作员去做的。现在中国的各大学中虽然很有几个学校有了社会学系,但是所能开的课程也不过是些社会统计、个案工作等有限的课程。只有燕京大学的社会学系能清楚地分划出社会学理论与社会工作的界域。但说来可怜,在这些极少数每年中所能产生出来的社会工作员中,多为社会的不注意,把他们逼着走入别的途径中了。至于真能学成致用的,不知寥寥到什么程度。即以医务的社会工作一项而论,中国也只有北平协和医院、上海红十字会医院、济南齐鲁医院,还有四川广济医院等极少数的医院中,有社会服务部(social service department)的设施。[②] 这几个医院中,除协医的社会服务部的规模较大外,其他几个都因经济,以及其他的限制,发扬光大的希望也很渺茫。但是干我们这行的人,倒并不因此而灰心,因为除了医院之外,其他机关也渐渐地感觉到我们的需要了。例如北平的老人院、协和医院附属的救济部、怀幼会、从前的家庭福利会等,都在用我们的方法——个案方法去工作,而得到良好的效果了。

至于我们在医院里的工作,倒是很足自慰的,也很足以自娱。说起来很

---

① 参见 Esther Lucile Brown, *Social Work as a Profession*, New York: Russel Sage Foundation, 1936。——作者 & 编者注

② 参阅《医院社会服务事业》——许烺光著。

简单,我们只是利用个案方法(case work method)尽力使受助人不但能恢复健康,而且要他们在可能范围内恢复到他原有的社会地位。我们每天所接触的人物真是五花八门,上及达官显宦,下至贩夫走卒,无不兼收并蓄,包罗净尽。这些人到我们这里来,则不仅是生理上发生了病痛,而且同时在心理上、物质上又发生了困难。他们不但被病魔侵袭,而且被复杂的社会问题及心理的问题错综地织成的网团团地缠绕着。这些人决不是医生的一针一药所能解救的。譬如说,未出嫁的姑娘怀了孕,不是把孩子接生出来就算了;穷人得肺病,不是给开两瓶鱼肝油就会好了的;织地毯的小工得了右手的肘部骨痨,也不是把这只病臂给截断了就完了。这些人的问题是在怎样安置那私生出来的孩子;怎样使肺病者能长期地静养;和怎样教育那小工使他失掉一只手能谋生。这些问题都不是医生能解决的,甚至是他们所不注意的。在这些情形之下,这些病人往往来求助于我们。我们也就热烈地同情他们,但是冷静地帮忙他们。第一步,我们跟他们的家族、朋友、师长、雇主,以及他的关系人谈话,我们到他们的住所、工作地点,或是其他地方去调查,然后把一切能得到的情报(information)搜集起来;第二步,把这些事实分析一下,看看到底他们的问题在什么地方;第三步,再计划怎样去帮忙他们。最后再看我们的计划如何地实现,以后更要访问他们,看他们还有什么变化。我们可以设法使他们得到必要的治疗,必要时,我们也可以帮忙他们向医院当局请求费用的或减或免。如果他们发生了心理的问题,我们也要在能力范围之内帮忙他们了解他们自己。等到我们的能力受了限制,我们再毫不迟疑地介绍他们去请教心理分析家(psycho-analysts)去。我们做了这些事之后,还要不停地写。把这些事都记录下来,和他们的病例装订在一起,给别人做参考,更要不时地整理我们的最重要的工具——卡片箱(filing box)。因为我们的个案账单(case accounting cards)都分门别类地放在这个箱内。如果我们不把这个箱的卡片弄清楚,我们就会因人力记忆的限制,而把事情弄得乱七八糟。我们每天都很辛苦,说许多的话,跑许多的路,写许多的字,还要担许多心,然而我们很快乐,因为我们每天都在过着戏剧化的生活,帮助那些在生死线上挣扎的人们去奋斗。当然,我们不免失败,但多数的时候,我们看到那些被各种问题所缠绕的人,终于自由地、快乐地走出了医院,我们就很宽慰了。说到这里,我要请读者认清,社会工作可不是过去的慈善工作。慈善工作往往是不科学的,反之社会工作是科学的。

医事社工十年记：我的职业生活[*]

医事社会工作在美国已有整整40年的历史，在中国，却只有二十几年。最初，在1922年的时候，北平协和医院来了一位美国小姐浦爱德女士（Miss Ida Pruitt），她在医院里创立了社会服务部。那时只有她一个人工作，找不到一个人可以帮她的忙，因为那时还没有一个大学懂得训练社会工作的专门人才。所以在最初的几年，只好她一人独力支撑，惨淡经营。我相信，那时她是在度着一个最艰苦的垦荒时代。

但是这一粒社会工作的种子，既经撒在医院的沃土里面，自然很快地滋长起来。社会服务部这部门工作，也很快地变成医院中最受钟爱的一部。医师们喜欢它，因为它帮助他们做科学的研究，他们所曾经治疗的病人，不再像从前那样一走出医院便失踪了，现在他可以随时请社会工作员把病人找回来，给他们做"随访"的研究；医院当局喜欢它，因为它帮忙医院解决许多困难的行政问题，病人和医院发生误会的时候，社会工作员可以去排难解纷，医院行政中许多脱节的地方，社会工作员都可以设法弥补；当然最喜欢它的还是病人，因为它像慈母一样地抚爱、了解，而且在必要时给他们最有力、最有效的帮助。

十年前——1934年的8月，我起始到协和医院社会服务部去工作。其时的社会服务部已开展到全盛时代，好几个大学都已有了社会学或社会工作的主修。所以当时的同工，差不多都是主修社会学的大学毕业生，人才济济，盛极一时。医院里，每个病房、门诊部、每一科都有一位或两位社会工作员专门负责。这标准是很高的了，美国的大医院里，能够每病房、每一科有专人负责也要认为是很理想的。

---

[*] 吴桢：《医事社工十年记：我的职业生活》，《西风》1944年第68期，第193—196页。

协和医院社会服务部的滋长,对于中国的社会工作,有极大的贡献。第一,它在医院中打开一条途径,以前有许多想不穿医院里要社会工作干什么,可是它在医院中充分地发挥了社会工作的效能。于是南京的鼓楼医院、济南的齐鲁医院、四川的仁济医院、上海的红十字会医院、福建的协和医院,都相继成立社会服务部,并派人往协和实习。这样便奠定了医事社会工作的基础。第二,它充分地表现了个案工作的用途,那时在北平一隅,即有家庭福利协济会、怀幼会及老人院等组织,利用个案方法应付家庭解组、私生子、依赖儿童、贫穷、老年等社会问题。这些机关的工作人员,差不多都是从协和医院训练出来的。所以这十几年的滋长,不但自身繁荣起来,而且也在刺激其他的社会工作共同滋长,共同繁荣。

1937年的夏天,卢沟桥的炮声响了,北平自然先受到影响。在敌军尚未"步武堂堂",行"入城式"以前,北平已有600多名因抗战而受伤的荣誉军人。这600多抗战勇士里面,一大部分是二十九军,还有一小部分是在通州屠杀鬼子们的保安队。这些人都由红十字会接到城里的后方医院治疗。在这后方医院里面负医务责任的,有协和医院和北大医学院的医师,负行政责任的,则为协和医院的社会工作员。后来敌军入城,后方医院就陷在最困难的地位中了。在这样险恶的环境下,后方医院仍然支持一年多。我另一位的同志——恕我不便说出她是谁——一面在努力解决他们的衣、食、住的问题,一面在给他们职业准备。同时我们暗暗地和许多爱国团体联络,偷偷地把治愈的伤兵输送到前线或是游击区。这一年过得比十年、比百年更觉得长得可怕。世间最痛苦的事,大概就是生命没有保障了,往往夜半邻人的敲门声,会把我从梦中惊醒,以为是敌宪来拘捕。最使我印象深刻的,是在1938年的国庆日,浦爱德女士回国,协和社会服务部的同事,开会欢送那一个晚上,有四个曾经做过游击队的,逃回城里,被我暂时藏匿在调养院中的走私的伤兵被捕了。这可怕的消息给了我很大的打击。我虽然很惊慌,但仍然强作欢笑地敷衍这欢送会的热闹局面。以后这四个人,永远没有回来,可是他们竟也没有攀扯我。这一年多过度紧张,看见了不少可歌可泣的故事,也逃过不少可怖可惊的狭路。但是我回想起来,却十分快意,因为在后方医院结束时,只有少数残老、病废的送往救济院收容,其余的都被走私了。我最高兴的是我所从事的医事社会工作,竟很成功地应用于伤兵,而且很显然地帮助了抗战的力量。

　　1940年①，北平的形势，愈见恶劣，青年人被捕的一天比一天多起来。我个人听到不少不可信，又不可不信的谣言。有一次因为一个旧日的伤兵犯了案被捕，几乎被他连累，我便决意离开北平。同时，社会服务部在协和医院也在度着最艰苦的日子。那一年是协和医院里护士最有权势的时期，许多执政者都主张医事社会工作应由公共卫生护士去做。这个论调甚嚣尘上，于是社会工作员便处处感到压迫与排挤。那时，其实已是抗战后的第三个年头，无论社会工作者，或是公共卫生护士要想工作，到处都有园地，正不必在医院中明争暗斗，我因不堪敌伪的压迫，也看不惯这类无聊的争斗，便在5月间悄悄地离平返沪了。

　　在上海住了差不多4个月，大半的时间都花在打听西行的路径和结伴同行的安排。在这期间，参观了一次红十字会医院的社会服务部，他们的工作员姚慈爱女士和林圣观女士都曾在协和医院受训练过，所以一切系统，都还有协和医院的规模。到当年的9月，决定取道杭州、金华、鹰潭，到江西，10月底抵大庾②在家兄处住了2个月。12月8日太平洋战争爆发，这消息使人振奋，中国三年多的单独苦斗，可以有真正共患难的朋友了。那时又作赴渝的打算。12月初，我以香客朝见圣城的虔诚，取道往战时的首都。

　　经过桂林时，遇见李琼女士，也是协和的老同事，也是医事社会工作的老资格，她由美国回来不久，正在那里创办省立医院的社会服务部。这是我到内地后，第一次见到的医事社会工作机构，可惜是在初创的时期，还看不清它的眉目。

　　这一年的圣诞节是在贵阳过的。在图云关红十字会外科矫形中心，遇到宋思明和邹玉阶两位老同事。他们在为伤兵服务，教他们以能谋生的技能。我很喜欢这种工作，因为对于受伤的兵士的职业指导与技能训练是非常重要的。这是医事社会工作与抗战的整个计划相配合的一种积极工作。

　　1941年③的1月抵渝，因为一时找不到合适的工作，便在资源委员会

---

① 根据前后事件推断，应为1941年。——编者注
② 大庾，今江西省大余县。——编者注
③ 根据前后事件推断，应为1942年。——编者注

做了 6 个月的员工福利工作。正在这时,协和的老朋友丁瓒兄来访,畅谈一宵,得知协和医院已被敌军劫夺,训练医事社会工作人员的大本营自然也完了,只有相对唏嘘,感慨系之。那时他已在中央卫生实验院发动心理卫生的工作,劝我也去同一机关发动社会工作。我一时高兴,便辞了原职同在中央卫生实验院工作,我则受命负责社会工作室的工作。

在这机关里整整做了三年,教了两班公共卫生护士的个案工作,在沙坪坝卫生实验区开始了社会服务的工作,帮助中央医院成立了社会服务部,又协助璧山县卫生院成立了社会服务部。这三处的社会服务部,或者没有固定的预算,或者经费太少,工作很难扩展。最感困难的是没有人才。有一个时期,我需要奔走于沙坪坝、歌乐山与璧山之间,顾此失彼,大感捉襟见肘之苦。后来幸而中央医院的服务部由钱且华女士去负责,璧山的社会服务部则因当局不予支撑而停顿了。这三年自己在内地办理医事社会工作,得到了不少痛苦的经验。主管人的官腔,一般人事上的摩擦,行政的混乱,公事的压积延宕,真令人哭笑不得。又加上一般衙门口的通病,计划多,工作少,野心大,预算小,实在令人感觉不愉快。与其在那里支着社会工作的空架子,或是把医事社会工作完全变了质,倒不如撒手不管的好。况且这几年感到的最大痛苦,是人才的缺乏,倒不如回到学校去训练人才有功效些。于是在今年,1944 年的春,辞去中央卫生实验院的职,跑到成都华西大学来教学了。抵蓉后,听说中央医院(今改为上海医学院附属医院)的社会服务部已经取消了,中央卫生实验院的社会工作室也已取消。重庆的医事社会工作,硕果仅存者要算是重庆医院(今改为中央医院)的社会服务部,该部由燕大毕业生郑兆良君负责。

在成都的从事社会工作者最多,社会服务事业也最发达,而医事社会工作也比较有成绩。例如华西、齐鲁两大学合办的联合医院,新医院中的社会服务部有钱且华女士负责,四圣祠男院的社会服务部有俞锡玑女士负责(现由卢宝媛女士负责),还有中央医院的社会服务部则有骆美芝女士负责。但是这几处的社会服务部,都多少变了质,似乎现在的医务人员,对于这种工作的认识不够。不知怎样利用,也不知怎样合作。医院当局也多半误解社会工作,只叫社会工作员担负经济一方面的工作。最大的困难,还是因为抗战中,一切都有些反常,而且一般人的流动性太大,很难有深悉的个案调查,幸而这些社会工作员都是颇有经验的,而且他们常有同业的聚会,常与各大学的社会学系有来往,在多方的鼓励与刺激之下,自然可以有长足的进步。

  我从事医事社会工作将近十年。就在这第十个年头,忽然脱离了实地工作的阵线,躲进了象牙宝塔,心里不免有些抱愧,也不免有些心酸。眼看着这颗医事社会工作的幼苗,正该"方兴未艾",谁知道会在抗战的大风雨中有倒偃的趋势,现在抗战七年,胜利已依稀在望,战后的卫生政策,一定鼓励公医制度,将来得到盟邦物质的帮助,必然全国遍设医院,那时成千的医院,需要医事社会工作人员,我们又怎样应付这大时代呢?思念及此,觉得爱护、扶植这颗幼苗的责任重大,希望在最近几年中,迅速地训练起大批的医事社会工作员,把这重担肩负下来。来成都后,遇见许多旧雨,有些为生计的压迫,已然改了行,多数的都还在奋力苦斗。抚今追昔,不胜感慨。感慨之余,记下这一笔流水账,也算是医事社会工作的一点史料。

病人也是人[*]

《病人也是人》(The Patient as A Person)一书,在1939年出版,是鲁滨孙博士(Dr. G. Canby Robinson)[①]所著。作者虽然是位科班出身的医生,但是他的态度谦虚诚恳,不愧是位年高德劭的医师。他不但对于他的本业不断地努力,即对于精神病学、精神分析的学说也尽量地加以接受。同时,对于医务的社会工作,更提倡得不遗余力。从本书的引言中,我们可知道他在做学习大夫(intern,在某些医院里被称为小大夫)时,即对于病人的社会背景发生兴趣。自从他与社会工作者的前辈老小姐利支曼做了邻居,变成好友,更因为用社会个案方法救活了一家患肺病的病人后,他对于服务社会工作更有了信心,提倡也更努力。他在华盛顿大学的诊疗所创立了社会服务部,及至1935年,被聘到北平协和医院做教授时,他对于该院的社会服务部的百年大计,也给了不少的鼓励与帮忙。

本书共分九章,400多页。大意是鼓励做医师的对于病人的社会背景、心理的变化要加以注意,如此才能得到更良好的效果。兹将本书九章分别简略地介绍给读者,并把最后的一章的一个断法节译出来。所译的一段不仅是因为它为社会工作者张目,以自相标榜,同时也因为它确是本书很精彩很重要的一段。

---

[*] 鲁滨孙:《病人也是人》,吴桢译,《西书精华》1941年第5期,第108—121页。译文来源:G. C. Robinson, *The Patient as a Person: A Study of the Social Aspects of Illness*, New York: The Commonwealth Fund, 1939.——编者注

[①] 鲁滨孙博士(1878—1960),医学博士,在1939年出版的《病人也是人》一书中,提出了医学人文主义的问题。——编者注

第一章　病痛的因子与医务的关系

病痛（illness）与疾病（disease）是不同的两样东西。病痛即普通所谓"不舒服"。这种不舒服不必是由于疾病。疾病可能是病痛的一个因子，但不必是人体的功能或活动发生障碍时唯一的原因。灾难的社会背景、情感的不平衡都可造成病痛。同时，病人的智能低弱，因而不能控制情感的失衡，也可引起身体的病痛。邓巴（Dumbar）的研究，萨尔曼（Salman）、米亚（Meyer）的报告，生物学家加农（Cannon）对于情感与动物的研究，明诺（Minot）对于疾病与环境的研究，以及社会工作者桑顿女士（Thornton）的《治疗中的社会的成分》（Social Component in Medical Care）[1]等著作，都指示出病痛不但是由于疾病，同时与情感及智能都有极密切的关系。人是身体与脑的合并，无论哪一方面发生障碍，都能同样地引起病痛来。

第二章　研究的范围及方法

本书的个案报告，是根据于约翰·霍普金斯医院（Johns Hopkins Hospital）由1936年春到1937年的病人的实例。在约翰·霍普金斯医院、医学校、公共健康及卫生学校的附近，有所谓公共卫生东区，区内共有居民56 000人。书中所举的174例，都是这一区的居民。在每个病人挂号诊治后，都先简略地与医生会谈一次。然后再定一个日子再仔细地会谈。这一次会谈，务必使病人感觉着安舒，能够自动把心事向医生和盘托出；至于住院的病人，在他住院时，借着跟他讨论出院后的计划为由，也可使他倾心而谈。谈话的时候，还要耐着性子，自己少说话，多听话。会谈后，把谈话都不厌其详地记录下来。经过这样的手续之后，病人差不多都能把他们的社会问题提供出来。这些供词便是分析研究的材料。

在174位病人中，有140位找出有些灾难的社会问题，其中有115位即66%发现这些问题确乎对于病痛或治疗有关系，其余的25人，或

---

[1] Janet Thornton, Marjorie Strauss Knawth, *The Social Component in Medical Care: A Study of One Hundred Cases from the Presbyterian Hospital in the City of New York*, New York: Columbia University Press, 1937. ——编者注

14％，就没有确实地指示出这种关系。这种分析的分法是按照桑顿女士的方法。她把灾难的社会问题分为两大组，一组是生活的阻碍（disturbance of subsistence），一组是不满足（dissatisfactions）；前者是指物质的，后者是指情感的；前者是比较客观的，后者是比较主观的。这两组之下又分出若干小支组，现在把分析的结果列表如下：

	数目	百分数率
发生某种灾难的社会问题者	140	80
一、生活的阻碍	121	70
（一）生理保障的不足	41	24
1. 不利的居处与地点	17	10
2. 饮食之不足	12	7
3. 衣住之不足	9	5
4. 治疗方法缺少服侍之人	20	11
（二）经济保障之不足	91	52
1. 取得生活的力量之不足	35	20
2. 取得生活的方法之缺乏	66	38
（三）不良习惯	25	14
1. 有阻碍实行治疗的习惯	8	4
2. 有阻碍保障健康的习惯	12	7
3. 有延长失却能力的习惯	5	3
（四）个人本身的缺陷	32	18
二、不满足	87	50
（一）与家族不合者	77	44
1. 缺少家人	38	22
（1）离婚或与伴侣分居	18	10
（2）鳏寡	10	6
（3）未婚	10	6
2. 与家人与同事之摩擦	59	34
（1）夫与妻之间	28	16
（2）父母子女之间	20	11
（3）兄弟姊妹之间	4	2
（4）妯娌之间	4	2
（5）伙伴之间	3	2
3. 缺少对于社会地位的满足	3	2
（二）出路（情感的出路）受阻者	21	12
1. 缺乏满意的工作	14	8
2. 缺乏满意的社会生活或娱乐	15	9

上列的图表很清楚地给读者一个概念,可以一目了然地看出各色各样的社会问题。这些社会问题如不解决,即使病人的疾病医治好了,恐怕他们的病未必能解除吧!以下的五章是把这 174 个个案按照他们的病象分类地一一撮要地写出来,读者要观全豹只好把这本书从头至尾看一遍。

第三章 循环系发生病象的病人

本章包括自第 1 至 40 共 40 个例案。

第四章 呼吸系发生病象的病人

本章包括自第 41 至 89 共 49 个例案。

第五章 消化系发生病象的病人

本章包括自第 90 至 106 共 17 个例案。

第六章 糖尿症、花柳、羊痫疯

本章包括自第 107 至 125 共 19 个例案。其中有 6 个患糖尿症的,7 个患花柳的,6 个患羊痫疯的。

第七章 轻度精神病人

本章包括自第 126 至 145 共 20 个例案。其中有 14 个病人是确定了他们的病与社会问题有关系,有 4 个不能确定,还有 2 个有精神病的现象。

第八章 其他病象的病人

本章包括自第 146 至 174 共 29 个例案,其中有 1 个患普遍结核,1 个患贫血，7个患肾脏炎，14个患其他内症，2个外科病人，1个未定，3个眼科病人。

第九章　把病人当作整个的治疗

以前所举的174例是没有经过选择的典型的城市医院约翰·霍普金斯医院里的住院病人。这些病人都被当作整个的人来研究，并对于他们的灾难的社会情形及情感加以特别的注意。现在再申述一下：病人中80%确实地发现有灾难的社会情形；66%的社会情形确实对于他们的病痛有影响；58%的社会情形引起有害的情感的冲动；病人中有26%，他们灾难的社会情形产生情感的反应，以致成为病痛的主要因子；另外还有10%，因为他们的有情感的阻碍，发生病痛，但与灾难的社会问题有无关系尚未能确定。情感的阻碍往往增加病人机体疾病的痛苦与失能；灾难的社会情形则常使病人得不到适宜的治疗。

这次研究的结果，认为社会情况若从诊断与治疗的观点看去，是很重要的。譬如说从诊断方面去看，有许多例案告诉我们在发生腹痛时，病人因为有心理的现象把机体的现象弄得混乱了。像这类的例子占有27%，其中有15.5%是要靠病人的社会的情况的研究来完成他们的确实的诊断的。至于从治疗方面来看：对于有些患精神病现象的病人，如果不明了他们潜伏着的社会问题，简直就不能给他们彻底的治疗；还有些病人，因为有灾难的问题，以致虽有治疗方法，但如果不设法解决，则治疗方法无法实现；还有些病人，他们所患的就是社会的病，只有社会的治疗对于他们才能发生效果。

这次的研究得着许多的证例，使我们相信如果想改进医生的治疗方法，必须把病人当作"人"整个地加以研究。还有这次对于病人的社会情形的详细记录及平日逐日的观察，往往对于诊断的完成及治疗的效果有很大的帮助。

注意病人的社会情形是医生应具有的态度及应负的责任。至于患急症的人，例如受到击伤，或患急性发炎症的人，虽然他们所需要的是赶紧住院，赶紧动手术，或是赶紧用其他的方法治疗，但是等到他们休养的时期到来，他们的社会问题就需要加以注意了。至于那些患慢性疾病需要长时期治疗的病人，则对于他们的社会问题更应该加以注意。这次的研究也告诉我们需要长期治疗的病人，例如患心脏病的，患肺结核的，患花柳的，患癫痫的，特别是患轻性精神病(psychoneurosis)的病人，或在诊断方面或在治疗方面，都需要对于他们的社会背景、情感的变化特别的注意。做医生的在医院里行医时，如果考虑到这些地方，想把病人当作一个整个的人看待，他们必定要亲自去与病人会谈，要对每一个病人会谈，还要至少花费半个钟点去会谈。因为今日各医院里的社会工作者太少，不够应付所有的病人，所以做医生的应当自己担负起这种责任，这样的办法必须要有一位有力的、有热心的并且对于社会情形有经验的医生去提倡，并且把他的时间整个地贡献给医务的社会工作，做一个与其他医生会商病人社会情况的专人。至于做医生的去与病人会谈，去研究病人的社会的情形，是不是一个很合适的人呢？先锋卫生中心区(pioneer health centre)的职员以为"公共卫生大夫"(health doctor)对于应付病人的社会方面的问题是很好的。所以在医院里专门训练一些"公共卫生大夫"也是很重要的。

还有，如果想把这种病人当作人看待，想把病人整个的去治疗的运动加以推广，在训练医学生时必须要先给他们些认识，使他们知道在治疗方面，医学、社会学、公共卫生、精神病学彼此都有关系，而其间没有一个显明的界线。把这种训练作为一个医学教学的教程是当前必需之务。

在约翰·霍普金斯医院里，每一个三年级生，至少必须研究一个病人。整个地去研究。等他把病人在疾病及社会情形各方面都了解了之后，然后再与精神病专家、社会工作者、公共卫生人员一起开会讨论。其他讲社会情形与结核病、花柳、糖尿症、癫痫的关系的讨论会，也使学生参加；更有讨论疾病与工业的关系，以及如何利用公私的福利机关来帮忙病人的讨论会，也给学生们些机会去领略。还有医学生也要他们自己去做家庭访问(home visits)。等到他们对于病人的家庭有了认识，他们才真正能把病人当作一个整个的人去了解。这样的训练医学生的计划，虽然似乎只能给医学生以很有限的经验，但实际上，使他们能够发生兴趣，同时也能够看到病人的社会问题，在这一点上却很收效果。只要看他们到了四年级时所写的病人历史，就知道他们已经得到注意病人社会问题的一种概念了。

以上所述都着重于医生们对于把病人看作人，及把病痛看得广义些的运动所发生的关系。至于社会工作与这种运动的关系怎样，却还未论及。社会工作者在医学的园地里还是一个新人。医院中的病人有了社会问题，而能得到正式的有系统的社会治疗还不过是最近 30 年的事。病人需要有特殊训练的工作者的看护的这种概念，到李却加保（Richard Cabot）[①]时才在脑中出现。他是提倡在医院中设立社会服务部的第一个医生。他用尽坚忍与才智去做这件事。他的更大的贡献是唤醒了一般医院的医生"把病人当人看"的意识。在 1905 年，同时候，在纽约的白拉维医院（Bellevue Hospital），及波士顿的马萨诸塞大医院（Massachusetts General Hospital）设立了社会服务部。自从那时候起，医务社会工作才开始发展，开始向对于疾病的社会方面做有系统的研究及有系统地去治疗的路上迈进。

对于医务的社会工作者的功能，在许多地方已经被人写出来了，但是她在治疗方面的地位与贡献尚未被普遍地了解，也未坚固地竖立。这些功能为了她的责任与义务的过于复杂而被人混乱。她们至少是向五个方向伸展。在医院组织的常例下，社会工作者是向院长直接负责的；但他对于医务人员也同样直接地发生职责与义务；对于每个病人，甚而至于整个的社会，及他的行业都有相当的义务。这样同时应付许多主子，又因为了经济的关系，为了捐募基金，而不得不召集许多外行人，这些人对于病人的社会问题有兴趣，且自动地愿意帮忙的，来开委员会或董事会什么的，于是更显着忙乱了。

医务社会工作对于疾病与社会灾难问题的研究，期待着医业同人的更大的了解与合作。我们相信如果医生能考虑到疾病的社会方面，则医务社会工作者的功能更可彰然在目。她在分析与治疗病人的社会的与情感的困难方面的成功，是被医生们认为最重要的职业上的合作者的。今日她不过仅仅地贡献些情报来完成许多病人的诊断与治疗而已，但此后，她可以得到更普遍的信赖。只有注意病人的自然的环境与社会情况，才

[①] 李却加保（Richard Cabot），曾任美国马萨诸塞州总医院的医学主任，1903 年成为第一位将社会因素纳入对病人的诊断和治疗计划的医生，聘用了第一位医务社会工作者，建立了社会服务部。医务社会工作的先驱 Ida Cannon 就是李却加保博士于 1906 年聘用的医院社会工作者。——编者注

能知道病人所希望与期待医生能在可能的条件下使他恢复到的是什么样的社会地位。这样,我们就可以明白,做医生的只有明白病人的社会背景,才能正确地把病人引导到他们的目的地。在普遍的情形下,一个住在医院里的医生,是不会有足够的知识去了解门诊病人的社会问题,也不能了解一个住院病人在长期休养后,忽然出院时要去应付新环境的困难的。社会工作者是一位联络病人的来处与去处、医院与社会的环子。他的责任是调查病人的社会情况,以减少病人因某些疾病所能发生的灾难。他是被呼唤出来去利用他的职业技巧与智识去影响病人在身体上与物质上所需要的变化。

社会问题的治疗,可以由于病人及他的家庭的合作而完成,或者由于善于利用社会机关而完成,但二者都需要特殊的技巧与学识。病人的社会问题是要根据所收集的医学的及社会的材料来分析来解除的。这些问题的分析与解除,才是社会工作者的特殊的园地。他对于问题的了解与被请去解决问题的多寡,是看那负责医治病人的医生与他合作的程度而决定。此处医生需要社会工作者的合作与医生在诊断些治疗时需要其他专家如饮食专家、实验室的技师的合作相等。医务社会工作者有他的专门的功能与责任,他对于病人与医生所应尽的责任与医院里的其他的职员相等。她需要此种合作以加增他的工作效率,可惜在普通情形之下,他常感觉这种合作是不易获得的。

前面曾经说过,发现与控制病人生活上困难的社会情形,是治病的医生的责任,所以如果病人的社会问题可以很简便地了解的话,医生必须自己去做,除非医生发现或疑心到病人有急切的或复杂的社会问题时,他才应该负责去与社会工作者商量办法,去请问他对于病人的社会的或情感的困难有什么专门的见解。

如果此种把病人看作一个整个的人的办法,可以长期地做去,社会服务的重要性与价值就可为之增高,并可创造出医生对于追求问题答案的好奇心,及激励他与社会工作者在医务方面的合作。

医务的社会工作在许多医院里已由它原有的目标转变了方向。在医院中,医务社会工作者原是准备着在他的能力范围内担任许多工作的,但是他的研究与治疗病人的最有价值的功能,反被掩蔽着。这种情形大部分固然是由于医生对于医务工作者的贡献还没有充分的了解,一部分是因为医务社会工作者自己没有把自己的功能弄清楚,又没有职业上的训练与办事的才干。如果医务社会工作发展到一个田地,可以应付疾病的社会方面而有所贡献,则医务从业人对于此种工作一定会有更大的了解与欣赏。同时,如果医生们能懂得疾病与社会背景的重要关系,那么他对于社会工作者的要求也必为之增加,而社会工作者的功能也将因之更加显著。

把病人当作一个整个人来治疗,常需要很多专家的合作。病人如想完全获益,必须各专家的合作完成。病人疾病的各方面的问题,被许多专家分析得支离破碎,已经不能使病人成为人形了。各专家们不但应把他们所有的意见汇合在一起,并且也应当从整个的机体去估量他们个别的意见。这种合作的吻合的重要性,在医院里已被注意;缺少它,便不能把病人当作整个的人来看待。

我们从"疾病的社会方面"的研究,看出这种领袖权应当集中于一个从业医务的人身上,以便激起"把病人看作人"的兴趣,而改进治疗病人的方法。要想发展与创造研究疾病与社会困难的新智识,是需要领袖的。疾病的社会方面的教育,在医学教育方面是有前途的。医生与社会工作者需要更亲切的合作,以便二者的工作都能扩大,收更高的效果。把病人看作整个人的看法,更应当加以注意,以使医学在公共卫生方面有更良好的成绩。为了这许多的理由,建设一个专门的部门来研究疾病的社会方面的计划,在医学教育方面看着是必要的。像这样的一个部门,在布鲁塞尔大学(University of Brussels)沙雷奈教授(René Sand)[①]的指导下,已经在发展着了。

一个专门研究从社会的观点去诊治疾病的部门,应当在医学院附属的医院各部之外单独设立,并且能与其他各部一样有自身的行政,而与其他各部门的指导者或主任通力合作。它有它研究的与教学的独立的职责,并得在各科负责指导疾病与社会问题的关系。它并应负责使医院与其他公共卫生事务所及社会机关合作;它也应当激励、发展社会工作者的需求。

以前所论种种,都是从医院的观点讨论如何把病人看作人。我们都

---

① 沙雷奈(1877—1953),曾任红十字会国际联盟秘书长,帮助建立国际社会工作会议和国际社会工作学校委员会。——编者注

很知道，病人无论是有疾病或是找不出有疾病，但是灾难的社会情形，或是对于社会的不善于适应，以及情感的失衡都可以造成病痛的原因。最后，我觉得我们需要一个"普通大夫"（general physician），他具有"小大夫"、精神病专家、公共卫生专家，及医务社会工作者各人的态度与智识。他的责任是在健康与疾病、生与死的途上做领路人。他在治病方面，当然不能样样都拿手，但是他能治伤风咳嗽，能治跌打损伤等小毛病，还能够告诉病人在什么时候应该去看什么样的大夫。他是把病人看作一个整个人的，在必要时，他会指导他的病人怎样与疾病挣扎，并能减轻病人的精神现象。这样的普通的医生在"把病人看作人"的运动中，是很需要的。

论医护人员的职业道德[*]

医生在中国,早就受人崇敬;护士受人崇敬,还是近些年的事。这两种职业之所以受人崇敬,不仅因为他们有救人活命的技能,而在他们有菩萨心肠,悯人救世的崇高的道德。所以做医师,或是做护士的如果没有熟练的技能,固然受不到一般人的爱戴,有了熟练的技能而缺乏职业道德,最多不过是个"耍手艺"的技工,或是"卖力气"的佣仆而已。至于那些庸医杀人的医师,和不顾病人福利的护士,更是这两种职业的罪人,应该大张挞伐,予以声讨的。

我国这次英勇的抗战,是各种职业的一块试金石,哪一种职业对于抗战的贡献最多,也就最可受到人们的敬仰。医生护士,冒着枪林弹雨,在前线救护伤兵,时有所闻,最近一批未学成的医护人员,自愿投军,尤其使人感奋,然而留在大后方的医生护士怎样呢?这是我们关心这两种职业有所最关切的问题。

抗战是造就英雄的时势,同时,也供给了投机分子发国难财的机会,中国是个落伍的国家,什么都跑在人家后面。合格的医生、护士本来就不多,在这时候,更有"物稀为贵"的趋向,所有的医护人员,都可高抬身价,如果趁此时机,要挟服务机关,挟持病人倒是千载难逢的时机,所以我们随处看到屯卖药品、敲竹杠、发横财的医师,也随时看到傲慢病人、要挟医院的护士,这些都是我们不忍看,而又不能装看不见的事实。去年有好几处医院里闹过护士与病人争吵,结果以拒绝向病人服务,因而把病房关闭的风潮;也有些医院闹着护士与医生发生误会,在报纸上大打笔墨官司,甚至牵涉到贩卖毒物的大笑话;今年这短短的一个月里,也闹过麻风病院

---

[*] 吴桢:《论医护人员的职业道德》,《现代周刊》1945年第5期,第4版。

自请关门,把麻风病人驱上街头,危害到市民健康的谬举。这些事,无论是怎样结束,医护人员的职业道德,确乎有一落千丈之势。爱护这两种职业人士,委实不能再常保缄默了。

谁也不能否认七年多艰苦的抗战,使各人的物质生活贫乏到难以支持,医师们再没有设备完善的病房与实验室可供他们实习与研究,护士们也再没有舒服的宿舍与精美的肴馔,可以使他们安心工作,耐心地对病人服务,他们都和许多其他自由职业者,多少感觉到失望与忧愤,然而只要不把眼睛看到食污枉法的官吏,不把眼睛看到见利忘义的奸商,未尝不可暂安一时,艰苦地熬过这一个最困难的时代,为千百年的大业奠定一个坚固的基础;否则,浑水摸鱼,做了民族罪人,就真会遇到万劫不复的危险了。

检讨几次医生与护士、护士与病人所掀起的风波,莫不由于医护人员之忽略了他们职业的道德。要知病人在医院中是天之骄子,特别是得了慢性疾病,需要长期休养的病人,如肺结核、精神病,或麻风病的患者,他们的生理的疾病,影响到心理的健康,即使他们行为上有什么不妥的表示,做医生与做护士者也应谅解、抚慰,万不可逞一时的意气,与他们争一日之长短。我以为以拒绝服务要挟病人,是卑污的手段;以停止治疗惩罚病人,是残酷的暴行;以关门恫吓病人,是怯弱的妄举。这一类的手段、暴行与妄举我希望今后不再发现。

至于医生护士的私行,也颇值得注意,沉湎于烟酒,嗜赌的医生,难望他不借敲病人的竹杠,以维持他靡费的生活;放纵于奢侈的生活,贪婪于争权夺利的护士,难望他专心一志、仁厚和蔼地对待病人。并且在病人的眼光中,医师与护士是他们的救星,是他们的良师良友,他们常想把自己身体上与心理上的隐衷,坦白地告知医生与护士,如果一旦他们发现他们所信赖的人在私行上有若干缺点,他们会如何地感觉失望与伤心啊!

再则,这些年来,医院行政的腐败也是无可讳言的事,医院的行政,显然不能全由医护人员负责,但是在一个医院里,护士与医生时相龃龉,病房里乱七八糟,却不是医护人员所能辞其咎的。在日常生活谈话中,你会发现多少曾经住过医院的人,发誓宁可病死在家里,也不再把性命交付给医生与护士了,这种失去了的病人的信心,是医护人员忽略职业道德的铁证。

许多从前线归来的朋友怒诉军医设备不完善，军医的技能太低弱，这显然是由于好医师、好护士不肯赴前线受苦，这自然是医护人员之羞，而在大后方工作的医护人员不能尽力服务病人，没有几个好医护更是可羞之事。抗战以来，物资设备，日趋朽败，医学研究、护士训练都无长足之进步，已是痛心，而职业道德，渐趋堕落，尤堪疾首；至于玩忽人命，以敲诈为生涯的医生，以及以奇货自居，蔑视病人福利的护士，更是这两种高尚职业的罪人，非鸣鼓而攻之不可的了。我的朋友中，有不少以服务人民为己任的标准医师与护士，他们都能任劳任怨，在抗战史中，写下一页光荣的篇幅，我不忍看他们的功绩为一班"害群之马"所玷污，所以特别希望医护人员能自相鼓励，造成一种提倡职业道德的好风气。

1945年1月18日在华西坝稿子写成后，在18日的报章上，发现有13位中签医师，只有1人应征赴渝的消息，第二日的报章上，复发现医师胡廷瑞的太太为丈夫申冤的"读者来信"，阅读之后不胜感慨。我们固然不能不因政府在征调以前，未能筹划周到，而深觉遗憾。但13人中签，仅有1人应征，这比例实在太差了，令人非常失望。医生护士不能在战时有点好表现，实在是这两种职业的大损失。——笔者附注

《精神病护理学》译者序*

这本《精神病护理学》的翻译工作，是远在1942年完成的，那时译者正在重庆歌乐山中央卫生实验院负责社会工作室的工作。当时，译者参加人事心理研究社，萧孝嵘①先生介绍这本书，嘱为翻译，算作该社所编丛书之一。译者在阅读原文之后，感觉这本书不但可做护士的良好教材，同时，因为它对精神病学有简单扼要的介绍，并且它特别看重如何观察精神病患者之行为，更可作为精神病社会工作员和一般对精神病学有兴趣者的参考，所以马上着手翻译。在一个酷热的重庆的夏天，每天乘着两三个钟点的早凉，赶完了它。

翻译草成之后，经过潘菽②先生详细的校阅和修改，使译者对译文增

---

* 《精神病护理学》为吴桢译著，由上海广协书局于1949年出版。译作来源：F. A. Carmichael, J. A. Chapman, *Guide to Psychiatric Nursing*, Philadelphia: Lea & Fibiger, 1936. 本文录自吴桢：《译者序》，载 F. A. Carmichael, J. A. Chapman：《精神病护理学》，吴桢译，上海广协书局1949年版，第2—3页。——编者注

① 萧孝嵘(1891—1963)，湖南衡阳人，心理学家。1919年毕业于上海圣约翰大学，1926年留学美国，1927年获哥伦比亚大学硕士学位，同年赴德国柏林大学研究。1928年返回美国，1930年获加利福尼亚大学心理学哲学博士学位，并荣获美国科学荣誉学会和心理学荣誉学会金钥匙。1931年回国后，任南京中央大学教授、系主任和心理学研究所所长等职。1949年任复旦大学心理学教授、教育系主任，1952年起调任华东师范大学心理学教授，同时他还担任上海市心理学会副理事长。萧孝嵘因最早研究德国的格式塔心理学派闻名于中外心理学界。对儿童心理学和学习心理学等方面的研究也有显著成果。著有《格式塔心理学原理》《实验儿童心理》《变态心理学》《军事心理学》等书和论文。——编者注

② 潘菽(1897—1988)，又名潘有年。江苏宜兴人。中国现代著名心理学家、教育家、社会活动家。1920年毕业于北京大学哲学系，次年赴美留学，1926年获美国芝加哥大学博士学位。1927年回国后，应聘到第四中山大学(后改名为中央大学)理学院任副教授，半年后晋升为教授，兼任心理系主任，是中国科学工作者协会和九三学社的主要创始人之一。中华人民共和国成立后，担任过南京大学教务长、校务委员会主任、校长，并当选为中国科协常委。1955年初，被聘为中科院学部委员，同年起当选为中国心理学会理事长(1984年后任名誉理事长)。1956年加入中国共产党，同年起任中科院心理研究所所长(1983年起任名誉会长)。是全国人大代表、全国政协委员、九三学社中央副主席。主要著作有《心理学概论》《社会的心理基础》《心理学的应用》《心理学简札》等，并主编《教育心理学》《人类的智能》。——编者注

加了自信,于是考虑到出版问题。其时因为纸张奇缺,印刷困难,同时,译者也因应成都华西联合大学之邀离开了重庆,于是出版之事便搁浅了。

1946年胜利还都,各机关学校纷纷迁徙,这本译稿辗转由友人传递并保存,而译者也为了职务的关系,各处奔波,未得安定,直到今年译者在南京金陵大学执教,才知道这本译稿仍在潘先生手中。以后得到中央卫生实验院护理组主任徐蔼诸女士的鼓励和敦促,终于由广协书局印行。

回忆这本书在开始翻译时,译者还是个单身汉,等到这本书出版时,译者已结婚,并做了两个孩子的父亲了。这本书真可谓难产了。这本书的出版,译者对萧孝嵘先生、潘菽先生,及徐蔼诸女士非常感激,特此鸣谢。

最后应向读者表示歉意的是原文中有些图表和照片未能复印出来,因为原始本还是在抗战时期从重庆柏溪中大图书馆中借出的,复员时该书不慎遗失了。最近虽经设法罗致该书,都未能如愿,同时因为赶印,也来不及向原书出版书店购运,只好也和原书一样,等到译文再版时,再加进去吧!

附: 萧孝嵘序[①]

护士对于病人常可发生重要影响,而尤以对于精神病之患者为然。此种事实,稍具常识者自易察见之。本书之主要目的即在供给护士一种浅近而切要之精神病理知识,俾使读此书者不独能于医院中解决人与人间及人与事间之某等基本问题,而且能于一般社会中设法减少精神病之严重性。

本书共分十二章:第一章为精神病学,第二章为心理疾病之定义,第三章为心理疾病之分类,第四章为心理病理学,第五章为心理疾病之病源学,第六章为机体反应型及与身体疾病有关之精神病,第七章为心理不健全与癫痫,第八章为精神神经病,第九章为机能精神病,第十章为心理疾病症状学,第十一章为心理疾病之治疗,第十二章为精神病护理之责任及

---

① 萧孝嵘:《序》,载 F. A. Carmichael, J. A. Chapman:《精神病护理学》,第1页。

道德。此外尚有附录二章。

  本书经华西大学社会学教授吴桢先生于百忙中译出,后复商请中央大学心理学教授潘菽先生详为校阅。是项翻译与校阅之工作均颇艰巨。吴先生嘱予为序,兹缀数语于此,借资介绍。

第三编 儿童社会工作

上海儿童福利促进会[*]

"儿童是未来的主人翁"这句话已被唱作滥调了。然而实际上,儿童在社会上所占到的实惠却很少。试看各地的孤儿院、育婴所,以及其他儿童机关里的儿童,大多数都在与饥寒、疾病挣扎,再看看满街口衣衫褴褛、流浪无依的儿童,则更使人惊异。难道这些可怜虫是我们的主人翁吗?幸而有远见的人看不下去了,认为我们不能长此这样下去,为了国家民族的百年大计,为了为下一代着想,我们必须善为抚育、培养这些不幸的儿童。于是儿童福利的工作,遂受到社会人士的重视。

抗战八年,一般人都受到战争的戕害,其中尤以儿童为甚。特别是收复区的儿童机关,遭受敌伪的压迫和掠夺,更凋敝得可怜。胜利以后,行总[①]与联总[②]在我国收复区,办理救济复原工作,特别重视儿童福利工作。行总的赈恤厅福利组,有儿童福利一科,聘请了国内儿童福利专家,再会同联总遣派来华的专家们,研究并计划出各种儿童福利工作的实施方案,分令各分署去遵办。各分署因环境不同,成绩如何,自不能一概而论。至于上海分署,则在赈务组下特设儿童福利科,专办这项工作,这是其他分署所没有的,足见上海分署对于儿童福利的重视。

上海市共有公私立的儿童福利机关四十几个,收容的儿童不下6000人。在过去的年余,受到行总上海分署的协助,或受到物质和经济的补

---

[*] 吴桢:《上海儿童福利促进会》,《家》1947年第18期,第254—255页。吴桢撰写此文时,为行政院善后救济总署留美工作人员。——编者注

[①] 行总,即行政院善后救济总署。国民党政府执行美国所主导的联合国善后救济总署的任务的机构,1944年12月设立,1947年10月裁撤。——编者注

[②] 联总,即联合国善后救济总署(UNRRA, United Nations Relief and Rehabilitation Administration)。1943年11月9日根据44国协议在美国华盛顿成立的一个重要的国际援助机构。总部设在美国华盛顿,先后有48个会员国,在39个国家开展大规模的战时难民救济活动。1947年第二届联合国大会决定撤销该署。——编者注

助,或受到技术的辅导,果然日有起色。不幸行总的工作就要结束了。行总原期望这些儿童机关能在这年余内培养出自力更生的能力。然而年余的时间究竟太短促了,再加上上海物价的直线上升,实在距离自力更生的境界还远。有识之士,不忍看这些机关在行总结束后倒下去,仗义也来组织了一个新的机构——上海儿童福利促进会,赓续行总上海分署儿童福利科的工作。几经开会讨论,目前已组织了一个委员会,并已邀请了几位儿童福利专家分担总干事及组干事之职。他们已找好了滇池路97号作为临时办事处,几位拓荒者正在那里忙得起劲呢。

上海儿童福利促进会,虽然是个人民团体,但它已获得行总的同意和赞助,并已拨配它一些物质和经费,准备接办上海分署儿童福利工作。然而这些物资和经费,都很有限。它的将来,还要靠上海全市市民的扶助。所以它准备在适当的时期,发动一次总劝募,增强所有儿童福利机关的工作能力。

上海儿童福利促进会,并不想把自身做成个业务机构,和其他儿童机关一样地收容儿童,在院内直接服务儿童。它主要的任务是联系工作——机关与机关间的联系,儿童与机关的联系,和机关与社会间的联系。

它第一件要做的工作,是彻底认识、了解上海市所有的儿童福利机关的实现。了解了它们的人力财力,才能给它们合理的协助,物资的或技术的,使这些机关逐渐能达到自助的地步。了解了它的功能,才能介绍需要服务的儿童到适合的机关里去,使他们各得其所。它同时也是许多儿童福利机关的喉舌,它要为它们呼唤,为它们唤起社会对它们的注意。这些机关,有些为繁重的工作所压迫,只有埋首苦干的份儿,没有机会向社会表白;有些机关,过分腼腆,不好意思做自我宣传。可是它却要公允地使每个有成绩的儿童福利机关都得到社会的认识、鼓励与援助,使社会人士对它们有更进一步的健全关系。可是它并不是专门注意收容儿童的机关,它对于在机关以外的一般儿童也很关切。儿童教育与儿童卫生在儿童福利工作中是很重要也很艰巨的,它要广泛地向儿童和儿童的父母推展这类工作。它计划着办一些咨询工作,希望延聘几位儿童心理、儿童营养、儿童教育的专家们,或用通信方式,或利用无线电台广播,解答各界有关儿童福利的问题。举凡上述的工作,这个新机构,都在慎重地策划中。

以后说不定，为了新的需要，随时加添新的工作计划。总之，这个机构，并不是个"英雄主义"的机构，它本身本不想轰轰烈烈地做出什么新花样来。它只希望善为利用行总所遗留给它的物资，它所聘请的专家，和它所研究调查得来的资料，协助其他儿童机关得到发展与进步的机会；同时，它要对不在机关内收容的儿童服务。换句话说，它不但不要与其他儿童机关做工作竞赛，而且它把上海市整个儿童福利工作的成功视作自己的成功。

最后我要介绍的是该会的职员，有好几位原在行总赈恤厅或行总上海分署工作的老手，预备在行总结束后过去帮忙，自然它也请了些生力军，这确是一支劲旅。希望他们都有发挥才能的机会。我特别要介绍的是该会总干事刘德伟女士。她原是行总赈恤厅福利组主任，曾任金大社会福利行政组的副教授，是美国芝加哥大学社会事业行政系硕士，出色当行，必能胜任愉快。该会的组织，内分统计研究、社区组织、宣传、人才训练介绍联系、咨询、劝募、生产、总务、技术、会计等组。顾名思义，这几组的组织，已足说明该会的工作项目了。各组都在物色有专长的工作者担任干事。让我们对于该会寄以厚望。

参观美国儿童法庭[*]

匹兹堡(Pittsburg)的儿童法庭,从 1935 年起,根据宾夕法尼亚州(Pennsylvania)的州立法,脱离成人法庭,单独成立。法官是被选的,任期为十年。十年的任期确乎很长,推想当初立法的原旨,大概是希望法官能长期安心工作,同时培养对儿童案件的特殊兴趣与才能。法官胥拉莫氏(Judge Shramus)从 1935 年起便被选,第二任又续任下去,所以到现在他已做了 12 个年头了。

匹兹堡的儿童法庭,颇负盛誉,公认为美国儿童法庭最优良、最进步者之一。我在国内时,早对美国的儿童法庭神往,到了匹兹堡后,知道有个办理得很有成绩的儿童法庭,便决定找一个机会去参观。我和他们的当局,订了好几次约会,都因为住在法庭内留守室(detention home)的儿童患传染病,临时戒严,谢绝了参观。最后,约等候了 2 个月,才得如愿以偿。

美国的儿童法庭,并不是专为犯罪的儿童而设,它同时也是为了失依儿童而设,所以它的功能是纠正儿童的反社会行为,和保障儿童应享的权利。我们一向有个错误的印象,以为儿童法庭所应付的儿童,多数是无法无天、专门恶作剧的坏孩子,其实其中有不少是被父母虐待、忽略,或遗弃的不幸儿童。不过"儿童法庭"这名词,确乎容易引起误会,因为一般人,一看到"法庭"的字样,自然会联想到犯罪、反社会、刑罚、监狱等可怖的事。

---

[*] 吴桢:《参观美国儿童法庭》,《家》1947 年第 19 期,第 267—269 页。

一、儿童法庭素描

儿童法庭，坐落在弗勒司街 3333 号。这是个三层楼的红色建筑，门口只有很明显的门牌，四个金色的"3"字，没有匾额，也没有大人物的题字。（要是在中国，说不定要请司法部长粗粗壮壮地写个"儿童法庭"悬在门前，那样该多么派头，可是不免有些触目惊心吧。）门口没有站岗的警察，走到里面，也看不到穿制服的法警。这只是个很普通的办公室。所谓法庭，也只是法官的办公室，没有公案，也没有证人席、律师席之类的布置。一个很长的办公桌，桌的一端有位速记员，忙碌地速记法官和儿童家长或监视人的谈话。法官则坐在桌子后面，在他背后，悬着一面美国旗，简单而庄严。

二、法庭听审

我很幸运，上午 10 点去参观，正赶上法官在问案（hearing）。胥拉莫法官是个秃顶的老人，穿着便服，舒适地靠着椅背，他在阅读假释官（probation officer）所写的报告——犯罪儿童的个案记录，然后他和这位负责的假释官商讨处理的计划。这些假释官大多是受过训练的社会工作员，在未开庭前，已详细地调查过事件发生的经过和儿童的社会背景。谈话后法官离开他的座位，推开他身后的一扇门，走进一个套间，据说这是匹兹堡儿童法庭与众不同之处。原来当事的儿童不参与问案，只由法官单独地和他在套间里做秘密谈话。过了 10 分钟左右，法官又回到办公室——法庭，传询儿童的家长或监护人，宣布并解释他的处理计划。我这次听了三个个案，每次法官用诚恳和真挚的口语和家长谈话时，都感动得做父母者为之啜泣。

三、问题父母

有一个个案，是个 14 岁的少女。她时常逃学，晚上到夜深时才回家，在外面和男孩子们鬼混。我听见法官对这位儿童的母亲说："不应该放弃你做母亲的责任。你的丈夫在前线作战,你却在家里乱交男朋友。你每天回家很晚,而且时常带回些陌生的男人。这给儿童的印象太恶劣了。你自己失去了做母亲做妻子的尊严,怎样能管教你女儿呢?我们现在决定把你女儿送到纽约的职业学校去,短时期内你不能去看她。我们派一位假释官帮助你解决你的问题,希望你能改正你的生活。这不是儿童有问题,而是你这做母亲的有了问题。在我们认为你能恢复正常的生活时,你才能把孩子接回家。"母亲啜泣着,答应以后一定好自为之。

在听审另一个个案时,我听见法官对一位做母亲的说:"你不应该因为发脾气,把孩子心爱的无线电收音机打得粉碎。这种无礼的举动只能刺伤孩子,而不能使他敬爱你。妄发脾气,是愚蠢的父母干的事。"

据我的观察,每个做父母的,都很觉得惭愧,而且心服口服地接受法官的劝告。

四、社会服务部

儿童法庭内分两部,社会服务部和留守所。社会服务部有主任、导师和假释官。假释官利用个案方法调查、研究、处理犯罪的和失依的儿童个案。最使他们头痛的工作,是为失依儿童找寄养家庭。无论因为犯罪,或因为失依被送到儿童法庭的,都暂时安置在留守所。假释官负责为他们找出路:或者设法调整他们的家庭环境,或者代寻寄养家庭,或者送到儿童机关去收容。犯罪的儿童,比较容易处理,因为犯罪儿童,不一定是无家可归的,所以往往可由家人领回。譬如我读到一个个案,一个14岁的儿童,他竟杀死另一儿童,匿尸数月之久,才被发现,由警察把他送到儿童法庭。这个儿童,现在已经回到他家里了。可是失依,或被忽略、遗弃的儿童,则不是无家可归,便是有家归不得。这类儿童,往往住在留守室里很久,才由假释官为他们找到一个适合的去处。

据社会服务部主任说,他们现在有20位假释官,可并不都是有经验的个案工作员,她对此颇觉遗憾。幸而他们的导师都是很有经验的。在他们的指导下,假释官的工作尚能达到相当的标准。使我惊奇的是在社会服务部我发现了一位黑女人做导师。在这个有种族偏见的国家里,一个政府机关,肯请黑人做导师,倒是一件很足惊人的开明举动。

五、留守室

儿童法庭的留守室,相当于成人法庭的拘留所或看守所。留守室设备的完善,管理的得法,令人看了又是佩服,又是惭愧。每个儿童,一收进来,便先沐浴更衣,然后请医师检查。因为收进来的儿童,多半还在学龄期间,所以他们也有课室和教师。这些儿童一收进来,便照常上课读书,连一天的学业也不致荒弃。这里除了课室之外,还有手工习艺室,还有漂亮的健身房和相当宽阔的游戏场。儿童玩具也十分精致齐全,每年补充损坏的玩具费,就有美金 500 元之多。健身房里搭起舞台,可以表演歌舞和戏剧。在去年一年中,曾有过 50 多场表演。他们有很现代化的洗衣房,所以儿童每天都穿得十分干净整洁。他们的厨房有一位饮食专家,负责儿童食谱,所以每个儿童都能吃到可口而营养的伙食。在留守室的最低一层,有一间衣着鞋帽库房,里面收藏着不少好看的衣服和鞋帽。孩子们住在留守室里面时,穿得比较朴素,可是如果被安排住到寄养家庭里去,则可由儿童自己到库房里挑选他们喜欢的颜色和式样。

参观了留守室各部门之后,脑子里盘旋着一个问题:这些孩子们在这里吃可口的膳食,住整洁的房屋,穿漂亮的衣服,还有好玩的玩具。这样是不是会因为留守室的生活环境太优越,以后回到家里,或到别处去,会更感不容易适应呢?会不会常想着再回到儿童法庭呢?我向领导我参观的人发出这个问题,他给我的回答给了我很深刻的印象。这位先生说:"我们不愿意这些儿童为了一时的失行,或是不幸的环境被送到我们这里来,再加深他们的创痛。我们更不愿意任何儿童,为了进了一次儿童法庭,便受到一个终身不能忘怀的打击。这些孩子们需要爱,需要关切,需要好环境,我们要尽力供给他们这些。"这几句话启示了一个真理,我想不但是儿童,成人也是一样的。一切一时的行为失检,或是不幸的人都需要爱,需要关切,需要好环境吧!如果我们把儿童法庭的实验看作改良成人法庭的跳板,这几句话是值得玩味的。

六、几点批评

我自从参观了儿童法庭之后，对于这个制度感觉到很大兴趣。以后常与美国的社会工作人员谈到这制度，想听取一点意见和批评。我承认有些批评很苛刻，然而这些批评都很客观，也很富于建设性。我把几点批评介绍给读者，可为将来做此种实验的工作者一点参考。

（一）留守室里缺少社会集团工作员（Social group worker）[①]。留守室虽然有教师、保姆、技术导师，但更需要一位社会集团工作员，使儿童从团体生活中，建树起适合社会需要的品格。

（二）假释官的资历不够，而且所负担的工作分量太重。一般人都以为假释官必须是有经验的社会个案工作员才能胜任愉快，而且每个假释官的个案担负，每月不得超过 50 个新个案。

（三）儿童法庭与匹兹堡的私立儿童福利机关的关系不甚愉快。美国的私立社会服务机关，一向看不起政府机关，觉得他们工作做得不到家，可是儿童法庭的人却说，私立机关有机会选择个案，所以把比较容易办的个案做了，把困难的个案倾销给儿童法庭，然后又从而批评之，这有些不大公道。"公说公有理，婆说婆有理"，我无法决定谁是谁非，但这两方面的怨诉，却证明了彼此关系的不愉快。

（四）有些人批评胥拉莫法官，认为他果然有经验，对他的工作也很认真，可是他有时忽略假释官的意见。他们都觉得匹兹堡儿童法庭应该提高假释官的水平，同时，法官应该尽量采纳假释官的意见。

4 月初，回到祖国，在报纸上，看到我国有试办儿童法庭的消息，愿以此文供给从事此种工作者做一参考。

[①] social group worker，今译为小组工作者。——编者注

家庭：心理卫生启蒙地[*]

为什么有些人心理卫生，有些人心理不卫生呢？为什么有些表面上相同的困难，对于我简直是难以应付的难题，对于你却又处之泰然呢？为什么你总觉得前面是灿烂的前途，而我总觉得前途只是一片漆黑呢？一定有些东西使这天平失去了平衡。

我们的人生，实际上，都经过了类似的经验。我们被爱也被恨，我们成功也失败。有些人赞美我们，有些人诋毁我们。有些时候我们受人指挥，有些时候也发号施令。我们遇见奸诈取巧的人，也遇见诚恳和蔼的人。我们有时失去所爱，而且世俗都要求我们对我们所不欢迎的东西加以赞赏。在这样复杂的情形下，我们之中有些人对于生活能以应付裕如，享乐地地活下去，可是另外一些人却在痛苦中奋斗、挣扎，甚或发生精神病。我们之间为什么有这种差别？

试以天花的传染作比，有些人传染到，有些人却不，为什么不都受传染呢？这回答很简单，因为有些人接种痘苗了，受接种的人，接受到少量的毒素，不致生病，却可以发生抵抗传染的作用，这一小小的分剂的毒素，教导我们的身体怎样去应付天花，说一句术语，接种使我们发生了免疫作用。

在我们做儿童的时候，生长在安全而且颇有保障的家庭中，可能不可能也给我们接种少量分剂的预防精神病的毒素呢？接种的次数和分剂，

---

[*] 浦莱斯敦：《家庭：心理卫生启蒙地》（上、下），吴桢译，《大公报》1947 年 11 月 11 日、25 日第 6 版。该文内容另见浦莱斯敦：《心理卫生十二讲》，吴桢译，上海《家》杂志社 1948 年版，第 1—8 页。译文来源：G. H. Preston, What tips the balance, in *The Substance of Mental Health*, New York: Rinehart & Company. Inc., 1943, pp. 3–14.——编者注

以及接种的年龄，和接种以后的处理是否可以决定将来患不患精神病呢？如果在我们年轻时便对足以威胁心理健康的因素予以注意，是否在以后便可征服这些威胁呢？这点意见颇值得予以引申。

我们暂且撇开特殊的命中的打击，例如头顶忽然挨了一砖头、服毒，或是挨饿等不提，我们都相信精神病不是人生中一件小事例可以造成的。必然是一个人，忍受了不断的屡次打击，这些打击，防不胜防，日积月累，向同一方向诱导，终于有一天，把这人排挤出正常的路轨。这些打击，分析起来，有些是比较重要的。

打击之中最严重的，是破坏我们和别人接触的关系。我们依赖着爱、惧、恨，依赖着合作与竞争，依赖着赞扬与取笑，依赖着权威与服从，依赖着工作、游戏、性活动、饮食、交换意见等方法与我们四周的人群相接触。如果使我爱或恨、服从或竞争、游戏或交换意见发生困难，就是使我与人的接触发生了困难，这不啻把我从人群中隔离起来，帮助我造就一条鸿沟，拒人于千里之外。这样我便会被迫地踏上精神病的途径。

除此之外，还有一个重要因素，"人"的本身便是心理卫生的最大的威胁。人类生活波动原不足以为患，而是人类作茧自缚，他所加添的复杂心理在那里作祟。我们在应付性问题、恐惧、失败或竞争时，倒不感觉到有什么可以使我们发精神病的危险，但是人对于这些事情所加添的习俗、解释和观念却足以发生危害。

先从竞争谈起。任何动物，包括人类在内，都有为食物、温暖及延续种族的机会竞争的本能，初无二致，但是人，特别是文明人，又在这些上面加添了新东西。比如竞争失败，在"失败"上加上"丢脸"。其实失败并不一定就要饥寒交迫，但是脸上却似刺了金印"失败者"，即使我们当真不能购得我们所需要的，也许有人赏我们衣食，但是我们却被人看不起，被列入失败者之群。于是我们不但"失败"而且"丢脸"。

一般人当中，完全失败的人固然少，完全成功者更少。一个人总会有一两方面失败的，对于这一两样失败，正应不介于怀，不幸的是社会老早教给我们，失败就是丢脸，于是我们之中有很多人特别怕失败。更不幸的是有很多人怕别人知道我们失败。所以我们时常对于自己的失败、错误和愚蠢都设法蒙蔽，甚至想蒙蔽自己。于是我们想找些理由来解释我们的失败，等到解释失败的好理由找到了，而精神病的因子也种下了。"失败"不是精神病的致因,但是人对于失败所加添的教条却是。

我们不但为具体的需要竞争,例如食物、温暖、财富和妻室,我们也为抽象的爱情、友谊、注意及赞扬而竞争,这就使问题更加复杂起来。具体的成功容易衡量,我们可以请朋友吃饭,表示我们的阔绰,我们也可以把妻子打扮起来,夸耀乡里。但是我请问你,你怎样知道你的妻所给予你的爱跟别人的妻子一样呢?你又怎样知道你在办公室或厨房所做的工作得到应得的欣赏与注意呢?你不知道,因为你没有衡量的尺度,你只好任凭你的感觉了。在我们当中,有许多人,如果"感觉"到自己没有得公平的批评,便觉得自己有些问题,也就是感觉自己有与他人不同之处,这一点很重要,如果我们觉得我们和别人太不相同了,便会使我们难以和别人相处,这也就是对我们的心理健康发生了打击。

我们讲到竞争和对于竞争的惧怕,这两种事是常有改变的。我们在日常生活中,不断地学习竞争,不断地学习惧怕竞争。我们在家庭中,老早学习了怎样为获得爱、怜、赞誉而竞争了。早期的这类竞争并不严重,也不激烈,并且家庭是个安全、受保护,而且舒适的地方,就是遭遇失败,也不算什么。在一个正常的家庭中,我们所尝试到的竞争的毒素,分量很微弱,绝不致害,只有失败,也被舐犊之情舐得干净了。但是请注意!我是在说"正常"的家庭,如果家庭不正常,则家庭中的竞争,可能是最残酷、最有破坏性的,其程度之深,几乎使人不能置信。

假使一个儿童生长在温暖的家庭中,他会遇到很少量的竞争的毒素,而且学会了怎样对付它。假使这儿童很早就知道自己跟别人并无差异,他可以不必依赖贿赂、撒娇,或其他方法去努力吸引人家的注意,等到他长大时,一定很能应付竞争,而避免精神病的发展。

惧怕也是我们必须面临的。我们活着,就有些东西要怕,但是如果看见任何新的东西,或是新人物就惧怕,生活便困难起来,也就很容易得精神病。幼年的时候就学会了该怕什么,不该怕什么,怕的时候该怎样办,这对于人一生都极有用处。

怕承认怕是人类自招的精神病的另一根源。别的动物在惧怕时就奔跑、藏躲。人在惧怕时,却希望他能装成不怕的样子。精神病专家时常碰到一些病人,惧怕别人说他们"胆小如鼠",于是终身都在努力使别人甚至他们自己相信他们是勇士。这些人也许真能变成勇士或英雄,但也可能变成了傻干、蛮横或可怜的人,甚或发生精神病。一个人在遇见可怕的事时,应当学习勇于认识惧怕,必要时,或者是搏斗,或者是退缩。完全免除惧怕是不可能的,但是对于惧怕的"惧怕"却可设法免疫,预防精神病。

怎样应付仇恨心也必须学习。仇恨是人之常情,但是习俗对于仇恨的评价太不一致,一方面说,"爱你的邻人如爱你们自己";又说,"在你作战时,你应当恨,杀你的邻人"。小孩子嘴里说"我恨你"时,大人立刻骂他,"你这坏东西",仇恨心可以有,但是应当学习在仇恨时该怎样办。

譬如一个女孩子对她的弟弟说:"我恨你!"她母亲立刻说:"你这坏东西,快对你弟弟说,'我爱你'。"这女孩子也许真的相信在恨人时就是坏东西,于是她每次恨人,每次都觉得自己是坏东西。更重要的是她学会了如果能把仇恨心隐藏着便是好人。她也学会谎言可以隐藏她的恶而变成善。隐藏仇恨心而说谎话也是发展精神病的因素。

有一点仇恨的经验,知道怎样应付它是有价值的。仇恨是人类自然的冲动,应当设法控制,但不必认为是罪恶,这样便可减少在自己有时有仇恨心时,便觉得自己有些反常的危机。应该知道嘴里在假说"我爱你"时,并不真的取消了"我恨你"的真情,其实也只是一种掩饰而已,这个教训也是有价值的。

人与人相处之际,"权威"问题也很重要。我们时常受命,但也时常命令别人。对于受命有强烈的反抗,或对比较弱小的人滥施命令,都是使人生经验不愉快的因素。

服从与负责是对付权威的两种不同的态度。这两种态度,都在家庭中可以学得。这两种态度所受的分剂多寡也极重要。如果所用的分剂不合宜,也许会使我们对任何命令都予以反抗,并且惧怕权威,或是渴望权威,肆意号令别人。这都不是良好的现象。

关于责任心也有同样的现象。我们从小就受到"遇事负责"的教条,到长成后,就会有负起全世界人类的安危的重责的雄心。面对着这副重担,或起不能胜任的恐慌,或竟遇难退缩。无论怎样,如走极端,便会使与他人相处的关系不愉快起来。

我最近遇到一对夫妇,正足说明服从与负责的两种原理。丈夫的母亲对于儿子非常溺爱,不使儿子尝试一点负责的经验,每次他做错了事,母亲都曲予谅解。每次他颠仆了,母亲扶他起来。他依赖她,从未学习负责，为了母亲的过分溺爱，他从来也没有服从过。她活到儿子30岁时死了，在她死前，这人只晓得依赖母亲，和沉溺于饮酒。

这位先生和一位完全受家庭支配的女人结婚了。她只晓得服从命令，毫无主见，她只晓得靠撒娇、顺从、依赖来赢得爱情，她总喜欢告诉别人她怎样无能，怎样神经衰弱，以换取别人的怜恤。这两个人结婚了，还想彼此依赖，可是谁也没有能力自己站得住脚，所以彼此都失败了。这正是没有得到服从与负责的好教训的结果。

社会常有变化，人性也少常轨，这些都需练习与适应。快乐的生活奠基于信赖一贯的标准。我们希望了解过去，以推测未来。我们希望今日之"是"也是明日之"是"，我们希望今日的标准也是明日的标准。假使家庭里的人对同一件事有人说"是"，别人说"非"，假使今日这样做受到奖励，明天这样做受到惩罚，假使早晨母亲爱抚我们，晚上厌恶我们，我们一定很少机会能学习人生。一贯的标准是心理卫生的重要条件，但是所谓一贯的标准也可能太过分了，因而为害。

我们是在多变的社会中，接触多变的人情。我们会遇到新的习俗、旧观念的突变，和亲近的人的忽然改变行为。一贯虽然是心理卫生的基础，但是我们也要学习怎样应付变化，我们要以不变应万变，家庭中有近乎人情的父母，比有没有过失的圣人做父母更为有利。

我们对于所谓诚实、忠厚、公正、仁爱等美德，也应取同等态度。我们应当知道这些美德的价值，而且时常实行，但是我们也当知道这些美德并非在任何情景下都没有通融的。很早地注射一点人类的险恶的毒素也不是毫无价值的。

嘲笑、轻视、玩弄和讥讪是妨碍个人发展的最毒的毒素，但是这些毒素却是人类用以攻讦别人最常用的武器。在太早的时候，时常碰到这些利器是会伤害自尊心与自信心的。自尊心与自信心如果在童年就受创伤，长大时难得平复。一个人缺少自尊心和自信心是不会快乐地生活下去的，缺少这两样，一个人一定设法去补偿它，最普通的补偿办法就是患精神病。

我们每个人都无法避免讥笑、嘲弄和羞惭，所以必须知道怎样去应付它们。最好是在我们还处在安全的家庭中，周围有了解这些毒素的危险性的人们当中时，先接种少量的防疫菌苗。自然，在家庭与学校中，我们受不到足量的讥笑、嘲弄与羞惭,但是外界却会给我们。最大的危机是外界也许给的太多了。父母与教师有责任保护我们的自尊心与自信心。切记假使这两者在早年受到创痕,到成年是无法平复的,缺少这两者也就是接近了精神病的边缘。

我们似乎把损害自尊心与自信心的危险太夸张了,其实不然!这方面的损害予心理卫生以致命的打击。损害之后,最难修补,修补时是件艰难吃力的工作。

以上我们已经讨论了足以威胁心理卫生的因素,我已明白指出这些不过是人类生活的一般问题。假使我们早年没有学习怎样应付这些问题,不能与别人愉快地相处,我们的心理卫生便受威胁。我们也已考虑到,在一个人还在父母的爱抚下,有无可能接种少量毒素,使我们脱离精神病的苦海。幸好,这世界上有个特为教导心理卫生而设计的制度,这制度便是家庭,所以家庭正是心理卫生的启蒙地。

儿童怎样学习世故[*]

儿童从母亲学习语言，某个声音代表某种事物。例如"水"的声音，渐渐变成足以代表"水"这种东西的语言了，他如"桌""椅""玩偶"等都是如此。学习语言似乎是件简单的事，其实是最复杂的课程，如果儿童仅仅学习某个声音代表某个事物而已，这自然简单，然而儿童所学习的远不止此。不但学习声音所代表的物事，而且也学习这件物事的好丑、特质、用途、危险以及价值等等，以后儿童对于人情世故的见解，都根据他所学习来的意义，所以初看简单，实则不然。

如果问儿童："什么是水？"最普通的答案是："是喝的。""什么是桌子？""是在上面吃饭的。"椅子是坐的，洋囡囡是玩的，球是丢的。这些都是以"用途"为界说的。年幼的儿童不会回答你椅子是木头做的，有四条腿。年纪大些的才会这样说。物事与用途成为一个单位。此处所谓"用途"在应用时应该广义些，因为你如果问儿童："什么是猫？"他也许会回答："抓人的。""洋火？""烧手的。"这种回答也许比以用途回答更为重要，因为它教导儿童在生活中从某种物事去期待某种结果或行为。

对于猫的最初的了解是"它抓人的"或是"它呼呼地叫的"是偶然的事件，同时也代表了母亲对于猫的观感。但是假定儿童所学习的是"枪"，"杀害你的"；"鞭子"，"打你的"；"警察"，"追捕你的"。如果把这一类物事、人事、情况的无数解释积叠起来，就很容易发现从母舌[①]所学习的语言，对于儿童将来处世立身的世界观有多大影响了。

---

[*] 浦莱斯敦：《儿童怎样学习世故》，吴桢译，《儿童与社会》1948年第1期，第16—19页。该文内容另见浦莱斯敦：《心理卫生十二讲》，第35—42页。译文来源：G. H. Preston, You Learn What to Expect, in *The Substance of Mental Health*, pp. 57–70.——编者注

[①] 母舌，mother tongue，即母语。——编者注

试举一较为简单的例。譬如我们对某儿童解释"餐刀"说,"它是用来吃东西的",对另一儿童解释说"它是为割碎肉块的"。自然用餐刀把食品送到嘴里,然后再把它舔干净并不是什么不道德的事,但是在我们今日的社会中,这样做便会使他在与人相处时感觉相当困难,我并不是要使人觉得用刀往嘴里送食物比较礼貌周到的人不道德或不聪明。我只是说,在今日,在美国,把餐刀解释为"用来吃东西的"使儿童将来适应困难而已。(请注意,我说的是"今日",是"美国"。300年前有人很谨慎地写了一本《餐桌礼仪须知》,劝告你伸手到洗手碗里时不可水深过腕,丢骨头给狗时,只丢在桌旁,不要横丢到桌子那面去。这本书已经失去时效而绝版了。)

幸而在心理卫生方面,今日的家庭组织因为与外界接触多,交通方便,做母亲的多能对于物事的解释有相当的标准。我并非为这些解释之是否正确或是否道德辩护,不过我认为重要的是儿童有机会在家庭学习物事的意义,也能应用在他的生活范围中,而且为与他相处的人所了解。母亲能够这样教他们,是因为她也生活在同一世界中,也学会了这些物事或语言的意义,如果她受过教育,博闻广见,接触的范围相当广阔,她所发展的一套物事的解释不会脱离现实太远的。这些解释帮助她生活,帮助她懂得世故。她在与儿童谈话,教导、照护儿童时,自然把这些解释也传授给他们。儿童从母舌学会了有用的语言。

当然,假定母亲生活在隔离的社团中,她的教育程度有限,见闻不广,对于某些物事会有悲惨苦痛的经验,她会教给儿童一套歪曲悲观的解释。同时,假定儿童除了和他母亲相处之外,又无其他与外界接触的机会,他以后很难快乐地生活下去的。

有个病人的家庭便可证实这一点,她的母亲生长在一个俄国小村中,她家是七个犹太家庭之一。家境贫苦,非终日劳力不能生存,几代都是这样困苦挣扎的,她是女人,一家之母,没有机会学习写读。她来到美国时,是无知的文盲,可是很聪明,她很快地就结了婚。因为结婚,她就可以为丈夫烧饭;为丈夫烧饭,她就可以有饭吃。她丈夫懦弱,而她自己个性坚强,所以她把在俄国世代流传的世故完全带来了。她虽然生活在美国,可是因为她不读书,不识字,所以很难学习新观念,她的大女儿病在医院中,儿子收容在刑罚机关,两个小女儿虽然有些神经质,可是却靠做工生活。

两个较长的儿女，很可能只学习了适合于俄国乡村的世故，两个较幼的女儿，也许等这位母亲移入后，生活较为安定，也可以学习美国的世故，而较易适应。

电影、无线电广播，虽颇受责难、诽谤，但其解救家庭孤立之功，却不可泯灭。假定你的母亲，有许多古怪、不合时宜的意见，可是你会发现她在听无线电、看滑稽画报、看电影所发生的反应，却与常人差不多。这样，便可避免发展过分乖僻、孤立的家庭态度。有些守旧固执的家庭，把许多不合时宜的态度、标准与生活方式世代地遗传下来，如果有方法能够打破这种传统，实在对于心理卫生之建设，有很大功绩。在这充满了新思潮的世界中，父母非见闻广阔，不能善诱子女，很快乐地适应生活，而现代传播文化的文明实在有很大的贡献。

我们并非讨论新观念是善是恶，是是非非，我们所讨论的重点是儿童假如对事物的了解，不太与其他的人相左，则他将来必更容易了解人情世故。他将来也许不会变成天才、圣人、富翁或巨盗，但是他如深通世故，却有很好的机会得到心理卫生。

以上所述是"物事"的意义，更重要的是"情况"的意义。从精神病学的立场，某种情况对某个人的意义如何，是最难了解的，除非你对某人有整个的了解。试举例以明之：有一次我坐在我的办公室，从窗口张望一个就要来见我的八岁儿童。他一个人，缓缓地从街对面踱来，在离我办公室不远处，他停步了，在街边拾起一段香烟蒂，从口袋里掏出一根火柴，把烟燃着了，边吸边走来。他这种行为对他的主日学先生，或对他的母亲有什么意义，我只好凭空猜想，但我与他长谈以后，我明白他的行为的意义是："我是个大人了，看啊，我还在吸香烟。"不知从哪里，他学习了"吸烟者，大人也"的意义。

另外一例可以表示，在许多场合，我们对于物事的意义，很难明确了解。有一次，我负责一队有心理问题的儿童，其中之一，虽然长得很伶俐，口齿也很流利，可是他不了解他是个小儿童。我们无法使他了解，在街上横冲直撞是件危险的事，我在无可奈何的情形之下，用根长绳，一头系在他的腰际，一头系在一株树上。20分钟后，我听见他大声疾呼："来看啊，医生，来看啊！"我走出一看，原来他把绳子松开，把自己系在另外一棵树上。我完全失败了，因为我不知道系在一棵树上对于他的意义是这样的。

他还以为我在和他玩游戏呢。

情况的意义有时很难了解。我的朋友,有个八岁的孩子,很聪明,在学校,样样很好,就是不会读书,我们非常奇怪,她为什么不会读书。现在明白了,她的父亲读夜校,每晚,母亲总说:"咱们能不能出去玩一玩?"父亲总说:"不行,我得读书。"于是对于这个小女孩,"读书,就是坐在家里,不出去玩"。她不愿意不出去玩,所以不读书。后来我们发现,其实她很会读书,我们略予解释,情况的意义改变了,她的行为也改变了。

诸如此类的人类行动,我们从母舌所学习的解释,实足以左右我们人生之道。请想一想每个人对于"负债"的不同反应。有些人毫不介意,有些人感觉不愉快,有些以为奇耻大辱,如坐愁城。你对于负债的感观,甚至可以影响你的政见,虽然你明知道你母亲反对把祖产典出去,与国家借款全然是两回事。

再想一想例如赌博、绅士风度、贵妇丰采、餐桌礼仪、大学教育的价值、劳工神圣等名词的意义,以及对于外国人的感想,对于食物的爱好等这些日常的情况,我们的反应都受到家庭标准的影响,并且都从家庭中学习对它们的解释。

我有个朋友告诉我,他从小学习了浪费水是坏事,他生长在一个靠挑水来用的地方。现在,如果他看见人淋浴,任水冲流,他简直怒不可遏。但是我却觉得淋浴比盆浴要清洁些,我们的标准便不同了,对于他,浪费是不能容忍的,对于我,不清洁是不能容忍的。另外一个朋友觉得空房间点电灯是不能容忍的。还有一位,觉得与人约会,迟到了,使人守候是最坏的事,所以他时常先期 15 分钟到场,到场又要等 20 分钟,客人才来,结果他浪费了无数宝贵的时光。这当然不是什么了不起的美德,而且使他时常生活于焦虑中,期待中。如果他没有把这个课题学习得太认真,他反而可以活得更愉快些。你如果善为检讨,你会发现你所学习的课题,有些有利,有些无益。

你的宗教信仰也要看你从家庭中所学习的意义而定。你的宗教生活,你的偶像,你的道德标准,你的婚姻仪式,甚至你死后的墓碑都会改变意义。如果你在家庭中学习另外一种语言、另外一种意义,你会觉得这世界是另一个世界了。

我们并不是讲善恶、真伪,或是是非。这些都不是精神病的因素。总之我们的感觉与信仰多半根据父母的感觉与信仰,由他们学习得来。

我们的语言从母亲学习,也从父亲学习。父母又各从他们的父母学习,这样追溯上去几代,我们也许发现其中有牧师,有强盗,于是我们所学习的语音的来源非常广阔,与邻童的学习来源不会相差过远。有些人常为遗传忧虑,唯恐从祖先传下什么缺陷,可是我觉得怪诞的观念与歪曲的解释的传袭,与不好的身体的遗传一样有害。幸好,观念的遗传比较身体的遗传容易消解。在我们时常与家庭以外的人接触时,就更容易消解,很快地,我们便会与我们同处的人有相同的感觉与信仰了。

共同的信仰是很重要的,团体中有法规,有习俗,这些定型是一般人所认为是对的、好的、公平的。团体的信仰与习俗愈与我们自己的相接近,我们愈容易与团体适应,我们也愈容易生活得愉快,而有成就,不致觉得与这团体格格不入。请注意,我们不是在谈怎样做领袖,做天才,或是做什么进步的人物。

我们已经讨论过物事与情况的意义了。在心理卫生的立场上,更重要的是人事的意义。例如有一次我走到河边的一家小店。店里有一个小孩子在睡觉,母亲坐在摇椅里,另一个四岁的孩子在糖箱子上向下溜,这位母亲看见我,便向那四岁孩子喊:"不要溜!医生来了!你要我请他来扎你一针吗?"孩子听了之后,哭叫了一声,躲起来了,其实我只是想买一包香烟。这孩子正在学习医生的意义,他母亲的解释,也许使这孩子将来怕见医生,有病故意拖延,甚或将来竟会因不肯就医而夭逝。他如对于律师、牧师、警察、法官、税收员、斗鸡眼的乞丐、吉普赛人、天主教徒、犹太人等人物的歪曲态度,都会使儿童在日常生活中与人相处发生困难。任何使儿童与人接触时的相互关系发生困难的因素,都是发展精神病的潜力。

从母舌学习语言时,还有一事值得讨论。儿童做错了事,母亲骂他,儿童问母亲:"我做错事你怎么会晓得的?"母亲回答说:"不用管,有个小鸟告诉我的。"儿童再问:"我怎么会不知道你做什么呢?"母亲再回答:"妈妈什么事都知道。"父母常常使儿童觉得他们是万事通、百事晓,因而"这是爸爸说的"便成为最高的权威了。如果对于儿童的"为什么"的问题,都给以合理的答案,便可奠定儿童将来快乐生活的基础。如果使儿童迷信父母的智慧,这便赋予父母一种危险的权力。

假使你相信你父亲无所不知、无往不对的,那么他若骂你"你是个傻瓜",你便毫无问题地是个傻瓜了。如果你的父母说你蠢笨、迟缓、蹒跚、丑陋,你相信他们说的别的话,自然你也相信你是那样的了。儿童从他们父母的意见学习估计自己的价值。

儿童对于自己的估价在心理卫生方面是很重要的。你如果觉得你与他人相差不远,你如果觉得与别人相处并无困难,你如果不觉得别人看不起你、作弄你,你便会很舒适地与人相处,生活也很快乐。你对自己的估价,至少有一部分是从母亲的语言中学习得来。

关于父母无所不知这一点,也有补救的因素,父母也有做错事情的时候,并且自认过失。那么,儿童便会发现父母并非天神,也是人,而且在家庭之外,尚有人间智慧的存在。这便可打击孤立的、特殊的家庭态度,而给予儿童比较与判断的机会。此外,教育使儿童了解别人在别的时候的信仰是怎样的。但是如果过于专制的父母,禁止儿童与外界接触,或用其他方法,破坏了这些补救的机会,那么儿童将来的生活一定会很困难的。

请不要忘记学习对于物事、情况及人事的正常态度的失败不过是人生的一方面,人与人之间总有差别的存在,唯其有差别,才使每个人有他个别的气味,而形成所谓个性。有些人对于人情世故的了解虽与常人有不同,然而这点古怪处,也许反使这些人更显得有情趣,有风度;但是如果这点古怪脾气太夸张了,便使其生活问题变得严重,而有危险性了。

如果有人对于语言的了解与我们的不相同,一切世故人情对他的意义便与对我们的格格不入;他的标准也与我们的相异;我们便也不了解他,不喜欢他。如果我们的语言意义与我所处的社会不同,我便孤立了,不快乐,并且我可能有一天发展成心理病患者。

儿童怎样了解人情*

你从母亲处学习女人，也从母亲处学习男人（特别是假使你是女孩子）。学习怎样应付女人，是最重要的心理健康课程中的一半，其他一半是学习怎样应付男人。假使你学习会了怎样与男男女女的共同工作，胜任而愉快；同时你不觉与他们有什么格格不入之处，也不因为怕他们批评你而时常焦虑不安，也不贪而无厌地需要他们的赞美和亲近，也不想控制他们，或是什么事情都超越他们，也从不矫情地代人受过中寻求满足，那你已深得心理卫生的三味了。

你在家庭中，开始学习这些课题，并且很早便学习了。你在很小的时候，一饿了便感觉难过，你母亲来喂了你，你便觉得舒服了，于是母型便奠定了。你受伤时，母亲抚摸你，为你包扎好，这时母型更加强了。有人恫吓你，你赶紧跑开，躲在你母亲的裙下。这样发展下去，无怪乎有些男人总要吃"像我母亲做的那种饼"了。于是，难为了做妻子的，侍候这种大小孩，可比做母亲的侍候小小孩困难多了。

这是母型的一种，如果男女孩子完全学习了从母亲处获得过分保护的行为，他们是长不大的。幸而，母亲与婴儿之间，还发展另一种典型，母亲不但是最初的抚爱者，也是最初的管教者，她教育儿女怎样接受社会法则。她有时拒绝喂你，她坚持要你用杯子饮水，她固执地训练你大小便的习惯，并且她在你一生的经验中，总会把她对你的关切、注视，移转到另外一个人身上去，而使你有个情敌。精神病专家研究出来，当母亲停止了她的全然保护的行为时，而不能以新的满足，以新的鼓励，或以不断的母爱

---

* 浦莱斯敦:《儿童怎样了解人情》，吴桢译，《儿童与社会》1948第2期，第46—48页。该文内容另见浦莱斯敦:《心理卫生十二讲》，第43—51页。译文来源: G. H. Preston, You Learn About People, in *The Substance of Mental Health*, pp. 71-84. ——编者注

的保证来补偿这种损失时,会使儿童将来在成人世界中的适应发生困难的。

这种母亲的管教与约束,可以帮助儿童摆脱十分满意的与十分舒适的对母亲的依赖性,这个过程非常重要,却往往被忽略。"断奶"与"大小便训练"是儿童摆脱依赖母亲而步向成人的自立的自然的阶梯。但是假定改变得太快了,从"有求必应",忽然变得冷峻、严酷,而且时冷时热,变化无常,有些儿童可能得到一种印象:以为母亲和女人都是些喜怒无常的,当你喜欢些什么东西时,她就会跑过来抢去的。许多男人对女人存着这种偏见,许多女人也不信赖别的女人,都是在童年时得来的印象。"保护"与"管教"在人格发展中很重要,但是两者都有危害,那就要看母亲所给予的分剂大小如何为定了,儿童应当有这两种免疫苗的注射,但是不可过多,因而为害。

母亲教导儿童遵守社会法规,以训练大小便习惯开始,并包括教导子女不可赤身露体,必须穿些衣服以遮羞,以及洗耳朵、梳头发、吃饭时的礼节、文雅的谈吐、应付女人的态度等,因此我们感觉女人天生便能鉴别"清洁"与"污秽",所以她们是清洁的,而且是反对"污秽"与"错误"的。其实女人不见得天生地比男人更清洁,更反对污秽,但是我们的母亲总教我们,什么是对的,是错的,是清洁的,是污秽的,所以做子女的便有这种感觉了。结果,多数人都相信女人是"清洁的""善良的"。我并不否认,有些女人确实清洁,但有些却自以为是清洁的,还有些觉得非装出清洁的模样不可。重要的是我们从母亲膝下,树立了坚定的信仰,以为所有的女人都是神圣般的清洁,超人般的善良,便会使做女儿的对女人有了高得不近人情的标准,做儿子的在生活中感觉孤独。近人情的母亲比圣母更有用,即使她有时会发点脾气,打几个耳光。

以前所述,是子女如何从母亲处学习女人。同时,子女也从父亲处学习男人,我们先谈一些原则,然后分别谈一谈女儿学习什么,儿子学习什么,因为父亲对于子与女的影响是有所不同的。

父亲对子女,除了亲切、鼓励、保护以外,他是最后的权威与公正的判断,但并不如母亲之慈,而有些像警察与上帝之严,他并不大管如何保持清洁、如何吃饭这类私人的事情,他却管兄弟阋墙、不服从母亲、和邻居打架、打碎东西、扯谎、拿别人的东西这类事。我们从母亲学习,多半在不注意的潜移默化中,从父亲学习,便如同学习守法与宗教了。子女从他们与父亲的关系中,没有学习男人,而是学习了"男人的习惯"与"男人的道义",我们对法律、政府、工头、主管长官、校长、董事长的态度如何,是从父亲处得来的。试以我的病人为例证,他是个酒鬼,他喝醉的时候,就想扼死一个警察,他和我谈话时,伸出那双又长又瘦的手说:"我恨不得一把捏死他。"然后他告诉我,他父亲是个高大的壮汉,对他很不公平,他经常不问情由而残酷地责打他。他对这病人的母亲也很凶暴。我的病人恨他,但是更怕他。他长大了,每一次喝醉酒,便想把就近代表权威的人物扼死。这故事很生动,也给了我们教训。

男孩子和女孩子都从父亲处学习一部分对付权威的态度,也学习了男人在家庭中应处怎样的地位,应怎样地对待他的妻子。我们都承认这一点,并且我们时常喜欢讨论法国人、英国人、德国人和美国人是怎样对待他们的妻子的,似乎这是一种神秘的民族性,其实这是男孩子从家庭中学习着去实行,女孩子学习着去遵从的社会典型。这是势所必然的,并不是什么民族性。

儿童学习了行为的典型,以后长大成人,有了自己的家庭。假使生活舒适,没有什么阻碍,便会以相同的行为对付他的妻子与子女;假定他非常不满意童年的生活,或者自己感觉得不满,他便会一反他幼年的经验,不管这种改变是否对他的子女更为有利。这时,如果有人想改变他的行为典型,必须注意一点,凭空告诉他这种改变是不适宜的,可能全不生效,因为他并未顾及现实问题,他只要说,"我的母亲(或是我的父亲)就是这样对待我的",便成了他最强有力的辩护。

父亲除了是子女了解权威的基础、未来家庭关系的典范之外,他另有其他作用,这种作用关系儿童将来脱离家庭之能力、交友,以至恋爱、结婚等至巨。

男孩子和女孩子在家庭中的起点是相同的,他们都是完全依赖、完全仰仗母亲的,以后的发展,却应分别讨论,父亲的出现是以一种情敌的姿态出现的,无论男孩子或女孩子都和他竞争母亲的时间、关切与抚爱。他虽然可能是慈爱的、有帮助的,可是至终他还是个情敌。他分享母亲的爱、母亲的注意,有时竟把母亲带走,或是把孩子们送出房门,自己睡在母亲的床上。最无可奈何的,是他是个难以制服的情敌,兄弟姊妹虽然也是情敌,但是尚可与之抗拒,如不能力胜,有时还可智取。可是父亲是全能的,既不能力胜,也难智取,况且与父亲竞争,不爱他,或者想一想驱逐他出境都是礼教所不许,而被目为不孝的,并且万一这种妄想被他发现,他会更使你难堪,毁灭你的。你如果是男孩子,你的地位就更困难。

精神病学的理论很多,叙及父子为争取母亲的爱情时,精神病学家称之为"伊底普斯情意综"①。父子间的敌视,也许其中有点性的色彩,这时,儿童也可能有种莫名其妙的恐惧,怕父亲伤害他,这种恐惧的形式与动机,对于精神病学家治疗病人很有重要关系,但是对于我们这些要维持儿童心理卫生的,却用不着引用这么多复杂的学理,我们只要知道父子竞争母亲的爱,父亲是又不能以力胜、以智取的,这时儿童是很痛苦的,必须设法解决这问题。这问题可简化为下列的论断,"有人于此,我要什么,她给我什么","另有人于此,他有攫取一部分我所获得的威胁","此人我无法取胜他","我应如何"。

问题至此,我们应该知道儿童有一种本领,他所以装伴,或幻想他是个火车头,或是战舰,或是满身披挂的武士,这种本领很有用处,特别是逢到这个问题,他可以装作成人,他可以幻想他像他父亲,甚至他觉得他就是他父亲,精神病学家认为儿童此种影射父亲的作用②正是解决"伊底普斯情综"之道。假使做父亲的能对于儿童的这类尝试,予以鼓励与接受,而不加以嘲弄,并且以自己的行为作为儿童可以学习的模范,则儿童可以变作父亲的好朋友。父亲此时成为儿童理想中的英雄,推而广之,社会上的其他成人也可成为儿童的理想的规范,如此,儿童将来在其成人生活中可以与男人、女人获得愉快的关系。

我认为重要的是这种发展过程的"功用"。起初,婴儿依赖母亲,并且感觉十分满足。以后,如果他要变成自立的成人,他必须因为那不能制胜的情敌的来临,即被迫着脱离依赖的阶段。他把自己影射为情敌,装作他的情敌,模仿他,拿他当作好友,当作英雄的模范,然后在家庭范围外,照

---

① 伊底普斯情意综(Oedipus Complex)是说明儿童仇恨同性的父母亲的下意识作用的一个心理学名词。这个名词的来源,是根据于一篇希腊神话的。伊底普斯是位王太子。他在无意中弑父烝母,等到他发觉时,已经太晚了。他悲愤万状,自己弄瞎了自己的眼睛。他母亲因此也自杀了。

② 同化作用(identification),是儿童把成人对他的愿望与要求接受下来,变成他人格的一部分的一个心理步骤。在这个过程中,他时常把自己影射(identify)作他所敬爱的父亲或母亲。

着这模范去接近其他的成人,最后,他能完成他的成人生活。假定在这发展过程中,遇见阻碍,他的人格发展便要受到损害。

自然,与父亲的关系在改变的过程中,与母亲的关系也在改变,如果做母亲的毫不挣扎地放弃她的儿子,孩子便可自由地跟从他的父亲,其他的男孩,以至其他的男人。以后慢慢地再经过轻视、冷漠异性的阶段,而变为对异性发生兴趣,终至对异性发生爱情,获致正常的两性适应了。解决了对父亲的敌视,并不能保证儿童必能按部就班地发展,但是如果这种敌视态度不解决,就毫无发展的希望。

以前所述,限于男童,现在再谈女童如何学习与人相处,而最后生活于成人的世界中。她最初也是依赖母亲,而以此自满的,然后,也和男孩子一样,父亲走来,成了情敌,分享了母亲的爱情与注意,她爱他,也恨他,但没有力量胜过他。她有一点比男孩子更处于不利地位,就是她不能把自己影射作父亲,因为她知道她和父亲的分别太显著了,有许多女孩子,也试着要影射作父亲,因而经过一个"男性女孩"的阶段,甚至有些女人,竟把这点男性一直带到成人生活中,如果如此,我们便会发现一个病态的男性女人。

一个女孩子,在想影射作父亲而遭到失败时,她常会利用她天然的武器——女性的魔力,来争取父亲的注意,以补偿其在母亲方面所失去的爱情与注意,这种做法容易成功,因为父亲是容易屈服于女性的诱力的,但是这样做也有两种危险,第一是父亲,他会因为女儿的注意他而受宠若惊,紧张地笼络着女儿。如果父亲紧紧地把握着女儿的注意与依赖,那就会使"手段"变成"目的",反而失掉了原来的意义。多少女孩子的婚事不满意,不能不归罪于父亲处置失当。

第二个危险是属于母亲一方面的,母亲负责教导女儿怎样利用女性魔力,可是母亲日见衰老,时间为她培植了一位劲敌。母亲为了自卫,最好使女儿能利用她的女性的战略去引诱家庭以外的男性。总之,母亲在这一方面是处于不利、自找苦吃的地位的。所以有些母亲很难自然地、愉快地,几乎是不自觉地完成这种任务。

男女儿童一样地,因为必须解决与父亲敌对的问题,而设法建树家庭以外的人事关系。

女孩子起初时,完全依赖母亲,父亲需要一部分母亲的注意,而变成女儿的情敌,女儿为了补偿这部分损失,就去诱致父亲的注意,最后,利用女儿对父亲续增的兴趣为桥梁,而逐渐对其他男人发生兴趣,这是一般法则,也是时常成功的法则。

　　有一点需得申论:男孩子,在把自己影射作父亲时,可以把敌视父亲的问题解决了。这种影射作用并不复杂。第一,因为影射的本身是愉快的。他父亲之所为,其伟大,其勇敢,其漂亮,都因为他影射他父亲,而变成他自己的优点了,这样,便可补偿他在母亲一方面的损失。第二,影射可以减少他父亲的畏惧,并且帮助男孩对于他所保留的母亲的残余的爱感到安全,于是父子之间,可以保持愉快关系,彼此敬爱。

　　女子则不然,在她诱致了父亲的注意时,却使母亲成了她潜伏的永久情敌。她的问题没有解决!她必须也要影射作母亲,然而就这样做,也不能完全解决问题的。因为母亲是依赖与安慰的原始的来源。如果她想做母亲,她一定也要做安慰、满足与依赖的来源。她必须负起新责任、新工作与新职务。这一点,只要看女孩子对付她的洋囝囝的无微不至便可了然了,她没有解决她的问题,母亲仍然是她永久的情敌。

　　最后的结果如何,要看母亲了。假使她对自己的地位很有把握,她便不怕暂时与女儿分享她丈夫的注意;假使她自己是快乐的,她便不会觉得女儿的快乐是自己不曾享受过的,因而嫉妒,因而摧残;假使她能与女儿分享丈夫的注意,不嫉妒,她便可以帮助女儿成为成年妇女;因为她能帮忙她,她也可以获得女儿的爱。如果她不帮忙女儿在家庭圈外产生兴趣,那么,家庭中的敌对情形,便永无止息。有些母亲,甚至不使女儿与她们自己的丈夫过安宁的生活。精神病学家发现许多妇女变成他们的病人时,对于她们的母亲有很深的仇恨。许多妇女彼此间的仇视,也正是因为家庭中母女关系没有获得协调的原因。

　　我们已详细讨论过男孩子女孩子,被迫着脱离完全依赖母亲的理想境界的自然过程。儿童如果变成成人,必须经过这个过程。这些步骤的经过,是了解人情的最重要的课程,为了树立心理卫生的平衡,家庭必须赋予儿童这些学习的机会。

儿童保教实际问题：介绍美国《儿童研究》季刊内的"父母问题咨询栏"[*]

本文提要：本文介绍美国《儿童研究》(Child Study)季刊1947年冬季号内"父母问题咨询栏"（Parents' Questions）所刊载的四个读者所提出的问题和编者的答案。问题是做父母的经常可以遭遇到的实际问题，答案是由美国儿童研究协会（Child Study Association of America）的职员讨论后，请专家负责回答的。该栏编者为欧尔巴区(A. B. Auerbach)。

问：琼在8个月的时候，就吃切碎的食物，有时用手指，有时用羹匙，但是吃得不干净，现在琼已经11个月了。从10个月起，她除了杯子中的牛奶，什么都不肯吃。她似乎并不痛苦。可是我很担心，请告诉我，我该怎样办？

答：儿童学习新课题，不是一蹴而成的。他们往前进两步，又朝后退一步。琼当真除了牛奶，什么都不吃吗？假使她稍许吃一些固体的食物，那也很够了。即使她一点固体食物都不吃，也不可强迫她。你如果强迫她，以后的麻烦多着呢。

自然，你不妨设法诱导她。给她吃的食物，如果她不喜欢，你可以再拿同样的食物给她，可是换个烹调的方法，譬如把它做成汤，或是加些糖做成甜食。再不然，你可以换一种固体食物，换来换去，你总会发现她所喜欢的。让她和你同样吃饭，如果她发现你所吃的东西里有她喜欢的，你就喂她，哪怕是从你的羹匙中喂她也不要紧。但是如果她不要吃，千万不

---

[*] 欧尔巴区:《儿童保教实际问题:介绍美国〈儿童研究〉季刊内的"父母问题咨询栏"》，吴桢译，《儿童与社会》1948年第2期，第56—57页。译文来源：A. B. Auerbach, Parents' Questions, Child Study, *Child Study* (winter, 1947). ——编者注

要勉强。早晚,根据她发展的速率,她会接受更多的固体食物的。

琼特别喜欢吃哪种食物是无关重要的,她是否健康却是重要问题,假定医生认为她是健康的,那你只好随她去了。等到她准备接受帮忙时,你再帮忙她,在她慢慢地长大了一些的时候,你会发现她能变得乖些了。

这当然不很容易。你的"担心"大概是真的,现在劝告你守在一旁,忍耐地等候,对于做母亲的实在很困难,但是你如果把"在旁守候"也当作一种行动——实际这是一种行动——你就会发现你对于琼的发展速度不再像以前那样紧张了。

问:我的女孩,11 个月了,她从第 10 天起便是自我要求的,她是母乳喂养的,9 个月时断奶,很受抚爱。权威者的建议,可能做到的,都照办了。但是她总要我们在她眼前,永远要有人陪着她。我应该把她放在一边随她去哭呢,还是应该总让她和我们在一起呢?

答:我们的孩子们,在婴儿时代的社交生活无非是受我们喂食、给他们换片子和哄他们睡觉;所以要求我们陪伴他们的欲望自然很高,他们喜欢成为家庭生活的中心。您的小姐仅是表现了这种正常的性格,坚持要求你的陪伴而已。不幸,如您所说的,她没有能够同时培养自己独自玩而能自足的能力。

鼓励她独自玩的方法,最好能利用儿童社交的倾向,而不必让她在一边"随她去哭去"。根据来信,我相信你能够给她很多的机会使她参加家庭活动,常和家人在一起的,可是不要使她永远成为一切注意的中心或焦点。给她一把壶,或是一个羹匙,让她在你做菜的时候,在一旁去玩她的东西。"妈妈忙,娃娃也忙"可以使小孩子很早便学习与别人一同工作的乐趣。

这样你便可帮忙她了解她在家庭的地位是如何的,并且使她了解她用不着永远和别人有行动的接触,但仍不失为一个重要的和被爱的人物,她有了这种感觉,就会很成功地发展独自玩的能力。

问:我的小女孩进幼稚园了。她每早哭得可怜,哀求留在家里。我应该强迫她上幼稚园呢,还是等她到 6 岁时再说好些呢?

答:你的小女孩曾经给了学校一个机会吗?当你说她每天都哭时,我就想到，她所怕的不是学校本身，而是对学校的观念。学校对于她，也许只是个把儿童和父母隔离起来的地方。儿童第一次离开家，是任何儿童生活史中非常戏剧化的一页，他一定会感觉不安，而且感觉是种牺牲。儿童在早年，已经好几次为了新成就的快乐，而牺牲了许多快感了：他的奶瓶子是个宝贝，可是他终于不用了；大小便是他的私事，不愿受人干涉，可是他终于受到大小便的训练了。进学校不过是他发展过程中的又一步骤而已。他为了学校可以给他新的游伴、长大成人的骄傲与感觉，他宁可暂时与家庭分离。你的孩子多半也能享受这些乐趣的。

请尽力使她知道上学并不致失去她的家庭和母亲，您可以把进学校造成她生活的一部分，像每天刷牙、穿衣服、穿套鞋一样。这些每天例行公事也不能一天造成的。你可以让她每天在学校花费一个钟点，静静地在旁观察。也许她在观察的时候，想要参加了，然后她就会欢迎您的和教师的帮忙了（自然这是需要学校与教师合作的）。

假使你把入学的事情展期，你不但没有把问题解决，而且你失去了绝好的机会。等到她到入学校的法定年龄，她自然会为了法律而入学，可是她仍会像在5岁时，有同样的感觉的。"强迫"她去，听了似乎强暴而残酷，但是我想在一开始，你随便怎样，对她总不免有"强迫"的感觉。我相信你不会真的用力强迫她，你会帮忙她、了解她、协助她的，请不要忘记，在使儿童第一次离开家庭时，母亲的准备也是很重要的啊！

问：我怎样帮忙我青春期的女儿克服她对自己的焦虑呢？她看上去，似乎很无把握，特别是在应付男友时，并且她怀疑她自己是否有动人之处。

答：这个时期诚然对多数女孩子是难以应付的，对于做母亲的也很困难，因为它需要忍耐与等候。有些女孩子对于这些事成熟较早，有些较迟。我们没有办法可以催迫前进的。

在这种情形下，该做些什么，不该做些什么是很重要的。请不要催促，或试以痛苦的方法勉强她和男朋友约会。也许她真的还没有准备好应付这些事呢，她只感觉别的人在期望她如此做，包括她自己的朋友在内。请不要用时装和化妆品来打扮她，使她感觉难为情。请不要批评她的缺点，也不要指给她哪些女孩子的技巧是你希望她模仿的。请不要在她面前对她或她的朋友给什么关于这类事的暗示。

请尽力使她不经意地参加你全家的社交生活，使你的社交兴趣能够遗交给她，这样她会获得多种经验的，当然，你也可以帮忙她穿着得尽可能的漂亮，而且接受别人的邀请，只要不惹起她的反对。

最重要的是尊重她很容易得来的兴趣和能力，帮忙她发展并欣赏这些兴趣与能力，等到她对自己的能力一天比一天更有自信时，她会感觉在这些地方，她有了办法，而且她也会逐渐相信她会对应付男孩子方面有成功的希望的。

请记得，各人对于这方面的发展的速度差别很大，不但有些女孩子成熟得比较迟缓，并且有些女孩子永远不会变成男性的热烈追求者。有些时，最愉快的男女关系是建树在共同工作上面的。出风头和自信的青年女子，不一定将来成为最快乐的结婚的妇女。

教养机关内社会工作及人员之训练*

儿童教养机关目前正遭受到社会人士严厉而无情的批评。有些机关由于经费及人事的缺陷,以致办理不善,受人指责,这原是无可避免的。可是即使办理得好,教养机关也常受人的批评,说把孩子们作为标本,显示给别人参观等。所以办教养机关实在是很难的差事。不过在接收外界有建议性的友谊的批评以前,我们对于教养机关的全盘局势,不妨来仔细检讨一下:

一、什么是机关教养?

教养机关是社会福利工作中之一部分。它主要的原则,是谋求儿童能在家庭中得到充分的保教,教养机关只是用来配合及鼓励家庭制度,并不是代表公育制度的。在特殊的情形之下,儿童没有家庭,或是家庭不克负教养儿童的责任时,便发生了儿童的安置问题。家庭寄养及机关教养不过是补助,是家庭制度偶生意外时的补救办法而已,所以机关教养的收容儿童是短期的、暂时性的。

二、什么样的儿童才适合机关教养?

(一) 失依儿童

没有父母的流浪儿童,或是被父母遗弃的非婚生儿童,都宜于机关教养。至于公育制度应否提倡,不是今日讨论的问题。

---

* 吴桢:《教养机关内社会工作及人员之训练:在南京市儿童福利工作人员第十六次座谈会演讲词》,《儿童福利通讯》1948年第15期,第3版。本文有改动。

（二）失职的父母

从保障儿童权利的立场来看，父母倘若不能尽做父母的责任，那么，儿童便最好暂由机关教养。

（三）伤残儿童

儿童的生理有伤残，便需要特殊教育。这种特殊教育往往非家庭能力所及——如聋哑儿童教育等。

（四）智力缺陷

智力的高低只是与一般人比较而言。"低能"不是表示一个人智力的绝对低弱，而是相对的说法。如果儿童的智力不能与其家庭中兄弟姊妹竞争，这样的儿童在家庭中是非常不愉快的，应有特殊的教养。否则，如果他和家人生活在一起，会引起许多心理上的不安。但是如果这种儿童在机关中，与智力差不多的儿童同处，也许可以得到充分发展的机会。

（五）行为异常儿童

行为异常儿童是指犯罪儿童、说谎儿童、残酷儿童等说的。有的儿童天性就很活动，在普通家庭环境之下，是会惹人讨厌的。如果在教养机关内，他就受到团体的限制，同时，因为场地大，活动多，就易于适合他的个性。

在这里我们要提到贫穷不是收容儿童的唯一的原因。现在一般教养机关的最大问题，就是专门收容贫苦的儿童，以致受机关教养的儿童，便成为贫穷儿童的标记。至于这种贫穷儿童，应当在家庭里受经济补助，例如家庭补助、母亲补助金，或儿童补助金等。在外国早已实行这种院外救济法，中国近来也还在试验之中。

三、教养机关的社会工作是什么？

（一）儿童的收容(intake service)

在收容儿童之前，对儿童的背景，应有仔细的调查，同时，要判断儿童进入该机关是否适合，该机关是否能适合他的需要，然后才收容。

（二）机关内的服务应以联络工作为主

社会工作员要会寻找合适的服务资源。对于发展儿童的健康、智力、特殊的能力等，需要各种专家努力；但是各部的工作过于专门化，往往脱节，而儿童是整个的。因此，需要社会工作员在其中联络各部门的服务，以免发生偏颇的流弊。

（三）随时考虑儿童的出院问题

机关只是儿童暂时的住所，儿童不能一辈子住在机关，所以社会工作员应尽量考虑儿童将来出院的问题，早日进入正常的生活。

（四）对于出院儿童的随访工作

出院后的儿童，应当随时或按时访问；但有时也要随机而行，不可固执。如果时常访问对该儿童有不利，就不妨中止。

四、社会工作员的基本训练是什么？

（一）个案工作

社会工作员看儿童是一个整个的人，他有独立的人格，个别的性格，而不是一样东西。工作员应尽量地了解儿童。儿童的一举一动，都是表现他内在的思想和过去的历史。注意儿童的家庭环境，尽量找机会与他接触。同时，对他的一切都有详细的记录。

（二）集团工作

社会工作员要设法使儿童在团体中发展一种为社会人士所能接受的态度和行为。过分害羞的、自私的、好侵略的儿童，在团体中是很难适应的。所以要在儿童的日常生活中，逐渐地培养他。

（三）社区组织的能力

任何的服务机关，都需要各种不同的机构的合作，因此，做福利工作的，应认识社区及各种资源。在需要某种协助时，社会工作员即可知道应该如何着手办理，不至于浪费精力和时间。

顽童的心理分析与治疗[*]

顽童真是父母的心腹之患。多数的儿童不服教训，不怕惩罚，也不在乎鼓励与奖赏。他们不断地使父母烦恼，使家庭不安。可是父母既无法改进他们，也无法把他们逐出门外。于是顽童成了使父母束手无策的严重问题。以前做父母的所常用的应付方法，责罚、贿赂，或是两者并用的所谓"恩威并施"政策，都感觉着不甚灵验。做父母的大有技穷之感了。于是儿童行为指导的工作应运而生。精神病学家、心理分析家、社会工作员、心理学家都被请出来，共同应付这个困难问题。可是顽童的品类等级不同，还没有人能研究出一种特效药，能够医治所有的顽童的呢。

一、什么是顽童

很多的人都随口谈着顽童，可是细一分析，各人对顽童所下的定义都有些差异。换言之，顽童并没有一个普遍的标准。各人用各人的标尺来测量儿童，有些以不服从，有些以不整洁，有些以性行为的放任来诊断顽童。这些标准未必与社会的一般标准完全相合，于是我们不能不怀疑有时顽童受了冤枉，无端被有偏见的成人评判了。

最理想的是父母与教师的顽童标准与社会的标准取得一致。不幸的是事实并不如此。许多儿童得到顽童的恶名，是因为他触犯了父母的偏见，或是教师的偏见，而这些父母教师并不一定完全接受社会的标准的。

所谓顽童，简言之，是社会的叛徒，他不愿接受社会的约制。这种叛逆的行为，使社会不安，也使他自己感到与社会适应的不愉快。

---

[*] 吴桢：《顽童的心理分析与治疗》，《西风》1948 年第 29 期，第 213—215 页。

二、对顽童的基本认识

儿童是自私的，是唯乐主义的（principle of pleasure）。他不愿接受社会的约制。社会约制的形成在儿童的意识里与下意识里都需要经过两个步骤：第一个步骤，是使儿童部分的、分裂的，甚至冲突的性本能，能够融化成为一个整体，并且使它能够得到满足，引导儿童将来成为成功的、快乐的成人。只要这种满足并不妨碍或影响其他的人——例如父母、兄弟姊妹等——得到他们的满足；第二个步骤，是学习怎样能够获得上述的满足，而且同时能快乐地生活在文化环境中，不与礼节、习俗等相违背。不幸一般做父母的太注重后者，而忽略了前者。所以很多父母不在乎儿童是否吃饱，可是很在乎他们是否吃得有礼貌，例如不哑嘴、不拣菜、不把盘碗弄得出声音等等。对于性行为更是如此。很少父母顾念到儿女"性"的需要是否得到满足，可是很注意他们性行为有否干犯到社会的禁忌。自然为了社会安全，这是必要的。可是如果这两个约制的步骤没有得到平衡，则加给儿童很多心理上的挫折。

但是如何才能使这两个步骤得到平衡？如何使儿童一方面甘愿接受约束，一方面又能得到本能的满足呢？这是个很难解答的问题。我们且举一个实例来说明我们的答案。例如任何儿童需要学习怎样应付两个严重的问题，一是大小便的训练，一是"伊底普斯情意综"（Oedipus Complex）。任何儿童希望能够随时随地大小便，任何儿童希望他能独占母亲的宠爱，可是社会要求不准许如此。他必须放弃这些自私的本能，于是他接受大小便的训练，以换取母亲的爱；以和平、温顺换取父亲的爱。同时他可以把随意大小便的本能，升华为爱好画画、塑泥娃娃这一类的积极活动，把专占母亲的爱的本能延展到他自己成年后娶妻，过正常的性生活。

儿童爱父母，其实是父母爱他们，他们便甘愿就范，接受父母的约制，以后也就很容易地接受社会的约制。但是在这过程中，不幸遇到困难，儿童便不自主地反抗，于是就变成顽童了。

三、顽童的类型与成因

顽童的类型，很难有个清楚的划分。不过为了治疗的方便，我们可以从病源学（etiology）的立场，把顽童分为以下各类：

（一）叛逆的儿童

这类儿童，常是漫无顾忌地反抗一切权威的。在儿童本能的需要遭受到不必要的或过于严格的挫折时，便会发生这种现象。一位母亲执拗地不准她的女儿吮手指头，她用各种可能的方法，使这个小女孩停止吮手指头，自然儿童敌不过成人。她屈服了，可是她从此以后，深恨她的母亲，也用各种可能的方法，使她的母亲不愉快。一个坚持阻止儿童吮手指头的母亲，一定也会反对一切本能的、幼稚的感觉上的满足的。因此这个儿童就处处受到挫折，痛恨她的母亲。同时，母亲是代表权威的，此后，这儿童就痛恨一切权威，成了到处反对权威的顽童。儿童本能的欲望，受到坚强的阻止时，会改途易辙，另找出路的。最聪明的方法，是训练他慢慢地发展成为成熟的、社会所能接受的满足方法。例如另一个女孩，也爱吮手指，父母阻止之后，她忽然变成口吃。她的聪明的父亲，了解她口吃的原因，就又鼓励她吮手指。自然这也不是办法，因为女孩子吮手指到底是不大好看的。于是他为她买了些泡泡糖吃，果然这女孩就不吮手指，也不口吃了。

叛逆的儿童不一定以侵略的行为表示出来的。有些儿童知道自己的体力、智力不及成人。侵略的行为，只有使自己遭遇更大的打击，于是他忽然从极叛逆的变成极驯良的，极反社会的变成极卫道的，而以为社会上的一切习俗都是卑污的、肮脏的。他极怕自己的隐痛、仇恨暴露出来，所以他装聋做痴，在有人伤害他的时候，他故意地做出"满不在乎"的样子，可是在别人并不怎样他时，他却不由自主地大发脾气。这种儿童把毁灭环境的恨心，转移成为毁灭自己的愤怒是相当危险的，可能发展成为强迫性精神病。

（二）失爱的儿童

婴儿的出生，原是苦痛的经验。他在脱离母体的第一秒钟，便感觉到这世界给他的只有苦痛与危险，自然他对这世界只有仇恨了。幸而普通的儿童，以后发现他有个母亲，可以给他爱抚与温暖。这样，母亲的爱，逐渐冲淡了他的仇恨心。可是假定做母亲的不爱他，他便觉得他没有理由改变他对这世界的仇恨态度了。儿童原是自私的、自爱的，只知道满足自己的需要，不懂得顾念别人的。他只有从爱他的母亲，学习爱别人。失去母爱的儿童，会变成不近人情，不懂尊敬、同情、感激，或爱护别人的，他会变成一个危险的、破坏的、胆大妄为的顽童。别人对这种儿童的乖张行为，自然不了解，他也更不了解别人。别人讨厌他，他更讨厌别人，他的命运已注定在不幸中了。

（三）要求惩罚的儿童

有些儿童，下意识地常常发生罪恶之感。这种罪恶之感，常使他们烦恼。只有受到惩罚，才能得到心理的安定。于是他千方百计地顽皮，以达到受惩罚的目的。这种顽童时常发生在管教严厉的家庭中。父母爱他们，可是管教甚严，儿童为了换取父母之爱，他们也甘愿接受一切约束，而牺牲许多本能的欲望的满足。可是在他们4岁到7岁之间，有一个时候，父母不在家，或是他们寄住在亲友之处。这时候，他们得到了解放，满足了许多前所未满足的欲望。自然这是很愉快的。可是不久，又和父母同住在一起了。这时，他们不得不放弃这短期的愉快。他们这时甚至想把这愉快的经验也忘掉，可是事实办不到。每次想到，便同时发生一种痛苦的罪恶之感。罪恶之感盘踞在心里是难过的，于是他们顽皮，故意当着父母之面做些不规矩的举动。果然，他们被责打了，这立刻就使他们感到轻松、安定，不顽皮了，而且反倒愉快起来。父母还以为他们的责罚收到效果，可是一两天之后，这样的儿童就又顽皮起来，又责罚，又好了。周而复始地，这种儿童变成时常要求惩罚的儿童。结果，这种儿童逐渐增加他们的受虐狂的快感（masochistic pleasure）。甚至有些儿童，意识到自己需要惩罚，自动地向他父亲要求，"爸爸，打我!"

（四）机体病理的顽童

有些儿童的顽皮，完全找不出道理，甚至他们自己也莫名其妙。有些儿童在人群中无故地和人打起架来了，他自己还不知为什么呢。顽皮究竟完全是出于心理作用，还是也包括机体的原因，这是个值得争辩的问题。可是事实上，有许多儿童在脑受伤后，发生顽皮的行为。例如脑膜炎，不管它是麻疹、猩红热，还是水痘的并发症，或是脑出血。脑受伤之后，往往使一个人改变人格，从和平的、温顺的，变为易怒的、好斗的、仇恨的。还有，癫痫与顽童似乎也有关系。但是到底关系如何，没有人敢断言。

顽童是否天生的，或是有体质上的关系呢？有些顽童在未出生以前，在母胎里就比较好动，像这种超活泼的（hyperactive）的顽童，只有天生的，或遗传的可以解释了。还有些儿童，在两个月时，便令父母觉得难以管教。婴儿在出生时常有发生脑出血的现象的，有人怀疑，儿童的顽皮或与此有关。此说并无佐证，尚待更多的研究。同时，婴儿的反应从出生第一日起，便可影响他的人格发展。所以我们很难断定生理的病态与顽童的顽皮有多少关系。保守一点地说，顽童的形成，是生理与心理的双重原因所造成的。

四、顽童的治疗

顽童的类型不同，成因复杂，自然治疗也不是简单的。每个顽童应该受到个别的研究、个别的诊断，才能对症下药，收"药到病除"之效。个案工作员及心理治疗者对于顽童的治疗的贡献希望最大。儿童行为指导工作的发展，端赖这两种从业员的努力。顽童的治疗，自然没有一种无往不效的固定方案，但以下数点值得普遍注意。

顽童的治疗不能仅限制于儿童一方面。在许多情形下，治疗父母也许更重要。过于执拗、过于严峻的父母，或是过于放纵的父母，都是造成顽童的主要因素。如果父母的态度不改，父母的教养的方法不改，仅是治疗儿童是不够的。儿童不比成人，他们无力控制环境。环境的改变，只能依赖成人，而不能依赖儿童。此点至明，我们不能希望儿童过高，希望他们在不变的恶劣环境中，还能不发展成为顽童。

在无可奈何的情况下，把顽童暂时寄养在儿童机关中也许是必要的。在儿童受治疗的过程中，儿童仍旧不断地与父母冲突，会使治疗的效果消失。家庭寄养，在这种情形下不很合适，因为顽童可能使寄养父母更对他不满，倒还是在机关中比较合适，特别是超活泼的儿童，在机关里，有比较自由的环境。顽童的生理因素也不可忽略。医生或精神病专家的检查是必需的。

总之，顽童的治疗是颇不简单的，是需要社会工作员、心理治疗者与父母密切合作的。这种工作艰难，但很重要。许多顽童，如果听其自然，也许会变成青年罪犯，扰乱社会的安宁的。

有关上海儿童福利的社会调查之医院调查*

一、绪言

现代医药科学，日益进步，对于儿童疾病的预防与治疗，突飞猛进，大有一日千里之势。妇婴卫生工作的进步，减低了婴儿死亡率；公共卫生工作的进步，使若干可怕的传染疾病得以预防；医院工作的进步，使若干险症得到挽救。这些医药上的进步，是现代人类的最大幸福。像中国这样一个科学落后的国家，自然不能普遍地享受到这种科学的赐予，然而上海是世界上有数的现代城市，儿童又是最被宠幸的主人翁，且看上海儿童所能享受到的医药福利到底到什么程度。

这次上海儿童福利促进会，做了一次上海市儿童福利资源的总搜索，医院与卫生所的调查也均列在内。被调查的医院共计130家（但调查表合用的只91家），卫生所共计19所。调查系根据表格，与各医院及卫生所的负责人访问后，填表研究。但因为医院与卫生所的服务对象并非限于儿童，而我们的问卷内容，大致限于有关儿童卫生这一方面，所以询谈内容不及调查托儿所、儿童机关，或其他完全服务儿童机关的详尽，这一点是应该说明的。其次，上海有不少私人诊所，不少中医，也有不少走方郎中，他们的顾客也许比医院、比卫生所更多，但是这些不在我们研究的范围以内，因为这类诊所，且因为疾病的现代处理，无论预防或治疗，都需要精良的设备，这是营利者所不肯，私人所不能胜任的。我们认为这类医所或医生不是儿童理想的或合适的治疗机会，所以未把它们列入调查的

---

* 吴桢：《医院调查》，载陈仁炳主编：《有关上海儿童福利的社会调查》，上海儿童福利促进会1948年版，第169—176页。标题中"有关上海儿童福利的社会调查之"为编者所加。——编者注

对象,这一点也是应该说明的。

二、 上海市医院鸟瞰

医院里的小儿科门诊和病床,专以12岁以下的儿童为对象。

我们调查过的这91家医院,6家是公立的,这6家公立的,直属董事会者2,属于京沪区铁路管理局者、红十字会者、同济大学医学院者,及天主教者各1,还有7家是直属上海市卫生局的,其余78家都是私立的。

以医院的性质分类,91家医院,其中儿童医院2家,妇产科医院19家,普通急性病医院70家。

这91家医院所聘用的医药技术人员在2000人以上,其中医师713人,护士990人,助产士141人,医剂师114人,化验师83人,此外尚有医药社会个案工作员19人。

三、 上海市医院对儿童健康的贡献

前节已提及91家医院,有2家是儿童医院,完全为儿童服务,19家妇产科医院,间接为婴儿服务,其余的普通医院也多有小儿科的设备,所以91家医院对于儿童卫生的贡献,在比例上是很大的了。

再看91家医院中共有5764张病床,其中328张是专门收容小儿的,837张是专门收容婴儿的。这1165张病床是专门治疗儿童的,已占了上海医院病床的五分之一。此外尚有产妇病床1180张,又占了五分之一,这是间接服务儿童的。其他的床位仅及3419张,所以若从上海各医院的床位的分配比例上来讲,儿童实在受到了不太少的注意。

至于服务医院的医药技术人员,在713位医师中,专门小儿科的计118位,专门产妇科的128位,此外助产士141位。这387位医药技术人员是完全献身于儿童卫生与妇婴卫生的,其他的医师、药剂师和化验师的服务范围,也都包括儿童在内。我们虽然无法估计这许多位医药技术人员所贡献于儿童到底有多少,不过至少我们相信,在全上海的人口中,儿童确实比较幸运,他们获得医药人员最高比例的注意与保护。

四、两家儿童医院

在调查上海市的医院时，我们发现有两个医院，专门治疗儿童，这是值得推荐的，兹分别介绍于后。

(一) 上海儿童医院

位置在香山路 51 号。这家医院有 60 张病床，每日门诊有 120 人。小儿科医生有 12 人，护士 14 人，他们除了做治疗工作外，还举办儿童保健、父母亲会、预防接种等积极工作。他们还有一位社会工作员，专做家庭拜访的工作。他们所收的住院费(1947 年)，头等每天 8 万元，二等 3 万元，三等可以全免。头二等的住院费还包括伙食费，比较起来，实在是很公道的，不过这家医院已面对着经济问题，需要经济的协助。

(二) 上海儿科疗养院

位置在巨鹿路 483 号，这家医院仅有 14 张病床，每天门诊约 30 人，有小儿科医师 2 人，护士 4 人。除治疗外，还举办儿童健康检查，住院费头等每天 14 万元，二等每天 10 万元，包括伙食费，没有三等病床，也没有免费病床。这家医院则在面对着房屋问题，感觉房屋狭小，不敷应用。

五、儿童疾病

前节已说明，上海共有 328 张小儿科病床，837 张婴儿病床，如果这些床每天都住满(这现象是很可能的，因为一般医院都有人满之患)，那就是说每天有 1165 个儿童睡在床上，自然婴儿病床并不一定是病婴。再看上海各医院的门诊总人数，每天平均约 1600 人，这些儿童患的是什么病呢？这确是很值得研究的问题。

关于这一点，我们的答卷是不够科学的，有的答卷很含糊地答以消化系病，或呼吸系病，有些答卷则有比较确定的诊断，有几家医院答以无统计，很多的医院答以不详。我们把答卷略加整理，把各种疾病分类为消化系疾病，其中包括气管炎、肺炎、感冒、脓胸等数种；消化系疾病中包括肠胃炎、腹泻、伤寒及消化不良症等数种；皮肤病中包括天疱疮、疖子等数种；急性传染病中包括脑膜炎、百日咳、痢疾、麻疹等数种；结核病中包括肺结核、淋巴腺结核及骨结核等数种；外科病中包括火伤及骨折数种；此外尚有营养不良一种。这种分类，尚待医药专家的指正。

为了经济篇幅，避免文字上的累赘，把答卷所获得的结果，列表于下。

表1　上海各医院儿童门诊疾病分类位次统计表

疾病种类	最多之医院数	次多之医院数	又次之医院数
呼吸系病	15	18	6
消化系病	29	8	5
皮肤病	3	3	6
结核病	4	3	5
急性传染病	5	13	3
外科病	1	6	3
营养不良症	4	4	3
不详	30	36	30
总计①	91	91	91

表2　传染病统计表

疾病种类	最多	次多	又次
呼吸系病	1	4	0
消化系病	8	3	6
皮肤病	0	0	0
结核病	7	1	2
急性传染病	12	7	2
外科病	2	2	3
营养不良症	1	0	1
不详	60	74	77
总计②	91	91	91

根据上列两个表，很明显的，调查员没有能够得到理想的结果，多数的医院都答以不详。所谓不详可能有两种解释，一是有些住院的儿童，没

---

① 此栏总计与上述数据不符，保留原稿面貌。——编者注
② 此栏总计与上述数据不符，保留原稿面貌。——编者注

有能得到正确的诊断,所以不详;一是因为调查员调查时,医院一时来不及查卷,供给可靠的材料。但仅就已得的材料,我们可以得到一个印象:消化系疾病居首位,呼吸系疾病居次位,急性传染病又次,结核病再次,皮肤病更次,营养缺乏病最次。

根据我们的常识,消化系的疾病,多由饮食不慎或不节制得来,许多呼吸系疾病及传染病都可预防,这三种病占最大多数,不能不归咎于家长的疏忽与无知,这一点印象是值得做父母者深思的。

六、 医院的费用

在这物价迅速飞涨的今日,几乎没有一种物价可以保持1个月以上的,我们的调查结果,是依据1947年9月的情形,现在已经大有改变,今公布于后,作为一个参考。在我们调查时,每天院费,最普通的是5万元至10万元,其次是10万元至15万元,最经济的每天1万元,最阔绰的是每天20万元。

医院的病床,普通都分作头等、二等、三等,然而有些医院的三等病房,可能比另些医院的头等还昂贵些,这自然因为各医院的性质、设备、服务与医药人员的技术有密切的关系,兹将各医院病房的价格统计表列如下,以作参考。

表3 各医院收费统计表

每天院费(元)	房屋(医院数)		
	头等	二等	三等
0—10 000	0	1	4
10 000—50 000	12	46	64
50 000—100 000	45	28	10
100 000—150 000	18	7	1
150 000—200 000	7	2	0
200 000 以上	5	2	1
不详	4	5	8
共计①	91	91	91

---

① 此栏共计与上述数据不符,保留原稿面貌。——编者注

七、 医院的困难问题

我们所调查的医院,多数都是靠收入维持存在的。但是在目前经济情形不景气的今日,任何一种正当事业,都不及投机取巧的勾当合算,像开医院这种服务社会的机构一定是困难重重,这是很值得我们警惕的一种反常现象。

我们调查所得,91家医院中有46家没有确定的答案,仅有13家回答没有困难,其余有20家感觉经费不足,8家感觉房屋恐慌,4家感觉药品缺乏。由此可知上海的医院,多数都在困苦中挣扎,在努力维持医院的开销、医药人员的薪给以及服务不幸的患病者。

八、 医院社会服务部

我们的调查问卷,兼顾到医院的社会服务部,因为站在上海儿童福利促进会的立场,医院社会服务部,可能是服务儿童的桥梁,但是经过我们研究答卷之后,认为很多医院把社会服务部的意义弄错了,所以结果也不很正确。

据答卷,上海这91家医院,有10个医院有社会服务部,共有19位社会工作人员。这10个社会服务部所做的工作,有5家办理贫病的服务,4家做家庭拜访,2家举办保健工作,2家做病人出院后的随访,2家做疾病预防,1家做体格检查,1家做接生工作,1家办理免费住院的工作。以上所列举的服务工作,有些根本不属于社会服务的范围,但是原卷是如此回答,足见一般医院对于医药社会工作的认识还不够,这是值得注意的。

有关上海儿童福利的社会调查之卫生事务所调查[①]

一、绪言

上海市共有19个卫生事务所,分布在市内各区。这些卫生事务所都是公立的,直属于上海市卫生局。它们的经费,除少数尚有其他收入外,多数的完全靠市政府维持。因为它们有固定的经费,所以不以渔利为目的,这一点,自然与一部分的私人医院不同。多少市民因为经济困难,不能得到营业的卫生服务,但是他们却能受惠于卫生事务所,这也正表现了社会化的公医制度,在中国是十分需要的。

卫生事务所虽然也是一种医药机关,而且也兼顾到一些疾病治疗工作,然而它在功能上与业务上毕竟与医院不同。卫生事务所更注意于积极的医药服务,例如卫生教育、学校卫生、工厂卫生、环境卫生、疾病预防等都是积极的,都是为多数市民谋福利的。还有公共卫生护士勤劳地做家庭拜访,助产士到产妇家接生,都是最受市民欢迎的。我们非常看重卫生事务所的工作,因为这些工作,直接间接地为上海市的市民及上海市的儿童造福不浅。

二、上海卫生事务所的医药技术人员

上海市19个卫生事务所共聘用了64位医师,聘用8位医师的卫生事务所有1个,聘用5位的有1个,聘用4位的有5个,聘用3位的有8

[①] 吴桢:《卫生事务所调查》,载陈仁炳主编:《有关上海儿童福利的社会调查》,上海儿童福利促进会1948年版,第177—184页。标题中"有关上海儿童福利的社会调查之"为编者所加。——编者注

个,聘用2位的有3个,聘用1位的有1个。

此外19个卫生事务所共聘用了61位护士,64位公共卫生护士,71位助产士,3位化验师,24位药剂师,3位药剂生。

6个卫生事务所设有社会服务部,共聘用了15位社会工作员,这些社会工作员不一定是合标准的社会工作技术人员,而是由护士兼任的。

至于事务人员或其他职员,19个卫生事务所共用了203位。

统括地说,卫生事务所所用的医药技术人员共305人,比非技术人员要多些。然而非技术人员多半是管理内务的,所服务的人数有限,技术人员则是服务大家的,以上海400余万的人口,我们仍甚感技术人员之不敷。

三、 公共卫生的开路先锋——公共卫生护士

在开展公共卫生的过程中,公共卫生护士的工作最为艰巨,每个公共卫生护士有她指定的地段,她应该有机会拜访每个家庭,在需要时,施以卫生教育与指导,有时还需指导家庭护理的工作,但是如果人员太少,而人口太多,自然无法胜任愉快的。

总计上海19个卫生区,每区人口在50万以上的有1个,在30万以上的有2个,在20万以上的有3个,在10万人以上的有5个,在10万以下的有3个,其他有5个所对于该区的人口答以"不详"。即以这14个有答卷的卫生事务所而论,所服务的人口已在280万人左右。若以64位公共卫生护士来计算,每人须负4万余人口的重任,这自然是绝对不可能的。所以我们有理由相信,公共卫生护士的工作,离理想的标准和实际需要还远得很呢。

四、 公共卫生的工作种类

每个卫生事务所,因环境的需要不同,而有不同的卫生工作计划。总计它们的工作种类,约有十数项,例如妇婴卫生、家庭拜访、预防接种、传染病管理、学校卫生、工厂卫生、环境卫生、卫生教育、疾病调查、生命统计与儿童营养等,兹举其荦荦大者数端分述于后。

（一）助产工作

中国的婴儿死亡率特别高，主要的原因是接生的手术不高明，旧式的稳婆，还有他们的主顾，许多贫穷的住户，就在家庭自己接生。因为接生时不知消毒，很多的婴儿死于脐风——四六风，所以科学接生是需要特别推广的。18个卫生事务所共聘用了71位助产士，每个事务所最多的聘用了7位，聘用5位的有5个所，聘用4位的也有5个所，聘用3位的有3个所，聘用2位的也有3个所，聘用1位的仅有1个所。在所有卫生事务所，所聘用的各种医药技术人员中，助产士的人数居首位，足见其重要。至于每月接生的人数，除了1个所没有回答问卷以外，其余的18个所，每个月总计约接生1000个婴儿。我们在问卷中也曾问到该区一般的婴儿死亡率，但是多答以"不详"，无法统计。我们也问到他们自己接生的婴儿的死亡率，这样可以比较一下是否助产士所接生的婴儿死亡率要低些，但是因为前者无统计，所以无从比较，这是我们所引为憾事的。根据答卷，各所接生婴儿死亡率最多者每百婴中死4人，只有1个所，每百婴中死3人者有2个所，死2人者也有2个所，死1人者有5个所。死1人以下者有2个所，1个是每千婴中死5人，另一个每千婴中死4人。如果这些统计数字是可靠的，那卫生事务所接生婴儿的死亡率确是很低的了。

（二）预防接种

语云"一分预防，胜于十分治疗"。像上海这样人口稠密的大城市，如果没有积极的疾病预防工作，一旦传染病流行，是很可忧虑的。我们这次的问卷特别注重牛痘、霍乱、伤寒、白喉、鼠疫几种预防工作，每个所都有很确定的回答。其中牛痘接种的特别普遍，又因为牛痘接种只需1次，所以我们相信，以后儿童出天花的一定一年比一年少。19个所共接种了1 033 862人。霍乱的预防针也打了不少，其接种了692 429人。伤寒疫苗接种了10 345人，有10个所没有这种预防工作。白喉疫苗共接种了1552人，有11个所没有这种工作。鼠疫的接种工作，完全没有做。此外还有嵩山区卫生事务所接种了99个儿童的百日咳预防针。百日咳对于儿童健康很有妨害。希望以后有更多的卫生事务所，做这种疾病的预防工作。以上的统计都是1947年1月份至6月份的数字。

（三）儿童健康比赛

这是一种积极地鼓励做父母的好好地看顾儿童的办法。每个卫生事务所举办儿童健康比赛，都根据儿童的身高、体重、外貌、皮肤、姿态评定名次，获选者还多少可得些奖品，得奖的父母都显出得意与骄傲。19个卫生事务所，只有1所未举办是项工作，其他的除了5个所每年举办2次，余均每年举办1次。参加比赛的儿童数最多的达1万人，最少的也有100人，这固然由于一般市民的反应不同，但是举办者的热心宣传及公共卫生护士的劝诱，定能增加参加者的人数。一年中各区参加儿童健康比赛的人数共达32 948人。

（四）卫生教育

"贫穷"与"无知"是中国人最足致命的仇敌，医药常识的缺乏，使多少人做了冤死鬼。公共卫生的一部分重要工作，是怎样灌输一般市民以这种常识。这种常识的灌输方法不仅要用文字，同时也需要视听的教育，例如卫生教育的印刷品是属于文字的，卫生展览、卫生挂图、卫生教育公开演讲、母亲会是属于视听的，都能收到相当的成果。关于卫生教育印刷品，19个卫生所有5个付诸阙如，最多的有12种，有三四种的比较普通。卫生教育演讲也比较普遍，除1个所没有举办以外，其他有每月举办4次的，有每月举办2次的，听众的数字没有统计。

（五）卫生展览会

只有8个所曾经举办，陈列的题材多属于夏令卫生及妇婴卫生，参观的人数有1所无统计，其他的7所参观人数最多者23 000人，最少者200人。各所参观者的总数共计32 700人。

（六）母亲会

是由公共护士在做家庭拜访时，邀请做母亲的按期举行集会，在会场中灌输卫生常识。这是一种很有效的亲职教育，使做母亲的更知道怎样喂养、看顾她们的儿童。19个卫生事务所，只有2个不办母亲会，其余的都举办这种工作。这种工作的效用如何，要看母亲会是否按期举行，参加者是否踊跃,而且是否经常赴会,同时也要看领导者能否安排有兴趣有意义的讲材,以及参加者能否热烈地讨论她们自己所遭遇的看顾儿童的问题。这类属于母亲会的质的问题,非详细调查,不能妄加断语,这自然不是我们在答卷中可以获得正确的答案的。至于参加者的数量问题,根据问卷所得,参加者共有850人左右。

以上所举的几种公共卫生工作都是积极的。助产工作、儿童健康比赛与母亲会这几种工作都直接与儿童福利有关,站在从事儿童福利工作的立场上都应予以鼓励与协助。他如卫生教育工作也还包括妇婴卫生工作,也不容忽视。我们调查的材料颇为简单,以后尚待补充研究。

五、 卫生所的治疗工作与儿童疾病

卫生事务所除了做积极的预防工作,同时为了应付实际需要,也兼顾治疗,所以除了卢家湾卫生事务所不办门诊外,每个卫生事务所都有门诊。这18个卫生事务所的门诊,有6个所不分科,其余的12个所,8个有小儿科门诊,4个没有,这4个所虽然没有小儿科,但并不是说没有儿童病人,不过没有专设这一科而已。18个诊所每日的平均门诊病人总数约为1880人,小儿科的病人每日平均约为600人,换言之,约为总数三分之一。

治疗的费用方面,特别经济,各所门诊挂号费1000元,复诊免费,手术费有免的,也有取费的,自2000元至5000元不等。药费也多是免费的,所以卫生事务所是贫而病者的福星,没有钱的病人也可以得到治疗。

关于儿童的疾病,我们的问卷是询问各所1947年1月至6月份所治疗的儿童以什么病为最多,什么病次多,什么最次,有2个所因为无统计未答,其余的各所,根据答卷,列表如下。

表1 各卫生所诊治儿童疾病位次分析表

疾病种类	最多(所数)	次多(所数)	又次(所数)
呼吸系统病	7	5	4
消化系统病	5	8	2
皮肤病	3	2	2
营养不良病	1	0	4
传染病	1	1	2

续表

疾病种类	最多（所数）	次多（所数）	又次（所数）
外伤	0	1	0
寄生虫病	0	0	1
未答者	0	0	2
共计	17	17	17

关于儿童患急性传染病的，我们也在问卷中询问到，我们所希望的答案，是专指法定传染病而言的，可惜在调查时，未能弄清楚，以致肺结核、皮肤慢性传染病也被列在内，我们只有根据答卷，列表如后，以资参考。

表2　各卫生所传染病位次分析表

疾病种类	最多（所数）	次多（所数）	又次（所数）
百日咳	4	4	3
麻疹	5	4	0
肺结核	1	0	2
天花	3	1	2
皮肤病	1	0	0
痢疾	2	0	1
感冒	1	0	0
脑膜炎	0	1	0
伤寒	0	0	1
斑疹伤寒	0	0	1
肺炎	0	0	1
腮腺炎	0	2	1
疟疾	0	3	1
白喉	0	0	1
未答者	0	2	3
共计	17	17	17

关于儿童疾病所得的材料，实在不够正确。第一因为在第一表中也有传染病列在内，第二表中有的又不尽是法定传染病，所以不很可靠；第二因为我们只需要知道各所的门诊儿童患什么病的在比例上最多，什么次多，什么又次，而未问患病者的个案数字，所以很难有更明确的比较。

这一点主要是由于顾忌问卷者及答卷者的困难，所以没有严格地考虑到数字问题。不过从上列二表，仍可得到一个概念，普通儿童病人仍以患呼吸系病者及消化系病者为最多，患皮肤病者在比较贫苦的家庭中也不少，原因是卫生事务所多为贫民服务，而贫民中多有因不洁而患疥疮的。至于患传染病的儿童，当以患百日咳者、患麻疹者较多，患天花者也不乏人。以上所述不过是种概念，不能算是可靠的统计结果。

六、 卫生事务所的困难

根据以上各节，我们已可以想象到，各卫生事务所的业务范围相当广阔，欲使各所的工作顺利推展，非有充足的经费，足以应付的人员，以及相当充足的设备不可。我们在问卷中有一项询问各所感觉到的困难为何，从答卷中，我们似乎听到了一片哭穷声，19个所有10个回答经费困难的，7个感觉设备不足及药品不敷应用，4个感觉房屋不足，3个感觉人员不敷分配。总括一句话，大家都感觉钱不够用，有了钱，人员、设备、药品、房屋的问题都可以解决了。19个所中有1个是感觉性病科筹划之困难，有1个所感觉家庭拜访的困难，这些工作上的问题，多半由于一般市民对于医药常识太缺乏，不能愉快地合作。

各所的经费，由上海市医生局支付，最多的每月达7000万，最少的竟有仅1000万元的，这样仅仅开支职员的薪俸都成问题，怎能推展工作？同时卫生所是公立的，照章不能任意收费或募捐，所以很少有其他收入。有几个卫生事务所在接生时，施用手术时酌收费用，最多的也不过每月600余万元，所以各所在经济方面，确有困难，这一点是值得上海市政府注意的，同时也是值得全上海市的市民注意的。少数的卫生事务所经行总方面或红十字会方面得到一些补助，目前行总也结束了，来日方长，将来如何培植与推进这种有关全市市民的福利卫生工作呢？这是值得执政者与全体市民深思考虑的。

台湾写实小说《她未成年》读后感[*]

从2月8日起,台湾《"中国"时报》用大量篇幅连载了一篇真实小说——《她未成年》。小说写的是一个台湾少女的个案实录。案主谢小环出生于一个小康之家,然而在台湾那个社会环境里,她的父母为了生活,忙于自己的"事业",无暇给孩子一点乐趣和温暖。上学以后,又遇到一位可能有某种心理变态的女老师。女老师经常在课堂上给她体罚,有时打她耳光,从上课一直打到下课。正当一般正常儿童在家庭、学校受父母、老师们的抚养、教育,健康成长时,小环却被逼得到家庭、学校外面去寻求自己的游伴。她结交了许多年龄比她大的男女"朋友",受他们的诱引,染上许多恶习,做了许多坏事。她12岁时开始吸"强力胶",14岁时开始和异性发生关系,17岁被迫走进大社会,当过车掌、会计、百货公司店员、舞蹈团"演员"、售屋小姐和酒廊、酒店、赌场、音乐公司的"服务生"等,不管她表面上做什么工作,她都在暗地里以出卖肉体换取生活的需要和满足吸毒嗜好的花费。

谢小环并不是一个有生理缺陷或低能的少女。相反地,她很讨人喜欢。一位电影导演曾这样形容她的容貌:"眼睛比雨后的天空还要纯洁,比海深,比婴儿无辜。"她在校时,学习成绩也不差,得过作文、朗诵的优秀奖,老师给她的评语是"聪明好学"。她有健康的体魄和活动的能力,曾做过学校篮球队队长。这样一个颇有前途的幼苗,只是因为有某些小的过错,而被学校以"你来上课,就不让你毕业;不来上课,让你毕业"为条件,把她赶出了校门。从此,她越堕落越深,做出了使别人侧目、痛心的事。她对于吸毒、卖淫、堕胎、同性爱、赌场骗局等社会黑暗生活无不通晓。然

---

[*] 吴桢:《台湾写实小说〈她未成年〉读后感》,《人民日报》1982年5月21日,第3版。

而，小环对于这些可悲、可耻、使人"触目惊心"的事却看得很平淡。她在被记者访问时谈论这些事，表现得十分冷漠，没有羞悔，没有憎恨，没有快乐或悲哀，也没有希望。她成了一个失去了灵魂，只有血和肉的躯体的少女。这是一个多么可悲的形象。

小环今年才 20 岁，还有漫长的人生征途在她面前，她将怎样走下去呢？《她未成年》这篇写实小说并未做出可喜的展望。呈现在读者和小环面前的，还是无边的渺茫。

《"中国"时报》在连载《她未成年》以后，还请台湾大学一位心理学教授对此个案进行了剖析。文章从小环父母的管教方式，在学校的遭遇，以及各种社会环境所给予她的影响方面，来说明小环是万恶社会的牺牲品。有些剖析，我是同意的。但是，《"中国"时报》的文章每当写到关键处，往往却突然笔回锋转，总是告诫小环说："不管是谁迫使你做出沉沦的行为，世界上只有一个人要终身承担你沉沦的后果，那就是你自己！"还说："只要你的生命还没有走到尽头，你在下一次的抉择中，便可以重新确定方向，追寻能够使你成长的目标。"难道文章的作者真的会认为小环的堕落只能由她一人承担；真的相信在台湾那样的社会条件下，小环能有自己的抉择，重新确定方向，追寻自己的目标的自由和可能？不！不会的！我在 20 世纪 30 和 40 年代研究和处理过若干个案，其中也有小环式的少女。她们当中的多数人，始终是万恶社会的牺牲品。少数好心人爱莫能助，她们自己则无力自拔。从那以后，我才渐渐懂得：点滴的改良是不能挽救那腐朽的社会制度所造成的牺牲者和受害者的！旧社会的许多个案告诉我，一些处于当时社会最底层的妇女，尽管她们在生理、心理上有着差异，但我敢肯定，没有任何一个妓女、暗娼是热爱她的"专业"，要在这方面出人头地，成名成家的。小环这类个案，是同社会制度有关的大问题，《"中国"时报》和文章的作者肯定是知道的，只不过是佛曰"不可说，不可说"罢了。

在台湾那样的社会条件下，《"中国"时报》不惜篇幅报道这类问题，到底能起什么作用呢？

第四编 社会工作发展

社区组织文献[*]

本文译自《1940年美国全国社会工作年会报告》(*National Conference of Social Work*, 1940)。作者邓汉(Arthur Dunham)[①]是密歇根大学(University of Michigan)的社区组织教授,从这篇文章里我们可以知道社区组织在美国已经不是一门专讲学理的科目,它是与社会工作及社会福利组织等实际工作有极密切的关系,这篇短短的论文不但介绍给我们许多有关社区组织的书籍,指引一条读书的途径,而且对于将要写社区组织教本的人们贡献了很好的建议。

——译者注

在我们讨论社区组织文献这问题以前,我们必须先对社区组织这个意义含混的名词加以解释。为要使读者了解什么是社区组织,我特别推荐一个定义,这个定义是根据1939年年会报告里的《社区组织范围》[②]一文而来的,这是一篇讨论社区组织的一般的目的和作用的论文。

社会工作的社区组织,我们更喜欢称之为社会福利组织,它是一种艺术或者是步骤,使社会福利的供求两方面保持逐渐进步,与逐渐

---

[*] 邓汉:《社区组织文献》,吴桢译,《教育与社会》1944年第2期,第59—65页。译文来源:Arthur Dunham, The Literature of Community Organization, in *Proceedings of the National Conference of Social Work: Selected Papers, Sixty-seventh Annual Conference, Grand Rapids*, New York: Columbia University Press, 1940, p.413。——编者注

[①] 邓汉,密歇根大学的社区组织教授,在社区组织、社区发展和管理领域的教学和学术工作得到全世界的认可。——编者注

[②] R. P. Lane, The Field of Community Organization: Report of Discussions within Section III of the National Conference of Social Work, in *Proceedings of the National Conference of Social Work: Selected Papers, Sixty-Sixth Annual Conference*, New York: Columbia University Press, 1939, pp.495-511。——编者注

增加效率的适应。社会福利组织包括许多关于社会福利的活动：例如搜求事实；提高标准；提倡合作；改进或促进团体间之关系；提高民众的了解，征求民众的参加与协助；发起、扩充并改善福利计划等。社会福利组织可在任何地理区域实施，它所研究的问题是需要的发现与解释；如何杜绝、预防及治疗这些社会需要及失能；怎样配合需要与供给；及怎样重新分配供给以适应不断的动荡的需求。

为了节省我们讨论的时间及空间，并且切合我们的实际要求起见，我只得对于许多文献割爱了。这些文献对于社会工作者虽有一般的帮助，但对于我们所讨论的问题只及边缘，而不与直搔痒处地讨论到我们的题目的核心。这些文献是：

1. 以社会学的立场来讨论社区组织的，例如麦其夫（MacIver）的《社区学》（Community），林兹（Lynds）①的《中心城》（Middletown）及《过渡的中心城》（Middletown in Transition），顾耳（Coyle）的《组织团体的社会步骤》（Social Process in Organized Groups），及史汤奈（Steiner）的《美国社区在活动中》（American Community in Action）。

2. 讨论一般的社区组织，并不特别讨论到社会工作的文献，例如一些讨论乡村社区组织的书籍，作者如海斯（Hayes）、散德生（Sanderson）及波耳生（Polson），还有哈特（Hart）的《社区组织》（Community Organization），不过相等于生活民主化而已。

我有个朋友称此类广泛的过程为"广泛的社区组织"，并且他有个野心颇大的计划，想组织一个委员会使类似者（整合在一起）②，这种计划的最大困难是社区组织的范围包括得越广，则定义越含糊，越难对于社区有个统一的观念予以组织。

3. 我们当然也不需要那些不在社会工作的范围的，而是研究其他专门学术的讨论社区组织的文献，例如教育、教会组织、宗教教育、商业组织或特殊的种族的社区等。

更进一步，即使单单讨论社会工作的社区组织，我们也该把我们的注

---

① 这里的林兹（Lynds）指的是林德夫妇（Robert S. Lynd and Helen M. Lynd）。——编者注
② 编者根据上下文修订。

意力更加集中，以切实际。我们应该更注意社区福利组织的一般文献，而不是讨论社会工作调查或是社会工作解释的专门文献。总之，我们要集中注意最重要的几本书或讲义，对于其他次要的论文、讲义、机关的报告，及零星的文件等都要割爱。同样地，我们对于有些书籍，大体讨论社会工作，仅有小部分略涉社区组织的也只得割爱，例如华纳（Warner）、坤（Queen）及哈波（Harper）的《美国慈善事业及社会工作》（American Charities and Social Work）；波论诺（Bruno）的《社会工作原理》（The Theory of Social Work）；欧格莱底（O'Grady）的《社会工作导言》（An Introduction to Social Work）；勃朗（Josephine C. Brown）的《乡村社区及社会个案工作》（The Rural Community and Social Case Work）；及克滋（Russell H. Kurtz）所著《公共协助工作者》（The Public Assistance Worker）等。

最后，我们对于一些有历史价值的，曾经轰动一时，但是对目前时代的问题无法应用的一些书也只好割爱，这类书例如从前研究经济联盟的，及从前的社会机关的会议记录，以及一些拓荒者的著作如麦克蓝那罕（Bessie A. McClenahan）的《组织社区》（Organizing the Community，1922）等书。

这样地摒除了许多书籍，我们自然把范围缩小了，很多我们所选定的书籍可以说是社会工作的社区组织的文献必读，这种选文办法对读者是很有裨益的。当然，主观见解是不能避免的，有些书籍在我们书目中没有，但在别的书目中却很受重视，有些人一定会对此表示惊异。

根据上述标准，我可以建议下列书目算作研究社会工作者的社区组织的一般文献，这些书籍可以自然地分为五类。

一、以整个的社区组织为范围的

林德曼（Eduard C. Lindeman）著《社区》（The Community），1921年出版。林氏的书已绝版，内容多以社会学及社会哲学为出发点，但书中有统一之价值，并且可以利用到社会工作方面去，所以不能把它摒除在本书目以外。

史汤奈著《社区组织》（Community Organization），1925年出版，1930再版。史氏之书一部分讨论社会学材料，一部分讨论一般之社区组织，并且一部分讨论社会工作之社区组织，再加以此书再版时，正赶上美国经济恐慌的前奏，所以对于当时社会问题，如从应用的立场来说不免是落后了，却有很重要的贡献，因为直到现在，它还是一部唯一的讨论一般的社区组织的书。

《社会工作年鉴》(Social Work Year Book, 1929、1933、1935、1937 及 1939 各年)有许多篇关于社会福利设计、社会机关会议记录、社区会议及类似的文章对于这些题目都有清楚的解释，并且这几本连续的年鉴可以彰显出在这个范围内的思想及解释的动态。

1930 年关于儿童健康及保护儿童之白宫会议，《残废儿童之保育会》(Organization for the Care of Handicapped Children) 1932 年出版。这本书对于社区组织各方面都有讨论，它的最大贡献是误名为《提倡社会工作计划之教育宣传》的一章，其实这一章是公共福利机关对于社区组织这问题的一个空前的贡献。

狄尔道夫(Neva R. Deardorff)的《在地方国家政府计划的变动期中社会工作之责任》(Areas of Responsibility of Voluntary Social Work during Period of Changing Local and National Governmental Programs)，载于 1936 年之《全国社会工作年会报告》(Proceeding of the National Conference of Social Work)。这个耸动的题目对于社区组织之计划与发展均有辟透而振奋的讨论。

莱因(Robert P. Lane)的《社会组织之范围》(The Field of Community Organization)，载于 1939 年之《全国社会工作年会报告》中。这本 1939 年的会议报告，虽然是实际的，而且是不完全的，但是它却是讨论社区组织这问题的最基础的性质与特性的一本书。

二、社区与社会工作

高尔柯(Joanna C. Colcord)著《你的社区》(Your Community)，1939 年出版。这本书是 1911 年出版的白应敦(Margaret F. Byington)的《社会工作者之社区须知》(What Social Workers Should Know about Their Own Communities)的重写与补充，该书一版再版，反复再版以至 1937 年。《你的社区》一书对于社区研究有基本的介绍，并且对于社区福利工作及问题特别注意。

三、个案研究

斐梯(Walter W. Pettit)著《社区组织之个案研究》(*Case Studies in Community Organization*)，1928年出版，这本书无疑地是这方面空前的好书，这本书虽是在1928年所写，但所采材料直到现在仍有用处，甚至更为重要。它是最好的研究方法的开拓的示范，对于社区组织的材料，贡献至大。

四、社区会议及社会机关之公会

诺顿(William J. Norton)的《社会工作之合作运动》(*The Cooperative Movement in Social Work*)，1927年出版。诺顿的书仍是社区基金运动最细心及最详细的分析。

社区会议及公会曾发表许多有关会议及公会的有价值的技术上的论文，对于经济方面尤为重视，其中有预算、宣传、社区运动及社区会议及公会等材料，波生斯(W. Frank Persons)的《纽约的福利公会》(*The Welfare Council of New York City*)，1925年出版。这一本100页的小册，包括纽约的福利公会的计划。它几乎被人忽略，被人不顾，但它却是社区组织文献的基石，波生斯在此书中所写实为分析社区组织之基本对象的创举。他的分析虽然历时很久，但直到现在还没有多大改变，即与1939年全国年会的报告相比也很少差异。

社区会议与公会所出版的《社会机关公会的职责》(*What Councils of Social Agencies Do*)1930年出版。此小册在去年再版，是研究社区公会的活动的最详尽、最有用的分析。

五、社会工作计划之内容

诺斯(Cecil Clare North)著《社区与社会福利》(*The Community and Social Welfare*)，1931年出版。诺斯教授所著本书包括社会福利各种实施计划内容之分析。

克林(Philip Klein)及其他作者之《匹兹堡之社会研究》(*A Social Study of Pittsburgh*),1938年出版。这本最近的匹兹堡的研究,比较单纯的当地调查尤为重要,因为它是与竞争最烈的美国的城市生活状况下的社会工作做详尽的比较研究的。

琼·伯赛·吉尔德(June Purcell Guild)与亚瑟·亚尔当·吉尔德(Arthur Alden Guild)著《社会工作工程学》(*Handbook on Social Work Engineering*,1936、1940)这本手册,是根据利支曼(Richmond)城内实际经验写成的,它提出了社会发明(social inventory)[①]的计划,及发展各方面的计划。

补充上列书目,尚有若干关于社区组织的论文,散见《全国社会工作年会报告》及《社会调查》(*The Survey*)等定期刊物,有两种专门的国家出版的刊物《社区会议及公会》(*Community Chests and Councils*)、《社区协调》(*Community Coordination*),这两种刊物是专门研究社区组织的,很值得注意。

社区组织之一般文献,尚需要许多与此题有关之其他文献的补充,这些都与社会工作有关,而且包括较大的范围,这些有关的题目包括至少下列这几项:

(一)社会工作范围内之搜寻事实及研究,包括社会统计之登记、社会研究之方法及类似社区会议及公会对于"社会崩溃"所发表之挑战的及激动的论文等。

(二)社会工作普查及研究之报告。

(三)社会工作之解释、宣传及公共关系,这一类包括很多巨册的著作,如陆赞(Evart Routzahn)之《社会工作之宣传》(*Publicity for Social Work*),史犹曼(Charles C. Stillman)之 *Social Work Publicity*,及若干社会工作宣传处之著作。

(四)团体讨论,是对于社会工作及成人教育很基础的题目,有相当的文献,例如弗莱(Mary P. Follett)之《新州治》(*The New State*),华尔色(Walser)的《会议艺术》(*The Art of Conference*),及依利俄特(Elliott)的《团体思想之过程》(*The Process of Group Thinking*)。

---

① social inventory,意即社会清单。——编者注

（五）冲突，《社区冲突》一书以个案研究为主体，是一部有贡献的拓荒的著作。

（六）领袖力，例如梯特（Ordway Tead）之《领袖艺术》（*The Art of Leadership*）一书，实为最有价值之研究。

（七）社会活动（social action），费区（John Fitch）在《1939年社会工作年鉴》里所写的论文对此题目有清楚的解释，并且分散了许多论文，为此类文献之起始。

（八）社会立法之提倡。

（九）公共及私人社会机关之彼此关系，史威夫梯（Linton B. Swift）之小册《新战线》（*New Alignment*）颇为重要，其他如凯尔索（Kelso）、米尔斯堡（Millspaugh）及诺斯等之著作亦间有此类问题之论述。

（十）社会机关之行政，包括组织之过程，社区组织与行政虽然是截然不同的两件事，但在方法方面却有彼此共同之处。

如把以上所分析的社区组织文献在各社会工作专门学校里实际被采用的情形做一比较，一定很有趣味，美国社会工作学校协会曾把17个社会工作专校从1938年至1939年所用的关于社区组织的书籍搜罗起来，由密歇根大学社会工作系毕业生泰托儿（Monroe M. Title）分析。

泰托儿发现在17班中共用了1275种书，这些书籍中，只有一个学校用961种，两个学校用196种，其他118种是其他学校所用的，这些书包括从韦伯（Webb）的《英国贫穷条例历史》（*English Poor Law History*）以至于《末路》（*Dead End*），还有一些很含糊的题材如《溜滑的斜坡》（*The Slipping Slope*）等。

这个数字的解释是，这些课程虽然名为社区组织，其实是不过在社会工作范围内的一个指南针罢了，它不过是说明这种工作需要更多的认识、更普遍的应用而已。

泰托儿的分析说明这1275种书籍中，只有7种为大多数的学校（9个上下的）所采用，这7种常用的书是：

作者	书名	采用该书之学校数目
史汤奈	《社区组织》	14
诺斯	《社区及社会福利》	13

续表

作者	书名	采用该书之学校数目
诺顿	《社会工作之合作运动》	13
斐梯特	《社区组织之个案研究》	13
白应敦	《社会工作者之社区须知》	10
史威夫梯	《公共与私人社会机关之联合战线》	
华特生	《美国慈善组织运动》	

对于社区组织之已存的文献，我们能有什么结论呢？显然地，这种材料是很广泛的，而且它的领域也未划清，没有人能够教这门课，也没有人很合资格地做这种职业工作，除非他对于这些有关的材料都涉猎过。

那么到底什么是核心的社区组织文献呢？有一点是很显然的，那就是这类材料可怜地贫瘠，我只找到16种（其中有2种代表许多刊物）是属于这类的材料，其中5种还是经济恐慌前出版的，这些书很少统一性。而且有很大的脱节，例如对于方法问题即无系统的陈述，经济之联系问题除外，这些文献在性质上的差异很大。在这些书目中，如果有人大胆一些，倒很可以编出一本"社会工作好书100种"的目录，这里对于科学方法之应用有比较不太严格的属于想象的介绍，这类还包括很多根据经验和推断而得来的法则，林德曼和斐梯在这些人当中对于科学方法之应用一方面有很大的贡献，目前所谓核心的社区组织之文献，无论对于从业者，对于教师，或对于学生感觉都不足。

虽然如此，但仍有足以鼓舞的，那就是开拓者终于掀起了暴风雨，这类文献终于奠定了基石，有些人的贡献非常伟大，对于科学方法的示范发表了不少创造的思想，最好的当推来宾诺夫（George Rabinoff）[①]两年前的建议，使全国会议的计划发展为社区组织历史上最受赞许的运动，它是对于我们所称为"类属的社区组织"（Generic Community Organization）予以团体的发展，不断地搜寻集中的思想，我们已经发动了，我们没有功夫停留下来为我们自己祝贺，因为我们正在前进的路程中。

有一个问题是值得我们注意的，如果我们目前所有的文献情形是如此的，我们最需要有什么书籍呢？任何一种贡献对于我们这贫乏的文献都是受欢迎的，但是我相信有九种贡献是我们特别欢迎的，它们是：

[①] 乔治·来宾诺夫，曾任国际社会福利协会（ICSW）美国委员会的执行秘书。

（一）一本或更多本的书，适合作为社会工作的社区组织的导论之用的，集中于这种题目的书籍尚无人写过，目前这是我们最需要的了，这类书并不一定是一种教科书，但它应该可以供给社会工作学员、社区组织干事及其他社会工作者为认识社区组织之用，有人说社会工作的一切书籍都应这活叶①的方式写出，因为这种题材改变甚速，总之，我们认为一种关于社区组织的领路的书籍每五年总要重写一次或改编一次。

（二）社区组织个案研究是我们第二最需要的书，除去在一两个学校中，我们都觉得应该开始教他们个案工作法，我们需要随时的记录，以切合今日的问题，并与社会安全法及美国 3000 郡的公共福利工作相配合，我们特别需要乡郡福利工作者、社会机关会议、与个案工作或团体工作有关之社区组织工作者、机关个案工作、州福利计划之发展、开拓者之冒险、地段工作代表等之个案记录。

同时，我们需要短小的个案作为教材，从个案中找出问题，并且对于这问题有所解释，自然我们也需要较长的个案记录，有些教师已经这样做了。斯催梯（Elwood Street）的近作《公共福利行政》（*Public Welfare Administrator*）②一书中就包括很多这类的问题。

（三）社区组织方法之研究也很重要，任何委员会、学会与从业者都没有对于社区组织方法做过有系统的分析。对于社区组织机关及从业者的活动的推断的研究，根据文件的分析、日记及切身的观察的研究都是分析方法的最良善的步骤。

（四）对于社区组织某些被忽略的部分的特殊研究是极需要的，公共福利与社区组织在政府中各方面来看，都有相互的关系；但是实际上很多公共福利的教学与实施都在进行，但奇怪的是竟与社区组织仿佛不发生关系，例如国家机关、州福利组织的机关、地段服务及各处机关之联系，以及社区组织及行政方面都是些被忽略的问题。

（五）职业分析是社区组织最基本的需要。

（六）社区组织的历史写得也很少，除了史汤奈及诸敦所写的书有一部分涉及社区会议的历史，以及慈善组织及收容所运动的社区组织方面

---

① 活叶，即活页。——编者注

② Elwood Street, *The Public Welfare Administrator*, New York: McGraw-Hill Book Company, Inc., 1940.——编者注

以外，很少有足以供参考之用的。关于社区组织发展史充分的介绍可以增进我们对于这方面目前动态的了解。

（七）社区组织机关的记录仍然很幼稚，这方面的许多机关都没有像社会个案工作的个案记录那类基础的工具，这类东西逐渐引起兴趣，但是更艰苦的研究与实验是需要的。

（八）类似吉尔德与诺斯的开拓工作需要更为迫切，在各种服务方面发展各种计划，例如儿童福利及娱乐的计划等，要紧的是这些计划必须出自专家之手，但是这些专家的智识与技巧必须与社区组织工作者之间取得联络，并且应该研究怎样使各方面的标准与计划发生互助的关系，及如何可以实践。

（九）最后，我们必须制定社会工作计划，及社会服务的标准。社会工作应当有个标尺，这设调已经是老生常谈了，但是我们并没有外出这样东西。比如对于"社会崩溃"应当怎样去测量呢？这问题很重要，因为我们对于它应当有个客观的标准，这种研究困难很多，因为它必须对于人类的需要，以及对于此种需要怎样去供给都要有很深刻的了解，我们也许为太简单的统计数字所囿了，这问题是社区组织与社会工作的最基本的问题。

苦新（Harvey Cushing）[①]在他所写的《威廉·俄斯勒[②]的传记》一书中说出那本最有名的医学教本怎样写出来的故事。有一个星期日的晚上，斯温尼兹医生，那时候还年轻，后来在波劳克克莱医院做了眼科主任的，他看见俄斯勒医生在费城的小敦室俱乐部读书，他们相见只挥了挥手招呼了一下，但是后来俄斯勒站起来要走的时候，忽然往斯温尼兹的膝上丢了一个字条，上面写着，"眼科教科书，斯温尼兹著，1889年出版……"斯温尼兹一见这字条便想，"这是个暗示，一个建议，"于是他便写了那本名著，

[①] 苦新（Harvey Cushing，1869—1939），今译为哈维·库欣，美国外科医生和作家，专长于脑外科，对脑外科手术的技术进行了改进，并在神经系统、血压、垂体和甲状腺领域有重大发现。以他名字命名的"库欣综合征"和"库欣反应"是人人皆知的疾病。哈维·库欣还撰写了关于他老朋友威廉·奥斯勒爵士（Sir William Osler）的传记，并在1926获得了普利策奖（Pulitzer Prize）。——编者注

[②] 威廉·俄斯勒（William Osler，1849—1919），今译为威廉·奥斯勒，加拿大临床医学家、医学教育家、医学活动家。1849年出生，1872年获医学博士学位，1874年被聘为麦吉尔大学医学生理学讲师，次年任内科教授。1888年任约翰·霍普金斯大学医学院内科学教授。1884年被选为伦敦皇家内科医师学会会员，1890年当选伦敦皇家学会会员。1904年被聘为牛津大学内科学教授。——编者注

这本书一直再版到九版。

如果有些人,其中也有年轻的从业者,想与我们今天所讨论的问题相搏斗,也想在五年内写出一本有系统的、科学的、对于社区组织文献有贡献的书,那本文是很有帮助的,社区组织是要使人类的关系更为进步,它的文献也要愈见广博,对于这类文献的新贡献实在是向今日的社会工作者挑战,也给了他们一个公开竞争的机会。

社会工作是一种社会制度抑社会运动*

一、什么是社会工作

"什么是社会工作?"是个非常恼人的问题。专家有专家的见解,非专家有非专家的见解,甚至它因国籍、时代的不同而有不同的定义,真所谓"众说纷纭,莫衷一是"。《社会科学大辞典》(*Encyclopedia of the Social Science*)里写着:"社会工作一名词,至今尚无一满意的界说。"1939 年的《美国社会工作年鉴》(*Social Work Year Book*)也同意此说,所以有许多人都喜欢圆滑地而带着政治口吻地说:"社会工作的定义是动的(dynamic),不是静的。"我也同意,社会工作的研究比其他科学或艺术的研究幼稚,并且尚在发展与进步之中,我们可能因为研究所获得的日新月异的新智识,时常改变我们所试拟的定义。但是假定我们始终没有一个共同认为满意的定义,则我们不能界划社会工作的范围,我们也不能有一个衡量的标尺,来批评估计社会工作的成绩。这样,我们岂不是要始终在尝试与错误中摸索吗?所以社会工作的定义的探讨,并非迂腐的自讨苦吃的工作,而是有其价值与必要的。我们这些从事社会工作者必须对它有一个共同的认识与了解,才能向一共同标的携手迈进。

我们应当坦白承认,中国的社会工作界受美国社会工作界的影响很深。这一方面是由于中国社会工作界的领导人物多半是由美国学成归来的,另一方面是由于中美两国在经济、政治、文化等方面都有极密切的关系。但是两国的社会背景毕竟不同,我们对于他们的社会工作学者的见解,有检讨的必要。

---

* 吴桢:《社会工作是一种社会制度抑社会运动》,《社会建设》1948 年复刊第 5 期,第 1—8 页。

狄凡(Edward T. Devine)说,"社会工作是拯救的修补工作"[①],史瑰尼兹(Karl de Schweinitz)说,"社会工作是帮助人脱离困苦的艺术"[②]。许多其他社会工作学者,特别是偏重个案工作者,例如利支曼(Mary E. Richmond)、玛克斯(Grace Marcus)、雷诺兹(Bertha Capen Reynolds),和另一位史瑰尼兹(Elizabeth McCord de Schweinitz)都特别重视人的社会关系,认为社会工作的目的,在加强此种关系,使个人发展适应社会的能力,而获得满足的、有益的生活。

这许多不同的定义,都有一个共同的缺陷,它们不能说明社会工作与其他事业有什么区别,例如教育、宗教、心理卫生等等。这些事业也都是加强人的社会关系,发展个人适应社会的能力,以求获得满足、有益的生活的。像这样广义的界说,可能使人更混乱,更分不清社会工作的范围。不过这些定义对于社会工作的功能,都不约而同地指向一个方向,那就是重视个人在社会中的适应。

社会工作职业化的发展,在美国也只有四五十年的历史,在这几十年里,美国的社会工作者和学者,都为一个问题焦虑、挣扎。到底什么是社会工作的功能,什么是社会工作的事业范围呢!1922年,利支曼把社会工作的范围分为四项,个案工作(case work)、集团工作(group work)、社会改革(social reform)和社会研究(social research)。[③] 1933年克林(Philip Klein)把社会工作分类为个案工作、集团工作、预防及教育工作(preventive and educational work)及小区组织(community organization),或称为社会福利设计(social welfare planning)。同年,全国社会工作联会(National Conference of Social Work),把社会工作分类为社会个案工作、社会集团工作、社会组织、社会行动(social action)和公共福利行政(public welfare administration)。根据上述的分类,我们可以看出社会工作分类的演进,由复杂渐趋简单,由广泛渐趋狭窄。社会研究、预防及教育工作和社会改革已经被删减了。而且这种演进还在进行中,说不定以后社会工作

---

① Edward T. Devine, *Social Work*, New York: The Macmillan Co., 1922, p. 1.——编者注

② Karl De Schweinitz, *The Art of Helping People out of Trouble*, Boston: Houghton Mifflin Company, 1924.——编者注

③ Mary E. Richmond, *What Is Social Case Work*, New York: Russell Sage Foundation, 1922, p. 223.——编者注

的范围更要缩小。目前,除了个案工作,一部分的集团工作和社区组织被普遍地承认为社会工作的活动以外,其他都发生动摇。譬如社会运动,我们可以解释为"借着合法而有组织的社会团体来发动公共舆论,经过立法程序,或政府行政机构,发展社会福利事业"①。然而这种责任,不是社会工作者单独担负的,政党、人民团体、劳动团体、教师、医生、护士、律师都可分担,再如公共福利行政,也觉其范围太广。公共福利行政,只要一旦制度成立,并不一定需要社会工作者的参加。例如社会保险、公共卫生、公医制度、义务教育、少年法庭等。这些,广义地说都是公共福利事业,然这些事业所更需要的是律师、法官、医师、护士、教师、保险事业专家和一般的行政人员。又如"政府救助"(public assistance)中所包括的失依儿童救助、盲民救济、老年救助等,以及政府所举办的保险事业等,都不一定需要社会工作者的参加。

美国的社会工作界,因为社会工作教育的发展,工作标准日益提高,工作范围却日愈缩小。这种趋势是必然的,因为欲求躯干的发展,必须斩除枝蔓的滋生。否则,任枝蔓的延伸,反会妨碍躯干的成长。所以社会工作的功能学派,就在这方面努力,企图确定社会工作的功能,使所有从事社会工作者有相同的目标,共同迈进;从一个共同出发点,研究、探讨成绩与事功。这一点是值得我们注意的,至于是否能应用于我国,则是另一问题。

二、社会工作是一种社会制度

魏特莫(Helen Leland Witmer)①所著《社会工作:一种社会制度之分析》(*Social Work: An Analysis of a Social Institution*)②一书,说明社会工作是一种社会制度,全书以这个思想贯通,成一家言,颇可代表美国社会工作的新观点。这本著作在美国极受重视,所以特别值得我们注意与检讨。

所谓社会制度,各人的定义不同。但是马林诺斯基(Bronislaw Mali-

---

① *Social Work Year Book*, 1939, pp. 398 – 400.
② Helen Leland Witmer, *Social Work: An Analysis of a Social Institution*, 1942.

nowski)的定义,给吾人以分析任何一种社会制度的标尺,这是非常实际的。根据马氏的分析,"一种社会制度是一套彼此相配合的活动,有一组有组织而负特别使命的人才,遵照一定的规章与原则(charter and norm),并且依赖一些物质的工具去实现的"[1]。依照这个定义,社会制度之形成的几个条件,可以说是例举明白了。它必须有活动;必须依靠有组织而负特别使命的人物去做;必须有规章或原则来引导;并且必须有物质的设备来实现。以这些具体的条件,来衡量美国的社会工作,确乎够得上称之为一种社会制度。各式各样的个案工作、集团工作、小区组织,以及各种公私立的社会福利设施都是非常具体的活动;社会工作者更是有组织、有特殊训练、负特殊使命的人才;社会工作的实施有固定的政策与原则;各种社会福利机构也都有办公室、记录、特殊的设备等物质的工具。

社会工作仅仅合乎这些条件还不够,因为这些不过是社会制度的形式,社会制度的躯壳。所以不免感觉它依然是架空的,没有灵魂的。一种社会制度必须有它的需要与功能。没有需要与功能,便不会凭空地产生一种社会制度。社会工作这种社会制度的需要与功能是什么呢?

家庭制度、教育制度、司法制度、政府、医药卫生……都是社会制度,各有确定的功能,以满足确定的需要。家庭使成人男女合法地共同生活,并保护子女的成长,延续种族的寿命;教育来灌输一般人的智识与技能,满足知欲,养成谋生的能力;法律来维持社会的秩序与安宁;政府来保障国民的权利,防御外人的侵略;医药卫生来预防并治疗疾病,以促进人民的健康。这许多社会制度的形成,都首先因为人有这许多需要,为了满足这些需要,才慢慢地发展成为一种制度。

社会工作的需要从那来呢? 贫穷也许是个很重要的因素,可是患病者、失学者、失业者、失去家庭与父母者、患心理疾病者、低能者、伤残者,以及一切被权利所摒弃的不幸的人都向社会乞援。社会工作之发展,多的是为了应付这许多种不同的需要而产生的。然则社会工作这种社会制度的功能,岂不是没有固定的目标,而且与其他的社会制度的功能相冲突了吗? 其实不然。任何一种社会制度,例如家庭制度、教育制度、司法制

---

[1] Bronislaw Malinowski, The Group and the Individual in Functional Analysis, *The American Journal of Sociology*, Vol. 44, No. 6(1939).

度、医药卫生制度都是以大众为服务目标的，结果必致使少数人被遗忘或被忽略。魏特莫氏很大胆而肯定地说，社会工作这种社会制度的功能，即在使这群人中的每个人都能够得到需要的满足，它帮助每个人去适应并利用其他的社会制度。①

感谢魏特莫氏这样坦白的解释。这种解释充分地说明了美国社会工作的功能，是以个人为前提的。它如此发展，有其独特的原因，别国的社会工作者在研习美国的社会工作的哲学与理论时，应充分了解其独特之处，否则，便会更觉得混乱起来。

美国是个成熟的资本主义的国家。与资本主义共同滋长、共同繁荣的是个人主义。因为美国的资本主义已经成熟了——岂但成熟，说它衰老了也未尝不可——所以一般人都安于现有的社会制度，而不思激烈的改进。所以魏特莫氏不以社会立法、社会改造、社会运动看作社会工作，因为美国人感觉不到这些需要，而且即使有需要，也不单独地是社会工作者的分内事。同时，美国的高度工业化，加上它的得天独厚，其富有实冠甲全球。因为富有，所以各种社会制度特别是有关人民福利的都极具典范。譬如美国的政府救助，可以使大多数贫病孤弱衰老盲残获得最低限度需要的满足，而免于饥寒；美国的老年及遗族保险（old age and survivors insurance）也已相当普遍，去年受保险者已超得全国人口半数，总数达8000万人以上；义务教育也极普遍；其他公私立的社会福利机构也极发达。在这种情形下，多数人民已得到安全，无需为他们忧虑。所以社会工作者所能做的，自然偏重于被权利所摒弃的个人了。对于这些个人，也无非帮助他们适应他的社会制度，或者说是帮助这些个人能够接受或利用其他社会制度所能贡献的服务。

作者在未到美国实地观察以前，觉得他们有许多现象是我所不能了解的。为什么美国有许多慈善家，宁可为一个不幸的病人，不惜掷百金或竟千金给他最考究的治疗，而反对公医制度呢？为什么许多善心的医生宁可每星期供给两个下午免费治疗，而绝对反对公医制度？为什么美国的社会工作者与心理治疗结不解之缘，似乎心理问题比任何问题都重要呢？为什么他们认为救济工作是助手工作（clerical work），而不是社会工

---

① Helen Leland Witmer, *Social Work: An Analysis of a Social Institution*, 1942.

作者的专业呢？为什么社会工作者多以能在私立的社会福利机关工作为荣，而不愿在政府的社会福利机关去工作呢？为什么许多社会工作研究院设有社会立法、社会保险这一类的课程呢？这些问题都似乎费解，然而看了美国整个的社会背景之后，便觉得这些现象是"势所必至，理所当然"的了。我们不能不说，美国以社会工作，诚如魏特莫氏的解释，是一种社会制度，而这种制度是与资本主义、个人主义相因相成的。如果说得刻薄一点，这种社会工作是资本主义社会的装饰品，用来粉饰太平的，同时为了安慰资本家的良心，为了维持资本主义社会的繁荣，专门做修补工作的。我认为魏特莫氏的解释是勇敢的、坦白的。

三、 社会工作在中国是一种社会运动

根据魏特莫氏所谓社会工作是一种社会制度的论断，来分析中国的社会工作，实在感觉有不能适用之苦。先就社会制度应具的几个基本因素，活动、人事、规章与原则及物质的设备五项而论，每一项都成问题。像样的社会工作的活动在中国实在不多。无论个案工作、集团工作、或社区组织的实地工作园地，都很少有合乎社会工作标准的。许多的救济机关、慈善团体，甚至政府举办的救济工作，都是些未能达到标准的社会工作的活动；至于人才，以中国人口之众、需要之切，合乎标准的社会工作虽大概能以百计；再说规章与原则，规章虽有，而原则却不一致；最后说到物质条件与设备，则更是到处因陋就简，距离理想太远。难道把这许多不合标准的活动停止了吗？难道把多数没有留过学，没有进过社会工作研究院，没有在大学读过社会工作学程，或没有受到任何社会工作正式教育，而实地在社会福利机关服务的工作员的资格都予以否认吗？难道我们对于不合标准、没有适当的物质设备的机关，都取一种冷淡的态度，听其自生自灭吗？如果我们一定要应用魏氏的定义，便会使人感觉到社会工作是少数专家的专利品，少数专家的夸耀的摆设，少数专家的不合时宜的唱高调了。我们时常听到职业的社会工作者在斤斤计较，哪种工作是正统的社会工作，哪些不是；哪些人是合格的社会工作者，哪些人不是。结果是使社会工作变成学院里的珍品，社会工作者变成了迂腐的学究。于是社会工作与现实的社会脱了节。我个人并不反对社会工作的专业化，更不反

对社会工作者的追踪欧美各国的社会工作的发展。但是目的,我认为更重要的是顾到中国现实的社会。我感觉到社会工作在中国尚不能成为一种社会制度,它是一种运动,我们要靠着这个运动,动员更多的人从事社会福利的工作,我们要靠这种运动,警觉社会的一般人士对于社会福利事业有更清楚的认识、更热心的扶植。

我们再从需要与功能两方面来检讨魏氏所说社会工作是一种社会制度,是否可以应用于中国的社会工作。中国大多数的人民还生活在落后的民村社会,还在受封建的家族主义的冤魂的缠扰。近年来,大家庭虽然受都市发展、农村经济破产的影响,渐趋崩溃,然而中国人,在过去数年中,都是习惯于在家庭中"生老病死"的。所以个人有困难,并没有感觉到这是社会的责任,更没有感觉到社会福利事业的需要。同时,中国的家族主义,是一个坚强的反动力量,无形中阻碍了其他社会制度的发展,这更使社会工作在帮助个人利用或适应其他社会制度时感觉困难与渺茫。在美国,社会工作的功能可以安然地做个摆渡,把个人从不幸的此岸扶掖到幸福的彼岸,然而在中国,则两岸都是满目凄凉、遍地荆棘的荒地。人家可以左右逢源,我们却进退碰壁。所以在中国,社会工作的功能不在摆渡,而在积极地开垦与建设。

这一次的抗战,使成千累万的民众颠沛流离,才使人真实地、迫切地感觉到大规模的、普遍性的社会工作的需要。现在联合国胜利了,中国也复员了,然而不幸,国内的战乱仍在连绵。人民在极度的贫困与迫害之下,亟待拯救。这种迫切的需要,正是向社会工作者的挑战。

以目前的情势而论,广大的要求实在不容许社会工作者在象牙宝塔里寻章摘句,埋首研究什么是社会工作的定义,什么是社会工作者的标准,或者是专门地研究某一种社会工作的技能。它正在迫使着社会工作者走向大众,掀起巨波,促使各阶层、各种职业的社会人士正视这个严重问题,同谋解决之道。所以作者以为社会工作在中国只是一种运动。社会工作者最重要的功能,是唤起一般人对于社会福利事业的注意,在社会工作还没有受到普遍的注意以前,是很难发展成为一种社会制度的。

最后,作者认为魏特莫氏的社会工作是一种社会制度论,最足以说明社会工作在美国的功能、发展及趋向,并且也确立度量社会工作的事功与成绩的标尺。坦白地说,美国的社会工作是资本主义社会的一种社会制度。把魏氏的学说,应用在中国,则不一定合适,中国目前,似乎在亦步亦趋地步美国之后尘,然而中国能否有一天,发展到美国今日的现状,则颇成问题。中国的民生问题,如果要解决,必须遵循孙中山先生的民生主义,实现社会化的经济政策。但在实行时,眼前必有很大的阻力与牵制,决非一蹴而就的。然而社会工作者是不能等待的,他必须面对现实,必要时,还要与现实妥协,他要在任何艰苦的现状下,委曲求全地工作。我感觉目前社会工作者所可以做的是努力使人了解社会工作的需要;放宽尺度,使多数人参加社会工作;以宽容、积极的态度,改善、督导现有的公私立的社会工作机构;以迅速而有效的方法训练在职的社会福利机关的工作员;以通俗而简易的文字宣传社会工作的意义与需要;以诚恳而合作的态度吁请社会人士、各种职业的从业者共同策划、推进社会福利政策。这些工作在美国社会工作者的眼里,也许是落伍的、不够专门的,可是在中国却是十分需要的。所以社会工作在中国,毋宁说它是一种运动。

社会工作与社会学[*]

社会工作是应用社会学的重要组成部分。研究社会问题在于发现产生社会问题的原因,分析社会问题的发展规律,寻求解决社会问题的方案与办法。但是要解决社会问题,预防它们的发生,以保持社会的稳定,就需要进行大量的社会工作。可见,社会工作与社会学有着极为密切的联系。

一、 社会学从一开始就沿着理论社会学和应用社会学两个平行的方向发展

社会学是属于社会科学范畴的一门学科。建立一门学科必须具备下列条件:(1)它必须积累前人有关这个学科领域的知识,并使之系统化,形成一个相对完整的理论体系;(2)它必须有一定的应用价值,即能够为社会生活、社会生产服务;(3)它必须能够用科学实验或调查研究等手段来加以论证或检验。社会学以它特定的研究对象——社会(整体),而更具

---

* 吴桢:《社会工作与社会学》,载民政部人事教育司、《中国民政》编辑部:《社会工作》,中国社会出版社 1991 年版,第 1—9 页。《社会工作》一书是《中国民政》中的社会工作、社区服务、社会调查研究三门知识讲座的合编,其中吴桢撰写"社会工作"这一部分,内容包括吴桢于 1987 年在《中国民政》的《社会工作讲座》上连载的 7 篇(第 3、4、6、7、9、10、11 期)论文,该书于 1991 年出版时,他又着力修正补充,增加了 2 篇,共 9 篇。吴桢在《中国民政》1987 年的《社会工作讲座》上连载 7 篇文章,1987 年获江苏省第二次哲学社会科学优秀成果评奖二等奖。1991 年 3 月同时被收入民政管理干部学院和社会福利与社会进步研究所情报资料中心编辑的一部系列资料汇编之一《社会工作》,目的在于为民政专业课的教学和理论研究提供方便。编者在编辑本文时,同时整合了吴桢之前撰写并发表的有关"社会工作与社会学"的文献内容,包括:《社会工作讲座(第 1 讲):社会工作与社会学》,《中国民政》1987 年第 3 期,第 45—48 页;《社会工作讲座一:社会工作与社会学》,载李葆义、隋玉杰主编:《社会工作》,民政管理干部学院、社会福利与社会进步研究所 1991 年版,第 134—141 页。——编者注

有理论与应用的双重性。

人们生活在社会中,当然对社会的组织结构、社会现象和社会问题发生兴趣。人们对由他们自己所组成的社会有所寄托,有所期望;反过来,社会又对人们制约和监督。人与社会息息相关、相依为命。因此,自古以来,无论中国的、外国的思想家、哲学家都很重视对社会的研究。如我国古代思想家孔丘、孟轲等提出过"大同"社会的构想;古希腊哲学家柏拉图和亚里士多德也曾构思过"理想国";文艺复兴时期的启蒙思想家们分析了当时的社会不平等现象,并指出了其根源是私有制和贫富不均;18世纪末的空想社会主义者热心制订改革社会的计划,设计社会组织的新体制,论证社会发展规律等。他们的研究不仅代表了当时社会上的各种思潮,而且孕育着现代社会学研究的课题和内容。他们是现代社会学的先驱者,也是把哲学研究引上社会学研究的领路人。但他们的论著没有被认作社会学论著,他们本人也未被认作社会学家。这是因为当时虽然有了这方面的知识积累,但还不具备建立一门学科的其他条件。

伴随着上述社会问题的研究,旨在解决社会问题的社会工作也源远流长。如古已有之的"荒政",就是一种初具规模的社会工作雏形。我国历代皇朝,为着维护其统治,都有救济事业的设施。英国在1500年前后,教会负责救济社会上生病的、孤独的、贫穷的人。1601年伊丽莎白女王所定的救贫法,不仅奠定了英国救济法的基础,而且对美、德、法等西方国家发生很大影响。但是,这时的社会工作由于缺乏系统的科学理论指导,带有浓厚的慈善色彩。

社会学一词以及作为一门独立的社会科学出现于19世纪并不是偶然的,它是近代资本主义工业社会的产物,是英国产业革命和法国政治大革命的产物。18—19世纪西欧资本主义的发展,打破了封建时代千百年的沉睡状态,给社会带来了急剧的巨大变化。一方面,西欧资本主义取代封建制度所造成的生产力,比先前一切世代生产力的总和还要宏伟得多。科学技术的发展和人类征服自然的力量空前之大,不可比拟。另一方面,资本主义固有的社会基本矛盾带来的诸如农民破产、工人贫困失业、盗窃、赌博、卖淫等许多社会问题日益增多。其周期性的愈益凶猛的商业危机,成了危及整个社会生存的社会瘟疫,使得全部社会生活陷于混乱而无法控制。这样,资本主义时代的到来及其科学技术的发展,就产生了像自然科学认识大自然那样去设法认识社会的需要和可能。原有的社会工作不能解决新的社会问题，必须寻求一种知识和力量治理这些社会问题、社会病态。

法国实证主义哲学家孔德在1838年首先使用了"社会学"这个专用术语。这位西方社会学的创始人把社会学分为"社会动学"和"社会静学"。所谓"社会静学"或"静态社会学"，就是研究社会的平衡、秩序、社会发展的最终模式、社会常态等理论问题；所谓"社会动学"或"动态社会学"就是研究社会变态、社会变迁、社会问题，以及解决社会问题的方法等应用问题。可以说，社会学从建立初始便形成了两大分支。

美国早期的社会学家沃德继承了孔德把社会学分为"静态"和"动态"的学说，于1903年和1906年分别出版《论社会学》和《应用社会学》两书，进一步提出了"理论社会学"和"应用社会学"的概念。他将理论社会学定义为研究社会发展如何达到理想模式，如何保持各种势力的平衡，保持社会常态，维护社会秩序的理论；又将应用社会学定义为运用社会学理论对于社会现象、社会变迁、社会问题进行调查研究和寻求解决问题的方法和措施。以后，有许多社会学家也认为，社会学从一开始就沿着理论社会学和应用社会学两个平行的方向发展。

但是，理论和实践（应用）决不能截然分开。实践出理论，理论指导实践。一切理论，归根到底来自实践，不承认这一点，就会陷入唯心主义先验论的泥坑。所以我们说，在社会学这门学科的建立和发展过程中，理论与实践（应用）是相辅相成、互为因果的。

在19世纪末叶，英国社会学家布思，对伦敦各阶级，特别是劳动人民的生活状况进行了调查，写出了《伦敦人民的生活和劳动》多卷调查报告。布思的社会调查不仅收集了大量的资料，进行了统计分析，为城市社会学理论提供了数据和素材，更重要的是他的社会调查所取得的成就和影响，有力地证明了作为应用社会学一部分的社会调查就是社会学理论的应用。布思的调查，对于被调查者的挑选、分类十分重视，他设计的调查提纲包括被调查者的家庭结构、生活方式、经济地位、工资待遇、劳动条件、地区环境、邻里关系、社会交往等方面的内容。这一切都反映出布思的社会学修养和他的社会学观点。他的调查方法包括个别访问、实地观察、个案法和统计法相结合等等，这些都是典型的应用社会学或社会工作的方法。他写的调查报告导致英国《老龄抚恤金条例》的颁布，开辟了从社会调查到社会立法再到社会保障这样一条解决社会问题的新路子。

继布思之后的20世纪30年代的西方社会学家都是既重视理论研究又重视实际应用，如法国社会学家杜尔克姆、德国社会学家韦伯等，都十分重视社会调查，用翔实的调查材料和研究成果来证实他们的理论。

第二次世界大战以后，资本主义世界在经济上出现了相对繁荣的局面。科学技术、交通运输、通讯联络都有了迅速的发展，电子计算机的运用大大提高了社会调查与统计的效率，使社会学重视社会调查的传统得以发扬光大，在人口统计、民意测验以及其他需要处理大量可变因素的动态研究，还有可能出现的社会现象的预测方面都有了新的发展和提高。

苏联在20世纪20年代曾一度取消了社会学，但到了50年代又重新恢复了社会学研究。苏联重建后的社会学体系划分为三个层次，第一层次是"一般的社会学理论"，即历史唯物论；第二层次是"各种专门的社会学理论"，如劳动社会学、法律社会学、文化社会学等等；第三层次是"具体的社会学研究"，即对社会生活、社会现象的调查研究。这三个层次同样可归纳为理论社会学和应用社会学。东欧的社会学研究也采用这一体系结构模式。

如前所述，作为应用社会学的重要组成部分的社会工作，从社会学的诞生起就与其密不可分。

二、现代社会工作既不同于慈善事业，又与社会学有着区别，它是应用社会学的重要组成部分，是一门独立的学科

对"社会工作"一词有两种理解：一种是当前我国一般社会生活中所说的"社会工作"，它是指一个人除了本职工作以外可担负的工作；另一种解释是社会学上所说的社会工作。这种社会工作至今尚无一个完整的定义。美国1972年出版的《世界社会科学百科全书》对社会工作的轮廓有过一番描述："社会工作的目标就是帮助社会上受损害的个人、家庭、社区和群体，为他们创造条件，恢复和改善其社会功能，使他们免于破产。""社会工作的职能是在于帮助人们适应社会，改善社会制度。"今天看来，上述已不足以概括社会工作的全貌。社会工作在许多国家正起着远远超出上

述目标与职能的作用。

虽然慈善性的社会工作早就存在,但社会工作(即社会事业)的名称却是19世纪末至20世纪初在德国和美国首先运用,以后逐渐发展成为一门独立的学科。有的社会学者认为,社会工作与慈善事业和一般的救济事业有着显著的区别:(1)社会工作体现社会(包括国家)的一种责任感,而慈善事业则是一种求报主义;(2)社会工作旨在谋求社会成员的基本生活的需求,对社会集体具有一定的积极意义,而慈善事业则每每凭良心施舍钱财,对被施予者在生活上所发生的影响不关注;(3)社会工作有完备的组织、一整套的技术与方法,且能与其他机构密切配合,协同办理各项社会事业;(4)社会工作包括消极的社会救济事业、积极的社会福利事业和事先的预防工作,而慈善事业范围较为狭窄。现代社会工作已成为一门专业学科,一般设置在大学的社会学系中,在不少发达国家的大学里设立社会工作系,甚至专门设立社会工作学院或社会福利学院。

社会工作与社会学两者既不可分离,又不完全是一回事,有着一定的区别。英国社会学家麦其维曾说过:"社会学是研究社会关系的,社会工作则是帮助个人在特定环境之下消除个人失调现象的。"社会学综合地研究社会生活,即对种种社会现象、社会问题做出分类、比较、分析、综合的研究,以揭示人类社会各个时期的社会结构及其变动的规律;社会工作则是运用社会学原理原则来解决社会生活中繁多复杂的社会问题的。它是社会学理论的具体应用。从这种意义上来看,社会工作就是应用社会学的一个组成部分。研究社会学的重要目的之一,在于指导大量的社会工作。

三、 现代社会工作在研究和解决社会问题的时候总是以社会学原理为自己的理论基础;社会工作的实践,反过来又能不断丰富、充实社会学理论

社会学与社会工作的关系,实质上是理论与应用(实践)的关系。社会工作运用社会学上的概念和理论,给社会工作以事前的指导和事后的验证。例如,社会学上的一个重要概念"社区",它是社会制度的综合的表现,即制度之网。我们只有从社区的整体着眼弄懂了社会制度之间的功

能关系,才能针对不同的社区类型所发生的问题加以必要的调适。建立农村基层社会保障体制是一项具体的社会工作,就要运用社会学的社区原理,从整体上考虑这一项工作。又如,社会学上的另一个概念"社会控制",与社会工作更是密切相关,不可分割。社会工作是加强社会控制的重要手段之一。如果社会工作者对社会控制的各种不同方式和手段有了明确的认识,那就能因人、因时、因地地使用强力以外的各种途径,以达到控制社会、改善社会关系和使社会稳定的目的。反之,社会学也要从大量的社会工作实践中吸取养料以不断丰富自己的理论,并不断促进社会问题的解决和社会的进步。第二次世界大战后,社会工作与应用社会学在一些国家,特别是在发达的资本主义国家有比较突出的发展,这大大地充实了社会学,使社会学理论获得发展。

四、 社会工作的作用与意义

在一个稳定的社会中,各种社会关系的协调,对于社会的繁荣和发展具有决定意义。社会主义制度为我国社会的长期稳定提供了根本保证。在这个前提下,社会通过社会工作使各种社会力量和谐一致地发挥出自己的物质上和精神上的创造力,同时努力消除和转化各种影响或可能影响社会稳定的因素。

及时地妥善解决社会问题是社会主义制度优越性的体现。社会主义社会虽然消灭了剥削阶级,但人民内部还存在着大量矛盾,这些矛盾如果不能得到及时解决就会直接影响着个人与个人、个人与集体、个人与国家之间的有机结合,影响建设四化的力量。例如,我国人口老龄化趋势带来的老年社会保障问题、婚姻家庭问题、社会道德风尚问题等等。这些问题不能得到适当解决,就会影响到人际关系和四化建设。其次,在社会发展的过程中,常常不可避免地会发生各种自然灾害。对于自然灾害如解决不善,也会引起各种社会问题,甚至导致社会某一方面的失调。此外,社会上有一部分社会弱者,如残疾人、精神病人、低能儿童、鳏寡孤独和其他一些无力自己营生的人,也要通过社会工作使他们共享社会主义制度下创造的物质精神财富。

社会工作体系是一种社会稳定的机制。我国社会工作的实质是为社会主义制度下的社会发展提供一个稳定和谐的社会状况和积极健康的社会心理背景。社会工作者通过自己的工作直接地消除和转化由于各种原因造成的不协调或可能不协调的因素。例如,把没有正常养育责任承担者的老人和儿童收到社会福利院,由国家或集体承担养育责任。这种是通过社会工作自身所具有的特殊体系来实现其社会稳定或协调的功能。

社会工作还有不那么容易为人所见的作用,就是维持和提高社会的道德水准,保持社会成员的心理平衡。社会工作的道德意义就是对他人命运的关怀,就是把他人的不幸看成自己的不幸,这是人类最美好也最需要的感情的体现。

社会工作推动社会政策不断地改进,调节社会矛盾,满足社会需要,完善社会生活。社会工作者要把解决社会问题,发展社会主义的社会生活和社会关系作为己任。

社会工作与社会问题[*]

社会工作的一项重要任务就是研究社会问题的发生和发展，提出解决社会问题的方针和措施，防止和减少社会问题的不良影响。社会问题的研究是社会工作的前提，是社会工作者十分关注的。

一、什么是社会问题

"问题"一词是日常用语，所谓"问题"有两种概念。一种是指那些令人不安的、难以处理的、不利的、有害的事体与状态，另一种概念是指那些人们不甚熟悉，不甚理解，但很感兴趣，需要认真研究、严肃对待的事物，如"小城镇，大问题"，这里所谓"问题"当然属于后者，而不是前者的含意。"问题"的适用范围极为广泛，凡符合以上两种含意的事物、现象都可称为问题。在"问题"的前面冠以定语"社会"一词，即"社会问题"就成为社会学的专用语，有它特有的适用范围。

确定是否"社会问题"，应当从问题的性质是否社会性的，和问题的研究是否属于社会学的范围两个方面来分析：

（一）明确是否社会问题的依据，首先是问题的性质必须是社会性的，也就是必须是关系到整个社会或大部分人的问题。社会性表现在：

1. 问题的起源是社会性的，非少数人所能负责的，这样的问题属于社会问题。比如，伐木毁林，如果是个别人干的，那只是个别人破坏森林

---

[*] 吴桢：《社会工作与社会问题》，载民政部人事教育司、《中国民政》编辑部：《社会工作》，第9—19页。编者在编辑本文时，同时整合了吴桢之前撰写并发表的有关"社会工作与社会问题"的文献内容，包括：《社会工作讲座（第2讲）：社会工作与社会问题》，《中国民政》1987年第4期，第34—37页；《社会工作讲座二：社会工作与社会问题》，载李葆义、隋玉杰主编：《社会工作》，第141—149页。——编者注

的问题,如果是群众性的,有领导地、有组织地干的,或是有众多人参与干的,则不是个人违法的问题,而是社会问题。

2. 问题的发展是社会性的,少数人无法控制,也无法解决的,这样的问题属于社会问题。比如,人口膨胀,它的发展是社会性的,不是个别家庭多生几个孩子的问题,也不是少数人能够控制、解决的问题。它关系到我国的社会经济发展和人民生活水平的改善和提高。

3. 问题的后果是社会性的,对很多人产生不良影响,这样的问题也属于社会问题。比如,劫机、绑架人质、暗杀等恐怖行为的参与者虽然人数并不多,但对许多人产生不良影响,使人人自危,缺乏安全感,影响人们正常生活和生产,后果是十分严重的。

4. 问题是整个社会或大部分人所意识到并十分关心的,也是社会问题。比如,工资改革问题。解放30多年来,我国实行的是多就业、低工资的政策,造成"吃大锅饭"的弊端,要调动职工的生产积极性,提高劳动生产率和保证产品质量,工资改革势在必行。各行各业的职工普遍意识到,要改变这种状况不是个别人调整工资的问题,而应作为社会问题,实行工资制度的改革。其他如就业问题、贫困问题、住宅问题等群众普遍关心、重视的问题,都是社会问题。

5. 社会问题的社会性还在于控制这些问题,必须依赖社会力量,依靠少数人的力量是不行的。比方说,提倡精神文明,纠正不正之风,单凭领导做报告、发文件,甚至发命令是达不到解决问题的目的。只有全体,至少大多数人经过学习,提高觉悟,对不正之风口诛笔伐,形成舆论压力,并辅之以制度或法律,不正之风才会受到社会制裁与约束。

(二)问题属于社会学研究范围(即问题的学科性)的是社会问题,这是因为:

1. 任何学科都有其研究对象。经济学研究经济问题,如生产关系、商品交换、价值规律等;政治学研究政治问题,如国体、政体等;社会学所重视关心的是社会问题。在西方社会学160年历史和中国社会学60年历史中,社会学者、社会工作者都各自选择并重视某些方面的社会问题,承担研究任务,如"家庭""青少年犯罪""劳动就业""住宅""自杀""宗教""民族""贫穷"等问题。恩格斯研究了住宅问题;杜尔克姆研究了自杀问题;布思研究过伦敦劳动人民生活状况问题等。在诸多社会问题中,其中有些社会问题的研究任务被别的学科承担去了,或者由于它的重要性、独特性而从社会学中划分出去,形成独立的学科。如人口问题,现在独立为人口学;犯罪问题属法学范围;劳动就业问题由经济学研究。

2."社会问题"是理论社会学与应用社会学都很重视的课题。一般在"社会学概论"中,"社会问题"与"社会变迁""社会控制""社会结构"等并列为社会学的重要篇章,是社会学理论的一个组成部分。我国许多社会学者就重要的社会问题做了调查,并写出社会问题的专著。费孝通写的《小城镇,大问题》是在几次乡村农村生活的调查报告基础上,把我国小城镇的发展提到建设社会主义经济,走中国自己的道路的"大问题"上。严景耀1934年在美国芝加哥大学的博士论文题为《中国的犯罪问题与社会变迁的关系》,这是一本以社会学理论为指导,以统计法、个案法为调查方法的典范的社会学著作。

3. 社会问题的研究、解决、处理必须以社会学的理论为指导,运用社会学的社会调查方法和社会工作方法去解决。社会学者和社会工作者的重大贡献之一就是他们在研究社会问题方面有一套社会调查的方法,对解决治理社会问题方面,有一套工作方法。有些社会问题的解决需要许多学科的合作协调,如法律学、经济学、政治学的理论和方法可作为参考,但社会问题的解决则主要依靠社会学的理论指导,依靠社会工作的调查方法和工作方法。

(三)"社会问题"的产生原因与特点:

社会问题产生的原因常常是复杂的、多方面的,一般来说被列为社会问题的问题可分为以下几类:

1. 由于生理缺陷、弱智或精神失常以及其他社会因素,而丧失参加正常社会生活或劳动生产的自谋生活的能力,造成对社会的不适应。对这些问题处理不好,不仅给社会增加负担,而且给社会增加不安定因素。如对贫困、失业、伤残、精神病患者、无依靠的弱者需要给予物质与精神的帮助、支持。这一类问题是浮现在表面上的问题,容易被察觉、被重视。

2. 部分人有违反道德标准或行为标准的行为,如吸毒、阅读传播黄色书刊和录像、赌博等,这些人的不道德的行为不仅使自身成为直接的受害者,而且这种越轨行为像霉菌一样,腐蚀、毒害更多的青年,伤风败俗,造成精神污染，败坏社会风气和秩序。

3. 部分人违法乱纪、破坏社会秩序的越轨行为使社会环境失调，人民的正常生活得不到保障，如青少年犯罪问题、经济领域的犯罪问题。这些问题虽然主要由法律部门处理，但这类越轨行为者在犯法前和犯法服刑后的大部分时间里都是由社会负责对他们教养和改造。社会学者的任务是研究其犯罪原因，提出防止犯罪的办法，以及探求对他们进行再教育和改造的最有效途径。

4. 由于人的不同年龄阶段产生的特殊问题。如幼儿时期，有营养问题、早期教育问题。当前，我国最普遍的是独生子女的教育问题。托儿所的设置跟不上幼儿的需要，设备简陋，保育人员水平较低，父母不懂幼儿心理，溺爱放纵，造成幼儿不懂礼貌、不讲文明、不尊师长等，这是值得注意的社会问题。

青少年时期是人生人格生长还不成熟，最易受外界的、社会影响的时期。他们的伦理道德观的树立，性教育、婚姻问题的指导等问题十分重要。

青壮年时期，工作机会、个人事业的发展前途、家庭子女等问题成为个人这一时期的主要问题，而这些问题大多数需要通过竞争手段来谋取，这样就可能带来社会问题。

老年时期的社会问题，随着我国人口老年化趋势，显得越来越突出。有些老人经济上得不到保障，有的老人精神无依靠，有的老人生活单调无味。

由于缺乏客观的统一标准，缺少正常状况的指标，如道德与不道德的界限、合法与不合法的界限，这就给鉴定"社会问题"和对社会问题的明确分类带来困难。有的同一问题因时间、地点或制度的不同而不能一概而论是否属于社会问题。例如，开妓院在我国是犯法的，在国外有的国家只要登记纳税就是合法的，它的存在受到法律的保护；国家干部做生意，以权谋私，与民争利，在我国是不允许的，但在许多国家官商结合，狼狈为奸，鱼肉百姓是司空见惯的。

著名社会学家孙本文先生研究了社会问题的各种含义之后，提出了自己的看法。孙本文先生认为："社会问题就是社会全体或一部分人的共同生活或进步发生障碍的问题。"还可以表述为"社会问题就是共同生活或社会进步发生障碍的问题"。

孙本文的定义是经过参阅其他许多不同定义而得出的比较好的定义。这一定义在我国社会学界得到承认,但是这种定义也有其局限性,没有科学地区分不同社会制度下的社会问题的不同性质、不同的处理方法与后果。

二、不同制度下的社会问题

任何社会都会有矛盾,马克思主义者认为,社会矛盾就是社会问题。矛盾的存在是绝对的,社会问题的存在也是绝对的。不论是资本主义制度还是社会主义制度,不论是过去、现在还是将来,即使旧的社会问题解决了,还会出现新的问题,所不同的是在不同的社会制度下,社会问题的起因、内容、形式、性质有所不同,解决的方式也不相同。

资本主义国家的社会问题是由制度本身带来的,绝大多数社会问题是阶级剥削、阶级压迫的结果,其性质是对抗性的、不可调和的,不可能由社会制度本身来解决,只有通过革命,建立没有阶级、没有人剥削人、人压迫人的社会,才能从根本上解决这类性质的社会问题。资本主义国家解决自身社会问题的结果,只能做到减少、缓和社会矛盾,例如公办的社会工作、社会福利的政府职能部门及民办的社会福利机构慈善团体等所举办的一些社会福利、社会救济等工作,只能是用资本家的残羹剩饭来做点修补工作,小恩小惠,无济于事,不过是装点门面、粉饰太平罢了,不可能消灭乞讨、流浪、娼妓等腐败社会的现象,甚至这些社会福利工作成为某些资产阶级政客沽名钓誉、捞取政治资本的手段。

社会主义国家也会出现这样那样的社会矛盾,并不像有些人想象的那样,社会主义制度无比优越,因而就不存在社会问题。这种看法是不切实际的,也是不合理的。由于社会主义制度不够完善,或者是由于在社会主义经济建设中,社会生产力不断发展,生产关系和上层建筑领域的多种因素暂时不适应经济的发展,必然会出现社会矛盾。这些矛盾与问题是人民内部不同阶层、不同文化特质、不同地区环境之间的不协调,不是对抗性的矛盾,是可以通过社会主义制度自身的努力来解决的。这种矛盾和问题在党和国家的统一领导下,建立主管社会工作的职能部门,以社会学理论为指导,通过其他有关部门的密切配合,综合治理得到解决,这是历史证明了的。我国在解放初期——50 年代,许多长期存在而无法解决的社会问题,在共产党的领导下妥善解决了。国民党政府遗留下来的长期解决不了的失业问题,解放后,共产党和政府不仅安排了失业的劳动群众,还将旧政府中的大部分职员留用,避免了大批人员失业。失业问题解决了,娼妓、赌博、黑社会、贩卖人口、迷信活动等其他问题也就随之比较容易解决了。

三、社会调查、社会诊断与社会工作

社会学所说的社会工作是专业名词,有的称为"社会服务",有的称"社会福利",也有的称"社会福利行政"。美国 1972 年出版的《世界社会科学百科全书》对社会工作的解释是:社会工作的目标是帮助社会上受到损害的个人、家庭、社区和群体,为他们创造条件,恢复和改善其社会功能,使他们免于破产。社会工作的职能是在帮助人们适应社会和改善社会制度。职业社会工作者的任务是采取各种适宜的措施援助那些由于贫困、疾病、免职、冲突,以及由于个人、家庭或社会解体在经济上和社会环境中失调而陷于困难的人,此外还参加社会福利政策与社会预防方案的制订。

社会工作所要解决的矛盾,是受社会基本矛盾的支配或影响下的一些专门性的具体的社会问题。社会工作具体说来,有它的三部曲:社会调查,社会诊断,社会工作。

(一)社会调查是由社会学者进行的,是以社会学理论为指导的,研究社会问题的发生、发展和规律的科学研究方法。社会调查的方法很多,有历史法、个案法、统计法、观察法、问卷法、访问法等。原则是实事求是,对搜聚到的资料进行整理、分析,点面结合,普查与典型调查结合,定量分析与定性分析结合,从调查研究的素材和逻辑推理中抽象出对事物、现象的本质的认识和总结。

(二)在社会调查的基础上,对社会问题给予明确的诊断。社会诊断亦称"社会病理析因",社会问题只是一种病态的社会现象的描述,而"社会诊断"是经过对于这种现象的检查、化验——"社会调查"而给予的

"社会诊断"。经过社会调查以后,是什么问题就诊断为什么问题,例如,贫穷、失业、犯罪、离婚、弱智、伤残、精神污染等等。只有对社会问题有了诊断以后,才能对症下药,就像医生给病人看病一样。不过,社会问题比医学上的疾病诊断要复杂得多。在医学上,疾病症状与诊断是两个概念,"头痛""发烧""腹痛"等只是疾病症状的描述,而"流行性感冒""冠心病""胃溃疡"等则是诊断,指明了发生疾病症状的病因。在社会问题与社会诊断之间却不能分得这样清楚,往往一种社会问题,一方面是一种社会现象,另一方面它又是另外一个社会问题的原因,例如贫穷、疾病、失业、弱智等往往互为因果,很难分辨哪一种现象是根本的原因,所以"社会诊断"只能是指出最为突出,最为需要研究解决的社会问题。

(三)社会工作是在社会诊断之后实行的治疗措施。对社会工作有重要影响的学科主要有伦理学、经济学、政治学、人类学、法学、历史学、心理学、教育学、医学等。做一名专职社会工作者不是一件容易的事,最主要的要做细致的"人"的工作。很多社会问题的制造者和承受者都是"人",对他们既要从物质上给予帮助,又要从精神上给予支持,两者缺一不可,社会工作者必须在工作实践上掌握两者的比例关系,因人而异,因事而异,而且要力争把工作落实到每一个人,比如对待残疾人、精神病、弱智者不同于对待受自然灾害、车祸、工伤的人。

不同制度下社会工作的目的、内容、形式、目标不同。资本主义的社会工作本质上是维护资产阶级的利益,表面上是帮助人解决困难,但是资本主义制度本身决定了,在这个社会里,两极分化越来越严重,社会问题也越来越多,社会工作只能暂缓一下矛盾突出的问题。

社会主义制度下的社会工作,是一项自我完善的建设性工作,是由国家统一领导和管理的一项工作,如敬老院、孤儿院、残疾人福利基金会,还有一些残疾人工厂等等。社会主义的社会工作不仅有物质保障方面的救济福利工作,还有社会主义精神文明内容的工作。通过社会工作,宣传贯彻党的方针、政策和国家的宪法、法律,促进了社会风气的好转,培养了社会主义道德风尚,使解决社会问题、预防社会问题收到良好效果。当生产力水平不断提高,人民的物质和精神生活要求不断增长时,新的问题自然会不断出现,社会工作是不断有新的任务。

我国的社会工作要从我国的实际出发,继承我国传统的社会工作方法,发展我国现代的工作方法,参考西方资本主义社会的社会工作方法,把社会工作方法推向新的、更高的水平,为解决我国的社会问题创建具有中国特色的社会工作而努力。

社会工作的内涵与外延*

一、社会工作的内涵与外延

"社会工作"的概念,有它的内涵与外延。社会工作是一门属于应用社会学的独立学科。这一学科的特有属性是"运用社会学原理和社会调查方法研究社会问题产生的原因、发展规律,谋求解决那些阻碍社会健康发展的各种矛盾和问题,帮助受社会问题困扰和危害的人们克服或解决问题,以调整社会关系、促进社会福利、维护和巩固社会秩序。"这是社会工作的内涵。社会工作的外延包括社会工作的具体内容、对象、范围、达到的目标、专门的方法和技术、社会工作人员的素质和培养等。白秀雄对"社会工作"做了这样的定义:"社会福利是指一个国家的政策和民众的理想。这种政策和理想的目标是服务于社会上每一个人的生活需要和增进其能力,包括衣、食、住、行、育、乐和潜能发展等方面,而政策和理想的实现,则必须透过社会服务的活动才能逐步完成。……社会服务活动是讲求其服务的动力程序,透过各种动力的程序,以实现社会福利的目标。因此,(具有)这种社会服务社会工作专业的知识、方法和技术,才能提高服务的质量,确保服务的功效。换句话说,必须是使用社会工作专业方法和技术的社会服务活动,才能达到积极的社会福利目标。"[1]白氏的论述概括了社会工作的内涵与外延,对"社会工作"做了比较完整的、全面的界说。

---

* 吴桢:《社会工作的内涵与外延》,载民政部人事教育司、《中国民政》编辑部:《社会工作》,第18—27页。编者在编辑本文时,同时整合了吴桢之前撰写并发表的有关"社会工作的内涵与外延"的文献内容,包括:《社会工作讲座(第3讲):社会工作的内涵与外延》,《中国民政》1987年第6期,第44—47页;《社会工作讲座三:社会工作的内涵与外延》,载李葆义、隋玉杰主编:《社会工作》,第150—158页。——编者注

[1] 白秀雄:《社会工作》,三民书局1986年版,第38页。

他还把三个比较容易混淆的概念词组"社会福利""社会服务""社会工作"分为三个层次予以剖析。他认为"社会工作"是个总概念。"社会福利"是属于国家政策和群众理想的最高层次;"社会服务"是为实现政策和理想的要求而开展的各项服务活动,即社会工作的具体内容,属第二层;最后层次指社会服务活动的"动力程序",即社会工作的方法论与具体方法,并提出社会工作的专业知识、方法和技术是保证服务质量和功效的必要条件。这一定义规定了成为社会工作的三个条件:它必须在组织上制度化,体现国家、社会为民谋福利的政策;内容上规范化、形式上多样化,包括救灾、济贫、社会服务、社会改造等;方法上的科学化与专业化。白氏的论述是对社会工作的一个较好的定义,并适用于 20 世纪 30 年代社会工作的情况。

一般人认为社会工作渊源于慈善事业。这是因为慈善事业长期存在于奴隶社会、封建社会和资本主义社会中,起过一些救助贫困,施舍财物,减除鳏寡孤独、伤残病弱者的痛苦的作用,但这类慈善事业只是少数慈善家的一时发善心,求善报,无论在作用上、规模上、方法上都不能称作"社会工作"。19 世纪末 20 世纪初,西方国家由于资本主义的迅速发展带来许多严重的社会问题,引起社会对待这些问题的责任感,并开始以"社会工作"的名称取代"慈善事业"。到 20 世纪 30 年代,国家、集体、私人举办的社会工作和互助事业有了很大的发展,同时,社会工作的研究也逐渐发展成为一门独立的学科,是慈善事业发展成为社会工作的里程碑。

二、 国外社会工作的内容与现状

美国的社会工作是十分发达的。这是因为美国在工业化、城市化以后,经济和科技发展迅速,特别是免于了两次世界大战的创伤,并乘机发了"战争财",使国内经济维持较良性运转。一方面,财富愈日聚集在少数亿万富翁手里,另一方面劳动者日子愈来愈不好过。这使得吸毒、酗酒、自杀、同性爱、男女关系混乱、家庭解体、青少年犯罪、暴力、精神失常等社会问题日益严重。社会问题愈多,社会工作愈发达。据 1977 年《美国百科全书》25 卷反映:美国从事社会工作的人员已由 30 年代的 4 万多人发展到 70 年代的 20 万多人。福利团体星罗棋布,遍布全国,组成了福利网状系统,这个系统除负责社会救济、儿童福利、老年扶助、伤残扶助以外,还要管理娱乐、罪犯教育、公益事业、卫生保健、退伍军人补助等方面的设施以及其他福利事业。美国有许多私人社会工作机关,多聘用有专门训练的获有高级职称的社工人员,有的兼任社会工作的科研、教学职务。他们工作细致,调查认真,不少人通过工作实践,写出较高质量的论文,对社会工作的科研、教学及改进工作方法做出了贡献,在社会上受到尊重和较高的待遇。但一般工作者,特别是官方救助机关的工作者往往被看作向申请救助者找麻烦的人。美国的社会工作很发达,公私举办的各类社会工作机关很多,从业人员也与日俱增,结果是机关多、工作人员多,人浮于事。但他们在社会工作的教学、科研方面却有很多贡献,在国际上占有领先地位。

瑞典王国是一个北欧国家,人口 800 多万。工业发达,资源丰富,人民的就业率高,生活水平也较高。瑞典的社会工作是由政府管理的,经费来源主要依靠税收,瑞典征收个人所得税有高至 80％的。经费充足,而申请救助者人数较少,因此,瑞典的社会工作对需要经济救助者所付的金额较高,对需要收容救助者的院内设施及生活待遇很优厚,对失业者的补助金标准高,甚至超过一般职工的正常工资。瑞典的社会工作的实施,使瑞典赢得"福利国家"之美誉。近年来,由于正常的职工工资收入远不及失业者的补助金,无形中鼓励了一些人好逸恶劳,而辛勤劳动者的积极性受到挫折,要求降低救助标准,节省国家开支。看来,瑞典式"福利国家"的社会工作政策是不能持久的。

利比亚是世界上最大的产油国之一,是非洲按人口计算的国民总产值最高的国家,但利比亚 80％的人口从事农牧业生产,农民、牧民的生活水平与从事石油生产的工商业者的生活水平有很大差距。利比亚的社会工作重点在城市中兴办高等学府,用最先进的教学装备,聘请外国教授;还建造豪华的剧院、娱乐场所以装点城市。石油跌价后,这些社会工作设施成了利比亚经济上超负荷的包袱。像利比亚这种雪里送炭少、锦上添花多的社会工作也是不可取的。

苏联的社会工作包括儿童工作及妇女工作;公共娱乐(工人俱乐部、农民俱乐部、博物院、文化公园、体育社团,发放免费旅行券和娱乐券,提倡音乐、图画、雕刻、戏剧欣赏);农工的福利设备;各种社会病态的治疗

（设立济良所、职业学校、罪犯改造学校等）；普遍的社会教育；医药与法律顾问的社会化；设立婚姻事务所和体育指导班；公共卫生的设施；都市村落化与乡村都市化；消费合作社供给日常生活用品。

从苏联社会工作的内容和项目看，与西方国家社会工作的内容与项目是有联系的。50年代以后，苏联恢复了社会学研究以后，与西方国家社会工作的形式与内容以及工作方法、技术有进一步的联系。但由于苏联与西方资本主义国家的社会制度不同，苏联的社会工作具有崇高的革命理想与传统，对劳动者所遇到的困难与问题，不仅给予需要的物资救助，而且给予精神上的支持和尊重，在工作方法上对被救助者富有积极意义、教育意义。当前，苏联的社会工作重点在于发展社会福利、社会保障，保证社会全体成员的物质福利和文化不断提高，完善社会关系，创造社会主义精神文化，造就新人。

中国是文明古国，作为社会工作雏形的慈善事业有一二千年的历史。我国的慈善事业可分几类：

一类是受我国封建传统如宗族观念、血缘关系、乡土风情的影响而办的慈善事业。我国的家族组织——祠堂有很大的权威，往往承担救济贫穷族人、排难解忧、治办婚姻丧葬等事，有时还办教育、开设家学、设公堂，审理、处理各种案件。

第二类是国内各地的会馆、同乡会等组织。辛亥革命前，科举时代的会馆专管各地赴京应考的食住生活；会馆资助返乡；丧生、死亡在北京的外省人由会馆募捐集资施棺殡葬。

第三类是有宗教色彩的，例如解放前佛教徒举办的"红卍字会"办的救济工作。许多地方的天主教办了育婴堂，收容被遗弃的婴儿直至他们长大成人。

除以上私人或集体办的慈善事业，官方还办了济良所，收容妓女；感化院，改造罪犯；疯人院，收容精神病人；乞丐收容所等。这些官办的社会工作的特点是工作人员克扣救济粮款，虐待受救助者，一般人都把这些单位视为畏途。

20世纪20年代末30年代初，西方的社会学和社会工作传到中国，首先是几个基督教教会大学如燕京、沪江、金陵、金陵女子、东吴、华西等大学设有社会学系并授社会工作课。这些大学的社会学系为了配合教学，为学生建立实验基地都设有社会工作实验区，如北京燕大在清河县设有清河实验区，上海沪江大学在上海杨树浦设有"沪东公社"，南京金大在四所村设有"友邻社"，成都华西大学在石羊场设有"社会工作实验区"，南京金陵女子文理学院在南京东瓜市、四川仁寿县设有实验区。他们开展了许多社会工作活动。北京协和医学院于1925年成立了社会服务部，以个案工作方法开展医药、救济、衣物救助、为病人安排生活等工作，逐渐在北京第一卫生事务所、北京精神病院、北京怀幼会等机关开展社会工作，培养专业个案工作人员，并逐步把社会工作方法，特别是个案工作法传播到上海、福州、广州、重庆、安庆等地的医院、精神病院和社会福利机关。这些大学社会学系、社会福利行政系和协和医院社会服务部的师生是当时引进西方社会工作的一批有专业训练、又有专业意识的社会工作者。

与此同时期的官方社会工作却无所作为，这与国民党政府的腐败无能，不顾人民疾苦的反动本质分不开的。国民政府下设有社会部，部下设有福利司，罗致了一些社会工作的专家学者和社会学系的毕业生做社会工作，实际上只是在监视和管理私人办的福利工作。

1945年第二次世界大战以后，联合国成立"联合国善后救济总署"，简称"联总"，以大批衣、物、食品、交通工具及机械等救济受战争创伤的国家。中国是受战争破坏十分严重的国家，分配到的救济物质数量也是很大的。国民党政府相应地建立了一个临时机构，"行政院善后救济总署"简称"行总"负责接受救济物资，办理救济工作，我国解放区则设有"中国解放区善后救济总署"简称"解总"，接受并办理解放区的救济工作。我在"行总"工作了两年，对两种不同政党领导下的"社会工作"有切身体会。"行总"所得的救济物资数量很大，质量高，品种多，但结果大量物资被贪污、浪费、盗窃，效果极差；而在解放区，据陪同"联总"到解放区参观的人说，解放区在分配、发放救济物资方面效率很高，而且公平合理，群众满意。两种结果，孰优孰劣，昭然若揭。

三、具有中国特色的社会工作——民政工作

我国的社会工作有悠久的历史。《史记·五帝本纪第一》记载了黄帝征伐蚩尤的胜利，也歌颂了他"修德振兵，治五气，艺五种，抚万民，度四

方"等功绩。黄帝是原始社会后期部落联盟的领袖,他的功绩就在于率领部族成员搞种植、搞狩猎,向自然索取生活资料,解决衣、食、住的需要,以求生存,并防御外族的侵略,求安全。这些都是社会工作的基本内容。但当时没有国家,还不能称为社会工作或民政。

夏、商、周时代有了阶级,有了国家,也有了统治者与被统治者的对抗矛盾。国家的各项工作都是为统治阶级服务的,但也要顾到臣民的生存与生活,也要有救灾、济贫的工作,以求"国泰民安"。西周在我国还处于奴隶社会时期,设大司徒,掌管领土疆域、行政区划、户口、基层政权、救灾、社会救济、礼俗、移民等。这些内容很多就是后来的民政事务,在我国数千年的奴隶社会、封建社会的政权中延续下来,或称"内务",或称"民政",或称其他,总之,各朝各代有专司民政的职能部门。

解放前,解放区、革命根据地的民政工作的主要任务是为革命战争服务。因为革命战争的胜利就意味着"三大敌人"的垮台和人民的解放,这是最根本的社会福利。当时的革命政权对优抚工作极为重视,体现出对军人、军属、烈士、残废军人的崇高的革命感情。此外,基层政权的工作是和其他社会工作如救灾、救穷等配合进行的。

解放后的民政工作的主要任务是基层政权建设、优抚安置、救灾救济、社会福利、行政区划、殡葬改革、婚姻登记等。这些工作可以分为两类。一类属于社会性行政工作,如基层政权建设、退伍军人安置、行政区别、婚姻登记等。一类属于行政性社会工作如优抚、救灾、社会救济、社会福利、殡葬改革等。这样分类说明民政工作一般都有社会性与行政性两个特性,不能截然分开,但就一项工作而论,有的偏重社会性,有的偏重行政性。民政工作的社会性特点,可以概括为"三个一部分",即"政权建设的一部分",指基层政权建设及村民委员会、居民委员会自治组织建设;"社会保障的一部分",指社会履行义务的一部分;"行政管理的一部分",指调整社会关系、家庭关系等。这三个"一部分"都是和社会性分不开的。

我国现行的民政工作和西方国家的社会工作、旧中国的社会工作相比,有下面几个特点:

1. 我国各级政府和各职能部门有一个共同目标——为人民服务,为人民谋福利。民政部担负了一部分社会工作任务,其他部门也分担社会工作任务,如卫生部门分担公共卫生与健康、计划生育、精神病、麻风病、结核病以及其他慢性病、传染病的防治工作;公安部分担治安及对犯罪分子的教养及改造工作;文化、教育部门担任扫盲、职业教育、电影电视、老年娱乐、儿童教育等。这些工作与民政部门的各项社会工作都是互助支持、互相配合的,而不像资本主义国家政府的各部门那样各自为政,不可能为了一个共同目的而密切合作的。我国1976年的唐山地震,造成那样严重的灾难,若不是政府各部门和部队的协作,单靠民政或其他任何单一部门都是无能为力的。我国的民政工作的第一个特点就是它所负责的社会工作是依靠全党、全国各方的支援和协助的,有高度的社会性与群众性。

2. 我国民政工作的一项重要的内容就是基层政权的建设。民政工作包括基层政权建设是我国民政工作的传统。现在的民政工作保留了这项工作,这是一个重要的特点。因为基层政权是国家政权的基础,基层政权建设好了,国家政权才能巩固,社会主义民主才能发扬,人民群众建设四化的社会主义积极性才能充分调动起来,各项社会工作才能切实落实。

3. 我国民政工作在开展各种社会救济、救灾、社会服务等工作上的指导思想十分强调自力更生、挖掘潜力、依靠自己的力量解决问题的积极精神。这不仅是为了减轻国家的负担,更重要的是尊重受救助人的自尊心和增强他们的自信心,克服困难,奋发图强,自谋生活出路,反对消极补助,养成自强思想。

4. 我国民政工作既强调社会效益,又注意经济效益。例如,民政部门为残疾人办的福利工厂,既有社会效益,又有经济效益,这是我国社会工作的一个特点。

5. 我国民政工作开始重视吸取外来办理社会工作的经验,重视培养民政工作的专业人才。民政工作干部不仅要有广博的生产知识、社会科学、管理知识,而且要重视职业道德的修养,我国的民政工作还在向专业化的道路上前进。

以上五点说明,我国民政工作是具有中国特色的社会工作。

个案工作[*]

社会工作是一种专业,有自己的方法论与具体工作方法;社会工作又是一门独立学科,属于应用社会学的范围。因此,社会工作与社会学的方法论和具体工作方法基本上是一致的。

社会工作的指导思想是为人民谋福利,帮助有困难或有问题的人们克服他们的困难,解决他们的问题,过上正常、健康的生活,适应社会的需要,促进社会的稳定与发展。

西方社会工作者认为社会工作的具体工作方法有三种,也可以说是三个层次:"个案工作"(case work),"群体工作"(group work),"社区工作"(community work)。这三者之间,个案工作是基础,最根本,最重要。因为社会工作归根到底是做"人"的工作,工作的对象主要是老、弱、病、残、鳏、寡、孤、独,以及其他不能适应社会需要或有越轨行为、危害社会秩序和治安的人。一个社会工作者能够在个案工作中,培养出理解人、体贴人、与人为善、乐于助人的优秀品质,增长社会学、政治学、经济学、心理学、人类学、行为科学等方面的感性与理性知识,还能学会组织和动员社会力量共同为社会工作服务的能力。如果积累了丰富的个案工作经验,就能为做好"群体工作""社区工作"打下实践基础。

---

[*] 吴桢:《个案工作》,载民政部人事教育司、《中国民政》编辑部:《社会工作》,第 27—41 页。编者在编辑本文时,同时整合了吴桢之前撰写并发表的有关"个案工作"的文献内容,包括:《社会工作讲座(第 4 讲):个案工作》,《中国民政》1987 年第 7 期,第 37—39 页;《社会工作讲座四:个案工作》,载李葆义、隋玉杰主编:《社会工作》,第 158—165 页。此外,本文在编写时,还整合了吴桢1991 年自己整理的论文合集《社会工作讲座》(打字油印版,该论文合集不仅仅包括他在《中国民政》的《社会工作讲座》上的连载内容,猜测应该是吴桢多年来的相关社会工作讲座或培训的讲义的合集)中收入的《个案研究的理论与方法》一文的内容:《个案研究的理论与方法》(打字油印稿),载《社会学方法和调查参考资料》,1985 年 12 月。——编者注

一、什么是个案工作

（一）个案调查、个案工作的定义

如前所述"个案工作"是社会工作的一种具体工作方法，所以准确地说，应该是"个案工作法"，它包括"个案调查"或"个案研究"的方法在内。个案工作是一种工作方法，主要用于社会工作，但它也可以用于心理学、精神病学、医学、法律学、犯罪学和其他有关"人"的研究领域。现在介绍四条有关个案调查和个案工作的定义：

1. "个案调查又称个案研究。它是将某一社会单位作为一个'个案'，对其中若干现象的特征和过程做长时期的深入调查，摸透其来龙去脉。做个案的单位（案主）既可以是一个代表性的人物，一个家庭，也可以是某一个组织。个案调查一般采用研究者参与被研究个案的方式进行，如同干部蹲点实行'三同'（同吃、同住、同劳动）那样，要求与被研究者打成一片，行其所行，想其所想，从切身的感受、详尽的资料中取得理论性与实用性成果。个案调查是一种定性的研究方法。"[①]

2. "把研究调查对象当作一个整体，给予详细描绘与分析的一种方法，即搜集与研究能反映某一单位的全部现象或一般过程及其各种各样的内部联系与文化背景的第一手资料。这个单位可能是一个人，一个家庭，一个社会机构，一个社区，一个民族，或者一个社会。"[②]

3. 社会个案学（social case study）："西方社会学的一个概念。用科学方法，调查研究个人与社会的关系的学科。它注意个人、家庭或社群的特殊情况与相互之间的影响，旨在科学地指导社会个案工作，协助失调的个人、家庭或社群获得最大限度的正常生活。研究的内容主要包括下列三种：(1)社会调查；(2)社会诊断；(3)社会治疗。"[③]

4. 个案研究（case study）："对于个别社会单位（个人或社区）进行深入分析调查，探索其与环境发展的诸因素。"[④]

---

① 见《社会学概论》试讲本第 370 页。
② 见《简明社会学词典》"个案研究法"（case study method）条目，第 45 页。
③ 见《简明社会学辞典》第 258 页。
④ 译自《韦氏大学新辞典》（*Webster's New Collegiate Dictionary*）。

个案工作(case work)"是一种社会工作,是对于一个社会单元(个人或家庭)的问题、需求和适应的直接接触与处理"[1]。

综观上举的有关个案研究/调查和个案工作的解说和定义,我们可以得出以下几点认识:

1. 个案工作与个案调查/研究的关系是有区别的,又是密切联系的。个案调查是个案工作的前奏;个案工作是个案调查的继续和终结。

2. 个案研究和个案工作的对象是一个社会单位,个人、家庭、社区以至范围更大的社会机构、社会群体。但许多有关个案研究的论文或专著所指的往往是个人。这里有个值得考虑的问题,也是经常争论的问题:社会学的研究对象应该是社会的整体,而个案研究的对象却是社会的一个单元,甚至是个人,这是为什么?我认为研究社会整体从研究个人或一个家庭开始是符合马克思的从个别到一般的认识论的原理的。日本个案工作专家中野卓论个案调查说:"个人与整体相互制约,决定整体性质的个人反过来又被整体所决定。"他主张,在社会学中必须研究有个性的个人,可以通过对个人生活史的研究去了解整个社会的变化和发展。当然,个案工作解决一个人或一个家庭的问题,不等于解决整体社会的问题,但个案工作的结果或经验总结对于制定解决整个社会问题的方针、政策是有参考价值的。

3. 强调与案主直接接触,以获取第一手材料。这一点很重要,因为第一,个案工作通过访问、观察、家访等直接接触的方法可以得到第一手材料,而这些材料是统计法、历史法、问卷法所不能得到的;第二,通过与案主的"三同",可以和案主建立友谊,取得案主的信任,这是个案工作者与案主顺利合作,得到圆满结果的可靠保证;第三,与案主的直接接触是件政策性很强、技术要求很高的事,对个案工作者的锻炼与提高是很重要的。

4. 个案调查是定性分析的手段,可以加强个案工作者的预见性,为案主制定合理的、切实可行的处理计划,取得好结果。

取各家定义之长,阐述本人对个案研究和个案的见解。个人认为:(1)个案研究、个案工作的对象一般是指一个"人",而不是指一个"社会单

---

[1] 译自《韦氏大学新辞典》。

位",如家庭或社区;(2)个案研究或个案工作都应强调它在方法上的细致深入,强调研究者、工作者和对象之间的平等关系和感情上的协调,以取得对象的合作与信任;(3)个案研究、个案工作的目的都是针对某种社会现象或某种社会问题的,都是为了对一个个案了解其发生问题的原因,给予明确的社会诊断和对问题解决的方法。从个别的个案调查不宜做出理论性的论证。①

但各家定义有一个共同的缺点——没能够表达出"个案工作"的相对独立性,也没有能够说明个案工作研究是社会调查的许多方法中的一种方法。但个案工作却是多学科性的,经济学、社会福利学、社会救济民政部门工作、政法工作、医学、精神病学、企事业管理等方面都可以应用个案工作。它已经发展成为一种有相对独立性的专门学科,并发展成为一种专门职业。

(二)个案工作与个案研究的关系

个案调查是社会调查的一种方法,它属于应用社会学的范围。社会学理论对社会调查、个案调查有一定的指导意义和作用。

个案工作是一种工作方法,是解决各个人所遭遇到的问题的工作方法。个案工作全过程的前部分即了解情况、分析问题、做出社会诊断(social diagnosis)部分与个案研究是一致的。但在诊断确定后,社会调查与个案工作却分道扬镳了。前者在搜集大量的个案材料后,进行分析、推理,抽象出共同性的原理或规律,作为理论的根据写成论文或专著;后者却着重在根据诊断,与案主密切合作制定解决问题的计划或方案,把解决问题的计划坚决执行到底,最后结案。

简言之:社会工作=社会诊断+治疗。

(三)个案工作与其他社会调查方法的关系

1. 理论社会学、应用社会学都必须重视社会调查。(引胡乔木同志在1979年3月在全国社会学研究会成立大会上的讲话:"我国社会学的

---

① 自本段至本文结束所呈现的内容多数选自吴桢:《个案研究的理论与方法》(打字油印稿),载《社会学方法和调查参考资料》,1985年12月。——编者注

研究,就研究的迫切性来说,实际问题的研究更重要一些。")

2. 任何社会调查都必须以马列主义、毛泽东思想、辩证唯物主义为指导思想,实事求是,切忌片面性与主观性。社会现象、社会问题的调查研究比在实验室做自然科学的实验要困难得多。社会现象、社会问题复杂而多变,参数很多。既要研究内部变化,又要研究外部影响;既要研究过去,又要研究现在;既要做定量分析,又要做定性分析;既要研究数量的多少、比例和分布情况,又要研究事物的前因后果和它的发展规律。所以历史法、比较法、统计法、观察法、个案法……都要根据需要适当选用。以便对社会现象、社会问题做全面的、完整的、深入细致的调查研究。个案调查是定性分析的必要手段,是研究事物发展的因果关系的最优方法,是社会调查所必不可少的。(以犯罪学为例,严景耀先生遗著《中国社会变迁与犯罪问题的关系》一文是根据 300 多个案调查报告而写成的,非常有说服力。)

3. 目前社会学调查有片面强调定量分析的倾向,值得注意。定量分析是完全必要的,没有定量分析,就会"心中无数"。但不做个案研究,做深入细致的调查,向问题的纵深方向发展,只靠一定数量的问卷、填表、统计就急于求成,写成论文,其结果是即使立论无大错误,但仍然缺乏说服力,不生动,显得单薄,不给人以立体感。

4. 个案与抽样调查、典型调查的不同:抽样调查是无选择地从一堆事物或资料中按一定比例抽出若干例案来做调查,是以少数概括全面的方法。典型调查是对某一问题已有一定概念,按照现定的概念有选择地对少数有代表性的例案做研究。个案调查是根据一定单位、部门的职能,无选择地做每一个个案的调查,并对各别问题做具体分析。是什么问题,诊断为什么问题,不受既定论断的约束。

二、个案工作的发展与趋势

马克思主义的认识论认为人对于事物的认识总是由个别的到一般的。毛泽东同志在《矛盾论》中说:"就人类认识运动的秩序来说,总是由认识个别的和特殊的事物,逐步地扩大到认识一般的事物,人们总是首先认识了许多不同事物的特殊的本质,然后才有可能更进一步地进行概括工作,认识诸种事物的共同的本质。"

人类对于自然界、社会现象、社会环境的认识也都是符合这条规律的。从个别到一般是认识的自然法则,自然科学、社会科学的发展都如此。

培根(Francis Bacon)断言:在认识过程中必须从因果联系,从分析个别事物、现象出发,任何可靠的真理都必须以大量的事实为根据;人们把大量事实加以比较,就可能由单一的、个别的东西上升到一般,上升到结论。

虽然从个别到一般的认识过程是有普遍意义的,但把研究个别的事物作为一门学科,发展成为一门专业、一种职业首先是来自社会福利、社会救济等实际工作。

(一) 个案工作在资本主义国家的发展

现代的资本主义国家的社会福利工作来源于封建社会的慈善事业或社会救济机关。到19世纪末20世纪初才发展成为一种专门学科,在大学设立社会福利行政系,设置社会立法、社区工作、个案工作、群体工作等学科。社会福利工作运用个案工作方法的历史大体上可分为以下三个阶段:

1. 20世纪30年代以前

这一阶段的个案工作主要是从法律观点(legal approach)出发来做的。英国的工业革命,发展资本主义主要靠"圈地运动",迫使农民丧失土地,丧失生路,只有迁移到大城市供资本家雇用,忍受残酷剥削,成为资本家的廉价劳动力。伴随着资本主义的发展是广大工人和失业工人的盗窃、疾病、卖淫、犯罪等严重的社会不安和社会问题。1601年英国颁布《济贫法》,1795年颁布《斯品汉兰条例》。这些规定都是有利于资本家压低工资、加强对工人的剥削的。但大批工人、失业者的极端贫困和死亡也不利于发展资本主义。于是在十七八世纪除了有依据官方的《济贫法》《斯品汉兰条例》开展的救济工作外,还有不少私人举办的慈善机构和救济团体。

20世纪初期,西方资本主义国家为了安抚工人,维持他们的最低生活的需要和养儿育女、不断补充劳动力,他们不得不改善和加强社会救济、社会福利工作的效率。于是社会福利行政学作为一门学科应运而生。

20年代开始，个案工作在美国的社会福利机关中被广泛地应用，因为它对每一个需求者、案主（client）可以做深入细致的调查，做具体的分析，给予最有效的、最低廉的帮助，收到最好的效果。这时美国许多大专院校培养了一批有专业训练的个案工作者。这个时期的个案工作的重点在于进行调查，搜集社会证据，确定案主的身份，确定他是否符合给予救助的条件。因此当时做个案工作的目的是确定案主是什么样的人，对照公私救济条例，确定给予哪一种救助。因此，做个案工作的基本出发点是法律的观点。我们现在读个案工作者 Mary Richmond 所写的一本早期的经典著作《社会诊断》（*Social Diagnosis*），书中以大量的篇幅讲各种社会证据的核实与辨伪。这些观点，还留有《济贫法》的痕迹。

2. 20世纪40年代至50年代

西方国家对个案工作极感兴趣，发展很快。个案工作者已成为一个专门职业，有学会，有职称。许多电影、小说都把个案工作者作为作品中的人物来描述。这个时期个案工作的特点是和心理学，特别是和心理分析学派（弗洛伊德学派）的结合非常密切。这一阶段个案工作的特点是从心理学观点（psychological approach）出发的。作者1946年在美国参观个案工作机关，发现他们的个案工作者对于案主所感兴趣的，不是案主是什么样的人，而是案主感觉怎么样。换言之，案主所面临的社会问题不是客观存在的，而是案主心理上的主观感觉。这是资本主义国家否认和掩盖社会问题的一种手法。

3. 当前个案工作的发展趋势

当前，西方、苏联和东欧的社会学界，理论社会学和应用社会学都在重点转移到实用方面，都在努力使它们能为生产建设服务。因此，发展了许多新的学科如科学学、科学社会学、人才学、行为科学等。个案工作的应用已相当广泛，不仅用于医学、精神病学、儿童福利、伤残复员、老年闲暇时间问题、家庭、婚姻、民政、社会救济等方面。今后，大势所趋，也将在经济建设方面起作用，特别在企事业管理、做人的工作、政治思想工作方面有其更加广阔的前途。它的发展趋势可以预料必然与多方面学科相结合，而其本身将更具独立性。这一阶段的个案工作应把重点放在生产方面、提高经济效益方面。它的特点应该是经济的，可以称之为 industrial approach 或 economical approach。

(二) 个案工作在中国的发展

1. 北京协和医院社会服务部是最早把个案工作引进到医院中来的。从 1922 年到 1940 年,社会服务部在该部主任美国个案工作专家、燕京大学社会福利学兼任教授浦爱德女士(Miss Pruitt)的指导下培养了一批又一批的个案工作者,并为个案工作的专业化职业化做出贡献。

2. 国内众多大专院校如北京燕京大学、南京金陵大学、成都华西大学、广州中山大学、南京金陵女子文理学院等都先后创办社会学系,设置社会福利行政专业,开设个案工作课程。南京金陵大学、四川璧山社会教育学院都单独建立社会福利行政学系。抗日战争时期在成都华西坝成立社会工作者学会。

三、 个案工作的几个原则

1. 在任何一个社会工作单位工作的个案工作者都必须根据这一单位的职能范围为案主服务,而且必须根据政策和有关条例办事,绝不允许工作者徇私情,凭感情办事。这一原则在西方个案工作机关很被重视,称之为"代表工作单位"(represent agency)。

西方个案工作机关的这条原则,是因为西方国家各个个案工作机关有它的一定工作范围。社会主义国家则不然,个案工作者可以根据党和国家的方针政策,在可能范围内,利用一切社会资源为案主服务。"代表工作者的单位",用我们的语言就是要"代表党和国家的方针政策"。

2. 把个案调查作为了解社会生活、社会现象的窗口;把个案工作作为解决社会问题的试点,积累若干个案工作的经验加以总结和推广,可以作为解决大批的、成堆的问题的典型试验。

这是符合从个别到一般的马克思主义的认识论的。

3. 个案工作的目的在于解决问题,不务空谈。解决问题的前提是对个案问题的确诊。确诊后应与案主密切合作,共同计划,协同执行,以锲而不舍的精神把问题彻底解决。

4. 个案工作者与案主在政治上处于平等地位,绝不能以"救世主"自居。要尊重案主的人格与尊严,帮助他恢复独立生活的能力与勇气,满怀信心地回到正常的社会生活中。在整个个案工作过程中,既要注意和案主建立友谊和感情上的协调(或称"感通",rapport),取得案主对工作者的信任,又要与案主在感情上保持一定的距离,防止案主躺在工作者的身上,一切依赖,不动脑筋,不负责任。

5. 树立为案主服务的思想,培养个案工作者情操和职业道德。

这一点在个案工作者是十分必要的。因为个案工作者在某种意义上讲是案主的师长、教育者,又是帮助案主克服困难的"救世主"。他既得到案主的信任、尊敬和信赖,又掌握了案主的思想、隐衷和"私房话"。工作者有权、有条件,也有可能乘人之危,做出不利于案主的事,如纳贿收礼、敲诈勒索等。防止这些不良事件的发生,一是靠消极的惩处和严格纪律;二是靠个案工作者的品德修养,树立全心全意为人民服务的精神。这是个案工作的职业道德的最重要的一条。

对照上列五个原则,我觉得在资本主义国家是很难做到的,因为首先,在资本主义国家,个案工作者与案主的关系从根本上来说是代表两个相对立的阶级的。个案工作者归根到底是为资本家服务的,而案主是资本主义社会制度的受害者。其次,在资本主义国家里,个案工作者很容易对于工作、对于案主产生厌烦思想。这是因为个案工作者长年累月工作,他的成就充其量只能是点点滴滴的修补工作,千辛万苦地解决了一两个人的问题,但更多的人的更多的问题涌上来了。最后,在资本主义国家里虽然个案工作的机关部门很多,但各自为政,相互之间不协作、配合,对于一个问题进行"综合治理"的阻力和困难是很多的。社会主义国家的社会制度的优越性对于五条原则的实现是有利的。

四、 个案工作的步骤与方法

(一) 个案工作的几个步骤

在专业化的个案工作部门或单位做工作应有它一定的制度,按一定的步骤、程序和方法去做。个案工作的步骤如下:

1. 立案(intake):按照单位或部门的职能,前来要求帮助或经别单位介绍而来的个案,首先要立案。立案一般包括登记、编号、制卡、分发给指定的社会工作者负责等手续。

2. 第一次访问：这是一次非常重要的与案主的首次接触。"访问"(interview)，译为"谈心"更确切些。通过这次访问，应该知道案主的确实身份材料、家庭背景、经济情况、学历、工作经历和他的要求是什么。除这些基本情况需要掌握以外，更重要的是在对案主的了解需要扩展时，应能提供更多的线索。第一次访问也是和案主建立感情协调的开端。访问的繁简应根据需要而定。

3. 搜集有关案主各方面的资料，有选择地、有重点地围绕案主提出的问题搜集一切可能得到的资料（即证据，evidence）。

4. 情况的分析、证据的核实和诊断的确立。

在积累了一定数量的资料、证据后，应根据这些资料进行分析，做出初步诊断。诊断确定后，可以告一段落。如果是为了理论研究，就应该积累相当数量的个案，进行比较、统计、分析、推理而引出结论或原理，写出专题研究报告或论文。如果是为了做个案工作，解决问题，诊断的确定只能是个案工作的前半部，许多具体工作还要再继续进行。

5. 制定解决和处理问题的计划。这一步必须使案主积极参与，得到他的理解、同意和合作。即使在案主还不具备自己制定计划的能力的情况下，也不应急躁，把工作者的意图强加在案主的头上。因为只有这样才能充分发挥案主的主观能动性，避免依赖性。

6. 执行计划、贯彻计划以达到解决问题的目的。执行计划即进行治疗，在治疗过程中，发现新问题、新情况，应修订计划，改正计划，向更为有利于解决问题的方向发展。在这一阶段，要有耐心，坚持到底。

7. 结案：当案主的问题得到解决，要求得到满足，或者案主远离或死亡，个案无法继续进行或不需继续进行时可以结案。结案前应回顾个案发展过程，写出个案结论，而后结案。

8. 随访(follow up)：可以定期或不定期地随访。随访是个案工作者为了对于自己的工作的成果进行检验和巩固的必要方法。社会问题和疾病一般治愈后还有复发的可能。

（二）个案工作的几个主要方法

1. 访问的艺术

访问或交谈是一种艺术，是个案工作者与案主交流情况，互通情报，取得案主的合作、信任，使案主能够对个案工作者畅所欲言、真诚相待的手段。成功的访问需要工作者知识丰富，兴趣广泛，热爱生活，思想活跃，最重要的是工作者要从内心深处尊重案主，注意倾听案主的述说。一个好的访问者不一定是能说会道、说起话来滔滔不绝的人，但他必须是乐于帮别人讲话的人。

谈话也是一种治疗（talk therapy）。有些案主的问题和困难之中含有案主的心理因素，自我蒙蔽，是案主的潜意识在起作用。成功的谈话可以引导、诱发案主的"顿悟"进行自我剖析，自己解决问题。

要善于提问题。用明确的问题引出直截了当的答话。千万不要施用小智谋，以反复交错的问题盘问案主以引起混乱自相矛盾的答话。这样做的结果会引起案主的反感和猜忌。

访问前要有所准备，心里要有一个访问提纲，把提纲的内容和范围熟记在胸中。在访问时不要机械地按照提纲逐条问答，而是顺着谈话的自然走向谈下去，不管案主的谈话对提纲来说是多么杂乱无章，但工作者最后还是能取得提纲中所要求的一切内容。

访问者要善于记忆，不要靠在案主面前做记录或录音。

2. 家访

家访包括对案主本人和案主的家人亲友、同事、同学和其他与案主有关的人们的家访。在许多家访、访问中，要能找出许多一致的信息和见解，也能找出矛盾着的信息和见解。这就需要个案工作者的认真核实和反复查证。

家访包括观察法的运用。比如访问案主的家庭，要能够透过一个房间的布置，墙上挂的照片、字画、家具、摆设等看出案主的兴趣、爱好、生活习惯、社会地位、职业等。

3. 如何对待搜集来的资料和证据

所有有关案主的重要资料，书面的或口头的、直接的或间接的、确凿可信的或值得怀疑的都应该进行认真的仔细的推敲核实。

有时为了确诊某些问题需要专家的鉴定，如心理学家做的智力测验、情感测验，精神病专家的精神病鉴定，律师、法律公证人对某些文件、凭证、契约合同的鉴定等。

4. 写个案史

个案工作者不但要能够成功地、完满地结束一个个案,而且要能够写好个案史。写好个案史不需要华丽的文采,而需要朴实无华、简练通达的文字。个案史要求:(1)个案史不是名人传记也不是报告文学,而是个案工作记录的摘要。因此,不能只写案主一方面的情况,同时要写工作过程、访问情况、家访印象、定计划与执行计划的过程等。(2)要按照个案进行的时间先后顺序写,不能像写小说或电影剧本那样用倒插笔法。(3)个案史可以分几个段落写,每一个段落要有个小结,进行信息反馈。比如个案史可以分作"明确诊断""制定计划""执行计划""结案"几段来写。20世纪60年代以来,由于科学技术的发展,电子计算机的广泛运用,个案工作的方法也应有所革新,以提高工作效率。

五、个案工作的应用

个案工作以其严谨的调查方法,深入细致的工作作风和完整的、科学的管理个案卡和个案史的体系,不仅在社会工作的许多领域中发挥了很好的作用,而且也在教育、法律、卫生、企事业管理、思想政治工作等方面得到应用。这是因为个案工作虽来源于应用社会学,但它在实践中和许多其他学科发生交叉,成为有它相对独立性的一种工作方法,既可为社会工作服务,也可为其他工作服务,既可用于西方资本主义国家,也可用于社会主义国家。

个案工作的应用可以分为两种。一是用于社会调查的补充:一般的社会调查都侧重于定量分析,通过问卷法或统计调查某一问题的各方数据,以及数据之间之关系等。但为了使调查有它纵深方面情况的了解,也可用个案法对一定数量的个案做调查以充实或补足定量分析之不足。二是用于社会个案工作的专业机关或专业部门。这种应用是很广泛的,已经超过了社会学研究的范围。因此,个案工作与其他学科的知识杂交就产生新的内容。同时,个案工作有了它的相对独立性。

据我个人的经验,下列几种工作都应采用个案工作方法。

1. 医院、精神病院:在这方面的个案工作已发展成为个案工作学的分支学科,即医学社会个案工作(medical social case work)和精神病个案工作(psychiatric social case work)。个案工作者在医院、精神病院中与医护人员合作,对病原学的研究、诊断,对病人贯彻医疗计划,解释病情,做家属的思想工作,以及为病人安排出院后继续门诊治疗的住处和其他条件及随访等做了大量的配合医生、服务病人的工作。这些服务深为医院、精神病院所支持,为社会所欢迎。

2. 社会救济、社会福利机关:这些机关用不用个案工作方法是衡量它们的工作质量高低的一个标准。因为这些工作必须落实到每一个具体的"人",是一项非常复杂的"人"的工作,不能凭工作者的热情、感性的爱恶随心所欲地去做,也不能只凭规章制度,条条框框机械地去作。个案方法就是要用最少的代价或经费,取得最大的社会效益的方法。

3. 家庭、婚姻、恋爱、寄养和收养子女、儿童福利、老人院等工作都必须采用个案工作法才能收到美满的结果。

4. 劳改、劳教、工读学校等。

失足青少年是现在家长、老师都十分关心的问题。这些单位收容的失足青少年数量相当大。在短短的几年或几个月的劳改或劳教期间,只靠上大课学点文化和集体生产劳动是很不够的。对于如何帮助他们养成良好的生活习惯、严明的纪律和改造思想都需要深入细致的个案工作。我们虽然提出了对青少年犯罪问题要采用"综合治理",对公安管教人员要求他们"像父母一样的对待子女;像老师一样的对待学生;像医生一样的对待病人"等,但要做到这一步却不是一般公安人员所能做到的。个案工作者做这项工作是最适宜的,或者把个案工作引进到这些单位中去。我们这样试做之后,发现我们所提倡的个案工作法和公安部门的传统的调查案情,对待犯人的方法还是有相当大的距离。

5. 来信来访工作:对来信来访所提出的问题要坚持原则,实事求是地予以答复或解决。要负责到底,做到封封来信有答复,个个案件有落实。这就需要有专门机构、专门训练的工作人员,有处理案件的规定和条例,有问题随时解决,这样就可以减少和避免成群结队上访闹事的可能。

6. 计划生育工作。

计划生育的工作在我国取得很显著的成绩,但也有不少问题。"一对夫妇生一个孩子"的规定对于那些"多子多孙多福""重男轻女"的封建思想严重的人是没有多大作用的。做好计划生育工作,首先要做好思想教育工作,思想不通,光靠行政命令、罚款、不发工资、不予升等晋级等办法是不行的。《南方日报》揭发广东揭阳县130多宗溺婴事件,令人为之不安。

7. 其他各种机关、企事业单位的人事工作、管理工作,和工、青、妇、民族、宗教等机关团体的工作都可应用个案工作的方法。

个案工作是社会工作的最重要的一种工作方法,应该受到一切做人的工作、需要把工作落实到个人的工作者的重视。

8. 企事业及工厂管理工作:日本丰田汽车的管理经验中有一条就是对每一个工人的生活、家庭、婚姻,甚至哪天生日、哪天结婚纪念日都调查清楚了。

六、 个案工作估价的标准

社会工作是一门应用的社会科学。检验它所采用的工作方法的价值应根据它所达到的效应指标:

1. 通过个案工作过程,是否增长了或加强了案主适应人际关系和社会环境的能力。大凡案主遇有困难或问题,以致不能正常地生活与工作,大多数情况下是由于案主没有能很好地适应人际关系,在家庭中和家人或亲属不睦,在工作单位里与领导或同事不和,或对社会现实不满,对社会上"约定俗成"的习俗、行为规范、道德标准不适应等。案主所面临的这些问题,如从心理社会学的角度来分析,主要是案主的主观心理素质所造成的。因此,检验个案工作的效应的标准,首先是它是否帮助了案主认识到自己的心理机制,启发了案主的"顿悟"——自知之明,调动了他心理上自我调节的功能,较好地适应人际关系、社会环境,改善了案主生活上、工作上的条件,解决了他的问题。

2. 通过个案工作过程,是否有效地发挥了社区的、单位的或部门的机构职能,从许多方面参与、支持、援助案主,使客观环境有所改善,有助于解决案主的问题。例如,对失业的案主能否通过人事部门帮他找到工作,对贫困者能否得到民政部门的扶贫、社会救济等。

3. 通过个案工作过程,是否基本上解决了案主所需要解决的问题。并且经过一年、两年、五年的定期"随访"——跟踪调查,不断巩固成果,防止旧"病"复发。个案工作的主要特点就是工作者对案主采用"一对一"的工作方法,调查深入,工作细致,效果稳定而持久。个案工作结束之后,定期随访很重要,随时发现有反复或"返潮"迹象,随时予以修补或加固。

4. 积累若干已结的个案,加以分类、整理,总结经验教训,选择典型个案,从理论上引申出解决类似问题的原则与方法,供社会工作教学研究、提高专业培训的水平之用。

以上所提的四条标准,既是衡量每一个案的成败的标准,又是个案工作者在开始接受一个个案时指导工作进展的指路标志。

七、 个案工作法的优缺点的评述

个案工作方法盛行于20世纪三四十年代。第二次世界大战以后,50年代时期,开始对个案工作方法产生了怀疑和不满足。我们对这一新的"挑战"应做实事求是的分析和评价,既看到它的价值与作用,也要看到它的不足之处与缺陷。

(一) 个案工作的优点

1. 个案工作的"个人化"是划分旧式的慈善事业与现代社会工作的分界线。慈善事业是指旧社会中一部分富有者、上层社会人士,及私人团体发善心,给予鳏寡孤独、贫困无告者以小恩小惠,缓解一些苦难与社会矛盾。姑不论其流弊所在,如沽名钓誉,假冒为善,借慈善之名,行敛财自肥之实;或跻身于政治舞台,借慈善之名以捞取政治资本,骗取选票。即使是确属出于善良愿望的善举,也只是以极少量的物资、金钱散发给大量的求助者,不注重工作方法,也不指望解决什么问题,取得多少社会效益。受助者在施舍者的眼目中,只是"群氓""群丐",为了点滴"恩赐"丧失了人的尊严,牺牲了生活或工作的部分自主权。现代个案工作的发展主要是受了20世纪初期的"人本主义"思潮的影响,提倡尊重个性,尊重人权,主张助人的工作要"个人化""社会化""民主化"。这是当时风起云涌的社会改革的风暴,个案工作的导师利支曼(Mary Richmond)在她著作《社会诊断》一书中声称,她提倡的个案工作方法是为了与当时的社会改革相结合。

2. 因为个案工作着重于"个人化",势必在工作实践中重视理解人的和如何做人的工作的各门知识,因而促进了个案工作者对心理学、精神病学、心理卫生、人格发展等方面的知识的追求。同时,因为个案工作者也重视人的"社会化",因而也推动了对人类学、民俗学、民族学、法律学、经济学、社会学等知识的重视。个案工作在实践中不断丰富了知识结构,扩大了知识范围,在社会工作教育及培养人才、促进社会工作的专业化方面起了领先的、带头的作用。

3. 个案工作的运用范围日益扩大,所要解决的问题越来越复杂,牵涉的方面越来越广阔。个案工作者一方面感到个案工作方法有很大的适应性,适用于多种形式的社会工作,无往而不利,另一方面感到工作以"个人"为中心,"个人化"的方法有很大的局限性,跟不上社会工作日新月异的发展形势。20世纪30年代以后的个案工作发展为多种模式:"心理治疗模式""行为改正模式""问题解决模式""危机处理模式""目标中心模式""家庭协调模式""功能模式""成人社会化模式"等。个案工作在实践中发展了这些模式,这些模式反过来又促进个案工作方法的继续前进。个案工作者在这种形势下不能抱残守缺、停步不前,而要开拓前进。多数的个案工作者意识到个案工作方法必须与"群体工作法""社区工作法"相结合,才能比较完善地、全面地帮助案主解决问题,取得比较圆满的效果。这部分个案工作者努力学习,兼用"群体工作""社区工作"方法,成为全面发展、一专多能的社会工作者。还有一部分个案工作者经过长期和精神病医生、心理卫生专家合作,共同从事于"心理社会治疗",逐渐成为一个有实际经验的、合格的心理社会治疗者。美国著名的社会工作者查士超在他所著的《社会工作临床》一书中列举了几种心理社会治疗法:心理分析法、格式塔完形治疗法、理性疗法、行为疗法及性疗法五大类,每类疗法下又可分为若干具体疗法,这些疗法一般地和上述的几种个案工作的模式是可以挂起钩来的。它们都是由精神病医生、心理卫生专家及社会工作者配合进行的。社会工作者往往是施行这些疗法的组织者和主持人。他们既是社会工作者,也是心理社会治疗者。

(二)个案工作的缺点与不足之处

1. 个案工作重技术与实践,不重视理论研究。个案工作作为社会工作的一种方法,其特点就是工作者对于案主采取"一对一"的方法,深入细致地调查研究和处理、解决一个人或一个家庭所要求解决的问题。这一工作方法的指导思想和理论基础,基本上是哲学的实用主义,只讲效果,不讲理论,只讲"个别"不讲"一般",因此,个案工作方法先天地带来了只重实际,不重理论,只顾点滴地解决个人问题,而不研究宏观的社会问题,有"见木不见林""管窥一斑,不见全豹"的缺陷。还有一个实际问题,专业的个案工作者每人的合理的"个案负担"或称"工作量"一般以每天承担三个新案,每月以不超过100个案为适当量。在这样沉重的负担下,个案工作者只能忙忙碌碌地做具体工作,而无暇考虑"主义"和理论。在社会工作事业发达的国家里,有不少个案工作者往往在他们从个案工作的第一线退到二线,改任个案工作行政管理或教学工作以后才从事理论研究与写作,写出不少专论著作,成为个案工作的权威学者。我国在解放前也有不少终身兢兢业业从事个案工作的学识渊博、经验丰富的社会工作专家,但他们很少遗留下这方面的论著,其原因即在此。

2. 个案工作在方法上过于繁复,效率不高,不适应时代快速节奏的要求。30—50年代常用的传统的个案工作方法非常繁琐,对案主要做多次的谈话,多次的家访,详尽的记录与个案史,对案主的家属、亲友、同伴、同学、同事等都要做调查,了解他们与案主的关系和可能提供的帮助,了解案主从婴儿到青少年到成年直到老年各个生长阶段的生理的、心理的成长过程,理解他的性格、感情、爱好及心理特征等,以取得翔实的资料,而后准确地诊断和有效地处理治疗。如从实际需要出发,就会发现,有些资料不是必要的,是多余的,搜集资料的方法过于繁琐,因而旷日废时,效率不高,不能适应高效率、高速度的时代节奏。

3. 个案工作重定性分析而不重视定量分析。个案工作方法长于做纵深的调查研究与彻底的处理治疗。个案工作者对于案主所遇到的问题的起因与后果、来龙去脉有详尽、细致和深入的了解,但他对宏观社会上的同一问题的定量资料却不重视。例如个案工作者对于一个有吸毒问题的案主,可以运用个案调查方法了解案主养成吸毒嗜好的主、客观原因:案主的性格暗弱、意志不强、沉溺于恶习不能自拔,以及父母对他的娇纵溺爱、学校教育不严、社会风气不正等。属于这类定性问题的了解对诊断和解决案主的吸毒问题当然是必要的。但是从整个社会的角度来看个人吸毒问题还有许多定量的资料、统计数字极为重要。如,吸毒者占总人口的比例,吸毒者在各个不同的年龄组、性别、职业、地区的比例和分布情况,吸毒的后果,与人的寿命、疾病、不良的遗传因素的关系数,吸毒的手段与成功率的统计资料等都与处理案主吸毒问题有密切关系。过去的个案工作者重视定量分析不够,一方面是由于个案工作者没有意识到定量分析的重要性,另一方面由于定量分析的手段与方法比较复杂,手工计算所需时间太长而且容易出错,个案工作者兼顾定量分析确有难以克服的困难。近十数年来,电子计算机的计算技术发展很快,使用计算机的技术也日趋普及。个案工作者定量分析的研究已成为必要和可能的了。

八、培养个案工作者的几点建议

个案法不仅是社会调查的必不可少的一种方法,而且它可以应用于某些部门或单位以解决一些社会问题。广义地说,个案工作方法可以使全心全意为人民服务的思想得到更好地发挥。我国是社会主义国家,全国人民的奋斗目标是建设一个高度民主、高度文明的现代化的国家。我们要求在 2000 年工农业总产值能够翻两番,我们不但要建设物质文明,还要建设社会主义精神文明,我们需要各个部门、各个单位、各个企业都能来一个大改革,我们要把各方面的工作做得好上加好,这和资本主义国家点滴改良、修修补补的工作相比,任务要艰巨得多。我们不仅需要专业的、职业化的个案工作者,而且我们需要在各行各业宣传和普及个案工作的原则和方法,我相信它是会有很大作用的。因此,我做如下的几点建议:

1. 在培养社会学系专科生中,应把个案工作列为必修课,而且必须经过半年的个案工作实习,在外系也应开个案工作课,任人选修。

2. 培养个案工作研究生:招收两年制的研究生,学生可以来自社会学系毕业生,也可以来自其他的学系。两年中以一年学习社会福利、儿童福利、群体工作、个案工作、社会立法、家庭问题、社会问题等课,联系一两个个案工作的专业部门或单位做一年的实习。

3. 设有社会学系的大学可以对某些部门如公安、民政、医院、精神病院、工业管理、计划生育、来信来访和其他部门做政治思想工作的干部进行短期训练,讲授个案工作的作用和进行个案工作的方法。

4. 成立社会工作者学会。

5. 个案工作者应专业化、职业化,劳动人事部门应给予合格的个案工作者以职称和级别,并制定相应的工资制度。

群体工作[*]

一、群体工作的内涵与外延

(一) 什么是群体工作

群体工作是社会工作的专用词。英语是 group work,译为"群体工作"或"社团工作""集体工作"。[①] 要说明群体工作是什么,首先要说明"群体"是什么。"群体是西方社会学中常用的概念,意指二人以上具有直接或间接接触的人的结合。他们具有心理交互影响的确定模式或特殊类型的集体行为,通常被认为是一个结合紧密、具有一定组织形式的整体。"[②] 据此,群体不是一群互不相关、偶然聚集起来的乌合之众,而是一个具有一定组织形式的整体。"群体"大体可分为两类:一类是属于社会工作、社会福利性质的群体,如老人院、幼儿园、伤残收容中心、精神病疗养院、聋哑学校、盲人协会、救济院、劳改所、工读学校等单位及所属的群体;一类是属于一般性的群体组织,如工厂及其工会和车间,工、青、妇等社会团体及其所属的群体,以及各种文艺、体育的班、队等。

社会工作中所谓群体是指前一类的群体,其成员有特殊问题,如经济上匮乏,生理上或心理上不健全,不能自谋生路,以及有越轨行为、违法乱纪、危害社会秩序的人们。他们需要社会工作的帮助、教育、照顾和救助,社会工作者在帮助、教育、救助这类群体所采用的方法除前一讲所讲的个

---

[*] 吴桢:《群体工作》,载民政部人事教育司、《中国民政》编辑部:《社会工作》,第 41—48 页。编者在编辑本文时,同时整合了吴桢之前撰写并发表的有关"群体工作"的文献内容,包括:《社会工作讲座(第 5 讲):群体工作》,《中国民政》1987 年第 9 期,第 41—43 页;《社会工作讲座五:群体工作》,载李葆义、隋玉杰主编:《社会工作》,第 165—172 页。——编者注

[①] group work,现译为"团体工作"或"小组工作"。——编者注

[②] 《社会学简明辞典》"群体"条目,第 459 页。

案工作,即以个人为对象进行工作的方法外,还需要用群体工作方法,即通过在群体中开展各种形式的健康的、富有教育意义的群体活动,使他们因在经济生活、社会环境中的失调而陷于困境的状况得到修复和改善;使他们能够获得适应社会需要的能力,改变他们遭受社会的歧视、排斥和摒弃的苦难。群体工作方法不仅可以用于社会工作的群体,也适用于第二类群体,如工厂,学校,工、青、妇社会团体,正常的儿童、青少年、老人等各年龄组的群体。它可以应用于教育、文艺、医药卫生、科技等许多领域的群体,有其极为广泛的外延。

(二) 群体工作与个案工作的关系

群体工作是个案工作的补充和发展;个案工作是群体工作的基础。两者的功能与作用是一致的,都是要把社会工作的方针、政策落实到每一个求助者的身上。因此,个案工作是重要的、基本的。我们可以从"案主"能否恢复他们的身心健康,能否改善或增强他们在社会中正常的生活的能力等方面检验社会工作设施对他们所起的作用和效益。但是,他们能否恢复、重建正常的社会交往,愉快地和他人相处,处理好人际关系,受到社会的接纳、欢迎和尊重;他们的社会行为、社会活动是否符合社会行为准则、道德规范等问题,则往往被个案工作者所忽略。这就需要群体工作来补其不足,以开展群体活动把他们置于群体中受锻炼,接受考验。个案工作与群体工作两者的关系首先是互为补充、互相为用的。

其次,个案工作的对象是一个人或一个家庭。个人与家庭是社会的细胞,最小的一个社会单元。把个人或家庭作为整体来看待是理所当然、易于理解的。群体工作的对象是两人以上的人数较多的群体,群体也被看作一个整体,个人只是群体中的一个分子。群体工作的出发点要以群体的整体利益、整体的福利为重,而不以个人或个别家庭为重。开展的活动也以群体的共同需要和爱好为依据,而不考虑个别人的兴趣。总之,群体工作不是若干个案工作的简单相加,而是有它特有的工作方法和活动的方式。群体工作以若干人组成的群体作为一个整体来看待,与个案工作以个人为一整体来看待是有区别的。

再次,个案工作者方法上的局限性在于个案工作者致力于与案主的直接接触,树立互相信任、互相信赖的感情,以帮助案主医治创痛,克服困难,使其回到正常的社会生活的道路上去,但缺少把案主置于群体中接受锻炼、教育的手段;群体工作者的局限性在于对群体的成员缺少深入细致的了解,而只能在群体活动中观察、发现和培养他们适应群体生活的能力与素质。两种方法都有其独到之处,但他们之间的配合与合作,可以起到全面地、完整地帮助个案案主和群体的成员社会化、重社会化、再社会化的重要作用。

(三)群体工作也是社会工作分类的参考因素

20世纪初期,社会工作开始从旧式的、带有浓厚封建色彩的慈善事业发展为现代式的社会工作和福利事业,经历了数十年的社会工作的实践,才逐步地对社会工作的分类有了比较明确的,为大多数社会工作者所承认的分类法。1922年美国著名的社会工作专家利支曼(Mary Richmond)在她所著的《什么是社会工作》(What is Social Work)一书中把社会工作分为四类:个案工作、集团工作(群体工作)、社会改革、社会研究。1933年克林(Philip Klein)把社会工作分类为个案工作、群体工作、预防与教育工作及社会组织。美国"全国社会工作联合会"(National Conference of Social Work)把社会工作分类为个案工作、社会群体工作、社会组织、社会行动和公共福利行政。上述分类法,并不是按照工作的性质、功能与任务所做的分类,而是从社会工作对象的人数多少、规模大小,按层次逐步升级。放在最底层的是以人数最少、规模最小、工作方法比较简单、工作的活动范围也比较狭窄的个案工作。放在次一层的是工作对象人数在十数人至百余人左右,工作方法、方式及规模比较多样、复杂的群体工作;放在最高层的是宏观的社会工作,也就是关系到覆盖大面积的形式多样化的社会工作的政策、方针、计划、制度与管理等大问题的一层。在个案—群体—社区的三层分类的问题上,对个案工作与群体工作这两层,社会工作者都有一致的看法。对于什么是最上层的社会工作,经过争论,不再提"预防与教育工作""社会福利设计""公共福利行政"等内容不甚明确的词语了,而共同认为最高层应是"社区组织"(community organization)。

二、 群体工作的具体内容与形式

群体工作的具体内容与形式是和它的任务与作用分不开的。群体工作的任务与作用，广义地说，是一种社会教育的工作，它是包括德、智、体、群教育，特别是加强群育的一种教育方法。但这种教育不是通过正规学校、课堂教学、书本教育来进行的，而是通过各式各样的群体活动如游戏、竞赛、野营、文艺演出、学习讨论等为人们所喜闻乐见的方式来进行的。狭义地说，群体工作是社会工作的具体方法，是有组织、有计划、有目的地通过开展群体活动使有困难、有问题的被救助者能够克服困难，解决问题，恢复、重建正常的社会生活，适应社会的要求与需要，是"再社会化"的最好的方法。

群体工作者的任务是帮助群体组织活动，并帮助群体培养和推选出群体的自然领袖，使群体能够成为一个自我教育、自我提高的群体。在群体还没有能够产生他们的自然领袖以前，群体工作者需能先肩负起这一任务。他应该是一位知识面广、兴趣多样、热爱生活、善于组织群众、与群众打成一片的开放型的和性格外向的人。此外，他还必须具备和熟悉各种群体活动的知识和技能。

群体活动的方式方法多种多样：

组织学习讨论和生活检讨活动。群体和个人的物质需要，在可能的情况下应给予补偿与满足，但他们更需要社会主义精神文明建设和思想政治工作。组织他们学习，可以启发他们的觉悟，克服他们思想上的消极因素，帮助他们树立"有理想、有道德、有知识、有纪律"的品德。在群体中如发生纠纷和不团结现象时，组织生活检讨会，让他们各自多做自我批评，消除不良影响，达到团结的目的。这样的学习讨论和生活检讨会，结合实际，言之有物，有说服力，使参加者感到有收获，有兴趣。

开展多功能的游戏。一般人以为游戏只适宜于儿童，不适于青少年、中年和老年。其实不然，游戏适合于各年龄组的人们，是最有效益、最为人所喜爱的活动方式。游戏有很多类型，有多种功能。

1. 益智型的游戏：如电视台举办的科技、文艺、历史、地理、交通规则、家用电器的使用与维修等知识的智力竞赛；如组织读书心得交流、科技咨询对话；如举办棋类、牌类竞赛等活动。这种游戏，可以增加知识，开阔视野，锻炼人们思维敏捷、反应迅速的能力。

2. 分组竞赛型的游戏：把一个群体分成人数相等、势均力敌的甲乙两组，进行各种有趣的对抗性的竞赛。如，将甲乙两组列成纵队，游戏主持人用两句不同的、字数相等的成语分别用耳语告诉各组列队的第一人，而后同时向后面的人一一耳语传递，看哪一队传达得最快而又准确无误，以此决定胜负。这类游戏可以教育群体成员，懂得从依靠集体、发挥集体智慧、互相配合、通力合作中受益。

3. 锻炼体力、耐力等体育型活动：如分队拔河、各种障碍竞走；又如做俯卧撑、倒立、前后滚翻等计时计次数的比赛。这类游戏适宜于青少年，很能引起他们的兴趣和喜爱，也可用于弱智，或心理上有缺陷的人和群体，以吸引他们把注意力集中到体力活动上来，避免他们的胡思乱想，异想天开，思想钻牛角尖。

4. 治疗型的游戏：这类游戏要能对症下药，有的放矢。对于弱智者给他们最不需要动脑筋的活动，如传统的丢手帕、击鼓传花等，使他们易于学，易于玩。太难了就会伤害他们的自尊和自信。

5. 职业训练：在集体中教成员打毛线、织网袋、糊纸盒、编竹器等。这一类活动要寓职业训练于游戏中，不要着眼于经济效益，而要使他们能够在闲余时间逐步培养劳动习惯，增强他们的自力更生的信心。

6. 举办夏令营、营火会、登山、郊游等活动：这类活动需要集中一段时间，有明确的学习和锻炼的目的和计划，组织好队伍，挑选得力的班、组的带队人，制定好行动日程、生活秩序和必要的制度和纪律。这类活动适用于青少年和成年人。还有举办舞会、音乐欣赏会等，这些活动有较强的文娱性，适合于青年男女的社会交往。有些工厂的工会以这种方式帮助男女工人，特别是大龄女工找对象，受到青年人的欢迎。

群体工作者在开展以上各种群体活动时应注意每次活动后要及时总结经验，写好记录。要通过这些活动，深入了解参加人的表现、特长、情绪和反应，为开展下一次活动做好准备。针对各种不同的年龄特征，不同的文化修养素质开展不同形式的活动。注意在参加者当中物色一些为群众所爱戴、作风正派、善于团结人的人出来做群体活动的带头人。群体工作者在群体活动中要以身作则，遵守纪律，公平正直，还要学会做群体工作的一些方法和技能。

三、群体工作的培训与专业化问题

　　群体工作在社会工作方法中早已在 20 世纪 20 年代就确立了它的重要地位。西方社会工作院校的社会学系、社会工作专业多数设有这门课程,并且有实习场所供同学们实习。但是经过数十年社会工作的实践,群体工作与个案工作的发展相比,则远不及个案工作的发达和受重视。这是因为:第一,群体工作只是在社会工作有了较大发展、社会工作机构的下面有了比较稳定的群体组织才开始意识到、注意到群体工作的需要。所以群体工作只是个案工作的补充与完善。第二,群体工作的重要性在于通过开展群体活动进行群育教育,教育人们合群,重视群体的配合与合作,发挥群体的智能和力量,帮助和促进儿童和青少年的"社会化",中老年人的"继续社会化"和有行为问题,心理、生理不健康的人的"再社会化"。它的重要性首先被儿童福利工作者,中小学教师,工、青、妇社团干部,医护人员,救济、救灾工作的民政干部们所重视。他们为了适应需要,来不及等社会工作专业培训出群体工作者,就自己走上讲台,走到现场,经过实践成为有经验的群体工作者。第三,社会工作者一般地虽学过群体工作,但长于此道的并不多。许多需要群体工作的单位和场合,不少由个案工作者越俎代庖了。有以上三种原因,笔者认为群体工作成为一种专业的可能和前途是不大的。但是,随着社会工作事业、民政工作和社会保障事业的发展,群体工作作为一门学问是需要的。将来可以由具有这方面经验与知识的教师,干部,文艺、体育工作者总结他们的收获,进行交流,编写这方面的教材,供需要者学习、参考。

社区工作[*]

一、社会学研究与社区、社区组织、社区工作等概念发展的关系

社区(community)原是个常用语,泛指在一定地区内居集的一群人和若干小群体。它往往可以和"社会"一词相互通用,不必再加定语或解释,其意自明。早期的社会学研究也不常用这一词汇,但社会学研究发展到20世纪二三十年代就常把"社区"一词与"组织""中心""结构"等词连用成为"社区组织""社区中心""社区工作""社区结构"等而成为社会学的专业用语,而且各赋予特定的解释和定义。

西方社会学研究的指导思想,长期以来认为社会应该作为一个有机的整体来研究,但社会这个整体庞大无边,很难着手。同时,又认为家庭是社会有机体的细胞,个人是家庭的一分子,因而社会学的研究很重视对个人、家庭、邻里、小群体的研究,形成了社会学研究着重于微观社会而忽略了宏观社会的现状。

现代西方社会学,特别是以帕森斯(T. Parsons,1902—1979)为首的结构—功能学派,提出了结构—功能的分析原则,认为社会制度的整体性和一体化原则是首要的,个别现象只是在整体范围内执行某功能的具体体现。这一派十分重视社会、社会制度之间的相互关系、社会的结构与功能,而不大注意个人和小群体。其他现代社会学者一般也认为"社区"是

---

[*] 吴桢:《社区工作》,载民政部人事教育司、《中国民政》编辑部:《社会工作》,第48—56页。编者在编辑本文时,同时整合了吴桢之前撰写并发表的有关"社区工作"的文献内容,包括:《社会工作讲座(第6讲):社区工作》,《中国民政》1987年第10期,第44—47页;《社会工作讲座六:社区工作》,载李葆义、隋玉杰主编:《社会工作》,第172—179页。——编者注

社会制度的综合表现，是"制度之纲"。只有从社区的整体出发观察、调查、分析社区与社会制度之间的功能、结构关系，才能正确地诊断不同类型社区出现的社会问题的症结所在，提出处理、解决问题的方案与具体措施。简言之，社区是微型社会，是社会的缩影，是社会学研究的基础。

二、 社区是怎样形成，怎样组织起来的

有的社区是自然形成的，有的社区是人为地组织起来的。不管是自然形成或组织起来的，根据《社会学概论》(试讲本)的阐述和《社会学简明辞典》的解释，社区组织的建立归纳起来需要下列五个要素：

1. 社区是以一定的生产关系为基础组成的人群，也就是以一定生产关系组织起来的人口集体。所以人口是社区组织的一个要素。人口的多少没有一定的要求与规定。以人口的多少来区别"群体"与"社区"的界限是没有明确的规定的。但一般概念认为群体的人数不过数十百人，社区的人口数字要更多一些。

2. 社区要有一定的区域界限。区域的面积可大可小，没有一定的标准与规定。但一定的区域界限是很重要的。社区和社会团体、社会群体不同的一个重要方面就在于群体的集聚多以职业关系、血缘关系或共同爱好、共同信仰为依据；而社区的形成往往和行政区划相联系，例如农村社区往往与村、乡、县，城市社区往往与街道、区、市的区划相关联。

3. 社区具有一定特点的行为规范与生活方式。一个社区可以包括若干不同性质的团体和小群体。居民中包括不同年龄、不同职业、不同籍贯、不同信仰、不同爱好和兴趣、不同社会阶层的人们。他们生活在社区中必然产生多方面的、复杂的人际关系。为了协调好这种种关系，就需要有规章制度、行为规范、乡规民约等。这是培养社区成员的同类意识，维护社区内部牢固的、内聚的团结互助关系的重要保证。

4. 社区成员在心理上、感情上具有该社区的地方感情或乡土观点。

5. 具有一定的服务设施与条件，以满足社区成员的物质生活和精神生活的需要。例如保护环境卫生，提供家庭服务，举办托儿所、幼儿园、各种专业培训班等都需要活动场所、文娱设备、文体用具等。特别重要的是要有一定面积的活动场所供小组讨论和开会之用。

成立一个社区组织需要上述的五个条件是社区组织的任务和功能作用所决定的。社区的功能与作用可分为两个方面：一方面是积极的"社会化"作用，即通过社区开展的各种活动帮助、教育、影响社区成员的"社会化"过程，使他们成为具备维持自身和家庭生活的知识与技能的，有良好的生活习惯和道德品质的，能够适应社会需要的"社会人"；另一方面是"社会制约"的作用，即通过社区所开展的普及法制教育、行政管理措施、乡规民约的制定等活动，帮助身心有缺陷的人们能够克服困难，自谋生路，教育和改造行为越轨的人们能够弃旧图新，回到正路上来。

三、社区组织在社会工作中的地位与作用

一般人认为，社区组织与个案工作、群体工作并列为社会工作的三种基本的、直接的方法。我认为，三种基本工作方法之中，社区工作处于顶端地位。因为不论从工作的对象的多少与范围的大小以及工作者所需的技能与修养都超过个案工作与群体工作。《简明社会学辞典》对"社区组织"所下的定义是："社区组织即社会福利组织的简称。在一个社区内运用配合设计与联系组织的方法，调查其社会资源与社会需要，发动人力与物力，预防和解决各种社会问题，开展社会服务工作，以促进社区同居民在物质生活和精神两方面的健康。"根据以上定义，可以看出社区组织在社会工作方面有其突出的重要地位与作用。美国社会工作教授札斯超（C. Zastrow）博士[①]在他1981年出版的重要著作《社会工作的实践》（*The Practice of Social Work*）一书中感慨地说："我感到很诧异：许多社会工作者只愿意做个案工作或群体工作，而不愿做社区工作。这是因为他们还不理解，没有社区组织，单一地、孤立地进行个案工作或群体工作就会劳而无功或收效甚微，他们也没有体会到，他们在进行个案工作或群体工作时，从来也离不开和其他社会团体、福利机关的联系和合作。"札斯超还认为社会工作者必须学会社区工作，否则，他就不是一位称职的、成熟的社会工作者。他把社区工作者的作用与职能分析为六条：

---

① 札斯超（C. Zastrow），美国威斯康星—怀特沃特大学社会工作系教授，现代社会生态理论最著名的代表性人物之一。——编者注

1. 组织促进者（enabler）：社区工作者应该通过开展活动，和对群众的宣传教育工作，帮助人们认识到社区组织的作用与意义，促发他们组织起来的自觉要求。一个人遇到困难与问题，固然要靠自身的努力奋斗，但很多问题与困难是有共性的，有共同的社会根源，这些问题的解决，光靠个人奋斗是不够的，需要组织起来。只有组织起来才有力量克服困难，解决问题。

2. 牵线搭桥者（broker）：社区工作者应该熟悉社区中存在的各种团体、组织的性质与作用；了解社区内物力、财力、人力的资源信息；通晓利用这些资源的渠道和程序。社区工作者要做需要帮助者与能够给予帮助者之间的媒介——起牵线搭桥的作用。

3. 咨询服务者（experts）：一个社区应尽可能发现和聘请各个领域、各种行业的专家学者作顾问，请求他们为需要者解答疑难问题，并帮助需要者出主意、想办法。但社区只能做咨询服务，而无权做硬性裁决，强加于人。

4. 调查设计者（social planning）：一个社区工作者对于社区的情况、现象和问题都要做周密而深入的调查研究，广集资料，研究分析，做出正确的诊断，选择最佳的解决方案，争取最高的社会效益。

5. 权益保护者（advocates）：这是引用的一个法学上的名词，意思是说，对于社会工作或社会福利机关如果对申请救助者的要求做了错误的判断和不公正的处理时，社区应为申请救助者做辩护人，维护他们的合理合法的应得效益。

6. 宣传鼓励者（activists）：这一条是札斯超专指资本主义国家的社区组织者而言的。activist 的含意是指政治上的激进派、革命派。资本主义国家的社区组织的成员大多是经济上被剥削，政治上受歧视，或者是种族歧视的受害者。他们往往是反对核装置、争取妇女解放、反对种族歧视、要求增加工资待遇、改善劳动条件等示威游行的积极参与者，甚至是组织者。社区对于群众的正义斗争应该予以支持和倡导。

综合上述各点，可以认为社区组织的意义与作用实际上是 20 世纪 30 年代以前社会工作者所期待的社会工作应参与"社会立法""社会福利行政""社会规划""社会政策"的研讨和订定的愿望，今日通过社区组织而得到实现和落实。所以说，社区工作在社会工作领域里处于高层次、高水平的地位。

四、 社区组织是社会工作方法上的突破，达到了新水平

社会工作摆脱旧式慈善事业的模式的羁绊已数十年，特别是近 30 年以来，在资本主义国家的大、中城市中，社会工作事业、社会福利机关普遍设立，社会工作者不仅数量上大为增加，而且在专业培养与训练方面有明显的加强与提高，社会工作的方法也有长足的改进。但是，面对社会上存在的大量的复杂的社会问题却一筹莫展，束手无策。有的个案工作者经过多年的辛勤工作，逐个地解决了数十以至数百案主的问题，但随之而来的却是更多更复杂的问题；有的群体工作者曾亲自或帮助他人开展过无数的有益的群体活动，但对群体的健康发展却收效不大，他们感到困惑不解。但他们的多年的实践和经验使他们觉醒，经过探索，他们提出了这样的一些问题和意见：(1)社会工作不应局限于表面的、点滴的修补工作，而应该从大处着眼，宏观地考察、研究和解决大面积的问题；不应只重定性分析，忽略定量分析，而应着力于研究、治理整个社会的根本性的问题。(2)社会工作所要解决的问题千头万绪、盘根错节；社会工作、社会福利机构遍布城乡，比比皆是；社会工作者的数量与质量都有很大提高，但各自为政，各行其是，因而效果不好。对于复杂的、关系重大的社会现象与问题，人数众多的工作对象和庞杂而分散的社会工作机构，需要国家的统一计划，统一领导。社会工作、社会福利事业的发展应列入国家计划与预算之中。(3)社会工作的范围应扩展到"福利行政""生产管理""社会设计"、公共卫生、文化教育、科学技术等许多方面。社会工作应从整体观点出发，加强与政府各有关部门和社会团体的横向联系，密切配合，共同行动，提高社会工作的质量与水平。

上列三点要求是促进社区工作的动力。特别是在第二次世界大战以后，战胜国与战败国都受到战争的创伤。战争结束以后，除了正常的社会工作、社会福利必须恢复以外，大量医治战争创伤的问题，恢复经济建设、重建家园，安定社会秩序，改善人民生活等问题都不是采用个案工作，群体工作点滴修补、零打碎敲的办法所能承担的。而社区工作则具有工作规模大、工作形式多样、受服务的人数众多、工作方法灵活多样等优势，因而受到重视并得到发展。目前，社会工作比较发达的国家，在城市、郊区、

农村都发展了社区组织工作。

五、重视社区调查工作

社区调查是社区工作的前提,社区调查的成果为社区工作的开展提供了条件和根据。社区调查与研究(community survey and study)是"在特定地区进行实地调查与研究。……调查项目,通常包括社区的生活、价值体系、结构、功能、问题及变迁等,常用的方法是:客观描述与比较的方法、观察法、深度访问法、社会测量法、个案研究法、家谱村史搜集法及内容分析法等。这种调查可取得较全面的第一手资料,经过综合、分类与分析,提出问题,做出结论与建议,引起社会重视,并提供有关部门作参考"。

我国著名社会学家费孝通教授于1936年在苏州吴江县(今吴江区)开弦弓村(即江村)一带做社区调查,访问了许多村民和他们的家庭,调查了该区的蚕丝厂的副业生产的兴衰历程,掌握了丰富的第一手材料。经过整理、分析后,在他留学英国时,写出《江村经济》一书。这是他初访江村的社区调查的成果,很多外国读者读了这本书,认为是了解中国农村情况的一本必读的书。1957年上半年,费教授做第二次开弦弓村调查,提出了要改善农民生活必须走发展副业、发展工业、走农业机械化的道路的理论。1981年费教授又回到开弦弓村,继续做社会调查,写出了《三访江村》。此后,江村的社会调查已不是一般的社区调查,而是在党和国家的领导下,把社区调查提高到探索以发展小城镇建设作为建设社会主义经济、走中国的道路的大问题的研究,并列入了我国"六五"计划期间哲学社会科学的重点科研项目。以费孝通教授为学术指导,以江苏省社会学所、江苏省"小城镇研究课题组"的社科研究人员为主力,于1984年编写出版了《小城镇,大问题》和《小城镇,新开拓》两本论文集,影响很大,举世瞩目。这一社区调查案例说明,社区调查如能理论联系实际,为我国四化建设服务做出贡献,它就会有强大生命力,路子越走越宽。

社会工作的职业化专业化*

一、社会工作是一种什么职业

"社会工作是一种什么职业"是个很难准确答复的问题,因为它牵涉到"什么是社会工作"这一令人困惑的问题。社会工作的学者专家对这两个问题各有各的看法,"众说纷纭,莫衷一是"。一个比较权威的,也是常被人采用的"社会工作"的定义是在"社会工作教育委员会"(CSWE)指导下的"课程研究"所做的定义:"社会工作就是开展以集中注意于构成与改善人与环境的社会关系为中心的活动,探求加强人们各自的或集体的社会功能与作用的工作。这些活动的作用分为三类:康复被削弱的或丧失的能力,提供个人的和社会的资助来源,预防社会的失调。"[1]

"社会工作是种什么职业?"在美国《纽约时报》上出现了一个通俗的、

---

* 吴桢:《社会工作的职业化专业化》,载民政部人事教育司、《中国民政》编辑部:《社会工作》,第56—65页。1988年12月15日至19日,吴桢参加在北京大学召开的我国第一次社会工作国际学术研讨会——亚洲及太平洋区社会工作教育发展研讨会"课程发展的现状及未来趋势"(Seminar on Social Work Education in the Asian and Pacific Region: Existing Patterns and Future Trends of Curriculum Development),在会议上发表《试论社会工作的职业化专业化》一文。1989年,该文经过修改完善后发表在《江海学刊》上。该文同时收入在《社会工作》(1991)、《现状·挑战·前景——亚太地区社会工作教育研讨会论文集》(1991)、《民政理论优秀论文集》(1992)中。编者在编辑本文时,同时整合了吴桢之前撰写并发表的有关"社会工作的职业化专业化"的文献内容,包括:《试论社会工作的职业化专业化》,《江海学刊》1989年第3期,第72—76页;《谈社会工作的职业化专业化》,载中国民政和社会福利学会编:《民政理论优秀论文集》,1992年,第309—317页;《试论社会工作的职业化专业化》,载亚洲太平洋地区社会工作教育协会、中国北京大学社会学系编:《现状·挑战·前景——亚太地区社会工作教育研讨会论文集》,北京大学出版社1991年版,第71—76页;《试论社会工作的职业化与专业化》,载亚洲及太平洋区社会工作教育协会、北京大学社会学系编:《亚太地区社会工作教育研讨会论文摘要》,北京,1988年12月,第15—19页。——编者注

[1] W. Boehm, Objectives for the Social Work Curriculum of the Future, in *The Social Work Curriculum Study*, Vol. 1, New York: Council on Social Work Education, 1959, p. 54. ——作者 & 编者注

生动的答复:"一种新的职业在我们的鼻尖下发展成熟了。它就是社会工作。我们原以为社会工作者不过是拎着菜篮子帮助穷人的;现在,他却是以他的专业训练、科学方法和艺术家风度来解决社会上许多领域的问题的'里手专家'。他善于处理家庭经济困难和感情纠纷问题。他帮助社区福利和有关的服务机关协调平衡。他在医院、社团、学校等单位工作,探求预防青少年和成年人的越轨与犯罪。"这一段话生动地勾画出一位职业的社会工作者的形象。

综合各家的议论,我们可以说,社会工作是"助人为乐"的职业,是对社会消极现象接触最多、最敏感,最积极要求、拥护社会改革、社会进步,为人们创造更幸福、更美满的生活的职业。社会工作者是热衷于促进社会改革、社会进步的"实干家",而不是空谈"乌托邦"的理论家,他们是以他们的专长、理想和毅力孜孜不倦地、不懈地干着社会改革、社会进步的工作。

众所周知,现代的社会工作是脱胎于旧时代的、传统的慈善事业。这种慈善事业带有浓厚的封建色彩、地方色彩和宗教色彩,是为少数统治者、统治集团的利益而服务的,因而,他们不讲求社会效益,也不需要职业的社会工作者从事这种工作。现代的社会工作和旧时代的慈善事业有着本质的不同。首先,它反映了社会对有生活困难和有身心缺陷的不幸的人们的关怀以及要帮助他们解决困难,尽力恢复他们的正常生活的责任感;其次,是把社会工作看作反映社会文明、社会进步的一个方面。因此,社会需要一批专业的社会工作者,承担并负责做好这方面的工作。

著名社会工作学者伯埃姆(W. Boehm)①在论述"工作职务"(occupation)与"职业"(profession)的区别时指出"职业"的三个要素:

1. 要以为人民服务、为社会进步为指导思想进行工作。

2. 要具备一整套完整的、系统的、可以传播的知识体系和理论基础,并能运用它们来处理问题。社会工作者不仅要知道"为什么"(know why),而且要知道"怎样做"(know how)。

3. 要有职业意识,无论对待个人、社区、工作同伴或受助者都要有与

---

① 伯埃姆(W. Boehm),曾任职于威斯康星大学社会工作系、明尼苏达大学社会工作学院,担任罗格斯大学社会工作研究生院的院长和教授、社会工作教育委员会课程研究主任。——编者注

"一般人"有所不同的职业态度，反映社会工作的"亚文化"。

"工作职务"(occupation)是指从事任何一种可以得到报酬以谋生的工作，"职业"(profession)是指从事一种专业性的工作以满足个人的志愿与追求，除谋生之外还有更高的需求。社会工作有一定的职业范围，要求有专业的训练与教育，一般有类似"行会"的组织，相互协作，互通信息，交流经验，共同提高专业水平。

格林伍德(E. Greenwood)对社会工作者这一职业需具备的要素归纳为五点：(1)系统知识；(2)权威性；(3)社区批准；(4)道德守则；(5)文化。[①]

一般社会工作学者认为：现代社会工作是从19世纪末、20世纪初开始的。其时的社会工作的实施掌握在官吏、慈善家、宗教徒和志愿工作者、义务工作者手里。以后，逐步地由受过专门训练的、领取工资的社会工作者取而代之。这是社会工作者专业化、职业化的一个重要标志。

二、社会工作的培训和教育

社会工作的职业化首先必须与社会工作的训练、教育、培养专业人才的教育制度相结合。这样才能使社会工作成为一种专门职业和专门学科。现以美国的社会工作的发展为例：1898年"纽约慈善组织协会"为了使社会工作向职业化、专业化的道路迈进，开始建立了"纽约社会工作学校"(New York School of Social Work)，以6周的时间培训在职的"社工人员"(社会工作者的简称)。这一学校于1963年改名为哥伦比亚大学社会工作学校，成为培训社工人员的中心。1901年以前，美国只有5大城市设有这类学校，到1979年，全国发展到84所大学以社会工作为主要科系，培养硕士研究生及本科生。1979年11月，全国有17 397名社会工作专业全日制研究生及4942名非全日制学生。1978—1979年一年间，颁发了10 080名硕士学位，8132人完成了社会工作的课程。目前，美国的社会工作专科学院、学系很多，每年都有大量的合格社会工作者培养出来，使这一专业日益兴旺发达，虎虎有生气。

[①] E. Greenwood, Attributes of a Profession, *Social Work*, Vol. 2, No. 3 (1957), pp. 45-55.——作者 & 编者注

1952年成立了"社会工作教育委员会"。这一组织的最终目的是"改进社会工作教育,更多地培养合格的社会工作者"。它对美国、加拿大以及许多国家的社会工作教育有极为重要的作用。

我国的社会工作教育是在30年代开始的。作者在1930年在上海沪江大学选修过"个案工作",由钱振亚教授主讲,他是我国一位早期的社会工作者。傅愫冬先生写的《燕京大学社会学系三十年》[①]中,说明燕京大学于1930年开始有"社会行政组"的设置,开了"个案工作""精神健康社会工作""团体工作""社会行政"等14门课。其他如苏州东吴大学、南京金陵大学、金陵女子文理学院、广州中山大学、北京辅仁大学等许多教会大学都有"社会工作""社会福利行政"等课程的设置。

社会工作教育在中国仅有20年左右的历史(1930年代初到1950年院系调整被撤销时止),很不发达,但有些特点值得一述:

1. 社会工作的课程一般地都开在社会学系。有的在社会学系里设"社会工作组"或"社会行政组"。一般的社会工作课程都有缺乏师资的问题。

2. 北京协和医院自1921年设社会服务部(Social Service Department),以美国社会工作专家浦爱德(Ida Pruitt)为主任。社会服务部所做的主要是医院个案工作,在浦爱德的领导下,逐步开展了精神病个案工作、怀幼会工作(为无父母的婴儿寻找扶养父母)、公共卫生工作、伤残康复工作等。社会服务部的20年培养了数以百计的个案工作者、社会工作者和社会工作师资,成为当时的社会工作培训中心。

3. 当时的大学社会学系一般都附设实验区,如燕京大学社会学系在清河镇,南京金陵大学在四所村,上海沪江大学在杨树浦,成都华西大学在石羊场,既是社会学系的调查基地,又是社会工作学生的实习场所。

4. 南京金陵大学在1948年以前设有社会工作组,隶属于社会学系。1946年社会工作在联合国善后救济总署社会工作组的支持与帮助下,拨给了相当数量的物资,支援了少数师资,培养了10余名社会工作研究生,又于1948年单独成立了社会福利行政系,招收社会工作本科生,成为中国唯一的独立的社会工作系。以中国这样的大国,仅有一个社会工作的

---

① 傅愫冬:《燕京大学社会学系三十年》,《社会》1982年第4期,第44—49页。——编者注

学系是不够的,这就足以说明社会工作在中国的职业化之难了。

三、社会工作者职业化必须加强自身的组织建设与思想建设

　　社会工作者随着职业化的不断加强,人数的不断增长,必须组织起来,成立"社会工作者协会"。它既相当于一种职业性的同业工会,保护同行者的共同利益和维护它的权威地位;同时,它也是一种学术团体,会员可以通过协会的活动,交流经验,共同提高,把社会工作的服务质量、工作水平提高到新的水平。同时,不断扩大社会工作者的队伍,成为促进社会改革、提高人民生活的一股社会力量。美国社会工作者协会成立于 1921 年,到 1954 年拥有 13 500 会员,1955 年 7 月成立全国社会工作者协会(National Social Work Association,NSWA),到 1981 年会员人数发展为 86 000 名,全国协会是由 7 个分支协会合并组成的,它们是团体工作者协会、医学社会工作者协会、精神病社会工作者协会、社会工作者协会、社区组织研究会、学校社会工作者协会和社会工作调查集团。这 7 个协会是由 1926 年到 1949 年之间陆续成立的。全国社会工作者协会不仅在美国是一支不可忽视的专业力量,团结了美国全国 8—9 万社会工作者从事各种特殊的社会工作,而且对美国有关社会工作的立法有着很大的影响。

　　社会工作职业化还要重视自身的精神建设,使社会工作成为被社会所尊敬、所钦慕、所信任、所爱戴的一种崇高职业。这就需要社会工作者共同制订一个职业道德标准,成为社会工作者共同信守的守则。特别是当社会工作者已取得相当高的社会地位、掌握相当大的权力时,如果没有一个行为规范、工作守则的精神制约,是很容易使社会工作者滑上危险的道路的。

　　社会工作者有了群众性的、学术性的、职业性的组织(如"社会工作者协会"),就既可以保障社会工作者的社会的地位与应享有的权益,又可促进社会工作的进步与发展。同时,社会工作者还必须为自己订立一种公约,制定社会工作者的道德标准行为准则,共同遵守,防止与约束工作者的偏离与越轨,维护社会工作者的高尚风尚。

　　1960 年 10 月全美社会工作者协会制订了社会工作者的"道德守则",

1967年4月进行了修订,1979年的代表大会再作了修订,共16章,分别定出社会工作者对于社会,对于案主,对于所属机关单位,对于工作同伴和对于社会工作这一职业所必须遵守的行为准则,明确规定了在这6个方面应当做什么,不应当做什么,帮助社会工作者认识到他需要对个人、对社会、对人际关系所应负的道义责任。

行为满足社会需要的程度,个人价值的实现应以此为前提。人生的价值不在索取而在奉献,这对每个社会工作者来讲,不是"伟大的空话",而是一言一行的"价值法则"。他的社会责任感、无畏的牺牲精神、忧国忧民的感情、救国救民的行为、利国利民的服务,都是价值的体现。一个社会工作者更应懂得"我为人人,人人为我"这条人类社会的公理,怀有更强烈炽烈的社会意识。

社会工作者的价值观含有丰富的内容,仅列几条浅略述之:人民均有在尊严和自由中享受社会进步成果的权利;要尊重人的价值,理解人,尊重人,关心人,要把人当人看,特别对残疾人、老年人、贫困者,不能把他们当作社会包袱,而应当看作社会财富;在人与人的关系上应有平等、互助、合作的观念。

在社会工作战线,那些"孺子牛"奖获得者,是鲁迅称赞的人民大众的"牛",吃的是草,挤出的是奶和血,是当今的普罗米修斯,是雪中送炭的人,是有崇高价值的人。

四、社会工作发展历程的回顾

现代社会工作的发展历程可以简单地分为以下几个阶段:

1915—1930年可以称为初创阶段。当时,英、美等资本主义比较发达的国家的社会工作还未摆脱17—18世纪伊丽莎白时代的"济贫法"(Poor Law)和"聚落法"(Settlement Act)的影响,把社会工作当作恩赐,还未完全转变为看社会工作是社会应负的责任。社会工作者的任务着重于审查求助者的身份、经历是否符合予以帮助的条件,分辨求助者是值得帮助的穷人(worthy poor),还是不值得帮助的穷人(unworthy poor),决定根据法律条文考虑是否给予救济以及救助的程度与数量。

利支曼(Mary Richmond)是当时最有权威的社会工作者,也是现代社会工作的先驱和导师。她在 1917 年所出版的《社会诊断》(Social Diagnosis)一书是一本社会工作的经典著作,为个案工作者所必读。我们从她的这本著作中可学到很多宝贵的东西,但也能看到当时社会工作所受到的"济贫法""聚落法"的影响。这本书的主要内容为"访问""核实证据""推理""诊断"等章,书中所用的语言和词章很多是从条文法规中移植的,特别是"证据"(evidence)一章更是如此。由此可见,这一时期社会工作方法是借助于法学观点的,所要解决的问题主要是贫穷问题,以审查、核实受助者的资格、工作经历、经济状况、家庭环境是否符合受助的要求与条件为主要内容,方法以"个案工作"为主,工作的指导思想是从法律观点出发的,可称之为法律机制(legal approach)。

1931—1950 年的社会工作可称为发展阶段。这 20 年是战火弥漫了全世界,60 多个国家的 20 亿以上的人口卷入了战争的浩劫的年代——第二次世界大战的前前后后。战争所造成的物质损失是不可估计的,至于所造成的精神损失更是无法统计、无法估量。世界性的多灾多难,正是社会工作者的用武之日。战后恢复时期,"联合国善后救济总署"成立了。这是一支全球性的社会工作机构,大量的救济物资和大批社会工作者以及各种专家驰向各地做了大量的医治战争创伤的工作。这对各国社会工作的发展是个推进,因为一个国家是否真正发挥了分配到的救济物资的作用,关键在于有没有合格的社会工作者从事这项工作。所以,这个时期是社会工作的发展阶段。

作者于 1946 年作为一名社会工作观察员到美国视察社会工作。我曾和哈利斯堡(Harrisburg)公共救助局(Public Assistance Bureau)的一名个案工作者共同去做"家庭访问",访问了一位残疾妇女。我发现当时的个案工作者并不关心案主的身份、经历、病状、家庭状况等,而是十分关心她的心理状况:她对自己的残疾感觉如何、别人对她的残疾是什么态度、她对未来的生活有什么打算、有无信心等。从这次访问我意识到,这个时代的社会工作所关心的不是案主是什么人,而是案主有什么感觉。我还注意到,当时的社会工作很重视精神分析,受弗洛伊德的理论影响很深。社会工作者中有不少人已成为合格的心理社会治疗者(psychosocial therapist)。我认为 30—50 年代的社会工作方法是心理学的,所要解决的问题主要是人们的心理失去平衡、精神空虚等问题。

20世纪30年代,受世界性经济危机的冲击和第二次世界大战的破坏,这一时代的人由于身受经济危机与战乱的侵袭而感到惶惑不安、恐惧与焦虑。心理紧张与物质匮乏交织在一起,对社会工作提出更多更高的要求。同时,弗洛伊德的精神分析理论受到人们的普遍重视。因此,这一段时间的社会工作十分重视心理分析、心理治疗。这个时期的社会工作主要从心理观点出发,侧重于心理机制(psychological approach)。

1950—1980年是社会工作发展成熟的阶段。第二次世界大战以后,战胜国、战败国都忙于恢复经济、重建家园,社会工作居于次要地位。近20年来,由于科技发展的第三次浪潮席卷全球。从整个世界来看,生产力发展很快,经济实力也猛增,但人口也迅速膨胀,超过了50亿。但是生产力的发展与人口的膨胀在各国、各地区之间并不平衡,于是各国、各地区之间对于社会工作的需要也有很大差距。社会工作所要应对的问题也各不相同,工作方法的应用也要因地制宜,因事制宜。

西方国家的社会工作到80年代已到了成熟阶段。社会工作者已不满足于过去的理论研究的成果和实际的功能与作用。他们在思考处于世界性的改革潮流中应该走向何处去。他们面临着以下的若干问题,例如:(1)今后的社会工作是走下坡路还是继续发展、上升?(2)今后的社会工作是向高、精、尖发展,还是横向地、多方面地向更加广阔的领域发展?(3)社会工作的教育方针如何适应当前普遍的改革潮流?是做改革的促进派还是促退派?(4)过去若干年来社会工作的政策、方针都是要改造人以适应社会现实,今后社会工作者能不能致力于改造社会,使社会环境更有利于人的个性发展与民主要求?(5)今后的社会工作随着形势的发展要比现在的复杂得多,不管是法律的还是心理学的方法都不够用了,经济的、政治的、医学的、数学的、物理的以及许多门类的自然科学、社会科学的方法都应该采用。(6)今后社会工作者发展会员的资格、经历的要求是否应该放宽?对于非社会工作学系的大学毕业生,只要他们有志于社会工作,经过一年或两年的专业训练和现场实习,是否也可以承认其会员资格?

总之,社会工作已不能像50年代以前单一地从法律观点或心理观点出发来工作,而是应该从政治,从经济,从许多方面,多方位来考虑,所以说,社会工作到80年代达到了成熟阶段,工作方法是综合的(collective approach),今后是趋向于衰竭还是更新那就要看社会需要与社会工作者适应社会需要的能力如何了。

五、我国社会工作的发展前景

我国的社会工作学的课程与系科设置在1952年因"院系调整"与社会学同时被撤销。1979年社会学学会恢复了,全国有4所大学(北大、复旦、南开和中山大学)重建了社会学系,而社会工作专业却仍未受到重视,只有北大社会学系于1983年,中山大学社会学系于1985年开了"个案工作"的课。

我国的社会工作教育虽然中断了28年,但社会工作的工作并未中断。中国民政部是主管社会工作的职能部门,它既主管一般的社会工作项目,如社会救济、老年福利、伤残人的康复与就业、儿童福利、精神病人的收容与治理等,也主管一些特殊的项目,如基层政权建设、拥军优属、复员退伍军人的安置和婚姻登记、殡葬改革等。最具特色的是民政社会工作还包括基层的政权工作,这就使社会工作的设施可以贯彻到基层,得到保证。民政社会工作不仅内容极为丰富,而且拥有大批有实际社会工作经验的干部。在工作方法上既有传统的、在老解放区行之有效的依靠群众、发动群众的方法,又接受一些西方社会工作的个案、群体、社区工作的方法。我国的民政社会工作正在向前迈进,创建一个具有中国特色的社会工作。我国民政部十分重视培养社会工作人才、社会工作的教育,这对于社会工作者来说是极大的鼓舞。1987年民政部"社会工作教育研究中心"的成立说明民政部正在关心和重视社会工作的教育问题,这是发展和提高中国社会工作的十分重要的一步。

我国各方面各领域的工作都处在深入改革的潮流之中。社会工作本能地欢迎改革,对经济体制、政治体制的改革最为敏感,反应也最强烈。社会工作者坚信深入改革才是为人民谋福利的根本。

1978年,中国共产党十一届三中全会确定了全国工作的重点转向经济建设,并确定了改革开放的方针。经过10年的改革开放,我国生产总值和国民人均收入到1987年已翻了一番,基本解决了人民的温饱问题,取得了很大成绩;但也不可否认,这10年也出现许多令人担忧的问题和一些腐败现象。目前,广大群众所最关心的、也是最热门的问题是物价问题、工资问题、"官倒爷"问题、社会风气不正等问题。这些问题千头万绪、纠缠不清,已到了欲罢不能、欲理还乱的地步。但也必须承认,社会工作、民政工作所面临和所要解决的问题正是社会上恶性循环的长链中的某些环节,是和其他若干环节联系在一起的。社会工作者应该在处理这些问题时,坚持原则,坚决抵制不正之风,在我们手下切断这条恶性循环的长链。

我国社会工作应走什么道路?根据社会主义初级阶段的理论和生产力标准的理论,我们不可能也没有必要走北欧"福利国家"的道路,也不可能从国家财政、税收中拨出大量经费来提高福利经费,使受救济者的收入超过一般劳动者的工资,造成以国家经费来"养懒汉"的局面,并借此以标榜、夸耀国家的富有;但也不能为了压缩经费、节约、创收而把福利单位、福利工厂办成以营利为目的的经济实体、工厂企业,造成福利单位之间的贫富不均,矛盾百出。这也是不可取的。

我认为,中国的社会工作应该从中国的实际出发,以现存的民政工作为主要阵地,以受过大专院校社会工作教育训练的毕业生和有丰富的实际经验的民政社会工作干部为基本队伍,团结一致,共同努力,发扬传统优势,吸取外来经验,加强社会工作者自身的组织建设、思想建设、精神建设,不断提高民政、社会工作者的工作能力和心理素质,走出一条具有中国特色的新路子。

附英文:Professionalization and Specialization of Social Work[*]

1. What Kind of Profession is Social Work?

After consulting the definitions of social work of different authorities, the author prefers one given by W. Boehm. It says, "Social Work is the

---

[*] 参见吴桢:《试论社会工作的职业化与专业化》,载亚洲及太平洋区社会工作教育协会、北京大学社会学系编:《亚太地区社会工作教育研讨会论文摘要》,北京,1988年12月,第15—19页。该英文稿是吴桢的二儿子吴申庆保存的打字稿手稿。保存该手稿的信封上注明,吴桢于1992年11月13日将该文致信 School of S. W. University of Pittsburg。——编者注

activity which is centered upon the relationship between people and their environment and which explores the way to strengthen the individuals or groups of the people. The functions of this activity may fall into three categories: the restoration of weakened and lost ability, the offering of individual and social resources, and the prevention of the society resources from loosing balance."

To clarify the difference between occupation and profession: The former refers to the kind of work from which one is paid for his livelihood, while the latter refers to the kind of work with an aim of satisfying his wishfulness of fulfilling a higher standard of achievement than just earning one's food and clothing. Social work has a certain professional value, requiring specialized basic knowledge, skill and value. Generally, social workers have their own organization such as unions or associations of social work similar to other professional associations, in which workers help and communicate with each other, exchange their experiences and raise their level of specialization and professionalization.

2. The Training and Education in Social Work

It seems to the author that the specialization and professionalization of social work needs first of all a system of training and cultivation. Departments and training schools at the same level of universities and institutes should be established to cultivate professional skill, knowledge and personality.

China's social work education has a history of about twenty years, excluding a gap of twenty-seven years, 1952—1979, when China abolished the departments and schools of Sociology and Social Work from the college curriculum. In spite of this long time of gap, it has made a great step on the road of specialization, since both sociology and social work courses have been reestablished in 1979. The social work education of China has had the following characteristics:

(1) Only a small number of universities have departments and trai-

ning courses of Social Work. In general, the departments of Sociology have faculties of Social Work offering Social Work courses.

(2) The specialization and professionalization of social work begin with the Social Service Department of the PUMC Hospital (a teaching hospital attached to the Peking Union Medical College in 1921). It developed gradually from the medical social work to welfare of the children, rehabilitation of the wounded, and disabled, psychiatric social case work, public hygiene, home finding for illegitimate children, public health service etc. .

(3) Most of the departments of Sociology have an experimental region attached, where the students of social work do their field work.

(4) Jinling University in Nanjing established Social Welfare Administration Department in 1948, which was independent from the Sociology Department. Dr. Chen Wen-Xian who got her Ph. D. degree from the Department of Social Welfare Administration, University of Chicago, was the Head of the Department.

3. Professionalization of Social Work Must Strengthen its Own Organizational and Ideological Construction

The author takes the development of social work history of U. S. A. as an example to illustrate that the development of social work must step forward side by side with that of the organization of social workers themselves. Once the social workers have their own academic, and professional organizations (such as "the Association of Social Workers"), they can raise the prestige of the social workers and the right and benefit they should have, and also, they can promote the progress and development of social work. At the same time, to professionalize, the social workers will have to establish for themselves a code of ethics which they should observe and behave accordingly in order to prevent themselves from going astray and to keep their admirable conduct and strict discipline.

4. The Development of Social Work in Retrospect

The specialization and professionalization of social work has a history of nearly hundred years since the early twentieth century which can be divided into three stages:

The First Stage: (1915—1930). This is the preliminary stage when social workers admitted M. Richmond as their representative. The chief task of the social worker is to investigate and to make sure whether the clients are worthy to give aids and help in accord with the law of the government and regulations of the agency. In other words, the method used which was mainly confined to the guiding principle of the work was based on legal conceptions, which can be called legal approach.

The Second Stage: (1931—1950). This is the stage of development. The world economic crisis and the destruction of the World War II caused the people unavoidably perplexed, feeling uneasy, unsecured, and anxious because of their bitter experience of the economic crisis and the war. The psychological nervousness combined with lack of material resources caused the urgent need of more and higher demands of social work. At the same time, Freud's theory of psychoanalysis was popular and widely learned and applied by the social workers to understand and to help their clients materially as well as spiritually. When the author visited the Public Assistance Bureau, Harrisburg, Pennsylvania U. S. A. , he was surprised to find out that the social workers in States were no more interested in "what the clients are", but in "how they feel". The social workers concerned the psychological status of the clients much more than their economical and materialistic conditions. The author considers social work at this period practiced from the view of psychology, laying stress on psychological approach.

The Third Stage: (1951—1980). After the Second World War, both the victorious and vanquished countries were busy with restoring their economy and rebuilding their villages and cities, they put the social work in a less important place. In the recent twenty years, the development of science and technology prevail throughout the world. In view of the world as a whole, the productive force developed quickly and the economic strength increased vehemently. Nevertheless, the population also expanded rapidly, exceeding the number of five thousand million since 1990. Henceforth, the development of productive forces and the practice of family planning and birth control do not keep pace with each other, and various countries and regions demanded and wanted social work more urgently than ever. The problems for social work to deal with were more complex than ever. The working methods should be suited to actual local conditions and to different tasks. At the moment the subject being argued in social work field is focused on one point: Shall we through the development of social work enable those clients to adapt themselves to the current social system which may be not at all rational, or shall we by means of social work to reform the society in order to enable it to conform to the development of people's individual character and personality? In one word, social work should not be done simply under the traditional light of legal or psychological point of view, instead, it should take into consideration of the reform of the political, economic, and many other aspects and fields. Therefore, we can say that the general situation of social work has reached to a more advanced and mature stage at which the working method is a kind of rather collective approach. Whether social work will decline or get refreshed depends upon the needs of the society and social workers' ability to keep abreast of the times.

5. The Prediction of China's Development and Prospect of Her Social Work

China's social work in various aspects and fields is undergoing thorough reformation. Social work is intuitively welcoming reformation. It is more sensitive and responsive to that of economic and political systems. Social workers have a firm belief that to reform in a deep going way is essential in order to benefit the people. Social work as a science had been shackled in China for twenty-seven years, but as a kind of social activity, it never ceased to function. Since the liberation of the whole country, our Civil Administration Ministry has been the functional department which is extensively in charge of both the social work items started in the early liberated areas and those of the old China and western countries. One of the distinguished features is that the democratic social work includes also the work of the grass-roots government work, making it possible for social work measures to be carried out in the basic units all over the country.

China's Central Civil Administration Ministry pays great attention to the cultivation of the personnel for social work and the education in this field. This is a great encouragement to social workers.

社会工作的"三基本"*

　　社会工作之所以成为一门专门学科,是由于长期以来,社会工作的需要不断增长,各种社会福利、社会服务、社会保障事业的迅速发展和无数社会工作者不断积累和总结社会工作的实践经验所形成的。社会工作专业化以后,社会工作者的培训和教育问题自然而然地成为迫切需要解决的问题。西方发达国家的社会工作有较久的专业化历史。例如美国从20世纪初期就开始了社会工作的专业化,并逐步地建立了社会工作教育的完整体系:在许多大专院校里设置了"社会工作""社会福利行政""社会管理"院、系或专业,培养了数以万计的合格的社会工作者走上社会工作岗位;成立了各种专门的、单项的社会工作学会,并建立了全国社会工作者协会。这些学会和协会组织都以"社会工作教育"问题作为重点研究的课题,为加强和促进社会工作者的教育做出了重要贡献。他们在这方面的经验是可以借鉴的。

　　1988年12月,由北京大学社会学系和亚太地区社会工作教育协会联合主办的"亚洲及太平洋地区社会工作教育研讨会"在北京举行。会议的主题是讨论亚太地区社会工作教育的现状和趋势,宗旨是促进地区特别是中国的社会工作教育的发展。从这次会议的讨论和论文的宣读中可以看出,东西方各国的社会工作设施、条件虽各有不同,但更多的是共同的认识和共同的语言。

　　我从许多中外的社会工作文献中发现许多社会工作的专家学者认为社会工作作为一门学科必须具备"三个基本"——基本知识、基本技能、基

---

　　* 吴桢:《社会工作的"三基本"》,载民政部人事教育司、《中国民政》编辑部:《社会工作》,第65—72页。

本价值。

一、 基本知识

任何一门学科必须由系统的、具有本学科特定范围的知识构成。例如,自然科学中的物理学、化学、生物学都有它自身的、自成体系的知识、理论体系和专业用语,没有这些,就不能研究、应用和传授、培养、教育后来者。社会科学也如此,如政治学、经济学、教育学等。至于社会工作的专业知识是什么,知识范围是什么,基础理论和方法论是什么等问题都是很难给予准确的回答的,因为社会工作是一门年轻的学科,不够成熟而且比较复杂,既有其专业性,又有其常识性;既有其一定理论体系,又重在应用;既是一门技术科学,又是一种艺术。莫若尔士(A. Morales)和奚弗(W. Sheafor)合著的《社会工作——面面俱到的职业》中指出社会工作的基本知识为九条。这九条是根据社会工作的任务指标提出的:

1. 关于人类行为发展的知识,借以全面理解个人和社会环境的相互关系和影响,包括社会的、经济的和文化的知识。

2. 帮助别人和接受别人帮助的人们的心理反应的知识。

3. 理解人与人之间在接触中用以表达心理活动的形式,如语言、姿态和行动等的知识。

4. 形成群体的过程,群体对个人、个人对群体的影响的知识。

5. 对传统文化包括宗教信仰、精神价值、法律和社会制度等对个人、群体、社区的影响的知识。

6. 个人与个人、个人与群体、群体与群体的相互影响的知识。

7. 社区内部的发展过程、模式与演变,社会服务与资源的知识。

8. 社会服务的组织机构与方法的知识。

9. 工作者的自我警觉,对自己的感情和态度的影响负责,不违背社会工作者的行为规范。

以上九条是从社会工作的目标管理角度提出的,比较全面,也比较概括。如果把九条分解为具体的学科知识则包括的面很广,包括社会学、经济学、心理学、社会心理学、社会人类学、社会调查、个案工作、群体工作、社区组织、宗教学、民族学、法学、社会福利行政、社会行政、管理学、伦理学,等等。

二、基本技能

　　社会工作这门学科重在实践和操作,社会工作者必须训练出能够完成特定的社会工作的任务的本领。"个案工作""群体工作""社区组织"是社会工作鼎足而三的基本工作方法,各有各的理论和指导思想——方法论,是容易为人所理解和懂得的,但能够把这三种方法运用自如,恰到好处,达到熟练的程度则非经过长期操作,在操作过程中做"有心人",不断总结、提高是不能成为基本技能的。社会工作归根到底是做人的工作,做协调人与人、人与群体、人与社会的各种关系的。目的是要最大限度地调动人的主观能动性,能动地发挥个人的作用,对社会的长治久安和不断进步有所贡献。所以,社会工作者的基本技能是善于处理助人者与被助者之间的人际关系。

　　有人认为,有些人天生善于辞令,举止有度,有一种讲不出的魅力,使人乐意和他交往、接近;另外有些人天生地冷漠无情,神色严厉,语言无味,态度生硬,令人望之却步。我们应该承认:人与人之间是有性格上的差别的,但是人也是可以教育、可以改变的。社会工作者完全可以通过对社会工作的性质、任务、责任的深刻理解,和对于社会工作这门行业的所应有职业道德的行为规范的学习、认识和操作是可以达到目标标准的。社会工作者的基本技能应包括以下5个方面:

　　1. 助人的技能:社会工作者要有"助人为乐"的精神,诚恳热情、尽心尽力,但不能以助人者自居,有高人一等的想法,要在尊重人、信任人、爱护人的基础上给予帮助。帮助人时要注意环境和条件、家属、朋友、邻居的影响。不能操之过急,更不能有急躁情绪。

　　2. 结交朋友的技能:要善于交友、特别注意结交属于社会底层和有生理或心理缺陷的人做朋友。社会工作者不一定常和知识分子、干部等上层人士接触,更多地只和酒鬼、娼妓、强盗与小偷、流氓阿飞、顽童、淘气鬼等接触。和这些人接触不能有,更不能表现出厌恶和敌对的情绪,要和他们多谈心、多接触,才能懂得他们的语言、"黑话""行话"、隐语,才能了解他们的爱好、习俗、仪式、禁忌等"亚文化"。社会工作者如果蔑视或厌恶这些对象,他是不会有所收获的。

3. 观察的技能:社会工作者要善于察言观色,善于"锣鼓听音",这很重要。一般人都认为"访问术"最重要,但应该知道,访问术包括认真听话,善于发问,敢于在对方的"失言"中找出他的"潜台词"是什么。访问后要对"对话"作分析,还要写好访问的笔录。此外对访问时的时间、地点、环境、对方谈话时的表情、神色做缜密的观察。

4. 传达信息的技能:人们传达信息不完全靠语言,手势、姿态、一颦一笑、一举手、一投足、一声长叹、一声哈欠都能传达感情和情绪。要善于宣传和解释有关社会工作的方针、政策和各种规定,对于制定的对案主的对策、措施、计划要能够解释清楚,又要有说服力,又不能为了加强说服力而歪曲、夸大或做其他错误的、走样的解释。

5. 移情技能:社会工作者既要取得对方的信任和友好感情,但又要和对方在感情上保持一定的距离,不让他躺倒在工作者的身上,一切仰赖工作者。

三、 基本价值

"价值"是在英、美的社会工作的文献中常见的词语,但很少作者做有关这一词语的界说或定义。社会工作著名教授罗基赫(M. Rokeach)曾经对"价值"一词做了这样的定义:"价值是一种信仰,处于人的整个信仰系统的中心,是关于一个人应该做什么、不应该做什么,或者是对现实的终极状态认为是否值得去追求的判断。"这是一个比较恰当,也比较容易理解和接受的定义。简言之,价值是指社会工作者的价值观、伦理标准和行为守则。社会工作者不仅是以他的价值观来指导和约束自己的业务活动,同时,他也以他的价值观来对待他的工作对象,对于其他社会工作者,对于他所工作的单位或机关,对于社会工作专业,对于整个社会所担负的道义责任。因此,社会工作者不但要有基本知识、基本技能,还要有基本价值。"基本价值"的重要性在于它是决定和判断一个社会工作者的业务水平和职业道德的准绳。

美国"全国社会工作者协会"曾为制定社会工作者的"伦理准则"做了很大努力。1975年草拟了《伦理准则》的初稿,经过了全体会员的充分讨论修改,于1977年提出修改稿,但被"全会"否决,组织专门委员会重新拟定,于1980年通过现行的《伦理准则》。现行《准则》共分六部分:(一)社会工作者的行为守则(5款15条);(二)社会工作者对于案主的道义责任(9款20条);(三)社会工作者对同业者的道义责任(2款14条),(四)社会工作者对所属机关单位的道义责任(1款4条),(五)社会工作者对社会工作专业的道义责任(3款9条);(六)社会工作者对社会的道义责任(1款7条)。这一《伦理准则》制定得非常仔细和全面,读后很有启发。说明做一个优秀的社会工作者,不仅要有丰富的基本知识,精湛的基本技能,还要有高尚的职业道德——基本价值。

基本知识、基本技能和基本价值这三者是缺一不可的,是互相联系、互为作用的。有的社会著作中把这三者比作相联接的三个"环",并且认为"基本技能"是中间的一环,最重要。因为这一环是最容易被人感受到、最显而易见的。"基本知识"和"基本价值"在它的两侧,也很重要。因为这两者对"基本技能"的支持和贡献很大。一个社会工作者的头脑里所储备的知识是面广量大的,但他在处理或帮助解决某一个具体问题时所需要的知识却是有限的,是要经过"基本价值"的过滤或筛选才能找到最需要的知识,运用在刀口上,表现出出色的技能。

许多社会工作的专家学者们认为,社会工作是艺术而不是科学。社会工作者的操作不可能像自然科学者在他所完全控制和掌握的实验室中用一定的仪器设备,在一定的时间条件下,经过一定的操作程序做出必然的成果。社会工作者都要在复杂的现象、千变万化的社会环境中经过价值观、是非观、伦理观、职业道德的筛选,选择出最佳方案,得出最满人意的结果。有的社会工作学者认为"价值的困惑"是不可避免的,工作者的价值观往往同案主的甚至是社会的价值观相背离,例如对封建迷信活动、大操大办婚礼丧事、"第三者"插足等,有的认为这些事是不道德的,必须予以遏制、谴责或惩处;有的则认为这些事是人之常情,司空见惯,是可以理解的。社会工作者在处理问题时,遇到这类的价值观的矛盾、困惑或混乱是很为难的。解决这一问题的办法,要么是帮助案主改变他的价值观来适应社会,要么是努力改变社会的价值观以迁就个人。这一问题是长期以来未能很好地解决的。波爱姆司认为:30年代初,社会工作的价值观不但包括对个人尊严的尊重和对个人对于处理自己的事务的自决权的尊重,而且赞成和维护当时社会的一般行为准则、爱国思想、遵纪守法、服从政令等品德。这一时期社会工作者最重视个案工作的应用。近 30 年(50—70 年代)群体工作、社区工作越来越被重视,越多地被用来对待社会的变迁。政治学、教育学、经济学的知识也越来越多地被用来为案主间接服务。估计在未来的年代里,为了案主的利益,需要加强这些方面的知识与技能。

在不断变化中的社会,要求社会工作者多做工作,并需要他们扮演两种角色:一种是帮助个人、群体、社区适应由于社会变化而发生的新问题,例如城市化、犯罪、家庭破裂等;一种是成为推动机关、单位、群体、资源分配和社会关系变化的促进派。

我们可以预测:社会工作的高度的和迅速的发展将要求社会工作者有更广博的知识、更纯熟的技能和更高尚的职业道德和价值观念。目前的形势的发展已经展示出今后的图景。科学技术、交通通信手段以及生产力的迅猛发展将使一些现有的社会问题如衣不蔽体、食不果腹的赤贫、文盲、无知和愚昧等问题大大减少或解决,但有些问题如吸毒、制毒和贩毒,卖淫、赌博,抢劫和迫害人质,艾滋病和性病的蔓延等不但不能减少或解决,还会变本加厉,更大的规模地发生和传播,成为世界性的社会问题。对待这样一些问题需要社会工作者不仅有社会工作的专长知识,还需要法学、政治学、经济学、人类学、民族学、宗教学、管理学、行为学等多种知识;熟练且能随机应变的技能和机智;坚韧不拔、锲而不舍的毅力;崇高的品德、为人民服务的精神和职业道德。

社会工作的预测与展望[*]

一、 社会工作的现状与发展趋势

社会工作在许多国家有悠久的历史,但"社会工作"的名称开始出现于19世纪末20世纪初。首先在美国和德国运用,逐渐扩展到差不多所有的国家。从世界各国社会工作发展形势来看:现代社会工作经过80年上下的实践,它的重要意义与作用已被人们的认识所重视,它的规模、形式和范围有了很大发展,它的工作方法有了很大改进。它正处于方兴未艾、欣欣向荣、向更高阶段发展的形势。

由于各个国家社会背景、经济条件不同,因而,社会工作在不同国家之间的发展是不平衡的。当前社会工作的现状与发展趋势有以下几点值得重视:

1. 宏观与微观、整体与局部:宏观社会工作是指在国家统一规划、统一安排、统一领导下,以谋求全国人民的福利,解除人民的痛苦、灾难,提高人民生活水平,满足人民精神文明需要为总目标而开展的各种社会救助、社会福利、社会服务活动,并且要求各项社会工作能够密切合作,共同为达到总目标而努力。这种宏观社会工作,除社会工作职能部门所承担,必要时,还需要政府各有关部门及群众团体的协作。微观社会工作是指社会工作职能部门所承担的不同类型的社会工作,它的工作范围局限于某一个地区、某一种对象,如老人疗养院、精神病人收容所、婚姻指导所、儿童心理卫生咨询门诊等。目前很多国家已经注意到综合发展各项社会

---

[*] 吴桢:《社会工作的预测与展望》,载民政部人事教育司、《中国民政》编辑部:《社会工作》,第72—79页。编者在编辑本文时,同时整合了吴桢之前撰写并发表的有关"社会工作的预测与展望"的文献内容,包括:《社会工作讲座(第7讲):社会工作的预测与展望》,《中国民政》1987年第11期,第46—48、11页;《社会工作讲座七:社会工作的预测与展望》,载李葆义、隋玉杰主编:《社会工作》,第179—185页。

工作成为一个完整的社会保障体系的紧迫需要。

2. 积极与消极、预防与治疗：社会工作的目的是解决社会问题。对于社会病态、社会失调等社会问题给予遏制、约束与矫正是必要的，但这只是治疗的、消极的一面。社会工作的积极一面是促进社会的健康发展，社会的正常需要得到最大限度的满足，社会各项福利政策日益完善，社会秩序长久稳定，使社会失调、社会病态等现象失去滋长的土壤。例如各种社会福利设施和各种社会保险都是对可能发生的自然的与人为的不幸与灾难的预防措施，即使这类灾祸不可避免地发生了，也能及时给予充分的补助与赔偿，这就可以使人们的生活有可靠的保障，富有安全感。这就是社会工作的预防的、积极的一面。

3. 社会工作与社会调查、定性分析与定量分析：作为社会工作的前提是有针对性地对社会问题进行调查研究。经过社会调查取得了正确的结论，才能避免工作的盲目性。40年代以前的社会工作非常重视个案调查，强调社会工作者和案主的直接接触，掌握第一手材料，做定性分析。个案调查、定性分析需要工作者有丰富经验、精湛技巧。当时，这样有专业培训的个案工作者人数还不够多，而求助的案主很多，以致每个社会工作者的个案负荷很重，没有余力搞定量分析。60年代以来，电子计算机技术迅速发展，瞬息之间就可处理大量繁复的数据，这就使过去人力所无法胜任的、大量的登记、制卡、造表、统计等定量分析所必需的工作，变为轻而易举的事情。定性分析与定量分析相结合可以使社会工作向高效率、高质量的高层次发展。

二、社会工作的未来与预测

1987年，世界人口已突破50亿。世界人口的激增，主要在发展中的第三世界国家。现在已占全球总人口四分之三的第三世界的人口，到2000年将上升到全球人口的五分之四。"而这些国家在工农业发展绝对值上无论怎样努力增产与发展，但要按人口平均值统计，便始终是微不足道的，甚至还会入不敷出。"[①]从世界范围来看，人们的温饱问题还没有很

---

① 摘自阿良：《世界人口将突破50亿》，1987年6月。

好地解决,社会工作的任务不是减轻了,而是更加重了,预计今后的社会工作将有很大的发展。以下四个方面是各国发展社会工作的努力方向:

1. 制度化:在经济发达的国家里,社会工作已经形成了制度化。但不少国家的社会工作由于国家经济困难,物质条件较差,社会工作人员缺乏专业训练,它们所开展的活动范围较小,社会效益不高,基本上还没有摆脱旧式慈善事业的影响,它们的社会工作虽也有一定的规章原则可以遵循,但多属于"约定俗成",没有国家法律的保证,没有达到制度化的要求。

制度化的要求有下列几条:(1)社会工作的开展能够体现社会(包括国家)对人民生活福利的关切和责任感。(2)社会工作的规划、预算等均纳入国家经济、社会发展计划及预算中,成为国家的一个部门的工作。(3)中央和各级政府对各级社会工作职能部门的工作在法律规定的范围内给予支持、关注和领导,在社会职能部门需要与其他部门协作时,政府应帮助它们做好部门间的协作。(4)对私人举办的各种社会福利、社会服务工作,在业务范围、经费来源、人员配备等方面应予以监督和管理,要有法律的保障和约束;对商业化的社会服务机构,如"老人之家""儿童游乐园""被弃婴儿寄养家庭"等,办得好的可给予支持、协助以至在经济上可补助;对那些以牟利为目的、管理差、服务质量低劣、设备简陋、甚至损害老人或幼儿的身心健康的就要依法予以制裁、取缔。

2. 专业化:社会工作的专业化是十分重要的,关键是社会工作者的专业培养与训练的问题。社会工作是一门科学,应用社会科学,它有自己的理论体系与方法论,从事这方面工作的人员应该具有这方面的知识,管理这方面工作的才能,从事这方面工作的热情与高尚的职业道德。

40年代以来,不少国家在大学里一般都设置了社会工作专业或单独成立社会工作学院,培养社会工作专门人才。如在日本、美国这些发达国家里,社会工作学院有几十所或上百所。我国在这方面还需努力,以适应建立社会保障体系的需要。

3. 现代化:过去社会工作的具体方法很多采取手工业式的方法,例如对申请救助者的登记、填表、制卡、例案记录、档案管理、救助金的分配计算、各种统计报表等沉重而繁复的工作占据了社会工作者的大部分时间。如运用现代电脑控制的打字、计算机等先进设备与技术,不仅可以事半功倍,大大提高工作效率,而且可以减少社会工作者的负担,腾出手来搞宏观调查、定量分析,把社会工作技术提到更高水平。

4. 国际化:社会工作的最简短的定义就是解决社会问题。现在的社会问题非常复杂,牵涉面广,有的社会问题已经超越国界。例如世界人口膨胀、移民、难民流亡别国、种族歧视、劳力出口、生态平衡、海水污染,以及吸毒贩毒、艾滋病传播等问题都不是一个国家单独行事能够解决的。这就需要组织各国的社会工作、社会福利机构配合行动,共同解决那些影响世界安全、世界保障的问题。

三、 我国社会工作的前景预测

社会工作发展的预测必须以当前整个国家的国民经济、社会发展的实际情况为依据。做长时期以后的预测难度很大,我们姑且对社会工作在今后数十年到 21 世纪初期的发展做些预测,是否正确尚待历史的验证。

1. 党的十一届三中全会确定了坚持四项基本原则、坚持改革开放的方针,把全国各项工作的重点转移到经济建设上面来,要求在 2000 年全国工农业总产值翻两番,人均收入增至 800—1000 美元,达到"小康水平"。达到这一水平不是轻而易举的,但我们有信心,一定能达到。我国人口的增长,即使坚持"每对夫妇只生一个孩子"的计划生育政策,到 2000 年要控制在 12 亿以内也是困难的,很可能略有突破。我国的耕地面积人均为 1.5 亩,在今后十余年里,由于开路、建房、修治水利等,将继续占用耕地面积。上述工农业总产值、人均收入、人口、土地等四项指标是预测国民经济、社会发展的依据,也是社会工作发展预测的依据。

到 2000 年,我国经济建设将取得辉煌成就,有些社会问题可以基本解决,但还会出现新的社会问题。

2. 职业结构的变化:近年来,我国发展乡镇工业,建设小城镇经济,走出了发展国家经济的一条新路。发展乡镇工业可以避免大量农民涌入城市,使城市人口过分密集,以及由于人口密聚而引起的不良现象和弊端;但另一方面,乡镇工业的发展也带来一些新的问题:资源不足、市场信息不灵、工人文化技术水平不高、运输不便、销路不畅、产品质量不高等。这些问题的存在,不可避免地会使一些企业之间进行激烈的竞争,并将由此导致一些乡镇企业的破产和职工的失业，造成新的社会问题。

3. 人口结构的变化：一部分农村人口将随着农村经济体制的改革离开土地，比较稳定地、长期地从事城镇工业、运输、商业和其他服务业。农村人口进入城市必然有个适应城市工作，生活的过程，调整和正确处理这方面的问题与矛盾是很重要的。

第二个问题是到 2000 年，人口老龄化的问题将很突出。老有所养、安度晚年的问题，离退休的老干部、老工人、老知识分子的生活安排、娱乐活动、发挥余热为四化建设继续服务等问题都应予以重视。

第三，在我国，"重男轻女"的封建意识很浓厚，特别是在农村，男劳力是无价宝，几乎家家都想生男孩。按照自然规律，男女的比例是趋平的。但是医学技术的发展，预测胎儿的性别是很容易办到的，人为地造成男多于女的现象也是可能的。必须采取措施使女婴得到正常生育和健康成长，保持男女的比例平衡。

4. 家庭结构的变化：近些年来，我国家庭结构逐渐变化。父、母、子三角结构的两代人家庭日益增多，在城市中这种家庭是典型的。在农村中"四世同堂"的大家庭也极少见。青年夫妇带一个孩子的家庭常发生下列问题：夫妻白天工作，晚上回家也很少有机会互相关心和关心孩子，时间久了常因双方或其中一方产生事业心与家庭观念的矛盾；一些子女因得不到很好的教育，有可能外出与坏人往来，甚至结成犯罪团伙；老年人虽有子女，但子女无力负责赡养；老年丧偶需要再婚，但受子女或社会舆论的阻挠，等等。这类问题到 2000 年也不能解决，还会有新的问题。

关于我国社会工作的发展展望如下：

1. 建立与完善社会保障制度。我国是社会主义国家，国家的各个部门工作的总目标是为了发展国民经济，提高人民物质、文化生活，建设具有中国特色的社会主义国家。我国的民政部，是国务院领导下主管社会救济、社会福利和社会服务等社会工作的职能部门，对各级民政部门实行业务领导。到 2000 年，民政部门的工作任务不会因为工农业总产值翻两番，人均收入达到 800—1000 美元而有所减轻，相反地将更加繁重。民政工作将偏重于积极的、预防性的社会福利和社会服务，消极的、治疗性的救济工作则要求提高质量。民政部门的工作与教育、卫生、公安、财政等其他部门的工作的配合将更加密切，共同建成各种社会保障、社会服务、社会福利的网络,形成一套完整的社会保障体系。

2. 改进工作方法,提高工作的质量与水平。现代社会工作的具体工作方法分为"个案工作""群体工作"与"社区工作"。多年来,我国民政工作积累了一套工作方法和经验。今后的民政工作方法要把现代社会工作的三种基本方法与我国传统的社会调查方法结合起来,把定性分析与定量分析方法结合起来,运用现代科学技术、电脑控制的通信手段等设备与条件,把我们的工作提高到新的、先进的水平。

3. 加强基层政权的建设。民政工作担负基层政权建设任务,这是我国民政工作的一个特点。民政工作与基层政权工作相结合是很有好处的,可使民政各项工作能够落到实处。今后应进一步发挥这个优势。

4. 坚持自力更生的原则。目前我国民政工作的经费主要靠国家拨款,每年约为二十几亿元。今后,民政工作的范围与任务还要有所增加,但国家的经济负担能力有限。我们应该采取两条腿走路的方针,贯彻自力更生的原则,充分依靠社会力量少花钱、多办事。最近报载,有许多地方的群众自觉自愿地捐款救灾或举办老人疗养院、养老院、托儿所、街道服务站等。这种办法不仅可以节省国家开支,而且是建设社会主义精神文明的有效措施。

社会工作蓬勃发展还看今朝[*]

　　社会工作作为一门学科和专业,在我国经过了四五十年的奋斗历史。解放前,在20世纪30年代初期,首先在我国的几个教会大学,如北京燕京大学、上海沪江大学、南京金陵大学、金陵女子文理学院、广州岭南大学等设置了"社会工作""社会福利行政""社会立法""个案工作""团体工作""社区组织"等课程;各校还都附设社会工作实验区,供作社会学系学生开展社会工作的实习和社会调查的基地;南京金陵大学还在1948年创建了社会福利行政系,是我国第一个培养社会工作专门人才的学系,1945年在成都组织成立了社会工作者协会;各校社会学系和社会工作专业的毕业生写了大量的有关社会工作的论文和专著。这一切都为社会工作成为一门学科、一门专业,为社会工作研究的科学化、现代化和职业化奠定了基础。

　　解放后,1952年的大专院校的"院系调整",把社会学和社会工作都从大学课程中"扫地出门"了,因而1952年毕业的经过社会工作专门训练的毕业生,成为最后一批毕业生,而且他们中的大多数都在毕业后转了业,这是一个不可弥补的重大损失。1979年,社会学的研究获得了新生,全国社会学研究会被批准成立,社会工作这门专业也开始复苏。社会工作这门学科虽然遭受批判、禁锢和彻底取消,但是社会工作是否有一个28年(1952—1979)的断层了呢?不能这么说。因为社会工作是客观需要的,种种社会问题如贫穷、鳏寡孤独、老弱病残、人口膨胀、意外灾荒,以至犯罪等社会现象、社会问题,不管你承认不承认,都是客观存在的。这些

---

[*] 吴桢:《社会工作蓬勃发展还看今朝》,《社会工作》1988年第1期,第14—15页。

问题,都需要认真对待和解决。特别是社会主义国家的政府,它管理和治理国家事务的最终目的就是解放生产力,发展生产力,不断丰富和提高人民的物质、精神生活,建设民主、富裕、文明的社会主义强国。所以,我国的社会主义性质就决定了它十分重视社会工作的。事实上,解放以来,社会工作是没有间断过的,只是采用了我国所特有的形式和方法。

我记得,在解放初期,我正在南京金陵大学社会福利行政系教授社会工作,南京市民政局聘我为南京救济分会顾问,参加民政局和救济分会的工作。通过参加民政、救济工作的实践,使我感觉到我们是在运用解放区的传统的、行之有效的社会工作方法:密切联系群众,严格遵守有关社会工作、社会福利的方针、政策和实事求是、为人民服务的工作作风,对西方社会工作的方法也择善而从。"中学为体,西学为用",在工作方法上采用了"中西结合,兼收并蓄"的方针是很有成效的。

三中全会以后的五年,我国的社会工作有了很大发展。崔乃夫部长指出:"过去的五年是改革的五年,开拓前进的五年,是各项民政事业迅速发展的五年。在党和政府的领导下,民政系统广大干部职工在十分困难的条件下艰苦奋斗,初步形成了具有中国特色的民政工作局面。"我认为:这五年的社会工作也形成了具有中国特色的"社会工作"。

在以后的五年中,我接触到下面几件事,使我对社会工作的今后发展充满了信心:

1. 从1983年开始,我陆续接受江苏省公安学校、北京大学、中山大学社会学系和南京农业大学农业经济系的聘请,讲授社会学、社会调查和社会工作课程。我为社会工作这门学科经过28年的阻隔,又重新在大学的讲台上占一席地位而欢欣鼓舞。

2. 1985年我读到了"中国社会学函授大学"的社会工作课的讲义(民政管理干部学院卢谋华副院长著)。这本讲义全面地介绍了社会工作在国内、国外发展的历史经过;阐述了社会工作的理论和方法;科学地论证了社会工作的发展前途等。社会学电大采用这本教材,标志着社会工作这门学科又回到了应用社会学的范围,并在万余名学员中进行讲授和传播。

3. 1987年,我为《中国民政》杂志写了《社会工作讲座》七讲,在《中国民政》的读者中(其中多数是民政管理干部)起了一定的作用。

4. 1988年初，中央民政部成立了"社会工作教育研究中心"，聘请了十几位社会工作的专家教授为"中心"的部外成员。这个"中心"如果按照所订计划积极开展社会工作的教育、研究活动，它将以其丰硕的科研成果走向国际社会工作的讲台，使具有中国特色的社会工作事业在国际上放出异彩。

5. 最近获悉：江西省民政厅创办《社会工作》刊物。

从上述几件事看出社会工作将有较大发展的势头。社会工作在今后工作中必须注意：

1. 突出我国民政社会工作所具有的特色。党和政府对社会工作的领导体现了社会主义国家的优越性，反映了党和政府对开展各项社会工作、社会福利、社会保障等事业的责任感。党的领导和政府的管理可以使全国范围的社会工作能够有计划地、统筹兼顾地发展；工作方法上既继承和发扬老区传统的群众路线的根本法则，又采用了西方社会工作的具体的、科学的、系统的一套工作方法；重视基层政权的建设，通过基层组织——居民委员会、村民委员会的直接领导和"工、青、妇"等群众组织的协助与支持，各项社会工作可以在基层生根、落实并得到保证。

2. 在社会主义初级阶段的理论指导下发展社会工作，可以防止"左"的或"右"的错误，既不停滞不前，因循守旧，也不贪大求全，超越实际的可能。我国的社会主义经济还很落后，还很不富裕，不能盲目地搞北欧国家的"福利主义"，特别是不能浪费国家资源，慷国家之慨，做"养懒汉"的蠢事。

3. 为"发展生产力"服务。紫阳同志报告中提出发展生产力是一切工作的出发点，衡量工作的成败优劣也以是否发展了生产力为标准。社会工作、社会福利、社会服务等工作也应该知此。这类工作一般地都被认作一种消费，是一个沉重的包袱。殊不知社会工作做好了，不仅可以使老弱病残、鳏寡孤独、身心不健康的人们康复、恢复正常，而且可以使他们成为部分的自食其力，甚或是为社会创造财富的人，更重要的是他们的家属因为他们受到国家和社会的照顾，解除了后顾之忧，可以"放下包袱，轻装上阵"，为国家多做贡献。

最后，在江西省民政厅创办《社会工作》专刊之际，我表示衷心的祝贺，并希望把它办成一个雅俗共赏、专家与普通老百姓都爱读的有关"社会工作"的科普刊物。

《社会工作教程》大纲[*]

第一章 绪论

第一节 社会工作的定义

1. 什么叫社会工作

2. 社会工作的理论基础

3. 社会工作的目标体系

第二节 社会工作与社会化

1. 社会化的含义

2. 群体参与理论

3. 个人与群体的关系

第三节 社会工作与社会问题

1. 什么是社会问题

2. 构成社会问题的机理研究

3. 怎样界定社会问题

第四节 社会工作与社会管理

1. 社会管理的含义

2. 社会管理的机理研究

---

[*] 该文是在整理吴桢捐赠给南京大学社会学院的书籍时发现的《社会工作教程》大纲手稿。从内容和手稿痕迹推断,该文大概写于20世纪90年代初。——编者注

3. 社会工作也是一种社会管理

第五节　社会工作的结构功能

1. 社会工作的性质
2. 社会工作的结构
3. 社会工作的功能

第六节　社会工作的价值体系

1. 社会工作的价值观
2. 社会工作的价值体系
3. 社会工作价值的定位

小结　思考题　参考书目

第二章　社会工作与其相关学科的关系

第一节　社会工作与社会学

1. 社会工作源于社会学
2. 现代社会工作是应用社会学的一部分
3. 社会工作是一门独立学科

第二节　社会工作与心理学

1. 心理学在社会工作中的运用
2. 心理学与社会工作的异同

第三节　社会工作与精神病学

1. 精神病学与社会工作的渊源
2. 精神病学与社会工作的分界点

第四节　社会工作与行为科学

1. 行为科学在社会工作理论中的地位

2. 行为科学理论在社会工作中的运用

3. 行为科学与社会工作的区别

第五节　社会工作与教育学

1. 教育学理论对社会工作的贡献

2. 社会工作与教育学的差异

小结　思考题　参考书目

第三章　社会工作的历史进程

第一节　国外社会工作的历史

1. 国外早期社会工作的状况

2. 近代社会工作的萌生与发展

3. 当代国外社会工作的现状

第二节　中国社会工作的历史

1. 中国古代的社会工作

2. 中国解放前后的社会工作

3. 现代社会工作

第三节　社会工作理论的沿革

1. 我国古代的社会工作理念

2. 近代西方的社会工作理论

3. 现代社会工作理论及其发展趋势

小结　思考题　参考书目

第四章　社会个案工作

第一节　个案工作的定义

1. 什么是个案工作

2. 个案工作的渊源

3. 个案工作的原则

第二节　个案工作的意义

1. 个案工作的功能

2. 个案工作的应用范围

3. 个案工作在社会工作中的地位

第三节　个案工作的一般程序

1. 接案

2. 个案调查

3. 个案诊断

4. 订立解决方案

5. 实施方案

6. 结案

7. 追踪与反馈

第四节　个案工作技巧

1. 会谈

2. 观察

3. 访问与资源运用

4. 个案记录

第五节　国外个案工作主要模式及其理论评价

1. 功能派个案工作理论

2. 心理—社会派个案工作理论

3. 问题解决派个案工作理论

4. 行为修正派个案工作理论

小结　思考题　参考书目

第五章　社会群体工作

第一节　群体的定义

1. 什么叫群体?
2. 群体的分类
3. 群体对个体行为的影响
4. 社会群体工作的含义

第二节　群体工作的意义

1. 促进群体成员社会化
2. 群体治疗
3. 群体参与促进社区整合
4. 提高社会工作行政管理绩效

第三节　群体工作的组织实施

1. 设立团体目标
2. 确立团体规模及人员组成
3. 组织群体活动
4. 解决团体冲突
5. 形成群体规范
6. 指导群体自我管理

第四节　群体工作的原则与方法

1. 原则
2. 技巧

第五节　社会群体工作的实施领域

1. 社区工作福利中的群体工作
2. 医疗机构中的群体工作
3. 教育机构中的群体工作

4. 司法机构中的群体工作

5. 工业机构中的群体工作

第六章 社区工作

第一节 社区的定义

1. 什么叫社区？

2. 社区的类型

3. 社区工作的定义

第二节 社区工作的历史发展

1. 自发阶段

2. 有组织阶段

3. 我国社区工作的发展

第三节 社区工作的实施程序

1. 社区调查

2. 制定社区工作方案

3. 实施方案

4. 总结、反馈

第四节 社区工作的原则

1. 民主参与，群众路线

2. 以调查研究为依据

3. 利用社会资源，实施社区自助

4. 保证重点，兼顾其余

5. 社区合作

第五节 楼斯曼社区工作三大模型评介

1. 地方发展模型

2. 社会计划模型

3. 社会行动模型

第六节 社区工作的意义

1. 促进社区整合
2. 满足社区居民的基本需求,避免政府办社会
3. 优化社会环境,帮助社区居民自我实现

小结　思考题　参考书目

第七章　社会工作行政

第一节　社会工作行政的意义

1. 行政的定义
2. 行政的要素
3. 社会工作行政的定义

第二节　社会工作行政的意义

1. 制订行业目标及其政策、法规
2. 进行行业管理
3. 制订社会工作方案

第三节　社会工作行政体系的建立与完善

1. 社会工作行政建立的背景
2. 社会工作行政的发展
3. 当代社会工作行政体系的完善

第四节　社会工作行政的实施方法

1. 计划
2. 组织
3. 管理
4. 评估

第五节　社会工作行政实施的范围

1. 全国性机构

2. 地方性机构

3. 单一性机构

小结　思考题　参考书目

第八章　社会工作研究

第一节　社会工作研究的定义

1. 社会工作研究的含义

2. 社会工作研究的对象

3. 社会工作研究的意义

第二节　社会工作研究的一般程序

1. 确定研究课题

2. 研究设计

3. 执行

4. 总结

第三节　社会工作研究的方法

1. 个案研究法

2. 实验设计法

3. 评估研究法

小结　思考题　参考书目

第九章　社会工作实务（上）

第一节　对贫困人口的社会工作

1. 贫困问题分析
2. 社会工作者解决贫困问题的背景
3. 社会工作者解决贫困问题的主要方法

第二节　老年人社会工作
1. 老年人问题的社会背景
2. 老年期的主要特点及其所要解决的问题
3. 老年人社会工作的主要贡献

第三节　残疾人社会工作
1. 残疾人问题分析
2. 残疾人社会工作的主要内容及方法
3. 有关残疾人社会工作的政策

第四节　精神病人社会工作
1. 精神病成因分析
2. 精神病人带来的主要社会问题
3. 精神病社会工作的主要内容

第五节　军人社会工作
1. 与军人有关的社会问题
2. 军人社会工作的主要内容
3. 军人社会工作的方式

小结　思考题　参考书目

第十章　社会工作实务（下）

第一节　家庭社会工作
1. 家庭社会工作及其重要性
2. 搞好家庭救济

3. 指导优生优育

4. 进行婚姻改革

5. 协调家庭人际关系

第二节　青少年社会工作

1. 青少年社会工作的重要性

2. 努力解决青少年实际问题

3. 指导青少年正确处理恋爱婚姻问题

4. 做好违法犯罪青少年的群众帮教工作

5. 残疾青少年的社会工作

第三节　医疗社会工作

1. 医疗社会工作及其重要性

2. 做好医疗康复社会服务工作

3. 发展卫生行政与公共卫生实施的社会服务工作

4. 心理卫生与精神病防治工作

第四节　工业社会工作

1. 工业社会工作及其重要性

2. 搞好职工的福利工作

3. 解决新增人员的就业问题

4. 失业与职工的离退休问题

5. 我国工业社会工作的新问题、新情况与工会组织

小结　思考题　参考书目

第十一章　社会工作者

第一节　社会工作者的历史使命

1. 社会工作者的地位

2. 社会工作者的角色

3. 社会工作者的作用

第二节　社会工作者的知识基础

1. 有关工作者对象的知识

2. 有关社会工作的基本理论

3. 有关社会工作实施的专业知识

第三节　社会工作者的道德修养

1. 社会工作者必须具有敬业精神

2. 社会工作者必须严守职业守则

小结　思考题　参考书目

第十二章　社会工作展望

第一节　社会工作者队伍展望

1. 社会工作者队伍的现状

2. 社会工作者队伍的未来

第二节　社会工作实践发展的展望

1. 社会工作实践的现状

2. 社会工作实践的未来发展

第三节　社会工作教育的展望

1. 社会工作教育的现状

2. 社会工作教育的未来

小结　思考题　参考书目

《中国大百科全书·社会学》词条*

社会工作督导（advisory social work[①]）

　　社会工作领导辅助方法或程序。主要是督促社会工作者执行社会工作机构的行政职责，在专业服务中正确运用理论知识，指导一定地区社会工作机关的互相协调配合，统筹兼顾，提高服务素质，促进专业发展。

　　在社会工作比较发达的国家，社会工作机构内一般都有社会工作督导的实施。在社会工作现代化和制度化程度较高的国家里，社会工作者作为一种社会公认的专门职业，督导工作者也有职称、铨叙等级的规定，主持督导工作的必须是具有高级职称的社会工作者。一般在社会工作、社会福利、社会服务机关较多的地区（州、郡/市、县、社区）设立社会工作督导机构。它的服务对象是社会工作机关和社会工作者。任务主要是：对本地区的社会工作机关的行政领导、管理体制、工作方法、经费来源及收支情况，社会工作人员的业务水平、职业道德、执行和贯彻各项社会工作的规章制度、工作作风等进行监督和指导。社会工作督导者有责任和权力视察各社会工作机关，及时给予机关和工作者以表扬或批评，提出改进工作方法、提高工作效率的建议。中华人民共和国的社会工作督导任务多由民政部门承担。

---

　　* 吴桢："社会工作督导""社会工作咨询""学校社会工作"，分别载《中国大百科全书》总编辑委员会《社会学》编辑委员会、《中国大百科全书》出版编辑部编：《中国大百科全书·社会学》，中国大百科全书出版社1991年版，第297、299—300、449页。

　　[①] 社会工作督导，现译为 social work supervision。——编者注

社会工作咨询(social work consultation)

一种以知识和经验进行专业指导的社会服务。包括对服务对象的咨询和对社会工作者的咨询两个方面。

对服务对象的咨询,包括各种服务对象,如鳏寡孤独、穷困、失业、伤残、精神病、慢性病患者、越轨行为者,以及他们的家属、亲友等提供咨询,帮助他们解决有关申请和接受服务的问题,了解救济或福利机关的性质、作用、所承担的服务项目和数量等;对于申请者是否具备接受服务的条件,包括申请者的身份、年龄、经历、家庭情况、经济状况、独立生活的能力、失业、患病的原因,曾否接受救助,自己有否救济来源,需要何种救济和补助,可能得到的救助数量与服务项目等问题给以分析指导。社会工作咨询机构的设置有两种形式:① 专门的、独立的咨询机构,为申请者低价或无偿服务,负责提供有关信息,指点申请手续,协助办理有关事宜;② 附设在厂矿、企业、学校、医院等单位里的社会服务部门,由专人负责解答咨询。

对于社会工作者的咨询,通常是社会工作者在工作中遇到不同的困难和问题,缺乏某种专门知识和技术,需要请有关的专家指导,解决难题,提高专业服务的质量,为受助者提供有效的帮助。一些社会工作学者称之为间接的专业服务。这种咨询有些是在社会工作者队伍内部进行,如儿童福利工作人员向心理卫生社会工作人员咨询,一些高层次的社会工作者向新参加工作或在基层工作的社会工作人员提供咨询等;有些在不同的专业领域之间进行,如医务工作者向社会工作者提供有关疾病医疗知识的咨询,公共卫生护理人员向公共卫生社会工作者提供咨询等。

社会工作咨询的目的,在于加强受咨询者的专业角色的能力,改进在解决工作问题中的态度和行为。担负社会工作咨询者必须是专业水平较高,知识和经验丰富,熟悉本专业和本地区有关情况,能起引导和启发作用的内行、专家。

学校社会工作（school social work）

将社会工作的理论知识和方法应用于教育，特别是中小学教育的一项专业社会工作。工作与服务的对象主要是儿童和青少年，同儿童、青少年的教育工作密切相关。

美国的学校社会工作开展较早，1906年在波士顿、哈特弗德和纽约等地创建了学校社会工作专业。当时，美国儿童及青少年教育面临一系列问题：学生的中途退学率高，学生侮辱、殴打教师的事件时有发生，男女生之间的不正常性关系，偷窃等现象比较严重。因此，学校需要社会工作的配合，作为学校教育的辅助力量。1945年美国成立了全国学校社会工作者协会，它是后来的"全国社会工作者协会"（NASW）的一个重要的组成部分。当代，许多国家设有学校社会工作专业，不同程度地开展了这些工作。

学校社会工作的任务主要有：① 协助学校对一般学生实现教育功能。对于有特殊困难、特殊问题或有特殊才能的少数学生给予直接或间接的社会服务。② 协助学校领导研究学校中所出现的问题，并与教育行政部门及社区服务部门或单位联系，提出对儿童、青少年服务和有关他们的福利问题的意见、建议、方案。③ 与教师合作，提高学生的学习兴趣，改善学习环境，发展儿童、青少年的独立思考及独立生活的能力。④ 发展校外的横向联系，与社区的各种团体机关保持联系，根据社会上的各种需要，定向地培养社会所需要的各种人才。⑤ 与儿童福利机构、公安机关、工读学校、精神病防治院、救济院保持联系，为有特殊需要的儿童、青少年寻找适合解决问题的办法或出路。⑥ 主动地、经常地征求心理学、教育学、心理卫生等方面专家，以及医生、护士、律师、教育行政工作者的意见和建议，不断改进工作。

中国的学校社会工作还没有实现专业化，学校社会工作的任务，一般由校长、教导主任、教师、辅导员、班主任等承担。中国有很多人民解放军战士、军官、离退休老干部及其他有影响的人士担任中、小学生的校外辅导员，做了大量的具有中国社会主义特色的学校社会工作。

第五编　社会变迁与社会问题

戏剧与学校[*]

一、绪言

根据一般的教育家的评估，戏剧在教育上有其绝对的价值，尤其是现代的教育家，想把教育与人生打成一片，戏剧在教育上更有其优越的地位。"戏剧，若在广义上言之，是包括一切模仿的形式，所以动作表现之。"

人，生来就有模仿、幻想、创作、好奇等等基本的本能，这种本能，我们称之为戏剧本能（dramatic instinct）。很小的三四岁的小孩就很能以戏剧的方式表演他的幻想，或是模仿在他范围内所看见的动作。我们常可以看见很小的女孩子抱着她的玩偶，一如她母亲对她一样。她对她的玩偶袅袅地谈着，她喂它的食物，她紧紧地拥抱它，不准别人来揽它，她俨然是个具有了母性的母亲。

再大一点小孩子，渐渐地不满意他的环境，所以他也许要模仿一些他罕见的东西、听得来的东西，或他所幻想的东西。隔壁卖豆腐的儿子阿三，与对门拖黄包车的儿子小八子，不是做了阿三、做了小八子就满意了，他羡慕红头阿三站在街头拿着棍子东指西指，好大的汽车随他指挥；他又羡慕王营长骑着高头大马满街跑；他又羡慕关老爷，因为他听说他手拿青龙偃月刀，骑赤兔马，有万夫不当之勇。在孩子们不满意现实的时候，他就有好多新的幻想，而这些幻想需求实现，于是他们很满足地拿着根棍子东指西指地学阿三，骑着棍子趾高气扬地学王营长，也许他还会打起脸来学关老爷。

再大一点的孩子，关于他的棍子，又做红头阿三的警棍，又做王营长

---

[*] 吴桢：《戏剧与学校》，《沪江大学月刊》1933年第2期，第167—174页。

的马，又做关老爷的青龙偃月刀有些不满意了。于是他需求一些更逼真、更完满的器械帮忙他表现自己。

由上述的情形我们可以知道孩子对于他的环境观察的热心，对于模仿的兴趣，对于实现幻想的需求，这种种的孩子们所有的戏剧本能，都是很可利用的。教育者应时时地借些机会利用上述的戏剧的本能，施给学生以良好的教育。

至于成年的青年，经过了多年的训练，也许因为尝过一点人生的滋味，对于戏剧更盛兴趣，这就是所以一般的大、中学都有演剧的团体。此时，真正的戏剧成立，有了动作、宾白与地点三者之存在，而戏剧与学校也有了更进一步的密切关系。戏剧在一方面可以补助社会教育之不足，另一方面可以荡涤及提高吾人之同情与情欲。诗说曰："言之者无罪，闻之者足以戒。"又莎士比亚说："使德操者，自见其形，鄙亵而自见其象，而时代自觉其形式与压力。"又曰："我为尔之明镜，将为尔照见尔所不知之事。"

因了上述戏剧与儿童及青年之密切的关系，教育者已一方面运用之于教授法，名曰戏剧教学法（dramatization），一方面竭力提倡学校戏剧运动。前者已收到很好的结果，后者也颇有贡献。

最近，学校戏剧已成了一个专门的名词，且很有些有名的学者在努力地编辑学校应用的剧本，及努力于学校戏剧运动，例如洪深、谷剑尘、顾仲彝、田汉及袁牧之等都在努力于此种运动。

在已述明戏剧在学校中的地位后应再分别地讨论戏剧教授法及学校戏剧之应用及价值。

二、演剧教学法的应用及价值

许多良好的教师在课室中应用演剧作为一种教授法，尤其是在历史课及文学课中，这方法更有其特殊的效力。

在采取此种演剧教学法时，教员应在事先有精密、详切的考虑。教育应予学生以充分表现自己的机会，使其自由表演，自由选择题材，但也不可过事放纵，而应处在引导与监视的地位。譬如，对于学生选择情节荒谬的题材时，则应出而干涉或劝导。

在课室中应用戏剧法可得下列的好处：

（一）激起事实的想象力，增加欣赏力。

（二）发展对于事实的推测力。

（三）锻炼选择及组织之才能。

（四）建设事实之客观的真实之标准。

（五）以个人表演事实及使社会的抽象观念变为具体。

非独在历史课及文学课可以应用演剧教学法，其他如教政治及法律课都可利用，例如开假想法庭及假想国会，使学生扮作法官，作罪犯，作议长，作议员，或作反对党，都可收到很良好的效果。因为它可以使学生们如同身历其境，而得着较深切的印象。

三、学校戏剧之特性

在大中学里有很多有组织的爱美的剧团，它们的组织很精密，结果很圆满：它们非但已收到了一般的教育上的价值，而且它们在文艺的领域里，亦已占有了一个很优越的地位。老实说，中国的话剧都是靠着学生们去提倡，去发展。自然，我们并不希望学生做伶人，抛下了一切去从事于职业的舞台生活；但假若学生们能一方面继续地探求学识，一方面以其课余的功夫去发展他们表演的天才，因而获得一些好处，大概我们总不反对的罢。

总之，学校戏剧不能与普通的职业的剧团相比拟，因为学生并非伶人；学校终究是学校而非舞台，所以学校戏剧自有其学校戏剧的特点。

学校之爱美的剧团虽然都很努力于表演一些名贵的剧本，然而终究不能与职业的剧团相比拟；因为学校之有戏剧，其目的在于锻炼学生之表演及欣赏的能力，而并不在于给予大多数观众以一种消遣或娱乐。所以在表演一方面，不妨简略，布景不必过事考究，道具不必过于认真；在题材一方面，也不必顾到一般人的低趣，一般人的批评。现在再把表演、欣赏及题材三方面详细地加以解释。

（一）表演方面

当一个戏剧公演时，其主要的为登场的角色及舞台。学校的舞台，普通的是借用礼堂或竟用天井。至于道具及服装，虽也很重要，但因为学生的经济有限的缘故，也只好从简。话虽如此，这些也不是可以太忽略了的，因为一个剧的公演，它的舞台空气（stage atmosphere）全靠该剧的背景、道具、服装的配置得当，所以即使因为经济关系，不能过事讲求，但也应在可能范围内，力求其真切与调和；庶不致使表演者感觉到过分的干燥与失望。

至于对于表演者的方面：对于宾白及动作的技巧，不必过事苛求，但对于发言的正确、语调的谐和，及姿态的自然，却不能不时加指正。一般职业的伶人常是不注重真情的流露，而只代之以有程序的机械动作，这种舞台上虚伪的技巧（technique）是毫无价值的。

（二）欣赏方面

换言之，在观众方面，学校戏剧之观众也是不相同的。

第一，学生看学生演剧，其批评的态度，绝不似一般顾客对于伶人之严格。他们多能平心静气地以一种同情的眼光观察，不去严格地"吹毛求疵"。

第二，学生以及肯看学生戏剧之观众，他们本身必是趣味较高的，一定不似一般普通的剧场观众的低趣（low taste），只愿望得到一种好奇、残酷、淫荡的满足。所以在欣赏一方面，学校戏剧的观众，是多少有程度的。

（三）题材方面

学校的爱美剧团在选择其剧本时，因为它观众的优越的关系，很不妨选择一些有艺术价值、教育价值或社会价值的，更不必去迎合一般人的观众；况且这些剧团是爱美的并非营业的，更无迎合低趣之必要。

程度浅薄的观众喜欢看放火、残杀、强奸、肉感、私斗的勾当。中等阶级的观众欢看带着点机警的机智（witness）。这就是所以莎士比亚的时代戏院里都串演些非人的勾当，而今日中国的剧团也在拼命排演《啼笑因缘》《黄陆恋爱》的剧本。

问题剧——社会剧——在学校戏剧中有特殊的地位。因为它暴露社会的真相，启示人以人生的滋味。易卜生的剧本很受高一等的观众的欢迎，即此之故，其他如道德剧、趣剧、历史剧也都有相当的价值。

四、戏剧之价值

我们已将戏剧的运用、戏剧的地位和它的特殊点讨论过,现在更进一步地讨论它的价值。但这里应该注意的是非但把学校戏剧包括在内,就是戏剧教学法、假想法庭、假国会等都包括在内。它们所有的价值可分三部分来讲。

（一）教育上的价值

在应用戏剧教学法所获得的效果上来寻求,我们可看出戏剧在教育上所有的价值。

1. 语言流利

戏剧是站在观众的面前,把清朗的发言,以及动人的话调传诵出来的,这期间不容一点苟且,也不容一点含糊。不然,这失败是可预料的。

2. 姿态合节

戏剧不只教你说什么,而且教你怎样说。舞台是个神圣的领域,在那里是不准许你随意地举起你的手,随意地摇头的。你的一举一动都需要一种与言语的谐和。这种言语与姿态的谐和是可以在演剧时训练,而在任何地方、任何场所用得着的。

3. 认识世界

设若你是个中产阶级的人,没有尝过穷人的苦味;设若你是个中国人,没有到过巴黎、威尼斯或日本;假若是今日的青年,没有见识过恺撒（Caesar）时代的罗马;你也许可以在书本上得到些知识;但这些知识能比你亲自去舞台上扮演一番,或只在台下看一次更真切吗？这印象能比在戏剧上得来的更深刻吗？不会的,我敢说。

4. 组织思想

戏剧有一个条件"公演"。没有一个演员,可以自己对于自己所扮演的角色所处的地位、环境没有弄清楚,而在观众面前很满意地表演出来的。他必须把这剧前前后后的关节,他自己与其他角色的关系认识得清清楚楚才行。这种逼迫一个人认识他的地位、环境和人与人的关系力对于教一个人能够组织思想是很有效的。

5. 扩充经验

大概人人都可以相信多演剧，你可以多认识人生。许多世故较深的人，他的经验是由戏剧、电影和小说来的，其中尤以戏剧比较更真切，更具体。

6. 欣赏文学

普通的人坐在房间里读 Molier 的趣剧，他未必能赏鉴他的幽默而笑起来，反之他读《茶花女》、*Romeo and Juliet* 就会洒一掬同情泪罢?！但是在剧场里则不然，你可以听到忘情的欢笑，你也可以听到不自禁的抽咽或竟是痛快的哭声。一个很好的剧本常是在表演之后才发现的。

（二）道德上的价值

戏剧在道德上的价值许比在教育上的价值更伟大，因为戏剧教给了人以人生的意识、人生的途径。至少戏剧有下列的几种价值：

1. 养成不自私的美德

一个好的演员，不但要知道自己怎样表演，而且要知道怎样给其他角色表演的机会；不然，他个人的成功就是整个戏剧的失败。演剧，像其他的团体的游戏，需要一种团体的联络。自私的演员是要被淘汰的。

2. 身心的融洽

戏剧能给予人一种力量，这力量是由实现你的理想的愉快中得来的。你在舞台过一种你不曾过过的生活，你常能感到一种身心融洽的愉快。这一点是普通的演员都能体会得来的。

3. 养成同情的想象力

平常的人，也许不会想到一个堕落的女人的悲哀，异国旅客的苦情，落魄父亲的痛苦，但是你若扮演这样的一个角色，你就不得不设身处地地想一想。你扮演《少奶奶的扇子》的金女士，你就得同情一个堕落的母亲的心；你扮演《父归》里的父亲，你就得同情落魄的父亲的痛苦。戏剧是处处地教与你怎样设身处地地同情别人的。

4. 养成能与群生相契合的情灵

戏剧真是联络彼此间之感情的最好的工具，你真不知道当一个剧终了，幕布慢慢地下垂，台底下的人热烈地鼓掌时，演员们彼此庆欣的心情是怎样啊！我个人的经验是这样的，我每演一次之后，与我合作的其他演员都变成了很要好的朋友。我敢说，一个性情乖僻的人，绝不容许他在舞台上获得大的成功。

（三）灵感上的价值（inspirational value）

我们都承认戏剧是艺术，是文学。戏剧常常地给人一种烟士比里纯①，这种烟士比里纯是优美，是常使人陶醉的。譬如：

1. 认识人生

在舞台上，你不能再过你平时平凡的生活，你要遇见妙龄的女郎、潇洒的名士、英勇的少年、守财奴、吝鄙鬼、土棍、劣绅，甚至娼妓与强盗；就是复杂的社会也要撩起它的一角，给你看个透彻，这些更要使你感动啊！

2. 设身处地

假若你曾担任过悲剧里的不幸的角色，你就知道，你不是在舞台上做戏，而是在舞台上生活了。你流泪，你痛快，你过着角色（character）的生活，你处处设身处地地为你所扮演的角色来设想。最不使我忘怀的，是一个有名的女伶终于无所谓地在扮演茶花女之后自杀了。

五、学校当局对于戏剧教学法及学校戏剧运动应取的态度

在这里似乎应该分开讨论：

（一）学校对于戏剧教授法应取的态度

1. 对于所选择的题材，需加以酌量，最小的儿童，不妨排演些神话，稍长些的不妨扮演些英雄的事迹，成年的不妨使他们扮演政治的、历史的、社会的事迹。

2. 对于角色方面，教员应很注意于学生之特长和他们的性格。

3. 对于有历史背景或地理的背景的表演，应时时纠正其错误的观念。

（二）学校对于戏剧运动应取之态度

1. 提倡与训练

学校对于正当的戏剧的组织的团体应予以提倡，并且应请专门人才

---

① 烟士比里纯，即 inspiration，灵感。——编者注

来负指导训练的责任。

2. 监视与取缔

最近很有些学校的戏剧,十分地近于戏剧化了。他们不惜荒废他们的学业,致全力于戏剧的公演。这种献身于艺术的精神固然很可佩服,但是做学生的,总不能忘其读书的重责。许多学校忽略了这一点,也许他们希望学生为他们造一点好名气罢。

3. 训练欣赏的能力

欣赏也需要一些训练,不懂音乐的人,到一个音乐会绝不如一个懂音乐的人获益多,同样,戏剧也是如此。懂戏剧的人,他不独看到演员,他看到导演、布景、灯光、道具、化妆等等。这种欣赏的能力应由学校负责养成。

六、结论

总之,戏剧是养成学生通力合作之精神,并给学生与自己表演及自愿努力的机会。它在教育上、道德上、灵感上都有其相当的价值。学校当局对于它的利用应该时时地加以注意。最好的是能给予学生充分表演的机会,但以不妨害学业为限制。

在华的洋人[*]

生平住过三个大城市：北平、上海和成都。这三处，一个是北方昔日的政治舞台，一个是东方的商业码头，一个是华西的文化中心。这三个大城都有很多的洋人，而这三处洋人彼此间的差异比较这三处的中国人彼此间的差异还要大。说起来，这真是件很饶趣味的事。若能与这三处的洋人多接近，可以了解全体在华的洋人。

我在北平住得最久，认识的洋人也最多。他们似乎也沾染了满清或北京政府时代的官僚习气，特别是住在交民巷各国使馆的洋人。北平的使馆，通常都称"府"，譬如美国使馆为"美国府"，英国使馆为"英国府"，于是一些布满了枪眼的外国建筑，又披上了一件中国封建式的补服。在使馆里位置较高的洋人，官瘾尤大，喜欢人称他作"老爷"或"大人"。就是一般比较有钱的洋人，也最喜欢排场。喜欢住辉煌的住宅，有假山老树的深庭大院。晚上请客，喜欢在花园里点起宫灯，门口支起"某府"的大红灯笼。北平的佣人，做事勤快，礼貌周到，而且工资低廉，所以多数的洋人家里都仆妪成行，尤其喜欢给他们穿上制服——白长衫，配上铜纽扣，及有颜色的坎肩。最好笑的，是有位老太婆，时常在黄昏时候，抱着小叭狗，坐着敞篷车，驰骋于长安街及北海附近，她的马车夫，还戴着红翎大帽，高踞在车座，真不愧古色古香，据熟知掌故者说，这位老太婆是八国联军某德国军官的寡妇。

我并不是说北平的洋人都如此官气十足，这里自然也有满口生意经的捎客，卖肥皂毯子的白俄，黑衣白帽的"姑奶奶"，以及穿着军服，满街敲小鼓、吹铜喇叭、唱圣诗、传福音的救世军。不过这里的洋商人、穷白俄、

---

[*] 吴桢：《在华的洋人》，《西风》1944年第71期，第457—459页。

天主教徒、救世军和别处所见的完全相同,没有什么特别而已。唯有官派才是北平洋人的典型特质。

北平的北京饭店和六国饭店是很阔气的饭店,洋人一来,多半住在这两家饭店里。住在这两家饭店里的洋人,多半是游客,他们是专门来逛名胜、买古董、吃馆子、看热闹的,所以多是口袋里装满了美金的大爷。只要有新奇的东西看,是不吝惜花钱的。于是一般想发洋财的,就以这些旅客作对象。起先做向导的还是说破碎英语的职业向导,后来因为实在有利可图,就渐及华侨,以及高等华人了,甚至先到中国的洋人也干起这种勾当。这些游客,时来时往,影响甚小,最多不过是刺激一点物价而已。

至于一般久住在北平的老洋人,多半很肯跟中国人来往,其中学有专长的学者颇不乏人,给我国青年学子不少帮助与鼓励。就是"外国语学校"(language school)的年轻洋学生,也喜欢与中国人交朋友,所以大体地说,久住在北平的洋人与中国人的感情很不错。

上海,这座有名的冒险家的乐园,一向洋人最多,也最有势。记得从前到上海的洋人,依仗治外法权,颇不安分,气焰之高,咄咄逼人。"华人与狗不得进内"的招牌,刻画在每个中国人的心板中。不少不争气的中国人,竟因慴于洋人的威势,养成"奴膝婢颜"的"洋奴",这种洋奴的存在,越发显出奴主对立的形势。

其实,上海的洋人也不尽得意,其中倒霉的也不少。这些洋人国籍不同,职业不同,五花八门,最为复杂。上自律师、法官、医生、教授、洋行经理、公司大班,下至"三道头"——巡捕头、保镖的白俄、骑师、回力球手、赌棍、流氓、舞女、吹鼓手、扒手、"罗宋瘪三"与"红头阿三",以及安南巡捕,无所不有。上海人跟他们的接触多,所以分辨得很清楚,深知洋人虽个个高鼻子,毕竟国籍不同,职业不同,对他们的估价也不同。英国人最难惹,所以也最受敬畏,英租界的大马路叫"大英大马路",英租界的执照叫"大照会",甚至英国香烟 Ruby Queen 也叫"大英牌";美国人最有钱,尤以花旗银行,感人最深。于是美国人叫作花旗人,美国的橘子 Sunkist 也叫花旗橘子;白俄穷,早被人看穿,好一点的还能开开小饭馆,差一点的只好在街上叫卖,甚至当扒手;霞飞路上跟行人作眉眼的俄国娼妇,尤其受人看不起,所以白俄被称"罗宋瘪三";至于上海所看见的印度人,都是巡捕,一致黄咔叽制服黄布包头,一脸络腮胡子,除了舞警棍指挥车辆行人外,间或放些高利贷,在上海人的眼中,印捕都是一副面孔,所以都被唤作"红头阿三"。

英语在上海比较普遍,所以上海的洋人,到处说英文。这种现象的最大成绩,就是创造成了"you ask me, me ask who"一类的洋泾浜英语。

上海是大码头,商人气息最重,所以洋人中有很多"挥金如土"的豪客,以及广有地产的巨富。这一班人自然生活悠闲,悠然自得,但普通洋人,特别是坐"写字间"和跑街的,就不得不东奔西跑,紧张异常了。

上海的洋人,情形复杂,一言难尽。我们固不必全信"冒险家的乐园"那套闲话,但也不能否认多多少少在上海找机会的流氓。

在成都,我住的时间最暂,本无资格说什么话。但是我一与成都的洋人接触后,立刻有一种异样的感觉。这种陌生人的直觉,往往敏锐而正确,这种直觉证以这几个月的观察,及听来的材料,实在不错。

成都的洋人,流动性很小,有许多已在成都住了几十年,能说极流利的成都话,而且脾气、习惯很多与中国人同化,讲人情,打官腔,做事敷衍苟且,都有些像不争气的中国人。他们在过去对于成都的文化事业贡献甚大,华西坝的几个学校,和几个设备比较完全的医院,都是他们过去的成绩。成都在过去是交通不便、接近边疆的偏僻之地,这些洋人在此做文化的垦荒事业,自然值得感激。但是在抗战以后,中国的国情,与成都当地各方面的进步情形,都非昔比,于是这些留在成都的老洋人,似乎失去了适应的能力。有些竟还抱着"华人与狗不能进内"的态度,譬如说很多教会学校或医院的校长与院长,名义上虽是中国人,而幕后扯线的却都是洋人,他们对于行政,多喜横加干涉,他们在成都久了,社会情形,非常熟悉,几乎可以为所欲为。还有人看出现在是发财的时机,也竟浑水摸鱼起来,于是有人利用教会地产,牧牛卖奶,有人借造房子,囤积木料,更有人套卖美金,大发国难财。其实发财,并非坏事,譬如上海的洋人专讲发财,无人訾议,因为他们根本是商人。但是成都的洋人,是受教会的遣派来传教、讲学、推广文化事业的,这样做起来,太使学生与教友难以为情了。其实,他们早已盘踞了最美丽的亭园,住了最舒适的洋房,很可知足,不用再为发财的事烦心了。

成都所看见的洋人一向都是这些人,只有最近才见得几位由美派来的名教授,听他们几句老实话。只有最近才看到驾着吉普车来远征的军人,这些军人不像上海的洋人惹是生非,也不像成都的洋人油腔滑调,更没有北平洋人的官僚排场。他们从辽远的海外带来了飞机、炸弹,更宝贵的是他们还带来了善意、热情与友谊的温暖。纵然他们把鸡蛋、牛肉、黄包车的价钱都激高了,但是每次我们读报,知道拼着性命,在敌区投下了炸弹的朋友就是他们。我们宁愿忍受十倍高的物价来欢迎他们。

在成都看见新由外国来的盟友与盟军,都给了我们与从前的老洋人两样的新印象。我们真希望这些老的也回去装一装新。特别是他们的军人年轻、活泼而热情,跟我们并肩作战,共嗜甘苦,怎不叫我们对洋人改观?

我们和盟友已不是前几年彼此恭维奉承的浅交了,他们当然能接受我们赤诚的批评,认清时代,适应新的环境。

老处女的三条出路[*]

老处女或"欧美德"(old maid)所给人的印象是又可怜,又可气。我们一般人都可怜老处女的孤寂,可气老处女的乖僻。其实,仔细观察一下,老处女却并不一定孤寂,也不一定乖僻,她们自有她们的出路。

夫男女之欲,人之大欲也。这种大欲,自然以婚姻生活为其自然发泄,然而它也有它的太平门,或后门作为出路。所以我们大可不必杞人忧天,枉费心机。

心理学上,有所谓升华作用(sublimation)。有些老处女把一生的精力,贡献给事业,或是贡献给宗教。在她们的心目中,专业的成功,心灵的安慰,替代了性的满足,我们经常地碰到整日价奔走政治舞台,埋首图书馆,或实验室的职业妇女,她们眼前看着事业的成长,有如一般做母亲的看着子女的发育一样地愉快。我们也经常地看见许多老处女,虔诚地信仰宗教,她们都几乎把耶稣、释迦牟尼看作自己的情人。她们从神的爱所得到的欣喜(ecstasy)几乎超越一般有夫之妇所能从丈夫那里获得的。自然这一类的老处女保不定她们在夜深人静时,会感觉到一阵空虚,然而她们一到日出之后,就会为忙碌的日程所填满了。所以升华作用是老处女出路之一,也是比较可以鼓励的,人各有志,如果她们有此志愿,有此能力,又且有功社会,为什么不愿她们如此呢?

同性恋爱,是老处女出路之二,这条出路比较危险,她往往拖了别人下水。这一类老处女,多半怕结婚,怕男人,而又不肯放弃恋爱的滋味,于是她另外找个同性,把她伪装起来,暗度夫妇的生涯,所有男女之间的打情骂俏,私订终身,海誓山盟,争风吃醋,煞有介事地演习起来。记得若干

---

[*] 吴桢:《老处女的三条出路》,《现代周刊》1945年第4期。

年前在杭州，曾经发生过一件因同性恋爱而仇杀的案子，事情隔得久了，人们渐渐把它忘却。然而环顾学校中，或机关里仍有多少对同性恋爱的对偶，她们穿一色的衣服，梳一样的头饰，出出进进，宛如夫妇，万一不幸，有一位男性，妄想追逐其中之一，必受其他一个的百般阻挠，手边虽无统计，可资参考，但可臆断受了这样亏的男孩子，恐不在少数矣。同性恋爱是男女都会经过的一个过程，男孩子中，大多数也曾有过这么一个时期，喜欢向面目娇好的、性情温颐的同性一试身手，但这时期转瞬即过，把同性恋爱的兴趣，转移为对异性的爱好了。至于女孩子们的同性恋爱，往往经过时间较久，至于那些性惯的同性恋爱者，就不得不目为性爱的变态，种下了老处女的成因。

老处女的第三条出路，是好跟有了太太的男人们胡调，有些老处女，其实长得十分体面，并且颇有情趣，很具有惹起异性注意的条件，但她们偏偏拒绝了多少独身追求者的暗示，真是声色俱厉，令人有"高山仰止"之叹，然而她们对已婚者，另眼看待，大有"来者不拒"之势，然而一遇到这位有妇之夫，认真起来，准备与太太离婚，跟她结婚，她又避之如蝎蛇了。这类老处女是又需要性的刺激，而怕结婚的，跟别人的丈夫一起玩，她们最感觉安全，因而可以避免应付求婚等等麻烦，这种老处女最为危险，可以危及若干和美的家庭，幸而以此为出路者不多，否则，就颇堪危惧了。这一类老处女，现在又有了新的方式，她们不一定跟有妇之夫胡调了。目前内地有几个大都市，近年来了许多盟军，她们把目标就转移在这些人身上了，她们这样地把盟军与有妇之夫分类在一起的理由，是因为两者之间有许多相似之处，他们都比较有钱，比较懂得做性的艺术，更重要的，他们都以爱情为游戏不会十分认真的，所以跟有妇之夫或是跟盟军胡调并没有危险的。这两者都不会提出结婚的要求的。最近，在许多中外联欢的席上，往往看见这以第三种出路为出路的老处女翩翩起舞，不信，你可以看得出来她们那种又感觉安全，又感觉满足的愉快之情的。

前述这三种老处女的出路，虽然外形的表现不同，而其内心的动机，却无二致。一般人以为老处女之终为老处女，是因为她们条件太差或是以为她们没有机会，这印象是错误的，天之生人，各有其偶，在此社交公开之际，任何人都有她找到配偶的机会，所以老处女之为表面上是她们自己的选择，怨不得别人的寡情。根据多少心理家的分析，老处女之不肯从俗，以婚嫁了一心愿，是因为她们惧怕结婚，这种惧怕是下意识的，也许是意识的，如果是下意识的就更糟，因为她们自己都莫名其妙地为什么做老处女、怨天尤人起来。升华作用把人之大欲，很成功压抑下去，几乎把这种大欲遗忘了；同性恋爱是不会把此大欲遗忘，却把对象伪装起来；至于好跟有妇之夫，或盟军胡调，却是恋爱中之慷他之慨者。我们对于以第一条出路为出路的老处女，无可訾议，但感觉着几分惋惜；我相信她们若能有美满的婚姻生活，则对社会贡献，或更伟大，君不见我国蒋夫人与外国之居里夫人乎？她们的贡献绝不在一些老处女之下。至于以第二条或第三条出路为出路的老处女，我只有诚恳地向她们呼吁，请她们饶了那些假想情人的女孩子，请她们饶了那些有妇之夫，以及流浪国外的盟军，还是让他们把他们真诚之爱，带还给他们的妻，给他们的情妇吧！最后，我希望所有的老处女都能把惧怕结婚之结——意识的或是下意识的——打开，找个如意郎君，过一过正常的两性生活。

飞渡太平洋*

7月24日离开家,心里感觉异常沉重。虽然只有9个月后,又可回到上海,可是当此国内政治问题日趋恶化的时期,就不由不觉得前途茫茫。9个月后,谁知上海变成什么样子?记得7年前离开上海,准备偷度敌人的封锁线,跑到内地时,虽然旅程艰苦,而且危机四伏,但是临行的时候,满腔热血,满怀希望,似乎比这次离上海时的心情还要轻松些,乐观些。

同行的有15位同胞,都是善后救济总署的学员。下午4时浩浩荡荡地赶到江湾机场,那只四个引擎的巨型客机很远地就可看见。它浑身银色,机身横着漆了一道鲜红的腰带,看着像一个玲珑的圣诞礼物。

上了飞机,不久就起飞,发现机上除了15位同胞之外,还有5个美国人,3男2女。7月天气原很热,可是飞到9000英尺的高空,便觉得冷起来。从机上俯视,太平洋平静得像一面镜子,一朵朵的浮云,低在脚下,好像镜面上平铺着几堆棉花。下午6时左右在机上吃第一顿晚餐,所有杯盘都是纸做的,用完了一丢,这在我们节约惯了的人,立刻感觉美国人的浪费。晚饭后,大家已不像刚上飞机时的那般紧张,打"桥"的,下象棋的都活动起来。

机上有一位侍应员(steward),他的职务是白天发给我们饭吃,晚上替我们预备枕头,放床,发毯子;他也教给我们如果发生意外,大家都有落水的希望,怎样利用我们背后的救生背心。同机的有人晕机,他也负看护的责任。这种职务很麻烦,而且不算高贵,可是他的负责和严肃的态度,使每个人都觉得他是机上的一个大人物。他自己似乎对他的职务也很看重,也很喜欢,一点也没有那种"吊儿郎当"的样子,这也是我初次体验到

---

* 吴桢:《飞渡太平洋》,《西风》1946年第89期,第414—416页。

的美国人精神。

早上3点钟到了关岛,在机场的食堂吃平生最早的一顿早餐。黑夜中看不见关岛的面目,只觉得闷热难熬。我们在机场士兵的洗澡间洗了个淋浴,一面洗一面流汗。洗澡房满处都是签名和一些"厕所文学",充分地表现出美国远征军人的乡愁和苦闷。在这样闷热的孤岛作战,原不是愉快的事。

25日天亮又起飞,原定路线应该飞经瓜加林岛(Kwajalein),可是,这天正赶上比基尼岛投原子弹,临时改了路线,下午3时半停在威克岛。在机场的食堂吃了一顿午餐,这顿午餐是机场奉送的,有大片肉,有蔬菜,有橘汁,相当丰富。我们很想看看威克岛的情形,可是我们没有机会,只在由机场到食堂的15分钟的汽车旅途中,看到不少飞机的残骸,以及被破坏的工程。匆匆地又被送回飞机上,再度起飞。

半夜11点钟到达将斯顿岛(Johnston Island)。在睡眠中被唤醒,侍应员把我们硬送上机场,花2角钱吃一顿太晚的晚饭。由威克岛到将斯顿这一段旅程比较苦些,一则因为飞的时间相当久了,二则因为吃饭的时间弄得乱七八糟,大家都感觉不适,晕机的朋友中有两位呕吐了。吃过饭之后,侍应员告诉我们明天早晨就可飞到檀香山——太平洋的天堂。大家都有点鼓舞起来,希望在檀香山看到海边,看到草裙舞,看到五光十色的夏威夷衬衫。

到檀香山仍旧是25日,这两天大家的时间观念全乱了,因为飞机要与太阳竞走,所以弄得时间阴错阳差,日期催前赶后。总之到檀香山时,是檀香山的早上9点。一到檀香山,先在机场等候移民局的查验护照,每人都要经过询问,查护照,付人头税美金8元的手续,然后再受海关的检查。海关的检查相当谨慎,我因为替朋友带了一只在美国买的女用手表,被麻烦了很久时间,结果海关的检查员在表壳内确实发现这表是从美国卖出的才算完事。同行的人凡是带着送人的礼品的,或是不能算作自己的用品的,一概都照商品纳了税。我可以想象在战前国人到美国受移民局和海关的检查的情形,一定还要困难百倍。

从早上9点钟到12点钟才把一切入境和海关纳税的手续弄清楚,每人都满怀着焦急。12时由机场雇了一辆12人乘坐的汽车进城游览。第一件事大家决定吃一餐中国饭,这一餐中国饭大家都吃得眉飞色舞,大家都在奇怪为什么在国内时没有感觉到中国饭这么好吃。第二件事大家买了许多明信片，和纪念画片赶到邮局，寄给国内的亲友。在邮局的一刹那，我立刻直觉到思乡病在同人中感染着。我们这一批出国梦已经实现的人，多半都是有妻小的，谁不想念妻小？两件大事办完后，在回机场的途中看到一个中国式的建筑，原来是一家中国饭馆，取名留余斋，大家都同意进去看一看。这座饭馆，刻意中国化，所有家具，所有陈设都力求中国化。壁上的壁画，据说是画的世外桃源，然而我看着像梅兰芳的《红楼梦》的剧情。在美国做生意，壁画上要是没有男女勾肩搭背的场面，也许生意要受影响。在参观的当儿，有位女掌柜跑来跟我们谈话。她是华侨，很热烈地要知道国内国共冲突的真相。她说："打仗的时候，我们华侨尽了最大的力量，国家需要我们什么，我们拿出什么。为什么胜利后，还要有内战？请你们告诉我，谁对谁不对？我愿意回国去帮对的打不对的！"她说的时候，激昂得几乎哭出来。我们大家在她这样感情冲动下都没有说什么，只安慰她说："中国是有前途的，国共的问题总会解决的。"然而说的人自己也感到渺茫、怅惘。

走出留余斋，时间已经不早，我们4点钟还要赶回机场，大家临时动议到珍珠港去观光一下。珍珠港只是历史上名港，我们在车上看不见什么摧毁的残迹，大家对檀香山印象非常美好，我们虽然没有看见草裙舞，可是看见海边的游客，男女老幼都穿得花花绿绿，皮色都晒成红棕色，间或有几条死白色的大腿，实在难看。街道整齐清洁，最动人的是满街都是各色的鲜花。檀香山是美的，是有颜色的，是富于青春与力的，真不愧为太平洋的天堂。

当日的下午4时回到机场，5时多起飞，26日的早上9点10分到达加利福尼亚州的昂他利欧（Ontario），结束了飞渡太平洋的旅程。同行的人有仍旧保留上海时间的，告诉我们到达时是上海时间27日的早上2点半。现在我们算平安地到达美国的大陆，大家都很欢喜。在机场还要经过一次医师检查。医师老爷姗姗来迟，害我们留在一间小房子中一点多钟。照机场的规矩，在未经医师检查前，不准离开那间房子，也不准大小便的，以免带给他们危险性的传染病。医生到达之后，大家奉命列队，然后每人走到他跟前，他例行公事地随便看了看我们的眼睛，认为满意。这大概是美国的一种官样文章（red tape）。

到达美国国土立刻感觉到房荒的威胁。我们原是请公司替我们在洛杉矶定旅馆房间的,可是公司说洛杉矶没有房间可定,昂他利欧离洛杉矶有 5 英里,既无房间,只好另打主意。结果我们去距昂他利欧 10 英里的一个小城河边去打尖。在河边住在一家有名的饭店使命旅馆,陈设与装修均极富丽堂皇。大家洗澡、吃饭、换衣服,把几天飞机上所带来的疲倦都洗刷干净了。在河边只住了一天,大家虽都有意去洛杉矶观光好莱坞,可是有公务在身,第二天便又仆仆道上,乘火车直赴华府了。

华盛顿三周印象[*]

1946年7月31日抵华盛顿，8月18日离开，总计住19日。在这短短的时期内，同行的联总学员，多半还没有固定的实习计划。住在城内，到处游览，倒也逍遥自在。

华盛顿市是个有计划的现代都市。华府（Capital）是全市的中心，以此为中心，横着有东西两条国府路，纵着有南北两条国府路。复以纵横的国府路把全城分为西北、东北、西南及东南四区。街道所有直的南北路，都是用数字给名，所有横的东西路都以字母取名。数字与字母均照距离华府的远近按次推下去。所以在华盛顿只要看一看街名，它是哪一区，什么字母，什么数字，你把眼一闭，便可想象它在哪里。自然也有例外，因为华盛顿除了纵横的街道外，还有斜路，所有的斜路都不叫街（street），而叫作avenue。有了这种斜路，这城市便复杂起来。在华盛顿有许多所谓圆场（circle）与方场（square）。这些圆场与方场，都有一片很好的草地，当中有个美丽的喷水池或是铜像，草地上有许多长桌，可供路人憩坐、看报，或者看小孩子嬉戏。这些方场与圆场又成了纵街、横街和斜街的辐射中心。全市最大的特色，是草皮多，树木多，成为都市的呼吸器官。

一、华府巡礼

华府是美国的国家议事厅。这是个很伟大的建筑。主要的部分是当中的圆拱（dome），南北还有两翼，各州代表会议厅、美国议员会议厅、总统办公室，都分布在华府。在整个的建筑中，到处可以看到壁画、石像和铜

---

[*] 吴桢：《华盛顿三周印象》，《西风》1946年第90期，第514—517页。

像。内部的装饰,力求富丽堂皇。走进去真有目不暇接之慨。圆拱高180英尺,拱顶画着一幅很美丽的油画。在圆拱的大厅仰视这幅画,尤觉好看。圆拱有楼梯可以爬上去。老实说,爬这一次相当吃力。快到拱顶,圆拱的四周还有走廊,可供游客鸟瞰全市。使我惊奇的是圆拱的白墙到处都是游客的签名。我也老实不客气,用钢笔找了块空白,写上"××到此一游"。圆拱的极顶,有很多窗口,可以俯视市景,而且每个窗口都有一幅鸟瞰图,上面注明街名及机关的名称。所以一爬到拱顶,全市了如指掌。

华府的建筑从我这外行看,觉得异常富丽庄严。然而同游的章君,是建筑工程师,而且是在欧洲受过教育的,他说华府的圆拱是假的,而且是抄袭的,在建筑的美学上没有多少地位。他也批评在这建筑内的内部装饰,也缺少统一性,缺少调和。譬如石像与铜像夹杂地布置着,地面的大理石,黑白间隔,都给人不协调的印象。我对他的批评也有同感。美国在艺术上也许比较欧洲落后。然而它的努力,它的急起直追的精神,却可钦佩的。

二、 连锁商店(chain stores)

在美国买东西,确是一件愉快的事。所有的百货商店,都有冷气设备,而且多半都附设饮食部。走进去又阴凉,又可以比较价钱,想心思买便宜货,饿了有得吃,渴了有得喝。所以我们初到美国的朋友,都爱花些时间到百货商店观光。

我到华盛顿的第一天,记准了我的住处离一家五分一角商店叫作墨费(Murphy)的很近。它的招牌是红底金字,非常好记。可是在华盛顿住了几天,才发现全城有好几家墨费,都是一样装修,一样门面。再过些时,更发现全城有几家百货商店,像人民百货店(People's Drug Shop)、乌尔窝斯(Wool Worth)五分十分商店,以及白塔(White Tower)饮食店,都有许多分店分布全城。铺面招牌完全一样。原来这类商店是所谓"连锁商店"。我现在已离开华盛顿,到过哈利斯伯利(Harrisbery)和匹兹堡(Pittsburg),我发现这些地方,也有这几家商店,维持着同样的外观,这一点可以看出美国人经商的魄力。

三、市内交通

华盛顿的市内交通,全靠街车(street car),其实就是电车和公共汽车。路线很多,搭乘很方便,每乘一次付洋一角。如果想经济点,二角半可以买三个代用币,或以二元半买张周票。周票自然最方便,有了它可以随便跳上街车或公共汽车,走错了,跳上另外的车再走。美国的人力最贵,所以一辆车只有一位司机,卖票、开车、开门都是他。乘客上车上付一角钱,不用拿票,如果乘客需要转车,可以要张转票,转票在一小时内有效,但不得用于相反的方面。付了车费之后,坐在车内,用不着像在中国时生怕把车票丢了,也从来看不到查票的"赤佬"。到地方下去,简单而明了,街车和公共汽车差不多每条街都停,所以很觉方便。到了这种城市,自然把走路的劳力看得很尊贵,能坐车就坐车,何必自苦,累自己的两腿呢?

四、唐人街

华盛顿没有中国城(China Town),只有西北区的 H 街,有几家中国饭馆子,和几家中国洗衣房。我们曾到 H 街吃了几餐中国饭。在美国最想做的事是吃中国饭,凑几个人可以吃好几道可口的小菜,而且可以使用方便得像自己身上长出的一部分的两只筷子,真舒服。吃完了当着同胞打几个饱嗝也用不着说"excuse me"(对不起)。所以我们一有机会,就到 H 街吃中国小菜。然而到了 H 街,有一家商店实在触目惊心。门口明目张胆地写着番摊牌九,而且那家公司就叫作"横财公司"。开饭馆,开洗衣房,我不反对,开横财公司我可有点反感。我不知道这是美国警察的责任,还是中国大使馆的责任?可是它的存在,令人有些担心中国人在美国的地位。

五、名胜游览

美国人好炫耀。每个州每个城都喜欢炫耀它的名建筑、图书馆、博物馆,或其他值得一看的东西。所以每到一处,都鼓励人来个名胜游览。华盛顿是京城所在，更鼓励人去看它的议院，林肯、华盛顿、杰弗逊总统的纪念塔，或纪念堂、博物馆、美术馆，甚至于高等法院和火车站。在华盛顿有很多导游的组织，可以在一两天之内带游客轮流游览各处。我们在华盛顿的时间比较多，所以并未参加任何游览团体，我们都分别采个别行动，到各处做比较悠闲的参观。

给我印象最深的，是华盛顿的纪念塔。塔形如圭，矗立云表，达550余英尺。坐电梯直达塔尖，登泰山而小天下，登华盛顿纪念塔而小华盛顿全市。如果不幸由塔尖摔下来，以子建七步成诗之才，还可慊慊意意在死前写首临别诗！这个建筑的美，完全在简单的线条。杰弗逊总统的纪念堂，也很庄严雄伟，其他的给我的印象比较淡薄。美术馆有许多名画，都是欧洲名画的拷贝。博物院的历史材料和搜集非常丰富。然而这些东西在对美国历史陌生的人来看，便不感觉兴趣。至于美国人所看作古物的东西，在我们的古老的中国老百姓看来，只觉得"不过如此"而已。

动物园很大，奇禽异兽也不少。回想中国北平的万牲园，也颇具规模了。植物园也许是植物学家的奇境，但从我这外行一看，便觉单调寡味。同游的人也和我一样，入口进，出口出；走马看"花"，一点都不错！值得记的是他们对管理方面很负责，很严肃。游客也都能循规蹈矩，维持很好的秩序。

六、黑白之间

据说华盛顿对黑人的偏见最少。可是在大饭店或大饭馆中，很少看见黑人。我一到华盛顿就赶上黑人请愿，大概是为了黑人在南部被人非刑惨杀的缘故。从黑人被压迫的观点看，美国的民主，说的比做的多多了。我也到过一家小电影院，影院当中隔了一个隔板，一边是黑人，一边是白人。我和同去的黄人，不黑不白，又不能骑在隔板上看，经过一刹那间的考虑，坐在白人一边了。我至今都不放心我那天坐的位置。在美国人看得起，或者说，跟我们多一层利害关系的时候，总算优待我们。然而美国人如果确有种族优越感，觉得无色的比有色的高明些，这次混坐在白人群里，以后便想不得了。我这种感觉自然太敏感，也许还夹带些自卑情绪（inferiority complex）的心理作用。然而黑白之间有一块隔板，确使所有带颜色的民族都会感觉不安。

美国人的种族偏见[*]

去年8月1日到达华盛顿,正赶上那天有一群黑人游行请愿,请求政府严惩残杀黑人的主犯。美国,这个自诩为民主的国家,在这次胜利后,派了多少军队,带了若干武器,到欧洲,到日本,到世界各处,说是教别人怎样民主,学他们的民主榜样,自己却在干着私刑迫害少数民族的勾当。这种矛盾现象,使我这异国新客有些怀疑,也有些不放心起来。此后有一天看电影,居然发现在这举世瞩目、观瞻集中的美国首都,还有用隔板把有色无色的观众隔离的电影院,更使我怀疑美国人的民主,也只是唱得好听罢了。更奇怪的是我在旅行期间,住了好几个大城市的青年会,没有想到这靠着主耶稣做招牌的社会团体,也不认黑人作弟兄,也把黑人隔离开。

以后在匹兹堡大学的应用社会科学研究院读书,这是个出名前进的、讲究自由主义的学院,所以里面的学生真是包罗万象,各色俱备。除了黑白美国人、犹太美国人,还有南美、南非、印度、加拿大和咱们中国人,大家在一起,倒也融洽亲善,颇有"天下一家"之感。黑人在这里,自然毫不受冷漠,或受歧视。这里大多数人,是自由主义者,捧罗斯福,赞成民主党,同情罢工,反对私有资产,不相信任何民族优越论,种种都证明这里确是一批美国最相信民主的人们。但是日子久了,我又看出破绽。一般黑人都似乎有些隐痛,无论在课室,无论在团契里,大家尽管毫无忌惮地谈政治,谈经济,谈学术,然而却有意无意地避免讨论民族问题。这种无言的隐痛比发泄的仇恨更危险,也更可怕。

有一次,学院的当局,召集所有的外籍学生,拍照留念,奇怪的是照相的人当中有两个美国生长的日本人,一位生在夏威夷,一位生在芝加哥,

---

[*] 吴桢:《美国人的种族偏见》,《西风》1947年第97期,第7—10页。

严格说起来,她们是美国人,日侨的第二代。她们与第二代的德国、法国,或意大利人取得美国籍者,是一样的。然而外籍的白人,到了第二代,便被公认为美国人,被"一视同仁",可是这两个黄色美国人,却被当作"客",与我们这些不折不扣的外宾一起照相。这件事,自然使这两位女孩子不高兴。可是也难怪,她们的肤色使她们失败。无论她们怎样接受了美国文化,可是她们无法改变她们的黑头发、黄脸皮。至此,我更感觉到美国人的种族偏见之牢不可破。

虽然一般美国黑人,都似乎饮恨,不爱谈民族问题,但我始终没有放弃一个志愿,我决计要找个黑人谈谈,听取一点黑人自己的感想。最后经人介绍,和一位在政府机关做事的黑人畅谈了一次。这人对种族问题,颇具见地。他历述黑人对于美国立国,和对这两次世界大战的功绩。他认为黑人确已获得地位,这种由于不断的努力和流血得来的地位,不是少数偏狭者可以随便摧毁的。他的见解以为美国白种人对于黑人的歧视,甚至仇恨倒不足过虑,可怕的是黑人的经济地位低弱。在美国,特别是在南方,黑人受不到高等教育和职业教育,所以他们始终在做苦工,过着昔日的奴隶生活。美国纵使给了黑人以政治上的民主机会,如果在经济上施以压迫,黑人的地位永久爬不上去的。这真是一针见血的批评。他认为最毒辣,也最有效的压迫黑人的办法,是使他们长久无知,长久贫困。前罗斯福总统说:"没有经济民主,无从建设政治民主。"所以没有经济民主的民主,也只是糖衣的毒药而已。

美国的中等教育原是强迫的,黑人自非例外。然而事实上,黑人常被无形隔离。例如一个学校里面,黑学生比较多了,白学生便自动退学,到别的学校去上学。所以黑人在中等学校已受到歧视。至于大学校,多有明文规定,不收黑人。至于高等职业学校,如医学院、法学院更多如此情形。这样便限制了黑人上进的机会。黑人找比较优越的工作也很困难。我很少看见黑人找到高领职业(high collar job)。在军队里,自然有黑人当兵。特别这次世界大战,在欧陆战场,黑人颇有战绩,但是他们很难升到高级长官,发号施令。以前有黑人军队,长官与士兵都是黑人,现在倒真可并肩作战了,这不能不说是一种进步。我曾听到过一个动人的故事:一个在前线作战的士兵——美国南部的白人,他常写信告诉他母亲,提及他在军队里有个好朋友,乔治,好几次救他从死里逃生,二人相依为命。

后来战事停止了,他又写了封信给他母亲:"母亲:我没有告诉你,乔治是黑人,我要带他回家,和我住一些时。您如果不能招待他像我的其他朋友,我暂时不想回家。"母亲接受了这个挑战,她迎接他们回家,她拥抱他儿子,也拥抱这位黑朋友。

到了美国南部,黑白的界线,更见显明。坐公共汽车,看电影,甚至上厕所,都黑白分开。甚至被人戴上红帽子的 TVA 的厕所,也还有"有色人厕所""白人厕所"的标帜。我在南方,也曾和一位南方人谈到黑人的问题。他很讥讽地说:"我们才真知道怎样对付黑人呢。我们知道怎样使他们守本分。可笑那些从来不与黑人打交道的北佬(Yankees)竟跑来告诉我们怎样对付黑人。我告诉你,黑人都是懒惰的,没有鞭子,他们不会工作。"如果不到南方,很难听到这些坦白的议论。

在我离开匹兹堡以前,大概是因为共和党的保守分子上台了,黑人又碰到厄运。离匹兹堡不远,有家百货店,因为掌柜的雇用了一位黑小姐——一位匹兹堡大学的女同学——竟有好事之徒用一个烧焦了的木扎十字架,丢在掌柜的院子里,表示一种警告。同时,在南方发现一个类似三 K 党叫作"哥伦比亚人"(Columbians)的组织,专门和黑人作对。领袖是退伍军人陆密司(Loomis),队员都穿咔叽衬衫和长裤作制服,臂上绣着标识,一个圆圈里还来个火花。倡言要保障白人的利益,先排斥黑人,后排斥犹太人。后来因为这班人太猖獗了,而且行踪太像纳粹党人,被政府逮捕,判了徒刑。《纽约下午报》有一篇关于主犯的个案记录,很详细地记载这位英雄,值得一读。

从上述的事实看起来,美国似乎太不民主了,然而不然。赛珍珠女士公开演讲时,大谈"天下一家",并大骂美国人的日趋地方主义。她说美国人现在倒不是孤立主义,却是地方主义。这种非常偏狭的地方主义是世界大同的阻碍。美国低音歌王,黑人保罗·罗伯生(Paul Robeson),据说已放弃了电影和舞台事业,专心去做黑人解放工作。这些人都很受人崇敬。在我听了赛珍珠的演讲后,我对一位美国朋友说:"你们到底民主,而且听众似乎都很同情她。"这位朋友回答说:"哼!不爱听的根本不来,来听的其实倒不必听,演讲的收效小得很啊!"

根据我个人的观察,美国人的种族偏见不是理智的,不像以前的德国人,或日本人真相信自己的优越,连学者都有系统地介绍"唯我独尊,别人该死"的理论。美国人则不然,理智地觉得不该有种族偏见,可是莫名其妙地不爱与有色人在街上同走,更不敢与有色人通婚。这种看不起别的民族的偏见,已经成了心理上的情结(complex)。这种情结,也许医得好,不过不是短时期可以奏效的。再则我觉得美国人是非常个人主义的,黑人中果真有人能冲出压迫的壁垒,也一样可以受到崇敬,不说别人,就如低音歌王罗伯生的大少爷,是位足球名将,多少女孩子都以能和他订个约会为荣,这充分说明了美国人固然看不起一般黑人,但对个人的成功,仍不因肤色而予以一笔抹杀。

最奇怪的,是我和一些在美居住较久的同胞谈话,我发现我们的同胞很多是反对黑人的死硬派。我不懂为什么这种民族偏见症传染得那样快。自然,我们现在叨了第二次世界大战的光,已被列为四强之一。火车上、饭店里和厕所里,都可以与白人同坐、同吃、同排泄,但我毕竟有些敏感。美国人既有种族偏见,我们黄人,最多也只比黑人高一等,如果竟把自己附会成为白人,未免自作多情。

因为美国人有种族偏见,中国人不免也遭歧视。在无可奈何的情形下,又转而看不起黑人。这点肤浅的补偿作用,自然可笑,亦复可怜。正如同孩子受了父母的责打,掉过脸来打不会说话的小猫。我看见许多第二代的意大利和德国孩子也这样。曾读过一篇集团工作的记录(group work record),四五个意大利孩子,忽然乘集团领袖的不注意,跑到街上,原来是去打黑鬼(Niggers,对于 Negros 大不敬的名词,正如叫中国人作 Chinaman)。在记录上,这位集团领袖解释道:"这些外籍美国人的第二代子孙,因为受到其他美国人的歧视,缺少安全感,所以向黑人寻衅。"这句话也解释了中国人为什么看不起黑人。

美国人时常自诩为世界的大熔炉。也许有一天,经过民主信徒和自由分子的不断努力,再看不到像"黑鬼""有色人种""少数民族"等等歧视外人的字样。看看欧洲人迁移到美国,过两三代,便成为十足的美国公民,享受一切美国人的权利,似乎只要美国人再度大方些,再度达观些,真会成为民主国家的好榜样。到那时,用不着派军队,遣军舰去宣传民主,教授民族,自然会"民至如归",恐怕要拦阻都拦阻不住的。

轰动一时的大谋杀案：十七岁大学生罪案累累，化身博士的重演[*]

第一天来到这无奇不有的新大陆，坐在从洛杉矶到华盛顿的卧车中，展开报纸，便读到芝加哥城的大谋杀案。这次的谋杀案可并不像我们在电影上所看到的一群目无法纪的流氓有组织地干的。这次却是一位17岁的大学生，不属任何流氓团体，独自干的。

这位拥有"报纸首行大字标题"的风头人物，威廉·郝伦（William Heirens），今年才17岁，生于1928年11月15日，体重180磅。去年夏天，考入芝加哥大学，平日很勤读，爱交新朋友，有时也请请女朋友出去玩玩，看上去是个正常而有为的大学生，可是他犯了杀人的重罪。

一次，他撞进露丝夫人（Mrs. Josephine Ross）的寓所，瞥见一个手提包，正想去拿，43岁的露丝夫人从床头爬起，这位杀人不眨眼的魔王，跳进她的身旁，用刀子惨杀了她。

这件事发生后的三星期，33岁的勃朗小姐（Miss Francis Brown），在她的住所，刚洗完澡，走出浴室，正碰上威廉跳进窗子，他枪杀了她，然后又用厨刀在她颈上斫了两刀。

今年1月7日的夜晚，威廉用梯子爬进德格南（Suzanne Degnan）的寝室，把还在睡梦中的德格南拖到楼下，正好这位女士从梦中醒来，刚想呼救，却被威廉扼死，死后，威廉又把她的尸首肢解了，藏起来，爬回房间，留下纸条，索取2万元的赎价。

一直到今年6月26日，这位威廉又想犯案，经过一场争斗，才被警士捉到。案发后，在他的宿舍又发现了200件赃物。可是威廉坚持否认有

---

[*] 吴桢：《轰动一时的大谋杀案：十七岁大学生罪案累累，化身博士的重演》，《光》1947年第18期。另见吴桢：《轰动一时的大谋杀案：十七岁大学生罪案累累，化身博士的重演》，《宇宙文摘》1947年第2期，第79—81页。——编者注

罪,说这些赃物都是属于另外一个人,叫作乔治·默门(George Murman)的。威廉在狱中时,还常有签名"乔治"写给他的信,可是研究字迹,证明了那还是威廉的手笔。他的指纹和德格南寝室中所留下的纸条上的相符。经过催眠药的影响,威廉也承认了一切罪行。法庭上有了充分证据,认为威廉与乔治是二而一,一而二。对于这种双重人格的罪人,法庭自然无法惩罚一个,放走一个,结果判了三个无期徒刑。

威廉的家庭并不坏,他父亲是炼钢工厂的看守,脾气很好,母亲是位勤俭的主妇,平时也很爱护他。他在 9 岁的时候,母亲在他的房间发现了一个陌生的金表。"哪里来的?"她问。他很恐惧地回答:"是乔治拾来的。""还给乔治,叫他还给失主。以后不要再跟他往来了,懂吗?"

11 岁的威廉,承认他犯 24 起盗案,可是因为他还是个孩子,并未予以拘禁,法庭予以试释,由父母负责严加拘束。他被送进一个中学读书,三年中成绩很好,是个守规矩、聪明的学生。

可是三年后回到家里,警察在他的口袋中发现了手枪,检查他的住处,更在冰箱后面发现两支手枪,屋顶上发现一支军用来复枪,和另外四支手枪。他承认他又犯了 11 次盗案,6 次纵火案。这次法庭不能再予以宽恕了,就把他送进习艺所(reform school)。后来他又被释放出来。这次出来增加他母亲不少忧虑。他已经长大成人了,有成人的体魄,而且聪明能干,可是他总忘不了"乔治"老在跟着他。

从智力上说,威廉实在是聪明的。他从 9 岁起,就时常受了强迫观念的犯罪的纷扰,可是他仍旧能在 17 岁时考进大学。他的两重人格,正像化身博士①的重演。白天他很好,很像绅士,可是一到夜间,便成了杀人魔王。像这样的两重人格的前例,据心理学家赖德(Donald A. Laird)说,载

---

① 《化身博士》(*Strange Case of Dr. Jekyll and Mr. Hyde*)是英国作家罗伯特·路易斯·史蒂文森(Robert Louis Stevenson,1850—1894)创作的一部小说。作品发表于 1886 年,讲述的是主人公吉尔医生表面上学识渊博,德高望重,但内心深处却潜伏着一种想要寻欢作乐的邪恶。他既要在人们面前保持一种庄重的神态,又必须时刻隐藏和压抑着自己追求享乐的丑恶欲望。他发明了一种化学药剂,每当受到享乐欲诱惑时,他就会服下这种药变成矮小丑陋的海德先生外出寻欢作乐。欲望得到满足后,他就回家再服一剂药水,变回温文儒雅、受人尊敬的吉尔博士。渐渐地,卑鄙邪恶的海德占了上风。吉尔常不受控制地变成了海德,当海德已经成了自己的常态,变回吉尔反而越来越难。当他发现自己再也不能变回原来的自己,而只能作为罪孽深重的海德先生留在世上时,博士在绝望中服毒自杀了。这部作品情节跌宕,结局扑朔迷离,场面惊心动魄,充满了科幻色彩,被认为是"心理"小说的先驱,Jekyll and Hyde 一词后来成为心理学"双重人格"的代称。参见王余光、徐雁主编:《中国阅读大辞典》,南京大学出版社 2016 年版,第 977 页。——编者注

在记录上的,只有50个案,然而像威廉17岁青年夜间不睡,到处犯罪的却还是史无前例,这真成了心理学家的谜。赖德对于此案并发表意见,认为威廉的母亲没有在他9岁时注意这双重人格的问题,是莫大的遗憾。许多做父母的过分自信,以为他们自己可以应付这样严重的心理问题,可是结果害了子女。如果威廉的母亲很早请教精神病专家,也许这位聪明、体重180磅的青年,不致受到三个无期徒刑的惩罚,而且可能成为社会上很有作为的人物。

我们需要研究犯罪学[*]

犯罪问题是任何国家、任何社会都十分重视的问题，因为它直接关系到人民的生命财产、社会秩序和国家安全等重大问题。犯罪学是一门社会科学，是社会学的一个分支学科。这门学科研究的对象、范围和问题主要是：什么是犯罪？什么人犯罪？为什么有些人犯罪而另外一些人不？犯罪的生理、心理特征，社会因素是什么？社会对犯罪问题应采取什么态度，对犯罪者应如何对待？如何防止、减少犯罪率？

本世纪30年代初，我国的一些大学社会学系曾开过这门课，用的是外文课本，教授多是外籍社会学专家；40年代更多的大学社会学系开过这门课，讲授用的课本仍然多是国外的，不过国内也做过这方面的调查研究，写过一些这方面著作和论文。总的说来，这方面的资料和教材还是很贫乏的。解放后，经过1952年的高等院校的院系调整，社会学被取消了，犯罪学也同样被禁锢。1978年全国社会学研究会成立，社会学被解放，获得新生，犯罪学这个禁区也开始被突破。但是犯罪学这门学科仍然是社会科学领域中最荒凉的一块园地。

最近，我读了几本美国出版的社会学和社会心理学著作，受到了一些启发。

这几本书里都未用"犯罪学"（criminology）一词，而用"行为异常"（deviance）一词。它研究的对象包括伤残、盲人、精神疾患者、娼妓、乞丐、吸毒、酗酒、盗窃、流氓、杀人犯和一切违反社会公认的正常行为规范的人在内，范围更加广泛了。犯罪学与行为异常这两个词几乎是同义语，可以互

---

[*] 吴桢：《我们需要研究犯罪学》，《江苏社联通讯》1981年第2期，第10—13页。

换使用,但也有差别,在汉语中很难找到适当的对应词。我看到有的译文译为"越轨行为",台湾的社会学者译为"违规行为",我认为还是译为"行为异常"比较确切。

西方犯罪学成为一门学科的源起,一般追溯到20世纪初期意大利精神病专家龙布罗梭(C. Lombroso)所著的《犯罪的原因和防治》(*Crime: Its Causes and Remedies*)。龙布罗梭从生理学角度研究犯罪问题,试图从犯罪人的生理特征,如头骨的宽窄、颏骨的突出或后缩、尺骨的长短、头发颜色等来说明犯罪的原因。20年代的高达德(H. H. Goddard)认为犯罪是生理和遗传的结果。有的优生学家做过家谱研究,发现一家几代子孙近亲都是法官、律师、医生、教授等高贵人物,而另一家几代子孙近亲都是男盗女娼、社会底层人物,得出类似我国"龙生龙,凤生凤,老鼠生来会打洞"的结论。50年代谢尔登(William H. Sheldon)提出犯罪与体型的关系,把人们的体型分为三类:肥胖型(endomorph)、瘦弱型(ectomorph)和健壮型(mesomorph),然后联系犯罪者所犯的罪行进行统计分析,找出犯罪与体型之间的相互关系。这一类从生理学角度研究犯罪问题的理论,虽然论据不足,结论也不可信,但它的影响却很大,很深远。例如社会学家麦克克隆·李(McClung Lee)著的《社会学原理》(*Principles of Sociology*)[1]中举了一例:在一次实验里,调查者给几个大学生看了一些儿童照片,其中有些儿童长得很逗人喜欢,有些长得丑,不讨人喜欢,然后调查者用一些虚构的故事如扔石头打受了伤的狗,用雪团砸人,雪团里藏着棱角锋利的冰块,使人受伤流血,告诉这些大学生。用这些相同的虚构故事有时加于好看的儿童,有时加于不好看的儿童。听者发生截然不同的、戏剧性的反应。同样的恶作剧,如果说是好看的儿童干的,就被看得不算回事,并且认为不是他们真实性格的反映;如果说是不好看的儿童干的,就被认为是严重的问题,而且被认为是本质的反映、劣根性的反映。这个实验生动地说明所谓体质与异常行为的关系不过是观察者的成见,而不是两者间的必然联系。最近,美国一位医学博士魏因纳(Saul Wiener)[2]开始从染色体的研究中提出他的新论点,他认为"超男性"(supermale,人的细胞

---

[1] McClung Lee, *Principles of Sociology*, Illinois: Barnes & Noble, Inc., 1969. ——编者注
[2] S. Wiener, G. Sutherland, A. A. Bartholomew, B. Hudson, XYY Males in a Melbourne Prison, *Lancet*, No. 7534(1968), p. 150. ——编者注

一般只有 46 个染色体,女子的细胞含有 23 对两两相同的染色体,XX,男子则有 1 对不相同的,XY。极少数人有 47 个染色体,性染色体是 XYY,就叫作"超男性"在犯罪者中的比例是 2%,比在一般人中的比例多 4 至 5 倍。这一学说曾轰动一时,但很多人表示不同意,因为有 XYY 染色体的人数极少,不能说明问题,1970 年的染色体研究报告中也否定了这一理论。

心理学者以人们的本能、智力、情绪、性格等因素来说明犯罪的原因,其结果也是众说纷纭,莫衷一是。例如智力与犯罪的关系问题,有的认为智力低的人,往往因为分不清是非,而走入歧途;犯了错误以后又不善于隐蔽,不善于自我辩解,容易被察觉、被侦破,成为犯罪分子。有的认为智力高的人,骄傲、不满现状、狡猾、点子多,容易做出坏事。心理分析者应用弗洛伊德(S. Freud)的学说分析犯罪问题。心理分析是精神病学一个重要学派,有它自己的一套理论体系,对犯罪问题有其独特的见解,认为犯罪的原因主要是因为人类的"伊得"(id)本能冲动是原始的、兽性的,不为社会的允许,必须经过父母、教师的教育和社会的约制而形成了"我"(ego),至于"超我"(superego)则是更高级的文化产物,是社会道德、伦理观念的体现。犯罪不过是被压抑、被潜伏下来的"伊得"冲破"我""超我"的约束的结果罢了。这一派学说的理论基础是哲学上的"性恶论","性恶论"与"性善论"是个长期争论不休、相持不下的问题,因此,心理分析家的犯罪问题的解释虽曾盛行一期,但反对者也颇不乏人。

总之:以上几种研究都把重点放在已经发生犯罪行为的人们身上,从这些人的生理的或心理的特征去寻找犯罪的原因,不可避免地带有局限性、片面性,因而有许多问题不能解答,自圆其说,遭到不同见解的人,特别是社会学者的非难。

社会学者认为任何人都是在社会中成长的,不断地和社会接触,他的性格特征的形成绝不能脱离社会的影响、文化的影响。因此社会学者从社会因素、社会结构、社会环境等方面去寻求犯罪的原因。

本世纪 30 年代有下列几种学说:一是塞林(T. Sellin)的"文化冲突论"[①],指民族之间、宗教之间、行业之间,不同时期、不同社区之间的是

---

① T. Sellin, *Culture Conflict and Crime*, New York: Social Science Research Council, 1938. ——编者注

非标准、道德规范各不相同,而现代的社会变化很迅速,不同文化之间的接触和交流越来越频繁,文化冲突经常出现。如果一个人在文化冲突情况下不能适应,很容易产生行为异常问题。二是苏色兰(E. Sutherland)的"不同接触论"(differential association theory,简称 DAT 理论)[1],主要是说犯罪或行为异常由耳濡目染、社会影响而来的。这和我国的成语"近朱者赤,近墨者黑"意义相同。三是莫吞(R. Merton)的"社会适应论"(social adaptation)[2],莫吞认为一个人如果不接受他所属的社会为人们所制定的文化的奋斗目标,也不接受达到这一目标所规定的途径,这个人就会犯罪或成为行为异常的人。最后,还有一种"控制论"(control theory),它的理论根据是人们总是爱享受、爱安乐,而畏惧痛苦的。犯罪者总是把犯罪所得的享受估计得比痛苦更多才干的。因此,重罚可以使将要犯罪者知所畏惧,不敢轻易以身试法,同时,它还可以起杀一儆百、杀鸡吓猴的作用。

以上几种理论同属于社会学中的"秩序论"(order theory)。渊源于19世纪的孔德(Comte)、斯宾塞(Spencer),它的主要论点是资本主义制度是永恒的、最优越的、最合理的,资本主义制度的秩序必须维护、巩固。站在这一派的对立面的是钱勃里斯(W. J. Chambliss),他认为犯罪学归根到底是为统治阶级服务的。统治阶级占有财富和权力,拥有维护他们的利益的法律和特权。犯罪学如果不对拥有特权的犯罪分子(白领罪犯)进行同样的调查研究,而仅对下层无权的平民犯罪者进行研究,就没有可能对犯罪问题有充分的认识。他还认为,现在不是守法问题,而是改革现行法的问题。这一派属于社会学的"冲突论"(conflict theory),渊源于马克思(Karl Marx)的阶级斗争学说。

社会心理学家拔克(Kurt W. Back)认为犯罪学或行为异常问题的研究主要分为两派:一派是 50 年代以前的犯罪学,认为行为异常是一些人在生理上、心理上或道德方面与正常人不同,因而首先要划清正常与异常的界线,而后是对行为异常者进行管教、改造和惩处。这一派统称为"管教论"观点(correctionalist perspective)。correctional 包含纠正、改造的意

---

[1] E. Sutherland, *Principles of Criminology*, Philadelphia: Lippincott, 1934. ——编者注
[2] R. Merton, Social Structure and Anomie, *American Sociological Review*, No. 5(1938), pp. 672-682. ——编者注

义。另一派认为行为异常是社会产物,是一些人被社会上的立法者、执法者,和一般人的传统观念强加在他们身上的标签。被贴标签者往往并不是因为他的行动有什么问题,而是由于社会上对于他的行动存有成见。被贴标签的人往往受标签的启发和暗示走上犯罪的道路。有个很有趣的实验:精神病专家金巴杜(Zimbardo)在1970年把一幢房子伪装成监狱,然后他选择了21个男大学生,都是品学兼优的高材生,10个扮犯人,穿囚衣,前胸背后都有号码,关在伪装的监狱中,另11人扮作看守,穿咔叽制服,带口哨和警棍。实验期内,看守变得越来越凶,粗暴,骂人,威胁那些扮犯人的。扮犯人的则愈来愈敌视看守,不胜愤懑。在实验进行到第6天,假犯人终于忍耐不下去了,向金巴杜提出:宁愿不再接受待遇报酬,也不再继续实验了。看守则不然,觉得实验很有趣,对他们几天来拥有的权力和权势感到自豪。实验证明:标签可以使人感到自豪,也可使人感到自卑,很明显,这是标签在起作用,而不是生理或心理的特征在起作用。莱末(Lemert)又进一步把行为异常分为初发性和复发性的(primary and secondary deviance)。[①] 例如小偷或娼妓,在初犯时会感到不安,甚至羞悔,但如被贴上标签,他们就会横下一条心,在错误的道路上愈陷愈深,经过一段过程,他们向老盗窃犯、老妓女学得更多的"技能"和经验,结识了更多的同行坏人,他们就会变成不能自拔的小偷、娼妓了。这充分说明社会环境的因素使初发性的逐渐变为复发性的了。

我国是社会主义国家,有优越的社会制度,有马列主义的思想武器,有群众路线的优良传统,有长期对待行为异常的正反两方面的丰富经验,需要认真地总结和提高。建国31年来,有许多行为异常问题是在资本主义国家所无法解决的,而我们却在短短的几年内基本上解决了。例如在"文化大革命"前,娼妓、赌博、吸毒,以至乱索小费等伤风败俗、违法乱纪的现象几乎绝迹了,颇有"路不拾遗,夜不闭户"的"大治"局面。我们在改造犯罪分子、帮助他们重新做人方面的成就也是很出色的。国民党的高级将领、清朝的末代皇帝也被改造成为拥护社会主义的爱国人士了。在理论战线上,我们的社会学工作者虽然没有搞出自己的犯罪学,但对资产阶级犯罪学中所传播的错误观点,血统论、历史唯心主义等谬论却能运用

---

① Edwin M. Lemert, *Social Pathology*, New York: McGraw-Hill, 1951. ——编者注

马列主义的思想武器对它们进行有力的批判。然而在"文化大革命"期间,四人帮大搞反革命打砸抢,砸烂公检法,制造了多少冤、假、错案,误杀了成千上万的好干部和无辜群众。在理论方面,历史唯心论、唯心主义、形而上学一时猖獗,唯成分论、反动血统论到处泛滥;乱贴标签,乱扣帽子,习以为常;看谁不顺眼,不用调查研究,只凭主观臆断就可以给人贴上"特务""叛徒""516""臭老九""黑五类""狗崽子"等标签。标签贴在谁头上,谁就被踏上一只脚,永世不得翻身。现在十年浩劫已经过去了三四年,全国人民都在为实现四个现代化而努力奋斗,形势大好,但在前进的途中还有险阻,犯罪问题就是其中之一。我们要搞"四化",首先需要一个安定团结的政治局面,犯罪学的研究对巩固和发展安定团结很有必要。很难想象,我们一面在建设,一面却容忍那些犯罪分子大量走私,偷吃扒拿,无所不用其极地挖我们的社会主义墙脚。这样的话,四化何日才得实现?我们需要建立合乎中国实际的、能够解决中国的犯罪问题的犯罪学为中国的现代化服务。

社会心理学论离轨[*]

一、译者序言

三中全会以来,全党全国的各项工作都把重点转移到四化上面来,这就动员了各方面的力量,争为实现四化而努力奋斗。要实现四化,首先需要一个安定团结的政治局面。犯罪学的研究对于巩固和发展安定团结很有必要。因而,犯罪问题,特别是青少年犯罪问题受到党政各级领导、各界人士的重视。对于失足青少年和可以挽救、可以改过自新的犯罪分子进行"综合治理",收到很好的效果;对于屡教不改,作恶多端、民愤甚大的恶性犯罪分子予以坚决的打击,也使犯罪率有了显著下降。我们相信,只要我们坚持四项基本原则,运用马克思列宁主义、毛泽东思想为武器认真地总结经验,加强调查研究,提高理论水平,我们就可以建立起合乎中国实际的中国式的犯罪学,而且在国际的犯罪学研究中达到先进的水平。国外犯罪学研究可作他山之助,因此选择美国丢克大学(Duke University)拔克(K. W. Back)等编著的《社会心理学》第六章"离轨",以供参考。是为序。

---

* 编者注:该篇文献是在编者整理吴桢捐赠给南京大学社会学院的书籍时发现的单篇打字油印稿,据推测应于 1980—1983 年之间成文。该文为吴桢译并序,内容摘自 1977 年美国出版的《社会心理学》(*Social Psychology*)一书中的第六章"离轨"(Deviance)。《社会心理学》一书由美国杜克大学(Duke University,文中译为丢克大学)社会心理学教授拔克等(Kurt W. Back et al.)所编著。译文来源:R. A. Scott, Deviance, in Kurt W. Back et al. (eds.), *Social Psychology*, New Jersey: John Wiley & Sons, 1977, pp. 201-238. 本文引用的论著,吴桢在正文中进行了翻译,但未翻译或附录翻译章节末尾的参考文献,编者根据译文原文一一进行了脚注标注。此外,由于本文序言部分曾以单篇形式发表于《江苏社联通讯》1981 年第 2 期,并被收入本书(参见前文《我们需要研究犯罪学》),为简便故,将重复部分删除,有兴趣的读者可以结合前文进行阅读。——编者注

二、管教论者论离轨

娼妓、流氓、阿飞、白痴、小偷、流浪汉都有他们的恶名声,都属于"离轨"的一类。另外有一类名为"正常人"。有的属于二者之间,或者逐渐从这一类变为另一类。离轨者包括生理或心理上的失常,如精神病患者、盲人、愚蠢或生活方式不定和多变的人,特别是那些受到公众舆论所指责的人,当然,还有那些违法的犯罪分子。离轨的特点是超出了文化、风尚允许的范围。在某种文化中认为是离轨的,在另一文化中可能被认为是正常的。

我们必须注意到关于离轨的研究,是在社会科学建立以前早为哲学家、社会改革家、刑法学家所重视,但他们的观点与今日的不同。[1] 例如,本世纪初的头几十年,有关这方面的科学研究就与今天的观点立场不同。这种学说称之为"管教学说"。[2] 只有在近年来的研究者,受米德的"符号作用"学说[3]的影响才开始以流行的观点来进行研究,名为贴标签学说[4]。

(一) 什么是管教论的观点

管教论的观点认为离轨指违反集体所共同认定的正常行为而言。这样,研究者的问题是:为什么有些人违反常规而另外一些人不呢?实际上,是调查者从法律观点出发,把注意力集中在违法或立法者的身上,而不在那些违反未成文法者的身上。至于其他的违反正常者如有生理或心理的伤残的人们则成为其他专业的研究对象了。

管教论者问的问题是:为什么有些人变为离轨者(犯罪者)?一种回

---

[1] D. J. Rothman, *Discovery of the Asylum*, Boston: Little Brown, 1971. ——编者注

[2] S. Wheeler, Delinquency and Crime, in H. S. Becker, *Social Problems*, New Jersey: John Wiley & Sons, 1966; S. Wheeler, Deviant Behavior, in N. J. Smelser, *Sociology*, New Jersey: John Wiley & Sons, 1967; A. Cohen, The Study of Social Disorganization and Deviant Behavior, in R. K. Merton, L. Broom, Jr. L. S. Cottrell, *Sociology Today*, New York: Basic Books, 1963; A. Cohen, *Deviance and Control*, New Jersey: Prentice-Hall, 1966. ——编者注

[3] G. H. Mead, *Mind, Self, and Society*, Chicago: University of Chicago Press, 1934. ——编者注

[4] E. Schur, *Labeling Deviant Behavior*, New York: Harper and Row, 1971. ——编者注

答是生理的或体质上的因素使他们这样的。①

离轨者生来有犯罪和反社会的本领。试举一例：在犯有暴行的男犯中有少数人是有 XYY 染色体的，但在一般人中，这种人是绝对少见的。另一回答是离轨的趋势是心理因素所造成的。② 他们认为在社会化过程中形成的"感情依赖"、"自我"和"超我"的缺点，或者"自卫机制"等。只提这几点心理反应就够排成一系列问题的长单了。

生理的和心理的回答都是从同一角度来考察的。有些因素不管是生理的或是心理的，都是假定在某种离轨者中是比较普遍的，但在正常人中却是少有的。反之也如此。另一种学说提出这样的问题要求回答：为什么发生离轨的，某种因素存在或者并不存在呢？研究者的目的是要在离轨者和行为正常的比较中寻找出比较主导作用的因素。

其他的调查者，主要是社会学者们倾向于把离轨的原因归咎于社会集团和社会结构的因素。③ 例如，他们提出社会结构是如何地对那些不承认自己会接近离轨者的人们制造离轨的条件，还有一些秘密会社也是导致离轨的因素。文化的隔绝、迅猛而不稳定的社会变迁，和秘密会社的文化冲突等都是使离轨率上升的因素。并且这一学说坚持这些不利因素对人口中的不同成分的人有不同的影响。结果是那些受不利因素影响的人们当中有较高的离轨的比例。调查的目的是做出比较受上述影响的集体

---

① E. Hooton, *The American Criminal*, Cambridge, Mass.: Harvard University Press, 1939; E. Hooton, *Crime and Man*, Cambridge, Mass.: Harvard University Press, 1939; C. Lombroso, *Crime: Its Causes and Remedies*, Boston: Little Brown, 1918; W. Sheldon, E. Hartle, A. Mcdermott, *Varieties of Delinquent Youth*, New York: Harper and Row, 1949.——编者注

② A. Bandura, R. Walters, *Adolescent Aggression*, New York: Ronald Press, 1959; J. Bowlby, *Forty-Five Juvenile Thieves*, London: Balliere, Tindall and Cox, 1946; F. Alexander, H. Staub, *The Criminal, the Judge and the Public*, New York: Macmillan, 1931; W. Mccord, J. Mccord, *Psychopathy and Delinquency*, New York: Grune and Stratton, 1956; W. Mccord, J. Mccord, *The Origins of Alcoholism*, Stanford, Calif.: Stanford University Press, 1960; F. Redl, D. Wineman, *The Aggressive Child*, New York: Free Press, 1957.——编者注

③ J. P. Gibbs, W. Martin, *Status Integration and Suicide*, Eugene, Ore.: University of Oregon Press, 1964; R. K. Merton, *Social Theory and Social Structure*, New York: Free Press, 1968; A. Cohen, The Sociology of the Deviant Act: Anomie Theory and Beyond, *American Sociological Review*, Vol. 30, No. 1 (1965), pp. 5 - 14; R. Cloward, Illegitimate Means, Anomie and Deviant Behavior, *American Sociological Review*, Vol. 24 (1959), pp. 164 - 176; R. Faris, W. Dunham, *Mental Disorders in Urban Areas*, Chicago: University of Chicago Press, 1939; T. Sellin, *Culture Conflict and Crime*, New York: Social Science Research Council, 1938; E. Sutherland, D. Cressey, *Principles of Criminology*, Philadelphia: Lippincott, 1960.——编者注

中和没有受上述影响的集体中发生离轨的比例如何。生理的和心理的解释往往和社会学理论融合在一起来说明为什么在受影响的集体中的人只有部分而不是全部人受到它的影响而变为离轨者。

(二) 管教论的不足之处

在提出人们是如何变为离轨者这一问题以前,他必须知道什么是"正常",谁是"正常人",谁是"反常人"。管教论的研究者简单地自以为他是知道一切答案了。他们以为正常人就是不离轨的人,行为反常者就是离轨的人,如此而已,不知其余。至于正常者对于离轨者是如何反应的,他是否一开始就认清了离轨者,这无关重要。因为他继续去认清鉴别他。杨[①]认为"我们生活在这一切'当然如此'的世界上,对于特殊的人或集团有反感是很自然的事。……政府工作和它与法律、司法的关系问题……还未被检验。"这就是说,如何对待离轨者的问题还未被看作如何使人成为离轨者的头等重要问题。因此,造成离轨的原因解释为"咎由自取"是很困难的。"有一些吸毒者一点也没有因为收容在这个地方(美国卫生处医院)而变得更好些。一个被关的吸毒者自述:'在我关进来的头6至8个月间,我从来没有说过自暴自弃的话,如"我就是个吸毒者",以此作为自我原谅的借口。但现在我常这样说了,我老是把自己看成一个吸毒者,即便当我并没有做什么坏事时也这样想。'当有人介绍一个人给我时,第一件事我要知道的就是他是不是一个吸毒者。"[②]

管教论的另一不足之处是它的立论在于离轨者都是他在社会化过程中的病态产物。在心理学理论中,用杨的话说[③],行为异常是"伊得"(id),冲破"超我"(super ego)的突出部分而改变了的面目。总之,这样来解释离轨是把它描绘成一个不由人们自由选择而被别人强加在他身上的行为。它被描绘为超过人们的控制力量所推动,而成为病态的行为者。这些解释,马札认为是把离轨者看成一个物体,而不把他看成一个人。[④]

---

① J. Young, Working-Class Criminology, in I. Taylor, P. Walton, J. Young (eds.), *Critical Criminology*, New York: Harper and Row, 1974, p. 64. ——编者注

② H. M. Hughes, *The Fantastic Lodge: Autobiography of a Girl Drug Addict*, New York: Fawcett World Library, 1971. ——编者注

③ J. Young, Working-Class Criminology, p. 64. ——编者注

④ D. Matza, *Becoming Deviant*, New Jersey: Prentice-Hall, 1969. ——编者注

表 1　适应的五种类型

类型	文化目标	达到目标的合法方式
1.适合型	＋	＋
2.革新型	＋	－
3.形式主义型	－	＋
4.退缩型	－	－
5.反抗型	±	±

说明：按照罗伯特·莫吞的学说，人们适应社会的方式可以分为以上五种类型。五种类型中第一种指对社会向人们提出的"文化目标"和"达到文化目标的合法方式"都表示接受，第二至第五类型都是指不能成功地接受"目标"或（和）接受"方式"的。

资料来源：R. K. Merton, *Social Theory and Social Structure*, New York：Free Press, 1968, p. 194.

所有离轨的心理动力学学说，和一些生理学学说同样地把一个人离轨的动机和根源追溯到人生的最初几年或几个月。（事实上，许多生理学者已经把言行异常的根本原因追溯到出生以前了。）离轨的气质一旦形成，它总是要爆发成为一种行动的。环境因素不过是起导火线的作用罢了。这些学说都是否认一个人的当前环境对他或她的离轨有多大影响。这种否认，特别是对一个社会心理学家来说，是不切乎实际的。社会心理学者是把当前的环境作为他们的研究对象的。

管教论还有一个很值得注意的实际问题，如果按照他们所认为的环境因素发生在成年人时代，那么，它的作用不过是使潜在的冲动发泄出来。专业工作者如警官、律师、法官、青少年顾问、假释官、社会工作者只是在行为问题发生后才出面过问。如果这些人能力不强或处理不善，定会使情况更加恶化。因为离轨的发生是在专业人员插手干预以前，很明显，专业人员的行动对于离轨的发生是没有关系的。

因此，很多人都清楚地认为，这些专业人员对制定或强化离轨的定义是有帮助的。非专业人员愈来愈多地向他们求教，要求他们判断某种指定行为是否属于"离轨"，并且他们的判断对今后如何对待行动有问题的人有重要关系。

再则，如果离轨者潜伏着不可抗拒的能量，一生之中迟早要发生爆炸，那么，他的受害者必然是一个意外的无事的过路人，正如杨指出的，

"这个受害者正好是这个社会原子弹的偶然触发者"①。如此,离轨者选择什么行动目标是没有意义的。离轨者与受害者之间的矛盾关系也是没有什么可以解释的。

我们已经注意到,从管教论的角度看,离轨的产生在于一个人有无一种导致违背集体正常规范行为的品质,不过多年来的研究并未发现如果有这种品质的话,它到底是怎样一种品质。调查研究者曾调查了离轨者的背景、做梦的梦境、头骨的形状、思想实质等,但没有一种资料可以帮助我们在离轨行为和正常行为中间画一条明确的界线。②

管教论者只是接受了所谓"社会正常行为"的定义以区别离轨的行为。但是离轨的概念在社会中的这一帮派和另一帮派之间还有差异,并且即在全世界范围内这一文化与另一文化之间也有差异。③ 例如在这些国家里,一个人开车高兴开多快就开多快,别的国家对车速却有严格的限制;有的国家严禁个人佩带手枪,别的国家里却人人带枪。……"某种行为可以使人入狱,也可使另一个人成为圣人,因为法律的性质在于它是什么情况下形成的,和群众以什么情绪来看待它。"④

三、贴标签论者论离轨

贴标签论者区别于管教论者的一个重要方面即他们认为"有些社会集团制造一些法规强加于某些人的身上,硬把他们贴上离轨的标签,把他们置于常人之外"⑤。"离轨"这个词已经不再是指某人的某种行为或行动的什么性质问题了,而是别人利用一些人为的法则强加于人的标签。离轨不过是对某人有效地施予恶谥。正如俄立克生所说的:"离轨,是一些人的行为被某些人认为是危险的,有害的,不合他们的意志所给予的恶谥,并以一种行为法则来约束他们。离轨本身并不是某种特殊行为可以

---

① J. Young, Working-Class Criminology, p. 66. ——编者注
② K. T. Erikson, *Wayward Puritans*, New York: John Wiley & Sons, 1966, p. 5. ——编者注
③ R. A. Scott, The Construction of Conceptions of Stigma by Professional Experts, in J. D. Douglas, *Deviance and Respectability*, New York: Basic Books, 1970. ——编者注
④ K. T. Erikson, *Wayward Puritans*, pp. 5-6. ——编者注
⑤ H. S. Becker, *Outsiders*, p. 9. ——编者注

遗传给别人的产物，而是一些人对他们直接或间接接触到的某种行为所赋予的称号。"①

管教论者所提的问题是：为什么有些人是离轨者？贴标签论者所常提的问题是：有些人怎样把离轨的标签贴在别人的身上的？这样提问题就把着重点从被贴标签的人身上转移到那些怎样认定某种行为是"异常"，某种行为是正常的人的身上了。于是，这样确定后，调查者就试图分析贴标签的过程了。

（一）贴标签论者的一些论点

经过调查后得到的一个结论是贴标签总是要经过一定过程的，拔克就注意到，调查者并未意识到他们有此过程，或并不过分留意，但确实是有个过程的。② 对于如何成为离轨的广泛研究是必要的，以决定事实上这些过程是怎样完成的。这一点我们在以后的章节中再讨论。

调查者所得到的另一结论是从贴标签者的角度来观察，离轨是以多样理由贴在某些人身上的。有的人因为他们的信仰，有些人因为他们的行为方式，甚至有人因为他们的外貌被贴上这样那样的标签。还有"私生子"案例，被人贴上这样的标签，不应由他们的行动、思想、外貌负责，而是由于他们出生的地位而决定的。同时，离轨的标签也是有挑选地贴上的。我们知道有些人由于某种行为、生理特征或某种地位而被贴上某种标签，但我们不能因此得出结论：其他许多有同样行为、特征或地位的人也都被贴上标签。这一点可以精神病患者的调查为例。③ 曼哈顿城对一般人的调查，发现80%的被访问者表示出至少一种精神病症状，将近四分之一的被调查者被认为由于患精神病而功能受损伤。④ 另一调查，是在乡村中进行的。雷顿发现57名被调查者患有某种精神病的行为失调，其中20%属

---

① K. T. Erikson, *Wayward Puritans*, p. 6. ——编者注

② Kurt W. Back, Policy Enthusiasm for Untested Theories and the Role of Quantitative Evidence: Labeling and Mental Illness, in C. Schuessler, N. J. Demerath, *Social Policy and Sociology*, New York: Academic Press, 1975. ——编者注

③ T. J. Scheff, *Being Mentally Ill: A Sociological Theory*, Chicago: Aldine, 1966. ——编者注

④ L. Srole, T. S. Langner, S. T. Michael et al., *Mental Health in the Metropolis*, New York: McGraw-Hill, 1962. ——编者注

于严重的受损伤者。[1] 这些数字说明在任何区域都有许多人的行为不正常——他们有幻听、狂怒,有幻觉、幻声,但是他们很少被人贴上精神病的标签。帕斯曼尼克在巴尔的摩的调查指出进一步的证明。[2] 他发现在他的区里的治疗室里有 20 个精神病人未受到治疗。如果把这些患者分为精神病和神经病两组,他发现精神病患者中一半没有受到治疗。这说明巴尔的摩的精神病患者受到治疗和未受到治疗者的数字是相等的。

从这些调查中,调查者有以下的问题应予回答:有些人是怎样逃避被贴上精神病或离轨的标签的?有些人是怎样被贴上的?被贴上标签的人,标签对他们有什么意义?他们对正常的人意味着什么?

(二)"离轨"标签的含义

当一个人被贴上"离轨"的标签,其他的人常对他们横加评论。例如,有些人被认为道德败坏。高夫曼在他写的《烙印》一书[3]中说:"他们在我们这些正常人的眼目中从一个完整的一般化的人被缩小、藐视为一个支离破碎的人了。"这些被认为离轨或打上烙印的人简直被视为"非人",他可能因他所处的地位或条件而受到惩处。高夫曼对这种罪过的含意这样写道:"我们有时不经思考,但有效地对某些人予以各色各样的歧疏,毁灭他们的前途。我们制造了一种'烙印论',一种理论来说明这些人的低微和他们的危险性,有时还把对他们的某些特点的仇恨心理合理化了,例如对他们的阶级地位的偏见。我们趋向于用许多'莫须有'的罪名强加于这些人的头上,同时还随心所欲地诿过于他们,推说是出乎一些超自然的缘由。如'第六感'或'心领神会'等。"[4]

---

[1] D. C. Leignton, J. S. Harding, D. B. Macklin et al, *The Character of Danger*, New York: Basic Books, 1963. ——编者注

[2] B. Pasamanick, A Survey of Mental Disorder in an Urban Populations, Vol. IV: An Approach to Total Prevalence Rates, *Archives of General Psychiatry*, No. 5 (1961), pp. 151 - 155. ——编者注

[3] E. Goffman, *Stigma*, New Jersey: Prentice-Hall, 1963, p. 3. ——编者注

[4] E. Goffman, *Stigma*, p. 5. ——编者注

表 2　官方人员相信吸用大麻毒品与暴行犯罪的关系的百分比

	认为可信	认为不可信	不肯定
法官	17.3	44.2	29.5
假释官	14.5	60.0	21.8
门诊医生	6.1	76.5	13.0
总数	15.2	51.2	26.0

A. 不同身份的人对于"大多数暴行或侵害人犯罪行为都是吸食大麻者在大麻毒药影响下发生的"这一论断的不同态度的比例。

	认为可信	认为不可信	不肯定
法官	35.6	30.6	25.0
假释官	27.3	44.5	21.8
门诊医生	20.0	60.9	15.7
总数	32.1	37.0	23.2

B. 不同身份的人对于"犯法者不是受大麻药品的影响,但他犯法是为了弄钱来买毒品的"这一论断的不同态度的比例。

说明:从许多官方刑事法官方面调查取得的资料分析法官、假释官、医生等不同职位的人,对 A、B 两种论断的不同态度及其比例。

资料来源:U. S. Commission on Marihuana and Drug, Marihuana: A Signal of Misunderstanding, in *The Technical Papers of the First Report of the National Commission on Marihuana and Drug Abuse*, Vol. 1, Washington D. C.: Government Printing Office, 1972, p. 434.

"离轨"是一种主要的标签:他们对于一个人的完整的个性有一套说法,说一个人发疯或有罪是指他们应受到疯人或罪犯的待遇。他们的逻辑是这样的:"一个人在他罪名未确定以前,首先定为离轨者。"问题是这样提出的:什么人会违反这一重要规则呢,回答是当然是一个与众不同的人,他不能也不愿和一个正常人一样地行动,那么,他必然也会违反其他重要规则。①

人们如果被贴上"离轨"的标签,就会被人看成危险人物。当然,这对于杀人犯或凶暴的狂人是罪有应得的。但这些人在他们犯罪前并不见得受到这样的警告。被贴"离轨"标签的人并不比正常人有更大的危险性,

---

① H. S. Becker, *Outsiders*, pp. 33-34.——编者注

但是他们常被看成可怕的危险人物。异教徒和我们在许多基本观点上有矛盾；阿飞的穿着、发式和动作和我们的传统看法不适应；还有那些本质有缺陷的人和我们有不同。但他们都是无辜的人却就贴上"离轨"的标签。

当一个人被贴上离轨的标签,他在群众中就会被置于边缘地位。俄立克生注意到,离轨者常被社会中其他人所排斥,并被推到道德规范的边界。① 他或她常被从通常人有权可以参加的活动中排斥在外,他也可能被拘留在拘留所中不能参加他人的正常活动。高夫曼的文章中指出：这种对离轨者限制自由或约束的办法都是在拘留所中进行的。② 不要以为只有那些有意外的或反常的行动或犯法者才被关在拘留所中受到隔离,许多盲人、伤残人、老年人和穷人也会受到社会隔绝或关进拘留所。③

四、 贴标签的过程

离轨的标签是怎样贴上的？从管教论的观点来看这是很简单的问题,只要把一个人的行为与正常人一比就可以了。如果他的行为与正常人不同,他就是离轨者。但是我们认为事物并不那么简单。前面已阐述过,贴标签是有个过程的,这个过程即某人的行为和个性的意义是经过他们本身和对他们的行为、个性有反应的人之间反复交换意见后而形成的。

它是一个复杂的充满了含混不清的概念的过程。在像我们这样一个复杂而又变化迅速的社会中,道德规范的边界和对现实意义的理解和解说不停地在变动。许多观点完全不同的人,许多道德观念不同的集团经常互相接触,并且常在所谓"正常"的问题上有分歧,其结果是在大家有共同要求划清界线的愿望中(包括不同政见的人在内)产生的。贴标签并不是在一个秩序良好或毫无含糊不清的界线的社会制度中简单地划出的。

即使有这些复杂性和含糊观念,调查者仍然成功地描述了贴标签的

---

① K. T. Erikson, *Wayward Puritans*, p.11. ——编者注
② E. Goffman, *Asylums*, Chicago: Aldine, 1961. ——编者注
③ R. A. Scott, *The Making of Blind Men*, New York: Russell Sage, 1969; R. G. Barker, B. A. Wright, L. Meyerson et al, *Adjustment to Physical Handicap and Illness: A Survey of the Social Psychology of Physique and Disability*, New York: Social Science Research Council, 1953. ——编者注

过程,其中最有用和最系统的描述应是莱末对初发的和复杂的离轨的划分。

莱末认为初发的离轨可能是由于社会的、文化的、心理的或生理的不同因素而发生;可能是偶然的,也可能是重复出现的情况下产生的。对于一个初发的离轨者来说,他明知他的行为不为社会所容,但欲一试,而走到离轨的边缘。例如,年轻的乐师吸点白面提精神;女学生夜晚"借用"她朋友的父亲的小轿车;年轻妇女以跟人发生性关系取得金钱报酬等。这类的不良行为可能发生问题引起非正式的处罚,而不致受到法律制裁或被关押。"这种人或者通过住在教养院里作为一般的不良行为来对待。这样,不至于严重妨碍他和其他人的正常往来。"①

复发的离轨包括与初发的离轨同类型的品质和行为,诸如生理缺陷、低能、犯罪、吸毒及精神病等。但当这些初发的离轨行为经过社会公认为是社会上的相互反应,认为它是一种特殊问题时,便成为复发的离轨问题了。这些问题主要地属于道德问题,总是和社会歧视、惩罚、关心或社会控制等范围的问题相牵连。他们成为有这方面的经验的人们重视的中心。他们所需要的不是心理治疗,而是需要有社会作用或改造作用的社会机关去管理他们。复发的离轨者是人,他的一生和身份都将和离轨分不开。②

在划出了初发和复发的界线以后,自然要产生一个问题:一个人是在什么情况下从初发的变为复发的离轨者的呢?谢夫的精神病的研究对这个问题有个回答:"对付一般的潜在犯法者的胡闹行为最好的办法是不去理他。多数违法行为是过渡性的、暂时的,但也有一小部分是向更为严重和暴行方面发展。对于违法行为的社会上的反应是在离轨者的身上或家庭历史上找原因,以说明他们的离轨是长期的,一贯的。"③谢夫结论说:"贴标签的过程对于许多潜在的离轨者来说是一种严重打击。"④为了证实

---

① E. M. Lemert, *Human Deviance, Social Problems, and Social Control*, New Jersey: Prentice-Hall, 1967, p. 40. ——编者注

② E. M. Lemert, *Human Deviance, Social Problems, and Social Control*, pp. 40 - 41. ——编者注

③ T. J. Scheff, *Being Mentally Ill: A Sociological Theory*, pp. 81 - 82. ——编者注

④ T. J. Scheff, *Being Mentally Ill: A Sociological Theory*, p. 83. ——编者注

他的论点,他叙述了葛拉斯①对战斗狂的研究。葛拉斯发现如果士兵保留在他的连队里,即使给他极差的治疗,他也会自发地痊愈的。……但当士兵从他的连队送到医院里去就会变成不治之症。谢夫这个研究说明士兵在调离部队或住在院中成为不治之症无疑是由于贴标签所致。②

虽然大多数研究离轨问题的学者们都认为在贴标签的过程中,社会的反应是多么重要,但很少人对这一问题进行调查研究。很少人知道为什么对某些离轨采取不理睬或给以示范教育的办法,而对另一些离轨者却给予严厉的反应。人们对于反常行为通常有下面几种不同的反应:

首先,人们对于直接破坏世界所公认的"公理"或思想体系的离轨是毫不容情的,但对一般的、似是而非的反常言论则予以宽容。例如,我们对于明显的叛逆言论反应强烈,但对某些仅仅侵犯那些已被轻视的人的行为则易予宽容。

其次,在什么情况发生的离轨也影响到社会对他们的反应。③ 例如:娼妓卖淫如果要价高,而且生活比较豪华的,所受到的社会轻蔑比较小些,那些要价低、生活低下的下等娼妓往往成为警方注意的对象。

第三,人们对离轨的否定、轻蔑或教育改造的要求主要由于这些行为对于他们有影响。我们中的多数人对那些好喝两杯酒而能清醒地工作并且不给人添麻烦的人是不甚介意的。但如果他喝得太多,以致不能正常工作,那就不能置之不顾了。

第四,对于离轨的社会反应如何也要看它的危害性如何。有些形式的离轨是一般人通常接触到的,就被看成正常的了。犯罪、渎职、酗酒、精神失常是离轨中的常见形式。我们知道这些问题的性质是什么,社会上有应付这些问题的传统办法。别的离轨开始见到时不以为奇,但到与它接触时,却不知如何应付。男子留长发就是目前的一例。当这种发式开始出现时,大家看了很新奇,过几年,可能有许多人不喜欢这种发式了,社会上有些人就会感到"对这些留长发的总该想点办法吧!"这个问题是说留长发并不犯法,但社会舆论的压力可能产生不合理的应付办法,例如警

---

① A. J. Glass, Psychotherapy in the Combat Zone, in Symposium on Stress Presented at the Army Medical Service Graduate School, Washington, D. C., Anonymous, 1953.——编者注

② T. J. Scheff, *Being Mentally Ill: A Sociological Theory*, 1966.——编者注

③ E. M. Lemert, *Social Pathology*, New York: McGraw-Hill, 1951.——编者注

方可以通过利用城市法令、"卫生检查""例行传讯""搜查毒品"等为借口进行干预甚至拘押。

（一）什么人被贴标签？

"离轨"标签的轮廓是画得很清楚的，但在实际上把它贴在什么人身上却不很明确。许多人被贴上标签，但与标签的轮廓并不吻合，相反地，更近似的人反未被贴上。前面曾提及的精神病患者的调查，任何区域人口中至少有80％有一种主要症状，但很少人被贴上精神病标签。金赛的报告说，白人男人中有五分之二有男性同性爱问题，而且发展到老年男子与少年男孩至少发生过一次同性爱行为，但很少被贴上这类标签。[①] 犯罪的调查报告说大多数人一生中至少有一次犯过这种或那种罪行，应受到较重的罚款和徒刑，或两种处分都应受到。[②] 还有对盲人的调查说明只有少数盲人是真盲，大多数人视力严重受损，但还看得见。[③] 有足够的证据可以推断，许多所谓离轨的重要案件（完全盲人，职业罪犯，明显疯人）逃避了任何公共注视，许多犯有同样行为的人却被公认为离轨。[④]

被贴上标签往往是巧合。比如，有时警方由于社会批评和压力，必须表现出他们对于犯罪问题的高效率，许多警所就一举抓起若干人来以应付突如其来的公共舆论，显示他们对于犯罪问题是有办法的。[⑤] 当公众对公园中小屁漏的胡闹十分反感，警方可以毫不费力地拿出他们历年逮捕过的小屁漏名单。当然，警方是无法把所有的小屁漏都抓起来的，也不指望能彻底防止他们的胡闹。他们的目的不过是要造成一种印象，他们已把这个问题控制住了，只要每月能够在这些人当中逮捕或拘留一些人。

有些观察者认为通过私人交往非正式地贴了标签的和经过社会管制机关拘留、正式地贴了标签的是同样的一种政治程序。例如，托马斯·萨

---

① A. C. Knsey, W. Pomeroy, C. Martin, *Sexual Behavior in the Human Male*, Philadelphia: Saunders, 1948.——编者注
② R. Quinney, *The Problem of Crime*, New York: Dodd, Mead, 1970.——编者注
③ R. A. Scott, *The Making of Blind Men*, 1969.——编者注
④ R. A. Scott, *The Making of Blind Men*, pp. 69 - 70; B. Pasamanick, *A Survey of Mental Disorder in an Urban Populations*, Vol. IV: *An Approach to Total Prevalence Rates*, pp. 151 - 155; T. J. Scheff, *Being Mentally Ill: A Sociological Theory*; R. Quinney, *The Problem of Crime*, pp. 151 - 172.——编者注
⑤ D. Matza, *Becoming Deviant*, pp. 180 - 195.——编者注

斯曾指出有人为使他的亲友避开有人找麻烦,最简单易行的办法是把麻烦的人收容进精神病院,只要证明他不能控制自己的行动即可。萨斯说许多人被送进精神病院仅仅因为他们爱找麻烦。[1] 萨斯用非正式的私人交往的办法似乎是可取的,因为它促使社会和政治方面注意到确定什么是"初发的离轨"的明确定义,以避免把离轨的原因完全归结到个人身上去的倾向。1946年,费尔克纳写的《当我躺倒死去时》[2]一书中的一个人物这样说道:"我有时想我们当中没有人是完全疯子,也没有一个人完全清醒,只有经过衡量评论后说是什么就是什么。仿佛一个人到底做了什么事是无关重要的,重要的是大多数人如何看待他做了什么。"

(二)贴标签对于一个正常人的意义

我们知道贴标签对于一个正常人意味着什么吗? 第一,这种标签从来不是泛泛地指一般的离轨,而它总是特指"捣乱分子""小偷""妓女""流氓""阿飞"等而言的。社会科学研究者有时把离轨作为一般问题来研究,但是当人被贴上某种标签,那就不是可以随便使用什么其他的称号来更替或改变的了,不同的标签是指定某种破坏行为而言的。

其次,我们知道标签并不是一个虚名而已,它对被贴的人给予许多评论。谢夫[3]对"疯人"这个标签的研究,总结出这样的意见,认为这个恶谥是我们文化中的民间传说般的无稽之谈。"患精神病的人们,即使在当他们不发病时,也被看成与正常人有根本的不同。这是第一条。其他条条,如'在与人的正常谈话中流露精神病病态''他们的言行异常''不治之症'等等。这些条条加在一起说明这种类型的特点。他们被看成人类中的异种,与正常人类根本不同。"[4]

按照司考脱所说的"盲人模式"[5],人们推论盲人具有与正常人不相同的个性和心理。他们认为盲人处于与正常人所居住的全然不同的世界中,不似我们的世界那样物质性,那样色彩绚丽,据说他们的世界是赋予

---

[1] T. S. Szasz, *The Myth of Mental Illness*, New York: Harper and Row, 1961. ——编者注
[2] W. Faulkner, *As I lay dying*, New York: Random House, 1946. ——编者注
[3] T. J. Scheff, *Being Mentally Ill: A Sociological Theory*. ——编者注
[4] T. J. Scheff, *Being Mentally Ill: A Sociological Theory*, p.77. ——编者注
[5] R. A. Scott, *The Making of Blind Men*. ——编者注

了一种精神使它的居民有一种特殊的纯洁性。精神上的无辜和思想上的纯洁,还认为那些住在盲人世界里的人们能够经验一种一致的内心活动,并且达到如此高度的美好境界,超过有眼人的最大可能。同时,他们认为这个世界充满了悲伤,一点欢乐和幽默都没有。有人说这种阴暗性是为了他们需要解决一些内心的矛盾。盲人总被认为是受压抑的,他们一回想起他们还能看得见时就诅咒黑暗。他们是无助的,而且在任何场合他们的能力被怀疑。人们认为盲人不能为自己做什么事。他们精神上的空虚排除任何真正的才能的开发和成就。无助、依赖、阴暗、无聊、内心思想的重压和唯美观点等品性都是人们以他们的常识观点来期待于盲人的。

我们常把我们所认为被贴上"离轨"标签的人所具有的特点定出一个固定的模式。如果我们仔细观察这些模式,就会发现我们对这些人有一种不成文的习惯看法:他们是如何的,他们有什么局限性,他们会如何行动,他们干什么、不干什么等等。当然,一切社会标签,不管是"离轨"的或"行为正常"的,都会给他们定出一个身份。被贴"行为正常"标签的人,如"父母亲""律师""军官"总是比被贴"离轨"标签的人要少些。离轨的标签像是一个人的一切行动特征的总概括。"离轨"的标签一般都比"正常"的标签更易歪曲一个人的真实形象。

给人以某种假定的身份起什么作用呢?可能最大的作用是当我们和被贴上离轨标签的人接触时,给我们看到一幅蓝图,指示我们应怎样去应付他们;同样,对被贴标签者就成为他的"自我满足"的预示,给他指出一个行为目标。例如,我们对贴上"蠢妇"标签的人,我们就不必要求她们有什么才智,也就不给她什么机会去学什么技能来改变原来对她的看法。谢维格尼和白瑞夫曼曾经对盲人做过一个"自作聪明的预言",即盲人总是无能的,需要明眼的人帮助他们做一切事情,这样就使得盲人失去一切机会学习怎样独立生活的本领。[1]

一个离轨的标签加上一个虚拟的身份特征使被贴标签的人无法避讳和否认,因为这是别人所不容许的。司考脱曾经访问过一个盲人,"他是一个大城市里的教授,他的工作需要他每天乘坐公共汽车。他常在乘坐

---

[1] H. Chevigny, S. Braverman, *The Adjustment of the Blind*, New Haven: Yale University Press, 1950.——编者注

公共汽车或地下铁时,遇到有人好心地把铜板放在他的膝上或把钱塞在他手里"。不管他怎样,人们都不改变对他的看法,用"想当然"的方式对待他。这一点他是无法抵御的。这就是别人强加给他的标签。

（三）成为一个离轨者:离轨者的身份是如何形成的

在某种情况下,虚拟的身份加上某种标签就会成为一个人的正式身份。人们总是以别人怎样看待他来看待自己的。这不难理解,俗语说"互为镜鉴",哪怕是最不公开的内心的"自我鉴定"也常是别人对自己的态度的反映。"离轨"往往不能说明一个人是什么人,而只能说明他成为什么人。我们可以一个非离轨者的形成过程来作参考,因为成为"离轨者"的过程和成为一个"非离轨者"的形成过程是相似的。例如一位医生需要经过一种专业训练,有的人在过程中半途而废,有的人坚持下来了;而且经过训练过程后他和其他医生一样地做专业工作,就成为他的个人身份了。最后,他取得了一个合法的开业医生的资格、身份。这个资格、身份基本上是靠别人来给他的。简言之,离轨者的形成也是在社会上经过学习得来的。

1. 初发的离轨(primary deviance)

马札描述这种学习过程是以他的称为离轨的"诱发边缘"开始的。[①]比如有一个人给他机会吸毒,或者给他条件可以和人搞同性恋爱。如果他愿意一试,这究竟意味着什么呢？马札认为这是准备一试的萌芽。[②] 那就是说,他在以一种假想的方式想象着他和其他干这类事的人一样做这些事。

如果把这一例案向前推进一步,该人就必须从偶来心动过渡到真正的嗜好者。马札强调说:参与这种恶习的愿望是一回事实,实干是另一回事。愿望不过是该人有做这种事的可能,但当他面对实际情况时他也可能改变了他的意愿。重要的一点是该人在这一阶段他还有干或不干的选择。

现在我们假定该人选择了不干。在这种情况下马札解释说,他发现

---

① D. Matza, *Becoming Deviant*.——编者注
② D. Matza, *Becoming Deviant*, pp. 111 – 117.——编者注

他内心原是不想干的,前次不过是在干的时候的一时冲动。这就说明这种不想干的思想并不牢固,一时不干,说不定将来还是要干的。

又假定这个人终于干了,又怎样解释呢?要想避开这种"诱发边缘"是需要意志力量的。这个人对他本人的处境反复考虑,考虑的结果决定他是否行动。对离轨行动的反复考虑,不会使他贴上标签。最多不过说明此人有过这种邪念罢了。他是否继续下去就要看许多条件了。例如,他是否感觉这种行为和他的思想相适应? 以吸毒问题为例,他觉得吸过后是感觉很舒服,还是引起恐惧,甚至引起犯罪之感? 干了这些坏事,这种人应该有了实感。当他在仅仅是想干而未干时,他所想到的只不过是些设想,但现在他有了实感,应该能够判断这种行为和他的个性是否相适应,他也许准备再干,或者从此洗手不干。

当一个人反复行动,行动就有了更丰富的意义,因而加深了人与行动的契合。马札很强调学习干这类事的技能,那就是做一件离轨的事必须具有一定的技能。① 假如你不学习如何吸大麻,你就不会吸,也不知道这东西对你是否适合。同样地,一个人如果想冒充顾客到商店去偷东西,就必须学会如何逃开别人对你的侦察。马札指出,②学习技能的重要性的意义就在于"契合"。"某人如要执行一项任务,一定要使人与任务相'契合'。"

当这个过程继续发展时,他会再思再想,最初他想的仅是他是否适应这些离轨行为,但当他决定一再干下去以后,他开始考虑到各个有关方面了。他有可能吸过几次毒很感舒适,但现在他要考虑作为一个社会上的吸毒者,他在其他方面的处境问题和与其他吸毒者的关系。这种重新考虑的过程也是行动:他或者继续陷下去或者悬崖勒马改邪归正。

在我们论及复发型离轨(secondary deviance)问题前,让我们先对马札的三个要点注意一下:第一,我们一定要懂得有此行为者是有他自己的意念的,有此意念,就有可能,并且实际上按照他的意念行事。他所具有的意念再遇到新情况、新问题时不断地再变化。其次,离轨者的身份的发展应该认为是人类意志的变化。最后的结果总是一个人原始的良知逐步转移到另一个方面,这另一方面的经验不是他从前所直接感受到的,就是

---

① D. Matza, *Becoming Deviant*, p. 120. ——编者注
② D. Matza, *Becoming Deviant*, p. 121. ——编者注

表3 成年人中饮酒者的百分比和饮酒者中的醉酒者的
比例及其与职业、性别的关系（美国 1964—1965）

性别	职业	饮酒者比例	饮酒者中醉酒者比例
男性	专业人员	82%	18%
	商人	81%	30%
	半专业人员、技术人员	76%	38%
	土地所有者	60%	20%
	秘书工作者	79%	27%
	掮客、经纪人	79%	27%
	手工艺者、工头	79%	25%
	半技术工人	63%	36%
	服务业工人	86%	28%
	工人	75%	27%
女性	专业人员	81%	6%
	商人	70%	9%
	半专业人员、技术员	80%	6%
	土地所有者	26%	0%
	秘书工作者	66%	8%
	掮客、经纪人	79%	1%
	手工艺者、工头	56%	7%
	半技术工人	54%	11%
	服务业工人	48%	17%
	工人	42%	9%

说明：多数美国人不认为饮酒是犯罪。酒中毒被认为是一种病症，醉酒很少被认为是危险的，也不把这种人与其他人另眼看待。但是1000万至2000万美国人仍认为饮酒是一个问题。

资料来源：U. S. Department of Health, Education, and Welfare, Health Services and Mental Health Administration, National Institute of Mental Health, National Institute on Alcohol Abuse and Alcoholism, First Special Report to the U. S. Congress on Alcohol and Health, Washington D. C.: Government Printing Office, 1971, p. 28.

他的知己、父母、朋友也未必知道。第三，这种过程明显地是人性的，充满着怀疑、恐惧以及和其他人相接触的感觉。最后一点，这个过程是公开的。既不能把这些人押起来,也不能对他们放任不管。经过正式的过程,一个人可以决定继续为恶,或经过考虑后洗手不干。

2. 复发型离轨

所谓"复发型离轨"是指某些人对于离轨行为已习以为常。成为一个离轨者的过程是指一个人虽然不断地受到社会谴责或法律的制裁,但他仍然继续这种行为,失去自我控制。

马札用以确定离轨者"标志"中最有力的和有意义的是:"离轨是一种特殊的受到现代国家功能所防御的行为。国家功能的主要内容就是依法判定这类行为与有这类行为的人是违法的,使他们接受监督与管制。"[1]标志身份对于一个有离轨行为且通过公开程序而被确定下来的人来说有其一系列的新问题需要考虑。马札以明显的观察来介绍这方面的离轨过程,认为离轨者的大多数形式都是被禁止的,禁律对于犯有离轨者的人是很重要的,违反禁律的人被看成魔鬼似的人。

"禁律——在伦理上认定继续背离道德约束就会陷入犯罪的泥坑,即使说得轻些,背离道德的行动也是超出一般被许可的偏离的限度的。禁律的逻辑创造了更大的可能使离轨更加趋于严重。禁律很难堵塞走向离轨的道路,只要这条路还存在;它只能使离轨更加复杂混乱。这种情况不足为奇,也不足引起注意。禁律的主要目的是使人们的意见一致,以便减少人们随心所欲的可能。"[2]

这类人面临的最重要的问题是隐蔽。问题有许多方面,其中之一是这个人怕被人看穿,意识到行为违反禁律,意识到他被人注意。[3] 一个有离轨的行为的人一定要装出他与常人毫无不同之处。这使他非常为难,因为他一定要时刻注意不能说话说漏,或做事露马脚,要做出完全无辜、什么情况他都不知道的样子。

他害怕被人看透的恐惧心理迫使他在对话中有个新特点,当他发现在对话中涉及离轨问题时,他必须表现特别镇静。马札提出一个问题,如果这人是个专家,他就会因为要炫耀自己的高超反而暴露其真实面目。还有他在整个对话中要处处留心,他一定要言行谨慎,而且对身边事物要

---

[1] D. Matza, *Becoming Deviant*, p. 145. ——编者注
[2] D. Matza, *Becoming Deviant*, p. 148. ——编者注
[3] D. Matza, *Becoming Deviant*, pp. 150-151. ——编者注

像正常人一样地做出正常反应。这样,他会发现他陷入一种自己要模拟自己的正常状态的一种困境。还有,他在言谈中一定要尽量少表态。总之,尽量避免启人疑窦。

马札还提出一个人在这种状态下,不可避免地会听到他和对方谈话中的言外之意。"听话要听音",一个原来是和他同路的人,现在变成了局外人,而又装成同路人来谈话,这就需要特别的机警。要以十分警惕的心理保守机密。结果,他变成个说话含糊、语言不清的人,天长地久,他就和正确头脑的朋友之间造成隔阂。

对于离轨者的更为严重的问题是对他们的管制和教育改造。现在这个人和有职位的管教人员面对面地打交道了。他从和他们的直接接触中发现有一些人专靠和他作对、整他、不许他做他愿做的事为职业来混饭吃,有些人就是以防备他、管制他、教育改造他和使他重新做人为职业的,这些人整他的材料、研究他的犯罪过程和原因。他们可以拘留他,责令他干这干那,随意地把他驱赶到另一个地方,也可以使他有条件地生活在群众中。

这些人对他所做过的事可能看得很严重,他却自以为是正常的,不过是偶然触犯了法规,但是现在被唤作"小偷""流氓"。这样,他对权威的理解和行动产生一种作用,引导他在头脑中不断徘徊思考他是否罚当其罪。

马札结论说,这整个过程所引起的思想混乱和迷惑不解最后集中在这样一个问题上:他是否再犯?如果他再犯了,那就是说他主观上的内心活动和外部行动是一致的,也就是说他自己要为他的行动负责。那么,他的身份的形成过程和他的行动是符合他的。如果这个人一次又一次地重犯,说明他已自认为是离轨者,他并以此身份与外界接触。到此为止,他的离轨者的身份完全被确定下来了。

有一个很有趣味的问题就是以离轨者的表现与领袖人物的表现做比较。早期的调查者认为领袖人物是天生的。此后的理论认为领袖是从社会相互行动中形成的。按照标签论的观点,被贴上领袖标签的人物往往被看成与常人有所不同。在这个意义上,他也是个"离轨者",同时,别人也以非常的态度对待他。例如,杜鲁门、约翰逊、福特等都是完全正常的人,不过他们在办公室里显示出领导者的魅力。莎士比亚是人类行为的最敏捷的学者,在他的著作《第十二夜》中总结说:"有些人生来伟大,有些人成就伟大,有些人是被人们以伟大之名强加在他们身上的。"

(四)离轨者的亚文化

由于环境和自愿原则,医生与医生之间,年轻孩子的母亲们之间时常往来。医生与母亲的自我意识是常从他们和集体的交往中形成的。离轨者的形成也是如此。他们是在他们的秘密组织中互相鼓励而形成,但并非各类离轨者都有他们的组织。对于某些离轨者有结成帮会的需要,如妓女、赌棍、秘密娱乐和政治暴徒等。他如酒徒、癫痫、穷汉往往因醉酒而被捕,以致终身穷困潦倒,得不到任何组织的帮助。

一个离轨者是否需要参加一种特殊的组织是很容易决定的,但是如何表示他的需要是另外一回事。我们认为离轨者需要秘密组织(即亚文化组织)的理由是很可信的。莱末认为:有几种离轨如骗子手的高超技术使他们与其他罪犯和一般社会有所不同。妓女常因为她们的身份而和人发生争执,最好的解决办法是和妓院老板搞好关系,或者在某种情况下搞点同性恋爱的关系。政治的激进派也需要和一些人拉关系为他们捧场,做他们的群众,投他们的选票,把他们看成是"正人君子"。但是,另一极端是精神病患者,至少当他们在医院外面时,他们常受到他人对他们的蔑视而感到心理上的威胁。[1]

(五)对标签论的批评意见

虽然贴标签论受到今天的美国社会科学者的重视,认为它不失为一种对离轨问题和对社会制约问题的研究方法,但并不是对它没有批判的。杨[2]、吉勃斯[3]、葛夫[4]和拔克[5]都指出这种贴标签理论倾向于否认法制的重要性。在某些情况下,甚至使法制看上去没有实际意义。对于精神病

---

[1] E. M. Lemert, *Human Deviance, Social Problems, and Social Control*, p. 47.——编者注

[2] J. Young, Working-Class Criminology, 1974.——编者注

[3] J. P. Gibbs, Issues in Defining Deviant Behavior, in R. A. Scott, J. Douglas, *Theoretical Perspectives on Deviance*, New York: Basic Books, 1972.——编者注

[4] W. Gove, Societal Reaction as an Explanation of Mental Illness: An Evaluation, *American Sociological Review*, Vol. 35 (1970), pp. 873-884.——编者注

[5] Kurt W. Back, Policy Enthusiasm for Untested Theories and the Role of Quantitative Evidence: Labeling and Mental Illness.——编者注

人,那种认为一个家庭里发生一些精神病人,应由家庭中的主要人物负责的观点得不到支持。[1] 还有,有人认为贴标签论者对于离轨者的定义是有问题的,如果某人的行为触犯了集体所共认的行为标准,但他有办法把这种行为掩盖起来,那么,他是不是离轨者呢?[2]

从贴标签论者来看,离轨者是性格开朗、冷静、有理性的人,但是人们做事常是不讲道理的。杨指出人们常常实际上是在支持那些控制论者的观点,并且采取一些站不住脚的解决办法。还有一种把离轨者的生活方式美化的趋势,因而否认他有把生活方式引向混乱或病态的可能。[3]

另一个批评,阿尔汶·戈尔德纳认为,贴标签论的观点更多的是一种对离轨者的为统治阶级的高贵人物而服务的思想意识。[4]

最后一点,有些人诉说贴标签的观点,就其本质来说,是无法检验的。因此,它对社会科学者没有什么价值。它的主要优点在于集中注意社会与贴标签者之间的互相关系,它迫使研究行为的学者承认离轨者是一个完整的人,像他自己一样为自己的行为负责。

五、 真实的社会结构

我们已看到了一个人是怎样被贴上标签的,也看到了这些标签是如何地起着引导他们行动的。但是第一步问题是这些标签是怎么来的?既然离轨是社会性的标签,这个问题可以从广大社会秩序方面找到答案。在伯杰和鲁克曼写的《社会结构的实际》一本书里述说了社会秩序来自现象学与哲学的观点。我们运用这一观点可以说明标签的来源。社会秩序是一个包罗万象的框架,在这里面,一切人物和事件都受它的认定、解说、安排和说明。我们认为事情正是这样。[5] 一般人认为社会风尚就是用来树立如何为人、做事之道的,使人们的行为上升为一种行为规范。孩子学

---

[1] W. Gove, Societal Reaction as an Explanation of Mental Illness: An Evaluation, *American Sociological Review*, Vol. 35 (1970), pp. 873 - 884. ——编者注

[2] J. P. Gibbs, Issues in Defining Deviant Behavior, p. 42. ——编者注

[3] J. Young, Working-Class Criminology, p. 73. ——编者注

[4] A. Gouldner, Sociologist as Partisan, *American Sociologist*, Vol. 5 (1968), pp. 103 - 116. ——编者注

[5] P. L. Berger, T. Luckmann, *The Social Construction of Reality*, New York: Doubleday, 1966.

习这些规范以为是理所当然的实际。它们在他面前好似是实质的东西。他把它们理解为主观愿望所不能改变的客观实际,并且是他感觉到如果跟这些东西对抗会碰到同自然世界相对抗一样的阻力。所以,社会风尚也是客观实际。它有它的历史,早在一个人出生前就已存在,而且它是超过人们的记忆力所及的。它早于一个人出世前而存在,迟于一个人的死亡后继续存在。

社会风尚不是一个人创造的。因此,对一个人来说只能解释说它是合法而且合理的行为规范。社会还需要发展一种执行社会制约的机构来管理那种背离社会风尚所规定的离轨行为。

(一) 社会秩序

在有些社会里包括西方传统在内,社会秩序的各个部分都结合为一个整个的道理规范,称为"符号的世界",它给予社会秩序以正义感。我们知道社会秩序作为一种实际是不依靠我们而独立存在的,并且能够迫使我们按照它指出的方式来思想和行动。但是尽管它是为了社会的稳定和确立而服务的,但它仍然是被强加在本质上不稳定的事物上面的。玛利·道格拉斯写道:"秩序包含着禁令,它是经过挑选而被认为是有效的、必需的。"[1]社会秩序是试图使混乱成为秩序。这种混乱对于社会秩序是严重的威胁。命令意味着禁止,而无秩序是没有定型的,也是无限制的。伯杰和鲁克曼这样说:"一切社会实际上都是不稳定的。一切社会都面对着混乱而组成的。当防止不稳定的法律受到威胁或被破坏时,发生违法的混乱情况的可能性随时都可能变为事实。皇帝被杀表现出一种恐惧,特别是当突然暴乱发生时被杀更为恐惧。在这种人们丧失了同情心、政治上忙乱的情况下,皇帝之死把对混乱的恐惧心情引导到了人们有意识地互相接近。肯尼迪总统之被刺是一件生动的事例。人们很容易理解发生这种事件之后一定会随之而有最庄严的声明,重申保障人身安全的法令继续有效。"[2]

还有,社会秩序包括一种把人分类的制度。这种制度的生命力依靠

---

[1] M. Douglas, *Purity and Danger*, New York: Praeger, 1966, p. 94.

[2] P. L. Berger, T. Luckmann, *The Social Construction of Reality*, pp. 103-104.

它的明确性,即每个人必须在某种合理的程度上归属于某类。但是,没有一种分类制度能包罗一切人,总是有些人分到随便哪一类都不适宜。这倒并不是他们的错误,而是分类制度本身就有混乱之处。[①]

所以,一个离轨者不同于一般人,他不能分派到正常人当中去。别人侦察他的行为、外貌,或者看他有无显著的违反社会秩序的越轨行动。一个人只要被贴上"离轨"的标签,他就不仅是个思想问题了。他在某种意义上,已经成为人们的仇敌、罪犯。

(二)离轨对社会的作用

根据一些调查研究,离轨确实对社会起了重要作用。[②]俄立克生认为离轨可以使一个社区的社会道德界限划得更为清晰,并且在稍有不清时,它可以随时帮助它重新划清。"道德与不道德的界限是在两者相遇的场合下划清的"。[③]他还阐发说社会的道德界线可以继续对人们成为有意义的参考,只要它不断地受到这个社区的离轨边缘人物的冲击,和不断地受到代表这个社区的卫道战士的保护。因此,他的结论是离轨是保持集体稳固的重要方式。画出一个集体生活的界线。越过它的就是离轨行为,线的内部结构以它的行为特点充实它的内容范围,集体内部的人们发展他们自己的文化的秩序感。[④]

对于离轨的控制也显示出社会秩序的威信和力量,它可以抵制如伯杰和鲁克曼所说的人类生活的"阴暗面",这个阴暗面为我们的日常生活带来不祥之兆。伯杰和鲁克曼说:"正因为阴暗面也是实际的存在,它属于不良倾向,因而对于那些社会上经常吊儿郎当、自由散漫的人们是一种威胁。一种想法认为光明世界不过是幻想,不定在什么时候就会被'阴暗面'的现实所吞没而成为阴暗面的现实。"[⑤]所以,管理和控制离轨是非用大气力不可的,它可以制造社会秩序是可畏的和有威力的感觉。

[①] M. Douglas, *Purity and Danger*, p. 31.
[②] E. Durkheim, *The Rules of Sociological Method*, New York: Free Press, 1950; R. Dentler, K. T. Erikson, The Functions of Deviance in Groups, *Social Problems*, Vol. 7 (1959), pp. 98-107; L. Coser, Some Functions of Deviant Behavior and Normative Flexibility, *American Journal of Sociology*, Vol. 67 (Sept. 1962), pp. 172-181.——编者注
[③] K. T. Erikson, *Wayward Puritans*, p. 12.——编者注
[④] K. T. Erikson, *Wayward Puritans*, p. 13.——编者注
[⑤] P. L. Berger, T. Luckmann, *The Social Construction of Reality*, p. 98.——编者注

（三）维护社会团结一致的机制

社会成员如果不能发展一种可以和非常行为和周围的混乱状态做斗争以维护社会团结一致的机制，社会秩序就不可能维持。其中一种机制是"知觉错误"，就是把实际上异常的东西误作为正常的和一般的现象。正因为把异常的看成为正常的了，所以在日常生活中很难找出适合异常的例证。至于如何在实验室的条件下引出"知觉错误"的例子，则在布伦特和波斯特曼的有关不协调的事物的研究中找到实例。[1] 在这一研究中，受测者受意在出示一叠扑克牌后迅即认出是哪一张牌来。牌中多数是普遍的纸牌，有些是故意画错的。孔描述这次试验报告中说："在每给受测者一次牌时，问他看见的是什么牌，这一轮牌的最后发的是接连的两张好牌，即使在给他们看的时间最短，许多人也认出来了。增加了几张牌以后，受测者也都能认出来，但是对画错的假牌，几乎毫无疑惑、毫不犹豫地被看成好牌。例如染成黑色的红心四，被看成红心四或黑桃四。以后，没有费一点事，牌就归到原来的那一花色里去了。"[2]

这个研究的发现说明错误的东西如果只是偶然的，是很容易混过去的。孔又继续报道："等到增加了错误以后，被测验者开始犹豫，并且对错牌引起注意，例如给他们红色黑桃六，有人就会说：'这是黑桃六，但是有点不对头，怎么黑桃有红边呢？'再增加错牌，就引起更大的怀疑和警觉，过了一些时地突然地，多数受测者毫不犹豫地给予正确的认定。"[3]

另一种维护一致的机制是使离轨正常化（normalization），即把离轨纳入已被现实制度所知道和了解的制度内。有一个汤姆·沃尔弗提供的很有趣的例子——在他的著作中讲到坎凯塞和快乐的波伦克斯特的例子。沃尔弗描述了凯塞和他的伙伴们做穿过美国大陆的旅行的故事。他们坐了一辆有色的岱一格鲁型客车，1939年国际哈维斯特的学校客车，被伦克斯特在车厢内和车厢顶上都装了喇叭线，放出很大的声音。他们互相争吵，大家都服了酸性麻醉药品，一个警察上前拦住了车。他写道："警察把车驱到路边，然后对这辆大客车进行了交通安全检查。喂，你们把牌照

---

[1] J. S. Bruner, L. Postman, On the Perception of Incongruity: A Paradigm, *Journal of Personality*, Vol. 18 (1949), pp. 206-223.——编者注

[2] T. S. Kuhn, *The Structure of Scientific Revolution*, Chicago: University of Chicago Press, 1962, p. 63.——编者注

[3] T. S. Kuhn, *The Structure of Scientific Revolution*, p. 63.——编者注

放错了地方,灯光没有照到牌照上,转弯的示路灯也不灵,那些刹车怎么样? 查一查! 这时警察已经很恼火了,再加上驾驶员凯塞滔滔不绝的自言自语更加激怒了警察。警察在奇怪这些家伙是怎么回事。这时,车上的人都下车了,躺在路边的枯黄草地上,穿着橘黄、草绿色的衣服,肩靠肩,又是叫,又是喊,还吸食酸性麻醉药品,对于这位警察,他看见的简直是一群疯子,有男有女,有老有少,十三四个人,躺在草地上,发出疯狂的呼声,我的天啊,他们想干什么? 于是他开着车围绕着他们跑了一圈说:'你们是什么人,是戏子吗?'凯塞说'是啊,长官,我们是干这行的。'警察说,'好吧,把这些东西收拾好!'然后他又回到车子旁边,看了他们最后一眼说:'下回留神点吧。'然后他终于走开了。"①

第三,统一的道德规范是可以用不承认(denial)的机制来维护的,并以之抵制离轨的威胁。人们可以互相说服某人所作所云都是不存在的。这种机制只是在某些有问题的现象,象征性的或者是行为性的而不是实质性的时候才能有效。

仅仅这几种机制还不能保持社会秩序不受离轨的威胁。这几种机制都有很大的局限性,错觉、不承认和正常化只能用以应付那些经常的现象如发疯、生理缺陷、同性爱和异端邪说。所以,有时候社会要求把这些异常的事转化为正常的事。这种机制的例子可在艾格吞(Robert Edgerton)的研究中找到,即他对"两性人"的研究。② 在我们的社会里,最严格的界线是划分男性女性的界线。我们中大多数人认为"两性人"是遗传的。这种人有他们的特殊问题,因为"它"就是人们所注意的一种天生的性别不清的证明。我们把"两性人"看成畸形人,并且强烈要求他们变为或男或女。艾格吞说:"父母和医生都很关心并且共同考虑是让'它'成为男的还是女的最为合适。然后再帮助这位扑朔迷离亦男亦女的人变成至少为人们承认的'他'或'她'。"③

在这个案例中,是用外科手段改变了离轨为正轨。是按照我们的社

---

① T. Wolfe, *The Electric Kool-Aid Acid Test*, New York: Farrar, Straus and Giroux, 1968, pp. 70–71.——编者注

② R. B. Edgerton, Pokot Intersexuality: An East African Example of the Resolution of Sexual Incongruity, *American Anthropology*, Vol. 66 (1964), pp. 1288–1298.——编者注

③ R. B. Edgerton, Pokot Intersexuality: An East African Example of the Resolution of Sexual Incongruity, p. 1290.——编者注

会风尚确分了男女之别以保持共同的行为规范的。我们怎样对待生理上的异常,如"两性人"是根据我们的文化规范来画线的。艾格吞告诉我们,例如在那瓦合(Navaho),两性人在他们的社会中拥有崇高的地位。一个两性人被那里的人看成是超然人物,应该接受最多的财富,对于生这样孩子特别优待,他们受到特殊的尊重和殊遇。

如果离轨是属于行为性的,也用同样的机制。我们称之为"申请治疗"(application therapy)。一般情况,治疗需要专业人员帮助离轨者对他自己问题有自知之明,或者防止他的离轨行动越走越远,与常人距离更远,或者使他恢复正常生活。正如伯杰和鲁克曼所提出的,治疗所最关心的是他自身与一般人所认为正确的之间的实际差异,他们写道:"治疗如需要发展成为能对离轨从道理上说出它的所以然,并且能够维护它所冲击的真实理性,这就需要一套知识体系包括离轨的理论、诊断的器械和一个'医治灵魂'的理论。"[①]

经验证明,治疗只能对有限的病例有效。各种"谈话治疗"只能医治某种病人。其他机制和外科手术对多数生理残病的治疗才能还有待今后的发展,所以把一个离轨行为转变为与理想的、统一的道德标准相符合的行为还不可能。因为,一定数量的反常是不能改变的,每种社会制度必须有一些机制去对付它。伯杰和鲁克曼认为这可以用虚无主义(nihilation)的机制来解答它。"这里所说的概念是比较简单的。对于社会'真实'定义的威胁主要是由本体论的状态和一种'无所谓'的认识论的状态来予以中和,也威胁到一切理想世界以外的一切定义。"[②]

社会秩序在与离轨的接触中几乎永远是相对地不被动摇,而是离轨被改变。但是,有时社会秩序可以重新给予理想世界的新定义,使它不再被认为是离轨的。离轨与社会变迁的关系是社会学家们广泛讨论的问题,但它的意义并未受到它应受到的重视。我们只要环顾我们的周围就可以看出离轨对于社会秩序变化所起的决定性的作用。60 年代流传最广的反主流文化几乎无例外地由少数离轨学生和知识分子所发起的,现

---

① P. L. Berger, T. Luckmann, *The Social Construction of Reality*, p. 113. ——编者注
② P. L. Berger, T. Luckmann, *The Social Construction of Reality*, pp. 114 - 115. ——编者注

在已引起稳定的中产阶级的人们重新评价他们的可喜成就。① 同样地,越南战争中的反战者,其中一部分人被大部分人目为离轨或叛国者,现在多数人的看法也转变了。

社会秩序的分析给予离轨的标签以解释。为什么我们把标签贴在人们身上,他们为什么按他们的方式行动?这种分析也解释了为什么有些人被贴上标签不是因为他们的行动而是由于别的原因,使离轨的罪名总是和道德上的卑微的问题相伴相随,这是很容易理解的。谁如果被贴上离轨的标签就会被人看成是危险的、有害的,因为离轨威胁到我们理想世界的边界,它的危险性远远超过生理上的暴行。还有,我们对维护理想世界的机制的讨论使我们看到为什么离轨在人群中被驱逐到边缘,和为什么人们总是想方设法使它们适应我们的世界。

六、 其他文化如何对待离轨

在我们的社会里,我们如何看待离轨,也如何看待贴上这样标签的人,而看待给别人贴标签的人则是另样。很明显地,这是由于一种理论,认为离轨的根源即在离轨者本人身上,因此,解决由于离轨而引起的问题就在于如何对待离轨者。但这办法并不是到处一样的。例如,在某些非洲部族,家庭是社会控制力量的集中点,在波利尼西亚文化中,当某人的离轨问题需要严肃对待时,大的家庭甚至整个村庄也成为人们注意的集中点。② 还有,在我们的文化中,有人被贴上离轨的标签往往使我们感到愤怒,我们的愤怒可以引起我们对这些人的粗暴。如果一个人犯了侵犯他人财产罪,我们当然可以按照他给别人所造成的损失或伤害的程度给以相应的惩罚,但是问题是我们的愤怒不仅是对那些杀人犯和小偷,而是我们对待瘫痪者、低能儿、精神病人、孤儿或穷人也是一部暴虐狂、野蛮和冷酷无情的历史记录。

这些惩罚性的趋势也不是到处一样的。例如在非洲的努尔和在波利

---

① T. Roszak, *The Making of a Counter Culture*, New York: Doubleday, 1969.——编者注

② R. A. Scott, Deviance, Sanctions, and Social Integration in Small-Scale Societies, *Social Forces*, Vol. 54 (Mar. 1976), pp. 604–620; A. Howard, *Learning to be Rotuman: Enculturation in the South Pacific*, New York: Teachers College Press, 1970.——编者注

尼西亚的汝图玛,他们的指导原则是力求融洽地和他人相处。如果有人侵犯了别人,犯法者可能完全不受惩罚,相反地,他可以受到维护社会和谐的方式的对待,而且可以被允许在他们集团里维护正常的地位。[1]

我们的文化中在对待离轨问题方面另有一个引人注意的情况,就是我们用了很大的力量大张旗鼓地把人从正常人赶到离轨者中去,但很少花力量把他们带回来。举例来说,学生们在给他作为一个学生的身份时,一般地都举行仪式。因此,当他结束学生身份回到社会作为一般公民时,对他和对社会都是明白无误的。但是俄立克生[2]观察到:离轨者身份的结束却很少举行仪式。他常是以一种戏剧性的仪式被迎进离轨者的行列,而在他回到公众中去时却是静悄悄,无人留意。结果是,离轨者常是没有任何凭证、任何正当手续地回到社会中去过正常生活。长期加于一个人身上的轻蔑在取消时没有任何表示,长期加给他的恶名、恶谥在取消时无声无臭。那就无怪社会上的人们在接待他们回到正常时还带着对他们的偏见和不信任,实际上是他们不了解他到底是个什么人。[3]

把人们送给这类管教机关的手续要比把他们释放出去慎重得多,在为把这些人送进去所花的人力也比把他们释放出来所花的人力多得多。这点意见得到社会管理机关中许多人的支持。

再说一下,这种对待离轨者的情况各处也不相同。在非洲某些部落中,保持社会和谐是最主要的原则,保持部族中人与人之间的和谐和尽量减少彼此间的紧张情绪是他们所努力追求的。以一个小小的努尔村里的杀人案为例。[4] 从村人的观点看,这案件引起的是两家之间社会关系受到破坏。这两家人同意请一位第三者来作调人,调人的任务是达成一项协议,重新恢复两家的友好关系,甚至是更加加强他们的团结友爱。经过长时间的努力,决定把凶手家的女儿嫁到被害者家去做媳妇,因为两家结亲的关系,这种"惩罚"收到了前嫌尽释、和好逾初的效果。杀人犯在他自己

---

[1] R. A. Scott, *Deviance, Sanctions, and Social Integration in Small-Scale Societies*, pp. 604-620; A. Howard, *Learning to be Rotuman: Enculturation in the South Pacific*, 1970.——编者注

[2] K. T. Erikson, *Wayward Puritans*, 1966.——编者注

[3] K. T. Erikson, *Wayward Puritans*, p. 16.——编者注

[4] R. A. Scott, *Deviance, Sanctions, and Social Integration in Small-scale Societies*, pp. 604-620.——编者注

家里应该得到他的地位的恢复。如果不是这样,那就需要更加正式的手续来对待他们了。

在调解这种案件时,这种要求调和的愿望反映在法律手续中。双方面包括旁观者、参与者都要表示自发的祝福。这种祝福的目的是在谈判前使每人都能团结一致。祝福词着重颂扬和谐的美德和全体成员中和好的重要意义。诉讼人、旁证人、旁观者都坐在一起,不像我们的法庭那样各自分坐。提供证明和审讯都是生动活泼不受拘束的,任何人都可以参加,中间人和其他人指出双方各自的错误,等到每人的话讲完了,中间人发表全体人员的意见,犯错误的人对其他的人正式道歉,为了表示诚意,送给他们象征性的礼品,受害者一方送还一些更小的象征性礼品以表示良好的愿望,也表示接受大家的决定。

在我们的文化中对待离轨者的另外一种方式是试图证明他的行动、外貌和信仰违反了抽象的原则或规定。例如在法庭上,法官运用一系列法律条文对待这个案件的许多事实,对照抽象条文中有什么是犯罪、疯狂或歇斯底里的概念来判断这个人是否违法。其中有许多犯罪是没有受害者的,他们侵犯的只是抽象的原则,而不是个人[1],如某些性行为、赌博和吸毒等就是例子。在努尔族人中,违反抽象道德、伦理的行动,只要不侵犯到两家族间的结构或影响到满足社会的必需就没有人去管他。那么,对这种异端行为什么事也不会发生。他们觉得,那是应该由神去管的事。假使神没有去管,那只能说明他根本并不是什么异端。

贴标签的观点和流行的管教派对待离轨者的态度在理论上是直接有矛盾的,贴标签论者对离轨者的杀人、奸淫或其他侵犯人的行为提出了很难解决的问题:我们从来都是按照管教论的观点来思考问题的。但是如果这个离轨者不是以我们现在所存在的法律规定或目前的医疗水平来看待,他也可能不致成为罪犯。

正因为这个缘故,研究其他社会用什么方法对待离轨的问题是很有意义的。因为管教论的办法并没有使监狱和医院空无一人,说明其他办法可供参考学习。这也不等于其他方法可以生搬硬套地任意使用。但是其他社会的教养机关和我们的很不相同,这就可以促使我们开动脑筋展

---

[1] E. Schur, *Crimes without Victims*, New Jersey: Prentice-Hall, 1965. ——编者注

开讨论,如何使我们的教养机关工作得更好,为了离轨者,也为了社会。

七、本章摘要

按照贴标签论的学说,离轨不仅是一个人做了什么的问题,还有别人对他们做了什么的问题。离轨的法规是由文化决定的:在一种文化中被认为是离轨的,在另一文化中则认为不是。管教论的观点认为离轨是违反了公众共认的"正常",特别是违反了法律的"正常",管教论者提出的问题是:犯法者与我们有什么因素。从贴标签论的观点认为管教论有许多缺点:第一,管教论者把"正常"看成是"想当然"的,没有任何问题。第二,它认为离轨是人所不能控制的,是不可选择的,也没有一个自身形成的过程。最后,那些社会上被指定为离轨的管理人员如警察、法官、假释官等被看成是离轨问题的解决者,而未看成是问题的组成部分。

贴标签论者的基本观点认为社会团体在制造法律的同时也制造了离轨。这些法规是专门用来应付一些特殊人物的,他们被贴上标签,被置于人群之外。所谓被贴标签者是被别人有效地贴上标签的人。调查者提出的问题是:依靠什么程序使一些人有权给别人贴上标签的?一个人一旦被贴上标签,他便被看成危险人物,受到社会的蔑视。

莱末区分的初发的和复发的离轨,强调人的形成过程和社会心理作用。当社会给一个人贴上标签时,他只有逆来顺受,对于那些非离轨者,离轨者中间是各有不同的。正常者为异常者制造了一些模式,给他们以"吸毒""娼妓""疯人""罪犯"等恶谥。一个离轨者因为他参加了同伙的秘密组织而变为严重的离轨者。标签论受到批评是因为它否认了反社会行为对别人的危害、它对离轨者的美化,和它没有科学方法来检验。

贴标签者的哲学基础是现象学。伯杰和鲁克曼说,我们用社会秩序的方法形成我们的"真实"的概念和我们所处的包罗万象的框架。社会秩序使"真实"成为无可非议的,成为用以解释一切事物所以如此的答案。"理想世界"是伯杰和鲁克曼所创造的名词以说明我们所处的社会的道德是正确的。任何人或任何行为如果被认为是社会秩序不符合的就是离轨。离轨的作用是划出可以被认可的行为的界线,以及保持集体的安全。有的时候,行为反常或离轨成为社会秩序失调的根本原因。在西方世界里,大多数人责备被贴标签的,而不责怪给别人贴标签的。在某些较小的社会里,社会的协调受到更多的重视,而不是把离轨者排斥在外,社会成员们总是设法使由于这种行为而被疏远的人们重新团结在一起。

短文补白(一):谁被贴标签

什么人被拘捕?什么人被送进精神病院?大多数人都认为犯罪者被拘捕,疯人被送进精神病院。贴标签论者对这些概念提出异议,下面两个调查说明他们的不同见解。

辟利阿焚和白瑞尔(Irving Piliavin & Scott Briar)研究了警方行动对于青年的影响和警方从青年所引起的行动。[①] 他们发现一个警察在捕捉嫌疑犯或涉嫌的青年时,他们的做法是有选择的。他可以放掉这个青年;记入档案;把一份记过书转交给父母或他的保护人;传他到少年法庭受审讯,或拘留他去少年教养所。他到底选择哪种方式呢?社会学者认为主要地是依据警方人员对这一青少年的看法。如果这个青年的特点是语言有礼貌,衣着洁净,对警察说话彬彬有礼,那么警察对他就宽大一些;反之,态度不合作,或粗野,警察就给他贴上"强徒"或"歹徒"之类的标签,对待他也比较严厉。

社会学者还发现警方多数时候拘捕黑人或那些穿戴流行的犯罪者中的服装样式的人们。研究者观察到警方对于青年特征最关心的是青年人的品行:即他被认为是合作的或不合作的。这样,青年人是否犯罪,是否应予拘捕,不是他的行为所决定的,而为他的态度所决定。一个青年人如果在警方的眼光中是有礼貌的、顺从的,甚至颇有悔改之意的就会被释放或被教育释放。另一青年,虽然犯的罪行相等,但是他粗野或不驯服或者一副满不在乎的样子就会被拘捕。

莱末对所谓精神病患者做了类似的研究。[②] "精神病患者的言行与习惯的道德规范有差异引起社会上对他的注意并且使他人认为他是在趋于

[①] I. Piliavin, S. Briar, Police Encounters with Juveniles, *American Journal of Sociology*, Vol. 70 (Sept. 1964), p. 206. ——编者注

[②] E. M. Lemert, *Human Deviance, Social Problems, and Social Control*, 1967. ——编者注

患精神病的过程中。"另外,社会上对于精神病人的态度,甚至对于精神病人家属的态度也都受到这人所贴上的标签的影响。

莱末例举了一个案。一个居住在中西部小城市里的波兰人家的比较迟钝的青年,这个家庭的社会地位从来不高。这个青年幼年时,别人对他宽恕些,但当他成年时他变得很固执,一群恶作剧的青年人向他身上掷鸡蛋,他把石头扔进一个孤老头的窗子里。这孩子被拘留并被诊断为轻性精神分裂症。与此同时,有个妇女和两个女儿迁入这个地区并且控告了这个青年。州政府,受到这个妇女和地区的诉苦的影响,把这个青年拘禁在精神病院里。青年人的父亲要求州长干预此事,但他也认为是精神失常。根据此案,由于该社区对于这一家的不信任和对于这个青年的歧视,结果造成这位青年人被贴上精神病患者的标签而被拘禁。因此,贴标签论者认为一个人的行为并不是他被捕或被机关拘禁的主要根据,而是社区里的人们为维护社会秩序而采取的态度所决定的。

短文补白(二):犯人与看守

俗语说,"罚当其罪",又认为监狱就是那些不守秩序、不受管教者的一群犯人的聚居点。因此,认为监狱看守如果用铁腕手段和严厉措施对待犯人,那正是犯人应得的惩罚。社会心理学家金巴杜(Philip Zimbardo)[1]却不这样认为。他认为犯人行为是他在监狱中所处的地位、扮演的角色所决定的。他伪装了一个监狱环境,选择了21个志愿大学男生,他们分别地任意地被指定扮作犯人或看守。他们都没有过犯罪的历史,感情上也是稳定的。

扮犯人的必须穿囚衣,胸前背后皆有号码。他们在实验期必须呆在"狱"中,不允许携带个人的东西;看守穿咔叽制服、反光太阳镜,带口哨和夜间用警棍。

很快地,实验从电视和窃听器中发现他们的情况是很令人惊异的。看守和犯人都允许他们主动互相接触,但是金巴杜说,被当作看守的总是

---

[1] C. Haney, C. Banks, P. G. Zimbardo, Interpersonal Dynamics in a Simulated Prison, *International Journal of Crime and Penology*, Vol. 1 (1973), pp. 69-97.——编者注

趋于消极、仇视、好辱骂人,和不讲人道主义。扮犯人的立即采取被动的反应。看守者主要是发命令,叫人不叫名字只叫他们的囚号,并且经常侮辱他们。他们还以体罚来恐吓犯人(这是实验所不允许的)有时辱骂他们。

一天天地过去,看守对犯人粗暴行为逐步升级。犯人的反应是"不好好干",金巴杜认为,"犯人开始利用和接受看守对他们的消极态度。犯人的典型表现是被动的、依赖、压抑、无助和自卑",所有的犯人都感到再也忍受不下去了。过了第 6 天,10 人中的 6 人表示情愿不要报酬停止实验,原因是由于感情上的困扰——叫喊、不安和由于紧张而产生的烦恼。但是看守,认为"享受到了绝对的控制的权力的乐趣",不愿停止实验。此后,在实验结束后的会议上,一位扮看守的说:"他们(指犯人)不觉得是在做实验。他们真实地在为保卫他们的身份而斗争。我们在那里一直都在叫他们知道谁是管事的头头。"

一个人一旦做了看守,一个普通人也会变得"对犯人侮辱、恐吓、欺侮和不人道"。金巴杜总结说,最戏剧性的也是最令人吃惊的发现是原来没有患"暴虐狂"的人也会引出暴虐狂的行为,急性的感情的崩溃也常会发生在原来被选择为感情稳定的人的身上。[1]

---

[1] C. Haney, C. Banks, P. G. Zimbardo, Interpersonal Dynamics in a Simulated Prison, pp. 69-97. ——编者注

美国《社会心理学》中的论紧张*

译者按:本文译自1977年美国出版的《社会心理学》书中的最后一章,第十二章。《社会心理学》一书是美国丢克大学社会心理学教授拔克等所编著。本文的作者格拉司教授对紧张问题的研究有突出的贡献。故选译了这一章供读者参考。

一、《社会心理学》一书的序言中特别推崇格拉司在这一章中有关"紧张与冠心病的关系""城市噪音和环境污染对人们的心理威胁"部分的论述。冠心病是目前美国死亡率最高的一种疾病,对中老年的脑力劳动者威胁最大。因此,它是最引人重视和关心的问题。格拉司等对这一问题做了大量的调查研究,用生动的案例、多次试验的结果和统计资料阐述他们对这一问题的观点,很有参考价值。

二、本文的原文标题是"Stress"。这一词汇很难译成汉语对应词,而且它在英语中也没有明确的定义。对 stress 的定义是"物质上或心理上挫伤某一机体(或人)的适应能力的一种力量"。格若斯(Gross)在1970年解释 stress 的意义是"一个人应付威胁的经常办法不管用了"时的状态。[①] 豪斯1974年认为 stress 是与焦虑、情绪紧张、生理的激动和挫折等感觉和反应相类似的东西。[②] 它有广泛的含义,不是用一种感觉或一种反

---

* 格拉司:《美国〈社会心理学〉中的论紧张》,吴桢译,《世界经济与政治论坛》1982年第14期,第13—24页;格拉司:《美国〈社会心理学〉中的论紧张》(续完),吴桢译,《世界经济与政治论坛》1982年第15期,第30—44页。译文来源:D. C. Glass, M. Smith, Stress, in Kurt W. Back et al. (eds.), *Social Psychology*, pp. 431 - 470. 本文引用的论著,吴桢在正文中进行了翻译,但未翻译或附录翻译章节末尾的参考文献。编者根据译文原文,一一进行了脚注标注。——编者注

① E. Gross, Organization and Stress, in S. Levine, N. A. Scotch, *Social Stress*, Chicago: Aldine, 1970. ——编者注

② J. S. House, Occupation Stress and Coronary Heart Disease: A Review and Theoretical Integration, *Journal of Health and Social Behavior*, Vol. 15, No. 1 (1974), p. 12 - 27. ——编者注

应可以概括的。译者最后请教《韦氏大学辞典》。"stress 是导致生理的、精神的紧张的生理的、化学的或感情的因素。"综合各家对于 stress 的解释,译者选择了"紧张"一词作为 stress 的对应语,虽不理想,但一时也找不到更好的对应词。望读者在读到这一词时,参照以上各家的解释赋予它更丰富、更全面的概念。

三、文中有不少实验报告、统计图表和个案记录等。这些资料对我们了解资本主义国家的社会现象是有很大帮助的,但作为社会心理学的调查研究方法,却并非可取的,也是我们不愿如法炮制的。这是因为这些实验、统计、个案调查的设计是从美国的社会实际出发的,不合中国国情;而且这些资料的取得必须依靠精密仪器和大量资金。还有很多社会心理学的实验都是以"人"做试验对象,实验者为了取得某些感觉或反应的数据,不惜以通电、服假药、说谎、欺骗等手段来达到目的。这种试验方法不仅是对受测者人格的不尊重,而且,用不诚实的、欺骗的手段所取得的结果也是经不起反复核对,得不到受测者的合作,因而也是不科学的和不可信的。

四、文中有些论点是积极的、有益的。例如,作者认为对紧张的认识有助于减少或消除紧张,城市人口的密集带来噪音干扰、环境污染、地下犯罪组织等,严重影响居民的健康和生命财产的安全。这些对人们都是一种精神威胁,应该设法减少这些威胁,但是现代化大城市的发展也带来生活上的便利和丰富多彩的内容。紧张是有害的、不可避免的,但是如果认识它,控制它,正确对待它,也可变消极因素为积极因素。作者认为紧张是生活中的"盐",是帮助人们成长的不可缺的因素,也是锻炼应付紧张环境的能力的教材。这些观点是比较积极的、乐观的和有益的。

五、本文最后一节"结论",把文内的主要论点都概括到了,言简意赅,值得仔细阅读。

全文是逐段逐句翻译的,译者力求忠于原著。文中只有"阶级种族也是紧张因素"一节,因文内主要是讲美国国内歧视黑人的问题。这个问题比较复杂,对我们也比较陌生,因而删节了。但"结论"中有关这个问题的一句话仍予保留。

文尾附有一篇"短文补白",题为《城市噪音干扰脑力工作》,它是一篇很精彩简净的小品文,附于篇末供读者参考。

六、本文引用的论著很多，牵涉到许多作者的姓名、书名和出版时间、杂志报纸的卷数、页数、论文题目等。原作没有一一做脚注，但在全章末尾，附有参考书目，因限于篇幅，予以删节了。

绪　论

阿仑的父母经过许多年的努力，想把他们认为不满意的婚姻关系维持住，但终于决定离婚。阿仑才10岁，他不懂为什么父母不能再在一起生活下去。昨天他的父亲从家里搬走了，把阿仑最喜欢的录音机，还有录音带和餐室里的家具带走了。

学校公布了期中考试的日程表，伊丽莎白发现她的几场考试都排在1周内，3项考试安排在1天。她还要在考期前完成2篇期终论文和500页政治学习的笔记。

比尔提升为一个大型摩托车厂的计算机室的主任不久，又被调到管理全国计算机运行的总办公室。他的同事为他高兴，但他必须回家告诉他的妻子和孩子们：他们又要收拾行装准备再搬一次家了。

大卫的母亲病危。六个月前，当她发现右乳有个肿瘤时，做了一次乳房切除手术。开始时，医生认为已把肿瘤的发展控制住了，但以后却发现肿瘤已扩散到身体的其他部位。大卫每天到医院看望他的母亲，他发现每次看到她时，她都忍不住地在流泪。

以上所述几个人都因受到心理学家所谓的"紧张"而感到痛苦。"紧张"的定义是"一个人应付威胁的经常办法不管用了"[1]。这一解释说明紧张有许多复杂的因素。紧张的经验纯属个人。每个人有他应付威胁所习惯的方式，他的一生总是用他的典型惯用方式应付威胁的。当这些人与威胁相适应的方式失败时就产生了紧张。

有的事对某人是威胁，对其他人则不是。例如，某学生如果已经完成了他的论文和作业，并且他在计划着，一俟考试结束，就开始假期旅游，他是不会同伊丽莎白对她的考试日程表有同样的感受的。家里的亲人的死亡对任何人，都是一个意外的威胁，像大卫的处境而不紧张是不可想

---

[1] E. Gross, Organization and Stress, in S. Levine, N. A. Scotch, *Social Stress*. ——编者注

象的。

　　这些人的反应也很复杂，包括生理的和社会的因素交织在一起。在一个有关紧张的调查中，豪斯在1974年曾提出五个促使产生紧张的变量因素[①]：促使产生紧张的客观社会条件；受到威胁的人对紧张的知觉；一个人对发生了的紧张的生理的、情感的和行为的反应；受紧张影响的人一贯对紧张的感觉和反应所形成的结果；决定以上四个关系的个人和环境的条件。

　　例如，小阿仑处在将要离婚的父母的情况下，父母离婚和由此而引起的父亲的出走，就是诱发紧张的社会条件。他对于这件事的感觉是困惑和恐惧，可能引起这孩子一系列的灾难性反应。他可能变得忧郁和消沉，或者变为尽情地发脾气、顽皮、不听话。在校中表现不好，或对他父母难以相处，也可能产生生理的反应。另一方面，也可能促使他和父母过得好一些，特别是在他们之间的分离已成为必然。所有这些反应都会受条件的变量的影响：如他对别人离婚所得的经验，童年时他和父母的关系，和他经常应付这些问题的方式等。

　　众所周知：紧张是有害的，它的影响可以见于生理上的和情绪上的反应。例如，很多人相信忧虑可以使人生病。对于这种紧张，群众有个聪明的传统的应付办法，即俗语所说的，"悠着点""紧拉慢唱"，承认紧张是生活的组成部分，应付的办法就是不要太认真，要放松一点。

　　同时，有些紧张的事情是没有办法使人放松、丢开不管的。紧张问题的整个意义包括要求一个人能够在他感觉不适应的情况下设法去适应它。紧张与变化有关，变化使惯用的办法不管用了。每个人的生活都会遇到变化。调查表明一个人的显著变化如走上新的工作岗位，或从原工作岗位上退休，陷入情网或割绝情丝，升等晋级或者被学校解聘等，都需要社会适应，同时，生理上、情绪上的紧张是不可避免的。一个人的一生，在一定的时间里能承受多少变化和多么重大的变化要看他对意外事件、生理的或情绪的失常的适应能力。你在生活中曾碰到一些事使你不能处之泰然，那么当你碰到这些情况时，你就会感受到生理的干扰（见

　　[①] J. S. House, Occupation Stress and Coronary Heart Disease: A Review and Theoretical Integration, pp. 12－27.——编者注

表1）。

表 1

次序	生活事件	平均数值	次序	生活事件	平均数值
1	丧偶	100	23	子或女的离家	29
2	离婚	73	24	和外戚、亲家的纠纷	29
3	夫妇分居	65	25	个人突出成就	28
4	被判徒刑	63	26	爱人开始停止工作	25
5	近亲死亡	63	27	开始或结束学业	26
6	本人受伤或生病	53	28	生活条件的变化	25
7	结婚	50	29	个人习惯的改正	24
8	失业	47	30	和上级的纠纷	23
9	婚姻和解	45	31	工作时间和条件的变动	20
10	离职退休	45	32	住处改变	20
11	家属健康变化	44	33	换学校	20
12	怀孕	40	34	娱乐活动的改变	19
13	性的衰退	39	35	教会活动的改变	19
14	增加家口	39	36	社会活动的改变	18
15	工作重新适应	39	37	万元以下的奖赏或贷款	17
16	经济地位变化	38	38	睡眠习惯的改变	16
17	朋友死亡	37	39	家人聚会人数的改变	15
18	调到困难工作岗位	36	40	食物习惯的改变	15
19	与配偶争吵次数的变化	35	41	假日	13
20	万元以上的典当	31	42	圣诞节	12
21	典当或贷款的禁止	30	43	轻微的犯法	11
22	工作责任的变化	29			

说明：从上行至下行系关于需要重新适应的生活事件的次序，第一行平均数值最高，说明最需要适应，如不能适应，最易诱发疾病。

资料来源：J. Solomon, The Price of Change, *The Science*, Vol. 11, No. 9 (1971), p. 29.

一、紧张与冠心病

在许多有关紧张和生理的失常之间的关系的研究中，最使人感到兴趣的是紧张与冠心病的关系的研究。冠心病，在美国人的死亡原因中居于首位。每年死于冠心病者约为三分之一。[①] 男人在 35—65 岁最易得此病,他们的个人损失包含着对他们家庭的影响,以及经济上的损失是很难估价的。[②] 无怪乎在过去的 20 年中许多医学研究者和社会心理学者都十分重视发生这种病的原因何在,并做了大量的调查。

谁是冠心病的受害人?它的分布不能与人口统计或标准的社会经济调查结果完全一致。冠心病对男人的危害性要比对女人的大得多,但种族与社会地位的影响使这种关系更加复杂。黑人和社会地位较低的妇女死于心脏病的显著地比白种妇女或社会地位很高的妇女多得多。还有,自从 1950 年以来男人患冠心病而死亡的已经逐渐降低,但妇女却增加了。因此,我们如果局限于男女性别的不同或内分泌的差异已经不适用了。

许多调查找出职业分类与心脏病的关系系数。1950 年美国男子的死亡分析,按照他们的职业分类及死亡原因等分别进行计算[③]指出,冠心病死亡者的不同组别的死因有很大差别。例如内科医生和外科医生组,他们因得冠心病死亡的比例是不一致的。医务技术工作者死于冠心病者为数不多。细木工(小木器作)比干粗活的木匠死于冠心病者的比例明显较高。在动力机械工程师、律师、法官、轿车驾驶员,及机电站控制员中死于冠心病的比例高,但在铁路的扳道工、牧师、卡车驾驶员中则否。这些例子说明目前流行的冠心病的一个突出的特征:心脏病发作在人口中有选择地发生在某些人身上,但是我们不能像对其他疾病一样,以人口中的经济收入或医护设施的条件为变量因素,预测心脏病的分布。

(一)心脏病与职业紧张

有些特殊职业的从事者发生心脏病的危险很大,这给我们提供了冠心病与职业关系的线索。许多调查指出:有较高发生心脏病危险的人所

---

① I. M. Moriyama, D. E. Krueger, J. Stamler, *Cardiovascular Disease in the United States*, Cambridge, Mass.: Harvard University Press, 1971.——编者注

② J. S. Felton, R. Cole, The High Cost of Heart Disease, *Circulation*, Vol. 27 (1963), pp. 957-962.——编者注

③ National Center for Health Statistics, U. S. National Vital Statistics Division, Mortality by Occupation and Cause of Death among Men 20 to 64, *Vital Statistics Special Reports*, Vol. 53, No. 3 (1963).——编者注

担任的职务和其他一般人的职务比较,要求他们对别人负有管理责任,他们的工作负担较沉重,工作矛盾也较多。一个人职业生活中所受到的冲击可以他个人的态度来衡量。如对工作不满意、职务的乏味与困难,这些紧张与冠心病有关,不管他的职业是属于哪一方面的。

这些紧张中如过快地提升职务、过多地从一个地区调换到另一地区,以及过高的工作责任等。但是至少也有一个调查不同意这种论点,亨库尔等人1968年在美国某公司调查[1],这个公司雇用了27万人,在这个典型的大企业中,进行了同样的全面调查,找不到职业死亡率与心脏病患者增加的关系,也没有找到这种危机与职务负担的关系。这些结果说明发生冠心病的危险早在成年期以前已存在了,而不是大量地受到职业紧张的影响。

(二) 心脏病心理

紧张的生活环境对个人的行为和心理有什么影响?反过来,什么样的行为和生理的特征,可以缓和个人的紧张反应?有关冠心病病因的许多问题都在个人角度上进行了研究。

倾向患心脏病者的生理的和行为的特征已经有了一个全面的认识。这些特征中最重要的是预发性的情况,包括高血压、吸烟过多、高胆固醇及高血脂等。这些症状加上心血管病的家史几乎经常促发冠心病[2],它们到底如何促使心脏病的发展正在从生理学方面继续进行研究。动脉血管壁上不断积存脂肪(动脉粥样硬化)是这种病发展的基本过程。

这些心脏病的预兆与社会的、职业的紧张有什么联系?经过调查发现了一个重要的和惊人的关系:几个集体研究与个人研究的结果发现在增加血胆固醇[3]、提高血压[4]和使人吸更多的烟方面有相同的紧张。一组

---

[1] L. E. Hinkle, L. H. Whitney, E. W. Lehman et al., Occupation, Education, and Coronary Heart Disease, *Science*, Vol. 161, No. 3838 (1968), pp. 238 - 246.——编者注

[2] T. R. Dawber, W. B. Kannel, Susceptibility to Coronary Heart Disease, *Modern Concepts of Cardiovasc Disease*, Vol. 30 (1961), pp. 671 - 676.——编者注

[3] M. Friedman, R. H. Rosenman, U. Carroll, Changes in the Serum Cholesterol and Blood Clotting Time in Men Subjected to Cyclic Variation of Occupational Stress, *Circulation*, Vol. 17 (1958), pp. 852 - 861.——编者注

[4] R. Cochrane, High Blood Pressure as a Psychosomatic Disorder: A Selective Review, *British Journal of Social Clinical Psychology*, Vol. 10, No. 1 (1971), pp. 61 - 72.——编者注

调查把紧张的生理现象与收税者和医学生的生活中在一定的紧张时期的关系联系起来了。[①] 收税人在税收结账的限期到期时的血胆固醇明显增加,医学生在大考前的胆固醇也显著增高。这些研究结果说明在限期的压力下加重工作负担与生理学上的变化是有关的。

某些心脏病预兆加上个人的行为特征和生活经验,明显地产生了紧张的影响是不可避免的。罗森曼和他的合作者[②]有关倾向患冠心病的 A 型人的论述是经过广泛的研究和以最好的文字表达出来的文献。A 型人被描述为最激动、雄心勃勃、进取心强的人,而且常因受到竞争和完成任务的期限和时间紧迫感促发冠心病,那种自称轻松不起来,只要请几天假,甚至几小时的假,离开工作岗位就感觉着像犯罪一样的人,可以准确无疑地认定为一个发展成熟的 A 型人,与此相反,缺乏冠心病的特征的称为 B 型。

大量的对 A 型行为型的研究可以成为患冠心病的预测标准。其他的调查[③]指出长期的不安、压抑、家庭不和、深感沉痛和与人的关系不稳定都是倾向患心脏病的特征。

(三)心脏病的社会心理学

格拉斯在 1977 年做了广泛调查[④],深入研究紧张、A 型人和冠心病的关系,在一系列的实验中,格拉斯和他的合作者把 A 型人的特点分为三个互相联系的特点:追求取得成就的争胜心、紧迫感、仇恨与抗击。

例如对于 A 型人争胜心的考察,巴南、潘那白克和格拉斯[⑤]发现 A 型的人们在一次宣布为不限时间交卷的测验中与 B 型人不同,他们试图回

[①] J. S. House, *Occupation Stress and Coronary Heart Disease: A Review and Theoretical Integration*, pp. 12 - 27. ——编者注

[②] R. H. Rosenman, M. Friedman, R. Straus et al., Coronary Heart Disease in the Western Collaborative Group Study, *Journal of American Medical Association*, Vol. 195, No. 2 (1966), pp. 86 - 92. ——编者注

[③] C. D. Jenkins, Psychologic and Social Precursors of Coronary Disease: II, *New England Journal of Medicine*, Vol. 284, No. 6 (1971), pp. 307 - 317. ——编者注

[④] D. C. Glass, *Stress and Coronary-prone Behavior*, New Jersey: Lawrence Erlbaum Associates, 1977. ——编者注

[⑤] M. A. Burnam, J. W. Pennebaker, D. C. Glass, Time Consciousness, Achievement Striving, and the Type: A Coronary-Prone Behavior Pattern, *Journal of Abnormal Psychology*, Vol. 84, No. 1 (1975), pp. 76 - 79. ——编者注

答复杂的数学题方面比 B 型的要多。但是当这种试验宣布限 5 分钟交卷时,则 A 型与 B 型的人之间没有什么差别。这两种不同情况之下的测验,结果的差异主要表现 B 型的人答题较多,这是由于 A 型的人不管限期交卷或不限期交卷,他们都是用同样的努力和水平答卷。

卡弗、柯尔门和格拉斯[1]在研究争胜心问题时设计了一个实验,估计 A 型人比 B 型一定更能为了完成任务忍受疲劳,坚持做好艰难而且累人的工作。

检验这条假设是否合乎实际的关键在于用什么方法产生疲劳的感觉。办法是要受测验者不停地在电机发动的脚踏机上踏步走。结果证实了预计。A 型被测者尽了最大努力和忍耐,比 B 型更少诉说疲劳。在这个踏车测验中,这种忍耐疲劳、不肯公开表示疲劳的趋向可以理解为 A 型人的争胜心切的特征。对于 A 型人来说,为了有助于达到成功的目标不顾疲劳是有意义的。反之,如果过分关心疲劳就会阻碍到达目标,这是 A 型人所不愿接受的(见表 2)。

表 2　四次电动踏步试验中 A、B 型受测者显示疲劳程度表

受测者的类型	倒数第四次的疲劳程度	倒数第三次的疲劳程度	倒数第二次的疲劳程度	最后一次的疲劳程度
A 型	5.30	4.10	3.10	2.20
B 型	3.40	2.80	2.20	1.50

数值说明:表内数字愈小,表明疲劳程度愈大。
说明:在电动踏板上不停止地行走,A 型人比 B 型人更能克制自己疲劳感觉(少数显示较大的疲劳感)。共做四次试验,A 型受测者比 B 型受测者每次都表示比较轻微的全面疲劳感。
资料来源:C. S. Carver, A. E. Coleman, D. C. Glass, The Coronary-Prone Behavior Pattern and the Suppression of Fatigue on a Treadmill Test, *Journal of Personality and Social Psychology*, Vol. 33, No. 4 (1976), pp. 464.

---

[1] C. S. Carver, A. E. Coleman, D. C. Glass, The Coronary-Prone Behavior Pattern and the Suppression of Fatigue on a Treadmill Test, *Journal of Personality and Social Psychology*, Vol. 33, No. 4 (1976), pp. 460-466. ——编者注

在测验 A 型、B 型人的时间迫切感的试验中，格拉斯、辛德和豪立司[1]预计 A 型人对于时间的延迟是不耐烦的。他们对于一分钟的休息一定不会和 B 型人那样感到一分钟一瞬即过。这一预计又被证实了。格拉斯等发现 A 型人在对付需要缓慢反应的工作比 B 型人做得较差,在许多测验中他们总是操之过急,影响测验,以致必须重复。

在测验 A 型人的第三特点——仇恨或抗击方面,格拉斯[2]检验他们的假设:认为 A 型人对于阻挠和妨碍他完成困难任务的破坏者一定比 B 型人更易于报以愤怒的抗击。怎样检验这一假设呢？格拉斯把受测验者分为两个组,一个组隐伏闹事骚乱的苗头,另一个组没有隐伏闹事的苗头。一组中派进一个与测验主持人串通一气的"煽动闹事者",在这一组里"煽动闹事者"向 A 型、B 型人都暴露出有破坏他们努力完成某项困难的任务的意图。同时,这些被测验者都给予了对"煽动闹事者"有施行电休克惩罚(伪装的)的权力。测验结果,在有"煽动闹事者"的情况下,A 型人表现了强烈的、疾恶如仇的反抗性,而 B 型人则很少甚至没有。在没有"煽动闹事者"的情况下,A 型、B 型人在给予电罚时表现基本相同。如此看来,并不是所有 A 型人都比 B 型人有更强的抗击性,A 型人是在有刺激性情况下才这样的。

总之,格拉斯等从实验中证明:A 型人与 B 型相反,他们为了成功而工作,为了避免妨碍他们成功的客观困难而克制疲劳;行动的步子较快;对阻止他们完成任务的消极行为表示愤慨,格拉斯等认为所有这些都是为了对环境提出的要求能够坚持控制。这些要求至少也应该具有最小量的紧张,因为在做这种研究的实验中失败的可能性是不可避免的。A 型的人(有患冠心病趋向的人)的行为模式可以说是对威胁个人控制力量的紧张因素的一种反应。A 型人自觉地为争取控制力而斗争,B 型人则不如此,他们相对地对此漠不关心。因此,也没有类似 A 型人的反应。

格拉斯继续做控制意义的研究,并且解释控制力的概念,包括被测者有能够取得他们所要的一种感觉或信念。反之,"无控制力"可以解释为一个人知道他没有能力取得他们所要的。于是,不可控制的紧张因素是

---

[1] D. C. Glass, M. L. Snyder, J. F. Hollis, Time Urgency and the Type: A Coronary-Prone Behavior Pattern, pp. 125–140. ——编者注

[2] D. C. Glass, *Stress and Coronary-prone Behavior*, 1977. ——编者注

一种固有的、有害的刺激,而可控制的紧张因素是一种可避免的刺激。

格拉斯和克朗兹以实验深入揭示 A 型行为与不可控制的紧张的关系[1],他们预言 A 型人比 B 型人在掌握经过几次噪音干扰而失败的实验后要努力得多。A 型人在经受到不可控制的紧张后,试验者相信他们会以更大的努力重建对完成更大任务的掌握和控制的信心。研究的结果表明,在面对不可控制的紧张方面 A 型的人比 B 型表现较好。因此格拉斯说:"A 型人的行为是在特殊情况下产生的,是在觉察到个人控制环境遇到了威胁,有策略地去适应不可控制紧张,提高努力,反映出要在失败后维持和坚持控制威胁的努力。"

克朗兹、格拉斯和辛德[2]在有关的实验中考虑了"无助"(译者注:无助意即无能为力或失去主动)的紧张程度和 A 型行为的关系。格拉斯解释无助即受测者的心理状态在面对不可控制的紧张时感到他们的努力无济于事,这种思想导致个人放弃控制,表现无能为力。格拉斯等发现:A 型人比较他人更易于有无助的感觉,因为他们意识到失去控制对他们乃是更大的威胁。并且他们比 B 型人更难学会如何避免大量的不可控制的紧张情况。

这些发现对实验以外的情况如何?特别是和冠心病的关系如何?格拉斯建议 A 型人,或倾向于患冠心病的人可能是"无助"与冠心病的关系的前奏。从以上研究可以看出:一个 A 型人不断地面对不可控制的紧张局面一定会有更大的无助之感。格拉斯说:也许 A 型行为与生活事故加在一块,例如配偶的死亡、离婚或被判坐牢(见表1)都是些不可控制的紧张,可能是患冠心病人的预兆。

格拉斯为了检验他们假设,他测验了德克萨斯州豪司吞的退伍军人管理医院的病人,比较了他们当中的三种行为模式:A 型、B 型和在进院前发生过生活事故的人。受测者是患冠心病科的 45 名病人,77 名内科及精神病科的住院病人(医院内的控制组),和 50 个医院房管科的职工(不住院的控制组)。结果表明:冠心病患者比其他两类人更多地表现 A 型行

---

[1] D. C. Glass, *Stress and Coronary-prone Behavior*.——编者注
[2] D. S. Krantz, D. C. Glass, M. L. Snyder, Helplessness, Stress Level, and the Coronary-Prone Behavior Pattern, *Journal of Experimental Social Psychology*, Vol. 10, No. 3 (1974), pp. 284–300.——编者注

为模式。还有两个病人组（冠心病患者及住院的非冠心病患者）都在他们住院前和无病的那个控制组一样在他们的一生中经历过至少一次严重的生活事故。

于是格拉斯总结：有病的人比无病的人有更多的"导致无助"的生活事件。还有冠心病患者比住院或不住院的控制组的人们更具有 A 型行为模式。但这些关系，例如对刺激紧张的诱因的控制，社会心理学方面的研究应该比对那些在刺激前无能为力的研究做更多的努力。在我们涉及这方面的工作以前，我们必须首先弄清"紧张"这个词的意义。

二、紧张的意义

紧张这个词在日常用语中是指各式各样的困难。紧张的主要意义似乎是含糊的而且是只可意会不可言传的。换言之，即一个人时而感觉到有些问题在经验中可以体会，而毋须给予确切无误的定义。本章开始时所用的定义是从许多研究中提出的，在研究者之间并没有一个公认的最佳的科学词汇。豪斯[1]曾经认为"紧张"和许多不同性质的感觉或反应的意义混同，如焦虑、情绪紧张、生理激动和挫折等。紧张可以包含一种或多种这类感觉，仿佛并不需要另作新解，以便区别于上列的各种紧张有较宽阔的概念。它包含很广泛的领域，如冲突与挫折。

因此一种紧张状态是由含有威胁的"紧张因素"和可以测量的生理或行为的变化的反应所组成。例如本章的开始部分所举的 10 岁阿仑的例子，他的父母离婚了：阿仑虽然不可能没有紧张，但是如果我们拿不出阿仑的父母离婚而发生的生理的或行为的变化的证据来，我们就不能科学地论证他有紧张之感，除非我们发现阿仑在他父亲离开时，他脉搏加速、出汗，或感到恶心。以后，他会夜魇、尿床或比平时更易感冒。

（一）全身紧张与 GAS（一般适应性综合征的缩写）

许多种类型的紧张见诸文字，它的定义或从产生紧张的事件或以对

---

[1] J. S. House, Occupation Stress and Coronary Heart Disease: A Review and Theoretical Integration, pp. 12-27. ——编者注

紧张的特殊反应而来。全身性紧张,是赛利叶[1]从生理学的反应里得出的。赛利叶在他的实验中,使受测验的老鼠经受各种紧张:用发动机发动的笼子使它疲劳;用不停的警报器对它发出高噪音;把老鼠拴在木板上使它受折磨、毒药、多种物质的注射和冰冻都采用了。拉梯克利夫[2]发现这些紧张都产生同样的生理的反应,他称之为一般适应性综合征[3],简称GAS[4],GAS 都有三个发展阶段:警报反应、反抗阶段及竭灭阶段。

在警报对应时期,身体的反抗力在开始时即在反抗行动前暂时低落,经过一系列的干扰——内分泌腺——身体内最基本的对紧张的反应开始起作用,这时身体受到紧张的信号。肾上腺增加肾上腺素,即激素(荷尔蒙),和脑垂体可产生的刺激,促使脑垂体腺分泌的增加。激素进入血循环,血糖增加、血压上升、胃酸增加及动脉收缩,这些都说明身体在准备"战斗或逃脱"。这些也就是对威胁的反应。人经历了 GAS 会感到心跳加速、呼吸短促、口干和出汗。这些病征特别对演员、歌唱家及吹管乐的人不利。表演前的神经紧张使他们呼吸短促,口里发干,这些状况都使他们的表演难以达到最佳水平。

在第二阶段,即反抗阶段,这些适应都达到最高水平,然后又一次分泌激素的浪潮使身体保持平衡。脑垂体引起 ACTH(促肾上腺皮质素)的分泌、内分泌引起的可的松激素。这些激素防止人体的反应过分强烈以致伤害自己。但是如果紧张因素不能威胁人体,则第三阶段——竭灭阶段就要到来。适应的反应崩溃了,当抗击系统完全失效时机体就会不可避免地受到伤害、生病,甚至死亡。

赛利叶认为做试验的老鼠其结局都是一样的,他们最后忍受长时期的疾病如胃溃疡、糖尿病、关节炎,及心血管病等而死亡。赛利叶认为一个机体的一生中只能有那么多适应力,一旦它经过 GAS,消耗过多,就无法补偿。[5] 设想一个人在巨大紧张条件下生活,如果他对工作感到痛苦和

---

[1] H. Selye, *The Stress of Life*, New York: McGraw-Hill, 1956.——编者注

[2] J. D. Ratcliff, How to Avoid Harmful Stress, *Today's Health*, Vol. 48, No. 7 (1970), pp. 42–44.——编者注

[3] 一般适应性综合征,即 general adaptive syndrome。——编者注

[4] L. Levi, *Stress: Sources, Management & Prevention*, New York: Liveright Publishing, 1967.——编者注

[5] W. Mcquade, A. Aikman, *Stress: What It Is, What It Can Do to Your Health, How to Fight Back*, New York: E. P. Dutton, 1974.——编者注

厌烦,和无报酬,或者他是一位发展成熟的 A 型人——他所能提供的适应力可能消耗殆尽,就会很快地变衰老甚至死亡。

我们认为紧张的反应是没有特殊性的,即大多数来自环境的紧张因素,如高温、电休克或生物学的紧张因素,如禁食或出血的不同紧张条件都会产生同样的生理的紧张综合征。所以,全身紧张的形成可以作为对付心理的和社会的紧张因素的紧张概念的发展和普及的基础。当紧张因素是知觉的或者是感情的,那么它的生理反应就会是以全身紧张为特征,这是很明显的。GAS 可以因实际生命危机、象征性的危险,和甚至是过去的危险的记忆而引起的。

（二）紧张刺激

任何不愉快的、痛苦的、危险的、麻烦的或者其他不良情况都能引起紧张。紧张的刺激包括从极度寒冷到突然失恋,从电休克的痛苦到面对一个怒气冲冲的人。两种紧张因素应予区分:肉体的或环境的紧张因素,它使机体面临不舒适的身体危险、心理社会的紧张因素,它威胁一个人的心理的平衡与安定。

肉体的紧张因素包括高度集中的噪音、电休克和气候的极冷或极热等。这些刺激都是可以计量的,因此可以用测量它们的深度或过程时间的方法来测定它们和肉体紧张因素的参数。但是,我们以后会发现,即使像痛苦的电休克这样的毫不含糊的紧张因素,一个人的反应也会因他对休克的概念而有很大的削弱。例如对于自我评价的威胁、智力工作的失败、和仇人的来往、达到个人目的受到挫折等情况经常是心理社会的紧张因素研究的材料。事实上,别人的存在也能引起紧张情况,一个人对另一个制造紧张,他的社会地位的改变会影响另一个人的反应和适应。例如:霍堪森和伯吉斯[1]故意改变主持紧张实验者的社会地位,然后看受测验者在情绪上和生理上有什么变化。

在一种情况下,对受测验的学生们介绍:实验者是一位新来的教授,有很高地位。在另一种情况下,介绍这同一位实验者为一个做科研助教

---

[1] J. E. Hokanson, M. Burgess, The Effects of Status, Type of Frustration, and Aggression on Vascular Processes, *Journal of Abnormal Social Psychology*, Vol. 65 (1962), pp. 232-237.——编者注

的学员,地位较低,在实验过程中,这位实验者不停地激怒这些学生,或者不准许他们顺利完成作业,或者在他们顺利完成作业后不按规定给予报酬。然后发给被测者同一格式的问答表,要他们评价这位实验者的工作,允许他们在答卷中对实验者的不公正待遇提出批评。实验过程中,每一个受测者的脉搏和收缩压都记录下来。这些生理上的反应都表明受测者在知道实验者的社会地位的情况下有明显的不同,对声称地位高的则上升幅度更大,这是因为地位高的人是不会容许别人批评他、反对他的。对于声称地位低的人,则上升后有所下降,这个调查表明"一个人的社会地位,对于引起自发的反应,是起着有效的刺激作用的"[1]。

在某种情况下,生理的或心理社会的紧张因素,显然处于优势时,区别运用生理或心理社会的紧张因素,才是公认正确的。当一个人在试验情况下必须承受痛苦,他不但因为肉体将受痛苦和个人安全受威胁而感到紧张,还会因为他的"自我评价"受威胁而紧张,他不愿对自己和别人表现出懦弱和软弱,而这也是一种紧张情况。通常对一个人的经验和反应都应该同时考虑到他的紧张上升的来源。

三、紧张的反应

很多有关紧张与各种不同反应的研究应该在头脑中注意两个重要方面:第一,了解人体内发生了什么变化(哪怕是一种试验性的紧张);第二,预测随之而发生的行为,哪怕事情做不成或受到损害。第一种情况称为心理生理学的反应,第二种称为行为的反应。心理生理学的反应如脉搏、血压、血尿的内分泌(GAS)反应,经常可以测量,以发现机体的、体质的、情况的性质。所有行为反应都被计量,有关紧张的语言、运动和工作与紧张的关系,和社会的相互作用和情绪行为、对于紧张的关系都做了广泛的研究。发生全面紧张情绪者的"自述",也包括在行为的反应之列,并且作为紧张的反应的直接表现。

---

[1] D. Shapiro, A. Crider, Psychophysiological Approaches in Social Psychology, in G. Lindzey, E. Aronson, *Handbook of Social Psychology* (2nd ed.) Vol. 3, Reading, Mass.: Addison-Wesley, 1969. ——编者注

(一) 心理生理学的衡量

心理生理的反应,包含许多机体的反应,其中有些足够看作属于行为的范畴的,如脸红、肌肉发抖;有些比较含糊,需要高度精密的仪器来测量。在大多数研究中,由于紧张而引起的反应受到测量的是属于交感神经系统和密切相关的肾下腺、内分泌系统所引起的兴奋。这一交感——内分泌系统是常见的紧张反应如脉搏加速、手心出汗、瞳孔放大等,也有些不大引人注意的心跳、突发的皮电反应(GSR)和血化学的变化等。有些这类变化在社会—生理的刺激特别敏感。[1]

1. 情绪的生理的反应

研究紧张与生理学的关系的兴趣主要由于对情绪问题的互相矛盾的理论与发现,有些理论家[2]争论,情绪的高潮引起的激动,特征是交感神经系统的兴奋。因此,生理激动的程度广泛地用来作为在激动情况下感情冲动的指数。沙区特和辛格[3]引用威廉·杰姆斯(最早把生理的和情绪的关系联系起来的一位学者)的说法:直接跟随着紧张情况的知觉,是身体的变化,而我们对发生了的这些身体变化的感觉,就是情绪。

许多研究者[4],寻求对诸如恐惧、愤怒和焦虑等情绪的特殊形式的生理的反应,沙区特和辛格着重寻求产生生理的激动的人们的情绪的解释。他们设想,假如一个人在激动时对这种激动并无固有的解释,那么,他就只能以他的认识来描绘他的感觉并给予这种情况以某种标签。[5] 在此情况下,他对引起的生理的状况就可以"快乐"或"愤怒"或"爱情"为标签,当时怎样认识就贴什么样标签。

研究者可以以实验来说明这点。他们给受测者服用肾上腺素,以刺激交感神经系统的反应。对一部分受测者正确地告诉他们服药后将要发

---

[1] Kurt W. Back, M. D. Bogdonoff, Buffer Conditions in Experimental Stress, *Behavioral Science*, Vol. 12, No. 5 (1967), pp. 384-390.——编者注

[2] W. B. Cannon, *Bodily Changes in Pain, Fear, and Rage* (2nd ed.), New York: Appleton-Century-Crofts, 1936; E. Duffy, Activation and Behavior, New York: John Wiley & Sons, 1962.——编者注

[3] S. Schachter, J. Singer, Cognitive, Social, and Physiological Determinants of Emotional State, *Psychological Review*, Vol. 69, No. 5 (1962), pp. 379-399.——编者注

[4] A. F. Ax, The Physiological Differentiation between Fear and Anger in Humans, *Psychosomatic Medicine*, Vol. 15, No. 5 (1953), pp. 433-442.——编者注

[5] S. Schachter, J. Singer, Cognitive, Social, and Physiological Determinants of Emotional State, pp. 379-399.——编者注

生什么影响,对另一部分人则告以虚假的说明。然后由一个事先和试验者通了气的学生对所有的受测者表面上装作被测者而实际上他在控制掌握其他被测者。他和被测者中的一半人一起起哄,把纸团扔进废纸篓、扔纸飞机、跳草裙舞等。每个被测者单独行动时也这样。在另一半被测者发给他们一个惹人生气的问题来挑起他们的愤怒。测验结果:那些没有被告知药物影响的人,大多数觉得他们的感情反应是符合设想好了的愤怒或者高兴。那些被告知药物影响的人,则既不愤怒,也不高兴,完全服从实验者的操纵,他们对于自己的生理的激动只要用药物的影响来解释就够了。沙区特和辛格总结说:"认识的因素在任何情绪的形成中都是必不可少的。"[1]

紧张和情绪一样地都包括在生理的激动中。其不同之处在激动者个人的理解。假如爱人的突然出现引起交感神经的上升,那人可能就把这种状况称为"爱情"。如果响尾蛇突然出现,就称为"恐惧"。所以,也可这样说,紧张符合于上述研究所显示的恐惧与焦虑的情绪。因为对于一个正常的人的认识是包括威胁的感觉的。

2. 刺激与反应的模式

寻求决定生理反应模式的刺激性情况还包括情绪以外的他种情况。"情况反应"或"刺激反应"模式等词,曾用于特殊的刺激所引起的特殊反应。拉赛、卡干、拉赛和莫司[2]主持了一系列实验,实验过程中,受测者经受多种测验,有些是紧张的,如"冷压测验"即受测者把手臂伸入冰冷的水中,有些是稍有紧张的,如受测者注视不同颜色的聚光灯,心跳和皮电反应(GSR)等这些生理反应都被记录下来。高噪音和心算等费脑力的工作都引起最大的皮电反应(GSR)。在下列几种情况下,心跳表现不同的和始终如一的模式:当受测者做自身以外的工作,如为一个假想的牌戏规则录音、听高噪音、看聚光灯等,他们的心跳率下降,如做动脑筋的脑力工作,如造句,或做简单笔算等,或者是当受测者做些可以阻止外界紧张刺激如冷压测验的冷冻的痛苦时,心

---

[1] S. Schachter, J. Singer, Cognitive, Social, and Physiological Determinants of Emotional State, pp. 379-399.——编者注

[2] J. I. Lacey, J. Kagan, B. C. Lacey et al., The Visceral Level: Situational Determinants and Behavioral Correlates of Autonomic Response Patterns, in P. H. Knapp, *Expression of the Emotions in Man*, New York: International Universities Press, 1963.——编者注

跳一般也上升。

这些调查者说明人们对紧张的或激动的事物的生理反应并不总是一种模式,而是有许多种模式。所以,许多形式的反应是预计得到的,那要看紧张的本身是否包括多种因素的综合。目前的调查表现出这些关系更为复杂化,也可说是出乎意料的复杂。威胁性的环境决定一个人的生理反应超过了情绪的激动;反之,情绪的状态或社会的因素在某种情况下超过了环境威胁。所以,心理、生理的测量并不是理解机体内部状态的捷径。心理的、生理的测量必须与行为的反应联系起来观察,才能得知机体的紧张经验的全貌。

(二) 行为的测量

以上所论仅限于交感神经系统所引起的反应。紧张的研究还着重于行为的反应,它不仅是外部的,而且是自觉的。许多社会心理学者常用完成任务来测量紧张的反应,因为它容易测量,易于掌握。

一个机体能忍受多少紧张而不影响任务的完成？有一个对紧张与完成任务关系的假设,认为生理的激动与任务的完成是一个曲线坐标图式。即生理激动上升,任务也随之进一步地完成,但达到一个顶点后,一面继续上升,任务不再能完成,而且开始下降。[①] 这种现象称为倒U字形的假设,因为它的图表表现是U字母的颠倒。例如许多学生如果对考试做了充分准备,他们考得很好,如果他们紧张和害怕,以致引起生理上高涨的状态,可以说:"他们的身心都做好了战斗准备。"但是,如果他们读完考题,发现有些题和词汇他们应付不了,他们就会因为过于恐慌而答不出平日的水平,这就是恐惧使他们的任务失败了。

任务的复杂性是倒U字形假设的又一个非常重要的变量因素。区劳司贝和司坦利[②]利用皮电反应(GSR)来测量活跃的水平,并且得出活跃与完成任务之间曲线坐标图式的结果。他们发现去完成一件稳定熟悉的任务时,工作效率比做一个比较复杂的任务时的最高皮电反应水平要低

[①] C. N. Cofer, M. N. H. Appley, *Motivation: Theory and Research*, New York: John Wiley & Sons, 1964. ——编者注

[②] H. Schlosberg, W. C. Stanley, A Simple Test of the Normality of Twenty-Four Distributions of Electrical Skin Conductance, *Science*, Vol. 117, No. 3028 (1953), pp. 35–37. ——编者注

些。做两种工作,都是在皮电反应水平超过最高点时,工作效率就低下来。伊斯梯勃鲁克[①]认为这样一种关系与完成一项任务所需要的"窍门"数量有关。困难的工作任务包含大量的"窍门",在高度紧张情况下是不能集中精力找"窍门"的,所以不容易完成这样的任务。相反的,轻易的任务,较易完成,因为高度紧张使可找的"窍门"少了。在高度紧张情况下,完成复杂任务的可能就会降低。因此实验前就应用完成任务的效率作为紧张的行为指数。

（三）认识因素改变对紧张的概念

我们在想到和谈到精神与肉体时,总是把两者割裂开来,因而使我们认为我们肉体的反应是和我们精神状态各自独立存在的。当然,生理的功能曾被认为是自发的、有适应性的,是在受认识过程的影响而有所改变的。但是,紧张刺激确实存在于认识的和社会环境中,这是沙区特和辛格对情绪的研究所证明了的。但是外科医生在一个全身麻醉的病人身上动手术刀的刺激则只有生理的影响,这是罕见的例证。

构成一个人对紧张的反应应包括他对紧张因素的估计,他对威胁如何感觉,他受到威胁的原因是什么,他认为怎样才是对应这一情况的最佳方案。因此,发现认识因素影响生理和心理的刺激因素的反应是不足怪的。

戴维生和瓦林斯[②]对于一个人对他的行为变化原因何在的问题很感兴趣。例如,有人于此,做出某种行为反应,假使他相信他是依靠他的耐力而不是靠药力,他们能够比第一次试验承受更大的震击。控制组则在第一、第二次试验中大体相同（见表3）。

[①] J. A. Easterbrook, The Effect of Emotion on Cue Utilization and the Organization of Behavior, *Psychological Review*, Vol. 66, No. 3 (1959), pp. 183-201.——编者注

[②] G. C. Davison, S. Valins, Maintenance of Self-Attributed and Drug-Attributed Behavior Change, *Journal of Personality and Social Psychology*, Vol. 11, No. 1 (1969), pp. 25-33.——编者注

表 3　测验设计的结果

组别	1	2	3	4
服用假药组（即服用实际上无效的安慰剂的一组）	有感觉	服药后的第二次感觉（强度减半）	正告受测者所服系假药	第三次有感觉
服用真药组（即服用有效的镇痛剂的一组）	与上组相同	与上组相同	不正告受测者"药性已过，无效"	与上组相同

说明：横栏：1.所有受测者均以电休克测验其感觉程度；2.作为试验对象的受测者服用一种假药（安慰剂），控制组受测者服用真药；3.作为试验对象的一组受测者发现他们服了假药；4.第三次实验他们都能忍受较强的电击。

资料来源：G. C. Davison, S. Valins, Maintenance of Self-Attributed and Drug-Attributed Behavior Change, *Journal of Personality and Social Psychology*, Vol. 11, No. 1 (1969), pp. 25-33.

在这个实验设计中虽然有两次对受测者进行欺骗，它仍然证明对某种规定行为的解释是重要的；如果一个人能够把他的进步归功于自己而不归功于外界因素，进步也可成为持久性的。戴维生和瓦林斯对于这一原则的特殊应用颇感兴趣。他们指出，在医治患精神病人中给他们服镇静剂，可以使许多病人治愈出院。但是，当他们停服镇静剂时，许多病人旧病复发。这些研究者建议如果使他们相信他们所服的镇静剂其实是糖丸，有可能使病人能够维持服镇静剂时行为的水平，这可能就是证明精神力量胜过紧张的反应。

（四）心理的紧张因素的认识作用

心理的紧张因素的影响主要依靠对于威胁的性质的感受和认识，这也可以由认识的方法来掌握。刺激的或引起紧张的电影经常用来做引起心理的紧张的实验。[1] 拉扎路斯及其同事[2]曾用了一部影片——片名《深

---

[1] R. S. Lazarus, A Laboratory Approach to the Dynamics of Psychological Stress, *American Psychologist*, Vol. 19, No. 6 (1964), pp. 400-411; M. J. Goldstein, R. B. Jones, T. L. Clemens et al., Coping Style as a Factor in Psychophysiological Response to a Tension-Arousing Film, *Journal of Personality and Social Psychology*, Vol. 1, No. 4 (1965), pp. 290-302.——编者注

[2] J. C. Speisman, R. S. Lazarus, A. Mordkoff et al., Experimental Reduction of Stress Based on Ego-Defense Theory, *Journal of Abnormal and Social Psychology*, Vol. 67 (1964), pp. 368-386.——编者注

切手术》，描写在一个澳大利亚洲土著居民区的一个部族举行青春仪式中所做的一个骇人的外科手术——在一系列实验中用该片作为一个紧张因素以寻求它影响个人与紧张适应的方法。影片对被测者放映时配以几种不同的录音带：一个是"满不在乎"的音带，解说员只讲参加仪式的男青年的欢乐，而不讲他们经历的痛苦；一个是"知识化"的音带，解说员客观地指出手术的痛苦和其他方面，并且以人类学的观点来进行解说；"伤害性"音带，解说员强调手术的痛苦、不卫生的环境和潜伏的危险等。

被测者事先填写了问卷，目的是发现他们的个性型与适应紧张的状况。实验者估计那些经常以满不在乎的态度对待紧张刺激作为防卫措施的受测者在看电影并配合"满不在乎"音带时会较少紧张反应。同样的，知识分子对影片配合"知识化"音带的也会表示较少紧张。另外，估计对知识分子，那种"满不在乎"音带作用不大，"知识化"音带对满不在乎的人也没有什么帮助。伤害性的或无声的放映作为控制组。受测者对紧张的报告和他们情绪的测量在影片放映后立即记录下来，心跳及皮电反应在放映过程中也记录下来。

情绪的测量没有显示预计的区别，但是紧张的客观程度和生理的测量却在预期的方面显示可靠的区别：听"满不在乎"和"知识化"音带的受测者显示较轻微的紧张反应。在一相关的研究中拉扎路斯和阿尔弗梯[1]发现在放映电影前做一个简单的指导性报告也会和音带一样收到降低紧张的效果。如果用电休克作为紧张刺激也会得到相同的结果，霍尔摩习和霍斯吞[2]，对电震击做了个修正的解释（例如说受测者可以把它看作一种新的生理感觉），这对减少紧张的"自我感觉"和生理反应如脉搏和皮电反应同样有效。

---

[1] R. S. Lazarus, E. Alfert, Short-Circuiting of Threat by Experimentally Altering Cognitive Appraisal, *Journal of Abnormal and Social Psychology*, Vol. 69, No. 2 (1964), pp. 195 - 205.——编者注

[2] D. S. Holmes, B. K. Houston, Effectiveness of Situation Redefinition and Affective Isolation in Coping with Stress, *Journal Of Personality and Social Psychology*, Vol. 29, No. 2 (1974), pp. 212 - 218.——编者注

四、紧张的适应

拉扎路斯的研究试图了解受测者的防御性反应,即个人用以减少紧张影响的方法,"适应过程"这一词[1]用于一个人逃避、改变,或学着与威胁和平共处的各种不同机制。以往所述的许多认识因素似乎是"适应过程"中最重要的,特别是对紧张刺激的看法,接受它们的影响的准备,以及在情况发生时的或多或少的耐力等。当一个人放在某种环境中,别人看作紧张的,而对他除非在情况对他有紧张的冲击时,他却不认为是紧张的。这就需要他评价情况确实对他具有威胁性他才会紧张。拉扎路斯称这一认识过程为"原始评价"。

"派生评价"随之而来:受紧张刺激的人考虑如何逃避或结束这种威胁事件。他可能去寻找紧张情况的来源;或者他以"满不在乎"或"知识化"的办法如拉扎路斯的实验以求适应。和环境的进一步的接触可以使他重新估价威胁。原来会发生的伤害没有发生,"原始评价"的影响被否定了,情况看来比以前威胁少了,这种重新估价可以继续到认为原来的威胁事件不过是正常例行的事。同时,生理的反应和适应的行为也都相应减少。整个过程就是对于紧张因素的适应过程。

(一)适应紧张的认识因素

关于认识的因素与紧张的适应的问题,特别是它的直接效果的问题曾设计过一系列的研究,用高度集中的巨大声响作为紧张刺激。[2] 被测者准备在做语言的和数目字的工作时受到巨声的影响,对于一组受测者,23种声响的爆发有规则地时响时停;对另一组人,声响在规定时间爆发。预计对不规定爆发的声音的反应要比对在规定时间爆发声响的反应要严重些。两组人都显示能够对23种声响的爆发适应。经过测量,在发声过程中皮电反映的减少和工作时发生差错的减少都说明这一点。但是,声音

---

[1] R. S. Lazarus, *Psychological Stress and the Coping Process*, New York: McGraw-Hill, 1966. ——编者注

[2] D. C. Glass, J. E. Singer, L. N. Friedman, Psychic Cost of Adaptation to an Environmental Stressor, *Journal of Personality and Social Psychology*, Vol. 12, No. 3 (1969), pp. 200 - 210. ——编者注

响过以后的情况显著不同了,忍受挫折的测验——即要受测者去解答一些无法解答的难题,显示那些对于预先不知什么时候发生声响的受测者比较预先知道发生声响的受测者更容易显出不耐烦,他们不能坚持去做难题的解答。

进一步的试验说明当受测者相信自己有能力控制突然的声响袭击时,适应的后果实际上减弱了。[1] 又如,授予受测者以揿钮停止声响的权利。虽然实际上没有人揿,但受测者有了这权利,他们对紧张的适应后果也不那么严重了。因此,如果能有力控制紧张情况,是改善不良反应的一个认识因素。或者,换种说法,如果感觉面临的紧张是无法控制的,就会加重有害的影响。

在另一个研究中格拉斯和其合作者[2]证明对可控制的电休克的客观痛苦的减轻及较少的不良后果依靠受测者具有能够控制和减少休克痛苦的实际经验。如果有人向他们示范,他在紧张面前并非无能为力的,有害的后果就会减轻。所以,对紧张的有效控制,在受测者与环境之间经过实践,有实际认识,对于眼前的长时期的紧张反应有特殊的重要意义。

总之,当一个人面对威胁性情况,一般说来,是不能简单地以衡量紧张刺激的程度来预测或解释一个人的表现的行为和所表现的生理的变化的。各种紧张的反应,从最初受伤害以前到适应的事后影响,都受到认识的变量的调节,紧张的经验决定于对紧张的估价,心理、生理的反应受紧张事物的解释的影响,紧张的后果可以因对于威胁来临的思想准备和如何有效地应付的信念和期望而有所改变。简言之,如果你能解释明白、控制和使紧张事件正常化,你就能很好地平复紧张的影响。

(二) 社会因素

前面的讨论中已证明了认识在决定紧张的经验和紧张反应的性质中

---

[1] D. C. Glass, J. E. Singer, L. N. Friedman, Psychic Cost of Adaptation to an Environmental Stressor, pp. 200-210; D. C. Glass, B. Reim, J. E. Singer, Behavioral Consequences of Adaptation to Controllable and Uncontrollable Noise, *Journal of Experimental Social Psychology*, Vol. 7, No. 2 (1971), pp. 244-257. ——编者注

[2] D. C. Glass, J. E. Singer, H. S. Leonard et al., Perceived Control of Aversive Stimulation and the Reduction of Stress Responses, *Journal of Personality*, Vol. 41, No. 4 (1973), pp. 577-595. ——编者注

的重要作用。许多调查者对社会因素和紧张反应的关系也进行了研究。他们企图以实验证明：人们的本身，不仅是导致社会紧张的因素，并且对一个人在适应紧张能力方面扮演着重要角色。第一个问题是人们在强迫下是不是寻求处于同样困境的人们做伙伴？对这个问题的经典研究是从斯坦莱·沙区特[①]的交流理论研究"情感比较"学说中演化出来的。沙区特的理论简言之如下：当一个人被混乱的和紧张的情绪搞得非常激动时，他会寻求别人帮助他澄清形势。他需要知道混乱的刺激的意义；他需要确定他的感情的性质；他需要知道感情的相对深度和社会的配合；他还要知道他是否能适应情况。这些条件必须从与其他人的交往中才能获得。这意味着你可以从与其他人的比较中知道你对于紧张反应的理解和适应。但是因为紧张是内在的情况，你唯一的了解它的方法是同其他人接触，听取他们的经验，他们会告诉你他们对紧张事件的反应和你自己的反应。

以后，这种"情感比较"的假设又为达来和阿龙生[②]的研究所支持。他们发现高度惊恐的受测者宁愿同一个他认为比自己略为紧张一点的人，而不愿同一个比他更冷静的人在一起等待震击。可以预见比较冷静的人会使受测者有更多的安全感；选择更紧张的人说明社会比较的动机在很大程度上决定一个人要求在恐惧情况下有人做伴。

另外一个牵涉交接与紧张的关系的例子是谣言在社会交接中发展和特点的研究。在关于语言的社会学意义的广泛讨论中，希布坦尼[③]解释谣言为一种交接形式的再现，通过这种交接，人们在模糊不清的情况下相聚一处，试图集中他们的智慧对这种情况给予有意义的解释。从这个假定中，谣言被看成是适应模糊不清的环境的一种社会方法，一种共同解决问题的方法。在这里，交接是最主要的。按照希布坦尼：一个人是不能造谣和传谣的，造谣和传谣是集体行动，它的目的是人们在威胁情况下，互相交接，了解发生了什么情况。每一个人在这种交接中扮演了不同角色：他可以是

[①] S. Schachter, *The Psychology of Affiliation*, Stanford, Calif.：Stanford University Press, 1959. ——编者注

[②] J. M. Darley, E. Aronson, Self-Evaluation VS. Direct Anxiety Reduction as Determinants of the Fear-Affiliation Relationship, *Journal of Experimental Social Psychology*, Vol. 41 (1966), pp. 66 - 79. ——编者注

[③] T. Shibutani, *Improvised News*：*A Sociological Study of Rumor*, Indianapolis：Bobbs-Merrill, 1966. ——编者注

"传谣者",把情况说给别人听;可以是个"释谣者",把支离破碎的情况加以概括的论述;可以是个"怀疑派",指出需要补充材料以昭慎重;可以是个"决策人",指挥人们起来行动,如此如彼。谣言是对于真相不明的社会反映,它的目的是了解和说明情况,并对它的意义造成公众舆论,从而缓和紧张。

一个人对紧张事件的反应依赖于在发生紧张时他和什么人在一起。调查证明友谊和敌人的影响与紧张反应有联系。基赛尔[1]报告说在完成紧张任务时的皮电反应(GSR),受测人如果有其他的人——他的朋友——和他一同工作比他个人单独工作要低一些,如果和他共同工作的人是陌生人则不影响反应,拔克和包格道诺夫[2]发现受测者在一个满是生人的小组里要比在满是朋友的小组里紧张反应要高些。那些被放在一群生人中被指定做头头的要比放在一群由朋友做头头的群体中要更为紧张。在后者情况下,如果他们的朋友和他们意见不同就更紧张。作者总结说生理反应上升的程度可以因与组内成员的交接、条件不同而有所不同,特别是那些当头头的。

表4　任务的重要与难易对于受测者的平均游离脂肪酸的影响:
五个抽样案例的游离脂肪酸的程度表

任务的情况	第一例	第二例	第三例	第四例	第五例
重要、困难	949	698	777	869	987
重要、容易	814	723	673	876	932
不重要、困难	604	527	619	611	613
不重要、容易	716	584	621	667	710

说明:血液中的游离脂肪酸 free fatty acid,简称 FFA)的程度是紧张程度的标志。凡接受命令必须完成与他们有重要关系的,而且困难的任务和接受容易的但是无休止的任务的受测者,他们血液中游离脂肪酸都是很高的。
资料来源:Kurt W. Back, M. D. Bogdonoff, Plasma Lipid Responses to Leadership, Conformity, and Deviation, in P. H. Leiderman, D. Shapiro, *Psychobiological Approaches to Social Behavior*, Stanford, Calif.：Stanford University Press, 1964, p. 34.

---

[1] S. Kissel, Stress-Reducing Properties of Social Stimuli, *Journal of Personality and Social Psychology*, Vol. 2, No. 3(1965). ——编者注
[2] Kurt W. Back, M. D. Bogdonoff, Plasma Lipid Responses to Leadership, Conformity, and Deviation, in P. H. Leiderman, D. Shapiro, *Psychobiological Approaches to Social Behavior*, Stanford, Calif.：Stanford University Press, 1964. ——编者注

对威胁情况的反应也会因在场有别人存在而不同。一些研究表明在恐怖情况下看着别人冷静地对待这些事物[1]或事件[2]，比没有适合的人在场能生产较少的恐惧行为的反应。

五、紧张与生活事件

许多紧张问题的研究者在他们的著作中讨论紧张的影响方面提出异议，认为每个人的生活都离不开紧张。欣库尔[3]指出"活着就是紧张"。确实如此，如果只是说"生活就是紧张"，就会引起许多问题。主要的有两个：是什么使得某些生活经验比其他生活经验更紧张些？什么是紧张生活事件的有害影响？[4]

多数对紧张与生活经验的关系的研究着重于研究那些改变人生生活的事件。习惯性的行动、日常的例行生活一般地被认为是无害的，但是破坏例行生活的事就会引起内心的威胁。因此，结婚被看为是紧张，离婚也是如此，但正常的婚后生活就不是。研究者不同意把某种生活事件提高到客观紧张的程度。[5]

有些研究坚持个人差别是决定什么是紧张的最主要关键。其他研究提供衡量每人的生活事件的度量，也有人认为生活中可能发生的紧张刺激中最好再加上一项"未实现的事件"，指可期望而不可能实现的事情。大多数的调查认为积极的和消极的生活事件是从中寻找紧张因素的根源。进一步的问题可能是：一个人如何能够减少导致紧张的这类变化的潜在因素？

---

[1] A. Bandura, E. Grusec, F. L. Menlove, Vicarious Extinction of Avoidance Behavior, *Journal of Personality and Social Psychology*, Vol. 5, No. 1 (1967), pp. 16–23; A. Bandura, F. L. Menlove, Factors Determining Vicarious Extinction of Avoidance Behavior Through Symbolic Modeling, *Journal of Personality and Social Psychology*, Vol. 8, No. 2 (1968), pp. 99–108; J. H. Geer, A. Turteltaub, Fear Reduction Following Observation of a Model, *Journal of Personality and Social Psychology*, Vol. 6, No. 3 (1967), pp. 327–331. ——编者注

[2] D. T. Vernon, Use of Modeling to Modify Children's Responses to a Natural, Potentially Stressful Situation, *Journal of Applied Psychology*, Vol. 58, No. 3 (1973), pp. 351–356. ——编者注

[3] Jr. L. E. Hinkle, The Concept of "Stress" in the Biological and Social Sciences, *Science, Medicine and Man*, Vol. 1, No. 1 (1973), pp. 31–48. ——编者注

[4] B. S. Dohrenwend, B. P. Dohrenwend, *Stressful Life Events: Their Nature and Effects*, New York: John Wiley & Sons, 1974. ——编者注

[5] B. S. Dohrenwend, B. P. Dohrenwend, *Stressful Life Events: Their Nature and Effects*, New York: John Wiley & Sons, 1974. ——编者注

调查的目的大体在于生活事件与紧张的关系,重点在这些事件的社会关系而不在个人的特征能否改变。在讨论紧张与职业的关系问题上,格若斯[1]描述了许多与社会文化因素有关的紧张,而不是着重在生理的、心理的因素方面。因此在西方社会发展了许多机构,做了许多增加生产、教育青年、保卫治安、不受犯罪者危害等工作。按照格若斯的说法:"其结果是使个人了解,如果要维持一生的生活或为达到长期追求的目标,他必须终身参加某些大的组织,和它们结成关系。"这些组织通过人们害怕失业的恐慌和不善于迎合上级的威胁变成了紧张的根源。

格若斯提出许多种消除紧张的办法,他建议应特别教育青年如何适应组织的紧张,如果一个人能够学会有效地应付组织的内部或外部关系,他就可以比较容易地避免组织所加于他的紧张,例如避免被解雇就是很值得一学的本领,因为有人被解雇,有人并不。另外避免这类职业紧张的策略就是要用不同的手法达到个人的目的,在组织机构之外树立起个人生活的重要地位以与组织机构保持一定距离。第三个重要因素,根据格若斯的估计,就是工作条件存在于组织的本身,紧张的工作条件可以因强烈的组织观念而减轻,所以在工作集体内的关系有效地减少紧张,我们可以看到在许多有关有紧张情绪的集体研究中交接的因素是极为重要的。

(一)紧张与物质环境

许多专家对影响社会行为的环境因素如城市中心的退化、拥挤和噪音等进行了调查。[2] 这些调查发现这些紧张刺激如极热、拥挤和噪音对工作效率、社会行为都是不利的因素,正如我们前章所述:格拉斯、辛格和弗莱德夏[3]发现那些接触高噪音的人们在做某种需要集中思想的工作比在相对安静的条件下工作要比较差些,如校对及解题等。

---

[1] E. Gross, Organization and Stress, in S. Levine, N. A. Scotch, *Social Stress*, Chicago: Aldine, 1970.——编者注

[2] R. G. Geen, P. C. Powers, Shock and Noise as Instigating Stimuli in Human Aggression, *Psychological Reports*, Vol. 28, No. 3 (1971), pp. 983-985; R. A. Baron, P. A. Bell, Aggression and Heat: The Influence of Ambient Temperature, Negative Effect, and a Cooling Drink on Physical Aggression, *Journal of Personality and Social Psychology*, Vol. 33, No. 3, (1976), pp. 245-255.——编者注

[3] D. C. Glass, J. E. Singer, L. N. Friedman, Psychic Cost of Adaptation to an Environmental Stressor, *Journal of Personality and Social Psychology*, Vol. 12, No. 3 (1969), pp. 200-210.——编者注

马修斯和坎农①在另一组调查中指导了两个实验,测量人们在"助人"行为中受不同程度噪音的影响。在实验室里,受测者被招呼到一个房间里,在那里事先已有一人——实验者的同伙已经坐在那里,膝头上满放着书、杂志和报纸。当这些受测者都坐下来的时候,实验者喊来这位同伙去代替他做实验,他站起来时把书和报纸故意掉在地上。在这种情况下,可变的反应是受测者或者来帮忙或者不帮忙。不变的因素是室内的高声响。音响高低用了三个等级:自然声响(无噪音)、宽频道声音 65 分贝(低音响),和宽频道声音 85 分贝(高音响)。

另一个实验是在相同情况下,在室外进行的,有人需要帮助,看受测者是否乐于"助人"。同伙人捧着两个大箱装满了书,当受测者走在他身边时,两本放在面上的书掉下来了,这时,同伙人必须放下箱子才能从地上把书捡起来。受测者见此情景帮不帮忙是个考验。在第二个试验中又增加了一个变量。同伙人在第一种情况下绑着从腰到臂的石膏绷带以增加要人帮助的需要,在第二种情况下,不绑石膏。室外的研究除提供高声因素外,还增加了另一个同伙人在附近草皮上除草,音响高达 85 分贝。一般街道上的噪音为低水平的。

预计噪音水平与助人行为成反比例。增加的目视因素(石膏绑带)会提高助人行为的动力,两个测验的结果是稳定的,肯定了原来的预计:噪音大了,助人就少了。目视因素在低音水平,助人增加了,但在高音水平就没有增加。作者在其他试验中也发现高音水平降低了对外界事物的关心。他正做了进一步的解释,受测者只顾尽快地逃离高噪音的干扰,当然这个解释用在实验室内不及用在室外较易接受,受测者因为噪音而感到烦躁不安,所以不乐于帮助旁人。作者的总结是:高噪音可能是一个重要因素,不仅对助人行为如此,对其他社会交接也如此。②

生活和工作条件中有高度的环境的紧张,包含这类意义的研究是大

---

① K. E. Mathews, L. K. Canon, Environmental Noise Level as a Determinant of Helping Behavior, *Journal of Personality and Social Psychology*, Vol. 32, No. 4 (1975), pp. 571–577.——编者注

② K. E. Mathews, L. K. Canon, Environmental Noise Level as a Determinant of Helping Behavior, pp. 571–577.——编者注

量的。史丹来·米尔格兰姆[1]指出居住在城市的经验,包括不断地加重负担和不断地适应。他的负担过重的概念来自体制的分析,并且指出体制或一种制度是很难及时地有很多的输进的,例如马修斯和坎农的实验中,可以说受测者因为由于噪音给予的紧张的负担过重,使他对助人不能理解,也不能有所行动。米尔格兰姆认为城市居民在社会交接中有很多困难,原因就在于他们经常受紧张负担的重压。又如他认为住在城市的人们和其他人的道德的和社会的关系受到阻碍,不起作用。结果他们变得不那么讲礼貌,不那么喜欢帮助别人,更加和外人不接触、不往来,结果不能很好地完成工作任务。很多的批评认为城市生活是破坏性的,如果城市中心被取消我们会生活得更好些。

但是,有些心理学者相信城市生活的优点超过缺点。其中之一,日那丹·弗利德曼广泛地做了在居民密集地区的行为调查[2],他和他的合作者发现居民居住密集并不一定对人有消极影响。他们根据调查得来的这一论点认为居住拥挤和真实生活的情况、病态没有联系(当收入和这类因素是控制的,人口密度高的城市比密度低的城市犯罪者并不更多)。再则,没有证据可以证明居住密集引起紧张或激荡;人们居住在相对较小的空间比住在较大的空间里的友邻之谊并没有什么病态。弗利德曼相信高度密集的人口是我们世界的赐予。在我们的世界里低犯罪率,没有暴行,高水平的生活和居住高度集中并不是不相容的。

他承认世界人口的增长产生了一系列的问题,如污染、能源枯竭,和食、住、服务的缺乏等。但他也指出这些问题即使是把人口平均地分布在世界各地的情况下也未必能有所改善,有些问题可能更坏,因为人口高度集中便于食物供应。

还有,弗利德曼争辩说:从审美的和经济的观点来看,城市是给人居住的最好的地方。城市是刺激的、兴奋的。它比乡村或近邻给予人们更多的、更丰富多彩的经验。虽然弗利德曼相信最好的情况是汇聚所有的可能,任人做出选择。经济上,城市供给人们的必要要求,从最好的剧场

---

① S. Milgram, The Experience of Living in Cities, *Science*, Vol. 167, No. 3924 (1970), pp. 1461-1468.——编者注

② J. L. Freedman, *Crowding and Behavior: The Psychology of High-Density Living*, New York: Viking Press, 1975.——编者注

到餐厅和百货商店以及各种特殊的品种繁多的商品。因此,居民密度高是城市发展繁荣的直接结果。

弗利德曼发展的重要建议之一是使城市更适应于居民,这是对米尔格兰姆调查中观察到的收获的反应。他建议城市人口不能太少,因为城市的定义就是"人口密度较高的地区"。城市人虽多,但是可以经过努力使它建设得更美好,更安全,鼓励居民之间加强联系交往并且要建立社会感。当城市的住房计划还不能使每家住户在户外有个人活动场所,但可以计划使人们在住房建筑外面或建筑之间得到和利用公共空间作为他们的生活活动场所。如此,公共空间就变得更为安全。因为有更多的人在那里,住在这样地方的人一定更愉快。我们可以看出物质生活所引起的紧张因素对于社会和人与人之间的相互行为产生消极影响。我们今日的科技成就可以消除这些紧张因素。我们必须记住在20世纪最后的25年中工业社会的许多生活方式是美好的。假如在我们这个星球从来没有像今天这么多人,假使我们集中使用资源为了满足人类的需要,我们的生活可以提高而不是降低。

(二)紧张与成长

我们在前面引用赛利叶在他们研究中关于紧张的破坏性的警句,但在同一次谈话中还说"紧张是生活中的盐,紧张使我们警觉,使我们生活"[1]。任何对紧张问题的持平之论都应该包括这一观点。有足够的事实支持这样的观点:紧张的刺激不一定总是有害的,虽然通常是如此,但是如果一个人基本上没有刺激也是有害的,而且可能诱发长时间的消极影响。贝克思顿、赫龙和司考夫[2]指出,取消几乎全部感觉的输入是极端的紧张情况,其他作者[3]指出幼小动物的感觉剥夺引起反常的接纳感觉。其实,动物寻找刺激,寻求比它能适应的更强的刺激并不是坏事。巴特勒[4]

---

[1] J. D. Ratcliff, How to Avoid Harmful Stress, pp. 42-44. ——编者注

[2] W. H. Bexton, W. Heron, R. H. Scott, Effects of Decreased Variation in the Sensory Environment, *Canadian Journal of Psychology*, Vol. 8, No. 2 (1954), pp. 70-76. ——编者注

[3] A. H. Reisen, Sensory Deprivation, E. Stellar, J. M. Sprague, *Progress in Physiological Psychology*, Vol. 1, New York: Academic Press, 1966. ——编者注

[4] R. A. Butler, Discrimination Learning by Rhesus Monkeys to Visual-Exploration Motivation, *Journal of Comparative and Physiological Psychology*, Vol. 46, No. 2 (1953), pp. 95-98. ——编者注

发现如果把猴子关在一个笼子里,蒙在透亮的箱子里,它很快就学会了适应的反应,知道每隔30秒钟它可以有机会从箱子的窗口向外望望。其他研究①指出,人与其他动物倾向于反应复杂的、传奇的和警人的刺激。所谓强冲动,即最后引起好奇和冒险行为的冲动②,应作为寻求这类刺激的根源。

即使如我们这里为紧张所下的定义是"机体在面对一种危及个人健康时的情况",长期来看,它也可能是有利的,也可能是有害的。"接种"的概念就是这种原理的运用:对于一种紧张的轻微的反应可以在以后发生的较大的紧张时能够应付好。发展的研究③显示,幼小动物如果训练它们接受管理、电休克和捏脚趾等,到它们成长时,比其他未受过这些紧张刺激的动物更能与紧张情况相适应。詹尼斯④发现,外科病人如果在手术前有较缓的紧张经验,他们在手术后愈合方面比那些在手术前经受过过强的或过弱的紧张的病人更易适应。

紧张,即使是消极的也有有利的一面。机体总是在它和紧张接触中产生适应力的,如果总是面临着温和的、安全的环境,刺激的本身就要求能引导把力量用到面对更大的刺激。这在每个儿童的成长过程,从婴儿到青春期都能看到。从学走路的斗争发展到为赢得个人生活的斗争,紧张是存在在一切生活方面的。

从长期观点看紧张,我们发现紧张似乎是适应生活的必要因素。并且,认识的变量似乎是决定长期紧张反应的主要因素。当一个人总发现他所期待的灾难没有发生,如果他有能力应付灾难,他会觉得这种灾难算不得什么。他可能不那么警惕和戒备森严,他可能恢复他的工作效率,他的生理反应愈来愈不那么显著,甚至完全不见。适应力似乎是看一个人即使在极端困难情况下,如战争或自然灾害中他的反应如何。

---

① D. E. Berlyne, Conflict and Information-Theory Variables as Determinants of Human Perceptual Curiosity, *Journal of Experimental Psychology*, Vol. 53, No. 6 (1957), pp. 399 - 404.——编者注

② D. E. Berlyne, *Conflict, Arousal, and Curiosity*, New York: McGraw-Hill, 1960.——编者注

③ G. Lindzey, D. T. Lykken, H. D. Winston, Infantile Trauma, Genetic Factors, and Adult Temperament, *Journal of Abnormal and Social Psychology*, Vol. 61, No. 1 (1960), pp. 7 - 14.——编者注

④ I. L. Janis, *Psychological Stress*, New York: John Wiley & Sons, 1958.——编者注

既然紧张是人类生活的一部分,假使我们要想继续生活下去,我们就需要能够适应它,我们知道人是可以适应紧张,除非是特别严重的紧张因素。当然有的紧张在适应以后还会产生有害的后果。人们为了适应紧张可能付出代价:如生理心理的疾病、对挫折的耐力的降低和完成工作效率的衰退。这些影响,有时在紧张经验发生后立即出现。例如,波索威支等[1]发现跳伞员受训中心如果在一次试跳前或试跳时稍有紧张反应,以后常会立即受到不安心情的压力。他们的适应反应是有效的,但紧张的积累的后果却不能完全消除。

在日常生活中,常可看到主动寻求紧张情况的行为。游乐园中坐那种忽上忽下的滑车当然很有刺激,也可以看作一件坏事。但是偏偏有人宁愿花钱去寻求这种紧张。赌博也可做此解释,服用兴奋剂或刺激物[2]和其他事物都是人们寻求紧张和危险的行为。[3] 更有说服力的是许多人想做超过自己能力的工作,向自己的能力挑战。例如报名选读难课或接受跑马拉松赛的训练就是两个突出的例子。所以,寻求紧张有时是回避紧张的补充,在生活中也是必不可少的。这两者在奔向目标时不仅要保持它们之间的平衡,而且也是用以达到更高水平的适应能力。因此,对于寻求紧张行为与避免紧张行为都应被列为紧张研究的主要内容。

结 论

紧张以通常方法对待威胁的失败,在不同的人的身上有不同的形式。紧张,一般地认为是有害的,但是,因为它是由变化而引起的,所以也应把它包括在适应过程中的刺激。因而也是积极力量。

紧张能引起生理失调,它与心脏病的关系很大。在某些职业,如医生、律师、法官和小轿车驾驶员中特别易于发生心脏病。另外,人们中有一种特殊性格的综合征,A型性格。他们最倾向于患心脏病,A型人物是雄心勃勃的、进取的、时间紧迫感很强的。

---

[1] H. Basowitz, H. Persky, S. J. Korchin et al., *Anxiety and Stress*, New York: McGraw-Hill, 1955. ——编者注

[2] D. B. Louria, *The Drug Scene*, New York: McGraw-Hill, 1968. ——编者注

[3] S. N. Klausner, *Why Men Take Chances*, New York: Doubleday, Anchor, 1968. ——编者注

紧张的定义是机体的内部,面对有损于他的健康或安全的威胁的状态。这种威胁称为"紧张刺激"。由于紧张而引起的生理反应,赛利叶称之为"一般适应综合征"(GAS)。他用许多种动物做紧张因素的实验,GAS 包括三个阶段:"兴起阶段"(基本上是交感神经系统的发作)、"警报阶段"(产生激素以恢复身体的平衡)和"竭灭阶段"。如果紧张因素不断危及机体,必致最后崩溃和死亡。紧张因素可包括任何不愉快的和令人厌烦的事物。它们可以分为物质的(如电震击)或心理社会的(如某人失业)两类。

紧张的反应可分为"心理、生理的"或是"行为的"。同样的生理状态的反应也可被认为是感情的一种表现。行为的紧张是可以其完成任务的能力来衡量的。认识因素对紧张的知觉是最重要的。还有,认识因素在适应紧张过程中是重要的。调查表明,对于紧张情况的控制可以减低紧张。对于紧张,其他人也很重要,特别是当其他人和本人同样受紧张刺激之害时。其他的人对紧张事物的解释也是有帮助的。

某些生活事件,特别是那些改变常例的事件被认为是紧张。在阶级与种族方面,地位低的与有色人在紧张适应的方面来说总是处于不利地位。

物质环境如拥挤和声响对工作效率和社会行为有消极影响,这一点已被发现了。有些研究者声称在城市中刺激与兴奋的有利因素超过紧张的不利因素,还有,居住密集与犯罪,及其他反社会影响之间的联系并不是必然的。有些研究紧张者及时指出"紧张是生活的盐"。缺少紧张的本身就是一种紧张,成功的适应引导到更高水平的成就与威信。

附:城市噪音干扰脑力工作

住在人口密集的城市环境中的人们经常受到一系列刺激的侵袭,以致影响他们的健康。化学污染、灰尘和地下罪犯组织就是其中的一些有害刺激。当然,还要加上噪音的干扰。大多数居民习惯于这些城市噪音,也有些人可以对这些声音完全置之不理。最近的调查肯定噪音是不利学习、集中思想和克服挫折的。

格拉司、柯亨和辛格的许多有趣的实验①提供许多情况证实噪音对完成脑力工作的影响。某实验请48位女大学生复按一个图样的线条进行描绘，规定受测者不得在任何线上重复描绘，也不得把铅笔离开图样。这两个条件是做不到的。受测者不懈地尝试可以说明她们是在努力地和困难做斗争。

　　调查者发现暴露在意外的噪音影响下的人们，不管噪音的高低，都比处于相对安静的环境下的人们较早地放弃解答疑难问题的尝试。在一个做检阅工作的同样的试验中，调查者得到相同的结果。检阅7页稿纸的受测者在意外的噪音干扰下漏检较多的错误。

　　高声水平对阅读能力也有不利的影响。格拉斯、柯亨和辛格发现住在曼哈顿单元公寓的小学儿童和他们所受的街车噪音的多少和高低有关。调查者研究54个中小学年级儿童，他们住在跨越车辆拥挤的快车道的4个32层楼公寓中之一。因为车辆拥挤喧哗，越是接近地面的楼层越是噪音大，越是高楼层噪音声响越小。

　　根据释题和检阅的两个试验结果，调查者预测住在低层的儿童，因为隔音较差，受声音干扰较大，阅读能力一定较低，他们预测的结果却是：试验者发现凡住在低层楼内达4年以上的儿童，他们的抵制噪音的能力和阅读能力都比住在高楼层的儿童要低些。（但住在这公寓4年以内的儿童并不如此。）例如，住在第5层到第11层楼的儿童在阅读能力测验中平均分数为57分。相反地，那些住26层至32层楼的在同一测验中平均分数85分。

　　所以在今日的大城市中的人们付出了很大的代价。格拉司等总结他们的观察说："我们的证据说明：对于挫折的降低耐力、丧失工作效率、隔音不善和阅读低效率等是住在现代化城市的代价。"②

---

　　① D. C. Glass, S. Cohen, J. Singer, Urban Din Fogs the Brain, *Psychology Today*, Vol. 6, No. 12 (1973), pp. 94-99. ——编者注

　　② D. C. Glass, S. Cohen, J. Singer, Urban Din Fogs the Brain, pp. 94-99. ——编者注

《中国的犯罪问题与社会变迁的关系》译者序[*]

《中国的犯罪问题与社会变迁的关系》是老一辈社会学者、犯罪学家严景耀先生1934年在美国芝加哥大学写的一篇博士论文。[①] 严先生的这一篇遗作一直珍藏在芝加哥大学的图书馆里和他的夫人雷洁琼教授[②]手中,没有在我国出版问世。这是因为:严先生的著作有鲜明的、进步的政治倾向,在国民党反动统治下是不允许出版的;解放后,经过1952年大专院校院系调整,社会学、犯罪学在高等院校的课程中被撤销了,在这种情况下,也没有考虑到它的出版。1979年中国社会学研究会在党的领导下成立了,社会学获得了新生。这是所有的社会学工作者感到欢欣鼓舞的,大家都愿意为重新研究符合新中国需要的社会学而做出新的贡献。译者作为一个社会学者,虽然专业荒疏多年,但仍然于1981年应江苏省公安学校的邀请,在该校讲授社会学。在教学过程中,深感我国在犯罪学教学方面缺乏必要的教材和资料,因而求教于雷洁琼教授。雷老慨然把严先生的《中国的犯罪问题与社会变迁的关系》的英文稿和其他有关犯罪学的

---

[*] 吴桢:《〈中国的犯罪问题与社会变迁的关系〉译者序》,载严景耀:《中国的犯罪问题与社会变迁的关系》,吴桢译,北京大学出版社1986年版,第7—11页。《中国的犯罪问题与社会变迁的关系》为吴桢译著,本书是根据作者严景耀1934年在芝加哥大学所存的博士论文 Crime in Relation to Social Change in China 打字本译出,由北京大学出版社于1986年为纪念严景耀教授逝世十周年出版。——编者注

[①] 1934年《美国社会学杂志》发表了严景耀的博士论文的基本内容。参见 C-Y. Yen, Crime in Relation to Social Change in China, *American Journal of Sociology*, Vol. 40, No. 3 (1934), pp. 298-308。——编者注

[②] 雷洁琼(1905—2011),广东台山人。1924年赴美留学,1931年获南加州大学社会学硕士学位,当年回国,先后在燕京大学、东吴大学、北京大学等校任教,1952年任北京政法学院副教务长。是中国著名社会学家、法学家、教育家,杰出的社会活动家,中国民主促进会的创始人和卓越领导人。曾任北京市副市长、全国政协副主席、民进中央主席、全国人民代表大会常务委员会副委员长等职务。雷洁琼撰写了大量有关婚姻、妇女、儿童等问题的论文,为中国社会学与社会工作的成长发展做出了重要贡献。

遗作授我，供我参考。这是对我的极大帮助和支持。我阅完这篇论文后，深感像这样一本有历史意义的、有现实教育意义的著作，不把它译出来公之于世，不仅有负老一辈社会学家毕生的辛勤劳动的重要成就，也有负于青年一代渴望读一些中国社会学著作的愿望和要求。

严先生的治学态度是非常认真严肃的。他为了在犯罪学研究方面掌握第一手材料，不惜住在监狱里和犯人们同吃、同住、同生活，和他们促膝谈心。很多犯人为他的实事求是、热情诚挚的精神所感动，敢于和他谈心里话，甚至把埋藏在心里很久、从未向法庭供认过的、讲出来会加重处分的情况都对他讲了。严先生这种为了研究学问，探索真理，不惜亲尝铁窗风味的献身精神是值得我们很好学习的。

严先生在写这一篇论文前，早在北京、河北、山西、河南、湖北、江西、安徽、江苏、浙江等处监狱进行过调查，广泛地访问犯人，接触实际，阅读大量中外文文献，积累了300余个案史、若干统计图表，才写出了这篇论文。严先生精辟的理论是在大量资料的基础上抽象出来的。有些资料非常可贵，特别是在《政治犯罪》一章中，用铁的事实揭发了国民党反动统治迫害中国共产党党员和爱国者的种种罪行，也反映了共产党员、广大爱国者的不屈不挠的英勇斗争的气概，例如彭湃同志的日记、苏兆征同志的狱中表现和沈非的斗争史等，都是很可贵革命史料。严先生还旁征博引了当时国内外报纸的文章和报道，提供读者参考。

严先生分析当时中国犯罪问题的方法是科学的，立场观点是公正的、进步的、符合唯物史观的。他把中国的犯罪问题归结为：(1)社会变迁引起新、旧法律观点与道德规范的矛盾，多少人由于在急剧的社会变化中失去方向，不辨是非，不谙法律而犯法；(2)犯法成为谋生存的唯一出路；(3)社会制约失效和社会解体所引起的必然结果。严先生认为辛亥革命前的旧中国，大家庭、家族制度和传统的道德观点起着重要的社会制约作用，甚至可以取代政府与法庭。西方社会所认为非法律不能解决的矛盾，在旧中国可以由矛盾双方的家长、族长协商处理、解决。1911年的革命，推翻了数千年的帝制，带来了急剧的社会变迁。1921年中国共产党诞生了，传来了马列主义，引起了思想、意识形态领域的矛盾斗争。1927年北伐成功，结束了军阀混战的局面，但是随之而来的是国民党清党剿共，进行反革命的镇压和屠杀，又把亿万中国人民置于血泊之中。多少善良的工农大众在风云变幻无常、大动荡的社会变迁中失去适应能力，最终被迫铤而走险，陷进了国民党布下的法纲。这才是犯罪的根本原因。当时，有不少社会学者受西方社会学、犯罪学和国民党法律观点的影响，总是把犯罪者看成"乱民"，总想在他们身上找出生理或心理的变态或缺陷，作为犯罪的原因。这样做，无形中为帝国主义侵华和国民党反动统治所造成的灾难的罪行开脱罪责。但是，严先生的观点超越了时代的局限性，清醒地看到许多善良的工、农、知识分子被迫走上了他们所认为是"犯罪"的道路和社会原因。严先生阐述"盗亦有道""官逼民反""官匪之害甚于盗匪"的观点都是很明确的。他还尖锐地指出：国民党之所以敌视共产党，是因为共产党是坚决反帝、反封建的，是谋求民族解放，真正要革命的。他满腔热情地歌颂当时共产党员、爱国者的英勇斗争、慷慨就义的英雄事迹，大义凛然揭露了国民党把人民当"犯人"，进行囚禁、拷打、枪杀的种种罪行。严先生是用进步的、科学的社会学、人类学、犯罪学的观点分析犯罪原因，形成了他的"犯罪与社会变迁的关系"的理论，又以此理论统帅着大量资料来论证这一结论。因而他的结论是科学的、有说服力的、符合辩证唯物主义的。30年代的社会学者能够写出这样的论文是非常难能可贵的。因此，他的这篇论文虽然写在将近50年前，今天读来并不觉得陈旧。相反地，读者可以从论文中看到50年前一个知识分子热爱祖国、寻求真理的赤诚之心；也可以看到在国民党反动统治下，无数中国共产党党员进行革命斗争的艰苦和所付出的血的代价，懂得革命的胜利来之不易的道理。这对青年是有现实的教育意义的。

译者在翻译过程中，深为作者反帝反封建的立场所感动，也深受作者谨严的治学之道的教育。在翻译过程中，虽也遇到一些困难，如个案编号有遗漏，统计图表有散失，地名、人名的罗马拼音不准确等，但译者仍然是情绪饱满的，始终为原作的魅力所收引，一口气译下来了。谬误之处一定不少，请读者指正。

吴桢

1982年8月23日

代沟：价值观的矛盾*

译者按：本文摘译自威廉·B. 桑德斯所著《少年犯罪》一书中的第二章《为什么犯罪？》[①]，作者试图以社会学观点探讨青少年犯罪的原因，兼及代沟与亚文化的形成，青、老年之间的隔阂与矛盾，以及社会的安定团结等问题。我译此文，并不想突出"代沟"问题，以之解释或解决一切问题，包括像"文化大革命"与动乱等问题。但它确实存在于社会的各阶层、各领域，甚至各个角落，也是一个很值得注意和重视的问题。译此以供社会学者、思想政治工作者、青少年教育工作者参考。

作为亚文化的发展，群体间的相似性增长了，他们要求有一个与传统价值观不同而且相矛盾的行为规范。在群体中价值观的不同标志着不同的亚文化的发展程度。例如，当青年人看到他们自己是一个统一的集体，有着他们自己的规范与价值，甚至他们的整个生活方式都与他们的父母不同时，青年人的文化形成了。例如年轻人有句口号，"别相信 30 岁以上的人"，说明青年人与老年人的明确区别确实存在，也说明了在不同的年龄群体之间确有某种矛盾。

根据西姆内尔的看法，有些矛盾是为达到某种结果，但是还有一些争

---

* 威廉·B. 桑德斯：《代沟——价值观的矛盾》，吴桢译，《世界经济与政治论坛》1989 年第 11 期，第 31—33 页。译文来源：W. B. Sanders, The Generation Gap: Value Conflict, in *Juvenile Delinquency*, New York: Praeger Publishers, 1976, pp. 41-45. 本文引用的论著，吴桢在正文中进行了翻译，但未翻译或附录翻译章节末尾的参考文献。编者根据译文原文，一一进行了脚注标注。——编者注

① W. B. Sanders, Why Are There Delinquents, in *Juvenile Delinquency*, New York: Praeger Publishers, 1976, pp. 23-63. ——编者注

执仅仅是挫折的表现,除了引起侵入行为外,没有欲达到的结果。① 有一种矛盾叫作"现实的"矛盾,指双方的头脑里为一个目的而冲撞,例如两个敌对集体为了一片土地的所有权而战斗,这种矛盾可以称为"现实的",因为他们争夺一个特殊的结果——土地的占领。与此相反,例如双方的矛盾只是为了其中一方利用另一方以缓解其自身的挫折,这叫作"非现实的"矛盾。希特勒利用犹太人作为德国问题的替罪羊就是非现实的矛盾,因为这种侵略行为没有实际的对象。

试检查青年人文化中的矛盾,特别是牵涉到由于吸毒而引起的生活方式与大社会的矛盾,我们判断它是现实的还是非现实的?法律规定禁用大麻,如果有人吸用就和大社会矛盾,形成少年犯罪。一方面我们可以说矛盾是现实的:一面要维护戒毒法的法律尊严,另一面却违反法律。从另一角度而言,也可以说是非现实的矛盾,因为维护法律的目的是什么并不清楚。同样,青年人开始留长发,发现和大多数老年人有矛盾,但是又觉得这种争论没有什么道理。青年人与音乐的道理也一样。青年人喜欢摇滚舞曲,许多成年人认为这是西方文明的没落。青年人在时装和赶时髦方面常常与老年人的格格不入。

批评与矛盾不是指向一个方向。在50年代的公民权运动中,贯穿在美越战争的进程中的是成年人的价值与生活方式受到青年人的猛烈攻击。② 美国人的物质丰富梦和英国国教的价值观受到青年哲学工作者的冲击。成年人的特性被看成是虚伪的和空虚的,口里讲的是耶稣基督的遗训,干的却是种族的、社会的和经济的歧视与隔离,甚至强行牺牲人类的尊严换取物质享受。如此这般,成年人攻击青年人所发展的新价值观,青年人也抨击他们父辈即老年人的价值观。

青年人在要求表达他们的新的自由时,经常和关于青年人犯罪的法律冲突。我们已指出:触犯禁用大麻的法律的人越来越多,青年人的生活方式和其他许多法律相违背,特别是那些专为青年人而制定的法律。例如,许多青年人背着父母离家出走,同时也触犯了有关父母管教子女的法

---

① L. A. Coser, *The Functions of Social Conflict*, Glencoe: Free Press, 1956, pp. 173-179.——编者注

② D. Yankelovich, *The New Morality: A Profile of American Youth in the 70's*, New York: McGraw-Hill, 1974, pp. 3-5.——编者注

规。青年人离家到少年文化场所活动，如三藩市的"海特·阿什伯里"，洛杉矶的"日落脱衣舞厅"，芝加哥的"老城"，纽约的"东乡"，就要受到少年法庭的管教。同样，青年人不了解性生活应该推迟到婚后发生，许多少女竟被推上了少年的法庭。

原来以为成年人制定的法律可以防止青年人文化的发展，但是许多理论家相信：矛盾加强了外来团体（指青年人）的凝聚力。据马克思①说，矛盾创造每一个敌对集团内部的凝聚力。在矛盾增加时，每个集团的成员加强了对他们的共同利益的觉悟。这就是说，他们不再是只从个人角度看问题，而是把自己归属于这一方或那一方。因为这条战线的界线是划在青年人与老年人之间的，年龄的因素就把人划在这一阵营或另一阵营。更进一步，个人的问题被看成集体的利害关系，或者用马克思、恩格斯的话说法②：一个集体从"自在的阶级"转入到"自为的阶级"。自在的阶级就是共享相同命运的集体。他们没有意识到他们的共同利益，他们没有阶级意识。他们把在相同环境下的一群人的问题看作自己的问题，把造成他们的问题的原因看成是他们敌对的行动的结果。如果青年人试想按他们自己的价值观行事，他们必然会遇到成年人所制定的规范的限制。这对于青年人是很可怕的。因此，他们宁可担当个人对基本的公正法律的破坏责任，而他们的文化则把法律解释为维护现状，以及使青年人循规蹈矩的方法。违反法律不是犯罪而是成年人压迫青年人文化价值的结果。

马克思指出，青年人与老年人的矛盾在这方面的发展注定为某种形式的同化，但是，当青年人逐渐成长，他们在政治、经济方面都已进入成人世界，并且成为世界的一部分时，他们中的许多人具有他们自己的生活方式，因而有些价值和规范的矛盾便被溶解了。同时，他们的年龄大了，有关少年犯罪的法律对他们也用不上。例如，有一位青年要旅行，在他达到法定的成年人时，这样做是允许的，并不犯法，无需法庭过问。青少年作为一个"阶层"，是人人都要从该阶层成长起来的，成年人与青年人的矛盾不像种族矛盾那样。这一群人过若干年后就自然而然地和另一群人联结在一起了。

---

① K. Marx, *The Poverty of Philosophy*, H. Quelch (trans.), Chicago: Charles H. Kerr, 1910. ——编者注

② K. Marx, F. Eegels, *Manifesto of the Communist Party*, Chicago: Charles H. Kerr, 1888. ——编者注

坚强和活跃的青年人的死亡信号,是1974年越南战争的停息。美国士兵离开越南,抗议运动或多或少地淡化了。战争是青年人的集合点。当战争结束时,青年人的团结精神也结束了,战争的结束和经济衰退是同时发生的。大学生就业机会少了,高中生的就业机会更少了。青年人将彼此看成是疲软的市场的竞争者,失去了在反战运动期间的共同意志。

减少青、老年人之间的矛盾情况来自一个意想不到的方面。青年人文化的一个重要表现是对政府满足他们需要的愿望幻灭了。他们不相信政府机关,看不见政府的诚意。水门事件曝光后,越来越多的人都对政府持有同样的看法。但是青年人不是去煽动新的示威运动,而是肯定他们一向的信念。当老年人社会也得出这一结论时,青、老年人便携起手来对政府采取不信任态度。因而矛盾不但未增加,反而以水门事件为契机减少了青、老年人之间的矛盾。

了解青少年犯罪的矛盾的关键,是对团伙治疗方法之不同引导到不同的行为规范、价值与生活方式。[①] 当然,其含义本身就有社会差异,就有青少年与成年人在许多方面的矛盾,由这种差异而引导出的矛盾。社会差异的过程有两个来源:成年人加强对青少年的制约,和青少年自己发展的生活方式和兴趣。制定对青少年专门的法律,是为了保护及控制青年人,把他们和成年人区分开来,使青少年处于一种发展他们自己独立的兴趣与规范的地位。学校,特别是初中及高中,成为青少年共同发展的一种特殊场所,脱离成年人的集中场所。具有讽刺意味的是,学校本来是作为成年世界的预备队的培训所,但是因为他们与成年人世界隔离开来,却使得青年人社会化并为创造青年文化而与成年人发生了矛盾。

结论是,矛盾的概念指出了不同集体所发展的规范、价值与生活方式的差异,这是青少年犯罪的根源。运用社会差异来源的原理,我们可以了解为什么某些集体比其他集体有更多人犯罪,和为什么某些集体趋向于犯某种罪行。在美国,青年人与成年人的差异导致青年人的不同的和清晰的规范、价值,而且与成年人的期望相矛盾。在青少年人按照与成年人相同的规范和价值而行动时,就会触犯青少年犯罪的法律。

---

① T. Sellin, *Culture Conflict and Crime*, New York: Social Science Research Council, 1938.——编者注

苏联的社会流动与阶层 *

目前苏联的研究显著表明职业的流动很大，主要是向上层流动。这是由于目前都市化的迅速发展和在工业方面体力劳动者非体力劳动者日益需要熟练技能的结果。这些研究还正确地说明：和其他工业化国家一样，个人获得职业的机会受着社会地位和家世的影响，并将继续受其影响。外流比例的情况说明"白领"职员的子女，特别是专家的子女，一般都获得知识界的地位，而工人和集体农庄的工人、农民的子女则依然是体力劳动者。苏联的学者对于这一普遍现象的解释：较低的"标准工程师学会"（SES）[1]会员的子女的志愿不高，在校的学习成绩比其他同年龄的同学较差，他们读书的时间较短，就业的职业地位也较差。然而中等学校的迅速发展使许多中学毕业生在就较低地位的职业时感到不快，感到很勉强。苏联为了调和这种高志愿与低的就业机会的矛盾做了大量工作。

根据他们的估计，苏联的学者们特别重视从工人阶层流入到知识界的高比例，而对外流的不平等的就业机会问题并不那么重视。卡尔科夫大学的"白领"后裔特别多，阿斯塔克荷瓦[2]着重指出他们当中仅有四分之一是第三代知识分子。列宁格勒的米斯尼克（Misnik）和科尔摩瓦（Khol-

---

* 理查德·B. 多布森：《苏联的社会流动与阶层》，吴桢译，《世界经济与政治论坛》1983年第12期，第48—50页。作者原注："译自1977年《美国社会学年鉴》该文的结论部分。"译文来源：R. B. Dobson, Mobility and Stratification in Soviet Union, *Annual Review of Sociology*, No. 3 (1977), pp. 319-329. 本文引用的论著，吴桢在正文中进行了翻译，但未翻译或附录翻译章节末尾的参考文献。编者根据译文原文，一一进行了脚注标注。——编者注

[1] SES，即 socioeconomic status，社会经济地位。——编者注

[2] V. I. Astakhova, Basic Tendencies of Change in the Social Structure of the Student Body, in *The Effectiveness of Undergraduate Training*, Kaunas: Kaunas Polytech. Inst Press, 1969, pp. 9-12.——编者注

mova)[1]发现同样的情况并断言:"苏维埃的知识界早从 20 年代就逐步为工人、农民阶级的知识分子所挤进了",和"自由世界"知识界的代代相传、世袭的社会结构毫无共同之处。巴尔金(Parkin)[2]的判断认为苏联和东欧社会主义国家的阶层秩序的特点是向着有成就者敞开大门的,并且比较西方资本主义国家有更大的人才的流动性,这就表现在它的人才流入的比外流的多。

总之,从工人阶级流入到苏维埃的知识界的高比例当然不是社会主义国家有意识地提倡流动政策的结果,而是经济变化的结果。安道卡(Andorka)在最近的调查中[3],注意到匈牙利的外流从体力劳动到非体力劳动者的比例更高。安道卡解释说,这些结果证实波兰的社会学者奥骚斯基(Ossowski)[4]和较迟的立普赛梯(Lipset)和本迪克(Bendix)的预见。[5]他们认为流入到非体力劳动层的不同比例应解释为由于发展的不同,这比解释为由于政治的规定的社会政策的不同更为恰当。卜劳(Blau)和邓肯(Duncan)[6]的发现:美国有较高的人才流动(外流)这一事实引起疑问。是否人才的外流的不同模式可以完全以资本主义的或国家社会主义模式的两重性来说明呢?

流入的比例已足够说明情况在变化。城市中的工人阶级的子女仍然是工人的比例在增加,知识界的来源,来自知识阶层或"白领"的也在增加。这种趋势并不一定意味着机会的不平等(根据已被测量不同地点及不同时间的外流的不同比例和父亲的职业地位与子女地位的相关数的结果而得出的概念)的趋势在上升。但是与此相反,知识分子的子女享有高

---

[1] L. M. Misnik, L. M. Kholmova, The Role of the Higher School in Social Mobility in a Socialist Society, in L. N. Kell', Iu. M. Misnik, *The Organization of Acceptances for Higher Educational Institutions and Technicums*, Leningrad: RSFSR Min. High., Spec. Sect. Educ., L. V. Plekhanov Mining Inst., 1970, pp. 85 – 95. ——编者注

[2] F. Parkin, *Class Inequality and Political Order: Social Stratification in Capitalist and Communist Societies*, New York: Praeger, 1971, p. 205. ——编者注

[3] R. Andorka, Social Mobility and Economic Development in Hungary, *Acta Oeconomica*, Vol. 7, No. 1 (1971), pp. 25 – 45. ——编者注

[4] S. Ossowski, *Class Structure in the Social Consciousness*, New York: Free Press, 1963, pp. 202. ——编者注

[5] S. M. Lipset, R. Bendix, *Social Mobility in Industrial Society*, Berkeley: University of California Press, 1959, p. 309. ——编者注

[6] P. M. Blau, O. D. Duncan, *The American Occupational Structure*, New York: John Wiley & Sons, 1967, p. 520. ——编者注

等教育的优先机会的情况可能是政治上令人不安和不鼓励的事。

　　苏联社会学者为了职业结构的开放把他们的信念置于技术工人和知识分子阶层的不断的迅速扩大和在社会集团之间的文化水平和生活条件逐渐拉平。同时,采取措施"调整"高等学校学生的结构。还有,我们期待着科学发明促进技术上的革新,以引起职业结构的迅速变化。贝尔(Bell)[1]认为如像后期工业化的预测,科学技术的革命必将引起对社会结构的变化和流动的重点研究。[2]

　　在那即将来临的十年中,我们有理由期待着苏维埃的阶层和流动的研究还要继续。苏联的学者们扩大他们的研究范围,改善了调查方法。类似列宁格勒机械建造工业[3]主持 1965 年和 1970 年在人员中的定期调查必将供给更加系统的结构变化和流动情况的研究以可贵的资料。类似在新西伯利亚斯克[4]和在爱沙尼亚[5]所主持的中等学校毕业生参加工作和在毕业后参加某种专业训练的定期调查也给予如何获得职位的暂时的和一定时间的变化以参考资料。民族社会学研究的创始[6]在我国是对于苏联民族关系的差异和允许民族流动形式的解释做出过重要贡献的。所以,逐渐地将有更全面、更有可比性的资料使这些研究成为全国范围的规

---

[1] D. Bell, *The Coming of Post-Industrial Society: A Venture in Social Forecasting*, New York: Basic Books, 1973, p. 507. ——编者注

[2] S. A. Kugel', Changes in the Social Structure of Soviet Society Through the Influence of the Scientific-technological Revolution, *Vopr. Filos*, No. 3 (1969), pp. 13 – 22; V. V. Krevnevich, *Vliyaniye Nauchno-Tekhnicheskogo Progressa na Izmeneniye Struktury Rabochego Klassa SSSR: Itogi i Perspektivy*, Moscow: Nauka, 1971, p. 388; N. V. Markov, *Nauchno-Tekhnicheskaia Revolyutsiia: Analiz, Perspektivy, Posledstviia*, Moscow: Politizdat, 1971, p. 222; L. S. Bliakhman, O. I. Shkaratan, *NTR, Rabochii Klass, Intelligentsiia*, Moscow: Politizdat, 1973, p. 320; D. M. Gvishiani, S. R. Mikuhnskn, S. A. Kugel, *Nauchno-Tekhnicheskoia Revoliutsiia I Izmenenie Struktury Nauchnykh Kadrov SSSR*, Moscow: Nauka, 1973, p. 200; D. M. Gvishani, S. R. Mikuhnskn, S. A. Kugel, *The Scientific Intelligentsia in the USSR*, J. Sayers (trans.), Moscow: Progress, 1976, p. 247; N. A. Aitov, Social Shifts in the USSR, V. Vesolovskii, M. N. Rutkevich, *Problemy Razvitiia Sotsial'noi Struktura Obshchestva v Sovetskom Soiuze i Pol'she*, Moscow: Nauka, 1976, pp. 222 – 230. ——编者注

[3] L. S. Bliakhman, O. I. Shkaraman, *NTR, Rabochii Klass, Intelligentsiia*, p. 320. ——编者注

[4] V. N. Shubkin, *Sotsiologicheskie Opyty*, Moscow: Mysl', 1970, pp. 151 – 287. ——编者注

[5] M. K. Titma, P. O. Kenkmann, O. A. Solotareva, *Sotsial'no-professional; naIa Oriyentatsiia Molodezhi*, Tartu: Tartu State University Press, 1973, p. 321. ——编者注

[6] I. V. Arutiunlan, L. M. Drobizheva, O. I. Shkaratan, *Sotsial'noei Natsional'noe: Opyt Etnosotsiologicheskikh Issledovanii po Materialam Tatarskoi ASSR*, Moscow: Nauka, 1973, p. 322. ——编者注

模,反映区域和民族的特点,并且提供跨国的更为满意的比较研究。

更大的问题将是苏联的社会学家能有多少权力发表他们的材料和喜爱用什么方式阐述他们的见解。机会不平等的问题、报酬问题将来仍是个敏感的问题。在比较喜欢独立思考,想做学术上的探讨,而且要求摆脱政治影响的社会学家们同思想意识性强、坚持党的路线的社会学家们之间的关系必然紧张。尽管还有阻碍思想交流的藩篱,苏维埃的社会学家在世界社会学的社区中仍将获得一席之位,影响他们的研究的发展,也可使这方面的权威学者看到国外的同行,引为借鉴,起些参考的作用。

第六编 社会学学科建设

江苏省社会学会筹备工作报告[*]

同志们：

江苏省社会学会成立大会现在开始了。我代表江苏省社会学会筹备委员会，向应邀参加会议的党政领导同志、群众团体、各大专院校、科研机关的负责同志，表示热烈的欢迎！现在，向大会汇报筹备工作情况。

在学会的筹备过程中，省委和省委宣传部领导一直给予我们支持和关怀。对此，我代表筹委会，表示感谢！

为了团结我省新老社会学工作者，在马列主义、毛泽东思想指导下，大力开展社会学的研究，促进四个现代化和物质文明、精神文明的建设，省社联从1980年3月就开始酝酿成立省社会学会的问题了。去年8月成立了筹备委员会。经过两年的筹备工作，筹委会认为：现在成立省社会学会的条件已经具备了，成熟了。这表现在以下八个方面：

一、在省级机关各部门和各地、市委宣传部，以及有关大专院校的支持和协助下，我们进行了发展会员的工作。到目前为止，有200多人报名入会，第一批已经吸收了191名会员。现在还陆续有人报名要求入会。这说明社会学正在被人们所认识，不少人都在想着如何为建立新中国的社会学，为四化建设做出自己的贡献，这是一个十分可喜的现象。

二、由于领导对社会学会的重视，今年年初成立了江苏省社会科学院社会学研究所，我省有了社会学的专门研究机构。这个研究所成立的时间不长，但是它们一成立，就和中国社会科学院社会学研究所的同志们，共同主办了江村社会调查基地的首期调查。由费孝通教授、吴承毅、

---

[*] 吴桢：《江苏省社会学会筹备工作报告》，《江苏社联通讯》1982年第8期，第6—8页。江苏省社会学会筹备工作报告是1982年6月7日至9日在南京举行的江苏省社会学会成立大会中的第一项议程。——编者注

王淮冰等同志担任顾问,由北京、天津、上海、南京等地14个单位的同志们在吴江县开弦弓村进行了34天的调查。经过这次调查,培训了一批人才,取得了一些社会调查的经验,写出了十多篇有一定质量的文章、调查报告。这就为我们今后开展农村社会学的研究,建立社会调查基地,创造了经验。

三、省公安学校早在1980年开始,就开设了社会学的课程,已经系统地讲了《社会学概论》《犯罪学》。开课两年以来,受到领导的重视,同学们认为学点社会学对他们的专业还是有好处的。最近,学校又成立了社会学教研室,配备了一定数量的教学人员。学校还选定了一个少管所和一个街道作为社会调查基地。这对研究城市社会学、青少年犯罪问题和其他一些问题将起一定的作用。

四、南京大学和南京师范学院已经在有关的系开了社会学的课,开始讲授《社会学概论》《行为科学》《社会调查》。在南京,在我省,像南大、南师这样的高等学府,成立不成立社会学系,关系到不断培养社会学的人才,不断充实社会学的教学和科研的力量。所以先开一两门社会学课是很有意义的,这是将来在高校成立社会学系或社会学教研室的前提和先奏。

五、许多党政机关、群众团体、新闻宣传单位、公检法机关、大专院校的同志,响应党的号召,到工厂、农村中去,到群众中去进行社会调查,写了一批论文和调查报告。据我们所知,目前社会上对青少年的犯罪问题、老年人的问题、家庭婚姻问题、社会伦理问题等,引起了广泛的关心,有的单位和个人自发地做了这些问题的调查研究。

六、为了培训人才,南大、南师、公安学校、省委党校、省社会科学院社会学研究所、情报研究所先后向一、二、三期全国社会学讲习班和南开大学社会学专业共派了13名教学和科研人员去学习、进修。这13位同志绝大多数年富力强,具有马列主义的基础知识,并且有哲学、新闻学或者是邻近于社会学的学科的专业知识和工作经验。他们去学习、进修的时间虽然长短不一,有的是一年,有的是几个月,学习以后都对社会学产生了兴趣,愿意献身于新中国社会学事业,回来以后积极地参加了社会学的教学和科研工作。这些同志都是我们学会的骨干,是学会的一支生力军。

七、特别值得一提的是，苏州市的一批新老社会学工作者和对社会学有兴趣的同志，在苏州市社联内成立了一个社会学的研究小组，开展社会学的研究活动。其他地、市也可能有，我们还不太清楚。可以预见：将来必然会有更多的这类小组和我们一道为创建新中国的社会学共同奋斗。

八、5月22日至26日在武汉举行了中国社会学会1982年年会，也就是中国社会学会第一次代表会议。我省派出了吴桢、王淮冰等11位同志参加会议。我们这个代表团人数是比较多的。会议聘请柯象峰同志连任学会顾问，同时增聘吴桢同志为顾问，姬仰曾、甄为民、程极明三位同志被选为中国社会学会的理事。

总之，我们的学会经过两年的筹备，在各方面的支持、关怀和帮助下，基本条件已经具备，今天成立了省社会学会。这是一件非常可喜的事。

我们近200名的会员，来自大江南北，为了一个共同的目标——创建新中国的社会学，现在聚集在一起来了。我们的会员中，有的是在1952年以前就学过社会学的，对社会学这门学科并不陌生，而且有一部分同志有相当深的造诣。这些同志尽管同社会学隔绝了近30年，甚至改了行，但是这30年来在党的教育下，并没有虚度年华。他们经过工作实践，经过历次社会运动，经过各种学习运动，学习了马列主义，有了显著的进步，有的甚至在别的专业方面做得很有成绩。他们对社会学一直深有感情，对研究社会学的理论、开展社会调查很感兴趣，今天一听说省社会学会成立了，仍然来参加会议，愿同我们一起再做这方面的工作。这一部分同志年龄可能大一些，但是我们有一句老话，叫作"老马识途"。在社会学的领域里，他们还是先行者。经过许多磨炼，他们会在旧有的基础上，做到古为今用，洋为中用，在今天新的形势下，做出新的贡献来。还有一部分同志，他们有丰富的哲学、社会科学和与社会学邻近的学科的知识，现在又经过一段时间的专业学习，像刚才讲的那个社会学讲习班，对于社会学的专业又获得了不少知识。他们对于研究社会生活、社会现象、社会问题、社会关系非常感兴趣。这一部分同志中年为多，他们对社会学的研究可以做出很大的贡献。我们还有一部分会员是党、政、工、青、妇、党校等有关部门的负责同志。他们是社会学工作者的"天然盟友"，因为他们对社会学研究的各个方面、各个领域的问题接触得实际最多，调查研究最多，占有资料最多,情况最熟悉。他们来做我们的理事,这对于学会是有力的支持和帮助。

大家都知道,社会学研究的范围是很广的,我们在武汉开年会的时候,各地来的同志一共分发了84份论文,而且都是有相当质量的,内容包括了社会学概论、城市社会学、农村社会学、婚姻与家庭、医学社会学、青少年犯罪、社会调查、社会统计等,像今天的社会学这样纷繁复杂的内容,要是普遍地开花,样样都去研究的话,必然分散力量;另一方面,我们的会员各人有各人的兴趣,各人有各人的情况,不能强求一致,硬行限定他的研究课题。因此我们要有重点地集中一部分力量,专门地攻一些专题;同时对每一个会员来讲,他也有选择自己题目的自由,也有百家争鸣的权利,可以充分发挥自己的特长。我们是一个学会,是一个群众性的学术团体,我们一定要在党的领导下,坚持四项原则,从中国的实际出发,大力开展社会学的研究,为建立新中国的社会学,为实现四个现代化,为提高两个文明做出贡献。

最后,让我预祝大会在同志们的共同努力下,取得圆满的成功。

附:江苏省社会学会理事会和顾问名单[①]

会　　长:吴　桢
副 会 长:王淮冰　徐福基　甄为民　冯世昌
秘 书 长:甄为民(兼)
副秘书长:钱文源　朱明镜　吴大声
理　　事:(以姓氏笔画为序)

王淮冰　　田　义　　田德祥(女)　卢宝媛(女)
厉鼎禹　　冯世昌　　孙　鹰　　　朱明镜
刘瑞征　　吴　桢　　吴　甦　　　吴　镕

[①] 《江苏省社会学会理事会和顾问名单》,《江苏社联通讯》1982年第8期,第6页。1982年6月9日下午,江苏省社会学会成立大会举行闭幕式,大会通过了《江苏省社会学会章程》,选举了第一届理事会理事。理事会共有50人(内包括为各地、市保留的名额),理事会推选会长、副会长、秘书长。学会还聘请了顾问。——编者注

吴大声	宋林飞	杜　信	李振坤（女）
郑咏梅（女）	张成林	张黎雨	柏苏宁（女）
施绍祥	赵树民	胡立峰	夏文信
钱文源	袁少卿	陶乃煌	徐福基
眭乃祺	筜　中	蒋青萍	甄为民
鲁　洁	葛　林	傅兆龙	蔡迪生

附注：除上述名单外，为七个省辖市和七个地区各保留理事名额一名。

顾　　问：高觉敷　柯象峰　毛启俊　陈志安　陶国泰
　　　　　秦　杰　王　汝　牛　钊　高迈之

社会学要为两个文明建设做贡献，在两个文明的建设中创建新中国的社会学[*]

认真学习十二大文件是当前的一件大事。胡耀邦同志《全面开创社会主义现代化建设的新局面》报告明确指出：党在新的历史时期的总任务是"团结全国各族人民，自力更生，艰苦奋斗，逐步实现工业、农业、国防和科学技术现代化，把我国建设成为高度文明、高度民主的社会主义国家。从这次代表大会到下次大会的五年间，根据总任务的要求，从当前实际出发，大力推动社会主义物质文明和精神文明的建设，继续健全社会主义民主和法制，认真整顿党的作风和组织，争取实现财政经济状况的根本好转"。我读到这一段，感到格外兴奋，精神为之一振，心胸为之豁然开朗，长期以来存在心里的一个问题也得到了解决。

建设一个现代化的社会主义强国是全国人民迫切的强烈的愿望。但是从我国的实际出发建设什么样的现代化？按照什么模式建设，采取什么方式，达到什么样的目标？建设四个现代化的同时，会不会带来一些不可避免的、难于解决的社会问题、祸害和灾难呢？这许多问题是大家十分关心的，也是每一个社会学者所关心，并愿为解决这些问题而做出自己的贡献的。经过过去几年的实践，已总结出一套符合中国实际的经验。现在，党的十二大提出，在建设社会主义物质文明的同时，一定要努力建设

---

[*] 吴桢：《社会学要为两个文明建设服务，在两个文明的建设中创建新中国的社会学——省社会学学会会长吴桢同志的书面发言》，《江苏社联通讯》1982年第10期，第23—24页。江苏省社会科学院、江苏省哲学社会科学联合会于1982年10月4日联合举行江苏省社会科学界学习十二大文件座谈会。该文是吴桢作为江苏省社会学会会长参加此次座谈会的书面发言。吴桢作为中国社会学会理事、江苏省社会学会会长，1982年同时在《社会》上还发表了题为《社会学要为两个文明建设做贡献》的学习党的十二大文件的社会学笔谈论文，编者在编辑本文时同时整合了该篇文献的内容。参见吴桢：《社会学要为两个文明建设做贡献》，《社会》1982年第4期，第6页。——编者注

社会主义精神文明，这是一个战略方针问题，需要认真学习，领会其精神。

西方社会学的一个学派坚持这样的理论：所有的国家现代化的历程大体相同，工业化、城市化、官僚主义化、世俗化、政治上中央集权化等。尽管各国开始建设现代化的起点不同，文化、政治背景有差异，经济发展水平高低不等，但一旦实现现代化，它们在精神文明、生活方式等方面有趋同的现象。这一理论倒不是凭空想象出来的，而是从一些现代化国家所出现的种种现象总结出来的。有些国家的现代化建设只注意物质文明一面，对于精神文明一面则采取放任自流的方针。其结果是物质文明的建设飞速发展，而精神文明方面则出现许多令人不安的现象。确实有些国家伴随着经济建设现代化而来的是：城市化、人口过分集中，人与人的关系是你争我夺，尔虞我诈，个人主义登峰造极，道德败坏，男女关系混乱，家庭破裂。许多青少年感到精神空虚，贪图享受，生活习惯、生活方式、饮食起居、服装头饰都有表现，如留长发、穿喇叭裤、戴蛤蟆镜等，以及不少青少年走上犯罪道路等现象确有趋同的现象。同时，各种犯罪活动明显增加，以致社会秩序、生产秩序都遭到破坏。例如美国在第二次世界大战以后，现代化建设的速度是十分迅速的，但是犯罪问题也以非凡的速度猛增。据统计，美国1970年的因犯数为196 429人，1980年增至329 122人，增长了67%，其他一些现代化国家也有类似情况。人们不但没有因为物质文明提高了而享受更愉快、更舒适、更安全的生活，相反地，却人人自危，安全感受到严重威胁。然而能不能由此得出结论，物质文明发展和精神文明的败坏是孪生兄弟，缺一不可的呢？这是个十分困惑的问题。这一理论使得我国许多社会学者为建设现代化的国家而担忧，担心物质文明的建设会带来精神文明的败坏。

报告中"努力建设高度的社会主义精神文明"一节战略性地、科学地解答了这一问题。报告中清醒地指出："当前社会风气中还存在着严重问题，党风、社会风气、社会秩序还没有根本好转。"这是实事求是的分析，表明了党中央下定决心要抓好建设精神文明的严正态度。这几年里，我们为了建设物质文明，尽快实现"四化"，从国外引进了先进的科学技术，与此同时，西方落后的、腐朽的文化，如黄色书刊、电影、电视以至奇装异服，和一些庸俗颓废、伤风败俗的生活方式也偷运过来了。一部分青少年追求向往这些东西，甚至不少工人干部的劳动态度、工作态度、服务态度都有所下降,影响了生产建设的现代化进程。那些在新中国早已绝迹的丑恶现象又重新出现了。特别是工业在国家计划范围内,允许扩大自主权,农业政策放宽,实行责任制,允许一部分农民先富起来以后,眼睛向"钱"看,损公肥私、砍伐树木、破坏森林、公害污染的坏事多起来了。经济领域里的犯罪活动,其情节之恶劣,数字之巨大远远超过了"三反""五反"的水平。这是为什么?当然,总起来讲是由于"十年内乱"把人们的是非美丑的标准搞乱了,但具体分析则发现在粉碎"四人帮"以后,我们的宣传工作、政治思想工作在拨乱反正方面,为了"矫枉必须过正",片面强调西方物质文明如何高超,人民生活如何富裕的一面,而忽视了对资产阶级腐朽方面应有的揭露和批判。还有,对青少年进行共产主义道德修养的教育,鼓励青少年要有理想、有道德、守纪律的工作抓得不够。产生这些问题的原因,主要是由于我们还没有认识到物质文明建设是社会主义精神文明建设的基础;社会主义精神文明是对物质文明建设的巨大推动力,而且它是保证物质文明发展的正确方向,使之不至偏离社会主义的轨道。两种"文明"建设互为条件,又互为目的。十二大及时地提出抓两个"文明"的方针是建设社会主义现代化在理论上的创见,指明了今后我国建设的光明大道,将来在国际上也会树立起社会主义国家现代化的楷模。

我作为一个社会学工作者原来也认为建设"四化"是物质文明的问题,是自然科学者和工程技术界的事,与社会科学者关系不大,充其量经济学者还沾点边,至于社会学者是无能为力、无所作为的。现在看来,这个想法错了。我们如果真想要在20年内工、农业生产翻两番,就必须在五年内实现社会风气的根本好转。这是因为建设社会主义精神文明是保证建设物质文明的正确方向。因此,社会学工作者、政治思想工作者,和一切搞上层建筑的工作者都必须做出最大的努力以达到上述的目标。文件中提出"在全社会建立和发展体现社会主义精神的新型的社会关系",搞好"各民族之间,工人、农民、知识分子之间,干部、群众之间,军民、军政之间以至全体人民内部的团结一致、友爱互助、共同奋斗、共同前进的关系"。这是一个非常艰巨而复杂的任务,对于社会学工作者来说是个非常光荣而艰巨的新课题。做好这个方面的工作需要大量的调查研究,搜集大量的资料、素材,经过大面积的定量的和深入细致的定性的分析,研究、探索这些人与人之间的关系到底发生了什么变化?变化的原因和过程是怎样的？而后做出正确的判断或结论，向领导提出解决问题的切实可行的方案。方案确定以后，社会学工作者还要为执行这些方案做出应有的努力和贡献。当然，社会学者的能量是极有限的，但是，只要坚持四项原则，依靠党的领导，同各个有关方面密切合作，争取他们的支持与配合，社会学者是可以做出应有的贡献的。并且，在工作实践中，总结经验，不断提高，创建出为四个"现代化"和两个"文明"服务的新中国的社会学。我国社会学研究的恢复和发展不只是一种愿望，而是具有现实意义的任务。可以预见：社会学将因能够完成这样复杂而艰巨的任务，在我国实现社会主义现代化建设的过程中，成为一门富有生命力的、为大家所需要的社会科学。

医学社会学的发展*

现在我们江苏的社会学学会中，医学社会学最有活力，还有体育社会学发展也很快，成绩比较大，结合实际写出了许多质量较高的论文。我想这说明了两个问题：一个是客观的需要，就是医学能够和社会学有个通道，能够互相结合起来；其次说明了医生同志一方面是天之骄子，受人们的尊敬爱戴，另一方面工作忙，生活清苦，但他们还要挤出时间来做调查，写文章，说明医务工作者本身也有这个要求，就是社会学能够和医学结合起来。

我感到医学社会学发展非常必要的原因，是医学本身的发展，不管是在医学技术方面、医院设备方面、卫生制度方面都要求精益求精，搞得更好一些。我觉得医学社会学关心的是医学的本身和人际关系，其关系非常密切，这和社会学研究对象是密切相关的。大家都知道人是社会人，是社会的一个极小的单元，而不仅是一个生理的个体，人与人之间的个体差异是很多的很大的，很多的疾病与社会因素密切相关，精神病人更是如此，就是一般慢性病、普通病，无论在诊断、治疗和疗养过程都是和社会环境分不开的，换句话说就是单独医学方面条件好了，还要有社会的各个因素相配合。医生的专业化，也有缺陷，表现在什么地方呢？就是"头痛医头，脚痛医脚"。在40年代，我翻译过一篇文章，题目就叫《病人也是人》。病人首先他是一个人，所以我说不管从社会角度或从医学角度来讲，对待一个病人总是要一方面对待那个病，其次要对待那个人，还有社会，这三

---

* 吴桢：《江苏省社会学会吴桢理事长的讲话纪要》，载江苏省社会学会医学社会学研究会编：《医学社会学第二届年会论文汇编》，南京，1986年，第3—4页。本文是吴桢1986年参加在南京医学院召开的江苏省社会学会医学社会学研究会第二届年会的讲话。文中注明：本文发表是根据录音整理，未经本人核对。主标题"医学社会学的发展"，为编者根据内容所加。——编者注

个方面都应该摆在医生的视线内,予以注意。例如有一个下颌肿瘤病人,在医生脑子里记得那个病,而社会工作者脑子里记得失去生活能力的那个人,需要有家人照料的那个人,若家庭照料问题不解决,就是手术最高明,恐怕也不能得到好的疗效。其他的慢性病、肿瘤、上石膏的病人、脊椎骨结核病、长期有病的精神病人等等,如果把他的社会因素排除在外,那么诊断、治疗、疗养甚至病后的随访都达不到良好的效果。这是我想讲的第一个题目,就是对于病人来说,病、人、社会要三者结合考虑。

另外,我今天想介绍一个情况,对我的印象是非常深刻的,对搞医学社会学有兴趣的同志们介绍这个情况也是很有好处的,就是拿医学跟社会学结合来讲,医学和社会学的一个极大的分支——应用社会学的结合要比医学和社会学理论方面的结合要早得多。我记得我们最初读的关于社会调查或社会个案工作的一本教科书叫作《社会诊断》,这本书是在20世纪初出版的,这本书用了很多的病例来说明社会调查的必要性。以后有一位美国朋友在协和医院开始建立了社会服务部,实际上就是医务社会工作。这个部门的建立是在1925年,1940年抗日战争时期,这个部门停止了,在15年当中为我们国家培养了数以百计的专业社会工作者,特别是在那里做医务工作的医务社会工作者,这个影响很大,自协和医院的社会服务部成立以后,上海、福州、成都、重庆、西南、华东等地有名的医院,包括南京的鼓楼医院都设有社会服务部。今天我们看起来仍有很大的贡献,一方面是对医学的研究、病因的研究、病人的家庭背景的研究;另一方面的贡献是使当时协和医院的医生一般都要上社会个案调查课,同时社会工作者也都要到医学院去谈一些医学普通课,所以这样就使医学和社会学有机结合,很有现实意义。我们在解放以后相当一段时间不讲社会工作,社会学根本就不存在。现在南京精神病院还是有社会工作者在工作,它的需要还在与日俱增,早晚在医院及精神病院这类机构里需要有社会学和社会工作,这个需要我想是越来越高。我今天来以前特别翻了一翻1981年阮芳赋和陶乃煌写的一篇文章,就是《医学社会学的对象、内容和意义》[1],看了以后,我觉得很有启发,他把医学社会学这样讲的,就

---

① 阮芳赋:《医学社会学的对象、内容和意义》,《医学与哲学(人文社会医学版)》1982年第4期,第9—11页。该文曾于1981年12月初在南京首届全国医学辩证法学术讨论会上宣读。——编者注

是"把医师本身作为特定群类的社会现象来加以研究,从总体上研究医疗职业和人类社会关系的学科",对医学社会学的定义,阮芳赋又做了五条补充,这些意见我都是同意的,不过综合起来讲医学社会学无非还是研究病、人、社会,还是这三个方面。

  这次会议有很多文章,而且这些文章都是切合实际,从实际出发来写的,这就触发了我一个思想,我觉得我们现在的社会工作者有一个使命感,我们要创建有中国特色的社会学。中国的医药制度和国外西方的制度有很大的不同,我们要有中国特色的社会学研究,也要有中国特色的医学社会学研究。今天我们的文章里一定有许多有价值、有分量的文章,不过我觉得当前还有很多问题确确实实有必要来很好地研究,我常常想我们的公费医疗,在国外叫社会化的医疗。公费医疗方面造成的浪费,我看是很可观的;我们现在提倡两个文明一起抓,职业道德、医德问题有没有一些题目值得我们做一些研究?另外,今天我们都说医生看病马虎,质量不高,这跟医生本身的生活条件、工作条件是什么关系?我们都看了《人到中年》,大家无限同情,不少人饿昏在手术台上也有,你说那怎么会不发生问题呢?医生的工作效率同他们的生活情况是紧密相关的。

  我不知道我说的是医学中的社会学还是医学的社会学,我们不在这些问题上花更多的时间,我看凡是我们接触到的人、病、社会这三个方面都是我们要研究的。我就讲这么一点,预祝会议成功,取得更大的收获,祝同志们身体健康。

社会学的建立与发展：兼论创建具有中国特色的社会学[*]

社会学是属于社会科学的一门学科。建立一门学科不是一件轻而易举的事，它必须具备下列的条件。首先，它必须积累前人有关这个学科领域的知识，而且这方面的知识需要系统化、条理化，形成一个理论体系。其次，成为一门学科不仅要有理论体系，而且必须有应用价值，使这门学科知识能够为人们的实际生活和生产服务，被人们所需要、所承认。再次，这门学科的知识必须能用科学的实验或调查研究方法来论证、检验理论，还要创造一整套专门术语来表达、扩散和传授这方面的知识。具备了这些条件，才能建立一门学科，逐步发展、成熟，走上专业化、职业化的道路。

一、社会学发展的回顾

回顾社会学的建立和发展历程，我们可以看出：它正是在具备上述的条件下建立起来的。人们生活在社会中，当然对社会的组织结构、社会现象和社会问题产生兴趣。人们对他们所组成的社会有所寄托，有所期望和要求；反过来，社会组成后又对人们进行制约和监督。人与社会就是这样息息相关、相依为命的。因此，自古以来，中国的、外国的思想家、哲学家都很重视对社会学的研究。我国古代哲学家、社会思想家孔丘、孟轲、荀况、杨朱、墨翟等都对社会上人与人的关系、伦常、礼仪、道德规范、行为准则等做了大量的论述，成为我国非常重要的精神文明宝库，对现代社会

---

[*] 吴桢：《社会学的建立与发展：兼论创建具有中国特色的社会学》，《江海学刊》1987 年第 4 期，第 79—86 页。

学研究是很有价值的参考。例如《礼记》一书是孔子三代弟子所记,是研究中国古代社会情况、儒家学说和文化制度的文学记载、重要文献。类似的论著甚多,但一般人都认为这些著作属于哲学或史学范围,而没有和现代社会学挂上钩。西方哲学家、古希腊的客观唯心主义者柏拉图和他的弟子亚里士多德早在公元前四五百年就曾构思一个理想社会、"理想国"。18世纪初叶的法国法学家孟德斯鸠提出过社会改革计划;法国启蒙思想家卢梭的《民约论》,分析了当时社会不平等现象的产生和发展是由于私有制的产生和贫富之间的对立。到18世纪末圣西门、傅立叶、欧文等三位空想社会主义者曾努力制订改革社会的计划,设计社会组织的新体制,论证社会发展规律等。他们的研究不仅代表了当时社会上的各种思潮,而且孕育着现代社会学研究的课题和内容。他们是现代社会学的先驱者,也是把哲学研究引上社会学研究的领路人。但他们的论著没有被认作社会学论著,他们本人也不自认作社会学家。这是为什么?因为当时虽然有了这方面的知识积累,但还不具备建立一门学科的其他条件,特别是因为这些哲学家还没有意识到他们正在脱离哲学,带着哲学观点创建一门新学科——社会学。

从18世纪下半叶到19世纪上半叶的大约100年间,西方资本主义国家,英、法、德等国经过"产业革命",科学技术的迅速发展,蒸汽机的运用,纺织工业的兴旺发达,使生产力有了很大提高。一方面,实现了工业化、城市化、资本集中,资本主义兴旺发达;一方面,资本家们巧取豪夺,大发其财,生活穷奢极侈,挥金如土;另一方面,带来了农民破产、工人贫困失业、大批劳动者流离失所,徘徊在饥饿线上。盗窃、卖淫、赌博等社会罪恶和其他社会不安定因素日益增长,特别使资本家不安和感到威胁的是无产阶级的壮大、成长、阶级觉悟的提高。他们感到芒刺在背,坐卧不宁。许多有识之士感到形势逼人,必须寻求一种知识和力量治理这些社会问题、社会病态。这一要求促进了社会学研究成为一门独立的学科。

法国人孔德(Auguste Comte,1798—1857)是在1838年首先使用"社会学"(sociology)这一名称的实证主义哲学家。他以实证主义哲学观点分析社会的发展规律,认为社会发展的过程是经过"神学阶段"到"形而上学阶段",最后到达"科学的实证阶段",并认为当时的社会已经进入到实证阶段,即科学—工业阶段,亦即资本主义时代,社会发展的终结阶段。

这一学说的中心思想必然导致社会学研究成为资本主义社会寻求发展的秩序,促使个人与社会保持和谐局面,为维护资本主义制度的永世长存而服务的一门学科。

孔德的继承人斯宾塞(Herbert Spencer,1820—1903)也是一位实证主义者。他研究社会学的特点是应用自然科学的,特别是生物学的方法于研究"社会",研究"人"。他认为社会是"高级有机体",人是这一有机体的细胞。"社会有机体"同"生物有机体"一样,它的功能主要是营养、消化和调节;人类的分工、阶级的划分同细胞的分工一样,工人阶级管营养,商人阶级管分配和交换,资本家管调节。"社会有机体""生物有机体"的健康成长和发展主要是依靠各部位、各器官的协调结合。斯宾塞还认为社会的进步是与生物的"生存竞争,适者生存"的规律相类似的。他以生存竞争、适者生存、优胜劣败、弱肉强食的生物进化论的观点掩盖了阶级社会中资产阶级剥削、压迫工人阶级的严酷现实。他是一个社会达尔文主义者。他的社会学理论,归根到底是为维护资本主义制度服务,主张阶级调和,永久保持资本主义社会秩序的稳定与安全的。

继孔德、斯宾塞之后,法国社会学家涂尔干(或译为杜尔克姆,Emile Durkheim,1858—1917)、德国社会学家韦伯(Max Weber,1864—1920)等对社会学研究有很大发展。19世纪下半叶,美国社会学家萨姆纳(William Graham Sumner,1840—1910)在美国芝加哥大学建立社会学系,两年后,又创办了《社会学杂志》。1910年,美国大多数大专院校都已设置了社会学课程。社会学研究的发展达到了成熟与兴旺的阶段。

回顾西方社会学发展过程,可以得出这样的结论:社会学的研究古虽有之,但没有成为一门独立学科。它之所以成为一门独立学科,是由于资本主义的发展带来了新的社会问题需要解决,引起一些关心社会秩序、社会问题的哲学家带着他原有的哲学观点来从事社会学研究,试图以他的哲学观点结合社会研究的成果创建社会学理论来解释社会现象,解决社会问题。所以社会学的建立是适应资本主义发展的需要而建立的。

解决资本主义固有的矛盾与问题有两种根本对立、根本不相同的理论。一种是保守的、改良主义的理论,西方社会学家称之为"秩序论"(order theory)。前面所举的斯宾塞、杜尔克姆、韦伯等的社会学理论都属此类。秩序论的社会学,尽管其中还有不同学派不尽相同的观点,但总括起来有七条共同的结论性原则：
 1. 社会生活的基本要素是秩序和各项章则制度。
 2. 人们必须顺从、适应他所生活的社会。
 3. 社会生活必须依靠群体。
 4. 社会生活基于合作。
 5. 社会承认"权威"的正确性。
 6. 社会制度依靠人们所公认的章则。
 7. 社会趋向于巩固和延续。

另一种解决资本主义固有的矛盾与问题的理论是激进的、革命的。社会学家称这一派理论为"冲突论"(conflict theory)。代表这一派的社会学理论的是黑格尔和马克思。马克思创立的历史唯物论揭示了社会发展的普遍规律，资本主义制度必然为社会主义、共产主义所代替。资本主义制度必然经过革命而被废除、推翻，社会主义、共产主义必然胜利。资本主义制度所固有的矛盾，是不能用改良主义的办法去解决，只有用革命的手段推翻旧社会才能解决。

黑格尔(1770—1831)认为社会是按照辩证法规律发展的。社会是在矛盾中、冲突中前进的。世界每经过一次冲突，就会寻找到冲突双方妥协的办法。每一次冲突都促进人们意识形态前进一步直到发生下一次的冲突。这样经过多次反复，社会向一个理想社会前进。黑格尔认为矛盾是变化的要素，有矛盾才有进步。

马克思(1818—1883)认为黑格尔的辩证法没有与实际结合起来。他认为人类历史是一部阶级斗争史，是处于不同经济地位的人们的冲突与矛盾，是阶级利益的生死斗争。马克思认为阶级斗争的结果是工人阶级战胜资产阶级，无产阶级的胜利导致共产主义世界的实现，从而得到了世界的持久和平。

美国的社会学者多数属于秩序论者。但是近20年来，社会学者认真地对待"冲突论"了。60年代，美国的反种族歧视、反战抗议、妇女运动等风起云涌，使秩序论者所向往的社会模式成为可望而不可即的空中楼阁，冲突论者获得了越来越多的同情者。马克思主义正在对西方社会学不断地予以冲击。但是冲突论者中有的并不是真正的马克思主义者，对马克思主义没有深刻的理解与认识，有意无意地歪曲和削弱了马克思主义的影响。例如达伦道夫(Ralf Dahrendorf)和柯塞(Lewis Coser)。达伦道夫提出社会矛盾、社会冲突只是权利与权威的冲突的争夺。权利与权威争夺的结果产生了社会变化、社会进步。柯塞认为社会矛盾与冲突不过是两个集团之间的斗争。他把冲突与矛盾说成是资产阶级内部的、局部的矛盾，从而否认阶级斗争以避免发生更大的问题、更尖锐的矛盾。他否认阶级斗争是人类历史发展的关键，是推动历史前进的动力。

有人寻根问底，谁是社会学的创建者？是孔德还是马克思？这本来是很难回答的问题。因为马克思不承认社会学，也从不以社会学者自居。另一方面，西方社会学者也从不承认马克思是社会学者。我在30年代读社会学时，社会学课本的"索引"中找不到马克思的名字。很明显，西方社会学是排斥马克思、害怕马克思、反对马克思主义的。最近在1984年上海社会科学院编的《社会学简明辞典》的条目里也没有马克思。我认为这部辞典的编辑并不是排斥马克思，而是认为把马克思列为社会学家是贬低了马克思。马克思不仅是伟大的哲学家，他所创立的历史唯物主义是研究各种社会科学的理论基础；更重要的是，他是全世界无产阶级的伟大导师和领袖。他的丰功伟绩和他所受到的全世界人民的称赞和敬仰远远超过一个社会学创始人所能接受到的。西方社会学在70年代，已经感受到马克思主义的思想是不可抗拒的。许多社会学家承认并接受马克思主义思想，同情西方社会学中的"冲突论"，并把社会学分为"秩序论"与"冲突论"两大派，以孔德为"秩序论"的创始人，以马克思为"冲突论"的创始人。这样，似乎解决了谁是社会学创始人的问题，但是把马克思作为社会学的一派的创始人，仍然是在贬低马克思。

二、社会学研究的范围和对象

社会学的定义是什么？它研究的对象和范围是什么？这些问题很难给以明确而准确的答案。从社会学的首创者，第一代社会学家孔德、斯宾塞开始用"社会学"这一名称就没有给予明确的定义、划出它研究的对象和范围。最近，我读了严复翻译的斯宾塞著《群学肄言》(Study of Sociology)，想从这本社会学名著中找到社会学创始人对于社会学的定义、研究的对象与范围是怎样讲的。严译用的是古汉语，佶屈聱牙，很难读懂。再加上当时我国对社会学还是初次接触，非常陌生，对于书中所用"术语"没有标准译法。译文十分古奥，追求典雅，雅到读了译文，猜不出原著的原文是什么。例如 sociology(社会学)译作"群学"，unit(单元)译作"幺匿"，science(科学)译作"格致"，class bias(阶级偏见)译作"流楷"等，更重要的是著者的思想也不明确。粗读以后有两点感想：初创期的社会学只阐述了实证主义者的社会学观点，即社会发展的终点是建立一个理性的、科学实证的、保持各种势力平衡状态的社会，研究社会学的目的就是从理论上维护和保持这种社会的永久秩序；斯宾塞进一步把社会比作生物有机体，人比作细胞，人类分工不过是细胞各尽其责地发挥各种功能维持有机体的正常的、良性的运行和成长。两位西方社会学的创始人同是实证主义者，他们的共同信念是"实证主义的箴言，就是'秩序'和'进步'"。孔德把社会学分为"社会动学"和"社会静学"。所谓"社会静学"或"静态社会学"，就是社会的平衡、秩序，社会发展的最终模式，社会常态等理论研究；所谓"社会动学"或称"动态社会学"，就是社会变态、社会变迁、社会问题以及如何解决问题的方法等的应用研究。

孔德、斯宾塞以后的社会学家经过百余年的科研实践和教学实践，对社会学研究的定义、对象、范围不断地有所发展，有所损益，有所变化。例如，有些原属社会学领域的学科从社会学中分裂出去另立学科，另成体系，如政治学、经济学、人类学、民族学、人口学、犯罪学、老年学、妇女学等；有些因为现代科学技术的发展，自然科学、社会科学各学科的知识，不断相互交叉，经过知识杂交而产生新品种、新的学科，如科学学、科学社会学、行为科学、人才学、未来学等；还有原不属社会学的许多自然科学、社会科学的学科感到他们的研究与社会学的研究有密切联系，愿意结合成为社会学的分支的学科，如生物社会学、物理社会学、新闻社会学、医学社会学、体育社会学，以及其他若干××社会学等。同时，社会学在发展过程中又出现了许多学派，对社会学研究的对象与范围，各有各的看法，各有各的侧重点，众说纷纭，莫衷一是，很难做统一的、标准的社会学的定义，划定社会研究的界限。不过，多数社会学者认为社会学的研究对象不外是社会组织、社会制度、社会机构、社会制约、社会行为、社会生活以及社会中的社会交往与人际关系，以及由这些关系和交往而产生的各种社会现象、社会问题。总之，社会学研究的对象和范围非常广泛。美国社会学家英克尔斯(Alex Inkeles)关于划定社会学研究领域的界限的问题说："……那些界限应当像一件能够勾画出形体的宽大斗篷,而不应当像一套僵硬的盔甲,盔甲固然能防御别的学科的人对同一领地提出要求,但它毕竟太约束人了。"[①]我国社会学家费孝通说："哪些问题属于社会学范围,很难讲清楚。与其从理论上划分,不如从实际出发,检查一下,有的问题已经有其他学科承担研究任务的就由其他学科搞,如经济学……政治学等,但总会有空白点留给社会学……"我同意这些说法,但我认为,一门学科的研究对象和范围非常广阔是可以的,有所变动或增损也是可以的,不可能划出一条始终如一、一成不变的界限,但是完全没有界限,使这门学科的研究人员感到困惑,像走进一个没有边界、没有方向、没有目标的领域,无所适从,这对学科的发展也是极为不利的。为社会学制定一套僵硬的盔甲虽不必要,但制作一件比较宽松的斗篷却是需要的。社会学家们对社会学的定义虽不完全一致,但有共同点:社会学总在研究"人"与"群"的各种关系,研究"人"是怎样组成"社会"的,社会组成后又是怎么反过来影响人、培育人、支配人和制约人的思想行为的。《社会学简明辞典》"社会学"条目中写道:"社会学是社会科学的一门学科,是把社会当作一个整体来研究的综合性科学。它是近代力图用科学的方法来认识人类社会组织形态、社会结构的方式和群众活动规律而逐步建立起来的。它探讨社会现象、社会关系、社会生活、社会问题等一系列有关课题,而其中尤以社会问题为研究的重要方面。"这是一个比较完善的定义,也符合胡乔木同志1979年在社会学座谈会上的讲话精神,强调研究社会问题的重要性和迫切性。

三、社会学的理论与应用

前文已论及一门学科的建立和发展必须有它的理论体系,并且还要有应用的价值。自然科学如此,社会科学也如此。斯大林说过:"理论若不和革命实践联系起来,就会变成无对象的理论;同样,实践若不以革命

[①] 亚历克斯·英克尔斯:《社会学是什么?》,陈冠胜、李培茱译,中国社会科学出版社1981年版,第1页。——作者&编者注

理论为指南,就会变成盲目的实践。"斯大林的话当然是针对革命理论与革命实践的关系而言的,但依同理可以应用于学科的理论研究与应用的关系:"理论如无应用就会变成空洞的理论;应用如无理论为指南就会变成盲目的应用。"我认为,原则上讲,实践出理论,理论指导实践。一切理论,归根到底来自实践。实践先于理论,反之,就会跌入唯心主义先验论的泥坑。但在学科的建立与发展问题上,理论与实践即理论与应用是相辅相成、互为因果的。多数社会学家认为社会学从一开始就沿着理论社会学和应用社会学两个平行的方向发展。

美国早期社会学家沃德(Lester Frank Ward,1841—1913)于1903年和1906年分别出版《理论社会学》和《应用社会学》两书。沃德把社会学分为理论和应用两大类,实际上继承了孔德把社会学分为"静态社会学"和"动态社会学"的观点。"理论社会学"或"纯理论社会学"是指研究社会发展如何达到理想模式、各种势力的平衡、保持社会常态、维护社会秩序的理论;"应用社会学"是指运用社会学理论对于社会现象、社会变迁、社会问题进行调查研究和寻求解决问题的方法和措施。实际上,这两者是不能截然分开的。例如19世纪末叶,英国社会学家布思(Charles Booth)从1886年对伦敦各阶级特别是劳苦人民生活进行了调查,写出了《伦敦人民生活和劳动》多卷调查报告。布思的社会调查不仅收集到大量资料,进行了统计分析,为城市社会学理论提供了数据和素材,更重要的是他的社会调查所取得的成就和影响信服地说明社会调查就是社会学理论的应用。布思的调查,对于被调查者的挑选、分类十分重视。他设计的调查提纲包括被调查者的家庭结构、生活方式、经济地位、工资待遇、劳动条件、地区环境、邻里关系、社会交往等,这一切都反映出布思的社会学修养和他的社会学观点。他的调查方法采用个别访问、实地观察、个案法与统计法的结合等,都是典型的社会调查方法。他写的社会调查报告导致英国《老年抚恤金条例》的制定和颁布,开辟了从社会调查到社会立法到社会保障一条新路。

继布思而后的20世纪30年代的西方社会学家都是既重视理论研究又重视应用。例如法国社会学家杜尔克姆、德国社会学家韦伯的社会学理论或原则立场都是继承孔德、斯宾塞的秩序论理论的。他们十分重视调查,以翔实的调查结果论证他们的理论。一方面,他们为劳苦人民呼吁,加强社会福利措施,改进社会工作方法,在缓解社会矛盾、减轻人民的痛苦方面起了些积极作用;但另一方面,他们是为资本主义制度的稳定和维护资本主义的秩序而服务的。

第二次世界大战以后,资本主义世界从战争结束中得到了复苏,经济上又出现了相对繁荣的局面。科学技术、现代化的交通运输和通信联络手段都有了迅速的发展,电子计算机的利用大大提高了社会调查的效率和速度,进一步发扬了社会学重视社会调查的传统,在人口统计、民意测验、处理大量可变因素的动态关系以及可能出现的社会现象的预测方面都有了新的发展和提高。战后美国发展起来的结构功能主义、行为理论等轰动一时。这一学派的代表帕森斯(T. Parsons,1902—1979)的理论实质,并未超出孔德、斯宾塞秩序论的范围,仍然是提倡保持社会平衡、反对社会改革的一套,因而逐渐为世界一些社会学者所怀疑和责难。

苏联在本世纪20年代取消了社会学,到了50年代又重新恢复了社会学研究。苏联重建社会学后所面临的一个大问题是社会学理论是否就是历史唯物论?社会学者有没有他自己的专门理论?经过长期争论,结果认为,苏联社会学体系的结构分为三个层次:第一层是"一般的社会学理论",即历史唯物论。第二层是"各种专门的社会学理论",如劳动社会学、法律社会学、文化社会学等。第三层是"具体的社会学研究",即对社会生活、社会现象的调查研究。这三个层次可归纳为"理论社会学"与"应用社会学"两大类。第一层属于"理论社会学",第二、三层属于"应用社会学"。苏联社会学也是重视应用的。东欧的社会学研究也采用这一体系结构的模式。

社会学理论的应用之一是直接用于社会调查,以社会理论指导社会调查,以社会调查的结果来论证、检验理论;其二是应用于社会工作、社会福利和社会福利行政工作方面。资本主义发达的国家一方面是生产力包括科学技术的发展,创造了大量财富,出现了愈来愈多的亿万富翁;另一方面,社会问题也在恶性膨胀,危害人民的生命财产、破坏社会秩序的事件层出不穷。这些国家对于出现的社会问题深感不安。为了维护资本主义社会秩序,巩固资产阶级统治,他们一方面出动了大量军警进行武装镇压,同时也做了大量的社会工作,以小恩小惠、对贫困者给予物质、金钱救济,为老弱病残、鳏寡孤独、缺乏或丧失生活能力的人创办了各种性质、职能的收容所、教养机关,帮助他们恢复、重建他们适应社会需要的能力,使原来的社会负担成为社会财富。两种方法相比较.用武力镇压的方法远不及用社会工作的方法更为有利。这说明：西方资本主义国家的社会学理论主要属于"秩序论"，即研究如何在资本主义制度下使社会良性运转，社会各方面能够协调发展的理论。在"秩序论"的思想指导下所开展的社会工作，确实起了相对的、暂时的稳定社会秩序，缓和社会矛盾，推延社会解体，维护资本主义制度的作用。

胡绳同志在 1986 年 4 月中国社会学会常务理事[①]上的讲话中提到了如何对待旧的社会学，包括现代西方资产阶级社会学的问题时说："资产阶级社会学所调查收集的许多资料是有用的，其研究方法也有可以借鉴的。"又说："资产阶级社会学，不仅可以利用它积累的资料和吸取其某些方法，而且它的某些研究成果也可以供我们参考。"这是胡绳同志给予旧社会学和资产阶级社会学公允的、恰如其分的评价。

四、创建具有中国特色的社会学

最早把西方社会学传播到中国的是严复翻译的斯宾塞著《群学肄言》。这本书是严复 1903 年所译，初在文明编译书局出版，很少人见到这一版本，故流传不广，影响不深。西方社会学真正传播到旧中国应该从 1913 年上海沪江大学首建社会学系算起。燕京大学社会学系创办于 1922 年。此后，许多大学的文、法学院相继建立了社会学系，到 30 年代末 40 年代初，社会学系成为一个在文、法院校中影响较大的系。解放后，社会学受到批判，到 1952 年经过全国大专院校的院系调整，社会学系完全被取消了。社会学在中国从建系到发展到被禁锢，前后共 40 年。在这 40 年里，师资方面，从国外，主要从美国请进来不少著名的社会学家，如步济时（Burgess）[②]、甘博（Gamble）[③]、蓝姆生

[①] 应为"中国社会学会常务理事会扩大会议"。——编者注

[②] John Stewart Burgess(1883—1949)，1919 年，步济时开始在燕京大学宗教学院教授社会学。1922 年，步济时倡议并亲自领导成立社会学系，并担任了四年的系主任。1926 年秋，步济时返美深造，进入哥伦比亚大学继续学业，1928 年获得博士学位。1928—1929 年，步济时又来到燕京大学社会学及社会服务学系任教一年，其后由于健康原因返回美国。——编者注

[③] Sidney David Gamble(1890—1968)，美国基督教青年会传教士，毕业于普林斯顿大学和加州大学，文科硕士。在 1908—1932 年间五次往返中美之间，是燕京大学社会学系的创建者之一，还参与了"平教会"在定县的教育实验，期间他一共完成了五部社会调查作品。——编者注

(Lamson)①、魏莱（Wiley）②、司密斯（Smythe）③等；许多在国外攻读社会学，学成归国任教的我国著名社会学家有许德珩、许仕廉、吴文藻、潘光旦、柯象峰、龙冠海、李景汉、杨开道、朱约庵、范定九、陈文仙、李安宅、吴泽霖、雷洁琼、严景耀、陈仁炳等。全国社会学系所开的课程范围极为广泛，几乎应有尽有。教学方针是理论与应用并重。社会工作、社会福利事业有很大发展，个别院校如金陵大学独立成立社会福利行政系。全国大专院校社会学系每年培养数以千计的大学本科研究生和硕士研究生。他们的毕业论文很多是结合实际，调查研究中国的社会问题，寻求解决社会问题的方法、措施。1922年，社会学者组织成立中国社会学会，1944年成立社会工作者学会，开展社会学、社会工作的研究。傅懒冬在他写的《燕京大学社会学系三十年》一文中，把燕京大学社会学系30年来的课程表、任课教师名单、152篇教师的论著及历届毕业生的273篇毕业论文题目列举出来。论文题目涉及的范围甚广，作者把这些论著分为32类，包括了城市社会学、乡村社会学、人类学、民族学、人口学、民俗学、社会调查与社会分析、犯罪问题、劳动问题、妇女问题、婚姻问题、社会福利、社会救济等。这些题目的调查研究不仅反映了当时的社会现象、社会问题，使我们对旧社会有所认识，和新社会有个比较，而且他们调查研究的资料和所用的方法对于我们今天做社会调查也有参考价值。燕京大学的一个社会学系有这么丰硕的成果，如果能把全国各地的社会学系的研究的成果集中起来，将是我国社会学界老前辈所遗留下来的一笔宝贵财富。

1952—1979年的28年，社会学被彻底禁锢了，成为一个禁区。1979年，在全国社会学大会上胡乔木同志的讲话中指出："否认社会学是一门科学，并且用一种非常粗暴的方法来禁止这门学科在中国发展、存在、传授，这是完全错误的。"

1979年重建全国社会学会以后，北京大学、南开大学、中山大学、复旦大学成立了社会学系，其他大学相继建立社会学教研室，开出了"社会

---

① Herbert Day Lamson，文学硕士，1927—1933年在沪江大学社会学系任副教授、教授。——编者注

② J. Hundley Wiley，美国里士满大学文学士，芝加哥大学硕士，南浸会神学院博士，1921—1940年在沪江大学社会学系任教授，1923—1940年任系主任。——编者注

③ Lewis S. C. Smythe（1901—1978），美国芝加哥大学博士，金陵大学社会学系教授（1928—1951），曾任社会学系主任。——编者注

学概论"课程。各地成立了社会学会,发展了会员,写出了许多论文,提出许多新的科研课题。社会学在中国的土壤上暴出了新芽。1982年全国社会学会上有几位会员提出创建新中国社会学的意见。我赞同这一意见。但我觉得建立新中国的社会学的难度较大,因为新中国的社会学必须与旧的、非中国的社会学在理论体系上有所不同,有所独创。创建一个新的理论体系不是一件容易的事,我认为提出建立"具有中国特色的社会学"可能更实际些,含意也比较明确,目标容易瞄准,而且较易达到。

要建"具有中国特色的社会学",首先要明确中国社会具有什么特色?中国是个社会主义国家,当然根本不同于任何资本主义国家,就是与苏联、东欧的社会主义国家比较,也有一些不同情况。

中国是个拥有10亿多人口、960万平方公里的社会主义大国,又是有悠久历史的文明古国,但是近百余年来,遭受帝国主义国家军事、经济、文化的侵略,旧中国沦为半封建、半殖民地的国家,贫穷落后,民不聊生。我们的社会主义是在这样一个贫穷落后的基础上建立起来的。1949年我国在中国共产党的领导下取得社会主义革命的胜利,中华人民共和国诞生了。新中国建立以来,经过48年的奋发图强,社会主义建设取得了辉煌成就,但要完全改变"一穷二白"的状况,甩掉贫穷落后的帽子还必须实现农业、工业、国防和科学技术的现代化。1978年我国第五届全国人民代表大会政府工作报告提出在本世纪内把我国建设成为四个现代化的伟大的社会主义强国的宏伟目标,党中央明确要求全党全国努力奋斗,争取在2000年实现工农业总产值翻两番,人均收入800元美金,达到"小康"水平。为了实现这一目标,我国还必须坚持改革开放的方针。我国实现四化建设,既不能走西方资本主义国家走过的道路,也不能生搬硬套地模仿其他社会主义国家如苏联、匈牙利、南斯拉夫的模式去进行,我们必须根据中国的情况,走出自己的道路。这是因为各个国家的历史背景不同,现实条件不同,在实现"四化"的进程中所遇到的困难、矛盾、问题也不相同,是各有各的特点的。在"四化"建设过程中,我们的困难是前进中的困难,我们的矛盾大量的是人民内部矛盾,我们的问题是依靠自己的力量能够解决的问题。

创建具有中国特色的社会学既不能原封不动地恢复旧中国社会学,也不能照搬照套、移植西方资产阶级社会学。我们要在理论上,以马克思主义为指导；在应用上，要从中国的实际、中国的特点出发，以研究解决实际问题为主，不尚空谈；在调查研究方法上，要大胆吸收西方社会调查方法的现代化、科学化，学会他们运用现代科学技术于处理大量数据，以人力几乎是无法处理的定量分析的方法；继承和发扬我国在革命根据地进行社会调查的依靠群众、与群众打成一片，调查者与被调查者紧密合作、密如一家的传统的群众路线的方法；对于解放前，旧中国社会学的调查研究所取得的成绩、搜集到的丰富的历史资料要进行挖掘、整理，这对于今天的社会调查有极大的参考价值。

我国从1979年恢复社会学研究以来已七年了。社会学者的一致愿望要在创建新中国的、具有中国特色的社会学方面做出贡献。只要我们加强团结，坚持四项基本原则，遵循胡乔木同志在全国社会学会上讲话中所提出的"重视实际的研究，把它放在重要地位上"的建议和要求做下去，持之以恒，坚持不懈，我们就会在不太久的将来形成具有中国特色的社会学理论体系。

第七编 附录

忆社教学院：记社会工作教学的起步*

1942年我和心理学家丁瓒同时分别被社会教育学院聘为心理学及社会工作课程的副教授。其时，我和丁瓒的专职工作分别为中央卫生实验院"心理卫生研究室"和"社会工作室"主任，在这以前我和丁瓒都在北京协和医院担任心理学者和社会工作者的工作。丁瓒对于弗洛伊德心理分析理论很有研究，我则从事医学社会学、社会工作多年，有相当的实际工作经验，我和他工作上有联系，朋友关系也很密切。我们有一个共同愿望，就是要宣传和普及心理卫生和社会工作这两门学科的知识。所以我们在未教学以前，就常为当时的为一般知识分子所爱读的《西风》杂志写通俗的、专业性的文章。抗日战争爆发后，我们先后到了重庆，又都在中央卫生实验院工作，继续干我们的专业，当我们得到社教学院的聘请执教时，我们都毫不犹豫地欣然应聘。

我在社教学院执教的时间不长，但学院留给我们印象却很深刻。社教学院在璧山，我则在沙坪坝，每周到璧山一次，集中上课4小时。往返璧山与沙坪坝之间，必须挤公共汽车，有时被挤得透不过气来，确实很辛苦，但我乐之不倦。其时，我虽有十几年的社会工作经验，在工作实践中，也曾带过"徒弟"，但教这门课①，却没有现成的教材，需要在上课前做充分准备，不

---

* 吴桢：《忆社教学院——记社会工作教学的起步》，载苏州大学社会教育学院、北京上海南京苏州校会合编：《峥嵘岁月》第3集，内部出版1991年版，第31—33页。社教学院，即国立社会教育学院，成立于1941年8月。校址原定南京，因时值抗日战争，以四川璧山县立中学为临时校址。1946年由四川璧山迁至苏州现拙政园园林博物馆、忠王府内。先后设有教育行政、社会事业行政、图书博物馆学、新闻学、电化教育、艺术教育等系。学院重视学术研究、实验与推广事业，设有研究部、社会教育实验区及国民教育实验工作站、实验社会工作站，另有教育影片编辑委员会以及推广委员会、实验广播电台、实验工场等。院训为"人生以服务为目的，社会因教育而光明"。1950年2月与江苏教育学院合并，成立公立苏南文化教育学院，是江苏师范学院、今苏州大学的前身之一。——编者注

① 吴桢当时教授的课程为"个案工作"。——编者注

能贻误子弟。对此,我只能一面查阅有关的中外读物和资料,一面总结和整理我的工作记录,编教材、写讲稿,非常忙碌,而且也很紧张。但这是我从实际工作走向教学工作的一个转折点,也是一个新的起步。我很珍惜这一年的教学经验,真正体会到"教学相长"的真理,而且这一年尝试,竟使我把社会工作这一未被很多人所共识的专业,干了一辈子奠定了基础。

1944年我离开学院,应聘到成都华西联合大学、金陵女子文理学院教授社会工作。抗日战争胜利后,回到南京,在金陵大学社会福利行政系担任副教授,后晋升教授。1950年在全国性的大专学校的院系调整中,社会学与社会工作都被撤销了。此后,这两门学科被禁锢了整整30年。1979年,这两门专业恢复了,我先后在江苏省公安学校、北京大学、中山大学、南京农业大学教授社会学、犯罪学、社会工作、个案工作等学科,并撰写和翻译了有关社会学和社会工作的专著多种。还被民政部聘为社会工作教育中心第一、二两届的研究员、教授。所有这些成就,都是我在社教学院教读的延续。我热爱我的专业,饮水思源,我深深地怀念我在社教学院走过的教学道路的第一程。

我对社教学院的印象最深刻的,是我每次到校后,都在院长陈礼江陪同下进午餐,陈院长和我促膝谈心,感情十分融洽,听他的言谈议论,使我受益匪浅。在学院见到很多专家学者,如社会学家朱约庵、陈定闳,音乐家刘雪庵,戏剧界老前辈谷剑尘,有的是旧交,有的是新识,但为一个共同目的——发展我国的社会教育学——走到一起来了。社教学院的教授很多是我国著名的学者专家,深受社会的仰慕。

1949年后,经过院系调整,我离开教学岗位,除了改做学校管理工作以外,还从事社会活动,1949年参加民盟,1956年参加中国共产党,1958年参加九三学社,担任了民主党派的专职工作。在九三学社工作了30余年,得知许德珩、刘及辰、李毅等领导和同志是社教学院的校友,和他们是校友加同志,非常友好、亲切。在南京大学、公安学校教读时,也受到校友黄桂珊和钱文源的帮助和支持,使我觉得社教院确实培养、教育了很多人才。

去年我接到校友黄天戈同志的通知,参加了一次在宁校友的活动,觉得很有意义,认识了更多的益友,希望今后能定期举行聚会,既是联谊,又是工作上、业务上的经验交流,互相切磋琢磨,互相学习,共同提高,为发展和加强经济建设、改革开放迈上一个新台阶而多做贡献。

幸福与荣誉*

人生最大的幸福是专业有定向，奋斗有目标，生活有意义；最高的荣誉是在祖国社会主义建设的伟大事业中，能为人民服务，为党工作，做一名为实现"四化"、为走向共产主义未来而不倦奋斗的战士。

回顾解放前38年，我受到正规的学校教育，从小学而中学而大学，在大学里学了4年社会学。毕业后做过10年社会工作、社会福利行政工作，又教了5年社会工作与社会福利行政学。当时，我以为我的专业方向已经定了，但是在政治腐败、社会混乱、经济落后的半封建半殖民地的旧中国，社会工作、社会福利能起到什么作用呢？充其量，只能为旧社会、为国民党反动派统治做些粉饰太平的点缀，无补于解救广大群众于水深火热之中。当时，虽然有了专业，但前途渺茫，令人感到困惑彷徨，悲观失望。

1949年，全国解放，中华人民共和国建立起来了，中国人民站起来了！解放初期，我仍在大学教学，但社会学、社会福利行政系和专业被批判，并被裁撤。我于1950年5月被调至南京市人民政府文化教育委员会（简称"文委"）任调查处处长。以后，历任江苏省、南京市"文委"秘书长，南京大学总务长，江苏省高教局副局长等职，虽然工作多有调动，但仍在文教宣传系统，所接触人和事仍在文教、宣传、高教、科技的范围之内，并无人地生疏之感。在这些年里，系统地学习了"社会发展史""历史唯物论""政治经济学"等，懂得了一些革命道理，明确了从新民主主义到社会主义，最后到达共产主义理想境界的道理与目标。1949—1958年的10年

---

* 吴桢：《幸福与荣誉》，载江苏文史资料编辑委员会编：《江苏文史资料》第35辑，江苏文史资料编辑部1989年版，第25—27页。吴桢撰写该文时，任江苏省九三学社、省政协常委。——编者注

中，我一方面对自己进行了严肃的、无情的自我剖析，感到我的前半生无一是处，产生了自卑感，另一方面却感到了洗去一身污浊，轻装上阵，奋斗有目标，工作有意义，前途很光明。另外，对于我的专业来说，学到了许多以前学不到的最生动、最实际、最有价值的社会学知识和阶级斗争理论。1958年，在"反右整风"运动后调到九三学社工作，开始从宣传、文教系统转到统战系统工作，有些不习惯，环境有些生疏，专业荒疏，工作性质距离教学、文教行政的专业更远了。但是，服从组织分配，服从工作需要的观念最后还是占了上风，决心走上了新的工作岗位。直至今日，我已在统战工作岗位上工作了整整31年。

  1979年，我国在大专院校恢复了社会学的研究与教学。北大、复旦分校、南开、中山等大学都重建了社会学系。我在江苏省委统战部和省政协领导的支持下，先后在江苏省公安学校、北大、中山大学讲授社会学，在南农大农经系兼课，带研究生，还利用业余时间译著了数十万字的论文、教材，两次获得江苏省哲学社会科学优秀作品三等、二等奖；还被选为全国社会学会顾问，江苏省社会学会会长、名誉会长和接受民政部聘请为社会工作教育研究中心成员。我觉得，统战工作没有削弱社会学专业，而是丰富了、更新了我的社会学、社会工作的知识；31年不是虚度，而是一生中最充实、最丰收的年代。我原来常为专业与工作之间有不可兼顾、不可调和的矛盾所苦恼。现在，经过40年的实践，我深切地体会到：一个人必须有个专业，全心全意地、集中精力地通过专业为人民服务，为社会主义建设服务，但还需要有一个、两个或更多的"副专业"，相辅相成，互相补充，则可以有更丰富的知识，更广阔的视野，更深层的分析，做出更大的贡献。我从这一矛盾中解脱出来，使我感到了最大的幸福。

在九三机关三十二年[*]

1958年我调到九三学社南京分社任专职秘书长,1990年我辞去九三江苏省委会主委,这样算来,从47岁到79岁,我在九三学社工作了32年。在庆祝九三学社建社50周年之际,回忆这段历史感到很有意义。

解放初期,我仍在大学教书,但社会学、社会福利行政系和专业被批判,并被裁撤。我于1950年被调至南京市人民政府文化教育委员会任调查处处长。以后,历任省市"文委"秘书长、南京大学总务长、江苏省高教局副局长等职,工作多有调动,仍在文教宣传系统。在这些年,系统地学习了"社会发展史""历史唯物论""政治经济学"等,懂得了一些革命道理,明确了从新民主主义到社会主义,最后到达共产主义理想境界的道理与目标。在这些年,我一方面对自己进行了严肃的、无情的自我剖析,另一方面感到洗去一身污浊,轻装上阵,奋斗有目标。另外,对于我学的社会学专业来说,学到了以前学不到的、生动而又实际的社会学知识和阶级斗争理论。1958年,调我到九三学社机关工作,从宣传文教系统转到统战系统工作,有些不习惯,环境有些生疏,工作性质距离专业似乎更远了,我有点犹豫,但很快决定接受这项工作了。因为当时我已是一名入党不久的共产党员,心目中只有党的号召,便无条件地服从了,决心在统战工作岗位上从头干起。在长期工作实践中,我逐步摸索出一条专业与职业相结合的道路,我发现学过的社会学、心理学、行为学有助于理解和贯彻统一战线理论与方针政策。我所熟悉的社会工作的三种基本工作方法,"个

---

[*] 吴桢:《在九三机关三十二年》,《民主与科学》1995年第5期,第12页。吴桢撰写该文时,系九三学社中央参议委员会常委、中国社会学顾问、江苏社会学会名誉会长。——编者注

案工作""团体工作"和"社区工作",都有助于九三工作。

在九三工作期间,我参与了机关结构的改革,处室工作、干部的岗位责任都订立了制度;在机关中建立了九三学社支社,成立了工会,使机关干部的政治与业务学习、文体活动、生活福利等方面的工作由行政、工会、支社分兵把口,各司其职;在传统的一室两处的机关模式基础上增设了调研室、科技处,成立了科技咨询中心,以适应参政议政、"科教兴省"的需要。我还参加了很多参政议政的会议,还和很多社员同志交换意见……这一切,在今天都成了亲切的回忆。

最后,我想对在九三机关工作的中青年干部表达个愿望。希望他们能把统战工作作为终身事业。这不仅是时代的召唤,也是党对每位同志的期待和委托。32年的工作经验告诉我,党派工作是极能锻炼人也可以说是磨炼人的专业。它能培养人调查研究,善于分析问题、解决问题的能力;广交朋友,密切联系社员,代表社员合法利益,善于理解、处理人际关系,团结人的技能和本领;提高人们参政议政的意识、政治敏锐性,培养人的助人为乐、与人为善的高尚品质和职业道德。行之愈久,就会感到做党的诤友、党的助手、社员的知心朋友的愉快和体现自身价值的自豪感。谓予不信,请尝试之,干个32年后,就会同意我的意见。

应云卫引导我们走上话剧舞台[*]

我国现代话剧活动,从五四运动以后兴起,到 30 年代初期,在左翼戏剧运动的影响下,上海的话剧活动蓬勃展开。洪深、田汉、欧阳予倩、应云卫、马彦祥、夏衍、阳翰笙等戏剧界的前辈,都是话剧运动的先驱者,他们都十分关心群众性的业余话剧活动。当时我还是个小青年,在应云卫先生的引导与培养下,我在 20 年代末 30 年代初也曾时断时续地参加过话剧运动。

时逾半个世纪,沧海桑田。应先生备受"四人帮"的迫害与折磨,不幸含冤弃世。同台演戏的朋友也有不同的遭遇。今天追述往事,缅怀像应先生这样的良师益友,是我们幸存者的义务。

一

1929 年,我 20 岁,在上海沪江大学读书。学校里有个华北同学会的组织,开展话剧、美术、体育等活动。我作为这个同学会剧团的成员,从开始筹办就参加了工作。

---

[*] 吴桢:《应云卫引导我们走上话剧舞台》,《江苏戏剧》1981 年第 1 期,第 28—30、27 页。应云卫(1904—1967),戏剧、电影艺术家,浙江慈溪人,生于上海。曾在美商慎昌洋行、华商肇兴轮船公司任职。1921 年参与组织和领导上海戏剧协社,为中国早期话剧活动家之一。1930 年加入中国左翼戏剧家联盟。1933 年导演话剧《怒吼吧!中国》,轰动一时。1934 年后为电通影业公司、明星影片公司导演,执导影片《桃李劫》《生死同心》。1937 年执导话剧《保卫卢沟桥》。"八一三"事变后,任上海救亡演剧队第三、第四队总队长,在重庆、武汉相继导演话剧《上海屋檐下》《屈原》《长夜行》《孔雀胆》以及电影《八百壮士》《塞上风云》等。1946 年冬回沪,继续从事电影、戏剧导演工作。导演影片《无名氏》《忆江南》《一帆风顺》《鸡鸣早看天》等。中华人民共和国成立后,历任江南电影制片厂厂长、上海市电影局顾问、中国影协上海分会副主席。执导影片《斗诗亭》《追鱼》《周信芳的舞台艺术》《盖叫天的舞台艺术》等。参见吴成平主编:《上海名人辞典》,上海辞书出版社 2001 年版,第 214 页。——编者注

话剧团组成后,我们就着手选择剧本。在这方面,同学们要求很高,都希望演出莎士比亚、易卜生或者洪深、田汉的剧本。青年大学生们希望演出比较有社会意义的剧本也是理所当然的事吧!最后,我们决定演出由洪深改译的王尔德的杰作《少奶奶的扇子》。我们选择这个剧本还因为上海戏剧协社在前一年曾演出过这个戏。他们那次演出是洪深先生导演的,应云卫先生担任舞台监督并在剧中扮演一个角色。请应先生来校导演这个剧,可以说是驾轻就熟、胜任愉快的。决定不揣冒昧,派了两个同学做代表去邀请当时已经颇有声望的应先生来帮我们排演。想不到很顺利地得到了他的同意。这对我们是极大的鼓舞。

应先生对话剧活动真是个热心的拓荒者。当时他的本职工作是在三北轮船公司;没有来我们学校以前,他曾为暨南、复旦两个大学和几个中学排过戏。他搞话剧活动是利用夜晚和星期天业余时间来做的。我们学校在杨树浦,应先生家住旧德租界望志路、萨坡赛路,相距较远。我们能向应先生提供的方便只有小汽车接送而已。可见,应先生对待戏剧工作严肃认真、一丝不苟,不管天气情况如何,总是按照约定的时间赶到学校,排演到很晚才走。他吃苦耐劳、身体力行、无偿地为戏剧事业工作的精神,带动了剧团的全体同学。

饰演少奶奶的同学叫王美修,福建人,此人后来嫁给了国民党社会部部长谷正纲。演金女士的是郑汝铃,现在天津基督教"三自爱国会"工作。演陈太太的叫陈淑箴。男演员中,我演刘伯英,陈仁炳演吴八大人,还有一位许烺光演留学生,他现在是美国著名的人类学家。

我们原以为背熟了台词,配合上一些相应的动作就是演戏了。应先生来了,一切从头教起。他首先要我们弄懂每句台词的含义。接着,他告诉我们说话要有真实的感情,听话要有适当的反映,甚至还教我们注意万万不可以把背对着观众,这些事现在看来好像是笑话,然而在那个时候,却不是一般演话剧的人都能理解的。

应先生不但排戏、指导演员,而且对其他舞台工作无不一一加以教导。布景如何制作,如何安放,如何搬换,他都不放松;甚至连元钉如何钉,也要详细交待。他要求管提示的同学一定要和演员同时进行排练;除了自己必须把台词背熟以外,还要捉摸每个演员最容易在什么地方忘掉台词。每个演员化好妆,都要等他亲自看过,才能拍粉定妆。有位李文初同学是搞舞台装置的,心灵手巧,吃苦耐劳,被应先生誉为"铁人"。

应先生来校排戏时,有好几次把他的战友辛汉文、孟君谋、王遐文等同志带来帮助指导。今天回想起来,这不正是党的文艺工作者在青年学生中间播散种子么?

戏排好后,应先生认为可以在上海市区进行正式公演了。我们自然很高兴,但我们在这方面更是束手无策了。应先生不但帮我们接洽好了剧场,而且在首演的夜晚,为我们做了十分精彩的安排。那天晚上演出时,应先生邀请了晨钟剧社(记得有钱千里同志)为我们先"垫"了一个独幕剧,剧名记不起了。演过这个戏换景的时候,著名京剧艺术家梅兰芳先生在大幕前面对我们的演出致贺词。整个剧场顿时活跃起来,气氛非常热烈。从这个地方,我们体会到应先生扶掖后进,花费了不少心血;同时,我们也由衷地敬服应先生在戏剧界的号召力和组织才能确实不凡。

通过《少奶奶的扇子》的演出,我跟话剧活动结下了不解之缘。①

沪江大学华北同学会剧团还演过赵元任的剧本《最后五分钟》,演员有袁凤、陈仁炳和我。赵先生是音韵学家,他把台词都配上了谱。他要求我们按照乐谱的节奏、旋律去读台词。这样演戏确实别有一番风趣。此外,我们还演过谷剑尘先生的《狂风暴雨》。这些戏都从一般的反帝反封建发展到抗日救亡运动上来了。

二

1930年,上海剧艺社演出莎士比亚的著名剧本《威尼斯商人》,应先生约我去扮演阿拉贡王子。在上海演出莎翁的剧本也许这是第一次吧!剧本是顾仲彝同志译的。我记得在这本书的"译后记"中,附有这次演出的情况和演职员名单,可惜在南京没有找到它。

这个戏的演出又一次显示了应先生的组织才能。除了上海戏剧协社的原班人马参加演出外,为了减少演出时的外来干扰,扩大观众的范围,

---

① 吴桢在参与完这次话剧演出后,在《申报》发表了一篇关于应云卫导演的文章,参见吴桢:《我所认识的导演应云卫先生》,《申报》1930年5月26日,增刊第2版。该文后来也收入《戏剧魂:应云卫纪念文集》中,参见杜宣主编:《戏剧魂:应云卫纪念文集(1904—2004)》,应云卫纪念文集编辑委员会2004年版,第175—176页。

应先生邀请了一些"社会名流"的子女来参加演出。饰演女主角的虞岫云（女诗人）是上海大资本家虞洽卿的孙女。此外，资产阶级民主革命先驱人物黄兴的儿子黄一美、上海著名书法家王西神的女儿王天真都担任了角色。别的演员有沈潼、陈宪谟、陈仁炳、耿馨芝等。最近，我在故事片《见面礼》（1949年拍）中看到耿馨芝饰演一个老年妇女，看来这一位业余演员数十年来没有脱离影剧生涯吧！

应先生在导演时多次向我们解说剧本的内在含义和现实价值。演出时，他十分重视舞台效果，对演员要求很严：男演员在公演前一星期不许理发，以免聚光灯下新理发的头部会影响化妆；晚上演出，要求全体演员在下午4时以前到场，化好了妆，安心静坐，不许随便言笑。

三

随着国民党当局在日本帝国主义者进攻面前节节退让，民族存亡问题清楚地摆在每一个中国人民面前了。1933年9月，上海剧艺社为纪念"九一八"两周年，决定演出苏联革命作家屈莱却可夫的剧本《怒吼吧！中国》，应先生亲自导演。这个戏任务多，布景大，服装、道具也很麻烦，演出的费用是可观的。但应先生出于爱国义愤，把他的全部心力都投了进来。

对于剧中人物，他做了审慎周密的安排。剧中的码头工人和革命群众，他叫袁牧之、魏鹤龄、黄煌等上海剧艺社的老演员来担任。剧中的英国舰长、军官、水兵、高等华人和一个被杀害的大学生，则由我们这一班大学生来扮演。我在剧中饰英国海军上尉柯柏，他就是杀害中国大学生的那个凶恶的帝国主义分子。光华大学有个女学生叫徐贤乐，在学校里被选为"校花"。应先生找她来扮演一个只走一个过场、没有一句台词的高等华人妇女。尽管是这样一个微不足道的角色，却给《怒》剧招徕了一大批"义务"支持者。

这个戏群众场面很多很大，应先生精心筹划，精心指挥，表现了非凡的气魄。除了排戏以外，他还亲自指导布景制作与抢换工作。我记得当时的情况是：剧中初次使用了"暗转"的换景方法，缩短了换景时间，加强了剧情发展的紧凑性，演出效果非常好。剧中，当台上演员高呼"打倒帝国主义"等口号的时候,台上台下响成一片,同仇敌忾,十分紧张热闹。

这个戏的演出当时在社会上影响很大。我以为在我国话剧运动史上它应占有光辉的一页。

这个戏演出数场,常常客满,但是支出很大,经济上仍然很拮据。这可难为了后勤总管孟君谋同志。我记得有一天演出结束后,老孟只给每人预备了一碗阳春面。应先生看见了大声叫道:"太不像话!换肉丝面!"可是,老孟只耸耸肩,朝我们苦笑。我们这伙小青年正陶醉在演出成功的喜悦之中,我们觉得这碗阳春面比什么山珍海味都好吃得多!

1934年,沪江大学的这个剧团排演莫里哀的《悭吝人》时,我已毕业离校。剧团找我去担任导演,并且请应云卫先生做顾问。

也是在1934年,应先生为上海清心女中同学排演《黑蝙蝠》。中途,他有事不能去了,他叫我去替代他排演。

这一年下半年,我到了北京,参加了中国旅行剧团的"打炮戏"《梅罗香》的演出。后来,在协和医院工作时,我曾参加这个医院的业余剧团,演出法国讽刺剧《牛大王》,由这个剧的剧本译者陈绵先生担任导演,我在剧中演男主角西公爵。我还为这个剧团排演过《女店主》和另外几个独幕剧。此后,我的舞台生涯就结束了。

1937年抗战爆发。1941年我辗转到达重庆。这时得知应先生和陈鲤庭、陈白尘等同志在重庆建立中华剧艺社,正在上演《钦差大臣》,仍是应先生导演,饰演女主角的耿霞、秦怡都是老友。我在后台找到他们,阔别多年,异地重逢,大家十分高兴。应先生留我在剧团宿舍抵足而眠,彻夜长谈。我发现他虽然清瘦,但精神很好,政治上和艺术上也更臻成熟,只是面色有些苍白,也许是过分疲劳所致吧!

我在重庆住了两年光景,职业工作在歌乐山与沙坪坝,但我对剧艺社的朋友十分眷念,时常进城去看戏,并与应云卫、赵景深、陈鲤庭、章汉文等同志畅谈国事、家事和"戏剧事"。应先生的住处成了当时的一个文艺沙龙。座上常客除剧艺社的朋友之外,我记得还有诗人冯亦代、画家黄苗子、翻译家王语今、朗诵诗人高兰、社会学教授陈仁炳、精神病学专家丁瓒等。陈、丁两位早年都是业余戏剧工作者。

这两年中间,我没有参加中艺的演出,但他们的演出我都看了,像《钦差大臣》《大雷雨》《法西斯细菌》《重庆屋檐下》《升官图》《忠王李秀成》《屈原《棠棣之花》等这样一些优秀的剧目,针砭时弊,干预生活,激发人民抗日爱国的热情,深为重庆人民所喜爱。但我们知道国民党统治集团不会轻易放过他们的。应先生和郭沫若、田汉等各位前辈为了使演出能顺利进行,为了使剧本能绕过国民党官方的审查又保留剧本的原来面目,曾经做了多少艰苦、繁杂的斗争啊!

1944年,我应聘去成都华西大学教书,暂别了重庆戏剧界的朋友。有一天,应先生突然专程来找我。他希望我能回重庆参加《戏剧春秋》的演出。遗憾的是因为许多客观原因,我没有答应他。想不到从此竟成了永别。

抗战胜利后我一直在南京金陵大学教书,全国解放后又忙于机关工作,跟戏剧界的接触少了,和应先生也只能神交了。"十年浩劫"中,听说应先生在上海被"四人帮"及其党羽残酷折磨致死,心头非常沉痛。这篇短文也算是表达我对他的悼念吧!

无边的哀悼：悼亡儿宁庆[*]

宁庆,我失去的爱儿：

在你这短短的 70 天的寿命里,倒有一小半的时间受疾病的折磨。你虽然比你的孪生姊姊小五分钟,可是你生下来时,就有六磅多重,健康而活泼,谁也没有想到你会夭逝。我们在生活重担的压迫下,超出了预算地生下你们这一对双胞胎,不免有些吃惊。然而等到给你们穿了一样的衣服,睡一样的摇篮,盖一样的小毛毯,看着你们的妈妈把你们抱出抱进,我时常把你们认错；你们在隔壁哭叫时,我时常分辨不出那声音是你的,或是姐姐的时候,我真的感到抚养一对双胞儿的喜悦与乐趣。

你们都长得不慢,你的皮肤比姐姐更早变得白嫩了。你的样子比姐姐更逗人,你在 20 天时,有人碰得嘴边,你就会扯着嘴笑。你比姐姐憨,肯睡在摇篮里,睁着眼睛自己玩。我原想着我会偏爱你的姐姐的,因为她是我们的第一个女儿,而且我们老早就盼望着有个女儿了；我原想着我会对你冷淡些的,因为你是我们第三个儿子了。谁知不到一个月,我就开玩笑地和你妈妈说："我到底有些'重男轻女',我觉得我更爱这儿子,他又乖,又漂亮,又好玩。"真的,你的一双眼睛,是四个孩子中最漂亮的了。多么灵活！多么亮！

你的三岁半的哥哥,和两岁的哥哥,相继得了百日咳。我和你妈妈总怕你们也会传染到。可是医生说,6 个月以内的婴儿很少染到这种病。而且你的健康情形一向很好,再也没有想到,你在 50 天时就染上这种病。你在咳得重时,满脸涨得通红,舌尖吐出,有时呼吸急迫,脸都涨得紫黑了。我真无法知道,你那时是多么痛苦,每咳一阵之后,脸便因疲倦而苍

---

[*] 吴桢：《无边的哀悼：悼亡儿宁庆》,《家》1948 年第 36 期,第 240—241 页。

白了,额角上渗出了汗珠。自从你患百日咳的 20 天以来,你的微笑完全消逝了。你的面部表情一天比一天变得更苦痛、更疲倦,而我这做爸爸的心也一天比一天沉重起来。

我们想把你送到医院去,可是医院不会因为你患百日咳而收你的。而且你妈妈也不能分身到医院去招呼你,因为同时还要喂你姐姐的奶。我们也该常带你去看门诊。可是你真不知道这个年头的医生多么忙。他还没有听明白病人的病情,处方已经开好了;他还没有回答病人的问题,第二个病人已经叫进来了。小儿科的医生,都说你这病治不好,没有特效药,只要父母当心,不要让你患并发症,百日咳是不重要的。是的,你真是太小太弱了,什么治疗对你都不合适。经过我们咨询过几位医生的意见后,才决定给你打百日咳预防针。这种针药,据说外国货比中国货的效力大得多。可是可怜的南京城,竟买不到外国药。我们照医生的处方,为你打预防针,可是太晚了,药的效验也差。这种治疗方法竟怎样也挽救不了你的小生命。

最后在 9 月 25 日,我们又听医师的劝告,说你可能开始有肺炎,给你吃盘尼西林药片。那天正下着毛毛雨,我骑着脚踏车,到处去买,竟买不着这种药。我急得去找××医院的副院长,他介绍我们某药房去买,我买到了。我衷心感激,我拿着这三粒以黑市价钱买来的药,满以为是可以救命的仙丹,拿回家来给你吃,可是你已经微弱得吃下去就吐出来。

盘尼西林吃了两天之后,不见转机,我的心又沉重起来。你的脸色铁青,没有痛苦的表情,像是已经尝遍了人间的苦痛,变得呆木了。你偶然睁开两只眼睛,我知道情形不对了。这两只眼睛里,再也没有以往的活泼、伶俐,和几分顽皮了。这两只眼睛是呆板的、凝注的。医生嘱我再去买三粒盘尼西林。我又跑到原来那家药房,可是他们连黑市价钱的药也不肯卖了。我开始愤怒。我又气又急,可是没有办法说动他们,让他们把囤积的药片拿出来,救人一命。我马上到警局去告发他,可是警局因为没有证据,竟未受理。我至今还是痛恨这家药房。

这几天的南京,正是秋风秋雨愁煞人的秋天。我骑着脚踏车,冒着细雨,盲目地在南京市各个药店去询问,去哀求,终于又买到了三粒盘尼西林。我又气愤,又欢喜,喉头像堵着了一包眼泪,骑着车回到家里。

我在 28 日下午 8 点钟喂了你半粒药,夜里 12 时又喂了你半粒。我撑不住疲倦,把你的摇篮摆在我的床前,把闹钟安排在 4 点钟时响,我就去睡了。到夜间 4 点,钟一响,我立即爬起来,把你拖在我的怀里,喂你吃药。你原是很安静地睡着的,把你弄起来,你微咳了一两声。我喂过你药之后,发现你的嘴一点也没有动,我把你抱直,药从你的嘴角流出。我再把脸依偎着你,我才发现你已经停止呼吸了。我真不能相信,你竟在这一刹那,在我的怀抱里死去。然而无情的事实终于说服了我。你的额角上遗留着最后一次与病菌挣扎奋斗的痕迹———一片冰湿的冷汗。你的手脚都冷了。

我仍然抱着你,泪像泉水似的涌出来,我轻唤着你的妈妈。你的妈妈走过来,她没有说一句话。我感激她的镇静、她的节哀的本领,她紧握了一下我的手,我们都情不自禁地失声痛哭起来。

几天来为你奔波,为你忙碌,我没有丝毫感觉疲倦。可是你一死,我像刚刚跑完了一条悠长的艰苦的路,忽然坐在道旁的石头上休息,疲倦得浑身酥软了。几天来,为你焦虑,为你忧伤,简直是度日如年。你一死,我觉得我在一瞬间便衰老了。

我现在才懂得为什么古人说死了孩子是"丧明"。自你死后,我悔恨交加,我再也看不到世界的光明一面,而只看到黑暗的一面。

我悔恨,我不该放弃比较舒适的生活,跑到南京来教书。我为满足我的兴趣,竟害你们这一家人跟着我受苦。我过着这样清苦的生活,一向自命清高,今天才知道这对不顾现实生活的理想者是多么大的讽刺。你爸爸做了大学教授,竟住在两间靠半段隔板隔开的房间里。我简直没有办法把你和姊姊与两个患百日咳的哥哥隔离。

我悔恨,我没有坚持地检举、控告那个为图利而误人致死的药商。我只为了顾全介绍人,怕使他在当中为难,竟把这害了你,也会害千万个急需贵重药品的病人的奸商轻轻放过。这充分表现出我这知识分子的怯弱。

我悔恨,你竟死于可以预防的百日咳。可是在你的两个哥哥患百日咳时,医生竟没有为你们注射预防针;我悔恨,你竟死于可以治疗的肺炎,可是我竟不能在急需时给你买到盘尼西林。啊!宁儿,你并非死于百日咳,也非死于肺炎。你死于不健全的医药制度,死于唯利是图的奸商,死于父母清苦的生活,死于这个乱的和戡乱的时代,你是这个不幸的时代的牺牲者。

你再也想不到我会这样地痴爱你。我为你大声痛哭了不知多少次。我不知道我在可怜你的遭遇,还是可怜我自己的遭遇。你在这短短的70天里,赢去了我的爱,遗给我无边的哀悼。

我不再写了,我的宁儿,你安静地睡在地下吧！你的姐姐还需要我们的看顾呢。

宁儿！我一向倔强、傲慢。然而为了你的死,我第一次在上帝面前屈膝,我为你祈祷,愿你和平地长眠地下！

你的爸爸
10月3日

原编者按:在吴桢先生10月4日上午4时所写的信里,附着这样一句话:"信写好还未发,姊姊又在今晨6时夭亡。"

先父吴振南自传及注释[*]

序

  先父讳振南，字锡九，江苏仪征人，1882年生于扬州。幼年家境贫寒，15岁离开家乡到南京水师学堂学海军。水师学堂毕业后，曾在英国东方舰队所属舰艇上做见习士官，后又在格林威治海军学校学习驾驶及航海天文学等。学成归国，即投身于我国清末、民国和国民政府的海军建设事业。1961年因患肺炎，医治无效，病殁于上海华东医院，终年79岁。
  先父于1902年与先母钟氏结婚，生我兄弟姊妹9人，我排行第五，居中。我生于1911年（宣统三年），2岁时随父就任民国海军部参事到北京，直到1927年先父赴沪就任国民政府全国海岸巡防处处长时，我都是依偎在先父母的膝下，受他们的养育和抚爱。我和兄弟姊妹之间又和睦相处，深感家庭的温暖与幸福。但这十数年正是军阀混战、内战频仍、帝国主义国家不断进行各种侵略的严峻时代，内忧外患，再加上军阀政府的腐败无能，民不聊生，举国上下，无不痛心疾首，悲愤异常，爆发了反清、反帝的革命风暴。先父留学海外，深受西方资产阶级的民主、自由等先进思想的影响，于1911年毅然参加了辛亥革命。孙中山临时政府成立后，委任他为海军部参事官，西北和议后，委派先父赴京任海军部参事，从此以后，先父基本上结束了海上生活，在海军部及全国海岸巡防处任职30多年。先父平生爱国情切，治家谨严；勤奋好学，工作认真；洁身自好，孤芳自赏，从不沾染官场中陋习，杜绝官场中花天酒地的交际与应酬。他的爱好除吸香

---

[*] 吴桢：《先父吴振南自传及注释》，载中国人民政治协商会议江苏省仪征县委员会文史资料研究委员会编：《仪征文史资料》（第六辑），政协江苏省仪征县委员会文史资料研究委1990年版，第26—42页。该文发表时，吴桢为九三学社江苏省委员会主任委员。——编者注

烟、看电影外,全副精力放在教育子女方面。他亲自教我们读英语,演算术,还请了一位饱学秀才教我们学古汉语。他教子极严,但赏罚分明,刚柔相济。他有时也和良友一样对我们讲述他的生平,评论国家大事。1928年以后,我在上海就学于上海美专及沪江大学,先父则忙于全国海岸巡防处的工作,每天往返于上海市区及吴淞口之间;我则住校,每周末及假期回到家里和家人团聚,享受家庭乐趣。在这期间,我和先父的接触逐渐少了。

图 1 吴振南将军(1882—1961)

1934年至1945年的十多年中,时局和环境变化很大,经过八年抗战,我由北京到重庆、成都,从事社会工作的实践和教学,结婚生子,成家立业;先父则躲避日寇的迫害与纠缠,退职闲居在苏州,我与先父完全断绝了联系。1945年日军投降后先父奉命赴沪接受日军的仓库物资,我则随行政院善后救济总署迁回南京,后又调到上海,又和先父共同生活了年余。1947年应聘到南京金陵大学任教,直到1961年3月18日先父于上海华东医院逝世,我和先父虽不断信件往返,但朝夕相处、昏定晨省的机会太少了。他逝世之后,思慕甚殷,他的英武肃穆而又慈蔼仁爱的形象时常萦绕在我的脑海之中。今年3月18日是他逝世28年的忌辰,执笔写他的生平,为他自书的自传做注释,以寄托我对他的哀思。

1981年我曾为江苏省政协文史资料研究委员会写了一篇《纪念辛亥革命七十周年兼忆先父吴振南》,载于《江苏文史资料选辑》第7辑。[①] 因当时我手中掌握的资料有限,写得比较简略,不够全面。现在仪征市政协约我写先父的生平,我谨将我搜集到的先父的《自传》一篇作为主体,参照他自写的履历、生平纪要等六件相互核对,进行整理,分段摘录他的自传加以注释,并附以他的遗照,奉献给乡亲父老参阅,并以勉励我辈后代子子孙孙永远纪念并学习他的光辉榜样。

自传与注释

一、童年—弱冠—而立

余于公元1882年7月生于扬州,父文林,随伯父必禄经营木业于本城南门外,嗣因家庭关系为伯父摈弃,遂独自开设义茂材板店于扬州城内左卫街以糊口。母蔡氏生我兄弟姊妹九人,平素持家虽极勤俭,但以食指日繁、耗费日增,经济方面极不宽裕,余自六岁起至十五岁止,均在本城私塾读书,对于汉文稍有基础。(摘自《自传》)

桢注:我对先祖父一辈的情况不甚了解,先父也少谈及,但他偶尔流露出幼年时家境很困窘。先祖父在我大约2岁时病逝。先祖父在世时不善经营,吴义茂材店亏损殆尽,负债累累。他逝世后,遗给先父大笔债务和店面房产。先父承担偿还债务的责任以保留老家的房产,因此,他背了多年偿还债务的沉重包袱,保留下的房产则分给老家里的许多穷困的亲友居住。我9岁时曾为先祖母祝寿回到扬州旧宅,见到那座旧宅深有五进,数十间房,还有花厅、店面、大仙楼、晒台和长长的两条火巷,房子虽大,但给我的印象却是破落、阴沉和衰败。

先父于1912年和我的兄弟姐妹在北京独立生活,对老家的亲友经济上给予接济,但生活不在一起,先父离乡数十年,即使在抗日战争、解放战

---

① 吴桢口述:《纪念辛亥革命七十周年兼忆先父吴振南》,江君谟笔记,载中国人民政治协商会议江苏省委员会文史资料研究委员会编:《江苏文史资料选辑》第7辑,江苏古籍出版社1981年版,第98—110页。——编者注

争的动乱时期也从不想回扬州暂住,我理解他的心情是避免触景生情,勾引起童年时代的窘迫困境。

二、勤奋求学 海外深造 学成归国 为国效劳

时闻南京水师学堂招考新生,并以录取后除膳宿书籍一概免费外,可由公家给零用数圆。当即乘轮赴宁报名投考。榜发后,幸被录取,分入驾驶班学习英、算、天文、航海等课。修业届满,历时五年,毕业考试,获列一等。除由江督(两江总督)奖给五品功牌,并派登南洋水师寰泰练船实地见习(1901年10月)。一年半后(1903年)改登北洋通济练船实习一年。毕业后由南京水师学堂调充驾驶三班教习。未几,因江督端方与英政府商妥,准派中国海军见习士官六人(注:据池仲祜《海军大事记》载:"光绪三十年[1904]3月,南京派吴振南、朱天森、沈梁、蔡朝栋、方估生、王光熊等六人赴英国军舰留学。"),定期二年,当由南京水师学堂遵照遴选。我为求学深造计,自动参加,亦得与选。我留英国东方舰队二年,其间有一时期曾随英舰"安都如米大"号舰经苏伊士河驶往英国,抵达后改登英舰"特列波罗"号驶绕大西洋好望角回至香港根据地,经此长途航行,技术方面获益不少。

图2 辛亥革命前的吴振南(右一)

期满回国由海军统制萨镇冰派充建威巡舰帮带大副。未满一年(注:光绪卅三年,1907年冬)复因清政府与英政府商妥,得由中国派遣海军少尉六人(注:六人为吴振南、毛仲方、林国庆、朱天森、许建廷、王传炯)前往英国格林谓渠海军大学普斯茅斯枪炮学校及勃烈茅斯领港学校学习高等

技术，我以年未而立仍可求学，故亦自愿辞去帮带职务，请求派往，以期深造。时为公元1907年，计我此次留英共历二年。卒业回国，充北洋海军通济练船教练官。所教见习士共计有两班。一为南京海军学校毕业生陈绍宽等十二人，一为烟台海校毕业生朱天昌等十八人，所授课程以实用航海天文、枪炮、鱼雷等为主要科目，而以帆缆、船艺为次要科目。

未几(1909)，清廷复兴海军，设立海军处于北京，我被调充海军处三等参谋官兼军制司驾驶科科长等职。未满一年复回海口服务，调充楚观舰舰长。

桢注：先父在这一段时间里（从1897年他进水师学堂，到1911年他当楚观舰舰长率舰起义参加辛亥革命时止），是他奋力学习、图报国家态度最勤奋、精神最旺盛、斗志最昂扬的15年。他在英舰实习和留学英国海校，都是很艰苦的，但又是他主动要求和争取的。他最引为自豪的壮举是渡红海，绕道好望角，回航香港的一次长途舰行。他最得意的事是去英国海校学习的成绩优异，受到英国教习赞赏而扬眉吐气的情景。他后来在抗日战争时期，眼看着中国海军在甲午战争受挫后，一败涂地、无力抗敌的惨状，慨叹："日本海军中不少知名将领是与我一样曾在英国海校留学的。他们人才并不出众，但在日本海军中便能大显身手，而我在中国海军却无所作为，不战而败。弱国的人才不如强国的庸才，怎不令人沮丧？"

先父为人正直，他当教练官时，对所教的见习士官十分爱护，他对陈绍宽极为赞赏，经常对我们夸赞陈的才能与胆识。后来陈绍宽当了海军部长、海军上将以后，先父对陈仍很尊重。

三、辛亥革命前后

当武昌起义时，我舰（楚观）奉萨统制命巡弋南洋，驻泊汕头，叠奉急电，兼程赴长江以厚兵力。抵南京后，情势突变，南京城门全日关闭，江南情形亦告紧张。我乃与驻防南京镜清军舰舰长宋文翙等密商起义，加入革命军，经全体舰艇艇长及员兵等一致赞同后，遂于辛亥九月初七夜齐驶镇江。翌晨，该处人民见江泊革命军舰艇十三艘，欢跃若狂，军声大振。当由镇军军政府林述庆派人来舰欢迎，并举行海陆联席会议，由全体舰艇长投票，举出宋文翙为司令，我为镇军海军处处长。当赁大观楼客栈为办公室，以招商局之疍船为旗台，布置就绪后，开始计划海陆联合进攻南京，遂于10月12日克复。我亦率同全处人员移驻南京。迨临时政府成立，内阁组成，我由临时大总统孙文委充海军部参事官，至南北议和告成，政府北迁，我被派赴南京接收清政府档案，并于正式政府成立后，改任为海军部参事。

桢注：先父的自传对他参加辛亥革命的前后所述甚详，也极为生动。我查阅他的手书底稿，发现他在奉萨镇冰统制之命从汕头赶回南京后的情况的叙述中删去了一段，我觉得这一段很重要，补录如下："抵南京处煤已不足，故入城谒见江督（端方）请予接济，并请示机宜（即请示清廷如何应付革命军），而江督对于煤粮接济既无肯定答复，对于江面，则以安靖无事为言，观其语气，对于我舰驻泊下关似嫌多事，并于辞出时以汉阳全境克复相告，态度似甚乐观，孰料翌日（下接情势突变……）。"这一段说明清廷上层官员的昏聩无能和战情不明。其时，萨镇冰与先父是为了"厚清军的兵力"而驶回南京的。谒见江督是为了要求接济煤粮，并请示如何抵御革命军的机宜，谁知端方竟因无力接济粮煤，拒绝了海军士兵的"效忠"之情，激起了13艘军舰的毅然易帜起义的决心，促进了克复南京的革命胜利。

先父到北京就任海军部参事以后，把他从事海军部部务工作和全国海岸巡防处的工作，分为三个阶段作传，兹按他的分段摘录并注释如后。

四、担任海军部部务工作的第一阶段（1912年2月至1927年7月）

当南京临时政府成立后，海军同人曾共同组织一海军协会，从事研究技术以供革新海军之用，在南京开成立大会。由海军全体同人公推我为海军协会会长，并在北京设立海军杂志社，出有海军杂志月刊十余期，嗣为海军当局所忌，下令取消，遂告结束。是年十二月政府授官条例颁布，授我为海军上校。民国二年（1913）10月兼充军衡司司长，三年（1914）五月升授海军少将。十一月兼充外交部保和准备会会员。其时，北京政府因我国业已参加第一次世界大战，故设立高等捕获审检厅于北京，我任评事，并兼预开庭，宣布没收德、奥大小商轮七艘。

当1916年海长程璧光意欲广植海军人才，制订新章公布招考。为普及全国，不使向隅计，由部咨请各省先按部章考选优秀青年。及格者备文送沪复试，以定去取。在上海设立海军学生考选委员会，派我为主任。我奉命后率同部员十余人赴沪办理，计各省选部复选来沪报到学生约950人。我以公开招考海军学生，此次为创举，故一秉至公，遵照部定年龄、体格、学历严格选取，宁缺毋滥。所有各省要人、亲朋僚友之介绍信均封存一箱，概未启示。结果录取100名。当由海军部派船送往烟台海军学校肄业，唯因烟校教职员管教方法率多陈旧，师生之间不相融洽，三年之中，因事被开除者固多，自行退学改图者亦不少。卒业时仅有三分之一。且此少数成材，亦多分投广东及东北等处，其留归中央海军分派各舰仅闽籍者数人。斯亦我生平之憾事也。

1918年十一月我被派赴法国充任参加欧洲和平会议专门委员，于1919年四月在巴黎开幕，当时派有特使，莅会之弱小国家虽众，但除于开大会时被邀出席外，其他小组会议，则列席者仅为英、法、美、日、意五强之代表，且在最后阶段，则只有英法两国。当时英法两国战胜之气焰甚高，欲望亦大。除关于本身利益图遂所欲外，所有拉拢弱小国家参战之诺言均置脑后。故对于弱小国家之各项提案殊未重视。1918年1月8日美总统威尔逊所发表之"十四点"即是企图消除资本主义矛盾之一种狂妄的提示，亦因会议为英法的操纵，未予采纳。故美国对之极表不满，于是退出欧洲，并拒绝签字于凡尔赛条约，及加入"国际联盟"。至若我国之山东问题，处理尤失公平。结果，此条约，我国特使陆徵祥拒未签字，成为悬案。我对此事，至感愤懑，故未待闭会，即请示返国。

桢注：先父在民初就任海军部参事之际，对于改革海军旧制，复兴海军的事业抱有极大的希望。他任海军协会会长时，满腔热情地从事出版海军杂志，介绍海军军事技术，宣传建设海军增强国防的重大意义，但在办了十余期之后竟为海军当局下令停办。此事给予先父的打击极重，他在另文字《自传》时写到此处，戛然而止，其愤然投笔而起的情景如在目前。他的同窗老友杜锡珪，在他担会长时也抱了很大希望。

先父的海军学识很深厚，对教育、培养海军人才的愿望至殷。他对考选、教育、使用海军生员寄以极大的希望，执行部颁规定，最为严格，大公无私，不徇私情地从900多考生中考取了百余人。这样公正的"考官"，不仅在当时难能可贵，即在当前也是很少见的。然而结果却因为教学制度、教学方法的不健全以及海校内部的矛盾，海军舰队的派系斗争，卒使国家浪费国帑,先父枉费心机,培养出的"成材",不能起应有的作用,诚先父一生中之憾事也。

先父参加巴黎和会的时候,我已是八岁的幼童了,已经懂了点事。但我记得:他从巴黎回来时,带回不少用步枪子弹、机枪子弹、铜币等制造的各种玩具和打火机、潜水艇等,至于他因国弱受辱,愤然归国的愤懑心情则我完全不懂,我读了他的自传,才知道"弱国无外交""强权即真理"的含意。

五、海岸巡防处处长工作阶段——担任海军部部务工作的第二阶段(1927年至1937年)

1926年我因奉命来沪调查海道测量局全体职员控诉局长许继祥之案件。未几,由海军总司令杨树庄留我在沪办事。1927年,政局变更,杨总司令派我充全国海岸巡防处处长。办公室设在吴淞,所属有东沙岛气象台一所,厦门坎门嵊山报警台一所,专管报告气象及海上遇难船只发出求援之信号。此外,在编制上只有200吨以下之炮艇十二艘,唯在实际上,此项炮艇仍系直属于海军部,巡防处并无调遣之权。我管此职几近十载,除东沙岛及其他各台对于广播台风预报,尚属勤恳,海上船只咸称便利外,关于海上之公安方面,则因调动船只之权操之海部,以致海面船只遇有意外之事发生时,须报由海部派船往救,往往辗转费时,未能立即有船驶赴出事地点予以营救,坐失良机、成绩殊少。

迨"八一三"(1937)之前夕,我奉命率全处及附属电台人员由淞退入沪市海军联欢社继续工作。至是年十二月底,奉命裁撤,未几,上海沦陷。妻病殁,儿女多往内地工作,我为减轻生活费用计,迁居苏州护龙街闾坊青莲庵43号。

桢注:先父在全国海岸巡防处工作了十余年,是他在海军部工作官阶地位最高、海军专业水平要求最高、行政经验最成熟的,但也是他最不愉快、最不舒畅的时期。其时,海军部部长是他的学生,又是他的顶头上司陈绍宽。陈是海军闽派系统的首脑,人很精干,但有些专横,对先父不够尊重,使先父有职无权,文中所说的12艘炮艇,编制属巡防处,而竟无调遣之权,先父甚为不快。在这10余年中,先父还曾因海道测量局局长吴光新被刺身亡,由先父兼代其职。海道测量局也是技术水平要求很高的单位,有位英国专家在那里作技术顾问,因陈绍宽对他骄横无礼而辞职回国。他曾对先父说:"你的这位学生太骄傲了!"

日本侵略者发动了"八一三"事变以后,上海沦陷,先父因避免日、伪的侵扰,隐居在苏州,身边只有我长姐一人侍奉在侧,生活费用除一部分由重庆政府海军司令王寿廷负责与先父联系,按月给予补助外,先父的生活极为困难,常靠典当度日。1945年日军宣告无条件投降时,先父正好卖了最后一只金钗——先母的遗物。

六、接受敌日海军机构投降为第三阶段(1945年至1947年)

1945年胜利后始返沪。时海长陈绍宽意欲派我往粤接收日寇海军舰艇仓库,缘日寇海军因接到美海军拟于十五日晨开始代中国海军接收之讯,愿直接交由中国海军接收,以免美军代庖,而省周折。当局遂允如所请,立即派我率领海军员兵200余人接收日寇舰队司令部、陆战队司令部、军需部等首要机构,并于该舰队司令部举行受降礼,是时余心情愉快,难以言宣,实不料此接收事务为我生平最感艰辛之工作也。我于开始接收后,始悉日海军于占领期间所储藏物资数量至巨,计共有仓库400余所,单位70余所,而海军当局派交遣用之员兵最多时亦不满500人。事繁人寡,殊难分配,如欲按照日寇原册逐项清点,绝非一时所能办清,故将全部工作分为"接收""点收"两步进行。即仅由我军员兵每日分班率同日寇联络官出发,前往日海军各单位或仓库,由日人按照清册说明物资概况,俟我军负责人察看了解后,即加封上锁,而临时看守保管之责,则仍由日军人员负责之。警卫之责则由我军酌量情形派驻员兵负责之。此第一步之"接收"。如已由我军派员按照日寇原始清册,将其交出之单位或仓库物资点收完毕,则日人看守保管之责即可解除,往日俘集中营待命。此第二步骤之"点收"。但事实上,我军于完成初步接收手续后,即遵照伪行政院令,除将日寇军火武器留归自处外,其他仓库物资均移交江海关点收。我对此项处理工作最感困难者即日寇所遗不良炸药之处置问题,因此项炸药600余吨,日本于投降前曾为避免飞机轰炸计,化整为零,分置市内各仓库,如造币厂一处即有深水炸弹1600枚之多。据日人云:此项炸药原系匆遽制成,送往战地应用。其中之重要成分硝酸一项,未及滤清即已用入。如果随到随用,本无不可,但战事结束已历数月,如再搁置,不予处理,即有发生爆炸,殃及全市之虞。而处置该药,除用驳船运往外海深处抛弃外,别无办法。此项任务,日房愿为担负,且请从速施行,免致发生危害。我以此项不良炸药数量既大,所值亦巨,日人之言虽近情理,但未经验明,即予抛弃,未免可惜。当指示海军总部,派军械处人员检验,而该处人员则以仪器散失、无法化验为言,且谓此项炸药多系成品,割裂检验亦不可能,旋以陆军方面亦有少数不良炸药,正由军政部兵工署派员检验,故请并案办理,结果验明属实,上峰准予抛弃,从请示至奉准经过时间,已逾半载,其时,日俘已全数遣还,而各处药库爆炸亦时有所闻,故于奉准后,立由海军选派员兵,并雇用杠夫数十人、卡车多辆,每日由各仓库将此项不良炸药运至复兴岛装上驳船,再用小汽轮带至吴淞口外远离航线之深水处抛弃之。工作月余,始克告竣,且获顺利完成,并未发生重大事故,总算侥幸之至。余于1946年2月呈请退役,并于同年10月将接收业务交代清楚后即退职家居。

桢注:先父在1945年办理接收日军物资仓库期间,正值我也在上海救济总署工作,得与先父同住在保定路的"官邸"。其时,先父已是63岁高龄,但精神极好,办理此事极为认真。每天着军衣便装到白渡桥边办公室坐镇,亲自处理若干具体事物,废寝忘食,吃尽辛苦。诚如他说的,从未想到这事如此复杂。他在这段时间,真正发扬了他公正廉洁、公而忘私、勤劳认真、一丝不苟的工作精神和高贵品德。我和他同住在保定路"官邸"时,发现院落极大,建筑非常华丽,但所用家具都很简陋朴素,实用而已。他一旦辞退工作后,即将住宅上缴,迁到四川北路、山阴路兴业坊的一般弄堂房子里。

先父到上海,突然从赋闲的平民一跃而成"接收大员",亲友同僚,甚至有些日方士官也来请客送礼,请求"关照",但先父均婉言谢绝。难得的是他拒绝得如此潇洒自若,毫无装腔作势、令人难堪之处。

这一段自传中,先父以巨大篇幅写了处理危险炸药的事,读后感慨丛生。从处理过程中,可以看出最积极要求处理的是一部分日军士官,固然他们怕负责任,但更重要的是他们有见义勇为、当仁不让的素质。而中方最积极的是先父和部分海军士官,而陆军方面、军政部兵工署方面则互相推诿,拖延不办,官僚主义作风非常严重。

七、退役以后(1947年至1952年)

1947年十月奉到除役令。于1949年九月上海解放后,曾受交通大学之聘,担任该校管理学院航管系航海天文主任教授一学期。翌年因病辞退。回溯余自民国临时政府北迁以后,供职海军部15年之久,叠经袁氏称帝、张勋复辟及奉直、直皖等内战,民生凋瘵,库存如洗,殊觉从前推翻满清,冀中国转弱为强之希望已成泡影。迨1927年国民革命军到达北京、南北统一后,以为昔日希望又可实现,讵料南京政府成立后,目睹蒋帮所为,比诸北洋军阀有过之无不及,以致国事蜩螗,外患日逼,引领前途,不寒而栗。日本投降后之翌年,即1946年初,海长陈绍宽被迫辞职,海军政权遂归陆军掌握,蒋帮之植党营私,于此益显,余遂以年龄老大呈请退役,脱离海军。当上海解放之初,余见政府对于各项新政设施,积极进行,不遗余力,顿觉颓废局面焕然一新,私衷敬佩,已难言宣。

今观中国共产党以卅年艰苦英勇之奋斗,以马列主义与中国革命实践之联系领导中国人民推翻封建主义、官僚资本主义之统治,并将帝国主义之侵略势力驱除净尽,将一半封建、半殖民地之中国改变为独立、统一、自由之中国,现正进行新民主主义,并按照政协条文《共同纲领》逐一实现,进而为社会主义以至于共产主义。近一年来,又因发动抗美援朝之正义战争,屡挫强敌,军威大振。将来中国不但可以自给自足,永息战争,且可追随苏联之后,协助各国之无产阶级由资产阶级之压迫中解放出来,造福人类,功莫大焉。我愿在毛主席领导之下、中国工人领导人民统一战线中,遵照着《共同纲领》前进,做一自由幸福之人民。

桢注: 先父所字书的传记当在抗美援朝初期,1951年前后。先父在解放以后,心情比较舒畅。他原以为曾做过国民政府的特任官,又有海军少将的军衔,人民政府是不会轻易放过他的,但经过长时间的考察,人民政府对他很宽容,他很受感动。1950年的抗美援朝,打下了美帝的威风,使他十分兴奋,深切体会到中国人民站起来了,国际的威望高了,这是他一生中企盼最殷的了。他在写毕这篇自传后,不久突然接到上海市政府给他的聘书,聘他为上海市政府的参事,陈毅同志的签名盖章赫然在目,他见了之后,热泪盈眶,深感人民政府对他的信任、给予他的殊荣。后来,他为了努力学习,加强改造,参加了民主党派——"民革"。1961年他在病危时,党和政府安排他住在华东医院,享受高干待遇,更加感激党,感激人民政府。1961年3月18日先父逝世,追悼会隆重举行,宋副市长主持,陈毅同志亲自参加,悼词也对他做了肯定的评语,肯定他毕生从事海军工作,热爱祖国,热爱社会主义,努力学习,积极要求进步等。可惜他听不到悼词,否则,他将含笑于九泉之下的。

我在为江苏省政协《文史资料选辑》写的悼念他的文章中,引用和注释先父在1941年写的《六十述怀》。① 现在我再以他在1951年写的《七十述怀》摘录于此,作为他的自传的结束语:

　　　　江城历劫十年前,集体称觞废绮筵;
　　　　周甲人同留瓜印,劈笺挥洒碎还联。

　　　　凯唱声中意气扬,江头降寇集中忙;
　　　　物资亿万空储备,八载侵华梦一场。

　　　　昏昏稀岁隙驹过,鼎革欣逢奈老何;
　　　　只为今人朝气足,颓思独我觉犹多。

　　　　览揆昌期景象新,家人围坐酒频倾;
　　　　况求撙节供捐献,老寿于今最热情。

一九五一年八月十九日即辛卯年七月十七日书寄予吴桢、宝媛伉俪留作纪念。

桢注:以上所录系先父在他过70岁整生日时写的四首七绝,题为《七十述怀》。第一首记他在60岁整寿时与亲友聚餐,写《六十述怀》时的情景;第二首记他在1945年接受日军投降又接收日军仓库、物资的心情和感想;第三首写过去10年的变革,青年人为之欢欣鼓舞,他也受到感染,但自叹年已老了;第四首写他70寿辰之日,正是景象日新的好时光,家人团聚祝寿,还要考虑节省开支为抗美援朝的胜利供捐献。这四首诗权作他写的自传的总结。

---

① 吴桢口述:《纪念辛亥革命七十周年兼忆先父吴振南》,第98—110页。——编者注

成都市 30 个犯罪儿童的研究[*]

序

关于犯罪的实地研究(限于成人犯罪的)在我国已经有人做了好几个,比较好的恐怕要算严景耀的《北京犯罪之社会分析》、周叔昭的《北平一百名女犯的研究》,和汪龙的《江苏第一监狱监犯调查之经过及其结果之分析》。至于以个案方法研究犯罪的儿童在我国恐怕尚没有人做过,卢女士的这一篇得视为创举。物以奇为贵,因此我们把它刊印出来,以供诸同好,或者可以借此以引起大家对于这个问题的兴趣和注意。但因为是创举,故所用之方法和所得的结果当然难免没有缺陷之处。关于这一

---

[*] 卢宝媛:《成都市三十个犯罪儿童的研究》,金陵女子文理学院社会学系1939年版。卢宝媛(1917—2016),吴桢夫人。1917年10月出生于湖北汉川。1935年在南京金陵女子大学文理学院主修社会学,辅修音乐,1939年毕业。1939年至1942年,于江津私立懿训女中任教师,教授英语和音乐。1942年至1944年,先后在成都女青会、重庆中央卫生实验院工作,任干事等职。1944年至1948年,先后担任华西齐鲁二大学联合医院社会服务部主任、四川省立幼稚师范学校教师等职务,并于1949年4月加入中国民主同盟。1948年,任南京金陵大学文学院办公室英文秘书。1949年至1957年在南京基督教女青会工作,任干事,代理总干事。1957年6月至1969年12月,在民盟南京市委员会机关工作,担任组织部秘书。1969年12月至1974年,下放盱眙县河桥公社。1975年5月退休,落实政策后改离休。1985年7月,任南京基督教女青年会副会长。该论文为卢宝媛在金陵女子文理学院社会学系的本科毕业论文,由金陵女子文理学院社会学系于1939年12月作为社会学系刊物印成单行本发行。在单行本发行的同时,时任金陵女子文理学院社会学系主任龙冠海将10篇社会学系学生的毕业论文报告汇编成《社会调查集刊》(上、下),由金陵女子学院社会学系于1939年12月出版发行。这10篇毕业论文是:马必宁的《成都慈善机关调查》、蔡淑美的《成都保育院难童调查》、孔宝定的《成都市市立第一游民教养所流浪儿童之研究》、卢宝媛的《成都市三十个犯罪儿童的研究》、魏贞子的《成都地方法院刑事罪犯案件的分析》、萧鼎瑛的《成都离婚案件之分析》、刘臻瑞的《成都市妇女社会活动调查》、李秉贞的《成都市牙刷工业与其工人生活概况调查》、刘寿珍的《华西坝各大学工友调查》和冯家雯的《成都五大学基督徒学生暑期乡村夫妇团之研究》。《社会调查集刊》(上)中的卢宝媛的论文被收录于《民国时期社会调查丛编·一编·底边社会卷(上)》(第2版)中,2014年重印出版。参见卢宝媛《成都市30个犯罪儿童的研究》,载李文海主编:《民国时期社会调查丛编·一编·底边社会卷(上)》(第2版),福建教育出版社2014年版,第145—163页。——编者注

层，作者在本文第一章里已经说到。还有一点，就是做这种研究，个人以外的材料（即旁证的材料）之搜集也极关重要。但因为种种困难，这次的调查却未曾得到，这是很可惜的。我们希望继起研究的人能够完全运用个案研究中的各种手续，以期得到更正确的材料，使我们对于本国的这个问题得到更深切的了解。儿童犯罪的问题是跟着家庭的破裂、经济的压迫、教育的缺陷，和都市的发展而增加其严重性的。这个问题在我国此后恐怕有趋于严重之可能，这是研究社会问题者的好机会，我们应当好好地准备，以对付这个问题的来临。

本文原附有许多有价值的和有兴趣的照片，由犯罪的儿童拍来的，以说明他们偷窃的技术、他们游玩的地方，和他们在游民习艺所中的生活状况等等。但因为在成都铜版不容易制，故不得不完全牺牲之，这于本文是一个很大的损失，实在可惜得很！

龙冠海附识
1939年12月于金女大社会学系

自　　序

犯罪儿童在成都是个非常严重的问题，为了引起社会上一般人的注意，作者特别选择这题目，取材于本地的犯罪儿童，作一番研究的工夫。

我国关于儿童犯罪的材料很不容易得。本文的研究幸得成都市警察总局司法科赖科长的帮助，供给材料；又得游民习艺所黄所长及管理人员的合作，让作者到那里去做实地研究的工作，实在感激，在此一一鸣谢。

本文在万分忙碌中脱稿，疏忽不完全和错误的地方极多，幸得本校社会学系主任龙程芙博士和论文指导周励秋教授多方面鼓励和指正，给作者不少有价值的提示，使本文得以完成，万分铭感。

此外，对于一切关心本文和曾经帮助本文的亲友都在此表示感激。

最后，希望各位读者指正。

1939年5月　卢宝媛　于成都华西坝金陵女大

目　次

第一章　绪论
　　第一节　研究的动机
　　第二节　研究的范围
　　第三节　研究的方法
　　第四节　研究的困难

第二章　犯罪儿童的社会背景
　　第一节　犯罪儿童的家庭
　　第二节　犯罪儿童的社区
　　第三节　犯罪儿童的交游

第三章　犯罪儿童的职业与教育
　　第一节　犯罪儿童的职业
　　第二节　犯罪儿童的教育

第四章　犯罪儿童的身体与心理
　　第一节　犯罪儿童的健康情形
　　第二节　犯罪儿童的智力
　　第三节　犯罪儿童的态度
　　第四节　犯罪儿童的人生观

第五章　犯罪儿童的狱中生活
　　第一节　犯罪儿童在法律上的地位
　　第二节　犯罪儿童入狱的手续
　　第三节　监狱中的犯罪儿童
　　第四节　犯罪儿童在狱中的痛苦

第六章　结论
　　第一节　治标的——怎样改造犯罪儿童
　　第二节　治本的——怎样预防儿童犯罪

表次
　　第一表　犯罪儿童的年龄分布
　　第二表　犯罪儿童的父母现状

第三表　犯罪儿童的籍贯分布

第四表　犯罪儿童的职业分布

第五表　游民犯罪习艺所儿童生活日程

第六表　拟感化学校活动日程表

第一章　绪论

第一节　研究的动机

关于犯罪儿童科学化的研究,在欧美各国已有近百年的历史,除做理论的研究外,还有有效的实施办法,以防止已犯罪儿童再犯,或预防未犯罪的儿童犯罪。在美国执行这类工作的机关有 home of refuge、probational office、child guidance、juvenile court、reform school,凡属有问题的儿童都要想法来研究或矫正。① 像这一类的机关中国尚没有,原因并不是中国没有问题儿童,就各方面的观察,恐较美国的问题儿童更多,而是因为没有人用科学方法来研究这问题,没有人注意问题儿童。

作者每次翻阅书报杂志,总欢喜注意关于犯罪儿童的报告和著作,对于儿童犯罪行为的研究十分感觉兴趣,只是没有机会接近一般犯罪儿童。

这次得有机会到成都来,常常看见街头巷尾闲荡着的褴褛孩子们,三五成群,有的手中还拿着几包纸烟,在人行道上兜生意,有的就是干脆行乞,或假装行乞,乘行路人不防的时候,将手伸入他们的衣袋里去,摸出来的东西用"接力"的方法立即传到老远的地方,遮蔽旁人和警察的眼睛。这类事情的发生常在热闹的街道和人多的地方,警察所能顾及的不过十有一二。作者因好奇心的驱使,觉得这般儿童的行为动机很值得研究,他们的背景和现状也很引人入胜。

犯罪儿童散布在人群之中,对于社会直接间接都有很大的影响,他们的行为不论是在学校,在家庭中,在邻里中,或在游戏场中,都足以使别的正常儿童无意地模仿,它的结果是不堪设想的。儿童在幼年时代应有常

---

① S. Glueck, E. T. Glueck, *One Thousand Juvenile Delinquents: Their Treatment by Court and Clinic*, Cambridge: Harvard University Press, 1934. ——作者 & 编者注

态的生活和正常的环境,将来才能有正常的发展,才能担得起做国家主人翁的责任。

从社会学的观点看来,犯罪儿童不是生来就犯罪的,他们的犯罪行为是受了环境影响的结果,所以他们自己并不能负全部犯罪行为的责任。犯罪行为既不是与生俱来的,社会就当为他们负起纠正行为和改造习惯的责任来。在改造他们之前,必须要明了各个儿童的行为的特殊性;要明了他们的特殊性,则非个别的研究各个犯罪儿童不可,对于各个犯罪儿童有了相当的认识以后,才得言感化和改造。①

第二节　研究的范围

成都市的犯罪儿童很多,但是没有方法将他们每个都找到。他们没有一定的住址,也没有一定的聚集地方,活动的范围很广,而没有一定的区域,有时甚至于超出成都,到别的县城中去。在空间上不容易找到他们中间的每一个,在时间上也不容许将每个犯罪儿童找来做详细的研究,同时分析他们的行为;所以在短时间内若想研究全成都市的犯罪儿童,显然是办不到的事。因此本文不得不将研究的范围缩小,仅就目前所能得到的可靠材料做一番分析的工夫,而由此推论及普通一般犯罪儿童的行为,和对于他们的救济办法。

本文所研究的30个犯罪儿童,都是因犯罪由警察逮捕而送入游民习艺所的,其中没有女孩子,全是18岁以下的男孩。兹将其年龄与人数分布列表如下:

第一表　犯罪儿童的年龄分布

年龄	人数
8	1
9	0
10	1
11	4
12	4

---

① 张少微:《儿童犯罪之性质观》,《东方杂志》1936年第19期,第97页。——编者注

续表

年龄	人数
13	5
14	5
15	4
16	4
17	2
总数	30

其中 13 岁的和 14 岁的儿童最多,共有 10 人,占总数的三分之一。

本文取材的范围可分为四方面:

甲、犯罪儿童的社会背景,从其中分析犯罪的原因。

乙、犯罪儿童的教育背景和职业背景。

丙、犯罪儿童的狱中生活。

丁、犯罪儿童的态度和身体现状。他们的态度又可分为对于犯罪的态度、对于游民习艺所(30 个儿童被禁锢的地方)的管理的态度以及对于作者和作者所用的方法的态度。

第三节　研究的方法

谈到研究犯罪儿童的方法,首先应该提出一个问题:什么是研究犯罪儿童最理想的方法? 现在欧美学者所采用的一个最新的方法,就是个案法和统计法的合并,其收集材料用个案调查法,而结果的呈现则用统计法。William Healy 以为统计法不能告诉我们整个的故事,除非用精密的个案方法搜集材料,Glueck 和 Fernald 都前后采用此法以完成他们的巨著。① 作者也深信这是调查犯罪儿童最完美的方法,尤其是用在中国。中国一般人对于社会调查工作多半尚不明了,在填表格时往往虚报或不报。而且中国普通人的知识水准都不高,文盲在各等人中普遍地存在着,即使是利用表格调查,也需要人代替他们填写,和个案访问法同样的花费时间,而得不到个案访问法所能得到的正确答案。

---

① 周叔昭:《北平一百名女犯的研究》,《社会学界》1932 年第 6 期,第 33 页。——作者 & 编者注

作者研究这 30 个犯罪儿童是以个案访问法为主,而以观察法为辅。在访问之先,从警察总局当局找出各个犯罪儿童的卷宗(里面存有凡关于此犯罪儿童的文件、开审记录等),从那里得着一些儿童们犯罪的线索,作为访问谈话的根据,防备犯罪儿童们在被访问时说谎。在做访问谈话时,被访问的儿童和作者独处一室,离其他的建筑都有相当的距离;监督谈话的所内职员坐在隔室,不被儿童看见,免得他不说真话。作者在开始研究之前为他们开茶话会,使他们认识作者,取得他们的同情以后,和他们工作毫无困难。

除用个案访问以外,在犯罪儿童工作时或团体活动时也兼用观察法。游民习艺所的设备、犯罪儿童的狱中生活也是由观察而得。

第四节　研究的困难

在研究工作未开始之先,要求得机关当局管理人的理解和同情,是非常不容易的事。作者花费了相当长久的时间去求得当事人的信任和同情,用各种方法表明作者研究的目的,是在取得犯罪儿童的背景加以分析,而无意于干预当事机关的行政,经过许多次的周旋,才得到"试试看"的答复。

由卷宗内得来的材料十分不可靠,固定的材料如人名、年龄、逮捕日期等都会载错,所以卷宗所能供给的线索实在是很有限的。

还有,犯罪儿童在被审问时的供词的真实性也很小,所以审问记录中所记载的往往与事实不相合。作者在取得犯罪儿童们的信任心以后,让他们各人叙述自己的故事;许多儿童在讲完故事以后说:"我不哄卢先生,我在局上供的是假的。"可见卷宗所能供给的一点材料也不可靠。

使犯罪儿童们说实话并不是本文进行中最大的困难之一,然而也不是绝对没有说谎话的。避免犯罪儿童说谎话的方法有几种[1]:

甲、将谈话的环境弄得极舒适,丝毫不要使被访问的犯罪儿童感觉到拘束不安,使得他找不出理由来说谎。

---

[1] P. V. Young, *Interviewing in Social Work*, New York: McGraw-Hill, 1935. ——作者 & 编者注

乙、访问者的态度要自然而坦白，对于被访问犯罪儿童的答案不要显露出吃惊的样子，若无其事地平淡处之，使被访问者无意中说出所要的材料。

丙、问题不要太多，以免引起被访问犯罪儿童的反感，而拒绝给予真实的答案，故意以谎语搪塞。

丁、不要给被访问犯罪儿童以说谎的机会，随时弄清含糊的答案和不清楚的答案。

戊、让被访问的犯罪儿童首先知道谈话的目的何在，使他信任访问者。

己、对于与犯罪儿童们所谈的话绝对保守秘密，以加强他们对于访问者的信任心，使他们觉得没有说谎的必要，而随时能得到真实的材料。

庚、对于谎语以反问或兜圈子的问句辩驳，但态度不可过激，若当时得不到真实的答话，暂时改换谈话的题目，以后再回原题，屡次如此，可以使犯罪儿童说出他不肯说的话。

辛、注意犯罪儿童说话时的神情和语气。

本文进行时，作者最感到困难的是得不到参考资料，需用的参考书非常不容易得，所有的多半都是英文的，翻译起来颇感困难，只有意译以为本文的补充材料。

在个案访问谈话时一个小小的困难是语言的阻隔。作者非四川本省人，到成都来的时间不久，仅仅知道几句皮毛的成都话。而各个犯罪儿童多来自四乡，语多土话，如"老嚇"（父亲）、"嬢嬢"（表姐），称呼各地不一（有的儿童仍叫"姑母"为"嬢嬢"），"方子"（棺木，亦有称四方者）等，要费相当长久的时间去了解他们的谈话；同时，作者的异乡口音的问话也要费一番解释的工夫才能使他们懂得，有时甚至连解释都无效。

本文写作的时间异常短促，所搜集的材料不如理想的充分。如智力测验的材料在国内没有适用于这些犯罪儿童的，作者非心理学家，不能临时制定智力测验材料，以定犯罪儿童们的智力，所以关于智力测验一项只得略去，而从与他们的个别谈话中和团体活动时，观察他们对于日常生活和待人接物的知识水准，用以测量他们的学习能力。这是无法可想之中的办法，非常不合社会科学原则。

又如犯罪儿童的体格检验，一时也找不到合宜的医生，作者只好在做访问谈话时顺便附带地问一问健康情形,无法从详考查;这也是非常不合标准的。

由最后两种困难上看来,可见寻找专门人才协助的不易,在本文进行中徒添些意想不到的麻烦。

第二章　犯罪儿童的社会背景

这里所谓社会是指有互动的人类团体,在这团体之中,人们的行为可以互相影响,影响的结果造成各种不同的经验,形成各种不同的个人背景。Lindeman 曾经在"The Community"一文中指出儿童从社会团体中所得的经验的重要性。儿童出生以后所遇见的第一个社会团体为家庭①,家庭对于儿童行为的影响是很大的。

第一节　犯罪儿童的家庭

"men are not born human"②,人之初生和其他动物一样,个人之所以成为社会中一分子,全恃家庭中之共同生活。故家庭具有社会化(socialization)的功能,举凡我人所具社会上共同生活的习惯态度,以及种种社会德性的忍耐、谅解、同情、互助、合作、博爱、服务、牺牲、宽大、正义、公道等等,莫不在家庭中渐渐养成之。③ 这是一个理想家庭的功用。换言之,人自出生就依赖着家庭,一个不健全的家庭对于人的影响是不言而喻的;尤其是在儿童的时代,不健全的家庭可以造成儿童目前和将来种种坏习惯、坏脾气,及各种反社会行为,以致在他们离开家庭以后,行为上发生重大的失调及与社会冲突现象。

据 Van Waters 多年的经验,被传到少年法庭去的问题儿童中,没有一个是来自健全家庭的。④ 这里 30 个儿童的家庭也是不健全的居多数:

---

　① M. V. Waters, *Youth in Conflict*, New York: Republic Publishing Company, 1925, p. 124. ——作者 & 编者注

　② R. E. Park, E. W. Burgess, *Introduction to the Science of Sociology*, Chicago: The University of Chicago press, 1921. ——作者 & 编者注

　③ 孙本文:《社会学原理》(下),商务印书馆 1935 年版,第 446—447 页。——作者 & 编者注

　④ M. V. Waters, *Youth in Conflict*, p. 67. ——作者 & 编者注

其中有 11 个没有父亲;有 5 个没有母亲;还有 5 个父亲和母亲都没有;有的儿童的父母都健在,但是已经分居着,徒有家庭的名称,而无家庭的实质存在,或因为情感决裂,或因为职业的牵累,长久不往来而至于离散或遗弃;有的儿童的父亲或母亲生着不治之病(并非因病症本身不能治,多半是因为无钱就医);父母健在而且和好的家庭却占极少数(见第二表)。

第二表　犯罪儿童的父母现状

父母现状	人数
健在和好	2
分居不和好	5
双亡	5
父亡	11
母亡	5
父或母有病	2
总数	30

犯罪儿童来自不健全家庭的,30 人中占 28 人,这个数字是很可观的。

差不多每个犯罪儿童的家庭历史都是悲惨的故事,当他们叙述时,都会引起痛苦的回忆,眼泪不自主地像串珠一样流下来。不健全的家庭除了能影响犯罪儿童的情绪之外,还很显著地影响他们的行为,试看以下的几个例子。

例一:破裂的家庭。名阳是一个 13 岁的男孩子,他有过别的 13 岁的男孩所没有的经验。他的父亲是个往来贩卖草药的商人,每天的收入最高可以得到币 1 元 5 角,可是一直就有抽鸦片的嗜好,一天的收入不够一天开支。名阳的母亲嫌父亲穷,在他 7 岁时,就爱上了别人,和他的父亲离婚了,以后他就没有过家。"父亲是好人,他不愿意丢开妈,妈一定不肯住在家里,还打官司的,父亲输了,只得让她走。……他一直想她。"名阳的父亲自从离婚以后,就在成都背箱做生意,没有开药店,也没有意思再立家,晚上就带着名阳在小栈房里歇宿。这些日子之中名阳片刻不曾离开父亲,父子二人一同过着没有家庭的不安定生活,相依为命。为父亲的仍旧挂念妻子,无时无刻不在儿子身上寻找妻子的形象,引以自慰;为儿子的失去了母爱,将全部情感都寄托在父亲身上。"我离开妈这些年,不知道妈变成什么样子了;有时我想,若是我们能够回到妈那里去就好。但是我知道这是不可能的,父亲从来没有和我提起过妈,我想他不肯回去。"这是名阳的理想,他虽然时刻和父亲相处,毕竟是个孩子,对于父亲的了解不深,他没有看出父亲的抑郁、不肯开药店,和不肯立家都是在思念母亲,和他自己的需要母亲是一样的。但是,恐怕这个需要将永远悬在半空中,没有着地的时候。母亲另外有了家和孩子,名阳所渴念的家庭不会再恢复了。正在不能离开父亲的时候,父亲又去世了,失去唯一可依靠的人,名阳伤心极了,"想起父亲就不能止住眼泪";父亲的朋友们都不理会他,名阳陷入了真正孤独的境地。没有法子到母亲那里去,因为母亲的地址只有父亲知道。在举目无亲的时候,名阳成了街头的流浪儿童,可是他没有方法使自己独立,和其他的流浪儿童一样,于是找到一个代替父亲的人——在街上结识的"大朋友"。就是这个大朋友把他引到偷窃的路上去。终于因为没有偷窃的经验,在下手以前就被捉住了。

例二:漠不关心的父亲。小牛儿从生下来就没有妈,父亲说妈是他克死的,要把他放在棺材中抬去埋葬;还是外婆拾起来抚育着。父亲从未欢喜过他,让他跟着外婆,一直不理会。小牛儿今年有 11 岁,"算是长大了",外婆已经衰老了,不能再负抚养的责任,叫父亲领去。可是父亲是个终年跟着包工的木匠,他没有地方安置小牛儿,勉强让小牛儿跟着学理发匠的堂哥寄饭,这样给钱小牛儿吃饭了事,父亲卸脱了他的一切责任。还在学徒时代中的堂哥,在理发店里没有多少给小牛儿活动的地方,11 岁的小牛儿又是在不肯安静的年龄中,堂哥恐怕店主人说话,白天想法把小牛儿打发到理发店以外的地方去,除了睡觉和吃饭以外不许回来。小牛儿终日在街上人丛中看得多、学得多,街头的朋友们也多,和朋友们做事行为是非一致不可的,况且这些朋友对待小牛儿比家中任何人都好。家中唯一可纪念的人是外婆,而外婆又"老得不中用"了,不能够管多少事;父亲是这样的整年不知去向而又漠不关心,等于没有他;堂哥不过受人之托,给小牛儿饭吃饱就是。小牛儿根本就说不上有家庭,他没有这感觉和这需要,"没有父母也只这样大的事情"。不过有时小牛儿心中也有他说不出的不痛快,这些事找找街头上的好朋友们,也就都解决了。小牛儿后来发觉,就是不回堂哥那里去,仍旧有饭吃,和朋友们一起还吃得痛快些,以后睡觉也不回去了,挤在堂哥那里不见得比小栈房中或公园的茅亭里睡得舒服。

像小牛儿这样不幸的儿童多得很，他的父亲不爱他，将抚养的责任推给外婆，老外婆在心烦意乱的时候往往会将父亲对他的态度重复又重复地诉说给孩子听，孩子对父亲本来没有情感可言，这么一来更会引起他对父亲的恶感，不欢喜父亲而感觉到没有父亲的必要。这样的儿童生下来就没有享受过家庭的温暖，他对于家庭根本就无从得到正确的观念，对于家中一切的人也无情感可言，反而对于街头朋友们的印象深于一切。没有人有权利对小牛儿说他们是犯罪的。说到出狱以后的计划，小牛儿仍旧要到街上找朋友去。

例三：分居的家。长生的父亲是个泥水匠，整年跟着包工，每天赚4角钱，但不够抽鸦片，母亲只得把6岁的妹妹抱给人家做童养媳，自己去帮人做女佣。女佣不能带着孩子，家里值不得为一个小孩租一间屋，于是叫长生到外面去住栈房。他的父母，取消这个家是两年以前的事，那时长生有12岁。"妈觉得我能够照顾自己"了，给他5角钱为本钱做生意，每天就靠自己赚的钱过活。长生有把握自己赚钱，不论做生意或"摸包包"，因为他街上也有朋友。他的父母明明白白地把他推到街头去受教育、学经验。孩子毕竟是孩子，社会的善恶标准他们无从明白，两种谋生的方法摆在面前：一种是拿本钱做生意，但沿街叫卖多么费力；另一种是"摸包包"，不用本钱，想什么有什么，多么容易！儿童们岂肯舍易就难？两种方法的目的都是要使自己不饿，儿童们当然是选择捷径，孰善孰恶，心中根本没有这利害关系的标准。

例四：母子的冲突。"妈多歪的"，这是12岁的光武提到母亲不绝于口的话。什么造成光武和他的母亲这样恶劣的感情？纯粹是母亲对于儿童的不了解和自私。光武的家庭属于破了产的中产阶级，父亲是在将要破产时死去的。哥哥们都长大了，各人有各人的志趣，不问光武的事，光武也嫌他们太大，不是好的同玩伴侣；母亲手中有钱时就去打牌，什么都不管。家中欢喜光武的本来只有父亲，但父亲死得那么早，破产以后，母亲还是那样，除却不得已的做饭以外，别的什么事都不做。哥哥们都偷跑了，剩下光武一人没法走，成为母亲唯一可用以生产的工具。"妈觉得我长得这么大了，不能一天到晚耍，应该做点事赚钱，我不知道做什么好，妈叫我做生意，……妈好歪啊，我卖烟得的钱太少她也要打我，回家迟了也要打，烟没有卖完也要打，她说我是在外面好吃贪耍。她打得我那样凶，我哪里敢要！一天到晚累得要命。"儿童需要用游戏表现他们自己，需要同玩的伴侣，不能用工作累着他们。光武的母亲完全不了解他，把他当作一个可以生产的大人，将生活的担子都堆在他肩上，光武受不了，有苦无处诉，家中又没有爱他的人；只有同行在街上卖纸烟的忠诚是他的好朋友。忠诚偷到一大笔款项，让光武知道了，光武觉得这也是他表现自己的机会，一方面可以和忠诚一块用这钱买许多平时只能看而摸不着的东西，同时可以离开母亲到旁的地方去，随自己的意思爱做什么就做什么，再不受母亲的管束。像光武这样的情形，问题在光武的母亲，而不在他自己，以后只要使他的母亲了解他，也许可以不会再发生这样的问题。

例五：偷窃的哥哥。小傻子的父亲原来是木匠，但现在没有多少人做新房子，生意不好，常常没有工作，4角钱一天的工资是绝对不会有储蓄的，做一天的工吃一天的饭，全家人都靠着他。到了没有办法时就去拾渣滓，后来发现拾渣滓一天所卖得的钱比做工所得的还要多，于是干脆丢下斧头和钉锤去拾渣。小傻子的父亲自从干这行业以后，常在外面和同业的朋友过活，不常回家，有时拿点钱回去给母亲，这点钱不够一家人一饱。小傻子的母亲是个患着抽风病的女人，不到两天就要发病一次，不能做什么帮补家用，连家事和抚养小弟弟的责任也不能完全负担。这样，小傻子的哥哥身上的责任就很重，无形中也占了家长的地位。小傻子的哥哥是个习惯的偷贼，他没有学过手艺，白天到各处拾渣滓，借机会钻到人丛之中掏人家的衣袋，拿人家的东西，黑夜间也出去干挖墙脚的事，用这方法养活一家人。10岁的小傻子十分羡慕哥哥的能干，屡次盯着他，要他教给他这种生财之道。哥哥在需用助手时也就带着他出没，小傻子感觉到十分荣幸，傻头傻脑地跟着干，尽自己的力量很小心地给哥哥帮忙，生怕妨碍着哥哥的手足，下次再没有机会，所以小傻子每次都做得"很好"。

贫穷是这些犯罪儿童的家庭所共有的现象，也是使他们犯罪的最显著的最基本的因子。名阳的父亲若是不穷，他的母亲改嫁的可能性比较要少些，他的父亲也不会流入极端的悲哀里去，竟至陷入穷苦的泥潭不能自拔。小牛儿的父亲若是不贫穷，也不会把他放在堂哥那里寄饭，小牛儿也不至于到街上与流浪儿童们为伍。长生的父母若不是因为贫穷，决不会将好好的一家人拆散，各自东西地谋生活。光武的母亲若不是因为家庭破产，也不会把孩子赶到街头去卖纸烟。小傻子的哥哥也是因为穷苦而又没有技艺,才干日夜偷窃的勾当。……像这样因为贫穷而流为盗贼,或有其他不正当行为的例子,不胜枚举。

尤其是在中国今日的这种情况之下,大多数的人无以为生,而少数人反过着舒适的生活,市场上多半的货物,是为少数人备办的;这多数的人又不得不仰少数人的鼻息,苟延残喘地生活。中国在这生产与消费多半以家庭为单位的时代,家庭是受贫穷折磨得最厉害的一层。这 30 个犯罪儿童的家庭平均起来每家不止 4 个人,平均每家每日的收入不足 3 角钱,叫这些人怎样过生活?用什么方法使一家人不受饥饿?贫穷和饥饿真是分不开的朋友,贫穷可以致饥饿,饥饿都会逼人生出种种轨外的行为来。

下面还有一个例:大年是个父母都没有的孩子,一直就靠行乞过生活,他知道怎样叫喊和怎样做出可怜的样子去博得过路人的同情。然而,在天气不好和街上行人稀少时,行乞的技术再高明也是没有用的。在这种情形之下,大年就不得不利用偷窃的方法去停止肚皮的饥饿。偷食物是最直接了当的办法,但是不十分容易,还不如偷钱去买食物的好。在偷窃时,大年会怎样处置自己,不被人发现。像大年这样的生活就叫作没有家庭的独立生活,也就是贫穷线下谋生存最简易的方法。

总括以上说来,在组织不健全和生产方法不健全的家庭中,冲突一定多,冲突的结果会引起儿童行为失调的现象。儿童时代不能离开家庭生活,更需要健全的家庭生活来养成他们的健全人格是必然的。健全的家庭应该是和平的、知足和自足的、充满着亲子之爱的,儿童在家庭中应该有他们的适当地位,享受相当的权利,尽相当的义务。

第二节 犯罪儿童的社区

人类这社会的动物自幼至长都不能离开社会。和他们最先有接触的社会是家庭,其次增大活动的范围就是社区。单独的家庭没有自足自给的力量,不能独立自存,必须要依靠由多数家庭联合组成的社区。人们在同一社区之中相互影响,造成一定的行为模式,儿童夹杂在成人之间,不自觉地受熏染、受陶熔,或有意地模仿。

这里所谓犯罪儿童的社区是指犯罪儿童生长的社会,和他们的原籍。

先说犯罪儿童的籍贯。这 30 个犯罪儿童都是四川本省人,他们犯罪的地点，都是在成都城。最使人感觉着有兴趣的是他们的原籍和成都的距离都不十分远，并且都是有公路可通的，或至少附近有通成都的公路或驿道。这30个犯罪儿童的籍贯分布如下表：

第三表　犯罪儿童的籍贯分布

籍贯	人数
成都	6
安岳	3
双流	1
资阳	2
内江	1
眉山	2
简阳	4
遂宁	2
仁寿	1
新都	2
新津	1
南部	1
叙府	1
崇宁	1
蒲江	1
安县	1
总数	30

由上表看来，成都本地的犯罪儿童共有6个，只占总数的五分之一，不是我们所想象的那样多。最明显的原因是：成都流浪儿童对于本地的情形较他处来的儿童要熟悉些，他们知道在怎样的情况之下被捕的危险性少，并且会想法躲避警察的眼睛，这是事实。还有一个原因是，成都本地儿童因犯罪被捕以后，开释的机会比较多：一则因为警察们将教养的责任推给儿童的父母，让他们回家去；一则也是因为行政方面认为有家的儿童离狱的手续容易办些。

从犯罪儿童的原籍与成都的距离看来，这些地方都是靠近成都的，没有一个犯罪儿童来自重庆。成都要算中国内地的大都会，举凡大都会都爱在修饰市容方面做工夫，就只这繁荣市面一件事每年就不知要吸引多多少少的乡下人来归附，许多农人都到城里来做苦力、做佣工。一方面因为农村经济的总崩溃,使他们不能再依赖土地过活,而到城市里来挣现钱谋生活;另一方面也是为着好奇心的驱使,到大城市中来观光一下,儿童们到城市里来的动机多半属于后者。

重庆儿童除特殊情形(譬如搬家到成都来)以外,不会到成都来,正如成都儿童不会到重庆去一样,因为两地都有他们所需要的,用不着再费长途跋涉之苦。重庆吸引它附近各地的儿童,和成都吸引它附近各地的儿童是一样的理由。四川边陲各地的儿童却受不到这种影响,这也不是没有原因的。边陲各地的交通不便,大城市的繁荣之风吹不到那里去,同时那里的儿童也不容易到中心的大城市来,除非是十分富于冒险性的儿童,还要看环境允可与否。

成都是西川公路网的中心,没有公路的地方也有驿道可通,在成都附近的儿童们,只要是切慕到成都来开开眼的,就利用他们手中仅有的钱(或甚至身边不名一文)和他们的体力,沿着公路或驿道走,到成都来并不是一件难事。

"我们这么大都没有离开××(地名)到别的地方去过,听见别人说成都多好耍的,街道多热闹的,地方多宽的,我就想来看看……""成都地方好热闹,春熙路多少人啊!铺面头的大玻璃窗里许多好东西……"当作者问道犯罪儿童们到成都市的动机时,所得的回答大半都是这一类的。作者相信他们起初到成都市的动机极单纯,仅仅只为着"好耍",但他们简单的头脑里预料不到,麻烦的事在后面。

15岁的德清以前并没有到成都来过。他的父亲是在成都做木工,一连有好几个月没有带钱回家,也没有信,使得他的母亲很着急。德清自告奋勇地要到成都来找父亲,得到了母亲的应允,虽然不确实知道父亲的住址,带着两块钱就出发了。到成都以后看见地方之大,果然名副其实,好耍虽然好耍,找父亲的事却不大容易做,不像家乡地方一两条街道,不费力地问个大概就可以寻得着,到成都来就不容易了。然而,这些都先不必管,乘着身边还有两块钱,见见世面以后再作计较。哪知成都地方钱很容易用去,不到几天不知不觉地都用完了。衣袋空了以后父亲仍旧寻不着,但是得想方法回家。原来半天的工夫可以走得拢的路程,用不着费什么钱,"不过心中总觉到成都来没有做到一点事,白花了两块钱,回去不大对得起母亲,若是能够想法子赚一点钱,不论多少倒都可以,回去可以使母亲高兴一下"。德清这心思让同住几天客栈的人知道了,"那人很慷慨,第二天清早起来就拿一件蓝长衫给我,叫我去卖,卖得的钱分我一半,我看看是件很好的衣服,不知道他为什么好好的要拿去卖掉,可是我没有问他。那样子一件衣服,我想至少能够卖两块钱,我可以分得一块钱,回去告诉母亲,就说还剩得一块钱,虽然父亲没有找到,钱还有多的回来。……我刚找到一个主顾,他只肯出6角钱,讲了半天,我都快生气了,骂他不识货,旁边就有人问我什么地方偷来的衣服,我把原委都说了,他不信。我和他一块回栈房去找给我衣服的人作证,人已经走了"。德清万分后悔,不该要人家的衣服卖,他事先不曾知道那人是贼。"成都地方虽大,坏事太多了。"德清的结论是他对于成都的认识,但他认识得未必清楚,一个孩子的眼光透视一个复杂的社区是不够的。

独立生活的儿童们极容易流入犯罪者群,因为他们对于他们所做的事没有选择的力量,又没有他们选择的人,他们对于社会上一般人所公认的善恶是非标准是茫然的。人人都在竞争中求生存,各人谋生的方式不一致,他们始终不懂得,为什么他们照他们所选择的方式的生活就算犯罪?什么是罪,在每个犯罪儿童的脑子里都是一个问号!

我们的社区组织不健全,处处呈显着不平衡的现象,冲突十分多,儿童对于这些冲突是没有能力适应的:他们无论遇着什么有疑惑的事实都要问"为什么",但社区不能给予一个具体的答案。

在社区之中,除了家庭,要算邻里对于犯罪儿童的影响最大,尤其是在成都。成都的房屋建筑图式有两种:一种是贫富杂居的,在一家富有的"公馆"周围总有好几十家贫苦的家庭围绕着,他们的住屋极简陋;另一种是贫穷的人聚居在一处,他们所占据的地皮也不是他们自己的,不过是些小资产阶级剥削他们的大本营,这些贫穷的人所住的地方多是低而潮湿的河边,或是没有保护的城墙外,或穷街陋巷的尽头。这种贫富居住分配的方法对于儿童犯罪的影响十分重大。

家庭靠近"公馆"的儿童虚荣心是大的。他们的好奇心常要他们去探明那紧闭着的大门内在进行着些什么,那高墙内究竟是什么样子,下午太太出门包车载回来些什么东西,奶妈抱着的少爷手中耍的是什么,"公馆"的老爷哪天请客,门前停着几辆包车,吃的什么菜,小姐上学穿的什么衣服……儿童们心中的这些问题老是问个不停,但多半没有人能给他们满足的答案,而是要自己去寻找的,可是儿童的好奇心永远没有停止的时候,除非转移方向。等到有的问题有了答案之后,孩子会低下头来看看自己的不足,心中十分难过。好胜心是儿童时代最强的自我表现,恐怕他会想法使自己富起来,真富是不会的,不过是儿童的梦想而已。这样他们所梦的致富方法,见诸实行自然不会是正当的。有一个孩子"侥幸摸到两角钱",以为可以做许多事情,他解决了肚皮的问题,看了一下"镜箱箱"(西洋镜),还没有"转糖人",所剩只够下一餐的饭钱了。依他原来的计划,他还要大摇大摆地去看一场戏,好好地享受一下,结果,"两角钱只能做这么一点点事情"。

群集一处的贫穷家庭的房屋构造样式是这样的:朝街面的房屋很少有他们住的福分,多半是一个朝街的窄巷直通入一个天井,天井的四周搭着些草棚,这就是他们的家!家门都朝天井开着,这个天井的功用很多——草棚内放不下的笨重东西在那里,母亲们的洗衣晒衣场也在那里,剩下来的空地就是儿童们的游戏场。每一个草棚里面又用芦席分隔成两室,外室多用作厨房兼单身男子的卧室,内室则为全家的卧室,并为凡认为可宝贵的东西的贮藏室。有的人家甚至于将二室中的一室出租给另一家,两家的家庭生活就只隔着那么薄的一张聊胜于无的芦席,真所谓"隔重板壁隔重天"!住在这种"墙有缝,壁有耳"的庭院中,邻里间徒生许多是非。儿童生长在这种冲突易而多的环境中,会变得不真,极力模仿大人的行为。

平凡的、安分守己的大人的行为,儿童们是不会注意的,因为他们时时刻刻所盼望的都是新花样,邻里之中若有人有特殊的行为是会被他们注意或模仿的。

小珠儿以前的同屋是个"摸包包"的。小珠儿知道"他很有本领",想跟他做徒弟,但他嫌小珠儿太小,没有收留。不过小珠儿"一直都有这样的心愿,很羡慕他"。后来小珠儿的母亲因为工作的缘故搬家了,小珠儿就没有机会再遇见他。八岁的小珠儿在家闲荡着没有事,整天都在街上"耍",遇见另一个"摸包包的师傅",小珠儿就从了他。小珠儿人小手脚快,"摸包包"也快,而且很聪明,手艺也很高,不多时就能教徒弟,不久就离开了师傅。不过小珠儿心中仍有些不满意,觉得师傅的手艺没有以前同屋人的手艺高,很想寻找以前的同屋人,只是寻不着,很引以为憾事。

仔细分析小珠儿的心理，他对于高手艺的同屋人完全是英雄崇拜。崇拜之余，也盼望把自己造成那样的英雄。

邻里对于儿童的影响这样大，难怪孟母要三迁，择邻而居！

除却以上所提及的，娱乐对于儿童是不可少的。每个在生长发育中的儿童都需要活动的游戏来发泄他们身体中过剩的精力。但活动的游戏则非较大的空场不可。有的儿童家门前有那么一块公用的天井，但有许多儿童连那一块天井都没有。在天井中玩耍还要受大人的限制，除此之外又没有其他的游戏，不如干脆在街上玩，不受空间的限制，也不受任何人的限制。

儿童在街上玩，从好的方面看可以说儿童能从玩耍中学会处事的经验，以后易于适应环境。事实上却完全不是这么一回事，学会处事的经验是谈何容易的一件事，一个人自生至死都不会学完，儿童时代能够学到多少？

街道完全不能做儿童的娱乐场所。依照儿童的破坏性，他们在街上玩免不了是要闯祸的，并且，给儿童以绝对的自由到街上去选择学习是一件十分危险的事，要造成儿童完美的人格，不能让他们先到街头去参考。

儿童本身是纯洁的，他们变污的成分本来很少；可是有许多成人存心利用他们，使他们堕落到无底的深渊里去，替他们造成内在的矛盾。好好留在家里的儿童决不会被人引诱，只有流浪在街头的儿童机会最多。

成都专为儿童设立的娱乐场所仅有少城公园里面的一角，但不是每个儿童都有享用的机会。平均起来，学校儿童享用那地方的机会最多，街头卖纸烟、贩报纸的儿童恐怕只有站在外面观望的余地。

成都为一般成人设置的商业化娱乐场倒是普遍地为儿童享用着，这里所谓普遍，不过是指有力量出钱看戏的儿童，我们这 30 个犯罪儿童是可望而不可即的，他们哪有余钱去看戏？但他们是十二万分地羡慕那些看戏的人，尽力寻找一个看戏的机会。可惜成都的戏院多数是以低级趣味号召观众的。

文成是一个 11 岁的孩子，家住在善堂侧的一个草棚里，那里因为造下了这样一个草棚，连走道都留得极窄，根本说不上有儿童游戏的地方。文成的父亲是倒了霉的裁缝，家中还有以前装衣服的大衣阁，和一些日用的线具将草棚里的两间房塞得满满的，差不多没有转身的地方。在这种情形之下，文成不能在家中玩耍。他根本不愿意留在家中，因为他在家中是独生子，另外只有一个小妹妹，没有同游的伴侣，文成不得不到外面去找游伴和玩耍的地方。他找到一个比他大的孩子，那孩子爱好戏剧（川剧）。谈到游玩，文成没有一定的目标，他就跟着这朋友逛戏院。然而看戏是要钱的，他们两人身边都不是时常有那许多钱；到了有好戏非看不可的时候，身边没有钱，又没法向父亲开口，明知道父亲不会给，只得另想他法了。文成的朋友没有父亲，也是独生子，家境从前很不错，在家也是个娇生惯养的孩子，平时都是要什么母亲就给什么；现在家境大不如前了，母亲自然也不像以前那样随便。但这位朋友不怕这一切，"他的胆量很大"，他的母亲不给钱时，他就偷东西出去卖，卖得的钱便拿去看戏。文成"跟他一起完全是沾光"。这一次××戏院里演《续济公传》，这出戏太好看了，不能不接下去看。戏院是下午2点钟开锣，吃过午饭朋友的母亲才出去，文成和他就趁机会拿衣服出来卖。时候过得很快，价钱又老讲不好，因为一定得卖6角钱才够两人看戏吃饭；价钱既有规定，生意格外难做。以前卖衣服的事都是朋友干，这一次偏要文成干，"他说每次都让我白看戏，太便宜我了，这次一定要我先做一点事情"。衣服几乎卖不成功，文成和收旧货的人起了冲突，引起便衣警察的注意，朋友逃走了，文成独自尝尽铁窗风味。

欢喜看戏的儿童很多，不止文成和他的朋友，因为戏剧能表现儿童幻想力所不能及的，可以借戏剧的表现得到满足。有的儿童看戏是使自己与戏中的英雄同化（identification），在看戏的那一刹那间，自己就是那英雄，能为所欲为，具有自己所梦想的本领。这样，戏剧的题材对于儿童的影响很大，戏中"反派"的英雄可以立刻把正常的儿童带到犯罪的路上去。

犯罪儿童娱乐自己的方法除看戏以外，还有看西洋镜、耍洋画、耍钱、转糖人、弹子等。西洋镜里面的画片多以男女情事为题材，没有教育价值，不适于儿童观赏，最近政府虽然严加禁止，一般谋利的人仅加入几幅战地的写真，避免取缔，其余的仍照旧。耍钱、耍洋画、弹子、转糖人都是赌博一类的游戏，多半是以钱下注的。看画书是儿童们顶欢喜的，街上常有专为儿童设的小书摊，出租五寸见方的小画书，大概多少钱看一套，儿童们往往围在那里看得爱不释手，因为这些小书把身边的钱都花掉的也不少，然而这些小书多以神话鬼怪为题材，也没有教育价值。

其他，儿童还有用体力方面的游戏，如"跳房子""摔跤"等等之类。

总之，儿童们都是需要娱乐，欢喜娱乐的；不过要他们自己寻找娱乐的方法并不十分妥当，因为不正当的娱乐很容易将他们引上犯罪的路。

在四川，儿童最欢喜模仿成人的娱乐是"上茶馆"，这是在别的地方所不曾发现的，许多儿童都欢喜学成人的样子，去经验经验坐在那里到底是什么味道。但是据尝试的结果："坐在那里慢慢地品茶真无意思，不能止渴。"

儿童们都是经验主义者，社区中成人的一切活动他们都跃跃欲试，因此儿童们的行为需要管制，他们的活动需要成人代他们选择。

第三节　犯罪儿童的交游

人脱离了婴儿期以后就需要朋友，这是每个常态的人所必然的。最初的朋友是家庭中的父母和兄弟姊妹，随着长大，交游的范围也渐渐增广到一切所接触的人中间去。

犯罪儿童们多数生活在街头，所以和他们交游的人多是同病相怜的街头流浪者，不限定年龄，不问彼此的真正姓名，甚至在一起共同生活好几个月而不通姓名的也有。使他们很快地发生友谊的是他们的共同利害：流浪、贫穷与饥饿。

朋友的最大功用是彼此互助。犯罪儿童们的偷窃行为若是单独进行，被捕的危险多，所以助手是不可少的。也有的儿童偷窃不需要助手，那不过是极少数。在第一章里已经提过儿童们将窃得的东西以接力的方法传出危险区域；不过像那样大规模的偷窃在犯罪儿童中还不多见。多半的时候他们偷窃只要一个助手，在"下手"以前做搭档，在"下手"之时分散被窃人的注意力，在"下手"之后带着窃物逃走，而在约定的地点相会。偷窃时人多，秘密容易泄露，分赃不匀时也易起冲突。

"小珠儿和小傻子都是我的好朋友，我们三人常常一道在春熙路摸包包"，这是11岁的正全亲口所说的，"不过小傻子太呆，总是做错事，很少的时候要他为伴，多半是我和小珠儿搭伙。"正全和小珠儿一块偷东西不一定归谁下手，要看站的地位怎样，谁方便谁就下手，窃得的钱平均分配。正全说话神气十分自豪，表示他们合作的程度很高。

犯罪儿童的朋友除却在偷窃时同工外，平时也是同游的伴侣，住栈房、吃饭都在一块，只是各人付各人的账，分毫不含糊。

不一定每一个流浪儿童都犯罪，有的儿童本无意于偷窃，有别的方法生活，因为朋友偷窃需要助手，为着顾全友谊计，不得不也跟着行窃。像这样受不良同伴的引诱的儿童是很多的。

光明的家庭环境还不算太坏，他的父亲做裁缝一天的收入足够维持全家的生活，不至于逼光明去偷窃。但光明有两位好朋友——陈氏兄弟，他们家里只有一个抽鸦片的母亲，两兄弟都是靠偷窃生活的，光明不知道。他们常叫光明出去"耍"，父亲不顶赞成，光明觉得拒绝的次数太多怪不好意思，就接受他们的约，私自逃出家庭，这才知道陈氏兄弟是干什么的。起初的时候他心里也有这样的感觉，觉得摸包包是不对的事情，然而在外面没有别的法子生活，回家去恐怕挨打，只好跟陈氏兄弟一块摸包包，"日子过久了也就不觉得什么了"。

更有些儿童是在失去了依靠之后，无力独立谋生，彷徨于街头，被窃贼物色去当助手。他们虽然没有胆量，也没有经验，但肚里饿得发慌，只得听从教唆者的指挥去实行偷窃。

明忠自从父亲死后没有吃过一餐饱饭，但又不敢公开地乞食，"那样会被人看不起的"，饿得没有方法可想时，只有在街上哭。有一天明忠正在街上啼哭的时候，忽然有人拍他的肩头，他抬起头看看，并不是他认识的人。那人问明了他哭的原因，就把他带去吃饭，接连几天都是这样，并且问他家里的情形。明忠看见这人这样关心，就把家庭的历史和自己流浪的经过都告诉了他，但是，"得不着机会问他一两个问题，连他的姓名都不知道，后来弄得太熟了倒不好意思问，他要我叫他师傅，并且说姓名没有用，不必要知道"。师傅有一天早上起来忽然告诉明忠他是做什么的，并且要明忠也出去试试。明忠觉得这是不可能的，没有答应；不料师傅竟百般恫吓，要打他，并且要他还出几天以来吃饭住栈房的钱。这对于明忠有如晴天霹雳，使他惊慌失措，毫无办法，再三求师傅收留他，"师傅说收留我只有一条路，还是去试试摸包"。明忠没有办法，摸包谋生或饿死，二者之间择其一；结果被迫选择了前者。当天下午戏院散场的时候明忠就去试手段，他实在没有这胆量，几次把手缩回来，抬头只看见师傅铁板似的面孔。想着饥饿的味道很难受，只得硬着心肠将手指再伸入人家的衣袋。钱还没有摸到,抖擞着的手已被人抓住了,挣扎了一阵没有用,想要师傅来救时,已经不知他的去向。

像明忠遇见的这人起初完全站在朋友的地位,后来抓住他的弱点,变成强有力的支配者了。没有经验的儿童流浪在外很容易遇到这种危险,得不到法律的保护,被高明的窃贼弄去做学徒,有饭吃,但分不到钱。平时在家惯于依赖大人的或什么事都让大人做主的儿童尤其容易碰到这种遭遇。朋友是互助的、彼此照应的,师傅却是自私的多,遇着危险时不作声先逃,让徒弟被捕。做徒弟的往往有义气的多,被捕之后无论怎样被拷问,都不招出师傅的所在地和姓氏(有的徒弟实在知道师傅的姓名),而以"师傅死了"回绝,保全师傅的安全,这叫作"盗亦有道"!

仁慈的师傅也有,不过不易多得罢了。儿童总容易被挟制的,为偷窃师傅的都乐于利用儿童。

也许是因为教育不足的缘故,中国犯罪儿童似乎很少像美国儿童联合成"帮"(gang)的。[①] 以街头为游戏场的儿童,只不过在游戏时组织起来,分散开来时都没有联络。这 30 个犯罪的儿童也谈不上有组织,最多三两成群地计划一次、偷窃一次,不高兴时大家分散取单独行动,高兴时大家还是同游的伴侣。这样没有严密的组织,甚至在"下手"时也没有固定的同伴,使警察难得在他们行窃的时间以外逮捕到同谋。

我们知道儿童处处容易受人影响,人云亦云。他们的模仿力很大,欢喜使自己的行为与人相同,以期得到友谊和伴侣,因此,他们的嗜好、举动、行为时时都在变换中,因同伴而异。

第三章　犯罪儿童的职业与教育

第一节　犯罪儿童的职业

犯罪儿童没有固定职业的居多数。这里所说的固定职业是指技术职业,如木工、泥水工、理发匠、缝衣匠、纸糊匠等有专长技能的。这 30 个儿

---

① F. M. Thrasher, *The Gang: A Study of 1313 Gangs in Chicago*, Chicago: The University of Chicago Press, 1927. ——作者 & 编者注

童之中有专门技能或职业的占极少数,多数都是没有职业的。

第四表 犯罪儿童的职业分布

职业	人数
饭馆堂倌	1
木匠（学徒）	1
理发匠（学徒）	2
花贩	1
推车	2
报贩	1
废铁贩	2
纸烟贩	9
无业	11
总数	30

这里可算为固定职业的只有前三者：木匠、理发匠、饭馆堂倌。但还不能说是有了技能,因为学徒期间学不到什么;不过这三者都有一定的合同期限,不能随便去留。

其他几种都是不固定的职业,儿童手中有一点本钱,高兴什么时候贩点鲜花、报纸或纸烟来卖就什么时候做,不受时间的限制,也不受任何人的限制,既不加入工会,也没有任何组织范围他们,纯粹是照自己的意志实行的。他们其所以专门贩卖一种东西是习惯使然,对于它的门道熟悉些,知道从什么地方买来,到什么地方去卖,哪一个区域的销路最广,什么地方的价钱最高。还有的儿童完全是由同伴所贩卖的东西而决定自己的。儿童虽有三三两两出外做生意的,但绝对不合股;向例是个人拿着自己的本钱去买货,虽同行同游,在经济方面却各不相涉。

像推车贩卖废铁这一类的职业只要卖力,没有本钱也可以做。由此看来,不固定职业在静止时就是无业,并且随时都有变成无业的可能。

无论是固定职业或非固定职业都要费精神、费力或费本钱。懒惰的儿童愿意游荡而不愿意工作,可是他们却不得不生活！生活费没有来源的只得偷。从事非固定职业的儿童随时都有陷入犯罪的可能。事实上,有非固定职业的儿童犯罪的也最多。他们不过拿职业做幌子,遮掩旁人和警察的眼睛而已。

元发是个纸烟小贩,衣服穿得很破烂,不卖纸烟时接近老爷太太们的身边极易使人生疑;拿着装纸烟的玻璃匣挤到人丛中去一面兜生意,一面干他所要干的事情,就不大引人注意。在热闹的街道上纸烟生意是很好的,但"摸包包"的生意因卖纸烟的缘故而更好。元发以为"摸包包"时最难知道的是先生们的钱究竟放在哪一个衣袋里,常常因为不确知放钱的地方,摸了一个空。"摸包包兼卖纸烟就有这点好处":先生们叫去买纸烟时,元发就看明白他们的钱从哪里拿出来,并且怎样放进去,等先生们一转身,他就随着"下手","虽然不是每次都中,要比徒弟有把握些"。

推车也是个好门道,犯罪儿童们年纪小,气力不够大,不能推板车或自拉一辆黄包车,只有在天雨路难行时帮助别的车夫推一推;尤其是上龙泉驿的黄包车少不得人推,但是这些小孩子去推又凑得上多少劲?儿童设的骗局往往会有成人去上当。老幺就是干这一类事的。他生长得很小,不像一个 14 岁的孩子,专在成都和龙泉驿之间推车,推到目的地可以赚到"5 吊钱"(25 个大铜元)。但这 5 吊钱并不在他眼下,他的野心比这个大得多。他选中这条路的原因是:龙泉驿有许多小商人隔若干时日就到成都来买一次新货,买齐之后,总是用一辆黄包车(成都的黄包车营业分本埠与长途二种,长途车是到成都以外的地方去)连人带物都载回去,车前车后全是新东西,老幺认为这是最好的生意。把车推上山之最高处时,车中的东西任选一样,拿着回头就走,物主看见也没法;车夫倦得很,也不能去追。老幺对于这种明抢暗夺的办法十分自鸣得意。

有的有固定职业的儿童不欢喜父兄为他们选择的职业,或因智力低,对于工作的环境不能适应,往往逃出,加入流浪者群中,也会流入犯罪。这和苏联革命时期儿童流浪的目的差不多相同,和美国今日的流浪儿童却不大相同。"美国今日的流浪儿童大部分曾受过相当的教育,他们漂游的目的是寻找工作而非逃避工作。"①像这样自愿流浪或被迫流浪的结果是由偷窃而维持生活。

有娃的家乡在川北。1937 年的旱灾毁灭了他的家庭,只剩下了他和母亲逃亡到成都来。没有方法谋生,母亲只得凭着从前的面子把有娃送

---

① 月祺:《不景气下的美国流浪儿童》,《东方杂志》1933 年第 9 期,第 15—19 页。——作者 & 编者注

到一家间接认识的理发店去当学徒,借以减轻自己的负担;但当理发匠却不是有娃所理想的,为着目前的生活问题也只得忍耐下去。短时期的痛苦可以忍受,但理发店的学徒期限是四年,有娃嫌时间太长了。有娃的志愿是要学裱糊匠。"给人理发是很脏的事情。"他十分想改行,但在成都没有相识的人帮忙,不能遂心愿。同时,店主对待有娃不算太坏,勉强停留一年再看,而且学会一点理发的手艺再走还不迟。哪知一年之中师傅没有让他拿过剪刀,成天都做些杂事,如打扫、烧饭、抱小孩子之类。有娃心里很着急,不知道什么时候才开始理发,屡次询问师傅,师傅总说:"莫忙,我也是扫了三年的地来的,人人都得如此,不要慌。"有娃更加着慌了,像这样下去,一辈子都没有机会学裱糊,不得已才想出逃走之计。从理发店出来以后就去找裱糊店,可是他们要有殷实的铺保才肯收留,有娃原不知道事情会有这样麻烦,"再回理发店去师傅一定要打,挨打不算什么,想想日后的生活实在受不了,裱糊学不成不算好汉!"有娃决定留在街头等机会,目前的生活只好借他人的钱或东西来解决。

犯罪儿童们最干脆的是没有职业,没有任何技能,也不兢兢业业于求人怜恤,只期望自己随时解决自己的问题,想什么就有什么。这30个犯罪儿童中像这样生活的有11个,都是干偷窃的,表面上他们很自由,其实是受成人窃贼的支配。

犯罪儿童关于偷窃的专长(specialization)和专利划分得很清楚,这也是"盗亦有道"之一例。夜间行窃的白日里决不做非法的事;白日行窃的决不夜游。白日行窃又有一定的界限:摸衣袋的决不在铺面上拿东西,在铺面上拿东西的决不跟着黄包车走。各从其类,各归各行。但其间有一个例外,就是当自己的一行行不通而挨饿时,他得让第二或第三者知道他的确是没有办法,这样才能平安无事地越权一两次,否则他将受到严格的惩戒。

犯罪儿童们似乎没有力量组织自己,多数的儿童偷窃都不由自己做主,而是被人教唆,受人利用。他们在窃贼帮里是没有地位的,也许根本不知道成人窃贼有组织。犯罪儿童们将窃得的钱或东西都交给师傅,由师傅分派。

犯罪儿童自己别出心裁的偷窃行为是很少的,十分之九是由师傅加以个别地训练,用暗示与模仿的方法使他们学习。

在犯罪者群中术语(slang)是普遍流行着的,不过犯罪儿童们知道不多。下面的几个是犯罪儿童常用的,也是他们偷窃的派别:

甲　黑钱:夜间行窃

乙　红钱:白日行窃

　　一、签签钱:摸包

　　二、洋火钱:扒皮包

　　三、赶蜻蜓:跟着黄包车跑

　　四、笔筒:自水笔

为补充以上的材料,兹摘录 1939 年 2 月 5 日《成都新新新闻》所登载的四川"抓拿帮"的派别,列表如下[①]:

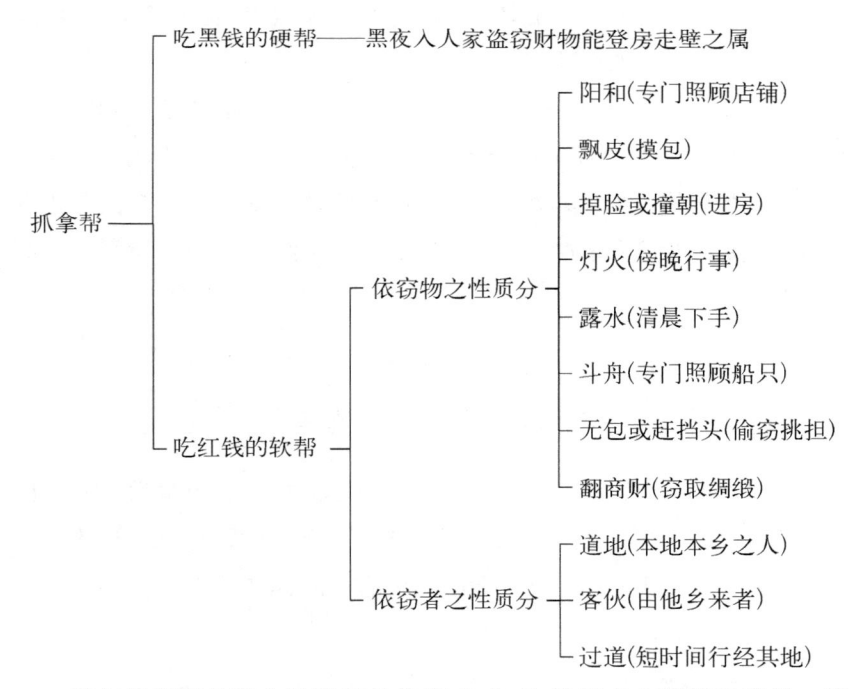

```
                ┌─ 吃黑钱的硬帮 ── 黑夜入人家盗窃财物能登房走壁之属
                │
                │                              ┌─ 阳和(专门照顾店铺)
                │                              │
                │                              ├─ 飘皮(摸包)
                │                              │
                │                              ├─ 掉脸或撞朝(进房)
                │                              │
                │              ┌─ 依窃物之性质分─┼─ 灯火(傍晚行事)
                │              │               │
抓拿帮 ─┤              │               ├─ 露水(清晨下手)
                │              │               │
                │              │               ├─ 斗舟(专门照顾船只)
                │              │               │
                │              │               ├─ 无包或赶挡头(偷窃挑担)
                │              │               │
                │              │               └─ 翻商财(窃取绸缎)
                └─ 吃红钱的软帮─┤
                               │               ┌─ 道地(本地本乡之人)
                               │               │
                               └─ 依窃者之性质分─┼─ 客伙(由他乡来者)
                                               │
                                               └─ 过道(短时间行经其地)
```

摸包是犯罪儿童中最流行的偷窃方式,比较起来也要算最容易。摸包的方法因衣袋的位置不同而异,不过一般的原理原则相同,都是需要"搭架子"(造一个遮蔽视线的架子)的。无论站的地位怎样,总是用食指和中指伸入被窃者的衣袋去夹,左右手不论,看事行事,哪只手方便就用哪只手。动作要敏捷轻快,不使被窃者察觉,这就要练习的工夫。Oliver

---

[①]《四川省的抓拿帮》,《成都新新新闻》1939 年 2 月 5 日。

Twist(英国文豪狄更斯书中的主角)练习偷窃时是窃取师傅衣袋中的手巾,偷窃的工夫要到师博不察觉手巾被窃时才算到家,才能到外面去行窃。当手指触到目的物时就乘势撞被窃者一下,以分散他的注意力,同时以食指和中指夹出窃物,等被窃者转头观看撞他的人是谁时,窃物已经用接力的方法传走了。"下手"的儿童这时可以从容不迫地走开,而不被怀疑。

犯罪儿童下手行窃也要选地点和时间,不是随时随地都可以下手的。这30个犯罪儿童下手的地点各有不同:摸包和吃洋火钱的多在热闹地带,如春熙路、祠堂街一带商业区域,车站、戏院门口和菜市拥挤的地方,时间大半是上下办公室的时候,戏院散场的时候,早晨买菜时或有盛大的集会时。"赶蜻蜓"的多在城郊或上坡路上。"吃黑钱"的不论地点,可是也要选择僻静一点的街道。

和偷窃有关系的行业是拾荒货。犯罪儿童所偷得的东西多卖给收荒的,价钱很公道。收荒货有挑担上街的,有席地摆摊的,成都城内城外处处皆有。他们的大本营集中在忠烈祠街、纱帽街及糠市街一带,犯罪儿童和他们直接间接都有来往。犯罪儿童之中也有收荒的,前面所举的废铁贩就是一例。

第二节　犯罪儿童的教育

严格地说来,30个犯罪儿童都是没有受过教育的,至少没有受过相当的学校教育,他们自生至长都是自己教育自己,于尝试中学习,从生活里得经验。现在让我们把他们受教育的历程分三段来叙述:家庭教育、学校教育、社会教育。

甲、家庭教育

在前面我们已经知道犯罪儿童差不多都是来自组织不健全的家庭。在不健全的家庭中自然不能希望有完全的家庭教育。健全的家庭生活可以陶冶儿童的性情,然这般犯罪儿童都没有这福分。父母双亡的儿童连家庭生活都没有,更谈不上家庭教育。没有父亲的儿童多数被没有受过教育的母亲姑息地爱着,尽力随儿童自己的意志行事,这不是母亲在教育他们，而是他们在教育母亲怎样顺从他们。严厉的母亲又过于自私，像光武的母亲那样完全忽略儿童的意志。没有母亲的儿童又被严厉的父亲管束得太过分。总而言之，这些犯罪儿童的父母很少知道怎样教养他们的子女，不是过严便是过宽，没有一定的教育标准。

家庭教育为一人一生的基础，在家庭中没有受过社会化的教育，以后无论到什么地方都不容易适应。人格和道德的训练也是家庭教育对于儿童不能少的工作，在家庭中儿童个别的人格和道德的培养对于他将来的思想行为有莫大的关系。

犯罪儿童的家庭教育离标准太远，只有少数儿童在家庭中受过一点祖宗崇拜的半宗教式的教育。自私的父母仅对儿童讲如何尽孝，把孝字作狭义的解释，因此有的犯罪儿童在他们的父母死后，将偷得的钱大部分拿去买纸钱来烧，其余什么也不懂。

乙、学校教育

这 30 个犯罪儿童中仅有 6 人受过学校教育，其余的全是文盲。而且 6 个儿童中仅有 1 人有两年的学校经验，3 人有半年的经验，2 人有一年的经验。这些犯罪儿童所受的学校教育纯为旧式私塾的，除死读书以外没有课外活动可言。

这 30 个犯罪儿童的年龄都是在 6 岁以上 18 岁以下，照学龄说来，都应该在小学或中学时代。若是实行强迫教育，这些儿童应当都在学校中；但事实上他们没有这样好的机会，所以不能怪他们有犯罪行为。他们犯罪是因为他们无知，他们无知并不是因为他们不求知，而是没有人给他们正当的知识。

学校是个训练儿童有团体生活和公德心的机关，每个儿童应该有同等的机会去接受训练，是每个人在他一生之中不可漏的一个阶段，但是这 30 个犯罪儿童和街头不可数计的流浪儿童都跳过了这阶段，没有这机会。

许多犯罪儿童都不知道偷窃是犯罪的事。有好几个儿童在和作者作个别谈话之后问一个可笑的问题："为什么他们把我们关在这里关这样久？"

丙、社会教育

犯罪儿童所受的社会教育也不是正常，在这种恶劣的社会环境之中没有正当的社会教育可言。不过受过健全家庭教育和学校教育的人知道一般社会所公认的道德标准是什么,他们有能力选择社会公认为正当的事件,社会地位也比较高,使他们在人群之中没有自卑的感觉(inferiority)。犯罪儿童则完全两样,他们根本不明白社会的道德标准,因此容易误入歧途。

正当的社会教育所给予我们的没有别的,只是使我们养成社会化的行为,并且指示我们怎样控制自己。[1]

犯罪儿童犯罪的原因一大部分是因为缺乏正当的教育,这是不可否认的事实。为了补救这点,应当为犯罪儿童办理特殊教育以教育感化他们。

第四章 犯罪儿童的身体与心理

身体与心理这两种因素是互相影响,不易分开的。这里所研究的 30 个犯罪儿童,他们的身体和心理没有经过医生和心理学家的检查和诊断,我们更不容易把他们分开而定其轻重,只能用观察和访问的方法做一个简单笼统的研究。

第一节 犯罪儿童的健康情形

依表面看来,这 30 个犯罪儿童的身体上有缺欠的极少,仅 1 人斜眼,1 人微跛,1 人有头痛病,1 人肺痨,其余的都没有问题,也不常生病。他们食不足饱,衣不足暖,也不讲求卫生,而身体尚能保持着相当的健康,这实在是不幸中的幸事,俗语说"没有娘的孩子天照应",似乎有点道理。

身体的卫生不讲求虽然可以侥幸不生疾病,但心理却不是这样。不讲求心理卫生的很少能够得到健全的生活,而且极容易引起行为失调。

儿童犯罪的原因除了社会的因子以外,要算心理的原因最重要。仅仅社会环境的不良能够造成儿童心理的失调,心理的缺陷也能够引起反

---

[1] G. J. Herrick, Self-Control and Social Control, in Addams Jane, *The Child*, *the Clinic and the Court*, New York: New Republic Inc., 1925, pp. 156 - 177. ——作者 & 编者注

社会行为，二者是互有关系的。

这 30 个犯罪儿童的社会环境都不健全，前面已经说过。心理健康的儿童处于不健全的社会里尚易发生问题，至于心理软弱的儿童，更加容易发生问题了。

举一个例吧。从家里逃出来的之方是逃避现实的。"日子不好过"是中国 80% 的农家所共有的现象，之方不愿过苦日子，以为逃出了家乡就有好日子过，听见到过成都的同乡描述成都的繁华，心里不由得为之所动了。到成都来试试吧。但事实和理想相差得太远了，这环境却不容易适应，不知道怎样才好，又不高兴回去，又不欢喜成都，终日彷徨不能决定。

这里所谓心理的不健康不是指精神病，而是指情感上的失去和谐；身体的不健康和环境的突变都能引起这现象。情感失去和谐的儿童可以做各种的事引人注意，因为他的情感没有得到正当的发泄。这类的儿童需要人对他们有相当的注意的教导，使他们觉得自己不是被忽略的，才不致走错路。

第二节　犯罪儿童的智力

在没有现成的为乡村失学儿童或犯罪儿童的智力测验的材料时，很难断定犯罪儿童的智力商数如何，不知道他们中间究竟是上智下愚多，还是普通智力的多。

不过作者从与他们做个别谈话和团体工作之间，很能够看出他们中间的个别差异之大，智力的表现各因性情不同而异。

长清不知道自己的年龄："前年我父亲死时我是 15 岁，不知道今年应该有几岁，我不晓得。"像这样的个案有三个，过了两年不知道应该加两岁，这是心理年龄落后的现象。作者讲给他听，算给他看，他仍旧说"不知道，父亲没有告诉我"，似乎是除却父亲的话以外无足可信的。

有的儿童谈到自己的经历时总是说："我这么一点点大，什么也不懂，没有人教过我。"他们自己往往肯承认自己很笨，记忆力不强，"在学校里念的书都不记得"，什么都不能记忆。这并不是推托之词，他们的态度表现他们是诚心诚意地想记忆一切，但是做不到。

智力的不足不能算是犯罪的基本原因，智力不足的儿童若有周密的保护和指导，绝不会受恶势力的引诱而至于犯罪。犯罪行为纯为不良的物质环境与精神环境所造成。

犯罪儿童中有因智力低，不知事情之利害相关，而胡作妄为的。这点他们自己不能负责任，应该归咎于教养他们的人。天才儿童也免不了有犯罪的，除非有良师益友为之循循善诱，才能止于至善，何况平庸的人，岂能离开正当的指导。

第三节 犯罪儿童的态度

在明了了犯罪儿童的态度以后，对于他们的管理和审问都比较容易处置些。儿童在法庭上有较多的胆量与自由说谎。[①] 了解他们的态度以后，很容易马上明了他们说谎的动机和谎话的内容；所以明了儿童的态度就等于透视儿童的心理。

有的犯罪儿童常有自卑的感觉，觉得自己流落到这种田地，诸事不如人，于是说话欢喜夸大其辞，借以遮掩自己不足的地方，这是儿童说谎的原因之一。有几个儿童不愿人家说他们是因为家中贫穷而偷窃，在谈到家庭历史时总是过分地夸张他家里从前的境遇，表示他并不是穷到底，从前也曾富过。有的儿童因为从前没有富过，目前也很穷，事实上不能否认，人人也都这样说他，他只好从幻想（phantasy）中去求满足，为求使幻想实现，没有别的致富方法，只有偷！

忠诚就是一例。他的兄弟姊妹很多，从前父亲在世时，家里就靠父亲一人租种人家的地，每年纳租以后所剩下的总不够吃。日子过久了，甚至于每年的地租都要拖延，还要靠借债过活；一年一年地拖下去，后来所收的只够还债款的利息，一家人就此陷在贫穷里不能自拔。因为穷，兄弟姊妹中没有一个人受过学校教育。姐妹们都极幼时就给人做养女、童养媳，或是丫头；男孩子稍长就帮着种地，但是都觉得种地没有出息，一天到晚汗流浃背，所得不够一家人一饱。忠诚的哥哥们都借故和父亲冲突，然后出走加入军队。家里愈过愈没有办法。忠诚的母亲不得不到成都来帮佣，不久父亲去世，家乡里没有可依靠的人，忠诚只得到成都来跟着母亲。

[①] M. V. Waters, *Youth in Conflict*, p.149.——作者 & 编者注

母亲的主人家很同情她,让她带着忠诚,给他饭吃,但不做工,不过有时忠诚帮母亲做点杂事。主人是在征收局做事的,有时公务上的款项为方便计就放在家里。忠诚有那么许多贫苦的经验,看见主人有这许多钱,很是羡慕。在主人家里一个多月,每天看着主人清理钞票,是一件分外使人眼红的事。有一天早上乘主人出外办公、太太上街、母亲带小姐时,忠诚私自跑到主人的卧室里,拨开了床头的小皮箱,将里面的钱全数都拿出来,来不及清理数目,也没有告诉母亲,就径自出了主人的家门。"现在身上有钱了",先去吃一顿好饭,然后理发,觉得一身都是痛快的。但是钱究竟有多少,忠诚始终无法清点,一则是因为钱太多,数不过来,一则是因为找不到一个安静的地方适于清理,忠诚不论走到哪里都遇见人,钱这东西给人看见一定会引起疑心。忠诚仔细想了一想,还是让一个朋友——光武知道得好,要他知道忠诚身上有少许的钱,他们二人可以用这钱做生意,"做摆摊摊的大生意,还是以前一样卖纸烟和花生糖",其余的钱用来穿衣和吃好饭。忠诚把通盘的计划都告诉了光武,光武有着满腔的热忱,想恢复他家里以前的境遇,对于忠诚的计划没有不赞成的。"可惜"在计划还没有实现之前就被捕了,"钱也全数被警察拿去"。忠诚从审判官口中才知道钱的总数是国币 192 元,但他仍旧不明白 192 元究竟是多少,这数目字进入他的耳鼓似乎完全没有引起反响,他不感觉到这是个大数目。警察清查了他身边所藏的钱并没有 192 元,原来他在为自己计划以前,将大份做了慈善事业(忠诚不知道是多少),散给他以前的朋友和邻居,"因为他们都是穷的"。

由忠诚的偷窃行为看来,他并不是故意偷窃,不过是借偷窃补助自己的穷和邻居的穷。这是一种行为上的夸张表现。

犯罪儿童对偷窃行为的态度不十分一致。少数儿童知道偷窃是不正当的行为,然而"没有办法",只有靠偷窃生活;大多数的儿童口中是不绝地认错:"我不该偷,我做错了。"但是为什么错?怎样错?他们实在不知道,只说些可笑的认错的理由,露出了他们的天真。

犯罪儿童和一般儿童一样,需要人给予他们充分的注意与同情,其中最甚的是家庭中父母的爱情。在前面已经说过,犯罪儿童的家庭都是贫穷的,他们的父母终日忙碌于生活,无暇顾及儿童,对他们极冷淡,以致使他们感觉到生活不安全,因此他们总是试做些事引起父母的注意。

"如果正当的服从的行为不能使他们达到目的,他们也会用捣乱的方法。"①

中国的儿童在家庭中是附属品,是没有地位的,大人谈话时若插入一两句,总是遭受到白眼:"你们小孩子懂得什么?大人说话小孩听!"儿童只是听话的、被动的。

儿童是应该有人给他们以相当的注意与同情,使他们不致因情感生活的不健全而引起行为上的问题。

这 30 个犯罪儿童对作者非常表示好感,只是不知道用什么方法表示。作者每次去访问时,他们一个个都挤到门口来张望,"我们天天都盼望你来"。有时作者多隔几天不去,他们要问:"为什么这些日子不来?我们都等你!"在个别谈话时,他们很能信任作者,很诚意地详细叙述他们的家庭历史和犯罪的故事。说到伤心的地方,便啜泣不能成声;说到得意的地方,便以手足帮助表情,唯恐词不达意。由此可见这些犯罪儿童对于作者是有好感的,对作者的态度是表示欢迎的、信任的。

第四节　犯罪儿童的人生观

说起来实在是可怜的,这 30 个犯罪儿童在他们还没有明了人情世故之前,已经尝受到了人生的许多痛苦经验:如不快乐的家庭、冷淡的世态、欺骗的社会、没有义气的朋友……以至于自己身体所受到的疾病、饥饿、严寒、酷热,这些都不应该是儿童们的经验中所应有的事情。

人们的处世哲学是随着他们生活历程中的遭遇而改变的。像犯罪儿童这样的年龄按理不会知道怎样处世为人,然而痛苦的经验告诉他们应当怎样。但是儿童又怎能明了如何对付这病态的环境?又没有人教他们,因此他们应付环境的方法不免有错误。

我们现在都知道犯罪儿童在人群中所过的只是假独立的生活,他们偷窃,或想各样不正当的方法得到一天的生活费;但这种生活费的来源是毫无保障的,这种生活是冒险的,也许连续两天得不着生活费,就会连

---

① 姚贤慧:《父母的态度与儿童行为问题的关系》,《东方杂志》1936 年第 5 期,第 110—114 页。——作者 & 编者注

饿两天。这样说来,他们应该学着储蓄,以防不测;但是要知道事实上是不可能的,因为他们的生活既是冒险的,谁知道下一点钟怎样?!何不"得欢乐时且欢乐","今朝有酒今朝醉"?这样,就是危机来到也没有可翻悔的。

因此,犯罪儿童都养成一种习惯:衣服上没有装钱的口袋,那意思就是说,无论什么时候或在什么地方有多少钱到手就用多少,一个也不剩下,不管这天摸得来的是一角钱或是一块钱。这样把自己变得十分放任,习惯由幼至长一经养成即不可收拾。

总而言之,这 30 个犯罪儿童都是消极的享乐主义者,除却他们 30 个人以外,不知道还有多少流浪儿童是抱定这同样的人生观的!儿童都是有前途的,不能因生活的不顺利而使他们退缩到极端的享乐中去。儿童在行事为人上时时需要鼓励和帮助,使他们不致误入歧途。

第五章　犯罪儿童的狱中生活

第一节　犯罪儿童在法律上的地位

按照 1935 年 1 月 1 日公布、7 月 1 日施行的《中华民国刑法》第 4 章第 30 条的规定:"未满 13 岁人之行为不罚,但因其情节得施以感化教育,或令其监护人、保佐人缴纳相当之保证金,于一年以上三年以下之期间内,监督其品行。13 岁以上未满 16 岁人之行为,得减轻本刑二分之一,但减轻本刑者,因其情节得施以感化教育,或令其监护人、保佐人缴纳相当之保证金,于一年以上三年以下之期间内,监督其品行……"

《中华民国刑法》上关于犯罪儿童的规定仅此一条,而且内容太简单含糊,又没有具体的办法,可见我国犯罪儿童在立法上,和在一般人的眼中一样不关紧要,刑法上关于犯罪儿童不过偶然提及而已。

由刑法第 30 条的规定看来,13 岁以下不罚,仅施以感化教育,16 岁以下刑罚减半,同时也施以感化教育,并监督其品行,这是和波兰刑法第七十六条第一项大同小异的:"13 岁以上 17 岁以下,而于其 17 岁满后,对其提起刑事诉讼时,且若感化院之监禁,对其已不适宜时,法院得将法律规定之刑,对其特别减轻宣布之。"①不过波兰刑法的规定比较具体。又意大利刑法第 206 条的规定:"有在侦查或审理之期间内,对于未成年人,得命令临时收容于感化院。法官认为该人对社会无危险性时,得取消临时保安处分之命令,执行临时保安处分之时间,得算入保安处分之最短期间。"②英、美、日、德的关于犯罪儿童的处分完全和成人分开,这比较中国、波兰及意大利的立法似乎都好,只是在立法行政上颇为麻烦;但是法律是为人而设立,人不是为法律而存在的。

单以美国对于犯罪儿童的处理来说,他们根本不承认 criminal(罪犯)一词,以为犯罪儿童只是"misdirected""misguided"(指导错了),或"in need of aid and encouragement"(需要帮助和鼓励),不要使他们自己感觉到是犯罪的③,以维持他们的自尊心。这样美国犯罪儿童在法律上的地位是很高的,他们不是附属物,而是有问题的个人(individual),需要个别的处理,处理的办法有很详细的规定。若以中国关于犯罪儿童的规定拿来和美国比较一下,未免太落后!

成都市警察局处理犯罪儿童的办法是引用刑法的规定,但远没有做到完备的田地,根本谈不上感化,不过这只是人事上的问题。如果当局能够依照法律拟定一种真正适宜的感化办法,也未尝不可以收到良好的效果。

第二节 犯罪儿童入狱的手续

我们从第一章里面已经知道,这里的 30 个犯罪儿童都是由警察逮捕入狱的,不一定有原告,其他的罪犯之进警察局也是经过同样的手续。他们被捕的理由都是"形迹可疑"。

成都市警察局分成九个分局,各区内又分设若干派出所。此外,分局又分布若干便衣警察于所管理的街道上,往来的行人中凡是"形迹可疑"的都可以加以逮捕,送到附近的派出所,由派出所略加盘问以后,便决定

---

① 翁腾环:《世界刑法保安处分比较学》,商务印书馆 1935 年版,第 227 页。——作者 & 编者注

② 翁腾环:《世界刑法保安处分比较学》,第 226 页。——作者 & 编者注

③ H. Best, Crime and Criminal Law in the United States, London: Macmillan, 1930, p. 94.——作者 & 编者注

拘留或释放。拘留的送到分局,再由分局决定刑罚,轻刑的科罚金若干,释放了事;案情认为比较严重的就送到总局办理。总局将他们押于拘留所,等"案清"以后,无罪的开释,有罪的执刑。执刑的罪犯大部分都送到游民习艺所,执刑期满以后才释放,期间没有假释。犯罪的成人和儿童所经过的手续都是一样的。

各处审问的程序和内容都大同小异,审问经过也大致相同,都是单独审问。不过分局在审问犯罪儿童时,若是不招,是要用刑的。他们所用的多半是拷打或鞭笞。总局却不这样,不用刑,顶多用恫吓的方法,只是在开审时一定要跪下。审问官多为总局司法科科员。

犯罪儿童在这样的环境之下,可以不说实话就不说实话,他当着这样许多人的面也不得不维持自尊。不过在用刑的环境之中所"招"的也未必全是事实。有的儿童是受不住鞭打,不得已而乱招的。犯罪儿童在这种境遇之中够多么痛苦,举目四顾,找不到同情者,全是与他们为敌的人,谁肯在自己的敌人面前倾吐心深处的言语?

按照刑法的规定,犯罪儿童的"徒刑"(警察局不用这样的字样,这是法院里用的名词),不论何罪,是一年到三年之内,但并不是完全受徒刑,而是受感化(他们所谓的),兼而监视他们的品行。其在监狱那种不自然的环境中没有什么品行的好坏可言,最坏的事是越狱,其次要算打架。犯了以上两种规则,同样要受鞭打,这种刑罚也不过只是等级之分。警察权不能大于司法权,警察局是不能判决徒刑的,所以在游民习艺所内的30个犯罪儿童都是不定期的拘留。儿童在拘留期间每人学习一种手艺,手艺学成之后就开释,为时最多一年半,没有过两年的。

犯罪儿童出所以后仍旧是靠偷窃生活,因为他们在所中所学的手艺不足以解决他们的生活,这并不是因为手艺不够精良,而是有别的原因。

甲:各种同业工会不承认他们的手艺。照同业工会的规定,学徒期限最低是三年,这般速成的学徒资格上有问题;

乙:到任何地方或商店去做事都要殷实的铺保。这些犯罪儿童都没有这样的亲戚或朋友,即使有,也不肯为他们作保。

丙:犯罪儿童的底细被人查明白以后,知道他们是犯罪的,就会拒绝雇用他们;即使是熟识的亲戚朋友也不肯收留他们。

这样,在所内认为改善了的犯罪儿童,虽经过发誓,仍旧会回到不正当的生活方式中去,因为正当生活的门都为他们关了。现在他们偷窃的技术更加高明,习艺所中各类的人都有,他们可以学到各种在街头所学不到的偷窃技术,再度步入社会,是个极好的实验机会。儿童无论做什么事都欢喜换新花样,对于犯罪的方法也是如此。

犯罪儿童们的出狱表面上是说等他们学成手艺之后开释,其实不是这样简单。品行的改革是一个当然的条件,不过儿童们在所内都是因怕挨打而不敢犯规,也就没有什么品行的记分可言。这样说来,应该每个学成手艺的儿童都有被释的希望,其实不然;警察总局要儿童呈送呈文请释,否则开释的希望很少。我们都知道这些犯罪儿童都不会写,所以能写字的成年罪犯就利用这点勒索他们。犯罪儿童们为要得着出去的自由,不惜卖掉身上仅有的衣服或一顿饭来买写呈文的纸张和请人代写呈文;但上一次呈文未见得有效,这样,儿童身边所有的都被剥削得干干净净了。有一天他们果真被放在监狱的墙外时,他们将怎样生活?不能空着肚皮去卖气力,这时还是只有偷窃是最简便的办法!俗语说:"衙门两边开,有理无钱莫进来"!中国的司法行政是多么可笑可悲!

第三节　监狱中的犯罪儿童

中国普通监狱对于犯罪行刑的最大特点是分类杂居制①,这里的所谓分类仅将男女性分开,其他罪状轻的,不问罪名或年龄,都是于一处。游民习艺所是一个变名的监狱,也有这共通的特点。

游民习艺所不是专为犯罪儿童而设立的,其中成年罪犯居多数,犯罪儿童仅占15％到20％,不过习艺工场是专为儿童而设立的,在所中犯罪儿童并不十分特别被注重,他们处处都受着和成人一样的待遇。

所中所有的罪犯都是穿着黑布制服(利用警察的旧制服,没有符号),草鞋,光头(但头顶上留一小块较长的头发,以为犯罪的记号),犯罪儿童也是这样的装束。不过大人的衣服给儿童穿着,上衣长及膝盖,领袖都宽大无比,看上去点滑稽;然而比他们在外面所穿的褴褛衣服要好几倍。冬天也有棉衣,儿童在监狱中至少可以避免寒风苦雨的欺凌。

---

① 孙雄:《监狱学》,商务印书馆1936年版,第89—90页。——作者 & 编者注

杂居制的习艺所中，成人罪犯和犯罪儿童的宿舍是不分开的，也不分房，一寝室之内，不以床铺为单位，而以房间的大小为单位，每寝室住 18 人到 30 人不等。为节省床铺上的地位起见，儿童和成人参杂居住。每床有棉被一条，下面垫稻草和席，这些都是由习艺所供给的，罪犯自己没有东西。每床只有棉被一条，所以平均起来，不止二人共享一条棉被，这是不合卫生条件的。然而这些犯罪儿童都十分知足，和他们原有的住处比较起来要好多了。他们原有的住处若是栈房，栈房里只有又小又薄又破的棉被；若是有家的，很少一家人有两条以上的棉被（这意思就是说，一家人共用一两条被），比在所中的情形不如；若是流浪乞食的，晚间便宿于大公馆的门楼内，什么也没有。所以儿童对于所中住的情形大多数都是认为满意的。

犯罪儿童对于所中的伙食却大大的不满意，异口同声地说"吃不饱"。原来所中每天两餐饭，分饭的方法是用秤，每人每餐半斤，八人共用一碗辣菜。有的儿童为要请人代写呈文而又没有钱，这一餐半斤的饭都得送给代写呈文的人为报酬。饭菜既不足，营养更谈不到，这对于正在发育之中的儿童的健康是有妨碍的。

犯罪儿童在拘留期间，除自由权被剥夺外，少数儿童连行路都受着限制。总局在送他们入所以前给装上脚镣，行路不能照自然的脚步，而受着铁链长度的限制，欲快行时只得跳着走，好似受伤的蚂蚱一样。装脚镣的资格很平常，不是按罪状，不是按年龄，而是按身材的高低，一个 13 岁的高孩子会比 17 岁的矮孩子装脚镣的危险多些。

习艺所规定每星期三和星期日午前 11 时到 12 时为罪犯会客的时间，客人可以送东西来。会客时是由警察在旁监督着的。犯罪儿童有人来探望的极少，和他们同伙在街上偷窃的朋友是不会来看他们的。犯罪儿童肯将犯罪的情形告诉家里的占极少数，因为恐怕父亲驱逐出门。有家的犯罪儿童平时虽不愿意在家，关在所里却十分想家，但因怕家法之严格又不敢要家人来探望。这种矛盾的心理存在着，使得他们非常痛苦，尤其是在别的犯罪儿童家中有人来或送东西（食物）来时。有一个犯罪儿童和作者谈到他的家庭时，他就说他想家，但是家里还没有人知道他在游民习艺所里。作者请他说出住址，好去告诉他家里，他想了一下说："还是不告诉你的好，不能让父亲知我流落到这般田地，我不能让他知道。是我自己弄进来的,我得自己想法出去。"他无论如何不让作者知道他家的地址,恐怕作者去访问。来探望罪犯的人多是和他们的同阶级的,基于同情和爱给他们带来少许辣菜和烧饼,其他的罪犯就会羡慕得不得了,尤其是这些可怜的儿童,真是口涎欲滴。

犯罪儿童在习艺所中大部分的时间都消磨在工场里,所以他们的生活日程和成人罪犯的略不相同。现在将犯罪儿童的生活日程表录在下面,以备参考。

第五表 游民习艺所犯罪儿童生活日程

时间	活动项目
7时	起床
7时30分	点名
8时	升旗早操
9时半	早饭
10时至11时	习艺及工作
2时	午饭
2时半	习艺及工作
6时	自由活动
8时	就寝

犯罪儿童在所中没有受文字教育的机会,这实在是他们所需要的。他们的早操和自由活动是军事训练,这种团体训练对于他们却是很好的。

他们的习艺和工作共分五科:印刷科、纸笺科、裱糊科、卷烟科及草鞋科。目前印刷科和裱糊科都没有工作,暂时都在停顿中,派在这两科习艺的儿童都在"闲耍"。纸笺科专为警察总局印刷应用的表册及信笺信封,工作极少。卷烟科和草鞋科的工作比较繁忙,发展较快,制成品获利较大,原料成本低。他们制成的卷烟批发价为大洋1分两支。草鞋较费工夫,每天至多能做2只,批发价为大洋5分一只,麻制的草鞋价格更高。

犯罪儿童做工没有工资(当局者说是有工资),仅工作效率大的儿童按日记功;记功初次数最多的在每月之末可得到大洋1角以为奖励。但像这样的机会极少。每月10人之中至多有1人得着。

犯罪儿童在所中觉得闲空无聊,他们的工作本来太少。儿童们都需要不停地忙碌,使他们忘记自己的以前和将来,才能针对他们的患处。把他们的时间用不同的活动(或属体力或属脑力)塞得满满的,不肯工作的也强迫工作,这样可以减少儿童犯罪的数目,不一定是要一天到晚盯着他们讲"不要……不要……"的训话。

犯罪儿童尤其迫切需要的是正当的团体活动,如童子军之类,在团体之中可以训练领袖人才和养成组织力量。儿童平时分散着,在习艺所中受团体训练是个极好的机会。

第四节 犯罪儿童在狱中的痛苦

从前面犯罪儿童对于游民习艺所中的物质环境的态度看来,似乎他们除"饭吃不饱"外,没有别的痛苦可言。但仔细想想,其实不然;他们痛苦很多,若不是多与他们接触就不容易知道。

习艺所中的军事化管理用得不十分适当,使犯罪儿童在这种环境之中变得不自然。儿童的动作是天真的流露,他们爱好自然,而在所中却处处受拘束,处处纪律化,生活太机械、太单调,他们从这种生活中得不到性情和习惯的陶冶。

儿童是活泼的好动的,把他们拘禁在一个没有动的可能的环境中,他们会把自己的欲望压到幻想里去,从幻梦中得到假的满足。

让犯罪儿童们自己有的感觉、举动都会感觉到自卑和受压制的痛苦。

习艺所中没有真正了解他们的人,他们苦于没有知己。身体上有什么疾痛也没有看顾他们的人。所中只有一个挂名兼职的医生(资格不明),他不能和生病的犯罪儿童分担痛苦。

犯罪儿童多没有享受过快乐的家庭生活,他们的情绪发展多是不完全的。往往在茫茫的人海中感到孤独;在街头偶尔结识的朋友也不能共患难。

聪明的犯罪儿童似乎都在想"怎么办?摸包包不能过一辈子……""我长大了不摸包,但似乎又没有别的工作可做;没有读过书,将来总没有容易饭吃……我的父母早把我送去学徒弟就好了。现在家中又没有人,谁管我?""我很想早点出去,但出去后谁给我饭吃?现在饭虽不够吃,总算不是费力得来的"各种的假定。从此可以看出他们对于前途的疑惧,感觉到前途的空虚,似乎有很多条路可走,但不知道哪一条是大道,哪一条是捷径,哪一条是死路,自己没有选择的能力,又没有人为他们选择。像这样为了畏惧或选择的错误，而退缩到仍走旧路——偷窃和乞食的例子很多。

第六章 结论

从这30个犯罪儿童的分析看来，我们不难知道犯罪儿童所需要的是什么。他们的犯罪行为已经是不健全的心理表现，我们不应再加上报复的刑罚，使他们倍受痛苦，而应当尽力设法免除他们的痛苦。犯罪儿童所迫切需要的是大量的同情和了解，宽容的态度和切身的物质帮助，我们不能因报复他们不应有的犯罪行为而不满足他们的需要。为着减除儿童的犯罪行为，我们更应当多多将他们所需要的条件给他们。将这些条件综合起来就是感化教育。

感化教育是一种避免犯罪儿童再犯的手段。从社会学的立场上看来，它只是消极的治标办法，只能改造犯罪儿童，而不能预防一般儿童犯罪。所以除此以外，对于普通儿童必须加紧地注意他们的环境、教育和个人习惯，早日预防他们有不正常的行为，才是根本办法。在犯罪儿童没有改造以前，我们应当同等地重视这两方面的工作：减少已犯罪的儿童重犯，同时预防普通儿童发生犯罪行为。

第一节 治标的：怎样改造犯罪儿童

成都市警察总局所设的游民习艺所是个离理想太远的拘留犯罪儿童的机关，犯罪儿童们被关在所里，恐怕永远没有改造的可能。他们所受的待遇仍旧是报复理论的刑罚，但刑罚不能解决犯罪儿童的行为问题，而且在那里不自然的环境之中，儿童无论在身体或心理方面都不会有自然的充分的发展。

警察局在法庭中审判犯罪儿童也和对待普通罪犯一样，在严格的问案以外加以恫吓；儿童们在这样威严刑罚的审堂上已经吓得不知所云了，哪里还能够得到真实的口供。

按犯罪学的原理，所有的罪犯都应该放在比较自然的环境中受感化，犯罪儿童更应当如此对待。但是儿童不能和成人相提并论，他们应当有他们的法庭和监狱。这二者在中国都缺乏,应该竭力提倡。

对付犯罪儿童的儿童法庭(juvenile court)是不可缺少的,它的组织不要太复杂,和普通司法机关都该取得联络。开审的地方应为一个较小的房间,使法官(judge)和查验官(probational officer)、犯罪儿童或儿童的父母可以做较亲密的聚谈,绝对不许有别的听众。法庭的布置应该很简单,除必需的桌椅以外没有他物;在可能范围内,最好能在法官自己的办公室里。犯罪儿童应该经过个别的审问,免得他们听得各人的供词,而增加他们犯罪的知识。在法庭上多半的问题由法官发问,法官在问案以前必须先读过查验官关于犯罪儿童的调查或访问记录,免得被儿童欺骗。法庭中的空气不要紧张,使被审问的儿童能自由发言,不感觉到拘束不安。法官对儿童的态度应该完全像父母对于子女,要诚恳平静,但不可以情感用事。儿童法庭中应该还有其他的专门人才如医生、社会学家、心理学家和心理分析专家,在儿童被审问以前为他检查身体,并做智力测验,找出儿童的身心状态与犯罪行为的关系。医生和心理分析专家不遇必要时是不出庭的,儿童法庭若是行之有效,对于儿童犯罪真相的分析可以有很大的贡献。分析犯罪事实之后,才得明了儿童犯罪的真正原因,才得行使有效的感化,对于社会国家才能有贡献。[①]

与儿童法庭相辅而行的有查验制度(system of probation)。若没有查验官为法庭调查,所得的结果不会正确。美国伊利诺伊州的法规对于查验官的职责规定得很详细:"查验官的责任是为法庭做一切的调查工作,开审时,代表儿童的利益出席法庭;供给法官需要的消息和资助;以及在法庭指定的开审期前后,监护儿童。"[②]由此可以知道查验和儿童法庭的关系,二者在工作时是分不开的。查验官从犯罪儿童和他们的父母处得到合作,搜罗关于犯罪儿童的背景真相,分析以后,记录下来,以供给法官和心理分析专家的参考。所以,查验官必须具有丰富的心理学知识,尤其是对于儿童心理学应有彻底的了解,并且要有毅力和耐心去应付顽钝和自卫的儿童;还有一个基本的条件是,必须对于儿童感觉着兴趣。查验官以女子为最相宜,因为女子对于儿童工作比较能精细。她的教育资格最好

[①] M. V. Waters, *Youth in Conflict*, pp. 124–145.——作者 & 编者注
[②] 张少微:《童犯查验制度研究》,《光华大学半月刊》1937 年第 7 期,第 45—67 页。——作者 & 编者注

是大学毕业,具有较丰富的基本知识和普通常识,并且对于社会服务有相当的经验。查验官的身体应当是健康的——有健康的身体才有精力对付繁重的查验工作。每一个查验官所查验的儿童数目很多,但这种工作多寡的分配要视查验机关工作的范围和经济力量的大小而定。

仅有儿童法庭和查验制度还不足以彻底改造犯罪儿童的行为,必须有感化机关收容一切犯罪儿童,经过相当时间的工作,改造的结果才容易看见。

感化实施的方法大致有两种:一为家庭感化,一为集合感化。[①] 家庭感化在目前的中国社会中不容易实行,在一般人还没有十分明了犯罪儿童时也不容许实行,恐怕生出更加不良的效果来。集合感化不只限于监狱,学校也可以附设感化院收容有问题的儿童,此外当然也应该有专为犯罪儿童而设的感化机关。后者最好造成学校的形式,使犯罪儿童过学校生活,用学校的名称,完全不用感化的字样,以免引起儿童因犯罪而起的自卑之感。

在中国现在这种情形之下,犯罪儿童多是无技能而又没有受过教育的,所以设立感化学校最好是取用半工半学的教育方式,收容20岁以下的少年犯,使他们一方面念书,一方面学习些专门技能,免得在离开感化学校以后,无以为生,而重新流落以至又犯罪。受感化的儿童在学校内所做的工艺出品可拿到市场上去卖,卖得的钱一部分算是他们的工资,为他们储蓄着留待将来用,一部分可用以补助学校经费。

儿童在受感化的期间,要使他们十分忙碌,用他们所有的时间除睡眠外做正当的事情,不使他们有空闲。在工作时虽是自治,但教师不能离开他们,除监视外,应注意有特殊行为的儿童。

感化学校中的一切日常工作都应由儿童自己担任,分工合作,隔多少时间交换一次,使在校的每个儿童得有机会做到每样工作。管理员和教师遇必要时在旁指导,使受感化的儿童达到自治的程度,养成独立的人格。现在试做一详细的感化学校的活动日程计划,如下表:

[①] 陆人骥:《感化教育》,商务印书馆1931年版,第52页。——作者 & 编者注

第六表　拟感化学校活动日程表

时间	活动项目	附注
5时30分	起床盥洗	
6时	升旗,早操,重要报告	
6时45分	准备早餐,或清洁	轮流分班
8时	早餐	餐后自理餐具
8时30分	上课(算术、珠算)	每小时休息五分钟
9时30分	上课(国文)	
10时30分	上课(公民、常识)	
11时	准备午餐,或自由阅读、习字	轮流分班
12时	午餐	
12时30分	清洁餐室及餐具	
1时至4时	工艺或职业训练	每小时休息五分钟
4时	团体室外活动	童子军远足
5时	准确晚餐,或沐浴、理发、洗衣	轮流分班
6时	晚餐	自理餐具,打扫餐室
6时30分	降旗,报告,精神讲话	检讨一天的经过,罚赏都提出
7时	音乐	声乐或乐器
8时	公民训练(演讲、聚会、新闻)	训练领袖、团结精神
8时30分	就寝熄灯	

　　感化学校管理儿童不要太过分地监视,最好是采信任制(credit system),先令儿童应许实行良好的行为,如果犯过错愿意受相当的处罚,完全实践约言的有奖。此外,学校为他们预备好一种检讨一日行为的表格,儿童彼此监视着填写,到每星期末由管理员清查总成绩,好的提出夸奖,借以鼓励其他儿童。在感化学校中少数儿童有逃走的行为,这是不可避免的事,管理员对于逃走以后自己回来或逮捕回来的儿童,不要显露异样,但应在暗中研究他逃走的原因。

　　对于出校后的儿童,感化学校应该帮助他找工作,或帮助送他回家,同时应为他们在社会上、在邻里间、在家庭里建造相当的地位,消灭人们蔑视犯罪儿童的故态,为他们的新人格在社会上做一番宣传的工夫。儿童出校以后,并不能与感化学校完全脱离关系,感化学校应该按儿童犯罪的程度而予以定期的查验,观察他的行为是否已经完全改善。

　　犯罪儿童虽多半来自乡村,而犯罪行为的发生往往都在城市中,感化学校的校址,应该设在离城市不远的乡村里,因为乡村的自然环境对于儿童适合些；同时离城市近，便于往返。

感化学校收留的儿童约有以下的来源：警察们逮捕的；儿童法庭所判决的犯罪儿童；儿童的家庭请求送入；普通学校委托；其他犯罪儿童的介绍。

以上所提的儿童法庭、查验机关和感化学校实则是三个一体不能分开的机关，三者缺一则对于减少儿童犯罪的实施上很难收效。儿童法庭若离开查验机关和感化学校必失之空洞，仅仅查出儿童犯罪行为而没有具体的有力量的改造活动。查验制度若离开儿童法庭和感化学校，则改造儿童行为的效力不能持久，推动事功的力量也太小，结果必是事倍而功半。感化学校若离开查验制度与儿童法庭，则对于犯罪儿童的行为分析不够仔细，感化无从着手。从这三者的连环关系看来，欲减少犯罪儿童，这三个机关是必须同时存在的。

中国今日的儿童犯罪案件在逐渐增加，但政府与社会上一般人还没有认清儿童犯罪的重要，我们只能谈谈消极的改造儿童犯罪行为的办法，以应付目前的需要，这是近水救近火的方法。

同时流浪儿童的增加也是使犯罪儿童增加的原因之一。竭力地收容和教养流浪儿童，可说是减少儿童犯罪的办法中最重要的。

第二节　治本的：怎样预防儿童犯罪

预防儿童犯罪是个根本的问题。如果国家的组织健全，社会的基础巩固，家庭的生活美满，发生行为问题的儿童自然而然会减少。虽然儿童的行为上有防不胜防的地方，这种预防范围究属有限。反过来说，正是因为国家的组织不健全，社会的基础不巩固，家庭生活不美满，才会在儿童行为上发现失调或反社会的现象。所以我们要预防儿童犯罪，首要的条件是建造一个组织健全的国家，一个基础巩固的社会，和多数生活美满的家庭。这是一个和事实大相悬殊的理想，也许可以做得到，不过为时过久，不容易很快就达到目的。但预防儿童犯罪却是刻不容缓的事，否则就会影响到社会国家的福利。

中国现在最大的问题是贫穷，国也贫，社会也贫，家也贫。俗语说"饥寒起盗心"，实在是有道理。在这里我们不谈怎样致富，而谈到怎样从贫中求安。中国现在大多数的家庭只是有力生育子女，而无力教养。家庭实在无能为力的地方，国家和社会应当为之负起责任来；这意思就是说，由国家设立公育儿童的机关，使他们生活有保障，不至于被父母赶出去自己图谋生活，而陷于流浪、堕落，或犯罪。

儿童得到国家的公育以后，教育是第二个大问题。儿童的好习惯都可以在公育机关里面养成，他们在那里可以学到正当的生产方法，得到正当的娱乐，受良好的公民训练，享受适宜的团体生活。这样在健全的环境中所培养出来的人格也是健全的。有教育价值的娱乐如童子军团体游戏之类，是儿童生活中所不可少的。儿童借这些活动来消耗他们身体里面过剩的精力，同时也可以从其中学习许多宝贵的经验。这样的教育方法是预防儿童犯罪时不可忽略的工作。

除创办儿童公育机关之外，尚应有托儿所的设立，使出外工作的母亲于工作时可将儿童交给托儿所看管，免得儿童在家没有保护和看管；或恐怕失去了父母的照应，没有代替的人，情感失调发生行为问题。尤其是学龄以下的儿童时刻不能离开父母的照应，托儿所的设立对于预防儿童犯罪是决不可少的。

改良今日的儿童教育也是预防儿童犯罪的方法之一。许多学校的环境不健全，不适于教育儿童；不合格的教师也容易贻误儿童；不合理的校规易使他们向不正常的方向发展；学校中不注意儿童的心理卫生（多数无知的父母也不明了），忽略儿童是有人格的个人。以上这些都足以促成儿童犯罪。

总之，儿童是个个人，我们若要阻止他们向犯罪的方向发展，就必定要引导他们向一个健全的新的方向上面去，替他们养成一种完全的人格模型（personality pattern）才对，完全人格的培养需要适宜的家庭生活、正当的娱乐、合理的教育、健全的身体和心理，另外还要加上陶冶儿童的艺术，如绘画、雕刻、音乐等等，并充实他们的科学知识，和扩大他们在宗教方面的健全观点。

父亲吴桢与社会学[*]

父亲吴桢93年的一生经历了风云变幻、如火如荼的社会大转型大变化,跨越了两个迥然不同的社会制度,社会学在这段历史中亦中断了近30年。父亲才华横溢,卓尔不群,追求理想和进步。他的生活经历与专业之路充满了曲折和传奇色彩。

父亲出生于一个特别的家庭。祖父吴振南少年时代为了摆脱家庭困境,15岁就离开江苏仪征的家,考入江南水师学堂学习海军,备尝艰辛但成绩斐然,光绪、宣统年间两度被选送到英国学习海军,共四年时间,回国后担任军舰管带。辛亥革命爆发后,祖父率舰起义支持孙中山。因其有功,又有海军资历,民国政府成立之后在海军部任职,长期负责海岸巡防处。

1911年,父亲出生在了这个衣食无忧的家庭里。1949年以后,父亲在其履历表"家庭出身"一栏中,填写的是"旧官僚",这在那个推崇"红五类"的年代,不仅给父亲自己,多少也给我们这代人带来了一些影响。

青少年时期的父亲顽皮好动,兴趣广泛,多才多艺。他最初酷爱绘画,17岁就读于上海美专国画系,得到素描和国画的系统训练,曾亲聆张大千面授国画技法以及黄宾虹讲授题跋。父亲绘画的爱好一直保持到了晚年。后来父亲又迷恋上话剧。20世纪30年代,正值中国左翼话剧兴起,父亲参加了《怒吼吧!中国》等多部宣传抗日救国话剧的演出,结识了应云卫、金山、赵丹、白杨以及许多后来成为著名演员的青年才俊,同时也受到了抗日救国、民主自由等运动与思潮的影响。

父亲是怎样走上社会学舞台的呢?据说当年祖父虽然支持父亲在艺

---

[*] 作者吴申庆,吴桢先生次子,东南大学教授。

术绘画上自由发展,但是总认为艺术只能作为一种业余活动,年轻人应该有终身从事的专业。祖父自己在四年留学经历中接触到的西方文化科技,对父亲选择专业产生了一定影响。大概出于改造社会、服务社会这一初衷吧,1929年父亲又从上海美专考入沪江大学社会学系。据父亲回忆,当时社会学从西方传入中国不久,是一种全新的学科,而沪江大学社会学系是中国最早的社会学系。在沪江大学,他不仅学习了西方社会学体系最新的原理,而且结交了许多青年社会学人,其中最著名的要算许烺光,他们不仅是同学,而且是同宿舍的室友,许烺光后来成为美国著名的人类学家和社会学家。

1933年父亲从沪江大学毕业后,一时找不到适合专业的工作,只好利用自己的艺术专长为公司画画广告、搞搞橱窗设计。一年之后,在从事社会工作的大伯影响下,父亲应聘到北京协和医院社会服务部做工作员,在这里一干就是七年,并结识了良师益友浦爱德(Ida Pruitt)女士。协和医院有着完善的社会服务、社会工作体系,浦爱德便是协和医院社会服务部的创建人,也是中国医务社会工作的开创者。在这七年中,父亲在浦爱德的指导下,迅速成长为一名经验丰富的社会工作员。在这七年中,父亲同时也经历了北京沦陷、地下抗日、救治中国伤员的生死考验,接触到了共产党员,如王先生、赵尹、黄子文(陈雷)、常宏等,受到深刻影响。很难想象,在日军占领北京后长达一年的时间里,父亲他们利用协和医院的掩护,收留救治数百名中国伤兵,把这些战场负伤的伤员伪装成普通病人并分散隐藏,治愈后再协助地下组织把他们分批送出北京,重返抗日前线。在父亲救治的伤员中,有数十人重新参加了抗日游击队或八路军。这是何等危险困难的事情!据父亲文章回忆,臭名昭著的川岛芳子曾经到协和医院视察并叫嚣:"所有伤员都是日军的战俘,要交日方处置!"也曾有穿着日本军服、牵着狼狗的汉奸当街指着父亲的鼻子威胁说:"姓吴的,小心点!"面对被抓被杀的危险,父亲可以选择躲避或离开,可是为了几百名抗日伤员,他决定留下!与敌伪周旋、与地下抗日组织联系,便成了社会服务部当时的主要任务。父亲回忆与地下组织接头时往往要手持某约定物件或者对答暗语,与电影上差不多。最后协和医院救治的约500名抗日官兵均得到良好的治疗并妥善安置,无一人交给日军做俘虏,伤员中也没有一人出卖医院秘密,变节做汉奸,真是值得大书特书!这段特殊经历,是父亲一生中最重要最宝贵的阅历,也是任何教科书中学不到的。他写道:"这一年多过度紧张,看见了不少可歌可泣的故事,也逃过不少可怖可惊的狭路。但是我回想起来却十分快意。我最高兴的是我所从事的医务社会工作,竟很成功地应用于伤兵,而且很显然地帮助了抗战的力量。"①后来因情况危急,父亲在秘密组织帮助下离京逃过抓捕,不久以后协和医院就被日军查封。

在其后的十年间,父亲辗转上海、江西、四川、江苏南京等地,饱受颠沛流离之苦,先后就职于重庆中央卫生实验院社会工作室、成都华西联和大学、金陵女子文理学院社会学系、南京金陵大学社会行政福利系。在重庆期间,父亲认识了我的母亲卢宝媛。母亲1939年毕业于金陵女子文理学院社会学系,当时也是从事社会工作,二人志同道合,产生爱情,于1944年结为伉俪。

1946年,父亲有机会以联合国善后救济总署专家的名义,赴美国学习、考察社会工作。父亲在美国匹兹堡大学应用社会科学院学习,并参观考察美国的社会工作机构,大半年的考察、学习经历使他对于西方社会学有了更深入具体的了解。1947年父亲回到上海,旋即应聘到金陵大学,并与母亲、两个孩子举家迁往南京。

父亲作为社会学教授,他想努力服务社会,同时也笔耕不辍,常有文章、译著问世。战乱之中,父亲亲眼看到旧中国的苦难,社会痼疾丛生,亲身感受到旧中国的孱弱。我的一对双胞胎弟妹,在新中国成立前夕最混乱的时候,因患小病却得不到及时医治,竟双双夭折!悲痛至极的父亲在报上发表文章发出呐喊:"你并非死于百日咳,……你死于这乱的和戡乱的时代,你是这个不幸的时代的牺牲者。"旧中国的社会现状教给了父亲太多的东西,他痛恨政府的专制腐败,希望有一个富强、民主的新中国。因此,父亲积极参加金大师生的进步活动,与母亲双双加入了民盟地下组织,在金陵大学的家一度成为民盟和进步师生的聚会场所。

父亲吴桢先生和许多青年知识分子一样,满怀热情迎接中华人民共和国的诞生,拥护中国共产党,希望为祖国的富强贡献力量。不过意想不到的是,在1952年的院系调整中,社会学遭到批判,相关专业从大学撤

---

① 吴桢:《医事社工十年记:我的职业生活》,《西风》1944年第68期。

销。在这段时间里,父亲陷入深深的苦恼和思考中。

一方面,他努力使自己适应新社会的要求,学习马克思主义理论、政治经济学、毛泽东著作,还通读了简本《资本论》。在当时的政治环境下,作为一名从民国时代走出来的学者,他对自己进行了严肃的自我剖析,对于西方社会学体系做了深刻的分析批判。

在社会学沉寂的近30年里,父亲离开了大学讲台,转而从事行政管理工作。由于父亲有丰富的社会工作和大学教育经验,长期与党组织保持密切合作关系,因此先后被安排在江苏省人民政府文教委员会社会调查处、南京大学、江苏省高等教育局工作并担任领导职务。

共和国成立初期,政府部门的干部都是老红军、老八路,像父亲这样作为民主人士参加政府工作的人很少,记得在父亲高等教育局副局长的任命书上还赫然盖着周恩来的签名印章。父亲于1956年入党,实现了多年的愿望。1958年"反右"以后,父亲被调专职从事统战、政协、民主党派工作,担任九三学社江苏省委的负责人。这是一个特例。按照规定,民主党派成员可以入党,但是共产党员不能参加民主党派。可是为了让父亲成为九三学社领导,特别由许德珩先生介绍父亲参加了九三学社。据说这种双重身份被称为"交叉党员"。在长期的统战、政协、民主党派工作中,相信父亲自觉或不自觉地把自己的社会工作方法应用于实践当中,得到深刻的感悟。父亲十分了解知识分子的喜怒哀乐和内心世界,天然地与知识分子有共同语言和亲和力。父亲幽默风趣,宽容豁达,举重若轻,极具个人魅力,只要有他在场,总是充满融洽和谐的气氛。

在家庭中,父亲无疑是最慈爱的老爸。父亲母亲养育了五个子女,尽管父亲工作从来都很繁忙,但只要一回到家中,周围顿时就充满了欢声笑语。母亲常笑称我们家就像疯人院一样!父亲才华横溢,学贯中西,但他从不刻意要求我们去学什么,而是通过他自己对文学艺术、琴棋书画、历史哲学的爱好,于无形之中影响感染我们,在潜移默化之中让我们汲取民族文化的宝贵营养。家庭里充满着平等和谐的民主气氛,这是熟悉我们家庭的人们都十分羡慕的。

另一方面,老爸又是很严格的父亲。他自己不谋私利、光明磊落,也要求后辈诚实正直、自立自强。机关曾配备小车接送他上下班,爸爸是不允许子女"蹭车"坐的;家里电话是为工作需要而安装的,子女不准为私事随意拨打。我上大学时,尽管家庭经济条件不错,但父母一直按学生助学金中档标准给我寄生活费。从领导岗位退下来之后,他几乎从不向单位要车。他晚年最后两次住进医院,都是我们叫的救护车,照章付款。子女们都懂得:自己的前途和进步必须也只能依靠自己的努力去争取,爸爸是绝不会为此而运用自己的"关系"与"影响"的。所以子女们无一不是依靠自身努力在各自的人生道路上奋斗成长。

正当一切都井然有序、欣欣向荣时,"文革"风暴开始了。

像父亲这样的经历,又去过美国,在"文革"中必然受到冲击、被"扣帽子",除了"走资派""反动知识分子"外,还有一顶帽子叫作"特嫌"即"特务嫌疑"。1967年我和三弟去看望被"隔离审查"的父亲时,军宣队代表还追问1960年浦爱德来我家与父亲会面的情况,问当时有没有传递过什么东西。"文革专案组"天南地北地调查,没查出什么"特嫌",倒是找到了父亲多年前失去联系的北平地下党负责人陈雷("文革"前任黑龙江省副省长)、须敬("文革"前任上海市某区领导),还有于汝麒女士,查明了北平沦陷后,是中共华北局领导了与日寇敌伪的地下斗争,当然也包括协和医院掩护救治伤员的斗争。直到20世纪80年代,当这些调查真相向父亲公开时,父亲多年积压在胸的疑问才终于明了,他感觉无比欣慰。

1969年,父亲母亲与尚在读中学的弟妹全家下放到苏北盱眙县农村,在生产队的茅草屋里度过了五年。五个冬夏寒暑,让父亲了解了农村生活和农民,与乡亲们建立了深厚的友情,父亲还为生产队买了一台拖拉机。1974年落实政策,省委组织部一纸调令把父亲调回南京,可是一时又无处安排工作。由于父亲通晓英语,就临时安排在华东水利学院(现河海大学)外语教研组。1976年开始拨乱反正,父亲受命参与江苏省政协和民主党派的恢复重建工作,担任了省政协筹备组的书记。百废待兴,千头万绪,被"文革"打垮砸烂的政协组织、民主党派、群众团体亟待恢复重建。对于已60多岁的父亲来说,无疑是个挑战,然而他毫不犹豫,欣然受命。

那一时期,晚上或周末家里不断有人来访,其中许多是诉求平反、落实政策、解决工作生活困难问题的。我印象深刻的是,父亲热情接待每一位来访者,认真专注地倾听对方的倾诉,他充满同情理解的目光注视着对方,口中发出"嗯嗯"的声音,鼓励对方说下去。这大概就是个案工作中的沟通方法吧。在父亲的帮助促进下，许多人的困难得到解决，工作生活得到妥善安排。

1979年，中国社会学研究会在北京成立。80年代前后，江苏省政协、九三学社及各种社团也相继恢复起来。虽然各种会议、活动应接不暇，但作为中国社会学研究会顾问，父亲不顾年事已高，毅然投入社会学的恢复重建工作中。

那个年代，人们刚刚摆脱"文革"灾难，还心有余悸，极"左"思潮在国内仍然有其市场。社会学销声匿迹近30年，许多当年从事社会学专业的人士即便没有被打成右派，也早已改做他行。提起社会学，许多人，包括领导干部都不知其为何物！可以想见，恢复重建支离破碎的社会学谈何容易！

在改革开放、解放思想的大环境支持下，父亲充分利用各种会议讲坛或学术讲座为中国发展社会学大声疾呼，强调中国现代化需要社会学，社会学应该为四个现代化服务。他以大专院校作为学科建设和应用的切入点。没有现成的资料，他就亲自编写教程，并先后到北京大学、中山大学、南京农业大学、江苏省公安专科学校等校为师生讲授社会学、社会工作、个案工作课程，并且在这些院校成立社会学系后担任兼职教授和研究生指导老师。另一方面，他在《江苏社联通讯》《江海学刊》等杂志以及《中国民政》上发表系列文章，宣传介绍社会学和社会工作，他的观点主张在民政部以及公安部门都产生较大反响。他还参与了《中国大百科全书》中社会工作有关术语的编写。为了介绍西方犯罪学研究，他翻译出版了严景耀先生早年关于中国犯罪学研究的英文专著。那时候人们刚刚兴起学习英语的热潮，高端翻译人才青黄不接，十分匮乏，古稀之年的父亲独自承担起18万字的翻译工作。

由于统战政协、九三学社、各种社团工作非常繁忙，父亲只有挤出业余时间，起早贪黑来写文章讲稿、搞翻译。他经常凌晨四五点钟甚至更早就起床，奋笔疾书直至天明，早餐以后再去单位。他笑称自己从事社会学是"业余闹革命"，并亲手镌刻了"曾经沧海""分秒必争"两方篆体印章，勉励自己努力把失去的时间夺回来。年过古稀的父亲伏案奋笔疾书的形象一直定格在我脑海中，成为我的榜样。

20世纪80年代适逢盛世，又有老一辈有识之士不懈努力，我国社会学教育体系以及学术团体组织逐步重建完善,并培养出一代新人,走上中国特色发展之路。

作为一名社会学者和教授,父亲历来重视专业教育和教学,但他不是那种单纯的学院式的教授。父亲本身具有十分丰富的社会工作经历和社会实践经验,更加重视社会实践和社会效益,提倡脚踏实地为民众为社会服务。在社会学被取消的年代里,父亲把社会工作、个案工作的方法融会贯通到具体的工作实践中,更加深刻地认识社会学对于国家发展的重要作用。诚如他写道:"统战工作没有削弱社会学专业,而是丰富更新了我的社会学、社会工作的知识;31年不是虚度,而是一生中最充实最丰收的年代。"

父亲并不看重论文是否在"高级别"刊物上发表,因为他太忙,无暇去联系出版,更何况20世纪80年代的出版渠道也很狭窄,正规的社会学刊物多数尚未面世。他也乐于毫无保留地把辛勤撰写的未发表过的讲稿论著提供给任何需要的人,他曾经对我说:"只要白纸黑字印出来,只要能够传播给需要的人,大家看得到就可以了。"所以父亲留下的很多文章还处于手稿、打字油印稿、内部发行状态,这也是如今正式出版《吴桢文集》的缘由之一吧。

吴桢先生的一生像是中国社会学的一段缩影。回溯他的社会学生涯,在民国时期亲历社会学传入、应用于中国社会的过程;在社会学沉寂近30年之后,适逢改革开放新时代,又参与引领了社会学学科体系调整重建工作。父亲的专业道路坎坷多舛,既经历过战火的历练,又遭遇到封冻的料峭。他见证了社会学在中国的兴衰荣辱,遍尝个中酸甜苦辣。他既是弄潮儿,也是佼佼者。

感谢南京大学社会学院主持赞助出版《吴桢文集》,感谢商务印书馆出版此书,这是我能想到的最好结果。特别要感谢肖萍博士为收集、整理、编纂本书倾注了心血。父亲的文章跨越两个时代,肖老师带领研究生们从浩如烟海般的报刊书籍资料中把它们一一找出,加以整理、编纂,注释成书,使父亲的学术思想得以系统完整地呈现!还要感谢成伯清院长、白中林总编、尹振宇编辑和所有为出版此书付出辛劳的人们!

2019年6月于南京

作品年表

吴桢:《我所认识的导演应云卫先生》,《申报》1930 年 5 月 26 日,第 2 版。

吴桢:《戏剧与学校》,《沪江大学月刊》1933 年第 2 期,第 167—174 页。

鲁滨孙:《病人也是人》,吴桢译,《西书精华》1941 年第 5 期,第 108—121 页。

吴桢:《个案工作的技巧》,《西风》1941 年第 63 期,第 240—242 页。

吴桢:《社会工作员:我的职业生活》,《西风》1941 年第 55 期,第 34—36 页。

吴桢:《职业生活:社会工作员》,《职业与修养》1941 年第 1 期,第 132—135 页。

吴桢:《访问的艺术》,《学思》1944 年第 3 期,第 14—18 页。

邓汉:《社区组织文献》,吴桢译,《教育与社会》1944 年第 2 期,第 59—65 页。

吴桢:《医事社工十年记:我的职业生活》,《西风》1944 年第 68 期,第 193—196 页。

吴桢:《在华的洋人》,《西风》1944 年第 71 期,第 457—459 页。

吴桢:《缀合破碎了的人》,《西风》1944 年第 66 期,第 559—565 页。

吴桢:《访问的技巧:社会工作特稿》,《西风》1945 年第 77 期,第 472—474 页。

吴桢:《老处女的三条出路》,《现代周刊》1945 年第 4 期。

吴桢:《论医护人员的职业道德》,《现代周刊》1945 年第 5 期。

吴桢:《飞渡太平洋:美国通讯》,《西风》1946 年第 89 期,第 414—

416页。

吴桢:《华盛顿三周印象》,《西风》1946年第90期,第514—517页。

吴桢:《参观美国儿童法庭》,《家》1947年第19期,第267—269页。

吴桢:《轰动一时的大谋杀案:十七岁大学生罪案累累,化身博士的重演》,《宇宙文摘》1947年第2期,第79—81页。

吴桢:《轰动一时的大谋杀案:十七岁大学生罪案累累,化身博士的重演》,《光》1947年第18期,第20页。

吴桢:《美国人的种族偏见》,《西风》1947年第97期,第7—10页。

吴桢:《上海儿童福利促进会》,《家》1947年第18期,第254—255页。

吴桢:《社会个案工作新趋势(美国观感)》,《家》1947年第21期,第347—348、362页。

吴桢:《读者意见:三度蜜月将如何?》,《家》1947年第23期,第456—458页。

浦莱斯敦:《家庭:心理卫生启蒙地》(上),吴桢译,《大公报》1947年11月11日,第6版。

浦莱斯敦:《家庭:心理卫生启蒙地》(下),吴桢译,《大公报》1947年11月25日,第6版。

欧尔巴区:《儿童保教实际问题:介绍美国〈儿童研究〉季刊内的"父母问题咨询栏"》,吴桢译,《儿童与社会》1948年第2期,第56—57页。

浦莱斯敦:《儿童怎样了解人情》,吴桢译,《儿童与社会》1948年第2期,第46—48页。

浦莱斯敦:《儿童怎样学习世故》,吴桢译,《儿童与社会》1948年第1期,第16—19页。

浦莱斯敦:《心理卫生十二讲》,吴桢译,上海《家》杂志社1948年版。

吴桢:《教养机关内社会工作及人员之训练:在南京市儿童福利工作人员第十六次座谈会演讲词》,《儿童福利通讯》1948年第15期,第3版。

吴桢:《社会工作是一种社会制度抑社会运动》,《社会建设》1948年复刊第5期,第1—8页。

吴桢:《顽童的心理分析与治疗》,《西风》1948年第29期,第213—215页。

吴桢:《卫生事务所调查》,载陈仁炳主编:《有关上海儿童福利的社调查》，上海儿童福利促进会 1948 年版，第 203—210 页。

吴桢：《医院调查》，载陈仁炳主编：《有关上海儿童福利的社会调查》，上海儿童福利促进会 1948 年版，第 169—176 页。

吴桢：《无边的哀悼：悼亡儿宁庆》，《家》1948 年第 36 期，第 240—241 页。

F. A. Carmichael，J. Chapman：《精神病护理学》，吴桢译，上海广协书局 1949 年版。

格拉司：《美国〈社会心理学〉中的论紧张》，吴桢译，《世界经济与政治论坛》1982 年第 14 期，第 13—24 页。

格拉司：《美国《社会心理学》中论紧张》（续完），吴桢译，《世界经济与政治论坛》1982 年第 15 期，第 30—44 页。

理查德·B. 多布森：《苏联的社会流动与阶层》，吴桢译，《世界经济与政治论坛》1983 年第 12 期，第 48—50 页。

普尔曼：《弗洛伊德对社会福利工作的贡献》，吴桢译，《国外社会学参考资料》1983 年第 5 期，第 4—10 页。

吴桢：《我们需要研究犯罪学》，《江苏社联通讯》1981 年第 2 期，第 10—13 页。

吴桢：《应云卫引导我们走上话剧舞台》，《江苏戏剧》1981 年第 1 期，第 28—30、27 页。

吴桢：《江苏省社会学会筹备工作报告》，《江苏社联通讯》1982 年第 8 期，第 6—8 页。

吴桢：《社会学要为两个文明建设服务，在两个文明的建设中创建新中国的社会学——省社会学学会会长吴桢同志的书面发言》，《江苏社联通讯》1982 年第 10 期，第 23—24 页。

吴桢：《社会学要为两个文明建设做贡献》，《社会》1982 年第 4 期，第 6 页。

吴桢：《台湾写实小说〈她未成年〉读后感》，《人民日报》1982 年 5 月 21 日，第 3 版。

吴桢口述：《纪念辛亥革命七十周年兼忆先父吴振南》，江君谟笔记，载中国人民政治协商会议江苏省委员会文史资料研究委员会编：《江苏文史资料选辑》第 7 辑，江苏古籍出版社 1981 年版，第 98—110 页。

吴桢:《漫谈个案工作和个案分析》,《江苏社联通讯》1983年第3期,第26—32页。

吴桢:《个案工作的理论与方法——个案工作向何处去》,《社会学与社会调查》1984年第4期,第8—12页。

严景耀:《中国的犯罪问题与社会变迁的关系》,吴桢译,北京大学出版社1986年版。

吴桢:《江苏省社会学会吴桢理事长的讲话纪要》,载江苏省社会学会医学社会学研究会编:《医学社会学第二届年会论文汇编》,南京,1986年,第3—4页。

吴桢:《社会工作讲座(第1讲):社会工作与社会学》,《中国民政》1987年第3期,第45—48页。

吴桢:《社会工作讲座(第2讲):社会工作与社会问题》,《中国民政》1987年第4期,第34—37页。

吴桢:《社会工作讲座(第3讲):社会工作的内涵与外延》,《中国民政》1987年第6期,第44—47页。

吴桢:《社会工作讲座(第4讲):个案工作》,《中国民政》1987年第7期,第37—39页。

吴桢:《社会工作讲座(第5讲):群体工作》,《中国民政》1987年第9期,第41—43页。

吴桢:《社会工作讲座(第6讲):社区工作》,《中国民政》1987年第10期,第44—47页。

吴桢:《社会工作讲座(第7讲):社会工作的预测与展望》,《中国民政》1987年第11期,第46—48、11页。

吴桢:《社会学的建立与发展:兼论创建具有中国特色的社会学》,《江海学刊》1987年第4期,第79—86页。

吴桢:《我在协和医院社会服务部》,载政协北京市委员会文史资料研究委员会编:《话说老协和》,中国文史出版社1987年版,第374—380页。

吴桢:《社会工作蓬勃发展还看今朝》,《社会工作》1988年第1期,第14—15页。

威廉·B. 桑德斯:《代沟——价值观的矛盾》,吴桢译,《世界经济与政治论坛》1989年第11期,第31—33页。

吴桢:《试论社会工作的职业化专业化》,《江海学刊》1989年第3期,第72—76页。

吴桢:《幸福与荣誉》,载江苏文史资料编辑委员会编:《江苏文史资料》第35辑,江苏文史资料编辑部1989年版,第25—27页。

吴桢:《记北平红十字会医院:协和医院社会服务在抗日战争中》,载中国人民政治协商会议北京市委员会文史资料研究委员会:《文史资料选编》(第39辑),北京出版社1990年版,第112—122页。

吴桢:《先父吴振南自传及注释》,载中国人民政治协商会议江苏省仪征县委员会文史资料研究委员会:《仪征文史资料》(第六辑),政协江苏省仪征县委员会文史资料研究委1990年版,第26—42页。

吴桢:"社会工作督导""社会工作咨询""学校社会工作",载中国大百科全书总编辑委员会《社会学》编辑委员会、中国大百科全书出版编辑部:《中国大百科全书·社会学》,中国大百科全书出版社1991年版,第297、299—300、449页。

民政部人事教育司、《中国民政》编辑部:《社会工作》,中国社会出版社1991年版。

吴桢:《忆社教学院——记社会工作教学的起步》,载苏州大学社会教育学院、北京上海南京苏州校会合编:《峥嵘岁月》第3集,内部发行1991年版,第31—33页。

吴桢:《在九三机关三十二年》,《民主与科学》1995年第5期,第12页。

图书在版编目(CIP)数据

吴桢文集 / 吴桢著；肖萍编. — 北京：商务印书馆，2020
ISBN 978-7-100-18125-9

Ⅰ.①吴… Ⅱ.①吴… ②肖… Ⅲ.①社会科学—文集 Ⅳ.① C53

中国版本图书馆 CIP 数据核字（2020）第 032868 号

权利保留，侵权必究。

吴桢文集

吴 桢 著
肖 萍 编

商 务 印 书 馆 出 版
（北京王府井大街36号 邮政编码100710）
商 务 印 书 馆 发 行
江苏凤凰数码印务有限公司印刷
ISBN 978-7-100-18125-9

2020年7月第1版　　开本 700×1000 1/16
2020年7月第1次印刷　　印张 36
定价：128.00元